广西教育厅重点教材项目
广西特色高校建设项目
广西高校创新团队项目

21世纪金融系列

Insurance Business Experimental Textbook

保险类业务综合实验教程

主编 周建胜 蔡幸 梁玉

机械工业出版社
China Machine Press

图书在版编目（CIP）数据

保险类业务综合实验教程 / 周建胜，蔡幸，梁玉主编 . —北京：机械工业出版社，2015.6
（21 世纪金融系列）

ISBN 978-7-111-50284-5

I. 保… II. ① 周… ② 蔡… ③ 梁… III. 保险业务 – 教材 IV. F840.4

中国版本图书馆 CIP 数据核字（2015）第 104585 号

本书以保险公司的业务经营为主要内容，同时涵盖了大金融的其他核心业务。全书共分五篇，分别是实验课教师与学生指导、保险业务流程实训、财产保险业务实训、人身保险业务实训、保险综合业务实训。本书旨在使读者在掌握基本业务流程的基础上，保险管理能力得到进一步提升，并且具备操作风险管理基本流程和初步分析的能力，最终在此基础上能进行保险理财规划设计。

本书适合普通高等院校有关经济、金融、保险专业及其他相关专业的教学，也可作为社会从业人员的参考读物和培训用书。

出版发行：机械工业出版社（北京市西城区百万庄大街 22 号 邮政编码：100037）

责任编辑：施琳琳	责任校对：董纪丽
印　　刷：北京市荣盛彩色印刷有限公司	版　　次：2015 年 6 月第 1 版第 1 次印刷
开　　本：185mm×260mm 1/16	印　　张：34
书　　号：ISBN 978-7-111-50284-5	定　　价：49.00 元

凡购本书，如有缺页、倒页、脱页，由本社发行部调换

客服热线：(010) 88379210 88361066　　投稿热线：(010) 88379007

购书热线：(010) 68326294 88379649 68995259　　读者信箱：hzjg@hzbook.com

总 序

广西财经学院金融与保险学院的金融学科建设多年来，一直致力于探索如何培养与经济社会需求相适应的高素质人才，如何根据金融理论与实践改革的大发展来进行专业教学改革，包括人才培养目标的定位、专业课程体系的设置、教学方法和教学手段的创新等。党的十八大报告明确提出“坚持教育为社会主义现代化建设服务，为人民服务，把立德树人作为教育的根本任务，培养德智体美全面发展的社会主义建设者和接班人”。因此，如何在大学教育中更好地贯彻党的十八大提出的“培养学生的社会责任感、创新精神和实践能力”成为时代赋予我们的历史使命。面向实现转型发展的国家需求，立足服务地方社会经济金融发展目标，我们认为，金融类实验教学作为一项实践性很强的教学活动，是培养大学生创新精神和实践能力的重要途径。金融实验教学的内容与方法的改革就是为此而进行的多方面教学改革的具体体现。

为了充分发挥实验教学在高素质复合型、应用型人才培养中的作用，金融与保险学院组织实验课程教师开发了与金融投资相关的基础实验类、专业实验类、综合实验类等不同层次的实验课程，并在原有部分内部使用的教材基础上，编写出一套系统的金融理财综合类实训教材丛书。这套教材的编撰是广西教育厅重点教材项目系列研究成果（桂教高教[2009]145号)，也是我校承担的广西特色高校建设项目的主体内容之一——金融学重点专业及专业群建设项目的系列研究成果之一，以及是广西高等学校高水平创新团队及卓越学者计划的研究成果之一。这套教材共三本，包括《银行类业务综合实验教程》、《保险类业务综合实验教程》和《投资类业务综合实验教程》。

这套教材是金融与保险学院实验教学体系改革的重要成果之一，是按实验教材的要求、专为实验课程编写的教材，具有独立的而不附属于课堂讲授的内容。在编写过程中力求取材新颖、联系实际、结构紧凑、文字简练、直观形象、图文并茂，做到基本概念清晰、重点突出，以利于提高学生的实践和动手能力，培养学生的创新意识和能力。同时，实验课程教师将实验课程的教学内容融入实验教学的信息化建设，与上海硕研信息科技发展有限公司、浙江航大科技开发有限公司、深圳市国泰安信息技术有限公司等软件公司合作，自主研发了相应的教学软件，也使我们的实验教学更具仿真性、互动性和开放性。

本系列教材由广西财经学院金融与保险学院长期从事金融投资理论课程体系教学和指导实践训练教学的教师编写，这些教师均具有丰富的理论和实践教学经验。周建胜教授、蔡幸教授担任本系列教材的主编，负责本系列教材的总体大纲设计、统纂和定稿等工作。各册主编有：黄军勇——负责《银行类业务综合实验教程》的编撰，梁玉——负责《保险类业务综合实验教程》的编撰，甘海源——负责《投资类业务综合实验教程》的编撰。

需要特别指出的是，银行、证券、保险等行业专家也给本系列教材提供了许多良好的思路。

本系列教材是普通高等院校教材，适用于普通高等院校（高职高专、应用型本科）、成人高校等有关院校经济、金融、保险专业、投资专业及其他相关专业的教学，也可作为金融行业从业人员的参考读物。我们希望通过这套系列教材的出版，一方面可以加强我们应用型人才培养的教材建设，另一方面，又可以促进我们本科教学质量和人才培养质量的提高。诚然，无论是实验课程教材体系的优化还是实验课程教学内容、方法和手段的更新，都有待于根据理论与实践的发展，以及科学技术手段的提升而更臻于完善。因此，欢迎读者与同行对我们这套实验教材加以批评指正！

周建胜　蔡幸

2014年10月于广西财经学院

前　言

进入 21 世纪以来，我国保险市场体系不断完善，市场规模持续扩大，保险行业呈现出良好的发展态势。形势的良好发展迫切要求高校培养出更多、更优质的保险专业人才。然而在我国高校保险专业的人才培养过程中，出现了重理论、轻实践，保险业务操作能力不足等现实问题。本书的出版，一定程度上填补了实训实验类保险专业教材的空白，我们期待能为我国保险专业人才的培养发挥出一定的作用。

本书是普通高等院校教材，适用于普通高等院校（高职高专、应用型本科）、成人高校等有关院校经济、金融、保险专业及其他相关专业的教学，也可作为社会从业人员的参考读物。

本书以保险公司的业务经营为主要内容。全书共分五篇，分别是实验课教师与学生指导、保险业务流程实训、财产保险业务实训、人身保险业务实训、保险综合业务实训。其中第一篇主要阐述了教师与学生实训前的准备；第二篇是保险业务流程实训，涵盖保险展业、承保（核保）、保全、理赔等保险行业的基本的业务流程；第三篇是财产保险业务实训，涉及财产保险的各个种类，包括企业财产保险、家庭财产保险、机动车辆保险、船舶保险、货物运输保险、工程保险及责任保险，以达到能明确财产保险各种类险种的业务；第四篇是人身保险业务实训，从传统人寿保险、创新人寿保险、意外伤害保险、健康保险四个方面提升使用者对人身保险业务的认识；第五篇是保险综合业务实训，包括风险管理实训、保险企业管理实训、保险礼仪实训、保险统计分析业务实训及保险理财规划实训。要求学生在掌握了基本业务流程的基础上，保险管理能力得以提升，并且具备进行风险管理基本流程和初步分析的能力，最终达到在此基础上能进行保险理财规划设计。

本书的主要特点：第一，实用性。在内容体系的安排上，突出了实训的特征，通过大量的图表使学生能更直观地掌握保险公司的业务操作程序。第二，系统性。本书的内容涵盖了财产保险和人身保险的大部分实际业务操作流程，使学生能更全面地了解、掌握保险实务操作技能。第三，通俗性。本书强调以学生为本，所用语言通俗易懂，所有的实验项目设置均有明确的实训目的与要求、操作的主要注意事项以及相应的案例操作和训练，便于学生对理论知识的理解和整体知识的融会贯通。

本书由广西财经学院金融与保险学院教师编写。梁玉老师根据《金融理财综合实验教程》丛书的设计框架负责本教材的大纲构思、统纂和定稿等工作。各章节编写的具体分工如下：第一篇、第二篇由梁玉老师编写；第三篇由黄祝华老师编写；第四篇由陆峰老师编写；第五篇中的第十九章、第二十四章由梁玉老师编写，第二十章、第二十一章由马明明老师编写，第二十二章由陆秋娥老师编写，第二十三章由黄荣哲老师编写。

尽管我们力图全面完善教材，但时间仓促、水平有限，仍难免有疏漏之处，祈望各位读者斧正。

编者

2015 年 1 月于广西南宁

目 录

第四篇　人身保险业务实训

第五篇　保险综合业务实训

第一篇

实验课教师与学生指导

第一章

实验指导与要求

第一节 实验目的与内容

一、实验目的与任务

保险专业综合实训是以当前保险行业的核心业务为设计蓝本，通过使用广西财经学院和相关软件公司共同研发的保险核心业务实验教学软件系统模拟出一个仿真的“保险实务模拟实验平台”。在这个金融实验平台中，采用经典的角色模拟方式，学生通过实验不同的角色，全面了解和掌握保险业务的主要操作技能。

同时，学生通过参加保险知识在线考试，浏览、学习保险知识库内容，撰写实验报告，分析研究保险案例等，全方位提升保险专业理论知识，真正使学生通过使用软件，达到实践与理论都提高的效果，高度、全面地把握保险业务流程，具备现代化保险从业人员应有的知识结构，增强学生的社会就业竞争力。

二、实验教学内容

本教材的实验内容主要根据学生对专业课程学习的程度和水平，由浅入深、由点到面，以所学专业课程的知识点为基础，以保险专业所必备的职业技能要求为主线，按照层层递进的关系依次设计了保险业务流程实训、财产保险业务流程实训、人身保险业务实训、保险综合业务实训。这样可以结合自身专业课程的开设进行选择性教学，达到既能就整个业务流程全面实习、又能进一步培养学生的保险业务管理能力和研发能力的目的。

（一）保险业务流程实训

保险公司的核心业务流程实训涉及保险产品的开发、保险核保和理赔、保险产品的营销等。除作为高校保险专业教学使用外，也适合高校金融及投资类专业使用。通过实训，学生能掌握保险业务的基本流程，并熟悉各个环节的业务风险点和操作技巧。由于我国的保险公司普遍实行的是总支制的组织形式，而总公司的业务范围和分公司不尽相同，所以本篇的业务培训主要介绍的是分公司的核心业务。保险业务流程实训内容包括：保险展业实训、保险核保与承保实训、保全服务技能实训、保险理赔实训四个部分。

（二）财产保险业务实训

本篇的实训内容是保险专业知识和实际操作能力相结合的专业培训课程，课程的教学目的是帮助学生较为系统地了解、熟悉和掌握财产保险公司的运作流程（财产保险业务的基本程序）、保险纠纷的解决渠道和解决方式，培养学生的动手操作能力，突出技能和加强能力培养。提高学生正确分析和独立解决保险问题的能力，从而具备从事保险业务工作所必需的基本知识和技能，为学生今后走上有关的工作岗位打下扎实的基础。财产保险业务实训内容包括：企业财产保险业务实训、家庭财产保险业务实训、机动车辆保险业务实训、船舶保险业务实训、运输货物保险业务实训、工程保险业务实训、责任保险业务实训。

（三）人身保险业务实训

本篇实训内容通过利用保险业务综合模拟软件，构建了一个与实际保险业务贴近的操作环境，让学生能够体验各种保险业务的流程，并且通过很多保险案例提高工作的实践技能，加深对保险理论知识的理解。通过模拟实验，掌握人寿保险和财产保险投保的基本环节，包括：询价、保险产品查看、发起团队、加入团队、投保、索赔、个人资料、信息交流和信息提示等，并根据个人情况分别选择人寿保险公司的一个险种且选择险种类型填写投保书或者选择保险经纪公司进行委托。熟悉人寿保险公司实际业务操作的具体流程，深化对人寿保险各种险种的理解。最终培养具有相应水平的实务工作能力，能解决业务中的实际问题，对增加日后就业和工作实践起到指导作用。人身保险业务实训具体包括：传统人寿保险业务实训、创新人寿保险业务实训、意外伤害保险业务实训、健康保险业务实训。

（四）保险综合业务实训

本篇实训内容是除以上三篇外，其他保险业务内容的综合，主要是涉及保险公司经营管理能力、风险管理与理财能力的实训。保险管理能力实训包括对保险公司经营环境分析，保险公司经营环境分析主要是搜集保险企业经营环境的现状，包括公司的自然环境、人口环境、经济环境、政策环境、市场环境、文化环境和社会环境。除了外部环境，还有劳动者、经营技术、资金、信息等内部环境。通过对保险公司经营环境的分析，为保险公司开展业务提供必要的资料。保险公司财务报表分析主要是对保险公司财务状况和经营成果的分析，可以反映保险公司经营过程的全貌，为保险公司的经营决策提供重要的财务信息；风险管理案例分析主要是利用风险管理的专业理论知识对企业的具体情况进行分析，以掌握基本的风险管理办法，具备初步的风险管理能力；保险理财规划通过对企业或个人的理财方案的设计，全面掌握保险理财的技能，让学生学会撰写理财建议书。保险综合业务实训具体包括：风险管理案例实训、保险公司经营环境分析实训、保险礼仪实训、保险统计分析业务实训、保险理财规划实训。

第二节　学生实验操作与要求

一、组建实验小组

（1）自由组合，全班分为若干个小组，每组人数为 5 ～ 7 人，各组推选出组长一名，组长将本组组员名单及联系方式交由学习委员汇总后上交指导教师。

（2）各组在组长的协调下进行分工或角色分配，共同完成实验内容。

（3）在进行课堂演示时，由组长指定或小组公推的方式选出一名组员进行演示，在其操作过程后其他组员可进行补充。

二、实验软件操作

（1）软件注册。学生以真实班级、姓名和学号注册实验软件。

（2）软件操作。学生小组成员操作软件系统，从软件中所扮演角色的角度出发，依次完成各项实验操作项目。

三、作业及实验报告

（1）作业。学生应按时完成指导教师布置的作业，作业形式包括课堂演示、电子作业及纸质作业，学生应按照要求及时提交。

（2）实验软件操作。实验软件具有实时评分功能，学生应及时完成各项试验操作项目以获得相关分数。

（3）在线考试。实验软件具有在线考试功能，学生应按照指导教师的布置及时完成以获得相关分数。

（4）实验报告。每一实验项目完成后，各位学生独立完成实验报告上交指导教师。

四、课程成绩评定办法

课程成绩采用五级评分法，其中考勤情况占 10%，平时作业成绩占 20%，实验报告占 70%。

（一）考勤情况

本项占课程总成绩的 10%。采用课堂点名的形式进行考核，共考核两次，每次占课程总成绩的 5%。履行正常请假手续的不扣分。

（二）平时作业评分标准

本项占课程总成绩的 20%，共考核两次，采用五级评分制进行计分。

（三）实验报告评分标准

1. 实验报告结构

实验报告由六个方面的内容构成：实验目的和要求、实验基本原理、实验步骤、实验数据、实验数据处理及分析以及实验小结。

2. 各组成部分分值权重分配

实验成绩占课程总成绩的 70%，含实验报告 5 个。实验报告评分采用百分制，总分 100 分，各部分权重分别为：

（1）实验目的和要求：10 分

（2）实验基本原理：20 分

（3）实验步骤：15 分

（4）实验数据：15 分

（5）实验数据处理及分析：25分

（6）实验小结（收获、不足和改进措施）：10分

（7）报告整体形象：5分

3. 各组成部分评分依据

优秀（90～100分）：实验目的明确，实验基本原理运用得当，实验步骤准确无误、完整，实验数据翔实丰富，实验数据处理准确，分析有条理，实验小结有收获、不足和改进措施，报告整体形象字迹工整、干净、整洁、美观大方。

良好（80～89分）：实验目的明确，实验基本原理运用得当，实验步骤基本完整、准确到位，实验数据翔实丰富，实验数据处理准确，分析有条理，实验小结有收获和不足，报告整体形象字迹工整、干净、整洁、美观大方。

中等（70～79分）：实验目的明确，能基本运用实验基本原理，实验步骤基本完整，实验数据较翔实丰富，实验数据处理基本准确，实验小结有收获，报告整体形象较好。

及格（60～69分）：实验目的明确，能基本运用实验基本原理，实验步骤基本完整，实验数据较翔实丰富，实验数据处理基本准确，有实验小结，报告整体形象尚可。

不及格（60分以下）：实验目的模糊，实验器材准备不完整，实验基本原理运用不得当，实验步骤不完整，实验数据简单，实验数据处理错误较多，分析欠条理，无实验小结，报告整体形象不佳，字迹不工整、不干净、不整洁、不美观大方。

第二章

实验软件说明与指导

第一节 实验软件介绍

一、实验软件简介

保险核心业务实验教学软件系统应用 Browser/Server 三层体系结构，将现行的人寿保险、财产保险核心业务流程和专业知识有机结合，缔造出一个拟真的“保险实务模拟实验平台”。

实验平台采用经典的角色模拟方式，通过学生饰演客户、财（寿）险代理人、保险经纪公司、财产（人寿）保险公司，分别进入车辆运输险实验平台、企业财产险实验平台、家庭财产险实验平台或人寿保险实验平台，操练保险实践业务。

首先由保险公司添加自己所经营的主险、附加险产品以及相关费率，由投保客户根据险种的特点、性质，委托保险代理人或经纪公司进行投保，或直接向保险公司投保。

保险公司接到客户投保单之后，根据投保险种的不同，进行投保管理。通过一系列、多流程操作，使学生真正学习到保险实务中的保险代理、投保、承保、核保、变更、理赔、核赔等核心流程。

软件既支持学生一人分饰客户、保险代理人、保险经纪公司、保险公司四类角色来完成保险实验，也支持由同一班级中的学生组成实验小组，以相互协作或竞争的方式来完成实验。

同时，学生通过参加保险知识在线考试，浏览、学习保险知识库内容，撰写实验报告，分析研究保险案例等，全方位提升保险专业理论知识；学生通过使用软件，达到实践与理论都提高的效果，高度、全面地把握保险业务流程，具备现代化保险从业人员应有的知识结构，增强学生的社会就业竞争力。

二、软件安装及运行环境

（一）软件支持环境

保险核心业务实验教学软件系统采用 B/S（Browser/Server）结构，即浏览器和服务器结构。在这种结构下，用户工作界面（管理员、教师与学生各端口及平台）的操作，只需要通过 IE 或其他浏览器来实现，后台数据处理是在服务器端（Server）实现。这样就大大减少了客户端电脑荷载，降低和减轻了系统维护与升级的成本和工作量，使用户的总体成本为之下降。在服务器端，需要安装程序运行环境作为载体，客户端只需要简单的浏览器便可进行操作。软件相应的支持环境如下：

1. 服务器

（1）操作系统：Microsoft Windows 2000 Server + SP3 或 Microsoft Windows 2003 server + SP1。

（2）数据库：Microsoft SQL Server 2000 标准版或企业版，安装时选择混合模式。

（3）浏览器：Internet Explorer 6 + SP1 或 Internet Explorer 7 。

（4）运行框架：Microsoft .NET Framework 2.0 或更高版本。

（5）IIS：在安装操作系统的系统组件时，将 Internet 服务管理器选中，系统自动安装完成。

2. 学生机

（1）操作系统：Microsoft Windows 98 或更高版本。

（2）浏览器：推荐使用 Internet Explorer 6 或更高版本，及各种基于 Windows 的浏览器。

（二）硬件支持环境

1. 服务器

（1）最低服务器配置：

CPU：P4 2400 或以上。

内存（RAM）：1G 或以上。

硬盘空间：500MB 或更多数据库及应用程序空间；100M 或更多数据预留空间。

（2）推荐服务器配置：

CPU：Intel Core 2 Duo 1.6Ghz 或以上，Intel Xeon（志强）3000 系列或以上。

内存（RAM）：2G 或以上。

硬盘空间：1G 或以上。

2. 学生机

最低要求配置：

CPU：P3 或以上。

内存（RAM）：256MB 或以上。

显示分辨率：1024 × 768。

推荐配置：

CPU：P3 或以上。

内存（RAM）：512M 或以上。

显示分辨率：1024 × 768。

（三）网络环境

本软件适用于局域网和外网，一般使用局域网的网络应用交换机 DLINK 24 口 3 个。

1. 60 个客户端同时在线时，本软件对服务器的要求：

CPU　　主频 ≥ 900MHZ　P Ⅲ及以上芯片

内存 ≥ 256M

硬盘 转速≥ 7200 转 / 分 建议使用 10000 转 / 分 SCSI 硬盘

2. 120 个客户端同时在线时，本软件对服务器的要求：

CPU 主频 ≥ 1.8GHZ 缓存 >1M 至强系列芯片 推荐使用双 CPU

内存 ≥ 1G

硬盘 建议使用 10000 转 / 分 SCSI 硬盘

另外，建议服务器安装 RAID 卡，做 RAID5，实时备份数据，保证数据的安全性。

系统由管理端系统、教师端系统、学生端系统组成，登录界面一致，但操作界面相互独立。既保证了软件的统一性，又实现了独立性。

在 IE 浏览器地址栏中键入软件的指定访问地址后，显示如下登录界面（见图 2-1）。

图 2-1

第二节 教师端系统介绍

教师端系统承担着管理实验班级及学生信息，维护或添加保险知识库基础信息资料，配置、管理保险案例分析试题、在线考试试卷；统一管理、发送公告信息的任务。

此外，作为整个实验的发起人，教师需要在学生演练各险种理赔流程之前，添加各险种的危险事件。

在线布置实验报告任务、要求，上传实验报告样本。在学生完成实验操作之后，对学生提交的实验报告进行评阅和打分。

同时，在学生进行实验过程中，教师可查看由扮演保险公司角色的学生添加的所有险种产品，以及已成交的保单信息，为教师及时了解学生的实验状况以及把握实验全局提供支撑。

教师系统账号的添加、修改与删除由管理员进行管理操作。

在管理员端系统初始页面，点击页面上方的“教师管理”图标，在页面下方打开如下界面（见图 2-2）。

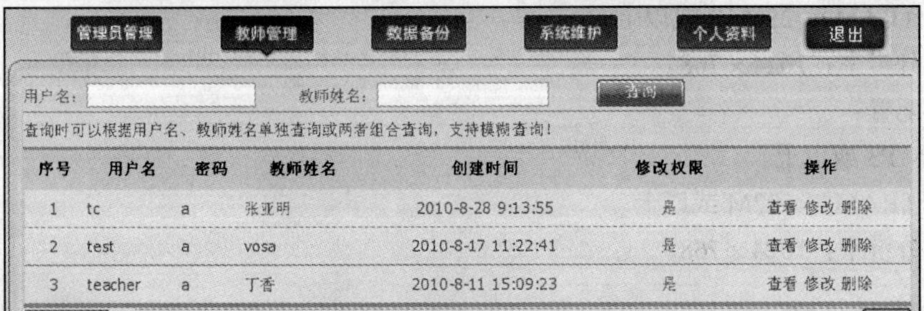

图 2-2

点击“增加”按钮，在打开页面中，填写用户名、密码、真实姓名、联系电话，选择修改权限，如图 2-3 所示。

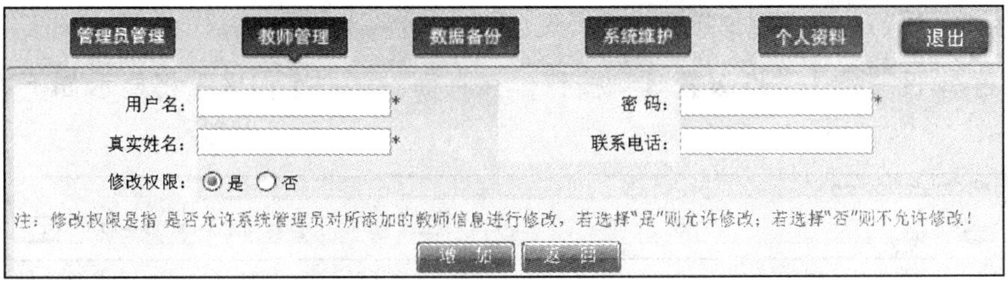

图 2-3

点击“增加”按钮，系统提示（见图 2-4）。

图 2-4

点击“确定”按钮，教师添加成功。页面返回教师列表。

在系统主界面中，输入教师的“用户名”和“密码”后，点击“登录”按钮，进入教师端系统操作界面，如图 2-5 所示。

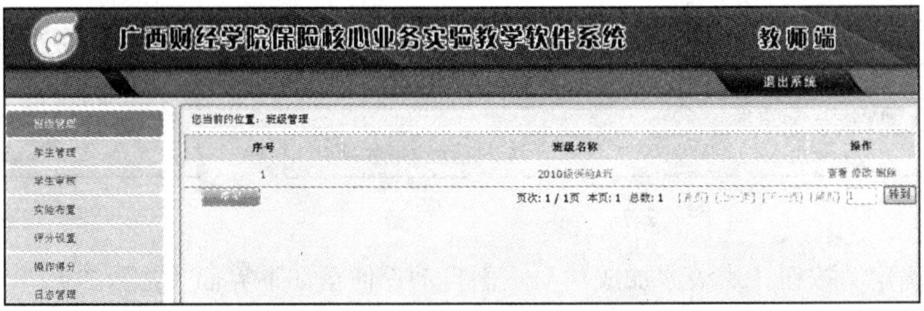

图 2-5

系统采用左右框架结构形式，页面左侧为菜单区，页面右侧为操作区，点击左边菜单区，页面右边将显示其具体操作信息；点击页面右上方的“退出系统”按钮，将退出教师端系统，返回至软件登录页面。

教师端系统模块如表 2-1 所示。

表 2-1 教师端系统模块一览表

序号	模块	简介
1	班级管理	添加、修改、删除、格式化班级信息，是“学生管理”模块的基础信息之一，也是后续开展实验、在线考试等操作的前提
2	学生管理	可手动添加学生账号，也可审核学生已自行注册的账号，并可对学生的资料进行修改
3	实验布置	添加实验，分配给具体的班级
4	评分设置	设置修改每个实验中各角色的评分标准
5	操作得分	查看学生操作得分
6	日志管理	查询学生操作记录
7	实验管理	查阅学生实验中添加的各保险产品和保单，添加危险事件供报案
8	保险知识库	按小栏目将保险学科各专业知识录入系统，供学生学习
9	实验报告	查看学生上传的实验报告
10	在线交流	向班级或学生单独发布站内信息，便于交流
11	公告管理	教师可发布一些通知或公告信息，会在学生登录后首页显示
12	保险示例	保险示例类别及保险示例文章的添加及管理操作
13	案例管理	补充案例并设置案例分析实验，提高学生分析能力
14	在线考试	教师设置好测试试卷后，可进行在线考试，检测学生学习情况
15	个人资料	查看、修改当前教师端系统操作员（教师用户）的个人信息，更改密码
16	流程演示	查看教师操作视频及每个业务流程操作视频

一、班级管理

在“菜单区”点击“班级管理”按钮，在页面右侧“操作区”将显示如下界面（见图 2-6）。

图 2-6

（一）添加班级信息

点击“增加”按钮，在打开界面中，填写“班级名称”，选择“审核”模式，如图 2-7 所示。

点击“增加”按钮，系统提示（见图 2-8）。

图 2-7

图 2-8

点击“确定”按钮，班级添加成功！页面自动返回至如下界面（见图 2-9）。

图 2-9

（二）编辑、查看班级信息

选择一条班级信息，点击该条信息“操作”栏的“修改”，可以更新班级信息；点击该条信息“操作”栏的“删除”，将删除该条班级信息；点击该条信息“操作”栏中的“查看”，查看该班级的详细信息。

提示：若选择“手动”审核方式，则该班级中的学生账号必须由教师审核之后才能启用。

二、学生管理

在“菜单区”点击“学生管理”按钮，在页面右侧“操作区”将显示学生列表。

教师在学生管理中可进行学生用户的增加、修改、删除及学生组维护。

（一）组维护

在学生列表下方点击“组维护”按钮，如图 2-10 所示。

图 2-10

选择班级后，则显示该班级的组列表。教师添加学生时，将选择将学生添加到某个组，或不分组，如图 2-11 所示。

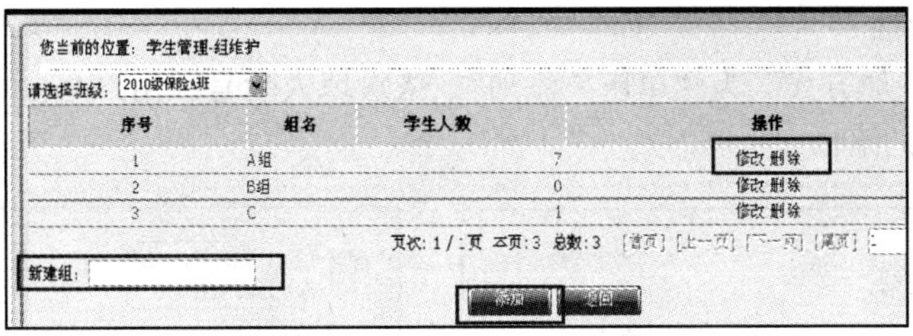

图　2-11

（二）新建组

在组列表下的“新建组”输入框内输入组名，并点击“添加”按钮，添加成功后新加组显示在组列表中（同一班级中，不能有相同的组名）。

（三）修改组（修改组名、添加或移出成员）

在组列表中，选择要修改的组，点击“修改”操作，进入该组成员列表（见图 2-12）。

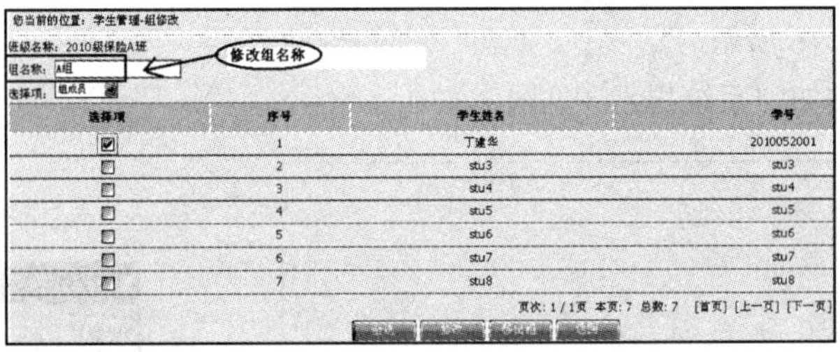

图　2-12

若要修改组名称，请直接在组名称输入框内修改，并点击列表下的“修改”按钮。

要移出组成员，则在成员列表中选中要移出的学生，并点击列表下的“移出组”按钮，移出的学生在“未分组”列表中。也可将未分组的学生加入到组内。

选择“未分组”，显示该班级未分组的学生列表，选择学生并点击“加入组”，则所选学生加入到该组，成为本组成员（见图 2-13）。

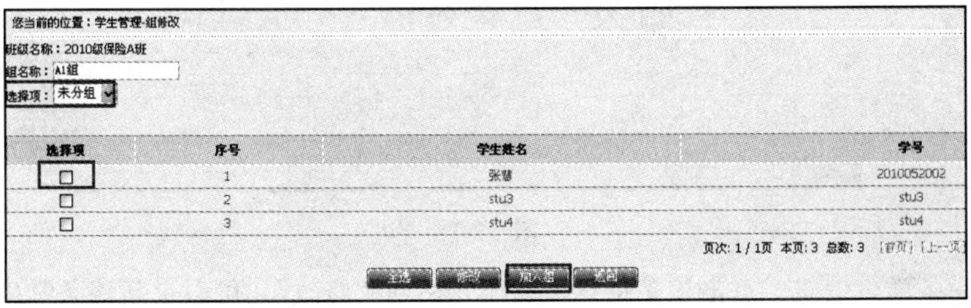

图　2-13

（四）添加、编辑学生信息

点击“班级名称”下拉框，从中选择一个班级，然后点击“增加”按钮，在页面右侧“操作区”打开如下页面（见图 2-14）。

添加学生信息共有两种方式：单用户添加、批量用户添加，其操作方法如下。

1. 单用户添加

选择“学生添加方式”为“单用户添加”，依次填入学号、用户名、真实姓名、班级及班级组，如图 2-15 所示。

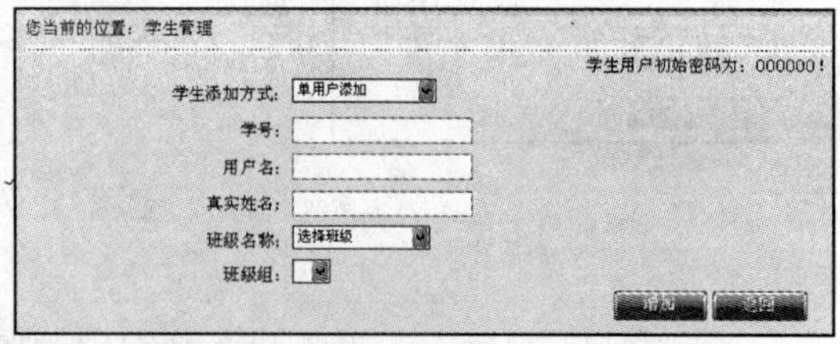

图 2-14

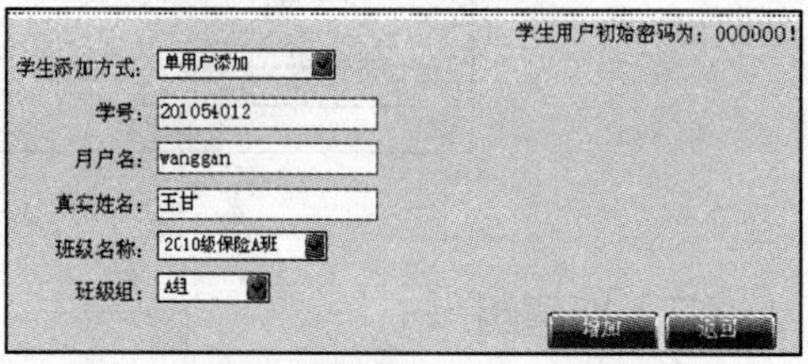

图 2-15

点击“增加”按钮，单用户添加成功。

提示：新建学生账号的初始密码为 000000。

2. 批量添加（一次生成多个用户账号）

选择“学生添加方式”为“批量用户添加”，依次填入“用户名 / 真实姓名”的前缀、后缀、班级组，如图 2-16 所示。

点击“增加”按钮，系统提示（见图 2-17）。

图 2-16

图 2-17

点击“确定”按钮，页面跳转至如下（见图 2-18）。

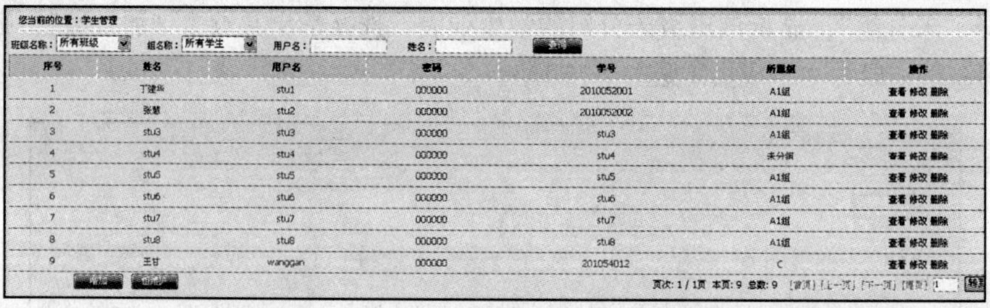

图 2-18

选择一条学生信息，点击该条信息“操作”栏的“修改”，可以更新该条学生信息；点击该条信息“操作”栏的“删除”，将删除该条学生信息；点击该条信息“操作”栏中的“查看”，查看该学生的详细信息。

提示：1.“用户名 / 真实姓名”前缀指批量生成用户名时的前缀字符，“用户名 / 真实姓名”后缀指批量生成用户名的范围，系统将在前缀字符的基础上，按照后缀指定的范围递增生成学生用户名。

2. 新建学生账号的初始密码为 000000。

（五）学生审核

学生审核是指：学生自行注册的账号，若班级审核模式为手动，则教师需要审核通过后，学生才能使用该账号。

在菜单中点击“学生审核”按钮，打开如下界面（见图 2-19）。

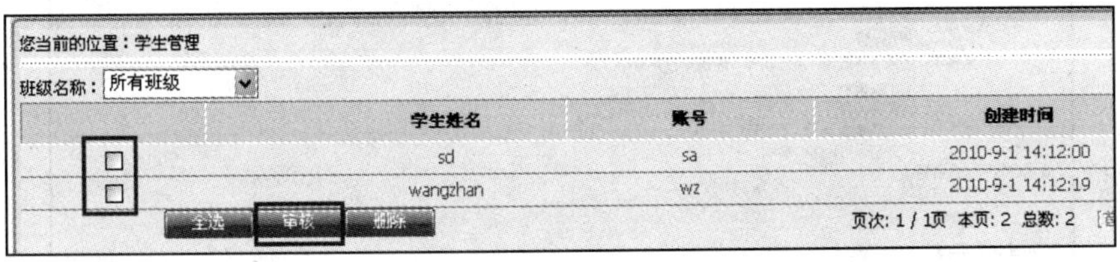

图 2-19

选择一条待审核的学生信息，若通过该条学生注册信息，则点击“审核”按钮；若不通过该条学生的注册信息，可以点击“删除”按钮，删除该条注册信息。

三、实验布置

学生实验将按照学生教师布置的实验进行。

在菜单中选择“实验布置”（见图 2-20），打开实验列表。

图 2-20

可进行实验添加、修改、布置、删除和查看操作。

（一）实验添加

在列表下点击“添加”按钮，进入实验信息输入页面。在该页面内需要输入如下几个方面的信息。

实验任务名称：不能与已存在的列表中的实验任务名称重复；

保险类型：选择任意一种险种或综合险；

实验期限：选择开始日期与结束日期。开始日期应早于结束日期；

实验任务描述：文字描述，即教师对本实验的描述；

实验要求：填写对本实验的要求信息；

实验报告要求：学生将对本实验添加实验报告。教师可填写实验报告的要求；

是否提供模板：若选择“是”，则应点击“浏览”按钮选择模板的路径。

输入完毕后，点击页面下方的保存按钮，保存成功返回实验列表，再进行实验布置。

（二）实验布置

在实验列表中，点击“布置”操作，进入本实验班级设置页面（见图 2-21）。

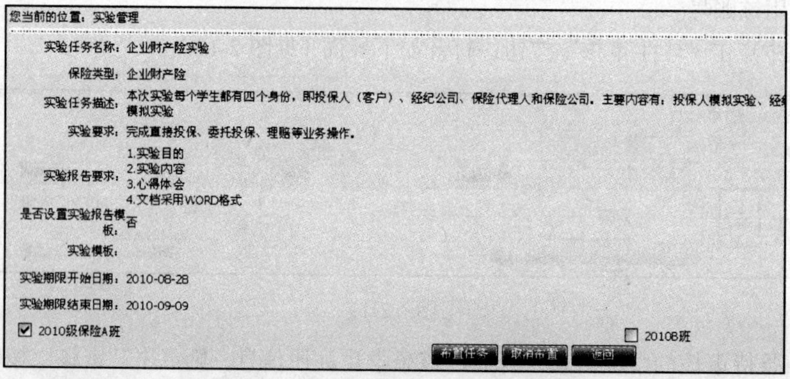

图 2-21

如图 2-21 所示，选择班级（在班级前打钩），点击“布置任务”按钮，则该班级的学生便可选择该实验了。

若要取消，则选择班级后点击“取消布置”。

（三）实验修改、查看与删除

在实验列表中，可对实验进行修改、查看与删除操作。

注： 实验删除后，将学生的实验数据一并删除。

四、评分设置

系统对每个实验的每个角色都初始化一套默认的评分标准。教师可在此针对实验中的具体角色修改评分设置。

如图 2-22 所示，在左侧菜单中选择“评分设置”，进入实验和角色选择页面。

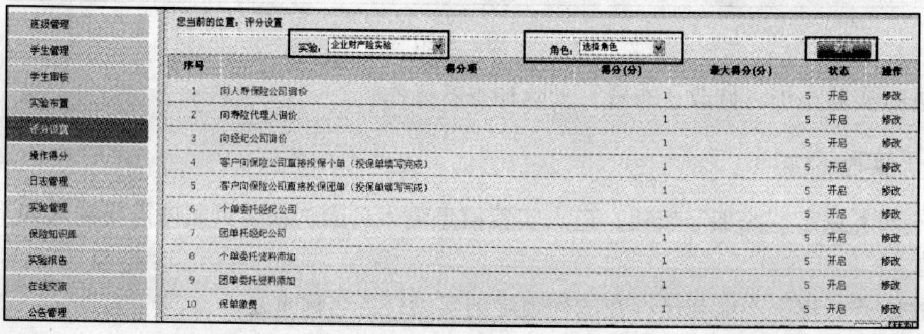

图 2-22

选择要设置的实验，再选择该实验中的某个角色，点击“查询”按钮，则显示该角色在本实验中的得分设置列表。

系统根据学生将进行的操作提取了各角色的得分项，默认状态为开启状态，且每个得分项都有初始值：每操作一次的得分和最大得分。

教师若要修改，可在列表中选择某得分项，点击“修改”操作，进入该得分项的设置页面，如图 2-23 所示。

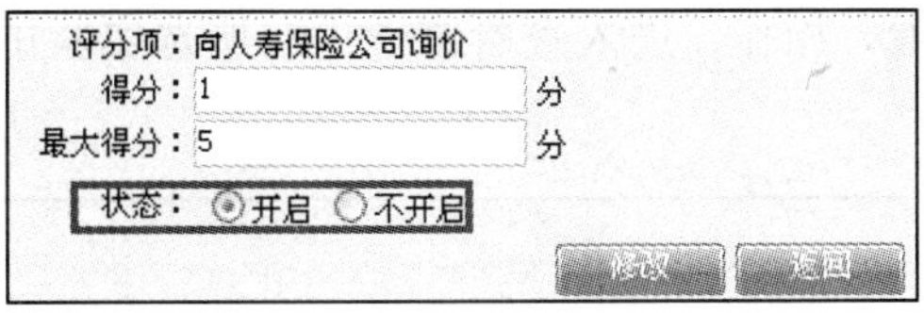

图　2-23

状态修改：状态若为“不开启”，则学生操作该项时不计算得分。

修改后点击“修改”按钮保存设置。

五、操作得分

根据评分设置中对得分项和分数的设置，当学生进行实验操作后，系统自动计算该学生的操作得分。教师可进行查询、查看。

如图 2-24 所示，在菜单中选择“操作得分”，进入学生操作列表。

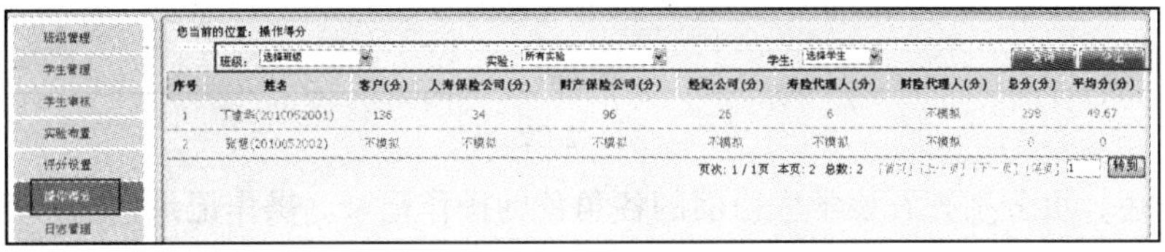

图　2-24

操作列表显示学生扮演的角色及得分，各角色总分、平均分。

在列表上方可选择班级、实验及学生查询学生操作情况。

操作得分导出：

如图 2-25 所示，教师选择班级、实验后，显示该班级中学生的操作得分列表。

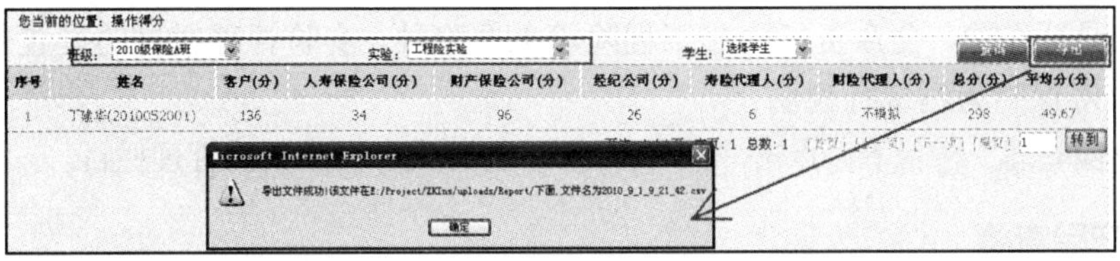

图　2-25

再点击“导出”按钮，则将以 .csv 格式导出文件，并提示该文件在服务器中的保存位置。

提示：.csv 格式文件可用 Excel 打开。

六、日志管理

教师选择班级、实验组和实验后，查询该组学生的操作记录。

如图 2-26 所示，在菜单中选择“日志管理”，并在操作页面内选择“班级”、组、实验、学生，点击查询按钮，则显示符合条件的学生列表。

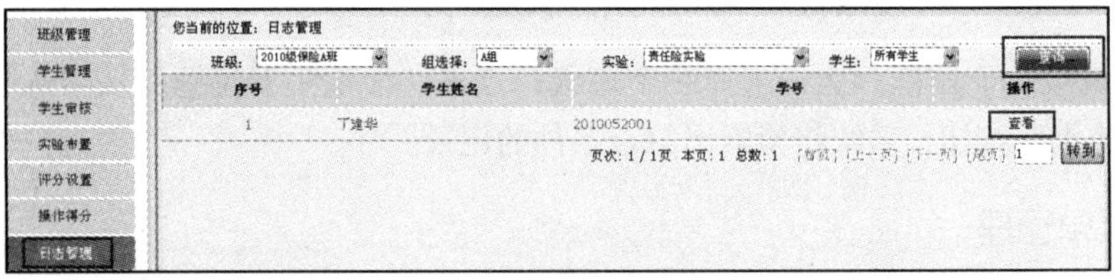

图　2-26

在列表中点击“查看”操作，进入查看该学生在所选实验中的操作记录，如图 2-27 所示。

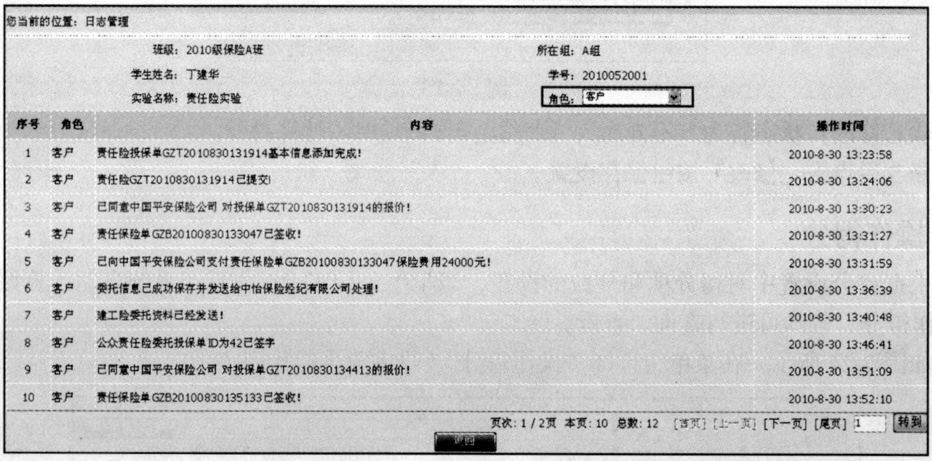

您当前的位置：日志管理

班级：2010级保险A班　　所在组：A组

学生姓名：丁建华　　学号：2010052001

实验名称：责任险实验　　角色：客户

序号	角色	内容	操作时间
1	客户	责任险投保单GZT20100830131914基本信息添加完成!	2010-8-30 13:23:58
2	客户	责任险GZT20100830131914已提交!	2010-8-30 13:24:06
3	客户	已同意中国平安保险公司 对投保单GZT20100830131914的报价!	2010-8-30 13:30:23
4	客户	责任保险单GZB20100830133047已签收!	2010-8-30 13:31:27
5	客户	已向中国平安保险公司支付责任保险单GZB20100830133047保险费用24000元!	2010-8-30 13:31:59
6	客户	委托信息已成功保存并发送给中怡保险经纪有限公司处理!	2010-8-30 13:36:39
7	客户	建工险委托资料已经发送!	2010-8-30 13:40:48
8	客户	公众责任险委托投保单ID为42已签字	2010-8-30 13:46:41
9	客户	已同意中国平安保险公司 对投保单GZT20100830134413的报价!	2010-8-30 13:51:09
10	客户	责任保险单GZB20100830135133已签收!	2010-8-30 13:52:10

页次：1 / 2页 本页：10 总数：12 [首页] [上一页] [下一页] [尾页] 1 转到

图 2-27

选择角色，可分别查看该学生扮演的各角色的操作记录。操作记录包括：角色、内容、操作时间三项。

七、实验管理

教师查看学生在实验操作中的详细数据。在菜单区点击“实验管理”，打开实验管理栏目。

财产保险实验包括：运输工具车辆险、企业财产险、家庭财产险、海洋运输货物保险、运输工具船舶险、公众责任险和工程险等七个险种，实验管理栏目的设置是相同的，以下仅以人寿保险为例进行说明。

在“实验管理”栏目下，点击“人寿保险”，打开人寿保险实验管理栏目。

(一) 产品查看

点击“人寿保险”下的“产品查看”按钮，在页面右侧“操作区”将显示如下界面（见图 2-28）。

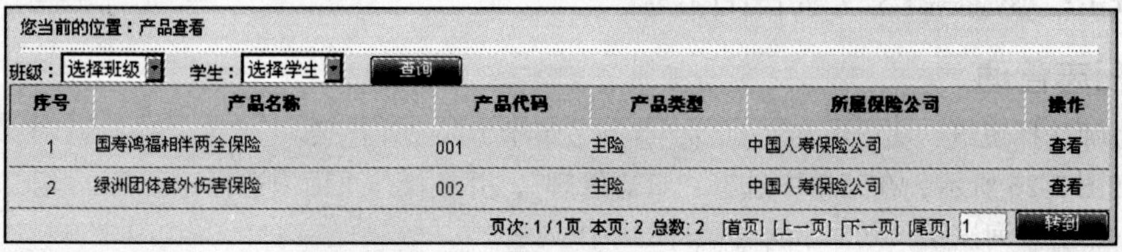

您当前的位置：产品查看

班级：选择班级　学生：选择学生　查询

序号	产品名称	产品代码	产品类型	所属保险公司	操作
1	国寿鸿福相伴两全保险	001	主险	中国人寿保险公司	查看
2	绿洲团体意外伤害保险	002	主险	中国人寿保险公司	查看

页次：1 / 1页 本页：2 总数：2 [首页] [上一页] [下一页] [尾页] 1 转到

图 2-28

点击“班级”下拉框，从中选择一个班级；点击“学生”下拉框，从中选择一名学生；然后点击“查询”按钮，系统将检索出符合条件的记录。

(二) 保单管理

点击“人寿保险”下的“保单管理”按钮，在页面右侧“操作区”将显示如下界面（见

图 2-29）。

图　2-29

点击“班级”下拉框，从中选择一个班级；点击“学生”下拉框，从中选择一名学生；然后点击“查询”按钮，系统将检索出符合条件的记录。

点击“操作”栏中的“查看”，在打开界面中，查看详细的信息。

(三) 危险事件

点击“人寿保险”下的“危险事件”按钮，在页面右侧“操作区”将显示如下界面（见图 2-30）。

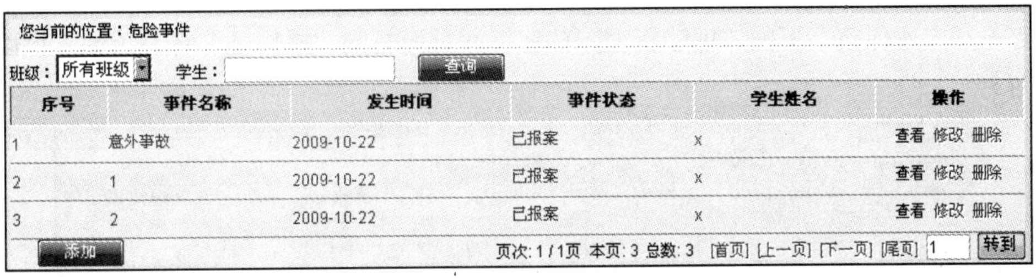

图　2-30

点击“添加”按钮，在打开界面中，选择班级和学生姓名，填写危险事件、事件描述，如图 2-31 所示。

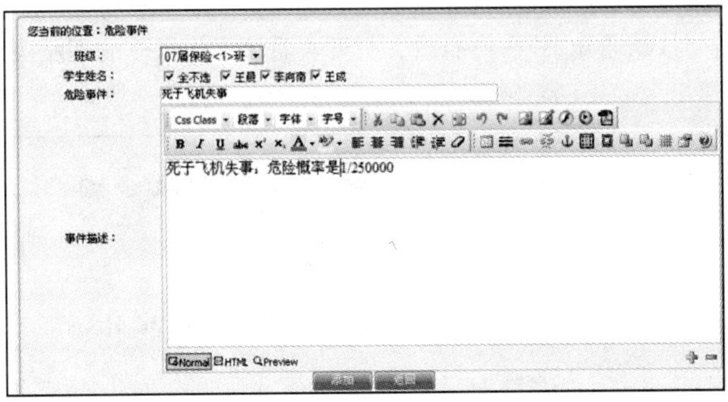

图　2-31

点击“保存”按钮，系统提示（见图 2-32）。

图　2-32

点击“确定”按钮，打开如图 2-33 所示界面。

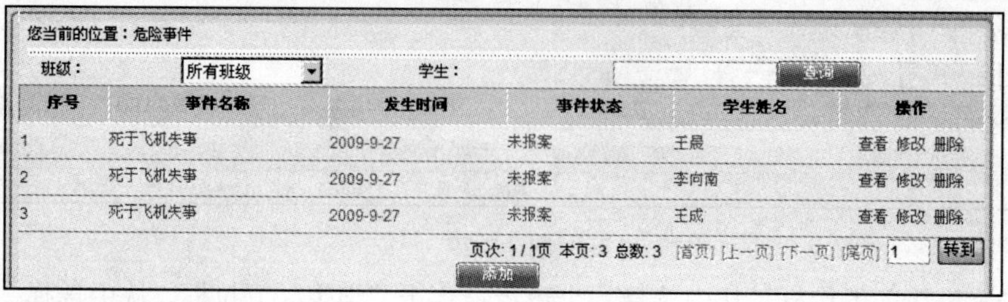

图 2-33

选择一条信息，点击该条信息“操作”栏中的“查看”，查看详细信息；点击该条信息“操作”栏的“修改”，可以更新该条信息；点击该条信息“操作”栏的“删除”，将删除该条信息。

提示：只有在教师添加人寿保险危险事件之后，学生才能演练人寿保险的理赔流程。

（四）理赔管理

点击“人寿保险”下的“理赔管理”按钮，在页面右侧“操作区”将显示如下界面（见图 2-34）。

图 2-34

教师可选择班级、实验和客户查询人寿保险的理赔列表。

如图，在列表中点击“理赔申请书”——查看，打开该学生操作的理赔申请书页面，在页面中可进行打印操作。

在列表中点击“核赔通知书”——查看，打开查看该学生操作的理赔决定通知书页面（见图 2-35）。

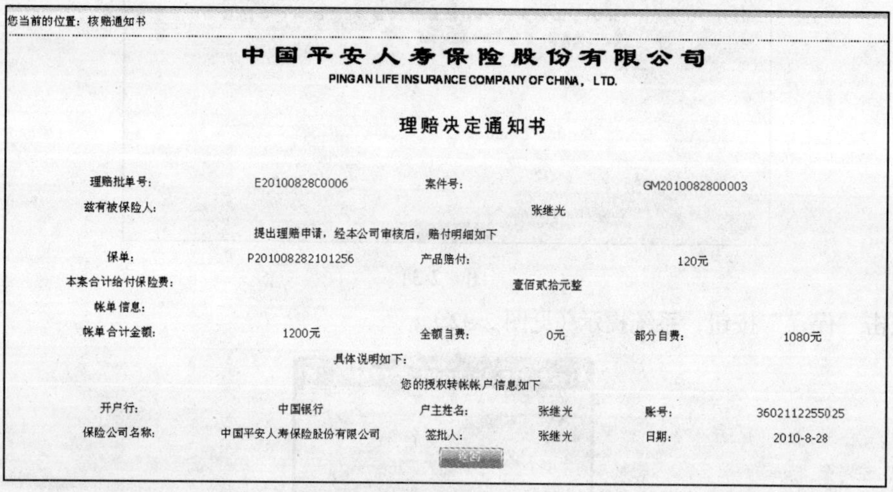

图 2-35

八、保险知识库

点击菜单区的“保险知识库”，打开保险知识库栏目。

知识库栏目中分为产品库、保险机构、法律法规、保险文库、代理人专区、保险精算、再保险、计划书、保险案例、行业资讯、保险数据和学习资料 12 个子栏目。以产品库为例，介绍此栏目操作方法，其他子栏目的操作方法与其相似。

点击“产品库”，打开如下页面（见图 2-36）。

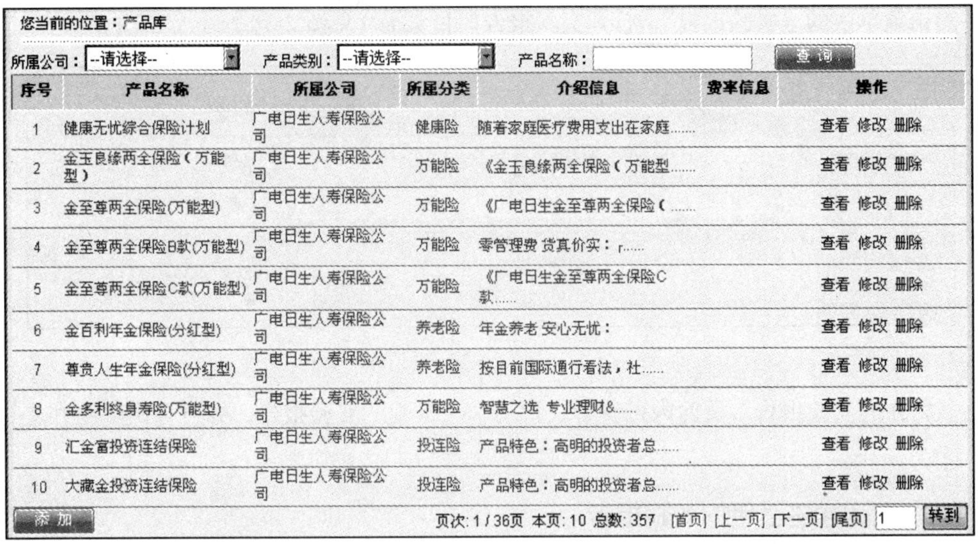

图 2-36

点击“添加”，在以下页面完整填写详细资料（见图 2-37），点击“保存”。

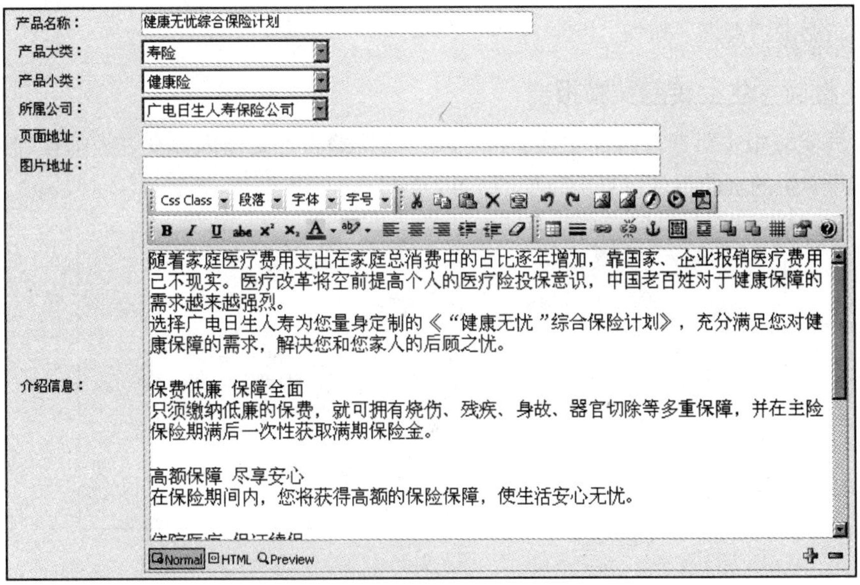

图 2-37

如须查找某条已添加完成的数据，可以通过筛选所属公司或产品类别，或直接输入产品名称来进行查询（见图 2-38）。

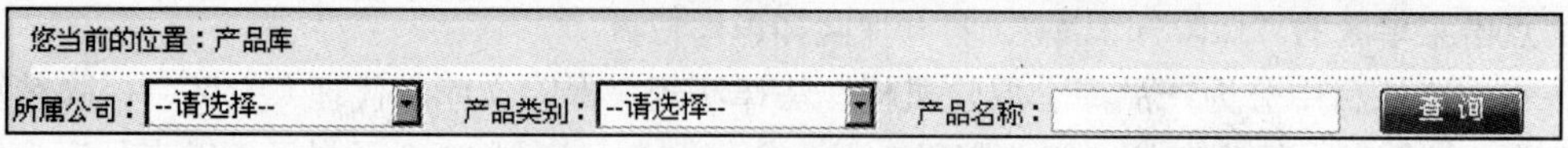

图 2-38

九、实验报告

点击菜单区的“实验报告”，打开实验报告栏目页面（见图 2-39）。

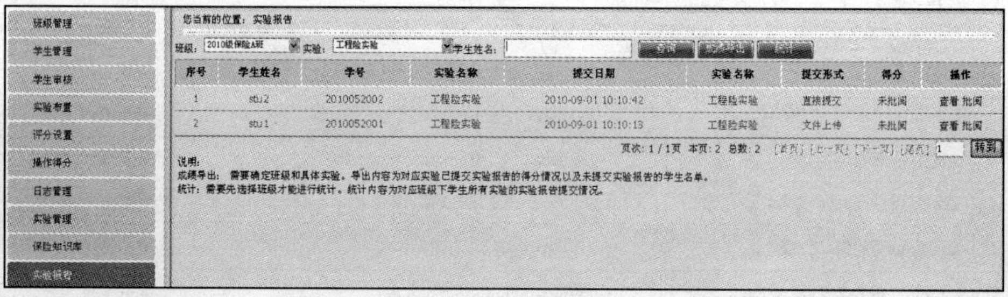

图 2-39

教师在“实验报告”页面内可查看、批阅学生提交的实验报告，并可导出成绩和进行成绩统计。

（一）查询学生上传的实验报告

如图 2-39 所示，在学生列表上方选择“班级”“实验”，输入“学生姓名”，点击查询按钮，则显示该学生提交的实验报告列表（若未提交该实验的实验报告，则不显示。）

若要查询该班级的所有学生提交的本实验的实验报告，则不输入学生姓名，只选择班级、实验，点击“查询”按钮。

（二）批阅学生上传的实验报告

学生的实验报告可通过附件文件上传，也可直接输入在页面内提交。教师在列表中点击查看，打开学生的实验报告信息页，如图 2-40 所示。

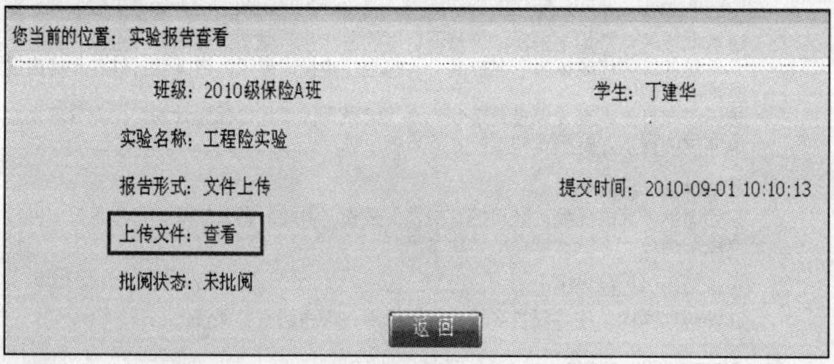

图 2-40

若该实验报告为上传附件，可在“上传文件：查看”处下载打开查看实验报告内容。

查看实验报告后，返回实验报告列表。再点击“批阅”操作，输入该实验报告得分及评语，点击“批阅”按钮，完成批阅（见图 2-41）。

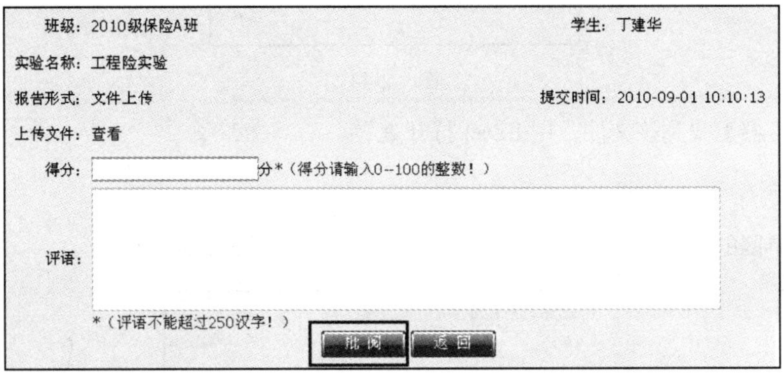

图　2-41

在实验结束后，可在此栏目查看学生上传的实验报告。

（三）成绩导出

在列表上方，选择班级、实验，显示该班级、该实验的实验报告列表，点击“成绩导出”按钮，将实验报告成绩导出到服务器，并将提示文件保存位置（见图 2-42）。

图　2-42

（四）成绩统计

在列表上方，选择班级，点击“统计”按钮，显示该班级的学生实验报告统计列表，如图 2-43 所示。

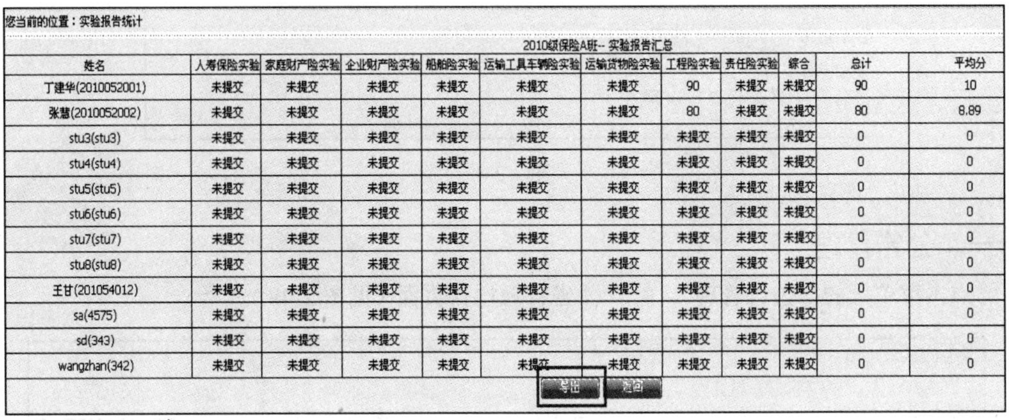

您当前的位置：实验报告统计

2010级保险A班-- 实验报告汇总

姓名	人寿保险实验	家庭财产险实验	企业财产险实验	船舶险实验	运输工具车辆险实验	运输货物险实验	工程险实验	责任险实验	综合	总计	平均分
丁建华(2010052001)	未提交	未提交	未提交	未提交	未提交	未提交	90	未提交	未提交	90	10
张慧(2010052002)	未提交	未提交	未提交	未提交	未提交	未提交	80	未提交	未提交	80	8.89
stu3(stu3)	未提交	未提交	未提交	未提交	未提交	未提交	未提交	未提交	未提交	0	0
stu4(stu4)	未提交	未提交	未提交	未提交	未提交	未提交	未提交	未提交	未提交	0	0
stu5(stu5)	未提交	未提交	未提交	未提交	未提交	未提交	未提交	未提交	未提交	0	0
stu6(stu6)	未提交	未提交	未提交	未提交	未提交	未提交	未提交	未提交	未提交	0	0
stu7(stu7)	未提交	未提交	未提交	未提交	未提交	未提交	未提交	未提交	未提交	0	0
stu8(stu8)	未提交	未提交	未提交	未提交	未提交	未提交	未提交	未提交	未提交	0	0
王甘(201054012)	未提交	未提交	未提交	未提交	未提交	未提交	未提交	未提交	未提交	0	0
sa(4575)	未提交	未提交	未提交	未提交	未提交	未提交	未提交	未提交	未提交	0	0
sd(343)	未提交	未提交	未提交	未提交	未提交	未提交	未提交	未提交	未提交	0	0
wangzhan(342)	未提交	未提交	未提交	未提交	未提交	未提交	未提交	未提交	未提交	0	0

导出　返回

图　2-43

在统计列表下点击“导出”按钮，可将该统计表导出为 .csv 格式，并提示保存位置（见图 2-44）。

图 2-44

可在服务器上找到该文件，用 Excel 打开查看。

十、在线交流

点击菜单区的“在线交流”，打开在线交流栏目页面（见图 2-45）。

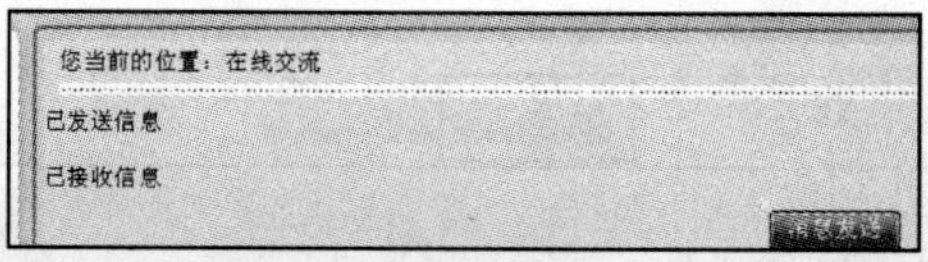

图 2-45

点击“消息发送”，在如下页面填写信息内容，并选择接收信息的班级及学生，点击“发送”（见图 2-46、图 2-47）。

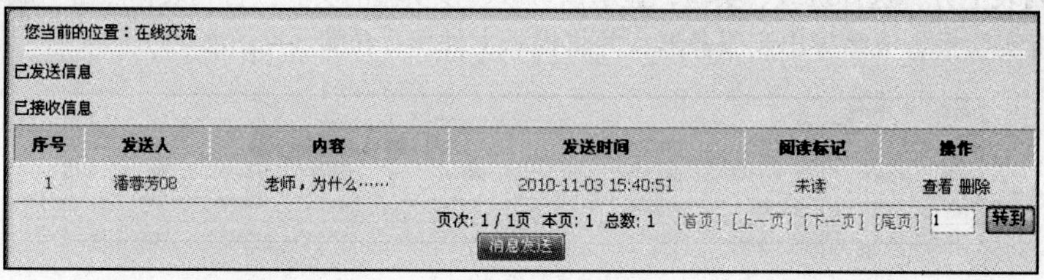

图 2-46

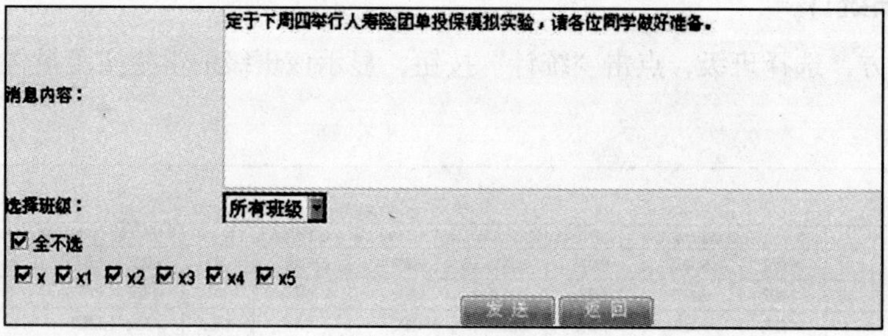

图 2-47

十一、公告管理

点击菜单区的“公告管理”，打开公告管理栏目页面（见图 2-48）。

图 2-48

点击“公告发布”，在如下页面填写详细公告信息，并选择允许查看此公告的班级，点击“确定”（见图 2-49）。

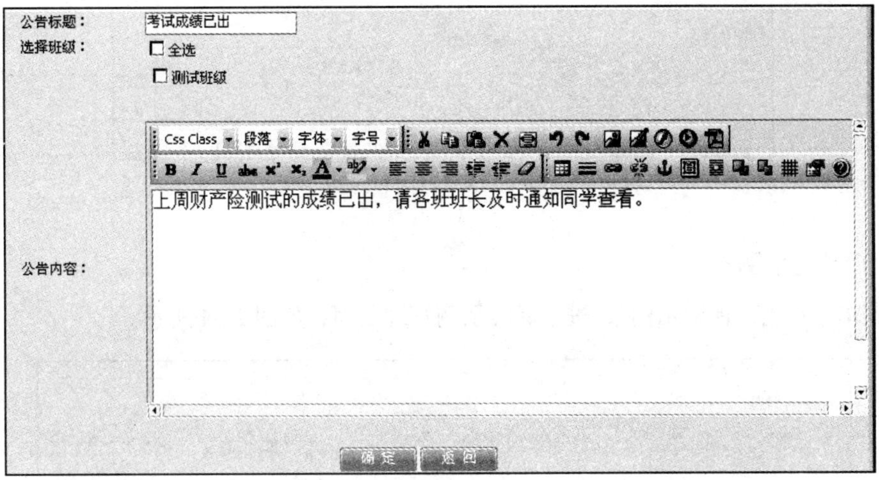

图　2-49

而后跳转至如下页面，点击“操作”中的“公告发布”，将公告成功发布（见图 2-50）。

图　2-50

十二、保险示例

保险示例中是对示例分类和保险示例进行维护。

（一）分类维护

在菜单中选择“保险示例”，进入如图 2-51 所示页面。

图　2-51

点击“类别维护”按钮，进入保险示例类别管理页面，点击“增加”按钮，输入标题并选择角色，完成类别添加（见图 2-52）。

图　2-52

在类别列表中，可对类别进行修改或删除，如图 2-53 所示。

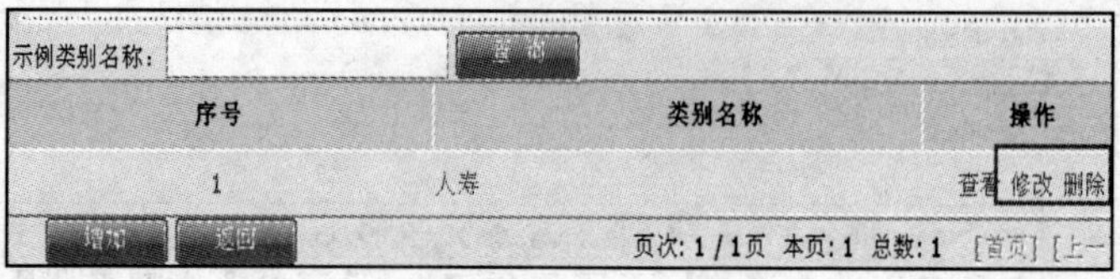

图 2-53

(二) 保险示例

在菜单中点击“保险示例”，进入保险示例管理页面，如图 2-54 所示。

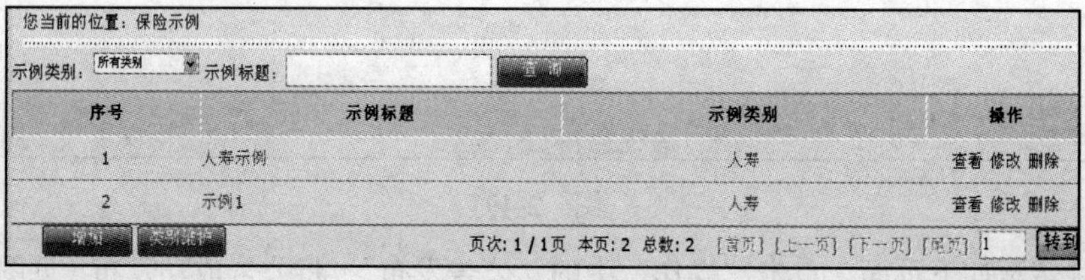

图 2-54

在此可进行保险示例的添加、修改、删除和查询操作。

1. 添加

在列表下点击“增加”按钮，进入保险示例的输入页面。

在页面内输入标题、选择类别、输入正文后，点击“添加”按钮。

2. 修改、删除

在保险示例页面中，分别点击“修改”或“删除”，对保险示例信息进行修改或删除操作。

3. 查询

在保险示例列表上方，按示例类别和标题进行查询。该功能将在保险示例目录增多的情况下，方便教师对示例的查找和操作。

十三、案例管理

点击菜单区的“案例管理”，打开案例管理栏目页面（见图 2-55）。

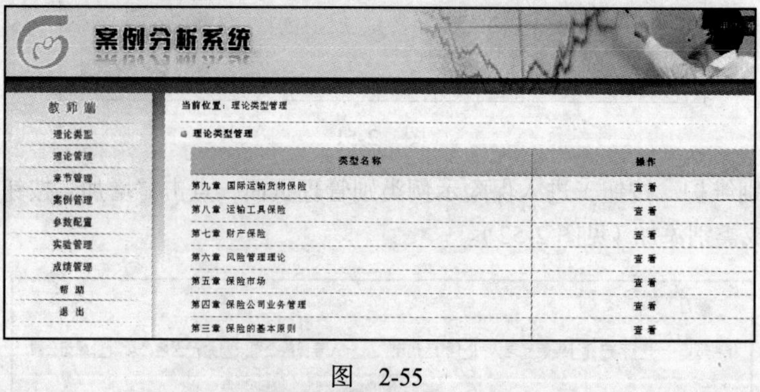

图 2-55

(一) 理论类型

点击菜单区的“理论类型”，打开如图 2-56 所示页面。

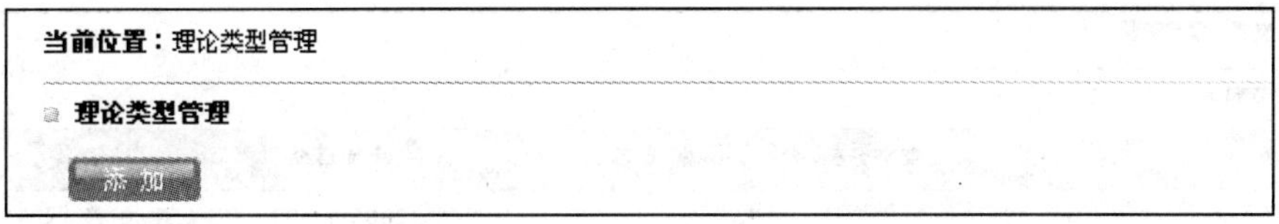

图　2-56

点击“添加”，在如下页面填写类型名称和说明，点击“保存”，添加完成（见图 2-57）。

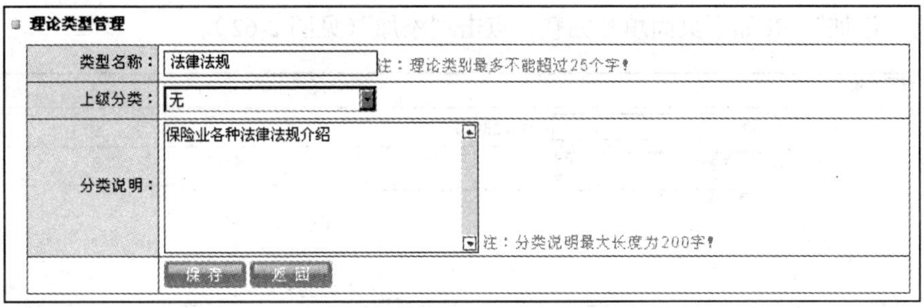

图　2-57

在添加成功后，可随时对该条资料进行修改或直接删除（见图 2-58）。

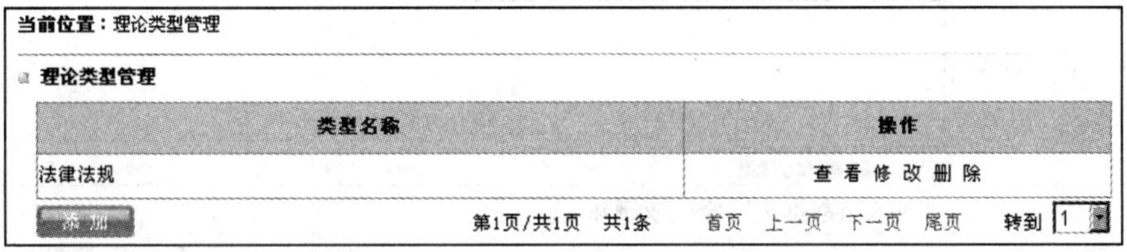

图　2-58

（二）理论管理

点击菜单区的“理论管理”，打开如图 2-59 所示页面。

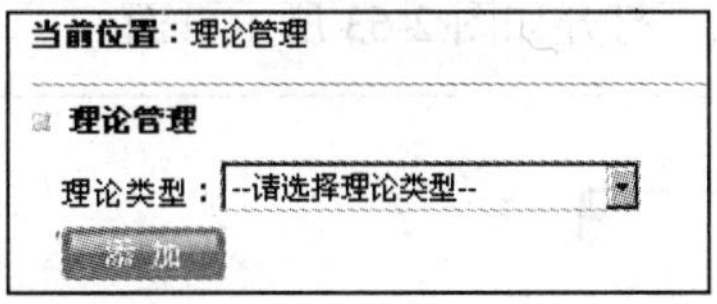

图　2-59

点击“添加”，在明细添加页面上完整填写标题、内容，选择理论类型，点击“保存”，添加完成，并可随时对该条数据进行修改或删除（见图 2-60）。

图　2-60

（三）章节管理

点击菜单区的“章节管理”，打开如图 2-61 所示页面。

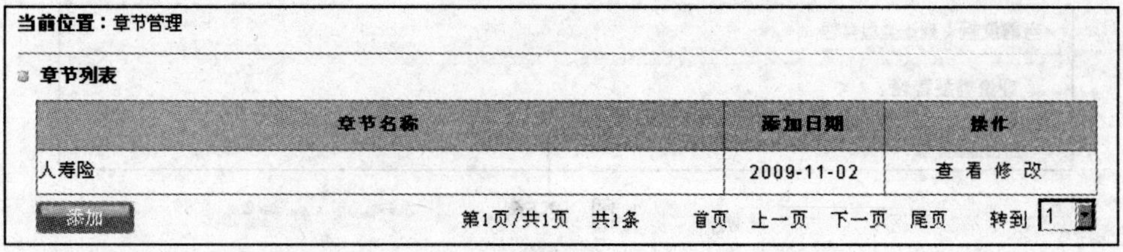

图 2-61

点击“添加”，在如下页面填写完整，点击“添加”(见图 2-62)。

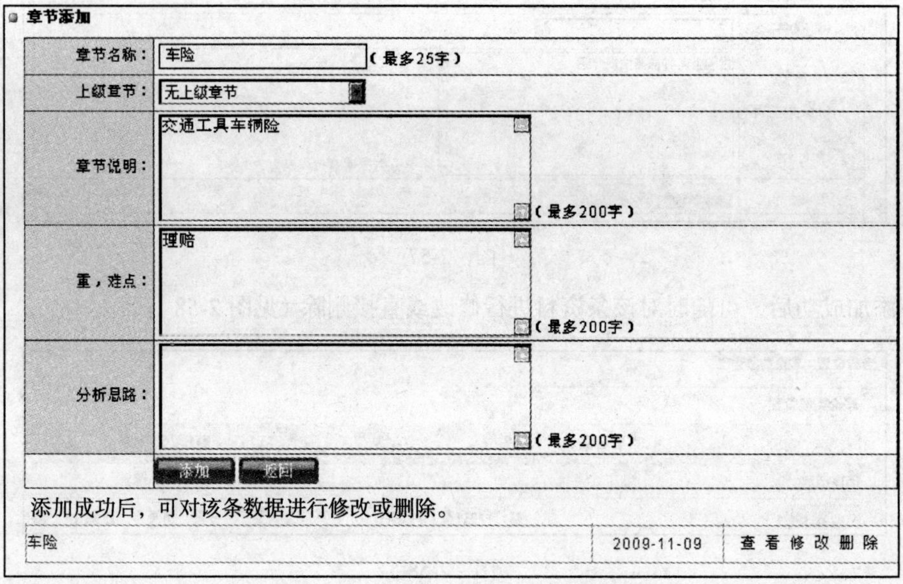

图 2-62

(四) 案例管理

点击菜单区的“案例管理”，打开如图 2-63 所示页面。

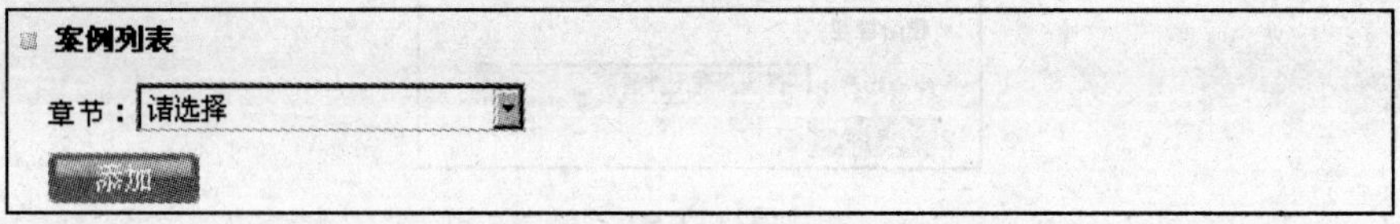

图 2-63

点击“添加”，在明细页面填写案例标题，选择所属章节，上传案例视频资料，录入摘要及案例背景资料，点击“添加”(见图 2-64)。

之后回到案例列表页面，选择章节。

，找到刚才添加的案例数据，点击“添加问题”。

图 2-64

录入题干、分析提示、关键词、参考答案及分数，点击“添加”(见图 2-65)。

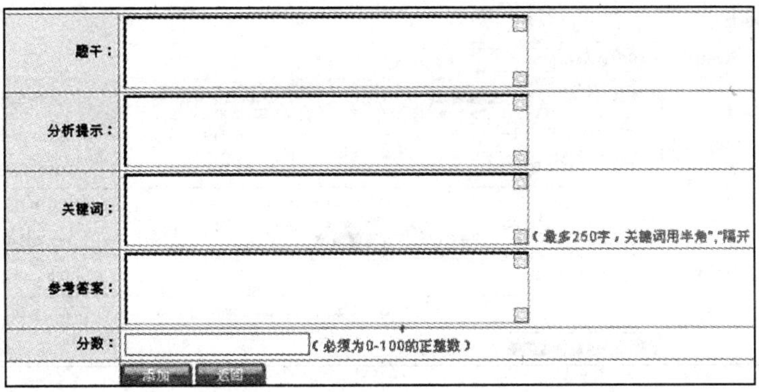

图 2-65

添加成功后效果如下，可进行修改或删除（见图 2-66）。

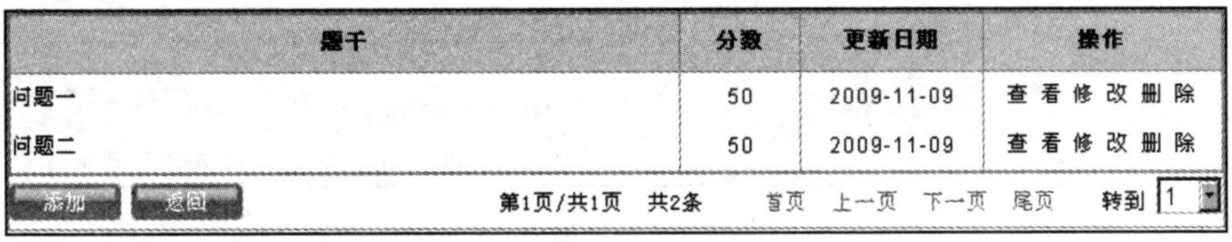

图 2-66

（五）参数配置

点击菜单区的“参数配置”，打开如图 2-67 所示页面。

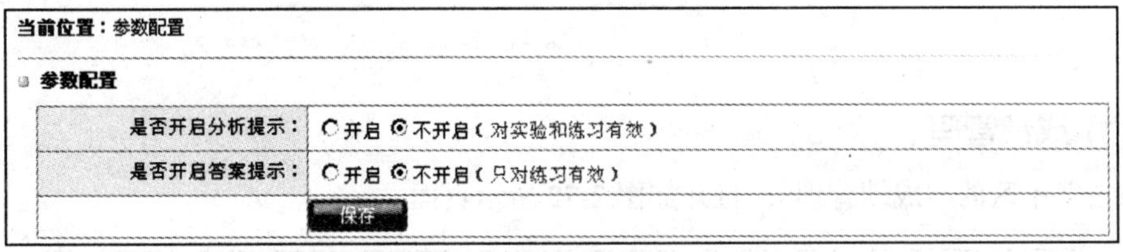

图 2-67

选择是否在学生进行案例分析时开启分析提示和答案提示，点击“保存”。

（六）实验管理

点击菜单区的“实验管理”，打开如图 2-68 所示页面。

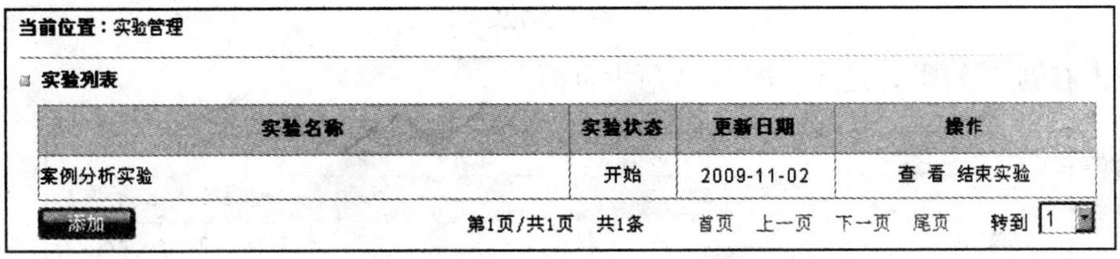

图 2-68

点击“添加”，在如下页面填写实验名称，选择供本次实验使用的案例，选择参加本次实验的班级，之后点击“添加”（见图 2-69）。

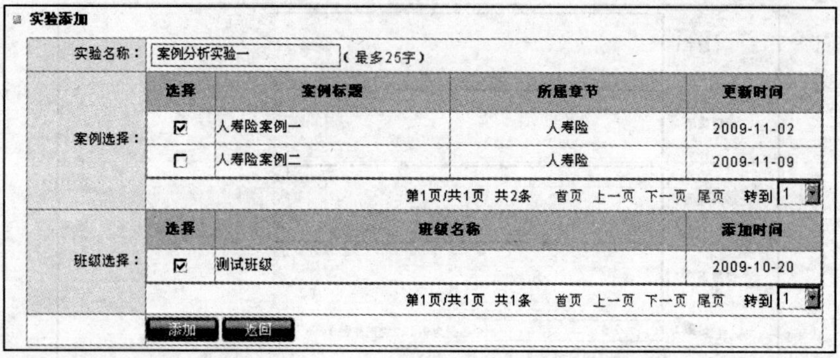

图 2-69

在添加完实验数据后，可进行修改或删除，也可点击“开始实验”，将本实验开启，学生才可正式进行实验（见图 2-70）。

图 2-70

在学生完成实验后，点击“结束实验”，将实验关闭（见图 2-71）。

图 2-71

（七）成绩管理

点击菜单区的“成绩管理”，打开如图 2-72 所示页面。

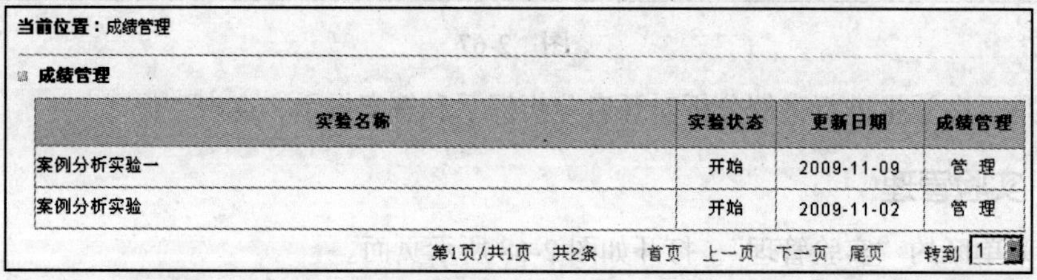

图 2-72

点击右侧“管理”，进入如图 2-73 所示页面。

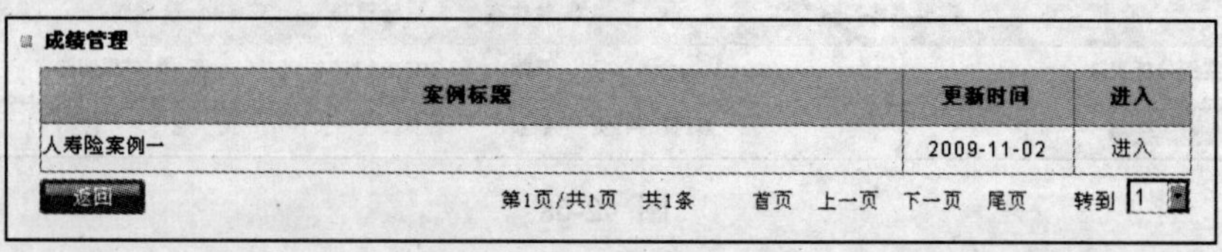

图 2-73

点击右侧“进入”，在打开的页面中对每个学生的实验结果进行评阅。

（八）帮助

点击菜单区的“帮助”，页面跳转到案例分析系统操作说明页面，可查看详细的操作演示内容。

（九）退出

点击菜单区的“退出”，退出案例分析系统。

十四、在线考试

点击页面左侧栏“在线考试”，进入在线考试页面，如图 2-74 所示。

图 2-74

（一）题库管理

点击“题库管理”，选择相应的题型，点击最右侧“添加”，进入试题添加页面，以单选题为例，如图 2-75 所示。

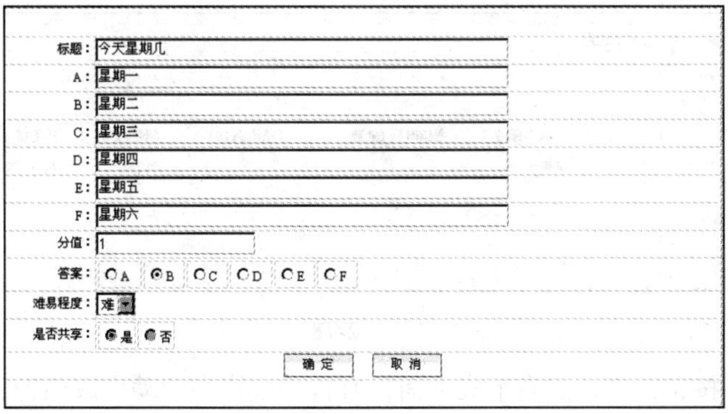

图 2-75

输入题目标题、各选项的内容、分值、题目的正确答案、难易程度、是否共享。点击“确定”按钮进行提交保存，系统自动返回单选题列表页面。也可以用批量导入的方式来添加试题。

注：多选题、判断题、问答题、论述题添加的方法同单选题的添加。

(二) 试卷管理

1. 新建试卷

在线考试系统页面选择“新建试卷”，则出现如图 2-76 所示页面。

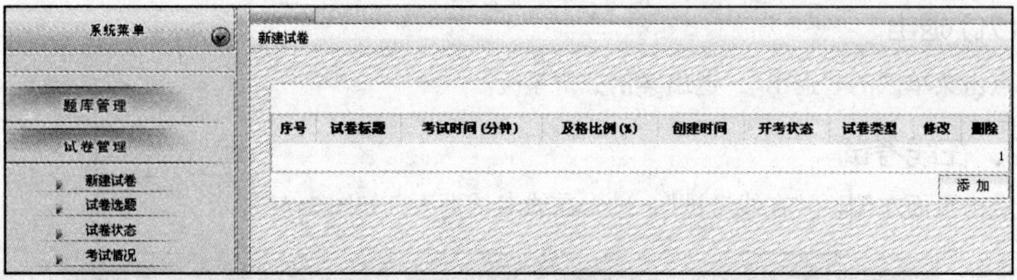

图 2-76

点击“添加”按钮，进入新建试卷页面，如图 2-77 所示。

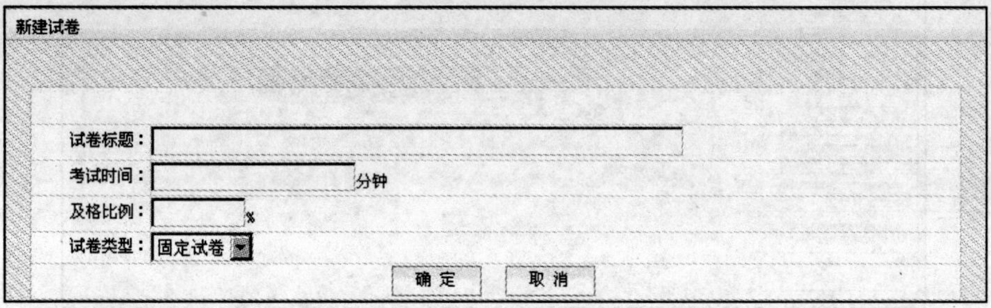

图 2-77

填写试卷标题、考试时间、及格比例、试卷类型之后点击“确定”按钮进行提交保存，系统自动返回到试卷管理页面。也可以点击“取消”返回试卷管理页面。

2. 试卷选题

在线考试系统页面选择“试卷选题”，进入试卷选题页面，如图 2-78 所示。

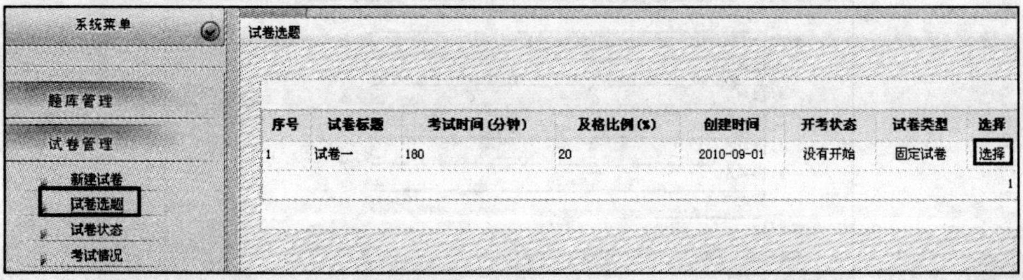

图 2-78

点击“选择”按钮，进入试卷生成页面，有自动生成和手动生成两种，如图 2-79 所示。

若选择自动生成试卷，则填写各种题型的难易程度数量，点击“确定”按钮，试卷生成成功，返回试卷选题页面。试卷选题完成之后还可以进行修改和导出操作（注：试卷选题是从题库里选出的，所以要保证题库有充足的题量。另外试卷选题只针对“没有开始”的试卷，如果开考状态为“已经结束”，则不能进行试卷选题）。

若需要选择手动生成试题，则点击“手动生成试题”按钮，进入如图 2-80 所示页面。

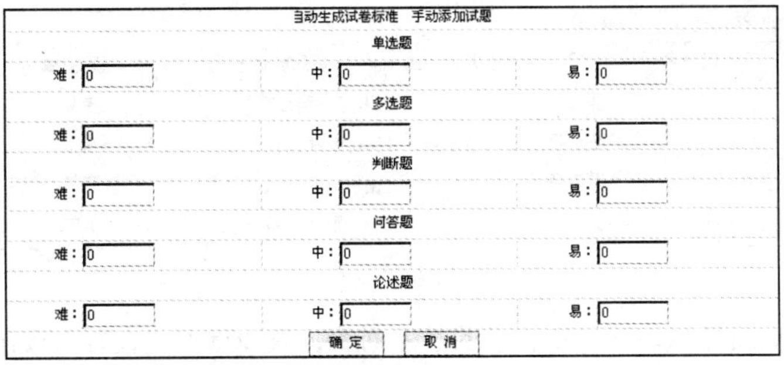

图　2-79

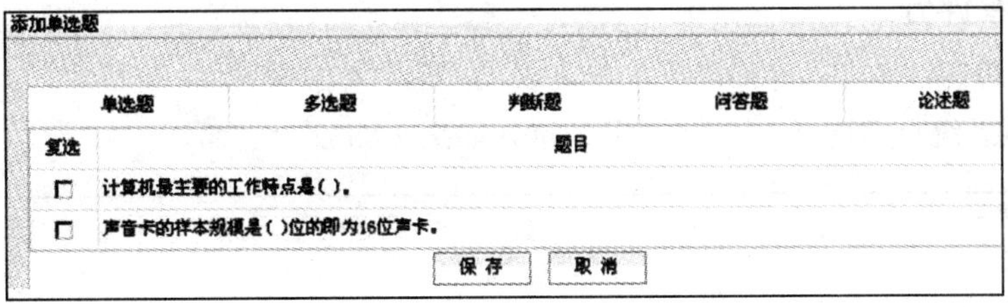

图　2-80

点击“单选题”，则进入单选题选择页面，选择其中的题目，点击“保存”。另外，多选题、判断题、问答题、论述题的选择与单选题相同。全部题型选择和保存后，一份完整的试卷就生成了。

3. 试卷状态

在线考试系统页面选择“试卷状态”，进入如图 2-81 所示页面。

图　2-81

点击“开考”，进入选择班级页面（见图 2-82）。

选择需要进行考试的班级，点击“确定”按钮，开考成功（若还没有班级，请在“班级管理”中导入班级）。

开考成功后，教师可以在考试时间到时，点击“结束考试”按钮，考试结束（见图 2-83）。

图　2-82

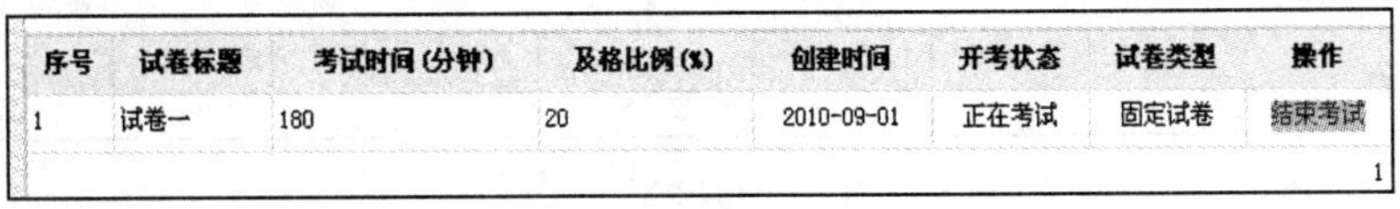

图　2-83

4. 考试情况

在线考试系统页面选择“考试情况”，查看学生的考试情况，如图 2-84 所示。

班级：2010级保险A班 确 定

序号	用户名	真实姓名	所属班级	是否有效	查看
26	a1	张杰	2010级保险A班	有效	查看
27	a2	王永明	2010级保险A班	有效	查看
28	a3	董彬辉	2010级保险A班	有效	查看
29	a	a	2010级保险A班	有效	查看

图 2-84

选择班级，页面显示该班级中答卷的学生列表，教师点击“查看”按钮，进入学生考试情况页面，在这里可以查看学生的考试情况。

(三) 试卷评分

1. 试卷批阅

在线考试系统页面选择“试卷批阅”，进入如图 2-85 所示页面。

试卷批阅

序号	试卷标题	考试时间	及格比例(%)	创建时间	开考状态	试卷类型	选择
1	供应链管理期末考试	120	80	2006-06-23	已经结束	固定试卷	选择
2	shiyuan	150	80	2006-06-16	已经结束	动态试卷	选择
3	exam_1	10	59	2006-06-14	已经结束	固定试卷	选择

1

图 2-85

点击“选择”按钮，进入如图 2-86 所示页面。

序号	用户名	真实姓名	所属班级	是否有效	操作
1	yoyo	9	jsj01	有效	选择

1

返 回

图 2-86

点击“选择”按钮，进入试卷批阅页面，如图 2-87 所示。

学生考试批阅

学生	单选题	多选题	判断题	问答题	论述题
楼华君	0分	0分	0分	批阅	批阅

总分：

返 回

图 2-87

点击问答题的“批阅”按钮，进入问答题批阅页面，如图 2-88 所示。

填写得分，点击“确定”按钮，批阅成功，返回上一层页面，继续批阅论述题，论述题的批阅与问答题相同。

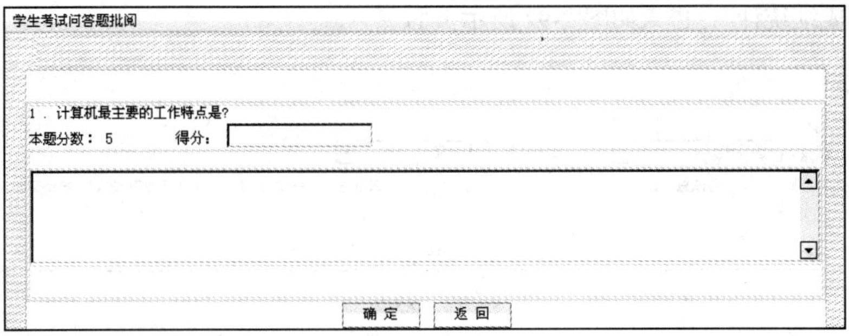

图　2-88

2. 班级成绩单

在线考试系统页面选择“班级成绩单”，进入班级成绩单页面，如图 2-89 所示。

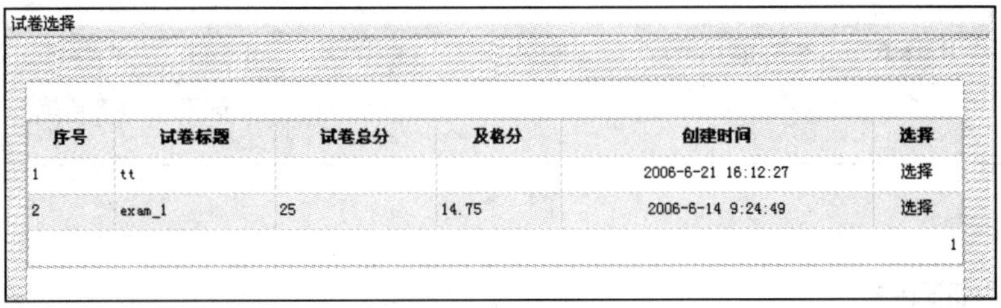

图　2-89

点击“选择”按钮，进入学生成绩单页面，如图 2-90 所示。

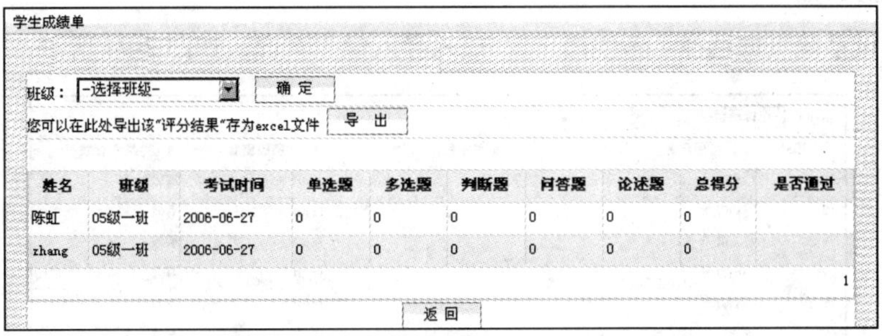

图　2-90

选择一个班级，点击“确定”按钮，进入该班级学生成绩单页面，点击“导出”按钮可以导出文件，点击“返回”返回学生成绩单页面。

3. 试卷统计

在线考试系统页面选择“试卷统计”，进入统计结果页面，如图 2-91 所示。

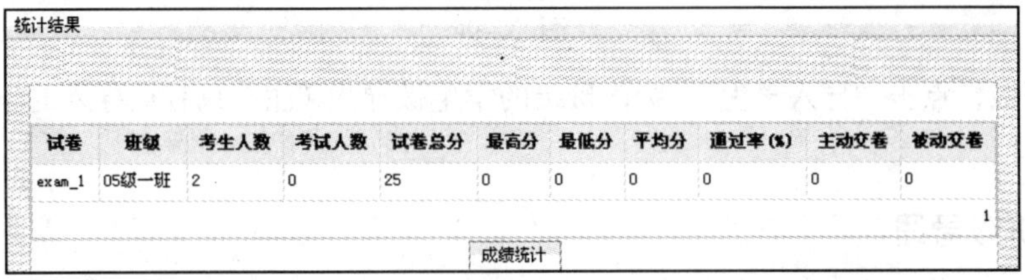

图　2-91

点击“成绩统计”，进入如图 2-92 所示页面。

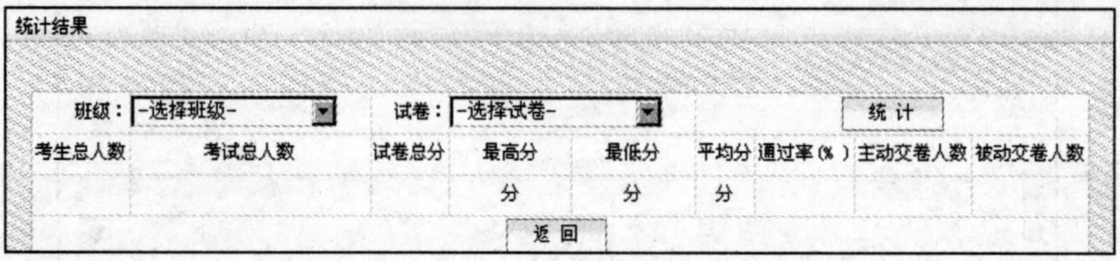

统计结果

班级：-选择班级- 试卷：-选择试卷- 统 计

考生总人数	考试总人数	试卷总分	最高分	最低分	平均分	通过率(%)	主动交卷人数	被动交卷人数
			分	分	分			

返 回

图 2-92

选择班级和试卷，点击“统计”按钮，则可以显示统计结果。

4. 试卷分析

试卷分析可统计指定试卷每个题目以及学生答题的正确率和错误率（见图 2-93）。

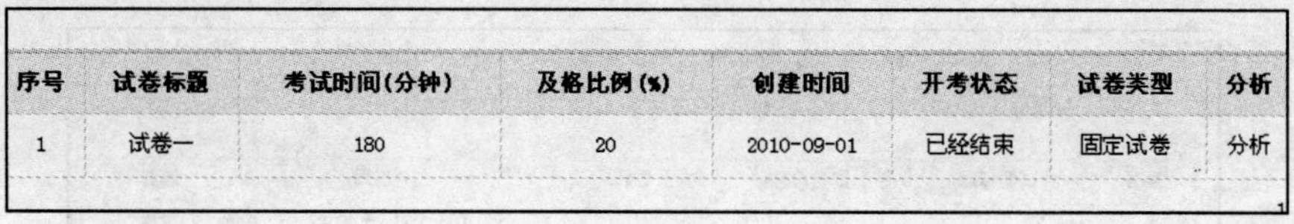

序号	试卷标题	考试时间(分钟)	及格比例(%)	创建时间	开考状态	试卷类型	分析
1	试卷一	180	20	2010-09-01	已经结束	固定试卷	分析

1

图 2-93

（四）教师用户

在线考试系统页面选择“教师用户”，可以进行教师信息的查看和管理。

（五）考生用户

在线考试系统页面选择“考生用户”，进入导入学生页面，如图 2-94 所示。

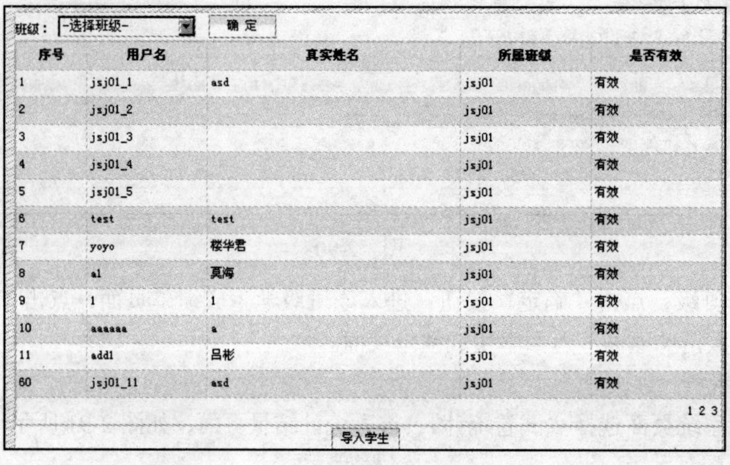

班级：-选择班级- 确 定

序号	用户名	真实姓名	所属班级	是否有效
1	jsj01_1	asd	jsj01	有效
2	jsj01_2		jsj01	有效
3	jsj01_3		jsj01	有效
4	jsj01_4		jsj01	有效
5	jsj01_5		jsj01	有效
6	test	test	jsj01	有效
7	yoyo	楼华君	jsj01	有效
8	a1	夏海	jsj01	有效
9	1	1	jsj01	有效
10	aaaaaa	a	jsj01	有效
11	add1	吕彬	jsj01	有效
60	jsj01_11	asd	jsj01	有效

1 2 3

导入学生

图 2-94

选择班级，点击“导入学生”，则该班级的学生被导入（注：只有被导入的学生才可以进行在线考试）。

（六）班级管理

在线考试系统页面选择“班级管理”，进入班级管理页面，如图 2-95 所示。

图 2-95

点击“导入班级”，班级导入完成。

十五、个人资料

在“菜单区”点击“个人资料”按钮，在页面右侧操作区将显示如图 2-96 所示界面。

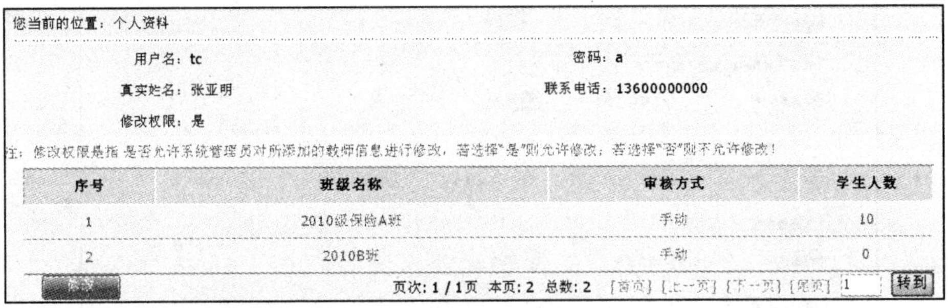

图 2-96

如果您要更新密码、教师真实姓名、联系电话、修改权限，则点击“修改”按钮，进入教师信息编辑页面，修改后，点击“修改”，如图 2-97 所示。

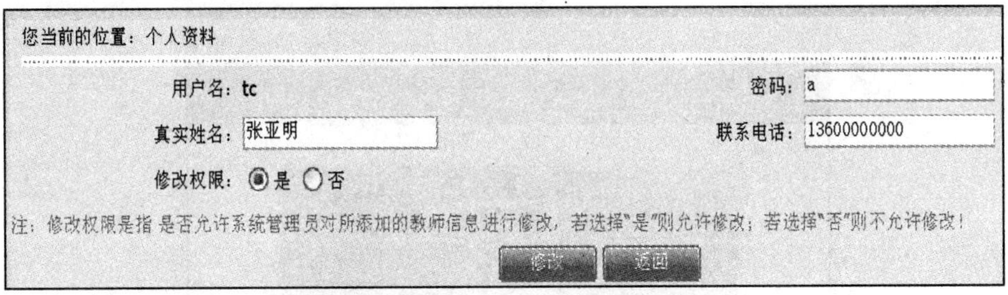

图 2-97

提示：密码修改之后即时生效，请您务必谨记。

十六、流程演示

流程演示指系统提供的教师端操作演示及实验各流程的演示视频，支持在线播放。

在菜单中，点击“流程演示”，打开如图 2-98 所示页面。

在视频列表中选择一个视频文件，打开该文件的播放页面（见图 2-99）。在页面内点击按钮“▶”，开始播放视频。

视频暂停：在视频播放过程中若要暂停，只需将鼠标放置在播放页面内单击，视频播放将暂停。若要继续播放，请再次单击按钮“▶”。

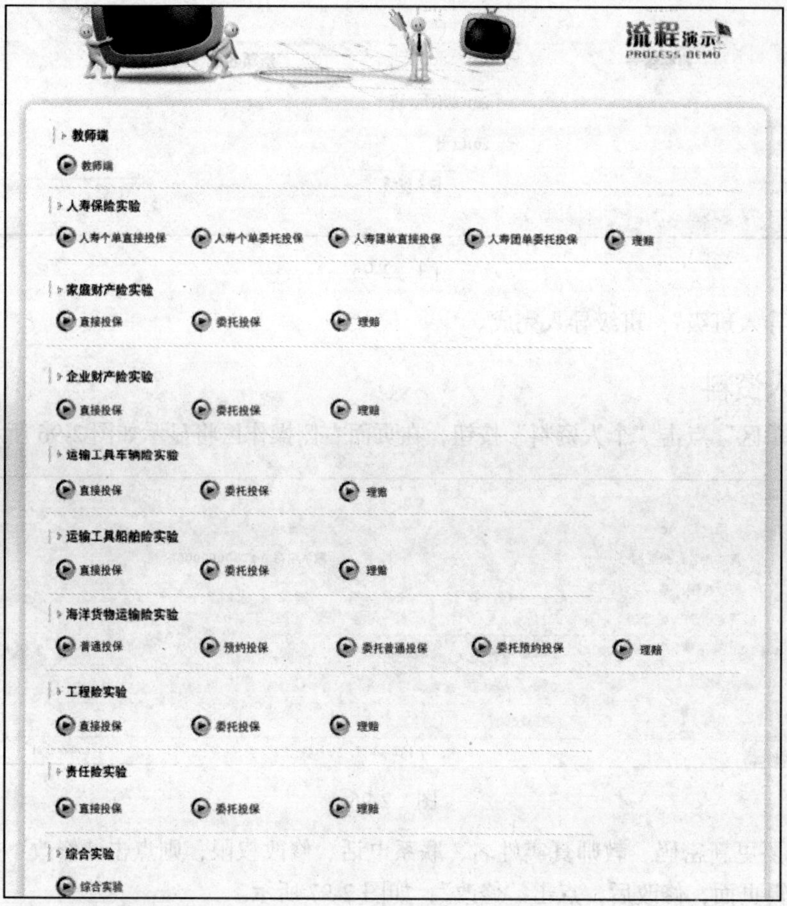

图 2-98

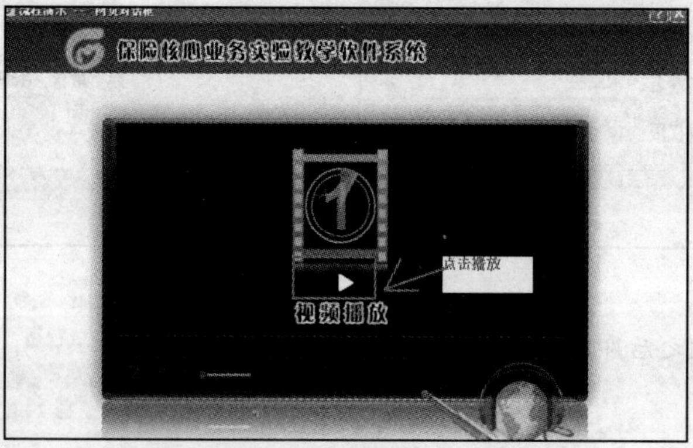

图 2-99

第三节 学生端系统介绍

系统最核心的功能集中于学生端系统，学生通过饰演保险业务流程中的客户、代理人、经纪公司、人寿保险公司、财产保险公司角色，进入人寿保险和财产保险实践平台，通过实际操作投保、承保、核保、变更、理赔、核赔等业务流程，使学生的知识结构提升，弥补实践业务操作的缺乏，实现对人寿保险、运输工具车辆险、企业财产险、家庭财产险、海洋运输货物保险、运输工具船舶险、责任险、工程险的熟悉、掌握，为学以致用打下坚固的基础。

一、学生注册

没有系统登录账号的学生需要注册，填写注册资料后，经班级教师审核通过，就可以登录系统。

打开“广西财经学院保险核心业务实验教学软件系统”主界面，如图 2-100 所示。

图　2-100

点击学生端，在弹出窗口中点击“用户注册”，打开页面填写各项注册信息，如图 2-101 所示。

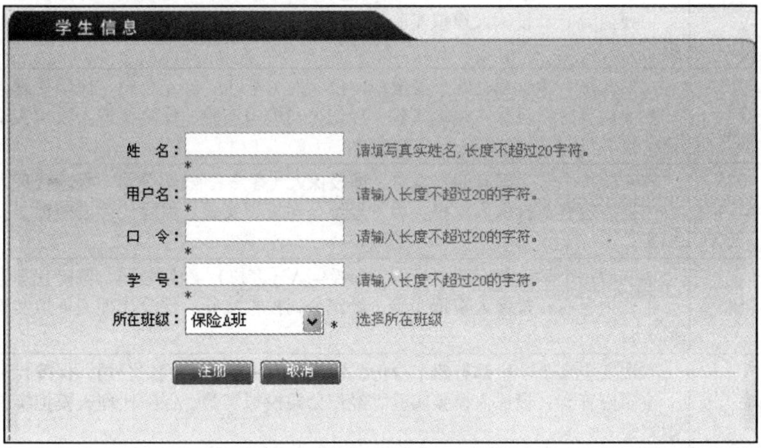

图　2-101

点击“注册”按钮，系统提示如图 2-102 所示。

点击“确定”按钮，页面自动跳转至系统登录页面。

提示： 1. 注册账号在教师审核之后，才能启用。

2. 在学生注册账号之前，系统管理员应先设置好教师信息，教师应先设置好班级信息。

图　2-102

二、学生登录

在系统主界面中，输入学生的“用户名”和“密码”后，点击“登录”按钮，进入“学生端系统”主界面，如图 2-103 所示。

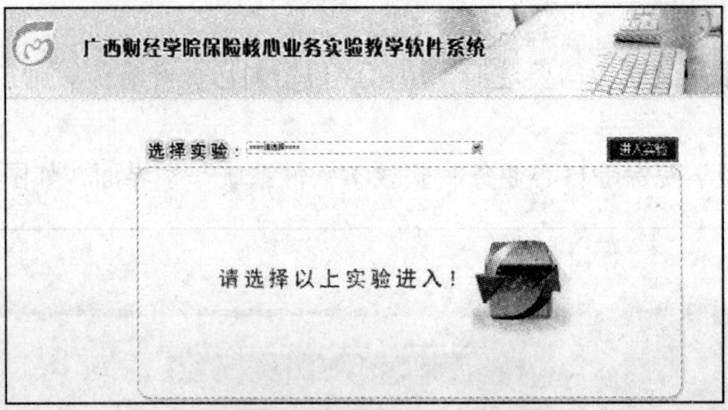

图 2-103

学生在广西财经学院保险核心业务实验教学软件系统中，将选择教师设置的实验进行操作。

选择实验后，再选择各角色的操作平台。各实验相互独立，实验中的角色操作界面也保持独立，但数据流通。

各类型实验简介如表 2-2 所示。

表 2-2

序号	平台名称	简介
1	人寿保险	本实验每个学生都有四个身份，即投保人（客户）、经纪公司、保险代理人和保险公司 主要内容有：投保人模拟实验、经纪公司模拟实验、保险代理人模拟实验和保险公司模拟实验
2	家庭财产险	本实验每个学生都有四个身份，即投保人（客户）、经纪公司、保险代理人和保险公司 主要内容有：投保人模拟实验、经纪公司模拟实验、保险代理人模拟实验和保险公司模拟实验
3	企业财产险	本实验每个学生都有四个身份，即投保人（客户）、经纪公司、保险代理人和保险公司 主要内容有：投保人模拟实验、经纪公司模拟实验、保险代理人模拟实验和保险公司模拟实验
4	运输工具车辆险	本实验每个学生都有四个身份，即投保人（客户）、经纪公司、保险代理人和保险公司 主要内容有：投保人模拟实验、经纪公司模拟实验、保险代理人模拟实验和保险公司模拟实验
5	运输工具船舶险	本实验每个学生都有四个身份，即投保人（客户）、经纪公司、保险代理人和保险公司 主要内容有：投保人模拟实验、经纪公司模拟实验、保险代理人模拟实验和保险公司模拟实验
6	运输货物险	本次实验每个学生都有四个身份，即投保人（客户）、经纪公司、保险代理人和保险公司 主要内容有：投保人模拟实验、经纪公司模拟实验、保险代理人模拟实验和保险公司模拟实验
7	责任险	本次实验每个学生都有四个身份，即投保人（客户）、经纪公司、保险代理人和保险公司 主要内容有：投保人模拟实验、经纪公司模拟实验、保险代理人模拟实验和保险公司模拟实验
8	工程险	本次实验每个学生都有四个身份，即投保人（客户）、经纪公司、保险代理人和保险公司 主要内容有：投保人模拟实验、经纪公司模拟实验、保险代理人模拟实验和保险公司模拟实验
9	综合险	包括以上八大险种，包括客户、寿险代理人、财险代理人、人寿保险公司、财产保险公司、经纪公司六大角色

三、实验报告

进入实验角色选择页面，在右侧选择实验报告进入提交实验报告（见图 2-104）。

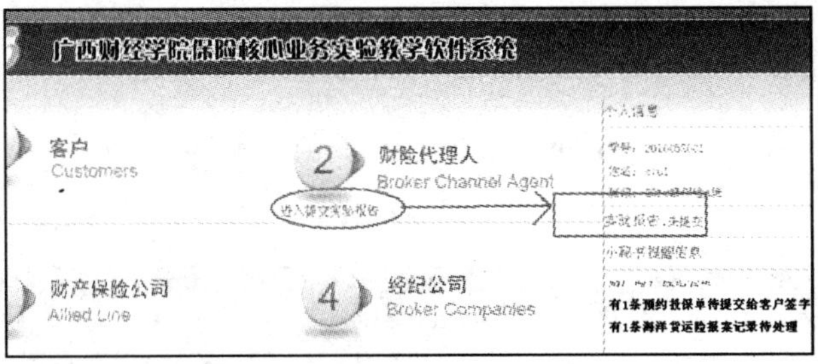

图 2-104

实验报告支持直接填写或提交附件。

四、在线考试

在登录页面内点击页面“在线考试”按钮，进入学生端在线考试的登录页面，如图 2-105 所示。

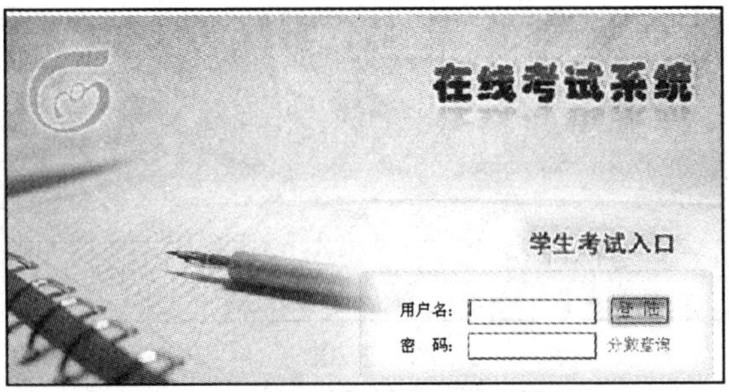

图 2-105

输入用户名和密码，点击“登录”按钮，进入在线考试页面。在在线考试页面，学生可以开始答题，在页面左侧栏点击“单选题”，进入单选题考试页面，如图 2-106 所示。

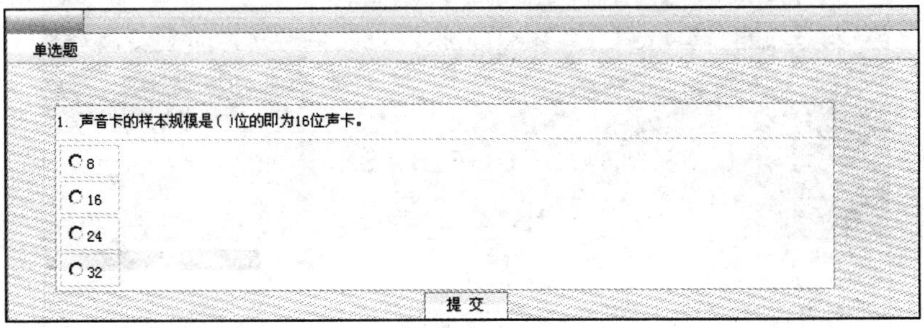

图 2-106

选择答案选项，点击“提交”按钮，提交成功。

多选题、判断题、问答题、论述题的答卷方式与单选题相同，这里不再赘述。

等全部试题答完之后，在页面左侧栏点击“交卷”，交卷成功，返回在线考试登录页面。

点击首页“分数查询”，可查看自己的考试成绩。

五、信息交流

在实验操作中点击页面上方“信息交流”按钮，进入学生端在线交流页面，如图 2-107 所示。

图 2-107

可分别查看到已发送和已接受的站内短信息，点击操作栏的“查看”，可查看信息详情；点击“删除”，可删除此条记录。

如需发送站内信息，则可点击“发送信息”，在打开的页面中填写消息内容，选择接收信息的人员，点击“发送”即可，如图 2-108 所示。

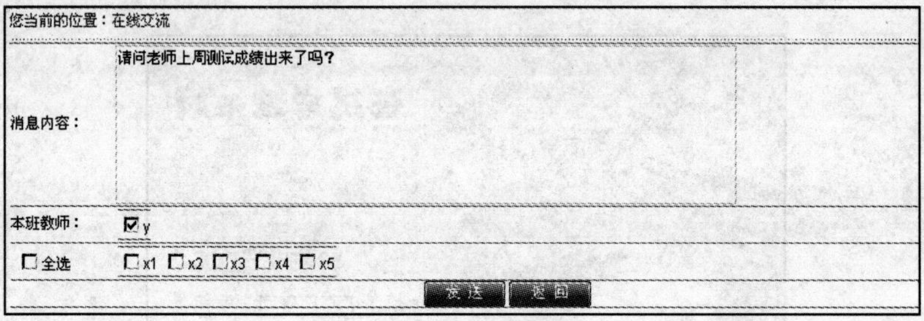

图 2-108

六、保险知识

点击页面上方“保险知识”按钮，进入知识库页面，如图 2-109 所示。

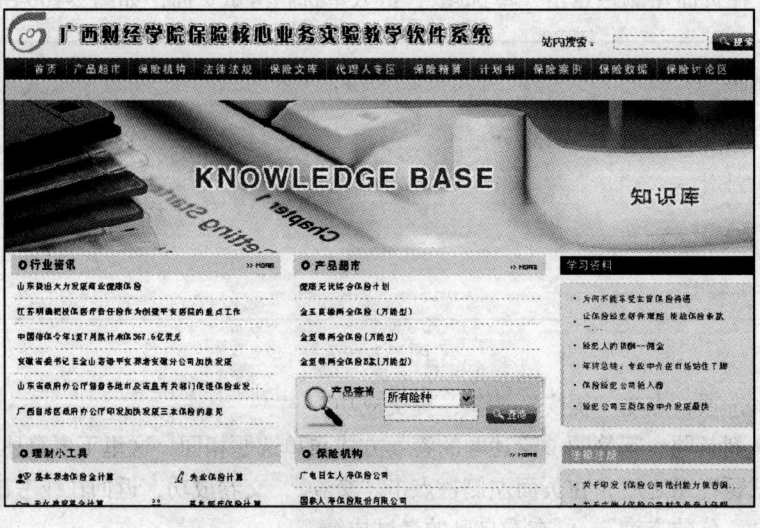

图 2-109

此处可根据产品超市、保险机构、法律法规、保险文库、代理人专区、保险精算、计划书、保险案例、保险数据等栏目来查询各种保险相关的知识。

注：此处的数据为教师端所添加。

七、案例管理

点击页面上方“案例管理”，进入案例分析系统登录页面，如图 2-110 所示。

图 2-110

输入用户名和密码，点击登录，进入案例分析系统，如图 2-111 所示。

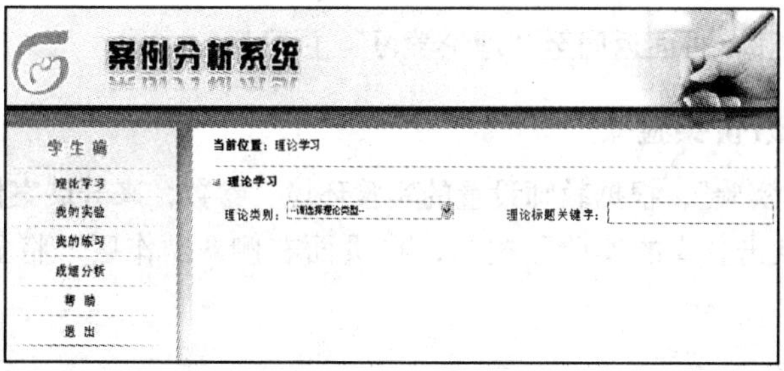

图 2-111

(一) 查看已设置的理论资料

点击左侧“理论学习”，查看教师已设置的理论资料，可按类别、标题关键字来组合查询理论信息。通过理论资料的学习，有效地扩容学生的知识量，实现实践与理论的有机结合。

在“菜单区”点击“理论学习”按钮，在页面右侧“操作区”将显示如图 2-112 所示界面。

图 2-112

点击“理论类别”下拉框，选择您要查看的理论类别，在您选择之后，系统将根据您选择的理论类别，自动检索出相匹配的信息；在“理论标题关键字”输入栏中，输入您要查询理论的关键字信息，点击“查询”按钮，系统自动检索出相关的信息项；您也可以通过，选择理论类别，输入理论标题关键字之后，点击“查询”按钮，来进行组合查询，如图 2-113 所示。

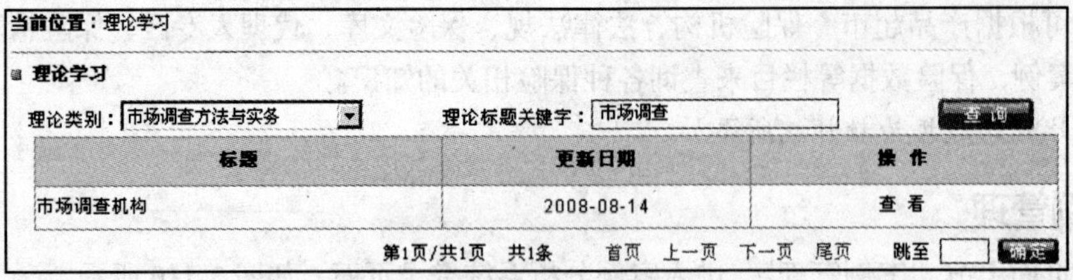

图 2-113

点击“操作”栏中的“查看”，查看详细内容，如图 2-114 所示。

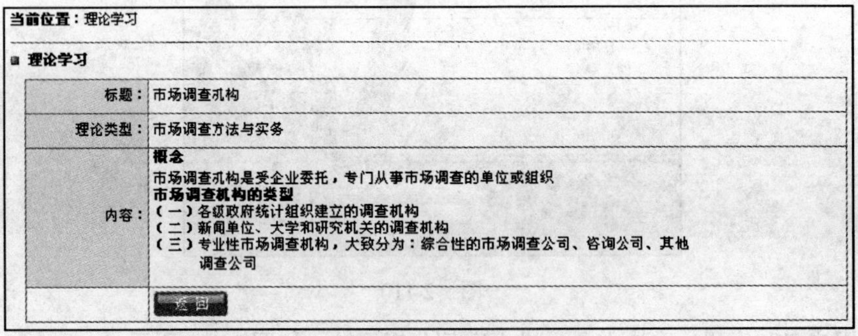

图 2-114

点击“返回”按钮，页面返回至“理论学习”主页面。

(二) 开展案例分析实验

点击左侧“我的实验”，根据教师设置的实验环境、参数，来开展案例分析实验。

在“菜单区”点击“我的实验”按钮，在页面右侧“操作区”将显示如图 2-115 所示界面。

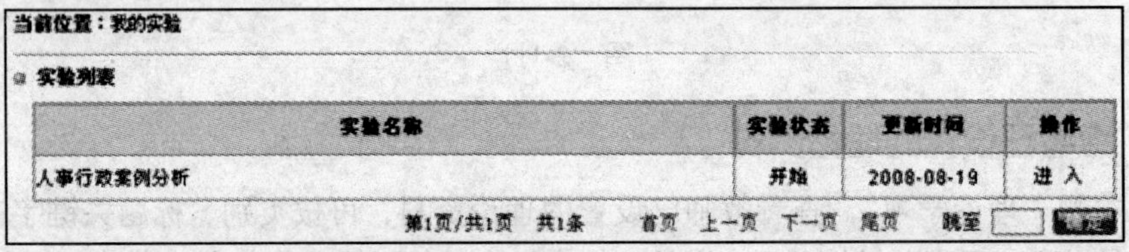

图 2-115

点击“操作”栏中的“进入”，打开案例选择界面，如图 2-116 所示。

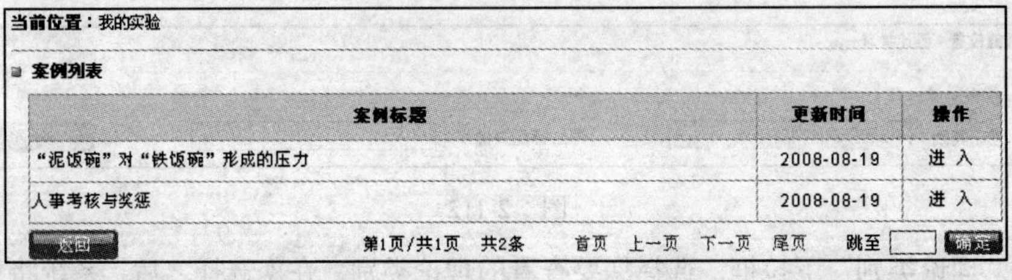

图 2-116

在“案例列表”中，选择您要进行分析的案例（如“人事考核与奖惩”这一案例），然后点击“操作”栏中的“进入”，打开如图 2-117 所示界面。

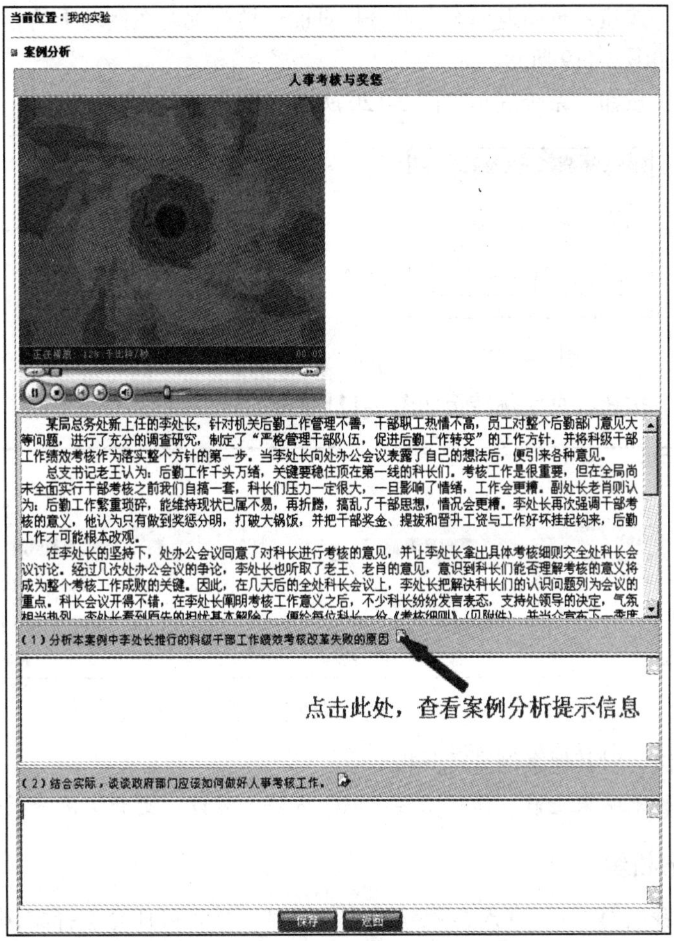

图　2-117

若教师填写了案例分析提示信息，并且在“参数配置”模块中，开启实验案例分析提示，则点击题干旁边的图标（见图 2-117），可以查看教师设置的案例分析提示，如图 2-118 所示。

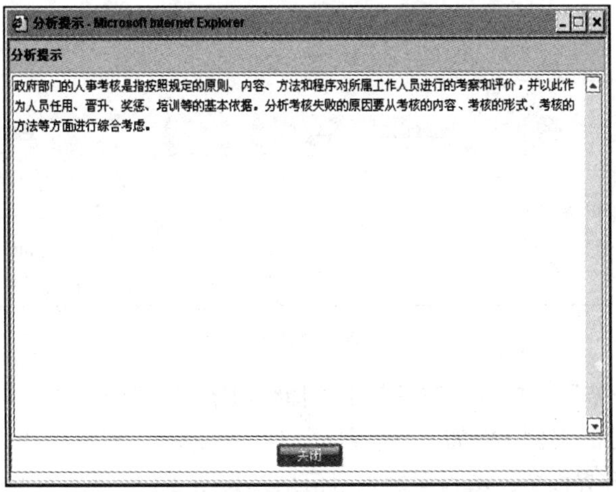

图　2-118

点击“关闭”按钮，页面返回至案例分析页面，填写你对案例题干的分析，点击“保存”按钮，系统提示如图 2-119 所示。

点击“确定”按钮，系统提示如图 2-120 所示。

图 2-119

图 2-120

点击“确定”按钮，页面跳转至如图 2-121 所示。

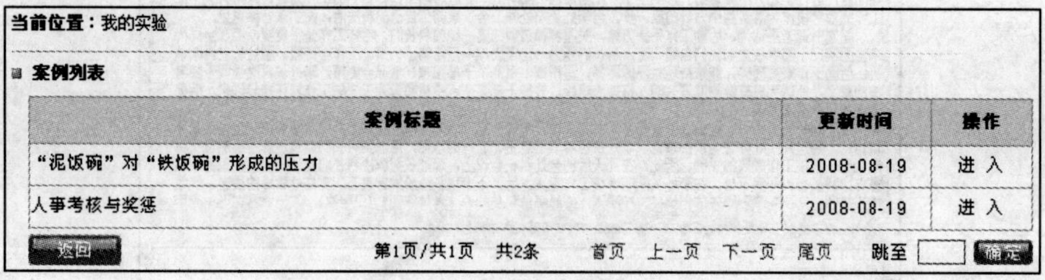

图 2-121

按照以上方法，对其他案例进行分析。

提示：在实验未结束之前，你可以按照以上方法，修改、更新案例分析信息。

（三）案例分析练习

点击左侧“我的练习”，进入案例分析练习栏目，学生可任意选择案例进行分析，教师只对学生的实验结果进行批阅，对学生的案例分析练习，不做批阅，学生通过有效的练习，达到逐步提高分析能力的目标。同时，也是高效完成教师布置实验的练习途径。

在“菜单区”点击“我的练习”按钮，在页面右侧“操作区”将显示如图 2-122 所示界面。

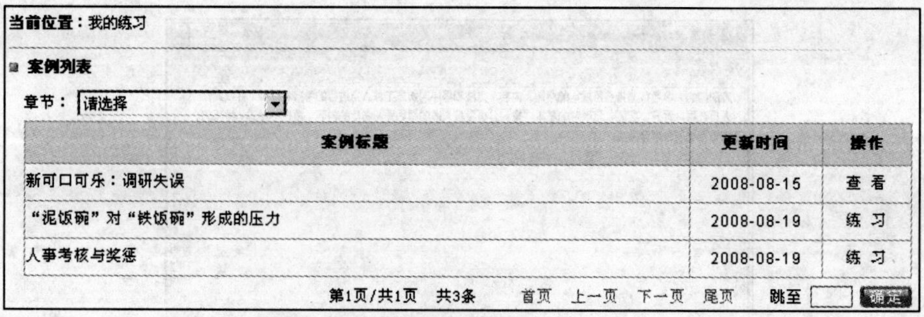

图 2-122

您可以点击“章节”下拉框，按章节来选择练习案例。如图 2-123 所示。

选择要进行练习的案例（例如，“泥饭碗”对“铁饭碗”形成的压力），点击“操作”栏中的“练习”，在打开界面中，填写案例练习信息，如图 2-124 所示。

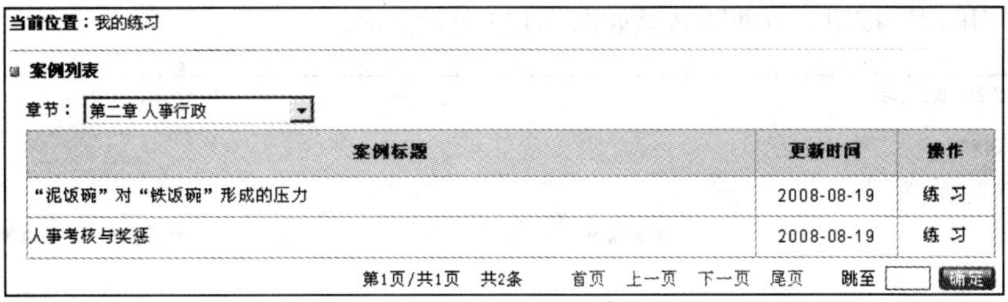

图　2-123

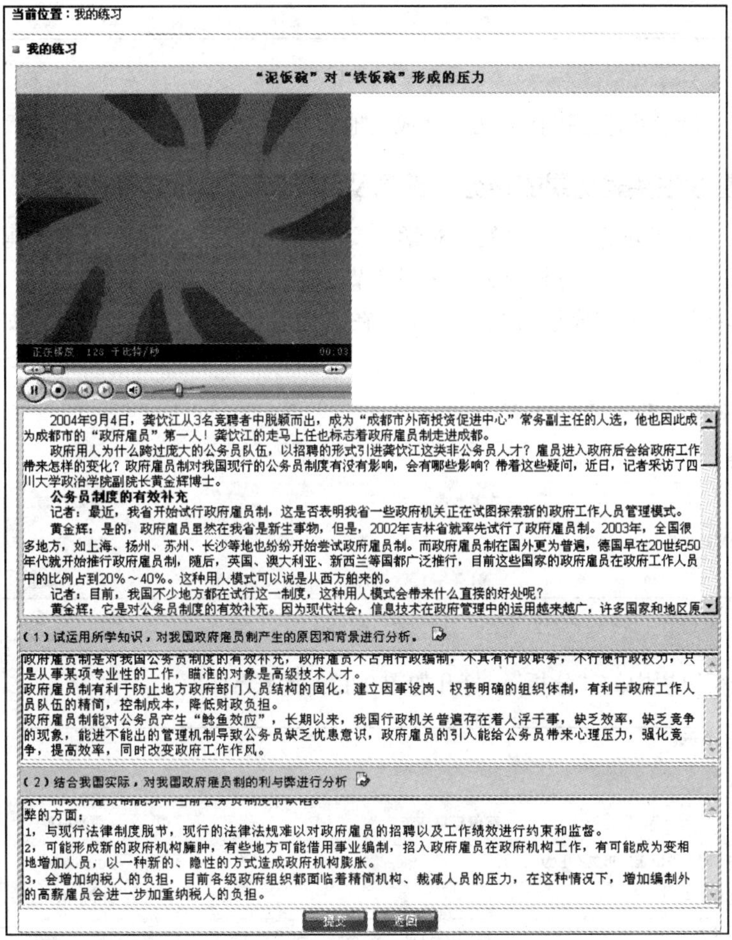

图　2-124

点击“提交”按钮，系统提示如图 2-125 所示。

点击“确定”按钮，系统提示如图 2-126 所示。

图　2-125

图　2-126

点击“确定”按钮，页面跳转至如图 2-127 所示页面。

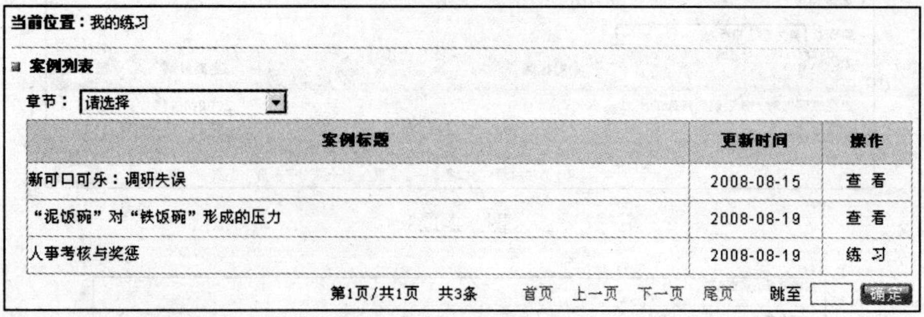
当前位置：我的练习

■ 案例列表

章节：请选择

案例标题	更新时间	操作
新可口可乐：调研失误	2008-08-15	查看
“泥饭碗”对“铁饭碗”形成的压力	2008-08-19	查看
人事考核与奖惩	2008-08-19	练习

第1页/共1页 共3条 首页 上一页 下一页 尾页 跳至 确定

图 2-127

练习完成。请参照以上操作方法，完成其他案例的练习。

(四) 查看学生实验结果的评分、评语及自动得分

点击左侧“成绩分析”，查看教师对学生实验结果的评分、评语及自动得分。通过查看教师的批阅信息，了解自己分析能力的薄弱环节，加强练习，逐步提高。

在“菜单区”点击“成绩分析”按钮，在页面右侧“操作区”将显示如图 2-128 所示界面。

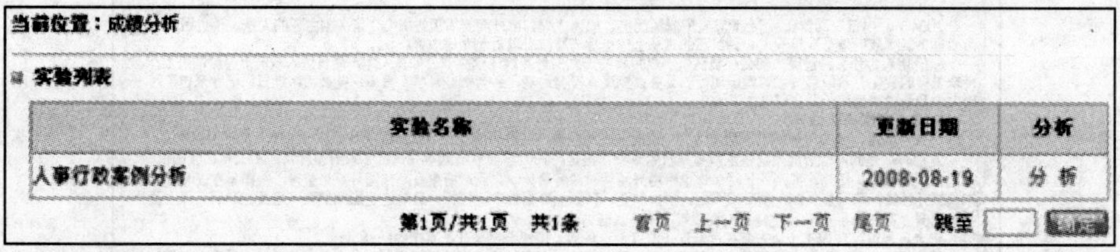
当前位置：成绩分析

■ 实验列表

实验名称	更新日期	分析
人事行政案例分析	2008-08-19	分析

第1页/共1页 共1条 首页 上一页 下一页 尾页 跳至 确定

图 2-128

点击“分析”栏中的“分析”，打开如图 2-129 所示界面。

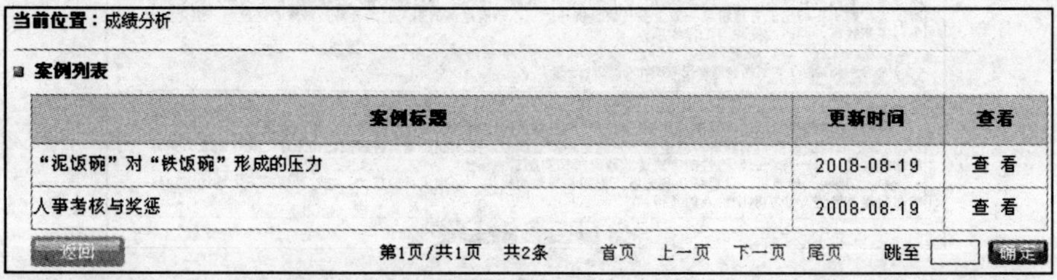
当前位置：成绩分析

■ 案例列表

案例标题	更新时间	查看
“泥饭碗”对“铁饭碗”形成的压力	2008-08-19	查看
人事考核与奖惩	2008-08-19	查看

返回 第1页/共1页 共2条 首页 上一页 下一页 尾页 跳至 确定

图 2-129

选择一条案例信息（例如，人事考核与奖惩），点击该条信息“查看”栏中的“查看”，打开如图 2-130 所示界面。

点击“返回”按钮，页面跳转至如图 2-131 所示页面。

按照以上方法，查看其他案例的成绩信息。

(五) 帮助功能

点击左侧“帮助”，可查看案例分析系统的详细帮助文件。

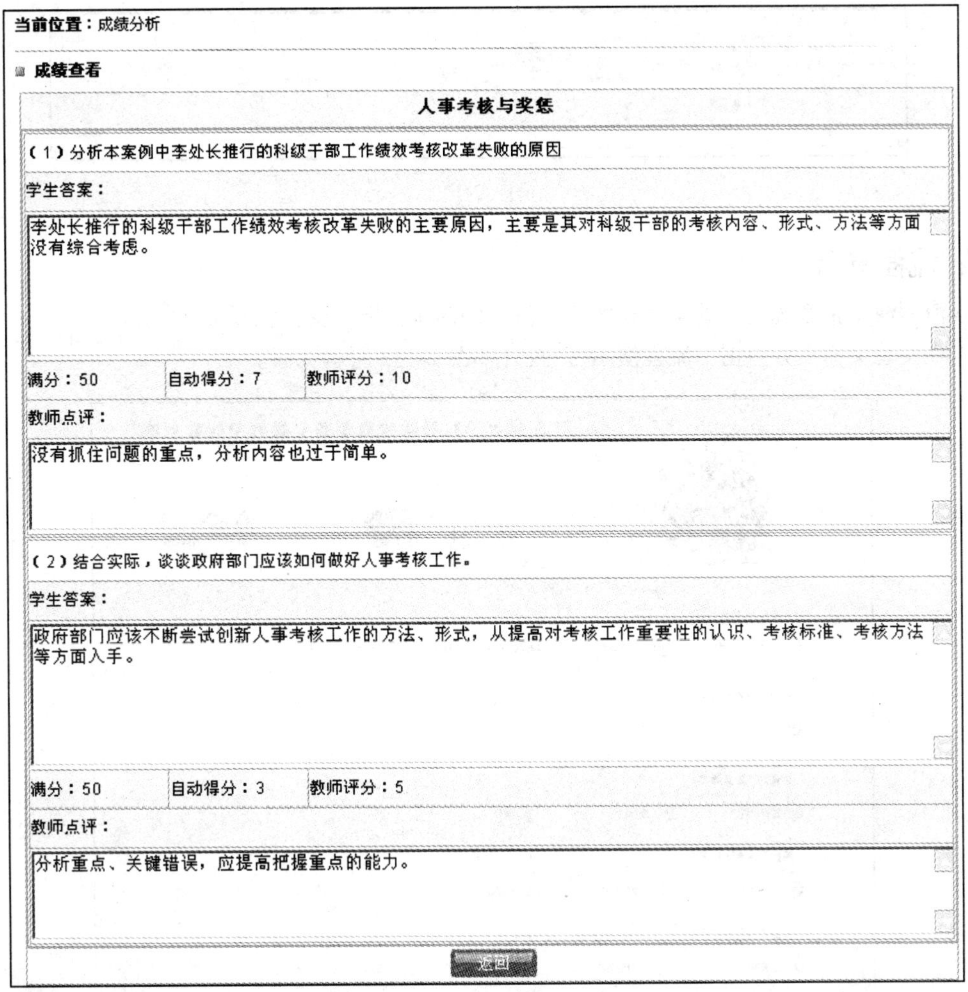

图 2-130

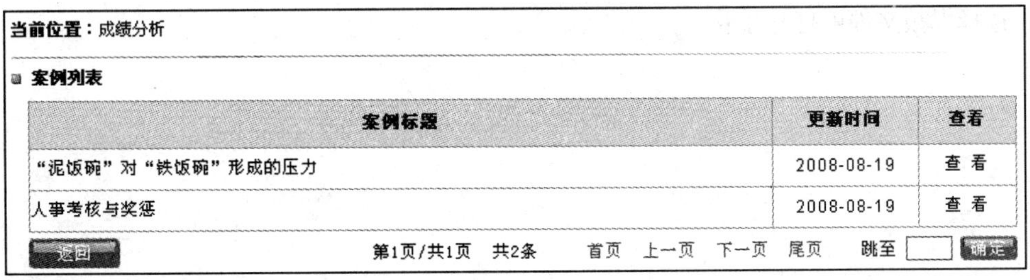

图 2-131

（六）退出系统

点击左侧“退出”，退出案例分析系统。

八、保险示例

在页面上方点击“保险示例”，打开保险示例目录，点击“查看”可查看详细信息。

您当前的位置：保险示例

示例类别：所有类别 示例标题：

序号	示例标题	示例类别	操作
1	人寿示例	人寿	查看
2	示例1	人寿	查看

图 2-132

九、流程演示

流程演示指系统提供的学生端实验各流程的演示视频，支持在线播放。

在实验页面上方点击“流程演示”，打开如图 2-133 所示页面。

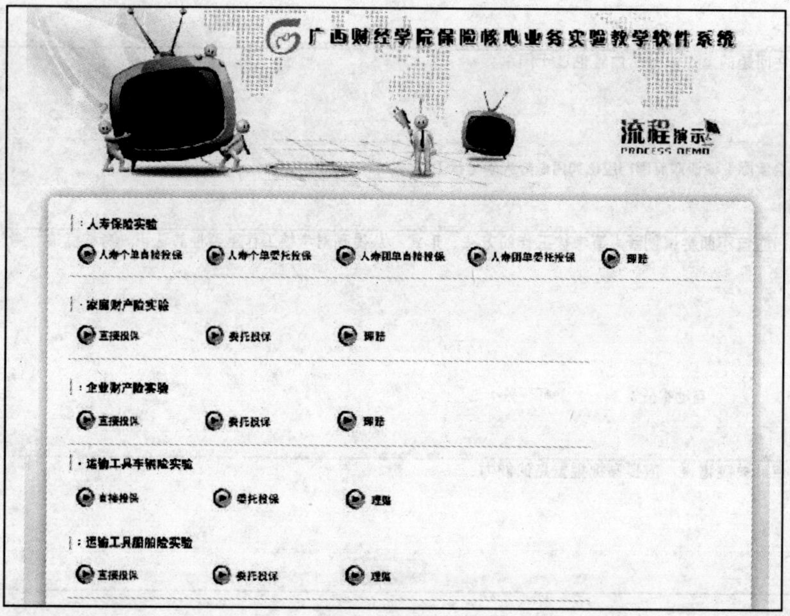

图 2-133

选择视频文件可打开播放。

第二篇

保险业务流程实训

第三章

实验一　保险展业实训

第一节　实验目的和内容

一、实训目的

本实训项目主要涉及保险展业环节中保险产品分析和展业行销技巧训练。通过本实训环节，增强学生对保险产品整体概念的认识和把握，能对保险产品的属性、特点、功用和卖点进行专业化的剖析、评价和解说，使学生获得良好的职业技能；同时掌握展业行销中的各种技能，并能灵活运用，提高感性认识，提高展业水平。

二、实训内容

（1）保险产品分析。

（2）保险产品解说技能训练。

（3）客户开拓与准客户管理技能训练。

（4）接触面谈与客户保险需求分析技能训练。

三、实验资料和实验步骤

（一）实验资料准备

（1）场地准备：配备电脑的保险实训实验室、学院及周边环境。

（2）教学资料准备：多媒体课件、各保险公司资料及网站。

（二）实验步骤

（1）教师课堂讲授。

（2）学生利用实训软件熟悉保险产品，了解保险公司人身保险产品的卖点及展业的主要方式。

（3）自由组合，全班分为若干个小组，每组人数为 3 ～ 5 人，设小组长一名。

（4）小组内依次进行保险产品介绍，并在此基础上，各小组进行角色互换，进行保险展业人员素质提升的训练。

第二节　保险展业业务操作实训

【实训内容 3-1】保险产品分析

保险产品的分析主要步骤

根据产品的性质，我们将市场上的保险产品主要分为人身保险产品和财产保险产品两大类。人身保险产品是以人的生命和身体作为保障对象的保险产品，而财产保险产品是以财产及其有关利益作为保障对象的产品。由于保险产品具有无形性、非渴求性商品、不可保存性、不可对比性等特征，因此保险产品难以在消费者心目中建立较高的忠诚度。因此，需要通过保险公司展业人员准确把握各个保险产品的特质，并将其介绍给消费者，才能赢得市场。对于产品的分析主要按照以下几个步骤进行。

阅读保险产品的合同条款

保险展业人员对于保险产品的认识首先来自于该保险产品的合同条款，因此，要认真阅读保险产品的合同条款，重点把握以下几个方面的内容。

1. 保险责任和责任免除

保险责任是指保险人按照合同约定，对于可能发生的事故，因其发生所造成的财产损失，或者当被保险人死亡、伤残、疾病或者达到合同约定的年龄、期限时，承担的赔偿或者给付保险金的责任。保险责任条款实际上是确定保险人所承担的风险范围。保险种类不同，保险责任也不相同。在确定保险责任的同时，还应确定责任免除条款，一般包括战争军事行动所造成的损失、保险标的物的自然损耗、被保险人的故意行为造成的事故和不属于保险责任范围的损失等。

2. 保险费

保险费是投保人向保险人支付的费用，是作为保险人按照合同约定承担赔偿或给付保险金责任的代价。在保险实务中，保险费率通常是用千分数来表示的。保险费率的确定是根据保险标的的风险程度、损失概率、保险责任范围、保险期限和保险人的经营管理费用等因素来综合考虑的。

3. 保费交付方式

保费交付方式一般有固定交费方式和灵活交费方式。固定交费方式是指保险费的金额、缴纳时间和缴纳次数都是确定的，并且在保险合同中载明。灵活缴纳方式是指保险费的金额、缴纳时间和缴纳次数都是不确定的，可以由投保人根据自己的经济状况在保险期间的任何时间缴纳任何金额（有最低限额）的保险费，缴纳次数也无一定限制，但在投保时必须缴纳首期保险费。

4. 保险期限

保险期限是保险合同订立保险责任开始到保险责任终止的期间。财产保险和人身保险的保险期限的确定有所不同，人身保险的保险责任开始时间一般由寿险公司和投保人约定，通常是投保人提出投保申请并交付保险费的次日零时。财产保险的保险期限按保险期限的不同分为定期保险和不定期保险。定期保险以一定的时间标准，即年、月、日、时来计算保险责任的开始与终止，其中，超过 1 年期的为长期保险，1 年期以下的为短期保险，相应确定不同的费率标准。保险期限一经确定，无特殊原因，一般不得随意更改，应出批单，相应增减保险费。不定期保险，也叫航程险、航次险，其保险责任的开始与终止主要不是按确定的时间标准，而是根据保险标的行动过程来确定，如船舶保险、货物运输保险均如此。航程保险的保险责任一经开始，投保人不能要求终止保险合同，也不能要求退还保险费。

5. 保险金赔偿或者给付办法

在保险有效期内发生保险责任范围内的损失或事件时，保险人按照合同的约定向被保险人或受益人赔偿或给付保险金的方式和时间，应由投保人和保险人依法约定，并在保险合同中载明。

分析保险产品特点

在对保险产品的合同条款认真阅读的基础上，要归纳出各保险产品的产品特点和适用范围，下文以保障性寿险产品为例进行分析。

1. 定期寿险产品分析

定期死亡保险通常简称定期寿险，是以被保险人在保险合同有效期间发生死亡事故而由保险人给付保险金的保险。它适用于在一定时期内暂时需要保险的人。适合的人群包括：在短期内从事比较危险的工作且急需保障的人以及家庭经济境况较差、子女尚幼、自己又是家庭经济支柱的人。该险种的主要特点是：保险期限有 5 年、10 年、15 年、20 年等多种选择；保险低廉，保障程度高；保险金额和保险期限可以灵活调整。

案例 3-1

登录保险核心实验教学软件系统，进入到人寿保险公司产品管理，在险种类型选择选择定期寿险，点击查询，如图 3-1 所示。

7	钟爱一生养老金保险	791	定期寿险	投放市场	查看 修改 发布 撤市 删除
8	爱相随定期寿险	10001	定期寿险	投放市场	查看 修改 发布 撤市 删除

图 3-1

点击查看，进入产品条款页面，了解产品，以爱相随定期寿险产品为例，阅读条款。通过对该产品分析，可以获知该产品有以下特点。

（1）自由选择保障期间，可配合房贷期限、养育孩子、赡养老人的需求。

（2）因意外造成身故更有保额之外 50% 的额外保障。

适用人群：家庭支柱，具有较强家庭责任感的中青年人群。

投保案例：27 岁的金先生，银行职员，宝宝即将降生。偿还房贷和养育宝宝是金先生未来主要的家庭负担。

需求状况分析：鉴于金先生一家目前的经济状况，要承受保费较高的终身寿险或分红保险会造成较大的经济负担；因此，定期寿险是金先生最适当的选择。可用很低的保费支出换取关键时期高额的寿险保障，既为家庭提供充分保障，又不会对目前生活造成负担。

金先生选择保额 30 万元，保险期间 30 年，交费期间 20 年的爱相随定期寿险，年交保费 1 080 元。可获得如下保障。

投保第 1 年：意外身故保险金 45 万元，疾病身故保险金 1 080 元。

投保第 2 ～ 30 年：意外身故保险金 45 万元，疾病身故保险金 30 万元。

2. 终身寿险产品分析

终身寿险是以被保险人的死亡被保险事故而由保险人给付保险金的保险。它适合于需要终身保障和储蓄的人投保。终身保险的主要特点是：该险种没有明确的保险期限；每张保单必然发生给付；具有储蓄性质。

案例 3-2

范例：登录实验教学软件系统，进入到人寿保险公司产品管理，在险种类型选择选择终身寿险，点击查询，如下图所示。

4	智富人生终身寿险
5	智盈人生终身寿险
6	鸿盛终身寿险

点击查看，进入产品条款页面，了解产品，以鸿盛终身寿险为例，通过对该产品分析，可以获知该产品有如下特点：

- 终身保障，体现保险真谛
- 保单贷款，方便您调剂资金
- 多种交费期限，合理规划预算
- 自动垫交，舒缓人间困境
- 保单分红额外惊喜
- 享有可转换年金权益，方便灵活运用资金
- 减额交清，免除您的交费压力
- 可以附加 7 级 34 项意外残疾保障、30 种重大疾病保障

投保案例：30 岁男性，投保《平安鸿盛终身寿险（分红型，2004）》，20 年交费，基本保险金额 10 万元，交费期内附加基本保险金额 10 万元的《平安附加残疾意外伤害保险》。

保费支出：年交保费 3 770 元

基本保险利益：

身故保障：被保险人身故，领取 10 万元身故保险金。

附加保险利益：

意外残疾保障：交费期内，被保险人自意外事故发生之日起 180 天内造成残疾，领取残疾保险金。

分红：每年将根据分红保险业务的实际经验状况确定红利的分配，分红不确定。

【实训任务 3-1】

通过保险核心业务实验教学软件系统了解市场上常见的若干保险产品，要求：

（1）归纳各险种主要的保障范围和保险利益。

（2）分析具体各产品特色或特点。

（3）分析各产品的适用对象。

【实训内容 3-2】保险产品解说技能训练

产品解说要点把握

产品设计目的及设计背景

保险展业员必须了解每一款保险产品的设计目标，真正搞清产品的销售对象及市场定位。如健康险的开发背景包括医疗体制改革、社会福利体制改变、利率持续调低和重大疾病发病率上升等，健康险的市场定位是基本部分适用于享受公费医疗、劳保医疗、社会医疗保险的人群。基本部分加可选部分适用于没有任何医疗保障的人群。

明晰产品的功用

每一款保险产品并不都是十全十美的，保险展业员应明晰每款产品的主要特色与具体功用。如财产保险和人身保险的功用明显不同，健康险和养老险也各有不同，只有明确了各保险产品的特色和适用对象，才能真正对客户提供合适的产品。

1. 正确理解保险条款

保险展业员应仔细阅读并理解保险条款，不同险种的保险条款是不同的。保险责任条款与免责条款的正确掌握是把握保险产品的关键。

2. 熟悉产品的优势与不足

每款保险产品都有其自身的优势与不足，保险展业员只有熟练掌握不同的产品的优势才能做到心中有数，才能针对客户的需求推荐适合的产品，赢得客户的信任。

产品解说原则与步骤

产品解说原则

1. 遵循“特性—优点—特殊利益”的陈述原则

即把各保险产品的特点、优点都清晰地描述出来。把产品能给客户所带来的好处或特殊的利益等情况都陈述得非常清楚，这是我们应把握的一个原则。

2. 遵循“提出问题或指出改善现状→提供解决问题的对策或改善现状的对策→描述客户购买后所获利益”的陈述顺序

第一阶段就是要求能够指出客户的问题或应改善的现状；第二阶段就是提供解决问题的对策，即让客户相信你的产品与服务能解决其保险需求或有利于改善其现状；第三阶段是描述客户购买产品和服务后，能得到哪些具体利益。

产品解说步骤

保险产品是一份契约，晦涩难懂，因而如何正确地解说保险产品已成为人们购买保险产品的关键。保险展业员在解说寿险产品时应做到：抽象的产品形象化，形象的产品生动化；无形的产品有形化，有形的产品具体化。产品解说的具体步骤如下：

1. 描述保险产品的意义与功用

解说保险产品时，首先强调保险产品的传统作用在于提供保障，分担风险，补偿损失，而现在的保险产品不仅仅具有保障的作用，还可以兼顾养老、投资理财等需求；其次要强调不同的保险产品具有不同的特定功能，如财产保险和人身保险在保障财产和人的生命和身体中所起的不同作用。

2. 充分强调产品特色和优势

要有重点地强调产品的特性、优点和特殊利益。如定期寿险可强调其费用低廉、保障高、可以更新或展期；少儿保险可强调其保单豁免条款；投资衍生产品可强调其具有保险与投资双重功能，且独立账户，运作透明；意外伤害保险可强调其高保障，免体检；理财险种可强调专业理财优势及合理避税等功能。

3. 根据需求，切入客户购买点

一般来说，保险产品就是针对客户需求而设计的。因此，在产品解说时必须找出客户的购买需求点，根据客户的需求来切入客户购买点。

4. 进行产品利益解说

产品的利益永远是“销售陈述”的重点。因此，在进行产品解说时要做到以下几个方面：

（1）确保产品利益与客户需求相适应。客户不会重视那些与他们的实际需求无关的利益，也不会理解他们不明白的特性。因此，在进行产品利益解说时，要注意围绕客户的需求，针对客户不同的利益关注点对产品介绍的重点进行调整。

（2）向客户介绍不超过三个最重要且能满足客户需求的产品优点和利益点。因为客户一般不会记住超过三个以上的产品优点和利益点。

（3）掌握产品利益解说的常用方法。

A. 陈述法。对非常熟悉的客户可采用陈述法进行产品利益介绍或说明，即通过语言的讲述来表达此产品的具体内容，并适当使用专业术语。

B. 表格法。对于较理性的客户，通常可采用表格法进行产品利益介绍或说明。即通过一系列表格来解释计划书的内容，包括险种名称、趸缴、年缴、缴费期限、保险金额和保险责任。

C. 坐标图法。对保险产品的红利部分可用坐标法进行未来红利的演示，但要注意必须让图形呈增长趋势。

5. 利用证据来说服客户

保险展业员在销售过程中能否使客户相信保险产品所带来的利益，还有赖于保险展业员介绍产品时所用的证据。这些证据主要包括客户来信、真实照片、报刊文章报道和权威部门的数据统计等。保险展业员应善于应用数字、案例等证据来回答或处理客户的各种异议，解除客户的顾虑，促成客户购买。

产品解说技巧训练

产品解说就是系统地通过一连串需求确认、特性、优点及特殊利益的陈述，引起客户产生购买的欲望。把握产品解说技巧是成功销售产品的关键所在，保险展业员在解说产品的过程中应注意以下技巧。

生动形象

首先，介绍产品时要有创意或有浓厚的吸引力，让客户产生兴趣。要达到这个目的，必须使用较为生动的语言把产品的功能形象具体地表达出来，同时遣词造句要口语化、生活化，以便于客户理解，要注意避免使用过多的专业术语。其次，要充满自信心，充分调动自己的形体语言，让客户感受到保险展业员的热忱，这样才能使保险展业员的产品解说变得“妙趣横生”，从而激发客户的购买欲望。

避免忌讳用语

人们通常比较忌讳直接用到与自己的不幸相关的字眼，比如“死亡”“疾病”“车祸”等，因此，在产品解说中应尽量避免这些字眼，而用大家容易接受的字眼替代，如万一事故发生、万一出险等。同时要注意代词的运用，不要用第二人称代词，而用第一人称代词或第三人称代词。如不能说您出车祸了赔多少，或大病了可以赔多少等，而应说万一我们发生了意外，或是如果我们出现了这种情况等。

掌握语速

语速的把握实际上是声音的把握，是在进行保险产品解说时用声音的轻重缓急来达到一个介绍的效果。好的语速能创造出有魅力的声音，做到介绍清晰、具体，语速过快会让客户觉得不知所云，抓不住要领，甚至难以理解；语速过慢会令客户着急或不耐烦。因此，在解说产品过程中要掌握合适的语速，配有一定的停顿、解释，要留给客户一点思考或提问的时间。

重复产品优点

在产品解说时多次重复保险产品的突出优点是十分必要的。因为客户第一次听到保险产品的优点时可能还没有完全领会，也可能因为客户正在思考其他方面的事而没有完全领会，没有完全听清。这时，比较有效的方法是变化不同的说法将保险产品的优点进行第二次或第三次介绍，以积极的态度进行每一次的重复说明，这样商品的优点在被重复了五六次后定能深入人心。

1. 价格要化大为小

人们对于越小的事情做决定就越快。因此，在谈及产品价格时要让客户感觉比较便宜，即“化大感觉为小感觉”。例如，保险展业员不要直接对客户说每年的保费为多少元，而是告诉客户每个月存多少元；或是每天只要多少元就可以拥有多少万元的保障。这样一大一小做对比，客户就觉得比较便宜、很划算，增强其购买欲望。

2. 用图形加深印象，用数字强化观念

产品解说时可运用图表或图形来加深客户的印象。各种图表或图形可以更清晰地将产品的优点表述出来，投入产出对比明显，一目了然，易使客户做出购买决定。

【实训任务 3-2】

（1）实战内容：选择市场上的一款带有分红性质的保险产品、一款带有理财性质的保险产品进行产品解说。

（2）实战目的：增强学生产品解说技能。

（3）实战操练：要求包含话题导入、介绍保险产品的特点与功用、投保示例、尝试促成。

【实训内容 3-3】客户开拓与准客户管理技能训练

客户开拓训练

客户开拓的方法和技巧点

客户开拓是任何一个保险展业员取得良好推销业绩的重要基础工作。保险展业员应懂得如何运用合适的方法和有效的途径，如何运用引导性的话题及各种辅助工作来完成客户的开拓工作。在开拓客户之前，首先要明白准客户的选择标准。一般而言，作为准客户，要具备几个条件：有保险需求、有一定的经济能力；如果是人身保险，还要考虑到身体状况和投保年龄是否符合需要。寻找客户的方法非常多，下面介绍常用的几种方法。

1. 缘故开拓法

（1）缘故开拓法的概念和特点。所谓缘故开拓法，就是利用保险展业员的人际关系网寻找客户的方法。例如，通过保险展业员的亲戚、朋友、乡亲、同学、同事和同好（即休闲、旅游的伙伴）等人群来发掘客户。这是一种比较容易的方法，对培养自信心，克服保险展业员心理上、技巧上的困难大有益处，因此常被看作寻找客户线索最有实效的一种方法。

（2）缘故开拓法的优点。

1）接近客户，易取得客户的信任，易于准确判断客户所需的产品，拜访成功率较高。

2）准客户资料易于收集，客户资源比较可靠，且易获得转介绍名单。缘故开拓法是保险展业员增加推销经验的最佳捷径。

（3）缘故开拓法常用话术训练。

1）伯父您好！我在保险公司接受培训，且通过代理人考试，现在保险公司工作。在这次培训中，我学会了一套家庭风险管理计划，非常好，我想这么好的东西有谁可以跟我分享呢？在众多的亲戚朋友中，谁最孝顺父母，夫妻感情最好，且有远见并能接受新的观念，我想了很久，只有伯父您。不过伯父您不要因为我在经营人寿保险，您就向我购买。我知道您很疼我，无论怎样您也会向我购买，我不希望这样做，这样我会没有成就感。如果不满意，我会改到您满意为止。因为保险是可以调整的。

2）先生，人寿保险的需要是一定存在的，关键在于你是否要去承认它，当你说你不需要买保险，被伤害的不是业务员，而是你的家人。因为你的拒绝只是使我们失去一个客户而已，而对于你，可能失去的会是一生的幸福、一生的希望，所以你一定要仔细考虑一下。

（4）缘故开拓法技巧点。缘故开拓法的优点很多，它是保险展业员开拓客户的首推之法。在应用这种方法时，应注意运用以下几点：

1）要坚持最专业的服务。面对“缘故”，一定要用真诚服务的态度来对待，不能打马虎眼，必须以最专业的水准为其设计一份最合适的保单。

2）不强迫推销。保险展业员不能因为客户是自己的亲友就随随便便，虽然是亲友却没有必须购买保险的义务。保险展业员应从加强他们的保险观念入手，让他们了解或体会到保险的功能，从而激发他们的保险需求，促使他们主动购买。

3）要勇于利用你的“缘故”。缘故就是你认识的人，即要善于利用你的缘故。从本质上说，每个人都需要保险。因此，当保险展业员在认识或和自己认识的人打交道时，就要有意识向他们宣传和销售保险。与其让一个陌生的展业员向他们展业，还不如利用自己的关系直接向他们陈述保险的优点，力争抢得先入优势。

2. 陌生开拓法

（1）陌生开拓法的概念与特点。陌生开拓法又称直接开拓法，是指保险展业员在特定的区域用上门探访、调查问卷等形式，对可能成为客户的家庭或个人进行访问并确定销售对象的方法。这是保险展业最基本、最直接和最为可靠的方法，也是保险展业员走向成功的基本功和必由之路。

（2）陌生拜访的优点是快速提升自己的业务技巧，更能有效磨炼自己的销售心态，尤其是强化处理拒绝问题的能力。陌生拜访的劣势是业务员会受到很多拒绝，而且它的成交率相对较低，使业务员容易产生挫折感。

（3）陌生开拓的主要方法。

1）搭积木法。搭积木法是陌生拜访行销的基本功，它根据客户的基本状况，每次拜访时告诉客户某方面的保险相关知识，如社保养老和社保医疗、保险原理等，渐进式激发客户需求，与客户的关系每次增进一点点，即由不熟悉到熟悉，由不信任到信任，由不认同到认同。搭积木法并不认为每次拜访就意味着成败，而是将整个拜访过程有效分解，使拜访变得简单化，每次拜访只完成整个行销过程的一部分，有效降低拜访难度。

2）直接拜访法。直接拜访法是以一种随机的方式进行客户拜访的方法。采取这种直接拜访法是根据所了解的客户信息和资料，帮助客户分析其寿险需求（如医疗的缺口、社保养老的危机、投资理财知识、保险的功用和意义等），保险展业员的专业往往会赢得客户的尊重和信赖。

3）市场调查法。以市场调查的方式接近客户，既可起到信息搜集的作用，又可为保险展业员建立庞大的客户群打下基础。保险展业员可事先印制一些市场问卷请客户协助填写，从中可获得客户的相关信息，也可对客户的基本情况有一个感性的认识，以帮助保险展业员初步筛选客户。

（4）陌生开拓法技巧。陌生拜访是一个很讲究技巧和原则的方法，要想正确把握该方法，必须注意以下要点。

1）要有良好的心态。陌生拜访较为简单、直接，但面对的拒绝也较多，因此，保险展业员首先要有良好的思想准备。自己所拜访的每一位客户都有可能令自己欣喜，也都有可能令自己沮丧，不论结果如何，保险展业员都要以积极的心态面对。

2）做好充分准备。保险展业员要做好诸如自身形象、展业资料、展业工具和产品知识等方面的准备。要留给客户一个良好的第一印象；要保持高昂的士气、必胜的信心；保险展业员的神态要自然，仪态要大方，举止要得体。同时一定要备好有效证件，在对陌生人进行自我介绍之后应主动出示说明，这样可以消除对方的戒心。

3）要进行大量的拜访活动。陌生拜访遵循“人数法则”的原理，只要被寻访的对象数量足够多，必定可以找到准客户。但要注意，陌生拜访也不能“天女散花”似的毫无目的，而是要事先经过选择的。有些人喜欢将学校、机关或企业团体列为陌生拜访的对象，但不管拜访对象如何，最好能事先收集和了解拜访对象的基本资料，并持之以恒地开发下去。

4）要明确陌生拜访的目的。陌生拜访的目的在于得到准客户的姓名、地址和电话等资料，对于客户的拒绝理由，保险展业员不要太在意。不要向客户乞求，只需说明自己想提供的产品和服务即可。

5）注意设计好第一句话的说法（见陌生开拓法开场白话术演练）。

6）善于利用名片、调查表等展业工具，吸引客户的注意力，提高拜访的成功率。

7）在拜访前，保险展业员应根据产品的特点、自身的长处选择比较适当的人群和范围。

8）保险展业员要注意分寸的把握，掌握好拜访时间，要及时告辞，不要奢求一次促成。

（5）陌生开拓法（开场白）话术。

1）您好，我是 ×× 保险区域服务专员 ×××。我正在做保单售后服务品质调查，请问您现在拥有的保单售后服务做得好不好？

2）在电梯或到一些单位拜访时，先赞美对方，再索取资料。例如：

您在这幢大厦上班吗？这幢大厦这么气派，相信你们公司的规模和经济效益都很不错……你们老板也为你们买足了养老或医疗保险吧……没有的话，那就应该自己为自己做些较长远的打算，我是保险公司的业务员，请问您贵姓？在几楼办公？改天我专门送些资料给您参考，以供选择。

3）您好，我是保险公司的业务员 ×××，我们公司就在你们附近。这是我们公司的简介，有空到我公司玩，这是我的名片，来时打个电话给我。我来接待您，是否能换张名片？以后我们公司有什么事情还请多多帮忙，谢谢！

【实训任务 3-3-1】

（1）实战内容：缘故开拓法和陌生拜访开场白话术演练。

（2）实战目的：提升拜访技能。

（3）实战要求。

1）请学生熟读、背诵话术（话术和开场白可自行合理设计）。

2）两人一组进行角色（客户、保险展业员）互换演练，时间 20 分钟。

3）请一组学生上台展示、分享。

3. 链式开拓法

（1）链式开拓法的概念与特点。链式开拓法也称转介绍法，是指利用现有人脉关系，借由保险展业员专业的服务赢得他人的信任，从而帮保险展业员推荐客户的方法。链式开拓法在西方被认为是最有效的寻找客户的方法之一，被誉为黄金客户开拓法。

（2）链式开拓法的优点。

1）利用介绍易于取得对方的信任。

2）易于收集客户资料。

3）被拒绝的机会较少，成功的机会较大。由于有他人的介绍，可以大大地避免保险展业员寻找客户的盲目性，并有助于保险展业员赢得客户的信任，成功的可能性非常大。因此，保险展业员应懂得重视和珍惜。

（3）链式开拓技巧点。转介绍是获得准客户名单最好的方法，通常被称为行销的快捷键，但在实际应用中应注意以下要点。

1）要取信于现有客户，努力留住老客户。老客户才是最好的客户，只要留住了他们，他们就会成为最忠实的介绍人和最有效的推销人。

2）对所介绍的客户，保险展业员要进行详细的评估和必要的推销准备，要尽可能多地从现有客户处了解新客户的情况。

3）要向现有客户确认是否将其姓名告知被介绍的客户，并在约见后向现有客户回馈表示感谢。

4）无论客户是否介绍成功，保险展业员都务必写信或以其他的方式向介绍人表达谢意。这些行为都会鼓励客户再给保险展业员介绍新的客户。

（4）链式开拓法话术。陈先生，您好！我是您的好朋友吴大川介绍我来认识您的，敝姓林。获知您最近刚升职（结婚、买房子、做爸爸）了，是吗？真是恭喜您了。

陈先生，您对这份保障计划满意吗？相信您的亲戚、朋友、同事中有很多像您这样有爱心、有责任感而且需要保险的人，您能否介绍两三个像您一样热情、好接近的人给我？请在这儿写上他们的姓名和联系方式。

【实训任务 3-3-2】

（1）实战内容：链式开拓法话术。

（2）实战目的：提升学生客户开拓技能。

（3）实战要求。

1）请学生熟读、背诵话术（话术和开场白可自行合理设计）。

2）两人一组进行角色（客户、保险展业员）互换演练，时间20分钟。

3）请一组学生上台展示、分享。

4. 信函开拓法

（1）信函开拓法的概念与特点。信函开拓法是指通过制作经过特别创意设计具有吸引力和感染力的宣传材料，大量寄发给潜在的客户，或是为一些客户设计特定的保险方案，并以信函寄发方式进行促销的开拓方法。在国外这种方法被称为直邮（Direct Mail，D.M），一直被广泛应用。

（2）信函开拓的优点。

1）可以表达保险展业员对客户的尊重，可避免上门拜访而客户不在造成的时间浪费。

2）可避免因直接拜访而与客户的工作发生冲突，引起客户反感的不良后果。

3）通过信函，可使保险展业员的风度、情怀跃然纸上，可以联络到许多保险展业员想见却不认识的人士。

（3）信函开拓技巧点。

1）信封信纸都要使用上等品，可以请公司领导签字，由公司统一发送以示隆重。

2）内容简明扼要，直接切入主题。内容一般以公司介绍与险种介绍为主。

3）措辞一定要优美、入情入理，又能打动人心。

4）承诺有更详细的资料和公司的记事簿之类可以赠送，复函者再行寄送。

5）避免使用那些使读者的注意力不能集中在主要意旨上或使主要意旨模糊的材料。

书写信函的目的只是在于引起客户的关心，使其产生愿闻其详的念头。所以信函应简短，只强调想得到面谈的机会即可。以下是一封较好的信函示例。

尊敬的张经理：

您好！

我是合众人寿保险公司的李山，近日看《新安晚报》得知您又在合肥开设了一家分店。这已是您所开的第8家分店吧，在恭喜您的同时也由衷地为您感到高兴，因为我是您酒店忠实的顾客。在现在餐饮业竞争极为激烈的时期，您用您独特的经营方式，使得酒店生意越做越好，这不能不让人敬佩。

我们公司最近推出了一种寿险计划，许多与您背景相似的成功人士都认为极有价值，相信您会感兴趣。

非常希望能有机会与您见面，并向您请教一些经营方面的问题。我会在近日内登门拜访，届时请惠予接见。

祝生意兴隆！身体健康！

×××敬上

年　月　日

5. 咨询调查开拓法

（1）咨询调查开拓法的概念与特点。咨询调查开拓法，即通过咨询和市场调查寻找客户的方法。通过咨询和市场调查，可以倾听客户意见，是寻找客户的重要手段。此外，市场调查还可帮助保险展业员了解市场动态、清楚市场需求、理解客户感受，为制订寻找客户计划打下坚实的基础。

（2）咨询调查法技巧点。

1）做好记录。对那些有投保意向的客户，应当设法让他们留下姓名、家庭地址、工作单位和电话号码，并及时核对，保证准确无误，以便进一步联系跟进。也可当场预约时间、地点，及时提供服务，促成签约。

2）争取现场签单。尽量引导客户一次性交易，利用同伴集体的力量争取现场签单，提高效益。

6. 查阅资料法

（1）查阅资料法的概念与特点。查阅资料法又称资料开拓法，是指保险展业员通过收集、整理、查阅各种现有文献资料来寻找客户的方法。行业各种统计报表、有关政府部门公布的资料、行业和协会的资料、企业黄页、工商企业目录、大型博览会或展览会名单、电视、报纸、杂志、互联网等大众媒体都是很好的资料来源。通过这些资料查阅既能保证一定的可靠性，也能减小工作量，以最大限度地减少工作的盲目性。同时还可以展开先期的客户研究，了解客户的特点、状况，提出适当的客户活动针对性策略等。

（2）资料开拓法技巧点。

1）要学会阅读资料，从搜索资料中找寻客户的信息。

2）注意收集资料的可靠性和时效性。如果资料来源或提供者的可信度较低，或资料反映的是以前的情况，则会对展业起阻碍作用。

3）资料收集后，可通过电话拜访、信函拜访等方式进行探查，对有机会发展业务关系的客户开展进一步调研，将调研资料整理成潜在客户资料卡，就可形成一个庞大的客户资源库。

7. 影响力中心法

（1）影响力中心法的概念与特点。影响力中心法是指保险展业员在特定的销售范围内发展具有影响力的中心人物，利用他们寻找客户线索的方法。这种方法应用了心理学中的光辉效应法则，即人们对于自己心目中享有一定威望的人物是信服并愿意追随的。因此，只要确定中心人物，使之成为现实的客户，就很有可能引出一批潜在客户。该法避免了保险展业员重复单调地向每个潜在客户进行讲解和说服工作，节省了大量的时间与精力。同时，保险展业员也可利用中心人物的名望与影响力，提高自身的形象和声望。

（2）影响力中心法技巧点。使用这种方法，保险展业员一旦在中心任务上攻关成功，可以获取突破性进展；推销对象的信任度越高，越容易取得成功。但是，使用这种方法的难度较大，一般来说，中心人物往往公务繁忙，态度傲慢，要取得他们的配合，这对保险展业员的要求很高。所以不要把希望过多地寄托在中心人物身上，影响了其他方法的开拓。

准客户找寻与管理技能训练

寻找准客户的方法

1. 运用评估工具表

通过各种途径获得客户资料后，保险展业员可用潜在客户评估表（见表 3-1）来评估潜在客户，衡量他们是否具备准客户的条件，避免浪费时间在一些不合格的潜在客户身上，对评分高的客户进行重点挖掘。潜在客户评估标准主要从客户购买需求、购买能力、购买决策和投保资格等方面进行。

（1）潜在客户是否存在保险需求。虽然人人都需要保险，但关键要清楚客户对寿险有着怎样的需求，保险展业员要站在客户的立场上分析他们的需求。只有双方对保险需求有了认同感，才能成功促成客户投保。

（2）潜在客户是否有足够的购买能力。潜在客户若有保险需求，还需要具备足够的支付保费的经济能力。保险不是救济，保险是有代价的。如果潜在客户的经济条件有限，无力支付保费，那就构不成准客户的条件。

（3）潜在客户是否符合特定的资格和条件。寿险公司只承保具有合格投保条件的客户，保险展业员必须了解潜在客户是否符合寿险公司的承保条件。

（4）潜在客户是否有购买决策权。评估潜在客户是否具有购买决策权有助于保险展业员节省时间和精力，提高成交率。

（5）潜在客户是否能够接近。保险展业员要对接近客户的可能性做出判断。有些客户既有需求和购买能力，又有决策权，但也许仍然不能作为实际行销对象，因为保险展业员对这些人无法接近或很难接触到。

总之，只有同时存在购买需求、购买能力和购买决策权的潜在客户，保险展业员才能将其锁定为准客户。

表 3-1 潜在客户评估表

客户来源：
A. 亲戚朋友
B. 同学和校友
C. 兴趣相近的朋友
D. 过去和现在的邻居
E. 配偶或子女所认识的人
F. 社交圈认识的朋友
G. 职场朋友与和职业相关的朋友

日期：										
出生年月：										
住址与电话：										
备注：										
评估类别	累计总分（最高 74 分）									
职业	行政管理	8								
	经营商务	8								
	专业人士	7								
	公务员	6								
	业务人员	5								

（续）

职业	文职人员	5								
	家庭主妇	3								
	服务业	2								
	制造业	2								
	学生	1								
家庭年收入	≥ 120 000 元	12								
	60 001 ~ 120 000 元	10								
	30 001 ~ 60 000 元	9								
	20 001 ~ 30 000 元	6								
	10 001 ~ 20 000 元	4								
	≤ 10 000 元	2								
年龄	≥ 45	4								
	35 ~ 44	6								
	25 ~ 34	8								
	≤ 24	2								
婚姻状况	已婚有子女	10								
	已婚无子女	6								
	单身	1								
相识时间	≥ 6 年	4								
	3 ~ 5 年	2								
	≤ 3 年	1								
交往程度	亲朋好友	8								
	普通朋友	4								
	泛泛之友	2								
每年联络次数	8 次以上	8								
	4 ~ 7 次	4								
	1 ~ 3 次	2								
接触程度	完全没有	1								
	很容易	8								
	容易	4								
	较容易	2								
	很困难	1								
	很好	8								
人群影响力	较好	4								
	还可以	2								
	没有	1								

资料来源：保险行销技能训练课程，秦仲阳。

2. ABC 分析法

保险展业员将所收集到的客户资料根据其经济能力和保险意识进行 A、B、C 三种分类。A 类客户为经济条件好、保险意识强的客户；B 类客户为经济条件好、保险意识较差或保险意识好，经济条件相对较差的客户；C 类客户为经济条件和保险意识都差的客户。显然 A 类是重点拜访的客户，C类客户可基本放弃。

准客户的管理

准客户管理并不是要保险展业员去管理客户，而是要对所收集的客户名单进行评估，对评估合格的准客户进行系统的资料收集，为行销工作打下坚实的基础。

1. 资料建档管理

准客户的管理是通过建立准客户档案，系统收集准客户的信息资料，进行整理归类，及时补充及科学利用的一系列工作。建立"客户资料卡"是进行准客户管理的基础。客户资料卡通常由客户基本资料及客户记录单构成（见表3-2）。

表3-2 准客户的资料卡

一、客户基本资料			
姓名	年龄	出生年月	工作单位
家庭住址		电话	
配偶姓名	年龄	子女姓名	出生年月
上作收入	预期收入	额外收入	配偶收入
全家储蓄	其他投资	外债	不动产
简要经历			
兴趣爱好			
社团宗教			
个性			
健康状况			
保险意识			
险种需求			
已保险种			
二、展业员拜访情况			
约访时间、地点、拜访内容			
访后印象			
险种需求			
成交原因			
失败原因			

资料来源：中国人寿保险公司培训材料。

（1）客户资料卡建立。客户资料卡的信息应该是全面的、广泛的。只要保险展业员与客户有接触，就应立即把客户资料详细记录在客户资料卡上，同时还应回想当时交谈的情形和对方的反应，加以修正或补充。从客户资料卡上既要看到客户的全部情况，又要反映保险展业员在每次推销行动中的全部记录，然后反省、检讨、修正，再拟定出下一次的推销策略。

1）客户基本资料。客户基本资料包括客户的姓名、出生年月、配偶姓名及年龄、子女和年龄、工作种类、职业特点、收入状况、家庭地址、教育背景、职位、是否有投保经历和对保险的认识等。

2）客户记录单。客户记录单主要记载保险展业员工作方向的情况。如是否预约过，拜访的时间、地点、拜访内容，拜访后的印象，成交的可能性，客户实际需要的险种，拒绝的原因和应补充的内容（备注）等。

（2）客户资料卡填写注意事项。

1）是否在访问客户后立即填写此卡。

2）是否完整填写客户资料卡上的各项资料。

3）是否充分利用客户资料并保持其准确性。

（3）客户资料卡的管理。资料不进行加工整理就没有生命力。一名优秀的保险展业员应对客户资料进行系统的分级、归类、科学的调整、筛选及有效利用。对评估分较高的准客户要重点开展各项活动，拉近与客户的距离，争取客户的信任，挖掘准客户的保险需求。

1）突出重点。既要避免分散使用行销力量，做到有主有次，又要避免轻视低级客户，做到一视同仁。保险展业员可把较多的时间和精力用于说服较高级别的客户，但要向低级别的客户提供同等质量的保险和售后服务。重点客户不仅要包括现有客户，且要包括未来客户和潜在客户。

2）灵活运用，进行动态管理。在展业实战中，准客户的情况及保险展业员对他的认识都会发生变化。因此，资料评估得出的结论与会谈或者深入调查后所做出的结论出入较大，需要定期对客户资料与类别做适当的调整，以确保准客户的数量和质量。同时，保险展业员还应随时掌握准客户的新情况，将准客户的有关资料进行汇总，清楚地分析和发掘准客户的潜在购买能力。应以灵活的方式使“死”资料变成“活”资料，从而提高客户管理效率。

3）信息化处理。信息化处理即将客户的资料分类整理、建档，变成有用的信息，这个过程便是信息化处理。信息化处理的方式有手工抄写式资料卡和电脑存档两种。

2. 分级管理

对准客户的分级管理就是根据标准把合格的准客户划分为不同的等级，以便有计划、有重点地开展销售活动，以期取得最佳的销售效果。分级管理有助于避免行销工作的盲目性，抓住良好的销售机会。

准客户的分级标准即利用准客户资料卡对准客户进行分级管理和有效的开发。将所有准客户资料进行治理分级，不同级别的客户制定出不同的拜访策略。通常可根据准客户的资料及拜访情况将准客户分为六级。

A级，理想的潜在客户。他们具有以下特征：健康状况良好、有足够的支付能力、易接触、富有责任心、保险意识强、迫切需要保险保障。

B级，较为理想的潜在客户。他们具备了相当的优势，但还有某些因素影响着他们，要进一步做好跟进工作。

C级，健康状况暂时欠佳的客户。这类客户的经济状况良好，但因为健康方面的原因，目前暂时不适宜投保。

D级，身体健康，但经济状况不稳定者。

E级，尚对保险认识不足者或经济状况欠佳的客户，待他们经济状况改善后再行动。

F级，新客户和难对付的客户。其他的方面都不错，但对保险的认识还不够或认识上存在偏差的客户。对这类准客户应保持联系，不断引导。

【实训内容3-4】接触面谈技能训练

接触前的准备工作

接触客户是推销过程中的一个重要环节，能否成功地接触客户直接关系到整个展业工作的成败。要想在接触环节中取得成功，首先必须做好接触前的准备工作。接触前的准备主要包括五个方面：展业工具的准备、客户信息的准备、产品资料的准备、保险展业员的自我准备及销售拜访计划准备。

展业工具的准备

展业工具具有强化说明、促成签约的功能，是展业过程中必不可少的武器。展业工具包括身份证明资料、展示资料、签单工具、展业小礼品及其他展业必备品五类（见表 3-3）。

表 3-3 展业工具说明

展业工具类型	具体物品	功能与作用
身份证明资料	身份证、工作证、展业证书、名片、识别卡和司徽等	证明自己的身份，取得客户的信任
展示资料	公司简介、产品介绍、个人资料、理赔案例、宣传单、各种简报和数据图片等	宣传公司与寿险产品，提升公司企业形象，消除客户疑虑
签单上具	保险条款、费率表、投保单、保费预收据、投保建议书、钢笔、白纸和计算器等	演示和说明寿险产品，并促成寿险产品的销售
展业小礼品	纪念品、赠品和小玩具等	拉近与客户的距离，改善与客户的关系
其他展业必备品	纸巾、小镜子、小梳子和口红等	满足展业的日常需要，树立专业化的形象

客户信息的准备

接触前应了解和掌握大量的客户资料，如自然状况（姓名、性别、年龄和学历等）、健康状况、家庭状况、个人嗜好、经济能力及最近活动等，并对这些资料进行归类、分析，以便从大量的资料中寻找到接触客户的切入点。客户资料掌握得越多，客户形象就越清晰，与客户面谈的共同语言就越多。

产品资料的准备

在展业中，保险展业员的主要工作就是将产品或服务介绍给客户并努力说服客户做出购买决定。要做到这一点，保险展业员必须对自己推销的产品了如指掌。充分掌握保险产品知识是展业成功的前提。

保险展业员的自我准备

保险展业员的自我准备主要包括保险展业员自身形象准备、心理素质准备和推销访问计划准备等内容。

1. 自身形象准备

仪容仪表是一个人身上最吸引人的地方，它体现了一个人的精神面貌。当人们相见时往往首先会注意到对方的仪容仪表。因此，保险展业员的仪容必须干净、整洁，服饰要与自己的年龄、身材和气质相协调，同时应随拜访的对象、时间和场合的变化而变化。

2. 心理素质准备

良好的心理品质是保险展业员事业成功的关键。保险展业员良好的心态和心理素质能赢得客户的理解、喜爱与信任。保险展业员不健康的心态和脆弱的心理素质能让客户产生怀疑，甚至愤怒，从而拒绝购买。因而，面对客户，保险展业员应具有对待自己的信心、化解问题的耐心、融化客户的爱心、帮助客户的热心和关切客户需求的诚心。

销售拜访计划准备

与潜在客户见面时，对于该讲哪些内容以及怎样讲才能达到目的等问题，保险展业员都应在与客户见面前做好设计。实践证明，销售拜访计划越详细，准备就越充分，促成的机会就越大。一般来说，在接触客户前，保险展业员应根据不同的客户来设计销售拜访计划。销售拜访计划主要包括拜访时间的安排、拜访地点的选择、谈话主题、开场白及话术的准备等。

接触基本流程

寒暄

面谈时若气氛紧张只会造成客户的不安，从而加强其抗拒心理。因此，保险展业员应根据事前对客户的了解，表达对客户的赞美或选一些对方容易谈论及感兴趣的话题让客户放松下来，营造一种融洽的面谈气氛。寒暄的要领主要包括如下几个方面。

1. 询问

问客户感兴趣的话题或关心客户的近况。保险展业员千万不要问一些有威胁性的问题或客户比较敏感的问题。

2. 聆听

专心倾听能给人一种亲切与被尊重的感受。认真倾听才能真正地了解他人的心声，使客户在不经意间泄露自己的真实意图。

3. 少说

在寒暄的过程中应尽可能让客户多说话，以便了解客户的想法，让客户感到他才是主角。

4. 观察

仔细观察客户的表情神态，捕捉客户的想法。透过目光交流，传递对客户的尊重、钦佩、重视与关心。

表明意图

在与客户接触的过程中，保险展业员要很快地以自信的态度清晰地表达出拜访的理由，让客户感觉到保险展业员的专业及可信度。例如，“今天非常感谢张总能给我这个机会来跟您解说一下，我们公司新出来的这些产品特别适合像您这样的成功人士”。

1. 自我介绍

自我介绍的过程就是推销自己的过程。通过自我介绍，目的在于给客户留下良好的第一印象。保险展业员可借助名片进行自我介绍。

2. 公司概况及服务内容介绍

公司概况介绍，主要包括寿险公司的性质、经营理念、取得的成就等。例如，“合众人寿保险股份有限公司（以下简称合众人寿）是中国十大寿险公司之一，是经中国保险监督管理委员会批准的一家综合性人寿保险公司。企业性质为全国性、股份制寿险公司。公司可经营一切人身险险种（含各种法定险种）。合众人寿率行业之先提出了‘合众保险，理赔不难’的服务举措，为其在行业内外赢得了广泛的赞誉”。

服务内容介绍主要表明自己与客户接触的目的。例如，“作为合众人寿公司的一名客户服务专员，我的主要任务就是接触像您这样的人士，并为你们提供全面的保险咨询服务或进行保险宣传活动”。

3. 消除客户的戒备心理

消除客户的防卫心理是“成功接触”的关键。美国前总统里根曾说过：“你在游说别人之前，一定要先解除对方对你的戒心。”只有在迅速地打开客户的“心防”后，客户才能敞开心扉。

让客户了解面谈的内容及利益

要及时切入面谈主题，并说明面谈能给客户带来哪些利益或好处，这样才能引起客户注意或使其产生兴趣。例如，“陈先生，首先谢谢您给我时间，我今天来见您的目的，是想和您共同做一个财务状况的分析；同时，还想跟您分享一些财务管理计划。经过分析之后，如果您认为有需要的话，我会提供一些资料给您作进一步的参考。就算现在不考虑，起码您都了解这方面的知识了，将来您自己或者您朋友有这方面的需要时，也会多一种选择”。

寻找客户购买点

进入面谈时，保险展业员要了解客户的背景、想法及保险需求，找出客户真正的购买点。寻找客户购买点的方法主要有以下两种。

1. 客户资料收集

要收集下列资料以便深层次地了解客户的需求，这些资料包括客户家庭成员的有关资料、客户家庭经济状况的有关资料、子女教育需求、目前享有福利的状况和客户的健康状况等资料，从客户资料中挖掘购买点。

2. 要有技巧地提问

保险展业员应多和客户进行交流沟通，并有技巧地提问，以便收集更多的客户资料，从而挖掘客户的购买点。

提供参考意见

通过上述步骤后，客户已经明白有关自己切身利益的问题。此时，保险展业员应及时地导入保险的观念，引发客户思考，同时表明人身保险产品是解决人生保障问题的最好途径，并提供合适的险种。

【实训任务 3-4-1】

（1）实战内容：接触流程。

（2）实战目的：把握接触技能。

（3）实战演练要求。

1）分组，三人一组（一人为客户，一人为保险展业员，一人为观察员），角色互换。

2）运用寒暄、赞美的话术，以开始面谈为通过标准。

3）演练心得分享：选出表现最佳的一组上台表演。

接触的主要方法

面谈时，最主要的目的在于能透过保险展业员的观察力与话术技巧来收集客户的资料或情报。面谈的方法主要有以下几种。

1. 缘故拜访法

（1）开门见山法。开门见山法是指一经与准客户接触，就直接引入寿险话题。该方法适用于准客户与保险展业员十分熟悉的情况下。

（2）看望法。看望法是指在通过缘故关系制造出和谐气氛的基础上，采取给老客户送小礼品或看望小孩的方法，询问对方的生活近况，追溯感情并适时引入寿险话题的方法。

2. 推广新险种法

推广新险种法是指保险展业员利用寿险公司的新险种作为与老客户或新客户面谈的话题，创造合适的接触机会，并发掘准客户的新需求，以达到推广新险种的目的。

3. 请教接近法

请教接近法是指保险展业员虚心向客户讨教问题，利用这个机会来接近顾客的一种方法。在实际展业工作中，多数客户都有一种“自以为是”的心态，保险展业员若能登门求教，自然会受欢迎。

4. 赞美接近法

赞美接近法是指通过赞美营造良好的谈话氛围，拉近彼此间的距离，消除客户的戒备心。赞美接近法的实质是，保险展业员利用人们希望被赞美的心理来达到接近顾客的目的。

5. 利用推销工具接触法

利用推销工具接触法，即利用事先印制的相关问卷调查表对客户进行随机访问，以调查社会大众对寿险的认识、对寿险商品的需求和对寿险公司的满意度等为话题，征询社会大众对这些问题的看法，从而引发寿险话题。如“ ×× 先生（小姐）您好！打扰您了，我是 ×× 人寿保险公司的市场调查专员，是专门负责这个社区的。主要想看看市民对现在的医疗有什么好的建议（拿出市场调查表，自行设计），好让我们公司结合市民的需求推出一些适合人们的医疗保险。耽误您几分钟，麻烦您配合一下，我们将非常感谢！”

6. 保单检查接触法

保单检查是一个恒久不变、永不过时的接触主题。保单检查法即通过对保单已有的客户进行保单的整理及年度检查，再次为客户梳理保险责任及保单利益的一种售前服务行为。该方法适用于已成交或未成交的客户，经常联系或久未联系的客户，同样也适用于不属于自己的客户。

7. 电话约访法

电话约访法是一种最方便、最快捷又最具有实效的销售技巧，它可以缩短人与人之间时空上的距离，巧妙地建立与客户的友谊桥梁，并可以大大提高工作效率，推进业务发展。

（1）电话约访技巧。电话约访技巧是销售的一项利器，要让电话的使用达到一定的效果，保险展业员必须掌握一定的技能。因此，保险展业员不妨多加研究，一点心思、一些小创意往往会带来意想不到的效果。

1）用声波塑造形象。打电话应使用中性的语气，不骄不馁、不卑不亢，从语气中显示保险展业员的良好品质。如果保险展业员渴望在自己的位置做得更好，那么请坐直身子、挺起腰或站起来，用这种姿势打电话能够向人传达出踏实可信的感觉。

2）从建立关系入手。提高电话谈话质量并不在于保险展业员谈什么，而是怎么谈，这就要求保险展业员从建立关系入手。建立关系就必须表达出保险展业员的诚意。而对陌生人，想在几十秒内表达出自己的诚意，那么保险展业员在打招呼和谈话时最起码要做到有条不紊。

3）学会在电话中“握手”。在电话里互道“您好”的时候，就是代表着两个人的握手。如何通过电线握住彼此的手呢？关键的技巧是“停顿”。说完“您好”的时候一定要有必要的停顿。不停顿，等于碰了一下对方的手而不是握了一下手；不停顿，等于马马虎虎地握了一次手；不停顿，也等于对方放了手你还紧握不放。因此，保险展业员要在说完“您好”的时候做一次深呼吸，然后再进行交谈。

4）取得对方的信任。要想将商品推销出去，最基本的条件就是先取得对方的信任。如果面对面接触，客户至少还能凭对保险展业员的印象来进行判断，但是在电话中根本没有一个实体可作判断的依据，只能凭声音来猜测。因此，保险展业员的语调要保持委婉，但语气要坚决。86% 的信息来自语气，只有 14% 来自语言。

5）说话速度不宜太快。一般人在讲电话时说话速度会比面对面交谈快很多，可是对方并不熟悉我们的语调和用词。如果保险展业员说话速度太快，往往会使客户听不清楚保险展业员所讲的内容，也容易给客户留下被迫接受保险展业员的观点的感觉。

6）强调“不强迫……”。一般利用电话做初步交涉的主要目的在于取得预约拜访的机会，保险展业员应当再三强调“只是向您介绍一下保险的意义和功用，绝不强迫您……”，以低姿态达到会面的目的。

（2）电话约访应答技巧。

1）没兴趣。应答技巧：我明白任何人都不会对一些不清楚的事物感兴趣，我们只是提供一些资料、信息供您参考、了解。如果您觉得值得深入了解，我们才深谈；如果觉得没意义，我会迅速离开，不会造成您的困扰。您看这样可以吗？(二择一法确定时间)

2）不需要。应答技巧：是的！如果您觉得不需要，当然就没有见面的必要了，但我想在经过讨论评估后再决定有没有需要，这样是否会更好呢？能不能有机会和荣幸与您约个时间见面呢？(二择一法确定时间)

3）没有钱。应答技巧：我明白您的想法是尽量避免不必要的开支，但我要和您讨论的财务规划，绝不是要增加您的不必要开支，而是反过来保证您有能力来应付生活上各方面的必要开销。我想您多听些信息、多了解一点是不会吃亏的，对吗？不知道有没有这个机会见到您？

4）很忙，没时间。应答技巧：不好意思，希望没有打扰到您。我相信您的工作十分忙碌，所以才事先打电话给您，与您约定一个适当的时间，以不打扰您的工作为原则，您看星期三或星期四哪天比较方便呢？(二择一法确定时间)

5）寄资料给我。应答技巧：如果这样对您有帮助的话，我当然会这样做。但是财务规划这份信息若不能和您个人的需求相结合，寄这份资料便没有意义了，所以我很想和您约个适当的时间跟您分享。如果您有需求，我会留下一些资料供您参考，若没有需要，您就当多交一个朋友，多了解一份信息，您看这样可以吗？我这里的资料只有一份，而且资料里有一些专业术语，我觉得当面讲比较好，不知您是星期四上午 9 点还是下午 3 点比较方便？

6）这样只会浪费你的时间。应答技巧：谢谢您对我的关心，如果每个客户都像您这样关怀我们，我想我们工作起来会更愉快的，但我想跟您分享的这份信息对您来说非常有意义。您若能给我 10 分钟的时间，会发现这是一个值得探讨的信息。

7）请直接在电话里讲就可以了。应答技巧：因为有东西要展示给您看，电话里也很难让您了解清楚，怕会浪费您的时间。反正我正好服务这个地区，您一般是家里还是单位比较方便？

8）这些时间我都不方便。应答技巧：坦白地说，我跟您谈的事情不是您有时间才谈的。抱歉我不知您这么忙，可见您是很成功的人士。推荐人说不要打扰您太长的时间，只能花您 10 分钟的时间把一些有关的资讯告诉您，您什么时间方便？只要 10 分钟即可。

【实训任务 3-4-2】

（1）内容：运用调查问卷表接触客户。

（2）实战目的：提高学生接触客户的能力。

（3）实战演练要求。

1）请部分学生上台模拟示范演练，一人扮演客户，一人扮演保险展业员，然后角色互换。

2）表情、动作、语言要自然。

【实训任务 3-4-3】

（1）实战内容：电话约访拒绝处理（话术运用）。

（2）实战目的：成功进行电话约访。

（3）实战演练要求。

1）分组演练：三人一组（一人扮演客户、一人扮演保险展业员、一人扮演观察员），进行角色互换。

2）客户至少拒绝 3 次，保险展业员进行应答处理。

3）不能处理 3 个以上拒绝，或不能及时运用二择一法进行约访并捕捉到客户答应约访信号者，不能通过训练。

4）及时运用二择一法约访客户并准确地捕捉到客户购买信号，促成者通过训练。

5）能用微笑、肢体动作与语言配合促成约访者，评价 70 ～ 80 分。

【实训内容 3-5】保险需求分析技能实训

保险需求的主要特征

1. 保险需求的客观性

（1）趋利避害是人的本能。在生活中，人们总是要想出各种办法去避免与防范各种风险的发生，使自己和家人得到幸福和安宁。保险商品是一种趋利避害的商品，它能在灾害事故发生时为投保人和被保险人免去一定的经济负担，带来一定的经济上的补偿和精神上的安慰。

（2）寻求保障和补偿是人的天性。获得寿险保单就获得了一定的保障和安宁，能使人们做到临危不惧、处乱不惊。

2. 寿险需求的层次性与渐进性

人们对寿险产品的需求有缓有急、有强有弱、有低有高，呈现出层次性与渐进性。就个人的人身保险需求而言，可分为以下五个层次。

（1）生理安全保险需求，含食物、衣物和住所等方面的保险需求。

（2）劳动安全保险需求，含劳动工具、意外事故等方面的保险需求。

（3）职业安全保险需求，含失业、职业责任等方面的保险需求。

（4）经济安全保险需求，含医疗、养老和资产增值等方面的保险需求。

（5）心理安全保险需求，包括教育等方面的保险需求。

当低层次需求满足后，就会向高层次需求发展。

3. 保险需求的可诱导性

决定购买什么保险产品和如何购买保险产品，一方面取决于客户自己的购买能力，另一方面又受周围环境和他人的影响，客户的需求是可诱导的。针对这一特点，保险展业员应积极引导和激发客户的保险需求，使客户潜在的保险需求变为现实需求、未来需求变为近期需求。

4. 寿险需求的差异性

寿险需求的差异性主要表现为客户对险种、保险金额等方面的不同需要。由于客户的收入水平、文化程度和面临的风险大小等因素不同，决定了他们对寿险需求的差异性，而随着这些差异性因素的变化，他们的寿险需求也不会停留在原有水平上。

客户保险需求分析

保险需求分析是保险展业员最能向客户展现其专业的一个重要环节。客户寿险需求分析主要是针对客户在其人生发展的不同时期和阶段，依据其不同的收入、支出、家庭状况及所处的环境等因素对客户所面临的风险进行全面的分析和评估，从而帮助其制定寿险财务规划。

保险需求的表现形式有两方面：一方面体现在物质方面的需求，即在约定的风险事故发生并导致损失时，它能够对经济损失予以充分的补偿；另一方面体现在精神方面的需求，即在投保以后，转嫁了风险，心理上感到安全，从而消除了精神上的紧张与不安。人生不同阶段的保险需求分析如下。

1. 单身期

时间：一般为 2 ～ 5 年，从参加工作至结婚的时期。

特点：经济收入比较低且花销大。这个时期是未来家庭资金积累期。

年纪轻，主要集中在 20 ～ 28 岁之间，健康状况良好，无家庭负担，收入低，但稳定增长，保险意识较弱。

保险需求分析：保险需求不高，主要可以考虑意外风险保障和必要的医疗保障，以减少因意外或疾病导致的直接或间接经济损失。保费低、保障高。若父母需要赡养，需要考虑购买定期寿险，以最低的保费获得最高的保障，确保一旦有不测时，用保险金支持父母的生活。

2. 家庭形成期

时间：指从结婚到新生儿诞生时期，一般为 1 ～ 5 年。

特点：这一时期是家庭的主要消费期。经济收入增加而且生活稳定，家庭已经有一定的财力和基本生活用品。为提高生活质量往往需要较大的家庭建设支出，如购买一些较高档的用品，贷款买房的家庭还须一笔大开支——月供款。夫妇双方年纪较轻，健康状况良好，家庭负担较轻，收入迅速增长，保险意识和需求有所增强。

保险需求分析：这一时期为保障一家之主在万一遭受意外后房屋供款不会中断，可以选择交费少的定期险、意外保险、健康保险等，但保险金额最好大于购房金额以及足够家庭成员 5 ～ 8 年的生活开支。

处于家庭和事业新起点，有强烈的事业心和赚钱的愿望，渴望迅速积累资产，投资倾向易偏于激进。可购买投资型保险产品，这是一个规避风险的同时又能实现资金增值的好方法。

3. 家庭成长期

时间：从小孩出生到小孩参加工作以前的这段时间，大约 18 ～ 22 年。

特点：家庭成员不再增加，整个家庭的成员年岁都在增长。这一时期，家庭的最大开支是保健医疗费、学前教育、智力开发费用。理财的重点适合围绕上述费用。同时，随着子女的自理能力增强，年轻的父母精力充沛，时间相对充裕，又积累了一定的社会经验，工作能力大大增强，在投资方面鼓励可考虑以创业为目的，如进行风险投资等。夫妇双方年纪较轻，健康状况良好，家庭成员有增加，家庭和子女教育的负担加重，收入稳定增长，保险意识增强。

保险需求分析：由于未来几年里面临孩子教育经费不断增加的经济压力，因此主要的保险需求集中在教育基金、父母自身保障方面。在财产保险方面，由于购车买房，会对家庭财产保险、汽车保险有需求。

4. 家庭成熟期

时间：指子女参加工作到家长退休为止这段时期，一般为 15 年左右。

特点：这一阶段里自身的工作能力、工作经验、经济状况都达到高峰状态，子女已完全自立，债务已逐渐减轻，理财的重点是扩大投资。

保险需求分析：这一时期，夫妇双方年纪较大，健康状况有所下降，家庭成员不再增加，家庭负担较轻，收入稳定在较高水平，保险意识和需求增强。各方面的需求，尤其是理财方面的需求有所增加。

5. 退休规划期

时间：这一时期夫妇双方的健康状况下降，收入将面临减少。

特点：这一时期客户保险需求的主要内容应以安度晚年为目的。

保险需求分析：退休期客户的主要保险需求是养老和健康规划。而此种规划需要在退休期之前进行考虑和购买；在退休期不适于购买保险，这主要是出于年龄和保费问题的考虑。

案例 3-3

1. 刘经理：30 岁，月收入 8 000 元，某企业副经理，大专学历；妻子吴太太：30 岁，月收入 5 000 元，医院职工；女儿小佳：1 岁；夫妻二人均有社会统筹保险，拥有家庭轿车。

2. 客户保险需求的发现与分析

（1）沟通了解。因拥有家庭轿车，刘先生常开车外出。刘先生发生交通事故会给家庭带来压力，尤其是经济压力；万一身体有恙，巨大的医疗费用开支会造成事业前功尽弃，家庭会背上沉重的负担；小佳是父母的寄托，父母希望小佳接受好的教育，同时希望有一个稳健的投资渠道，提高家庭的生活品质。

（2）客户需求分析。刘先生幸福家庭的物质基础是刘先生的事业收入，使这份收入稳固成为保险展业员设计的一个原因；另一个理由是当刘先生过了黄金创业年纪，当初的投入就变为了一生的固定财富。

第四章

实验二　保险核保与承保实训

第一节　实验目的和内容

一、实训目标

通过本实训环节，使学生熟悉保险公司业务管理的机构流程，熟练掌握客户投保、公司承保（核保）主要内容及相关环节的操作要点与技能，学会正确填制及处理寿险业务有关各类单证，培养具有相应水平的实务工作能力，能解决承保（核保）业务中的实际问题，增加其日后就业和发展的竞争力。

二、实训内容

（1）投保、承保的主要环节、程序与基本要求。

（2）投保工作内容和投保单证的正确填写。

（3）核保工作内容及核保风险因素分析。

（4）核保业务流程与操作技能。

三、实验资料和实验步骤

（一）实验资料准备

（1）场地准备：配备电脑的保险实训实验室、学院及周边环境。

（2）教学资料准备：多媒体课件、各保险公司资料及网站。

（二）实验步骤

（1）自由组合，全班分为若干个小组，每组人数为 3 人，设小组长一名。

（2）各小组进行角色互换，进行保险展业人员素质提升的训练。

四、实训方式

在院内以课堂讲授及院内实训室模拟操作软件为主，在此基础上，通过大量的案例研讨，情景模拟、实战演练等方式，使学生对所学的知识与技能有进一步的提高与巩固。

第二节　保险投保与承保业务操作实训

【实训内容 4-1】保险投保和核保业务操作技能训练

保险投保主要环节和操作要点

投保基本流程

消费者要购买保险产品，可通过代理人或经纪人向保险公司提出购买意向，也可以直接向保险公司进行要约。不同的公司、不同的渠道，其投保流程可能会有不同。一般来说，客户投保基本流程如图 4-1 所示。

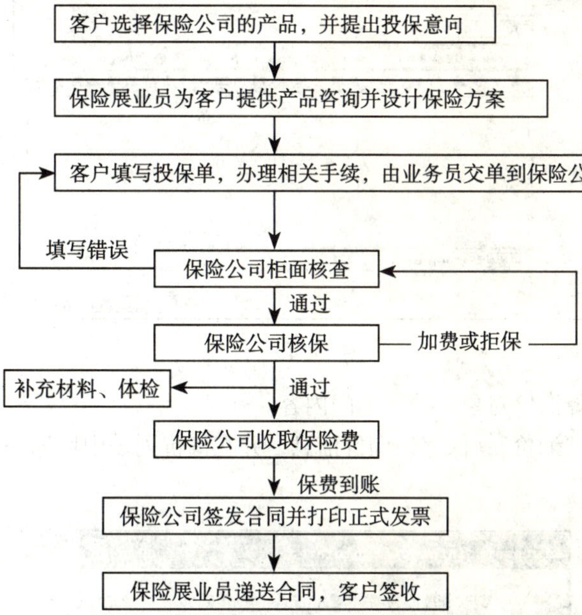

图 4-1　保险投保一般流程

投保流程说明（以人身保险为例）

1. 客户询价

（1）客户在决定购买保险之前，可以向人寿保险公司、人寿保险代理人、人寿保险经纪公司咨询售价，从而了解保险产品，选择合适的保险产品和保险公司。

具体操作如下[⊖]。

进入实验软件，选择既定的实验项目，进入如下页面（见图 4-2）。

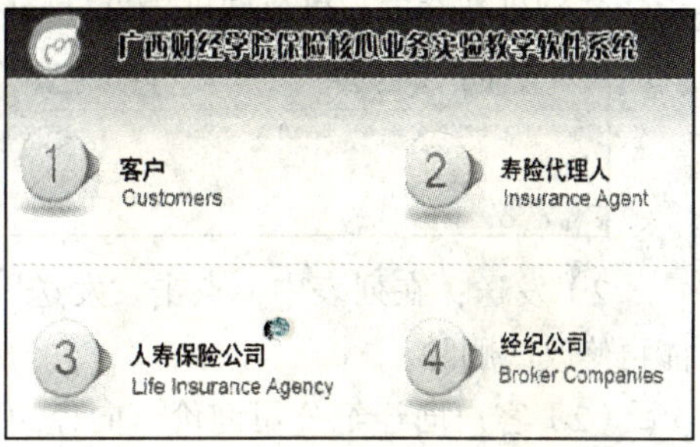

图　4-2

点击客户，进入客户页面，点击“代理人”，进入如下页面（见图 4-3）。

1）选择“代理人”模块，并点击“询价”按钮，如图 4-3 所示。进入向代理人的询价列表。

⊖ 在操作各角色之前，请先分别注册客户、保险公司、代理人（经纪人）信息，同时保险公司发布相关产品。

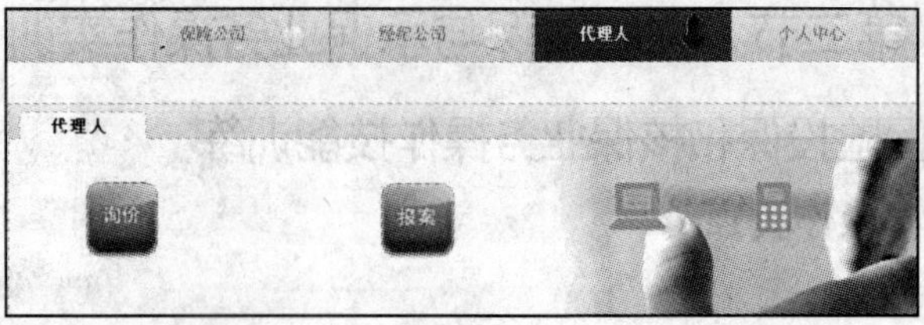

图 4-3

点击“添加”按钮，添加询价信息，如图 4-4 所示。

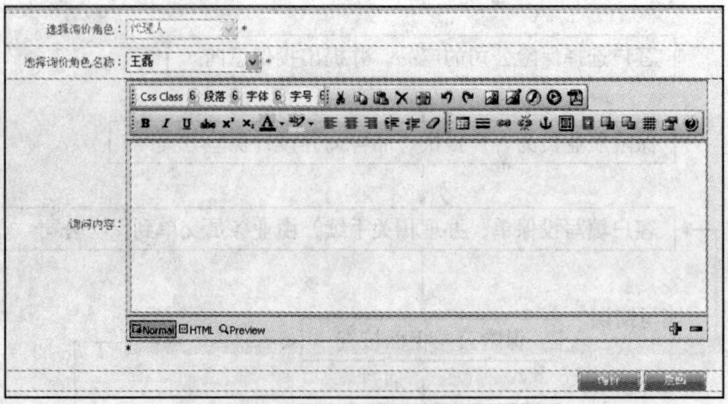

图 4-4

在打开界面中，选择询价对象，填写询问内容。

输入完毕后，点击“询价”，保存该询价信息，并在询价列表中增加一条记录（该记录默认为待发送）。

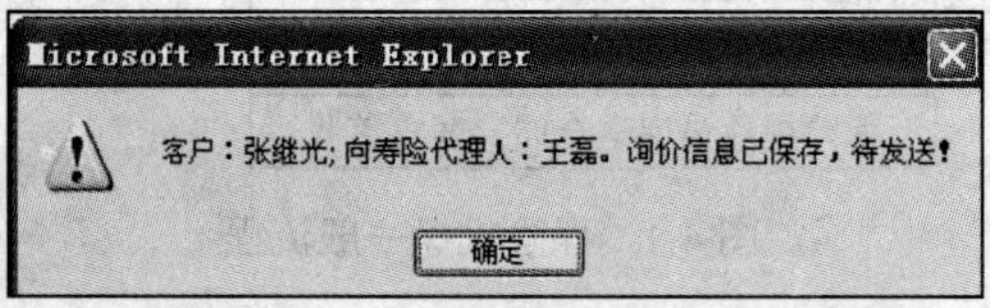

图 4-5

在询价列表中，可对询价单进行修改或删除。

当前位置：客户询价

序号	对象角色	询问对象	询问内容	询问时间	回复状态	查看
1	寿险代理人	王磊	你好，有报价单吗?	2010-9-1	保存	查看 修改 删除 发送

添加 返回 页次：1/1页 本页：1 总数：1 [首页] [上一页] [下一页] [尾页] 1 转到

2）发送：在列表中，点击“发送”操作，将该询价单发给所选的询价对象。发送后不能再修改或删除。

（2）客户向经纪公司询价。向经纪公司的询价操作请参考客户—代理人—询价的相关说明，在此不再赘述。

（3）客户向保险公司询价。客户向保险公司询价参考客户—保险公司—营销部—询价的相关说明，在此不再赘述。

2. 代理人（经纪人）受理客户的询价信息

保险代理受理客户的询价信息。同时，保险代理人作为保险公司的员工，也需要处理由保险公司转交的客户询价请求。

进入代理人界面，点击页面左侧的“报价”菜单，在页面右侧打开如图 4-6 所示界面。

图 4-6

点击“操作”栏中的“处理”，在打开界面中，填写回复信息，如图 4-7 所示。

图 4-7

点击“回复”按钮，系统提示如图 4-8 所示。

点击“确定”按钮。

3. 客户投保

客户在得到询价回复之后，如果对回复的价格满意，将进入到投保环节。

图 4-8

（1）委托经纪公司投保。准备要办理个人保险或团体保险的客户，可以直接向保险公司申请办理或委托一家保险经纪公司代为办理保险业务。点击“投保委托”业务，打开如下界面（见图 4-9）。

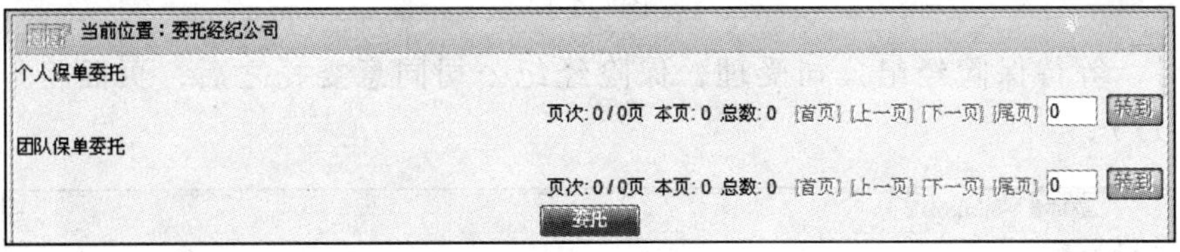

图 4-9

点击“委托”按钮，在打开界面中，选择要办理的保险的对象（个人或团队）、经纪公司或指定保险公司，填写委托详情，如图 4-10 所示。

点击“添加”按钮，系统提示如图 4-11 所示。

点击“确定”按钮，跳转至如下页面（见图 4-12）。

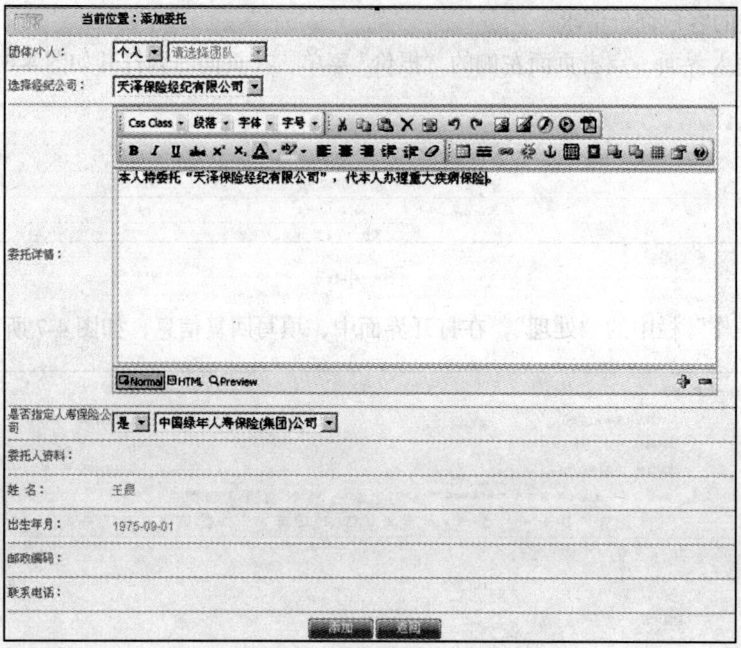

图 4-10

图 4-11

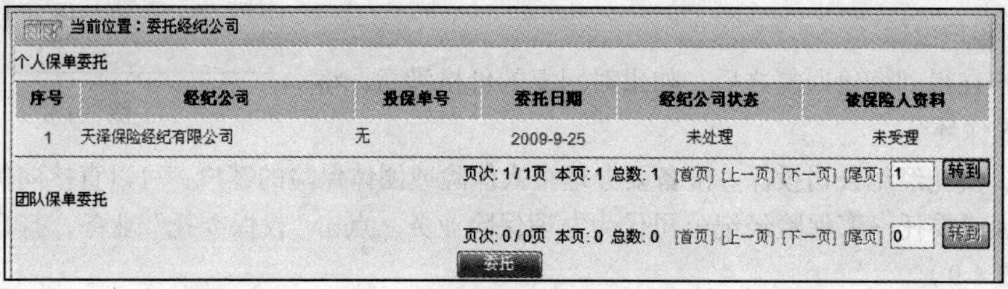

图 4-12

此时，等待保险经纪公司受理，保险经纪公司同意委托之后，页面将显示如下（见图 4-13）。

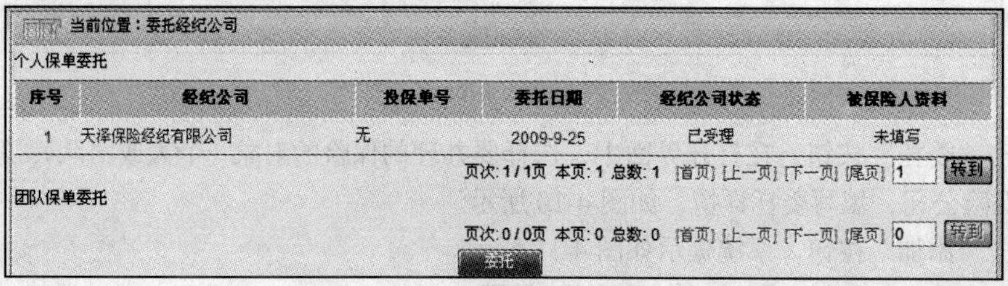

图 4-13

点击“被保险人资料”栏中的“未填写”，在打开界面中，填写被保险人、身故保险金受益人信息，如图 4-14 所示。

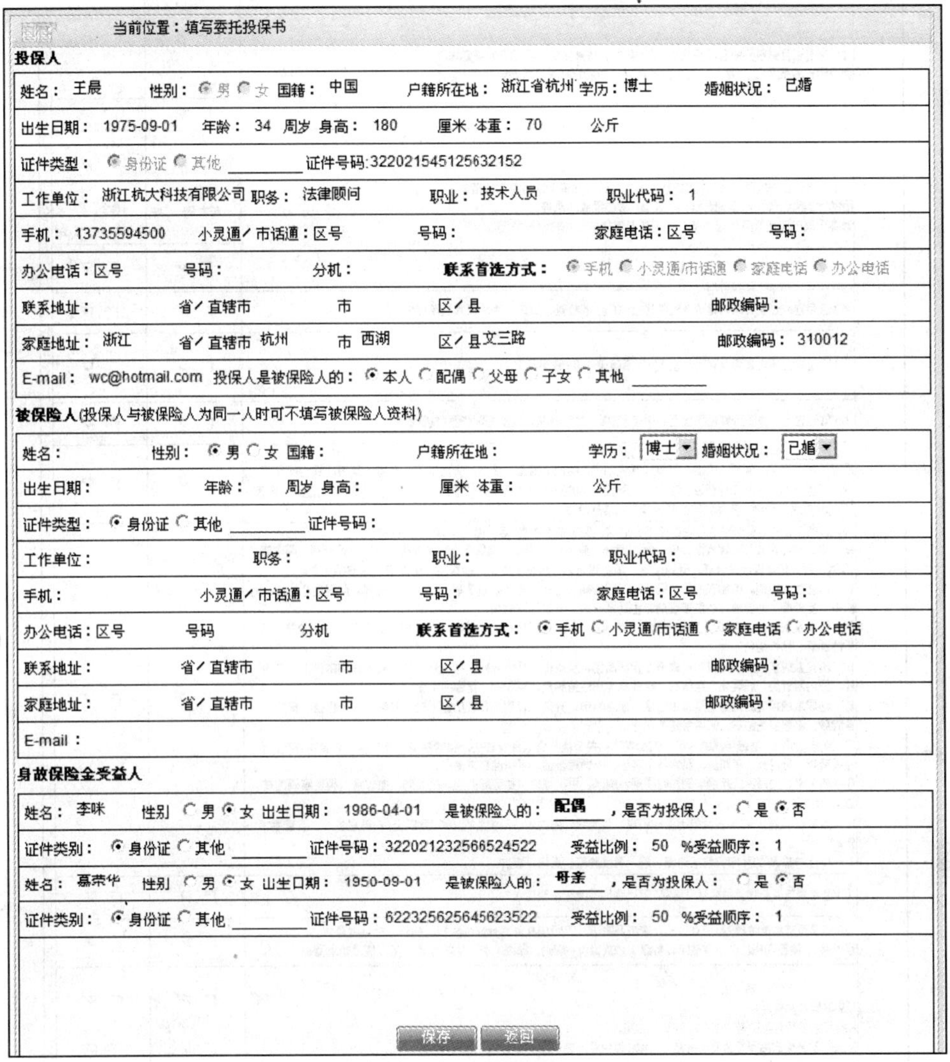

图　4-14

在填写完毕之后，点击“保存”按钮，系统提示如下（见图 4-15）。

图　4-15

点击“确定”按钮，在打开界面中，根据投保人和被保险人的健康状况，选择相应的选项，如图 4-16 所示。

当前位置：填写投保书健康告知

健康告知（如保险条款中涉及对投保人承担保险责任事项，投保人栏必须填写）

询问事项	投保人 是 否	被保险人 是 否
01 您是否目前吸烟或曾经吸烟？若“是”，请告知每日吸烟量和吸烟年限。 您是否已戒烟？若“是”，请在说明栏中告知戒烟时间及戒烟原因。	□ ☑ 支/天 年 □ ☑	□ ☑ 支/天 年 □ ☑
02 您是否目前饮酒或曾经饮酒?若“是”，请告知每周饮酒量和饮酒年限 酒的种类有①啤酒；②葡萄酒；③黄酒；④白酒或洋酒等。 您是否现已停止饮酒？若“是”，请在说明栏中告知时间及原因。	□ ☑ 种类 两/周 年 □ ☑	□ ☑ 种类 两/周 年 □ ☑
03 您目前或过去一年内是否去医院进行过门诊的检查、服药、手术或其他治疗？	□ ☑	□ ☑
04 您过去三年内是否曾有医学检查（包括健康体检）结果异常？	□ ☑	□ ☑
05 您过去五年内是否曾住院检查或治疗（包括入住疗养院、康复医院等医疗机构）？	□ ☑	□ ☑
06 您是否目前或过去一年内曾有过下列症状： 反复头痛或眩晕、晕厥、咯血、胸痛、呼吸困难、呕血、黄疸、便血、听力下降、耳鸣、复视、视力明显下降、原因不明的皮肤和粘膜及齿龈出血、原因不明的发热、体重下降超过5公斤、原因不明的肌肉萎缩、原因不明的包块或肿物、身体的其他感觉异常或活动障碍？	□ ☑	□ ☑
07 您是否目前患有或过去曾经患过下列症候、疾病或手术史?若“是”，请在说明栏告知。 A 脑、神经系统及精神方面疾病。例如癫痫、脑中风、脑炎、脑膜炎、脑血管瘤、运动神经元病、阿尔茨海默氏症、帕金森氏综合征、脊髓疾病、重症肌无力、多发性硬化、抑郁症、精神病、脑部手术史。 B 心血管的疾病。例如高血压、冠心病、心绞痛、心律失常、心肌梗塞、先天性心脏病、风湿性心脏病、心肌病、室壁瘤、动脉瘤、心脏瓣膜病、主动脉疾病、下肢静脉曲张。 C 呼吸系统疾病。例如慢性支气管炎、肺气肿、肺心病、哮喘、肺结核、肺栓塞、支气管扩张、尘肺、间质性肺病、肺纤维化。 D 消化系统疾病。例如胃和/或十二指肠溃疡、胰腺炎、肝炎（请注明类型）、乙肝或丙肝病毒携带、多囊肝、肝内胆管炎、肝硬化、胆结石、慢性或溃疡性结肠炎、克隆病、腹部手术史。 E 泌尿系统疾病。例如血尿、蛋白尿、尿路畸形、肾炎、肾病、肾脏功能不全、尿毒症、肾移植、肾积水、肾囊肿、泌尿系统结石、泌尿系统手术史。 F 骨骼、肌肉、结缔组织的疾病。例如类风湿关节炎、强直性脊柱炎、椎管狭窄、脊柱裂、股骨头坏死、骨性关节炎、骨髓炎、皮肌炎、肌营养不良症、干燥综合症、系统性红斑狼疮。 G 内分泌、血液系统疾病。例如糖尿病、痛风、甲状腺或甲状旁腺疾病、白血病、血友病、再生障碍性贫血、地中海贫血。 H 五官科疾病。例如视网膜出血或剥离、青光眼、白内障、高度近视（800度以上），美尼尔病、五官手术史。 I 以上未提及的肿瘤，包括肉瘤、癌、良性肿瘤、息肉、囊肿。	□ ☑	□ ☑
08 您是否曾有药物滥用或服用毒品?若“是”，请在说明栏告知。	□ ☑	□ ☑
09 您是否有智能障碍?是否有失明、聋哑及言语、咀嚼或身体其他部位缺损、残疾或功能障碍? 若“是”，请在说明栏说明智能障碍等级；残疾部位(哪侧)、原因、有无功能障碍、是否使用辅助器械。	□ ☑	□ ☑
10 女性补充告知: A 您目前是否怀孕，若“是”，怀孕____周。 B 您怀孕及生产期间是否有合并症？例如蛋白尿、高血压、糖尿病、宫外孕等。 G 您是否曾有阴道异常流血、畸胎瘤、葡萄胎、盆腔炎或其他任何乳房、子宫、卵巢的疾病?	□ ☑ □ ☑ □ ☑	□ ☑ □ ☑ □ ☑
11 被保险人的父母、子女、兄弟姐妹是否有患有癌症、心脑血管疾病、白血病、血友病、糖尿病、多囊肝、多，囊肾、肠息肉或其他遗传性疾病（若“是”，请在下表告知）?		□ ☑
12 两周岁以下(含两周岁)儿童补充告知: A 请告知出生时体重。 B 是否为早产、难产?出生时是否曾有产伤、窒息等异常情况? C 是否有畸形、发育迟缓、惊厥、抽搐、脑瘫、先天性和遗传性疾病?		公斤 □ ☑ □ ☑
13 您是否有参加赛车、赛马、搏击类运动、攀岩、潜水、滑雪、蹦极、飞行、探险或特技活动及其他高风险活动的爱好?若“是”，请在说明栏中告知参加的项目以及每年大约参加的次数。	□ ☑	□ ☑
14 家属栏（附加家庭保险时告知）：被保险人的配偶及子女是否有以上第1～13项情况发生?	□ ☑	□ ☑

（第11项附表）

患病对象	所患疾病名称	患病时年龄	生存情况	身故时年龄
		周岁	□健在 □身故	周岁
		周岁	□健在 □身故	周岁

保存　返回

图 4-16

点击“保存”按钮，系统提示如下（见图 4-17）。

图　4-17

点击“确定”按钮，在打开界面中，根据投保人和被保险人的实际情况，选择或填写相应的选项，如图 4-18 所示。

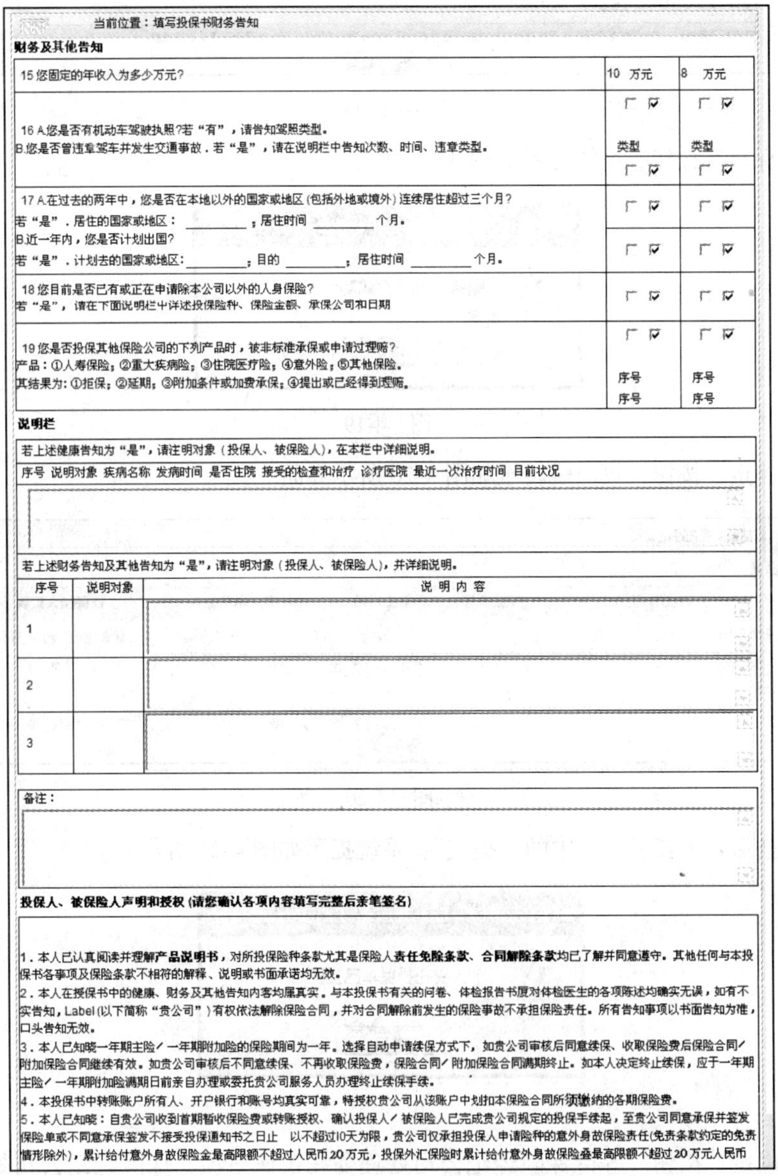

当前位置：填写投保书财务告知

财务及其他告知

15 您固定的年收入为多少万元?	10 万元	8 万元
16 A.您是否有机动车驾驶执照?若“有”，请告知驾照类型。 B.您是否曾违章驾车并发生交通事故．若“是”，请在说明栏中告知次数、时间、违章类型。	类型	类型
17 A.在过去的两年中，您是否在本地以外的国家或地区(包括外地或境外)连续居住超过三个月? 若“是”．居住的国家或地区：________；居住时间________个月。 B.近一年内，您是否计划出国? 若“是”．计划去的国家或地区:________；目的________；居住时间________个月。		
18 您目前是否已有或正在申请除本公司以外的人身保险? 若“是”，请在下面说明栏中详述投保险种、保险金额、承保公司和日期		
19 您是否投保其他保险公司的下列产品时，被非标准承保或申请过理赔? 产品：①人寿保险；②重大疾病险；③住院医疗险；④意外险；⑤其他保险。 其结果为:①拒保；②延期；③附加条件或加费承保；④提出或已经得到理赔。	序号 序号	序号 序号

说明栏

若上述健康告知为“是”，请注明对象（投保人、被保险人），在本栏中详细说明。

序号 说明对象 疾病名称 发病时间 是否住院 接受的检查和治疗 诊疗医院 最近一次治疗时间 目前状况

若上述财务告知及其他告知为“是”，请注明对象（投保人、被保险人），并详细说明。

序号	说明对象	说 明 内 容
1		
2		
3		

备注：

投保人、被保险人声明和授权(请您确认各项内容填写完整后亲笔签名)

1．本人已认真阅读并理解**产品说明书**，对所投保险种条款尤其是保险人**责任免除条款**、**合同解除条款**均已了解并同意遵守。其他任何与本投保书各事项及保险条款不相符的解释、说明或书面承诺均无效。

2．本人在投保书中的健康、财务及其他告知内容均属真实。与本投保书有关的问卷、体检报告书及对体检医生的各项陈述均确实无误，如有不实告知，Label(以下简称“贵公司”)有权依法解除保险合同，并对合同解除前发生的保险事故不承担保险责任。所有告知事项以书面告知为准，口头告知无效。

3．本人已知晓一年期主险/一年期附加险的保险期间为一年。选择自动申请续保方式下，如贵公司审核后同意续保、收取保险费后保险合同/附加保险合同继续有效。如贵公司审核后不同意续保、不再收取保险费，保险合同/附加保险合同满期终止。如本人决定终止续保，应于一年期主险/一年期附加险满期日前亲自办理或委托贵公司服务人员办理终止续保手续。

4．本投保书中转账账户所有人、开户银行和账号均真实可靠，特授权贵公司从该账户中划扣本保险合同所须缴纳的各期保险费。

5．本人已知晓：自贵公司收到首期暂收保险费或转账授权、确认投保人/被保险人已完成贵公司规定的投保手续起，至贵公司同意承保并签发保险单或不同意承保签发不接受投保通知书之日止　以不超过10天为限，贵公司仅承担投保人申请险种的意外身故保险责任(免责条款约定的免责情形除外)，累计给付意外身故保险金最高限额不超过人民币 20 万元，投保外汇保险时累计给付意外身故保险金最高限额不超过 20 万元人民币

图　4-18

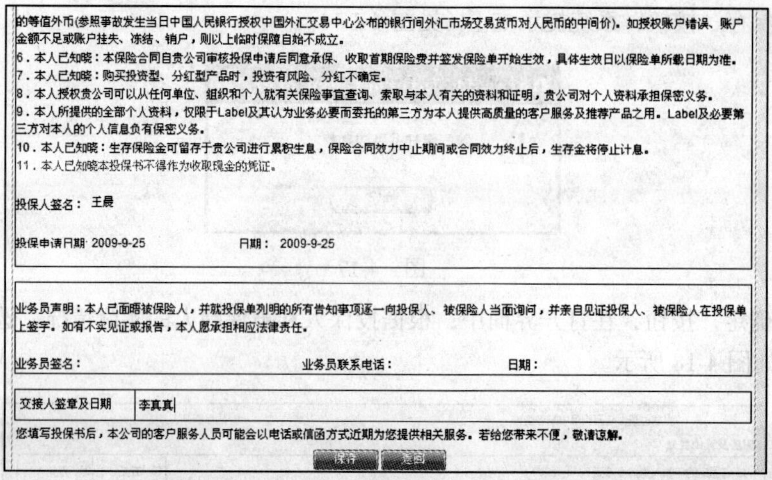

图 4-18 （续）

点击“保存”按钮，系统提示如图 4-19 所示。

图 4-19

点击“确定”按钮，页面跳转至如图 4-20 所示界面。

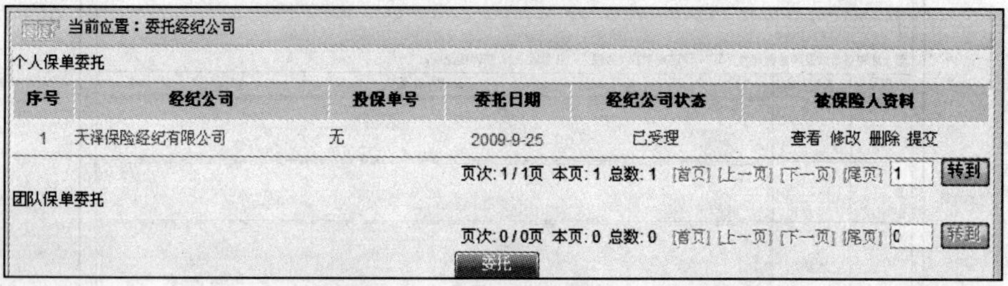

图 4-20

点击“被保险人资料”栏中的“提交”，系统提示如图 4-21 所示。

图 4-21

点击“确定”按钮。等待保险经纪公司处理委托投保事项，保险经纪公司处理完成后，其“经纪公司状态”由“已受理”变为“已投保”，如图 4-22 所示。

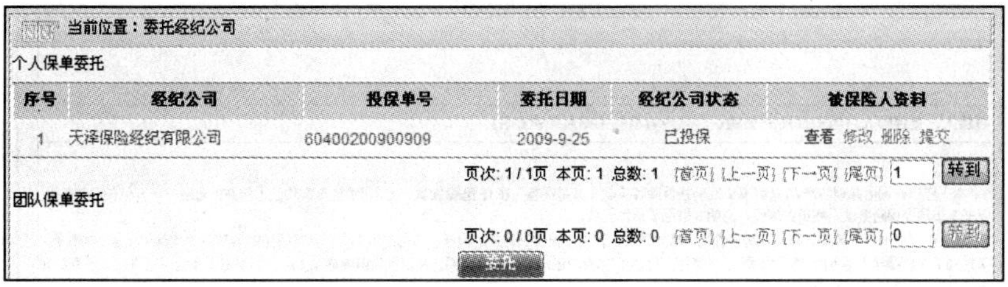

图　4-22

提示： 1. 若选择投保人与被保险人为同一人，则不需要填写被保险人信息。

2. 在添加“委托”时，若选择“团体 / 个人”为“团体”，“是否指定人寿保险公司”为“是”，则受理该委托的保险经纪公司，只能向客户已指定人寿保险公司进行投保。若选择“是否指定人寿保险公司”为“否”，则保险经纪公司可以对客户委托的人寿保险，向各个人寿保险公司进行招标。

点击“委托签字”菜单，打开如下界面（见图 4-23）。

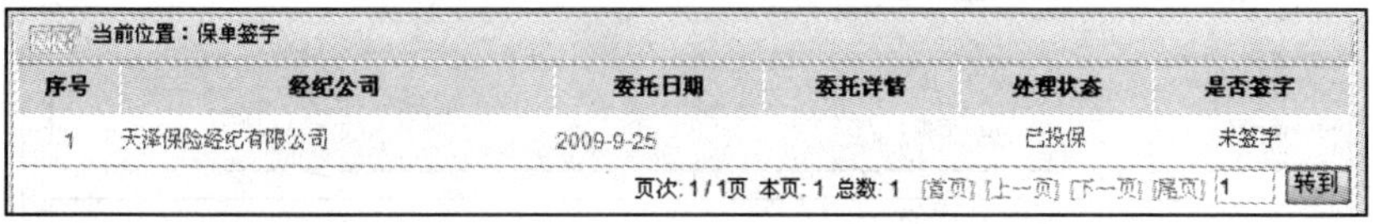

图　4-23

点击“是否签字”栏中的“未签字”，在打开界面中，核对各项信息是否正确，若正确无误，点击“下一页”按钮。在打开界面，继续核对各项信息，若正确无误，点击“下一页”按钮。在打开界面，继续核对各项信息，若正确无误，点击“下一页”按钮，打开如下界面（见图 4-24）。

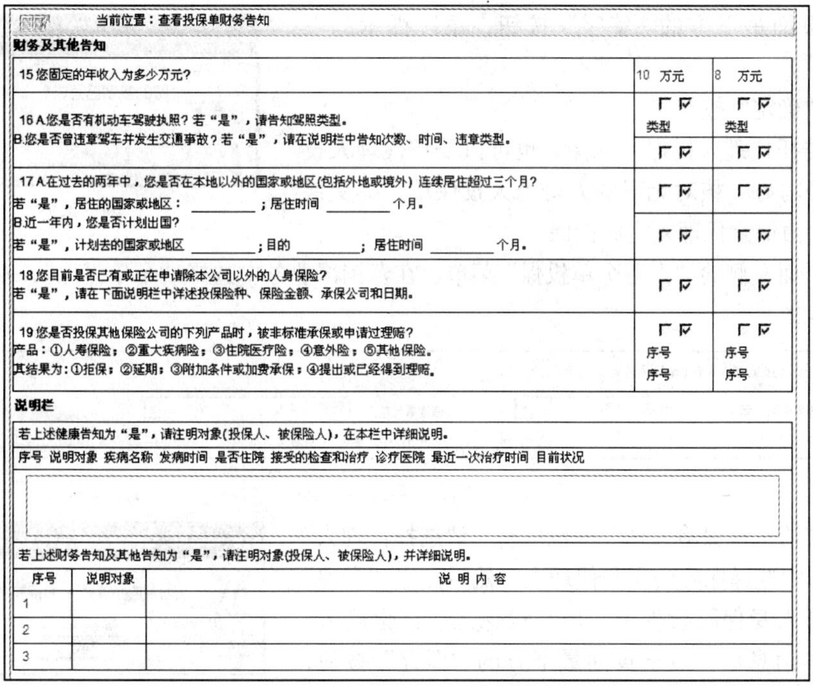

图　4-24

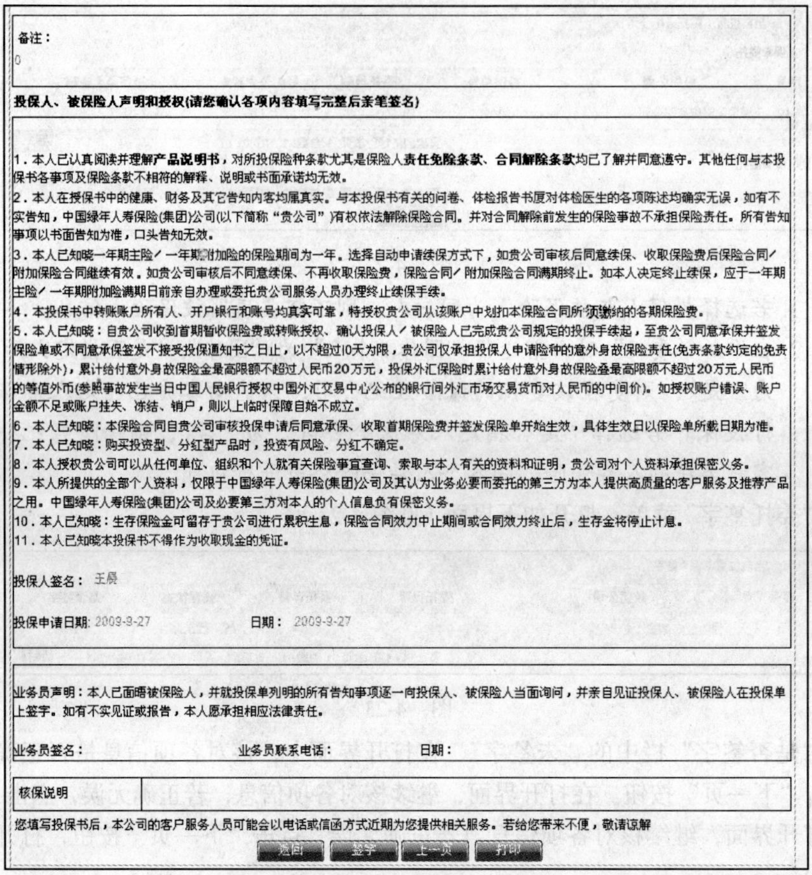

备注：

0

投保人、被保险人声明和授权(请您确认各项内容填写完整后亲笔签名)

1．本人已认真阅读并理解**产品说明书**，对所投保险种条款尤其是保险人**责任免除条款**、**合同解除条款**均已了解并同意遵守。其他任何与本投保书各事项及保险条款不相符的解释、说明或书面承诺均无效。

2．本人在投保书中的健康、财务及其它告知内容均属真实。与本投保书有关的问卷、体检报告书及对体检医生的各项陈述均确实无误，如有不实告知，中国绿年人寿保险(集团)公司(以下简称“贵公司”)有权依法解除保险合同。并对合同解除前发生的保险事故不承担保险责任。所有告知事项以书面告知为准，口头告知无效。

3．本人已知晓一年期主险／一年期附加险的保险期间为一年。选择自动申请续保方式下，如贵公司审核后同意续保、收取保险费后保险合同／附加保险合同继续有效。如贵公司审核后不同意续保、不再收取保险费，保险合同／附加保险合同满期终止。如本人决定终止续保，应于一年期主险／一年期附加险满期日前亲自办理或委托贵公司服务人员办理终止续保手续。

4．本投保书中转账账户所有人、开户银行和账号均真实可靠，特授权贵公司从该账户中划扣本保险合同所须缴纳的各期保险费。

5．本人已知晓：自贵公司收到首期暂收保险费或转账授权、确认投保人／被保险人已完成贵公司规定的投保手续起，至贵公司同意承保并签发保险单或不同意承保签发不接受投保通知书之日止，以不超过10天为限，贵公司仅承担投保人申请险种的意外身故保险责任(免责条款约定的免责情形除外)，累计给付意外身故保险金最高限额不超过人民币20万元，投保外汇保险时累计给付意外身故保险叠最高限额不超过20万元人民币的等值外币(参照事故发生当日中国人民银行授权中国外汇交易中心公布的银行间外汇市场交易货币对人民币的中间价)。如授权账户错误、账户金额不足或账户挂失、冻结、销户，则以上临时保障自始不成立。

6．本人已知晓：本保险合同自贵公司审核投保申请后同意承保、收取首期保险费并签发保险单开始生效，具体生效日以保险单所载日期为准。

7．本人已知晓：购买投资型、分红型产品时，投资有风险、分红不确定。

8．本人授权贵公司可以从任何单位、组织和个人就有关保险事宜查询、索取与本人有关的资料和证明，贵公司对个人资料承担保密义务。

9．本人所提供的全部个人资料，仅限于中国绿年人寿保险(集团)公司及其认为业务必要而委托的第三方为本人提供高质量的客户服务及推荐产品之用。中国绿年人寿保险(集团)公司及必要第三方对本人的个人信息负有保密义务。

10．本人已知晓：生存保险金可留存于贵公司进行累积生息，保险合同效力中止期间或合同效力终止后，生存金将停止计息。

11．本人已知晓本投保书不得作为收取现金的凭证。

投保人签名： 王晨

投保申请日期: 2009-9-27　　日期： 2009-9-27

业务员声明：本人已面晤被保险人，并就投保单列明的所有告知事项逐一向投保人、被保险人当面询问，并亲自见证投保人、被保险人在投保单上签字。如有不实见证或报告，本人愿承担相应法律责任。

业务员签名：　　业务员联系电话：　　日期：

核保说明	

您填写投保书后，本公司的客户服务人员可能会以电话或信函方式近期为您提供相关服务。若给您带来不便，敬请谅解

返回　签字　上一页　打印

图 4-24 （续）

点击页面最下方的“签字”按钮，系统提示如下（见图 4-25）。

图 4-25

点击“确定”按钮。

（2）委托代理人投保。投保人也可以委托代理人投保。将已经写好、核对无误的人寿个人投保单，提交保险代理人，由保险代理人完成投保。

点击页面左侧的“人寿个单投保”菜单，在营销部业务中选择“个单投保”，打开如下界面（见图 4-26）。

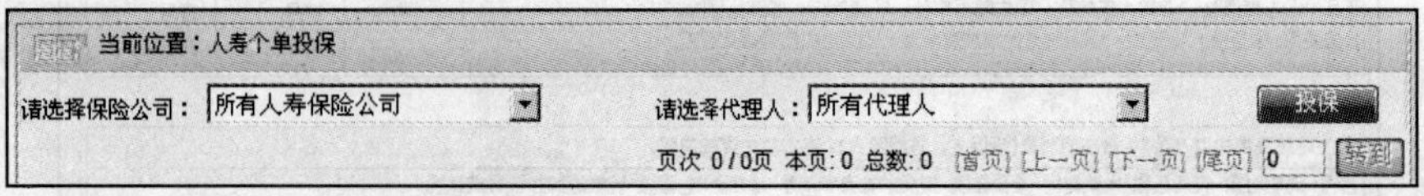

图 4-26

点击“请选择保险公司”下拉框和“请选择代理人”下拉框，从中选择保险公司和代理人，然后点击“投保”按钮，打开人身保险投保书。填写投保人、被保险人、受益人基本信息后，点击页面最下方的“保存”按钮，系统提示如图 4-27 所示。

图 4-27

点击“确定”按钮，打开如下界面（见图 4-28）。

当前位置：填写投保事项

投保事项(以下项目若未填选则视为未申请) 新增主险

主险	投保险种简称	基本保险金额/份数/档次	保险期间	交费年期	期交/趸交保险费(元)	
	被保险人配偶投保险种	基本保险金额	期交保险费(元)	被保险人子女投保险种	基本保险金额	期交保险费

附加险	一年期意外险保险计划		被保险人				被保险人配偶	被保险人子女	说明：被保险人配偶及子女身故受益人为其法定继承人。
			计划A	计划B	计划C	自选计划			
	基本保险金额	附加意外08	3万元	5万元	10万元				
		意外医疗08	1万元	1.5万元	2万元				
		意外住院08	3份	3份	3份				

添加附加险

期交/趸交保险费合计：(大写)　(小写)　元

追加保险费：(大写)　(小写)　元

交费频次：○年交 ○趸交 ○其他 ________ 一年期主险/一年期附加险自动申请续保：○是 ○否

首期交费方式：○银行转账 ○自交　续期/续保交费方式：○银行转账 ○自交

续期保险费超过宽限期仍未交付时，选择保险费自动垫交：○是 ○否(仅当保险合同有现金价值日允许自动垫交时适用)

养老金领取年龄：60　养老金领取方式：○年领 ○月领

目前被保险人是否享有社会医疗保险或公费医疗保障 ○是 ○否
(此处所称的社会医疗保险指目前国内城镇居民按照国家有关规定参加的社会医疗保险，不包括农村合作医疗)

分红保险填写
红利选择方式：
○累积生息 ○抵交保险费 ○购买交清增额保险
注：如选择抵交保险费方式，而抵交时的红利不足以抵交合同主险、附加险当时应交保险费合计时，投保人应补足差额，以保证合同有效。

转账授权

账户所有人姓名：王晨　开户银行：浙江工商银行

账号 6223215468789797400　账户为：◉投保人结算账户 ○被保险人结算账户 ○投保人信用卡

1.账户所有人须以本人真实姓名开立结算账户，并授权中国绿年人寿保险(集团)公司(以下简称“本公司”)和开户银行从该结算账户中划扣投保人的保单所需交付的各期保险费。账户所有人同意该结算账户中所扣交保险费优先于其他任何用途的支付。
2.在首期保险费采用转账支付的方式下，因账户内余额不足或其他非本公司原因导致转账不成功，投保人应重新办理转账或现金支付手续，未及时支付保险费将导致当次投保申请失败。当撤销/拒绝/延期投保并须退还预收保险费时，所有预收保险费无息退还账户所有人。
3.在续期保险费采用转账支付的方式下，账户所有人应在保险费应交日前将足额保险费存至该结算账户中，如在应交日前未将保险费存入账户，投保人应在保单宽限期内通过其他方式缴纳续期保险费。因账户内余额不足或其他非本公司原因导致转账不成功而引起的责任，概由投保人承担。采用转账支付后，若保单连续四次未通过该结算账户转账缴纳续期保险费，我司将停止对此账号扣款。
4.如果使用信用卡转账，投保人与信用卡持卡人须为同一人，并须符合银行关于信用卡的使用规定，本公司不承担非本公司原因导致的信用卡方面任何费用，如为信用卡转账而产生的退费须按银行规定退回原信用卡账户。
5.本授权书为账户所有人对本公司从其所提供的账号中扣款的授权证明，不作为收取现金的凭据。

保存　返回

图　4-28

在上面的界面中，点击“新增主险”按钮，弹出如下窗口（见图 4-29）。

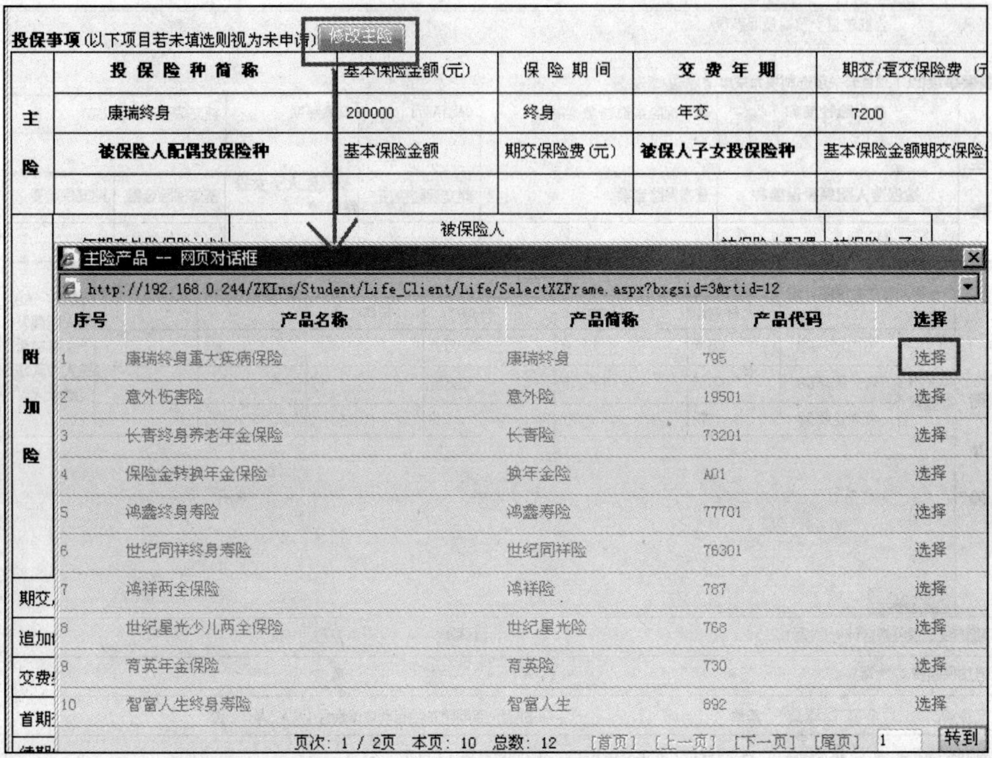

图 4-29

点击“选择”栏中的“选择”，在打开界面中填写险种份数，如图 4-30 所示。

图 4-30

点击“新增主险”按钮。若还要投保附加险，则点击“增加附加险”按钮，在弹出窗口中选择投保的附加险。然后再填写主险、附加险以外的其他信息，如图 4-31 所示。

点击“保存”按钮，保存成功。进入填写投保书健康告知信息页面，填写相应的信息，如图 4-32 所示。

点击“保存”按钮，保存健康告知信息。填写“财务及其他告知”信息，如图 4-33 所示。

当前位置：修改投保单投保事项

投保事项(以下项目若未填选则视为未申请) 修改主险

主险	**投保险种简称**	基本保险金额/份数/档次	保险期间	交费年期	期交/趸交保险费(元)
	zdjbbx	100000	保单年度	趸交	2000
	被保险人配偶投保险种	基本保险金额	期交保险费(元)	**被保险人子女投保险种**	基本保险金额 / 期交保险费

附加险	一年期意外险保险计划		被保险人				被保险人配偶	被保险人子女	说明：被保险人配偶及子女身故受益人为其法定继承人。
			计划A	计划B	计划C	自选计划			
	基本保险金额	附加意外08	3万元	5万元	10万元				
		意外医疗08	1万元	1.5万元	2万元				
		意外住院08	3份	3份	3份				

添加附加险

期交/趸交保险费合计：(大写) 贰仟元整　(小写) 2000　元

追加保险费：(大写) 零元整　(小写) 0　元

交费频次：◉年交 ○趸交 ○其他 ________ 一年期主险/一年期附加险自动申请续保：◉是 ○否

首期交费方式：◉银行转账 ○自交　续期/续保交费方式：◉银行转账 ○自交

续期保险费超过宽限期仍未交付时，选择保险费自动垫交：◉是 ○否(仅当保险合同有现金价值日允许自动垫交时适用)

养老金领取年龄：60　养老金领取方式：◉年领 ○月领

目前被保险人是否享有社会医疗保险或公费医疗保障 ◉是 ○否
(此处所称的社会医疗保险指目前国内城镇居民按照国家有关规定参加的社会医疗保险，不包括农村合作医疗)

分红保险填写

红利选择方式：
◉累积生息　○抵交保险费　○购买交清增额保险
注：如选择抵交保险费方式，而抵交时的红利不足以抵交合同主险、附加险当时应交保险费合计时，投保人应补足差额，以保证合同有效。

转账授权

账户所有人姓名：王晨　开户银行：浙江工商银行

账号 6223215468789797400　账户为：◉投保人结算账户 ○被保险人结算账户 ○投保人信用卡

1.账户所有人须以本人真实姓名开立结算账户，并授权中国绿年人寿保险(集团)公司(以下简称"本公司")和开户银行从该结算账户中划扣投保人的保单所需交付的各期保险费。账户所有人同意该结算账户中所扣交保险费优先于其他任何用途的支付。

2.在首期保险费采用转账支付的方式下，因账户内余额不足或其他非本公司原因导致转账不成功，投保人应重新办理转账或现金支付手续，未及时支付保险费将导致当次投保申请失败。当撤销/拒绝/延期投保并须退还预收保险费时，所有预收保险费无息退还账户所有人。

3.在续期保险费采用转账支付的方式下，账户所有人应在保险费应交日前将足额保险费存至该结算账户中，如在应交日前未将保险费存入账户，投保人应在保单宽限期内通过其他方式缴纳续期保险费。因账户内余额不足或其他非本公司原因导致转账不成功而引起的责任，概由投保人承担。采用转账支付后，若保单连续四次未通过该结算账户转账缴纳续期保险费，我司将停止对此账号扣款。

4.如果使用信用卡转账，投保人与信用卡持卡人须为同一人，并须符合银行关于信用卡的使用规定，本公司不承担非本公司原因导致的信用卡方面任何费用，如为信用卡转账而产生的退费须按银行规定退回原信用卡账户。

5.本授权书为账户所有人对本公司从其所提供的账号中扣款的授权证明，不作为收取现金的凭据。

保存　返回

图　4-31

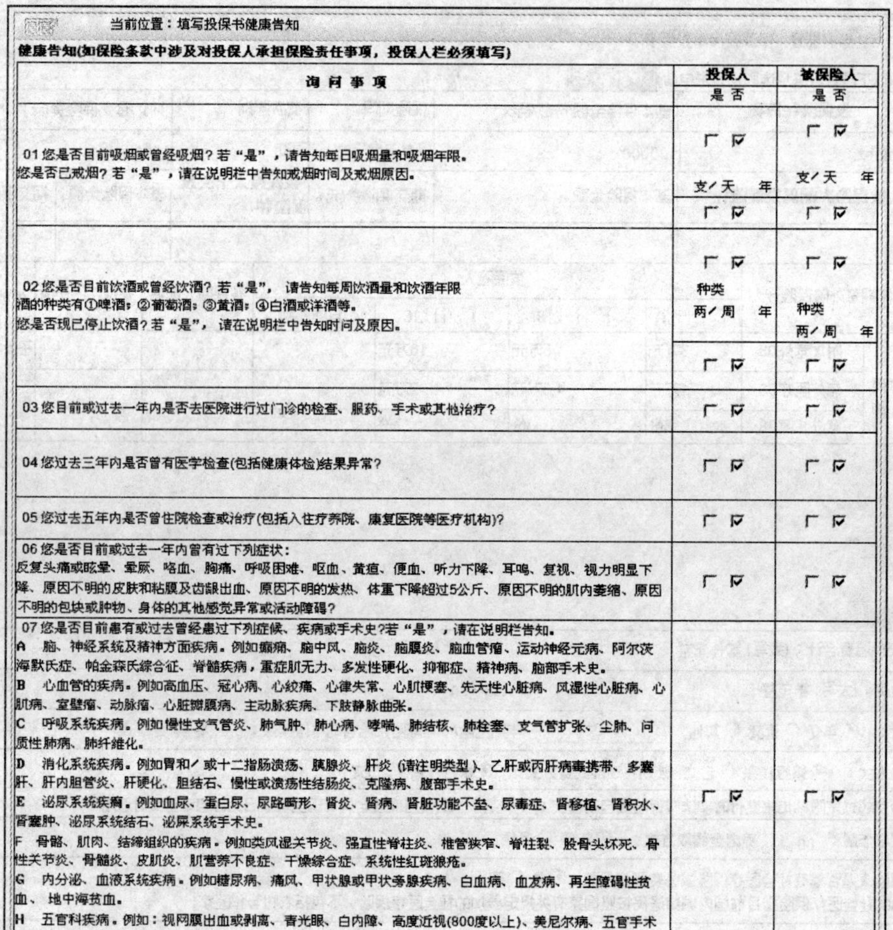

当前位置：填写投保书健康告知

健康告知(如保险条款中涉及对投保人承担保险责任事项，投保人栏必须填写)

询问事项	投保人 是 否	被保险人 是 否
01 您是否目前吸烟或曾经吸烟？若“是”，请告知每日吸烟量和吸烟年限。 您是否已戒烟？若“是”，请在说明栏中告知戒烟时间及戒烟原因。	□ ☑ 支／天 年 □ ☑	□ ☑ 支／天 年 □ ☑
02 您是否目前饮酒或曾经饮酒？若“是”，请告知每周饮酒量和饮酒年限 酒的种类有①啤酒；②葡萄酒；③黄酒；④白酒或洋酒等。 您是否现已停止饮酒？若“是”，请在说明栏中告知时间及原因。	□ ☑ 种类 两／周 年 □ ☑	□ ☑ 种类 两／周 年 □ ☑
03 您目前或过去一年内是否去医院进行过门诊的检查、服药、手术或其他治疗？	□ ☑	□ ☑
04 您过去三年内是否曾有医学检查(包括健康体检)结果异常？	□ ☑	□ ☑
05 您过去五年内是否曾住院检查或治疗(包括入住疗养院、康复医院等医疗机构)？	□ ☑	□ ☑
06 您是否目前或过去一年内曾有过下列症状： 反复头痛或眩晕、晕厥、咯血、胸痛、呼吸困难、呕血、黄疸、便血、听力下降、耳鸣、复视、视力明显下降、原因不明的皮肤和粘膜及齿龈出血、原因不明的发热、体重下降超过5公斤、原因不明的肌肉萎缩、原因不明的包块或肿物、身体的其他感觉异常或活动障碍？	□ ☑	□ ☑
07 您是否目前患有或过去曾经患过下列症候、疾病或手术史?若“是”，请在说明栏告知。 A 脑、神经系统及精神方面疾病。例如癫痫、脑中风、脑炎、脑膜炎、脑血管瘤、运动神经元病、阿尔茨海默氏症、帕金森氏综合征、脊髓疾病，重症肌无力、多发性硬化、抑郁症、精神病、脑部手术史。 B 心血管的疾病。例如高血压、冠心病、心绞痛、心律失常、心肌梗塞、先天性心脏病、风湿性心脏病、心肌病、室壁瘤、动脉瘤、心脏瓣膜病、主动脉疾病、下肢静脉曲张。 C 呼吸系统疾病。例如慢性支气管炎、肺气肿、肺心病、哮喘、肺结核、肺栓塞、支气管扩张、尘肺、间质性肺病、肺纤维化。 D 消化系统疾病。例如胃和／或十二指肠溃疡、胰腺炎、肝炎(请注明类型)、乙肝或丙肝病毒携带、多囊肝、肝内胆管炎、肝硬化、胆结石、慢性或溃疡性结肠炎、克隆病、腹部手术史。 E 泌尿系统疾病。例如血尿、蛋白尿、尿路畸形、肾炎、肾病、肾脏功能不全、尿毒症、肾移植、肾积水、肾囊肿、泌尿系统结石、泌尿系统手术史。 F 骨骼、肌肉、结缔组织的疾病。例如类风湿关节炎、强直性脊柱炎、椎管狭窄、脊柱裂、股骨头坏死、骨性关节炎、骨髓炎、皮肌炎、肌营养不良症、干燥综合症、系统性红斑狼疮。 G 内分泌、血液系统疾病。例如糖尿病、痛风、甲状腺或甲状旁腺疾病、白血病、血友病、再生障碍性贫血、地中海贫血。 H 五官科疾病。例如：视网膜出血或剥离、青光眼、白内障、高度近视(800度以上)、美尼尔病、五官手术史。 I 以上未提及的肿瘤：包括肉瘤、癌、良性肿瘤、息肉、囊肿。	□ ☑	□ ☑
08 您是否曾有药物滥用或服用毒品?若“是”，请在说明栏告知。	□ ☑	□ ☑
09 您是否有智能障碍?是否有失明、聋哑及言语、咀嚼或身体其他部位缺损，残疾或功能障碍？ 若“是”，请在说明栏说明智能障碍等级；残疾部位(哪侧)、原因、有无功能障碍、是否使用辅助器械。	□ ☑	□ ☑
10 女性补充告知： A 您目前是否怀孕？若“是”，怀孕 __周 B 您怀孕及生产期间是否有合并症？例如蛋白尿、高血压、糖尿病、宫外孕等。 C 您是否曾有阴道异常流血、畸胎瘤、葡萄胎、盆腔炎或其他任何乳房、子宫、卵巢的疾病？	□ ☑ □ ☑ □ ☑	□ ☑ □ ☑ □ ☑
11 被保险人的父母、子女、兄弟姐妹是否有患有癌症、心脑血管疾病、白血病、血友病、糖尿病、多囊肝、多囊肾、肠息肉或其他遗传性疾病(若“是”，请在下表告知)？		□ ☑
12 两周岁以下(含两周岁)儿童补充告知： A 请告知出生时体重。 B 是否为早产、难产?出生时是否曾有产伤、窒息等异常情况？ C 是否有畸形、发育迟缓、惊厥、抽搐、脑瘫、先天性和遗传性疾病？		公斤 □ ☑ □ ☑
13 您是否有参加赛车、赛马、搏击类运动、攀岩、潜水、滑雪、蹦极、飞行、探险或特技活动及其他高风险活动的爱好?若“是”，请在说明栏中告知参加的项目以及每年大约参加的次数。	□ ☑	□ ☑
14 家属栏(附加家庭保险时告知)：被保险人的配偶及子女是否有以上第1～13项情况发生？	□ ☑	□ ☑

患病对象	所患疾病名称	患病时年龄	生存情况	身故时年龄
		周岁	□ 健在 □ 身故	周岁
		周岁	□ 健在 □ 身故	周岁

保存 返回

图 4-32

当前位置：填写投保书财务告知

财务及其他告知

15 您固定的年收入为多少万元？	10 万元	5 万元
16 A.您是否有机动车驾驶执照？若“是”，请告知驾照类型。 B.您是否曾违章驾车并发生交通事故？若“是”，请在说明栏中告知次数、时间、违章类型。	☐ ☑ 类型 ☐ ☑	☐ ☑ 类型 ☐ ☑
17 A.在过去的两年中，您是否在本地以外的国家或地区(包括外地或境外)连续居住超过三个月？ 若“是”，居住的国家或地区：__________，居住时间__________个月。 B.近一年内，您是否计划出国？ 若“是”，计划去的国家或地区__________，目的__________，居住时间__________个月。	☐ ☑ ☐ ☑	☐ ☑ ☐ ☑
18 您目前是否已有或正在申请除本公司以外的人身保险？ 若“是”，请在下面说明栏中详述投保险种、保险金额、承保公司和日期。	☐ ☐	☐ ☐
19 您是否投保其它保险公司的下列产品时，被非标准承保或申请过理赔？ 产品：①人寿保险；②重大疾病险；③住院医疗险；④意外险；⑤其他保险。 其结果为：①拒保；②延期；③附加条件或加费承保；④提出或已经得到理赔。	☐ ☑ 序号 序号	☐ ☑ 序号 序号

说明栏

若上述健康告知为“是”，请注明对象(投保人、被保险人)，在本栏中详细说明。

序号 说明对象 疾病名称 发病时间 是否住院 接受的检查和治疗 诊疗医院 最近一次治疗时间 目前状况

若上述财务告知及其他告知为“是”，请注明对象(投保人、被保险人)，并详细说明。

序号	说明对象	说 明 内 容
1		
2		
3		

备注：

投保人、被保险人声明和授权(请您确认各项内容填写完整后亲笔签名)

1．本人已认真阅读并理解**产品说明书**，对所投保险种条款尤其是保险人**责任免除条款**、**合同解除条款**均已了解并同意遵守。其他任何与本投保书各事项及保险条款不相符的解释、说明或书面承诺均无效。

2．本人在投保书中的健康、财务及其他告知内容均属真实。与本投保书有关的问卷、体检报告书及对体检医生的各项陈述均确实无误，如有不实告知。中国绿年人寿保险(集团)公司(以下简称“贵公司”)有权依法解除保险合同，并对合同解除前发生的保险事故不承担保险责任。所有告知事项以书面告知为准，口头告知无效。

3．本人已知晓一年期主险／一年期附加险的保险期间为一年。选择自动申请续保方式下。如贵公司审核后同意续保、收取保险费后保险合同／附加保险合同继续有效。如贵公司审核后不同意续保、不再收取保险费　保险合同／附加保险合同满期终止。如本人决定终止续保，应于一年期主险／一年期附加险满期日前亲自办理或委托贵公司服务人员办理终止续保手续。

4．本投保书中转账账户所有人、开户银行和账号均真实可靠，特授权贵公司从该账户中划扣本保险合同所须缴纳的各期保险费。

5．本人已知晓：自贵公司收到首期暂收保险费或转账授权、确认投保人／被保险人已完成贵公司规定的投保手续起，至贵公司同意承保并签发保险单或不同意承保签发不接受投保通知书之日止，以不超过10天为限，贵公司仅承担投保人申请险种的意外身故保险责任(免责条款约定的免责情形除外)，累计给付意外身故保险金最高限额不超过人民币20万元，投保外汇保险时累计给付意外身故保险叠最高限额不超过 20万元人民币的等值外币(参照事故发生当日中国人民银行授权中国外汇交易中心公布的银行间外汇市场交易货币对人民币的中间价)。如授权账户错误、账户金额不足或账户挂失、冻结、销户，则以上临时保障自始不成立。

6．本人已知晓：本保险合同自贵公司审核投保申请后同意承保、收取首期保险费并签发保险单开始生效，具体生效日以保险单所载日期为准。

7．本人已知晓：购买投资型、分红型产品时，投资有风险、分红不确定。

8．本人授权贵公司可以从任何单位、组织和个人就有关保险事宜查询、索取与本人有关的资料和证明，贵公司对个人资料承担保密义务。

9．本人所提供的全部个人资料，仅限于中国绿年人寿保险(集团)公司及其认为业务必要而委托的第三方为本人提供高质量的客户服务及推荐产品之用。中国绿年人寿保险(集团)公司及必要第三方对本人的个人信息负有保密义务。

10．本人已知晓：生存保险金可留存于贵公司进行累积生息，保险合同效力中止期间或合同效力终止后，生存金将停止计息。

11．本人已知晓本投保书不得作为收取现金的凭证。

投保人签名：　王晨

投保申请日期: 2009-9-24　　　　日期：　2009-9-24

业务员声明：本人已面晤被保险人，并就投保单列明的所有告知事项逐一向投保人、被保险人当面询问，并亲自见证投保人、被保险人在投保单上签字。如有不实见证或报告，本人愿承担相应法律责任。

业务员签名：　　　　业务员联系电话：　　　　日期：

交接人签章及日期	

您填写投保书后，本公司的客户服务人员可能会以电话或信函方式近期为您提供相关服务。若给您带来不便，敬请谅解。

保存　返回

图　4-33

填写完毕后保存信息（见图 4-34）。

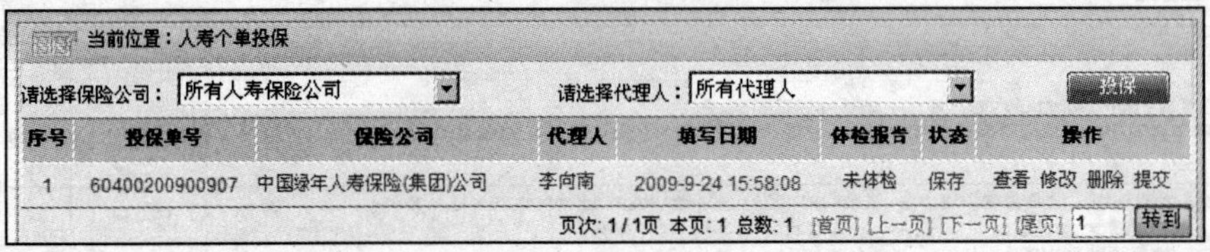

图 4-34

点击“体检报告”栏中的“未体检”，在打开界面中，点击页面最下方的“提交”按钮，点击“确定”按钮，打开如下界面（见图 4-35）。

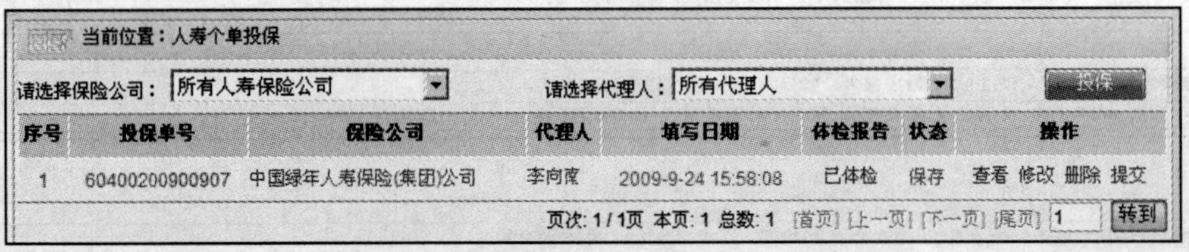

图 4-35

点击“操作”栏中的“提交”，系统提示如下（见图 4-36）。

图 4-36

点击“确定”按钮。

4. 代理人填写报告书

代理人对投保人的投保资料进行书写，打开如图 4-37 所示界面。

图 4-37

点击寿险代理人，点击页面左侧的“业务员报告书”菜单，在页面右侧打开如下界面（见图 4-38）。

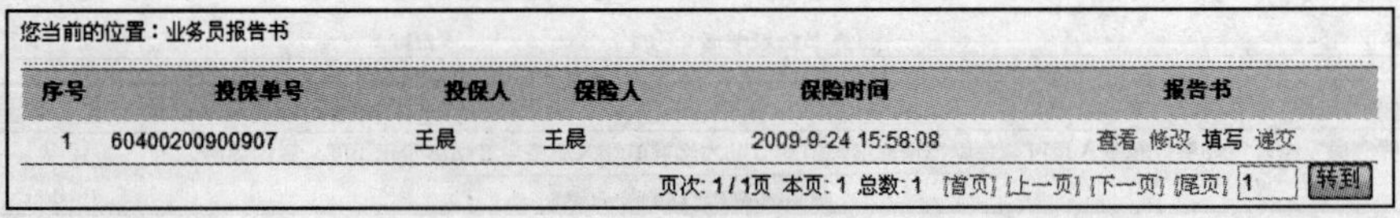

图 4-38

点击“报告书”栏中的“填写”，在打开界面中，填写信息，如图 4-39 所示。

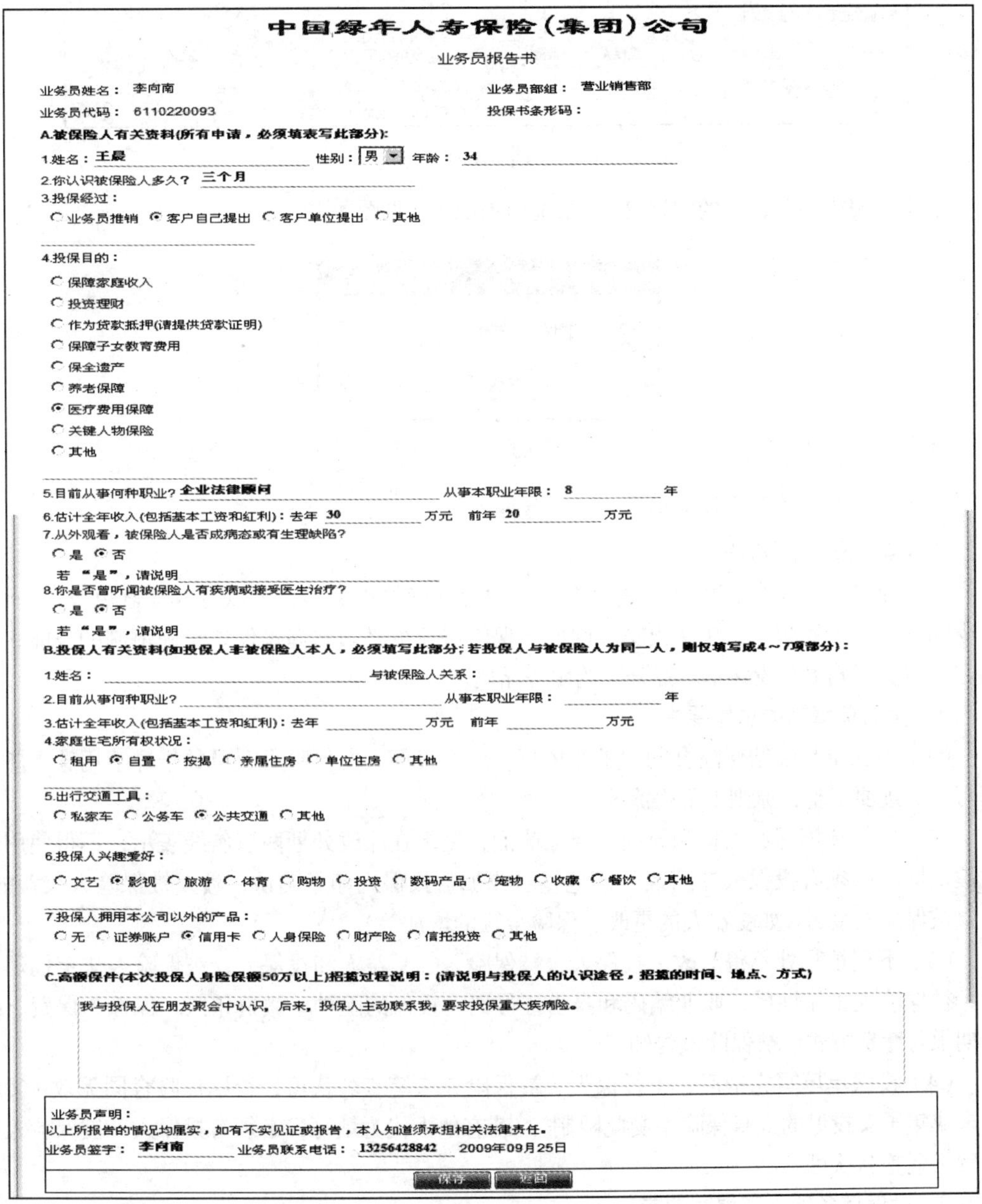

图 4-39

点击“保存”按钮，系统提示如下（见图 4-40）。

图 4-40

点击“确定”按钮，打开如下界面（见图 4-41）。

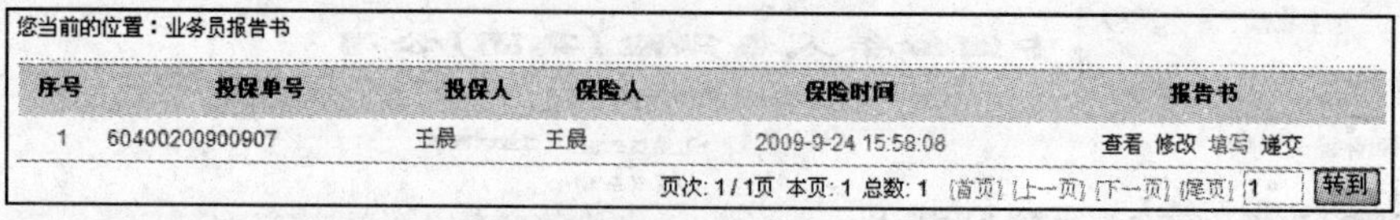

图 4-41

点击“报告书”栏中的“递交”，系统提示如下（见图 4-42）。

图 4-42

点击“确定”按钮。投保单递交于人寿保险公司。

投保单正确填制方法

一份字迹清晰、版面整洁、资料全面、内容准确的投保书，可以有效地避免录入失误，减少问题件的下发频次，快速出单。因此，保险展业员必须掌握投保单正确填制的技能，直到客户据实正确填写投保单。提升契约服务品质。

1. 投保单填制的总体要求

（1）投保单是缔结保险合同的重要依据，应由投保人在保险展业员的指导下用碳素墨水填写，字迹要工整，原则上不得涂改。

（2）投保单填写后因特殊原因需要涂改的，用笔在涂改处划两道斜线表示，不得使用涂改液，同时必须有投保人在涂改处亲笔签名或加盖投保人印章确认，涉及被保险人权益的，还要被保险人签名（如受益人的更改、保险金额的增加等）。

（3）下列填写处不得涂改：投保人、被保险人、受益人和投保人、被保险人法定代理签章、被保险人工作性质、职业编码和身份证号码、投保的险种、缴费年限、保额、保费、缴费期限与缴费方式、被保险人告知。

（4）投保单填写完毕后，由投保人、被保险人亲笔签名认可，否则保险合同无效（父母为未成年子女投保的人身保险不受此限制）。若有他人代为填写，必须有投保人、被保险人阅读后亲笔签名认可。

2. 投保单各项内容填写要求

（1）投保人、被保险人及受益人、其他被保险人及受益人栏的正确填写方法。

1）投保人和被保险人不是同一人时，需要列明两者关系。

2）被保险人的年龄以周岁为准，费率表所列年龄为限。0 岁是指出生满 30 天且健康出院的婴儿。

3）投保时应注明受益人及顺序、每一受益人享受之百分比，同时注明与被保险人的关系。若未指定受益人，则以其法定继承人为准。注意，当受益人是两人以上时，必须列出收益份额及收益顺序。应在特别约定栏详细填写受益人资料、受益比例和受益顺序，几个受益人的受益比例之和为 100%。

4）以死亡为给付条件时，受益人不能填写被保险人。

（2）姓名、证件、年龄、户籍的正确填写方法。

1）填写的姓名应与有效证件的姓名一致，出生年月日根据身份证填写，无身份证据实按户口簿上的姓名和出生年月日填写。客户的证件须为有效证件（如身份证、护照、户口本、军人证、台胞证和港澳回乡证等），不含学生证及工作证。

2）身份证号码应为18位，不得多或少。身份证的倒数第二位为性别代码，奇数为男性，偶数为女性。以军人证或其他身份证明投保者须在身份证号码栏定格填写，并注明证件名称。

3）年龄按周岁计算。年龄要按填单时的实际周岁年龄填写，年龄计算方法如下：

如果填单的日期在生日后，用填单日期的年度减去出生年度。如某人1967年4月5日出生，1999年8月9日填写投保单，8月9日在某人生日（4月5日）之后，年龄为1999-1967=32周岁。

如果填单的日期在生日前，用填单日期的年度减出生年度再减1。如某人1967年4月5日出生，1999年2月9日填写投保单，2月9日在某人生日（4月5日）之后，年龄为1999-1967-1=31周岁。

（3）职业、住址和联系方式的填写方法。

1）职业、兼职要具体填写实际从事何种工作，如电工、美容师等。有兼职的，要填写兼职，没有兼职的，兼职栏填写“无”，不得空缺。职业代码、类别由业务员根据《职业分类表》所列编码填写，若遇《职业分类表》中未列明的职业，应请示公司核保人员后再行填写。工作单位名称应写全称。个体工商户填写“个体工商户”，并告知具体经营内容。

2）有E牌驾照的在职业类别后注明“E牌”字样，属三类职业类别。

提示：职业代码是国家制定的用来区分不同职业人群的寿险、综合、住院、津贴风险等级的分类表，用于考核投保人的风险等级。

3）住址与邮寄地址务必填写翔实、完整，邮寄地址必须写明门牌号码。

4）联系回访电话务必填写投保人正在使用的家庭或单位电话、移动电话号码。

（4）“投保事项”栏的填写方法。

1）主险名称、附加险名称要填写所投险种的全称，如“国寿英才少儿保险”，同时投保两个主线险种的，须分别填写投保单。附加险与主险同时投保可填在一张投保单上。附加险与主险的缴费形式、缴费方式必须一致。

2）保险期限为终身的，在保险期限一栏“终身”前划“√”；为定期的，在“定期”前划“√”。同时根据条款规定，填写定期年数或到期年龄。

3）“保险金额 / 分数 / 档次”栏，注意填写单位，区分“万元”或“元”，特别注意以“份数”为单位的应以“份”作为单位。

4）附加定期及附加两全险必须填写保险年期，其保险期限不得超过其对应主险保险年限。

5）附加短期险的“交费方式”与主险一致，“交费年期”一般与主险一致，也可以选择比主险短的缴费年期，但不得超过投保规则规定的最高投保年龄。

6）应选择交费频次、首期、续期交费方式及是否自动垫交保费。

7）投保一年期短期险时，应选择是否自动申请续保。

（5）“投保人、被保险人、其他被保险人声明和授权”栏的填写。

1）在需要客户签名的地方应请客户亲自签名，严禁代签名。

2）客户资料栏中，客户姓名务必与声明和授权栏中投保人、被保险人或法定监护人、其他被保险人或法定监护人亲笔签名一致。

3）暂收收据中，投保人姓名与投保单中投保人姓名一致。

4）业务员在“业务员声明”栏签名并留下联系电话。

【实训任务 4-1-1】投保书的填写

在系统上分别进行财产保险和人身保险的投保，填写投保书，并进行投保书填写规范性审查。

核保业务主要内容

客户提交投保资料之后，就进入到了保险公司决定是否承保的环节。而在承保环节中，核保是承保工作的核心。核保是指保险人对新业务的风险加以全面的估计和评价，决定是否予以承保，或以什么条件（费率）承保。核保业务的主要内容包括核保选择和核保控制两个方面。

核保选择

核保选择的目的在于提高投保人或被保险人对保险标的的责任感。核保选择表现在两个方面：一是尽量选择同质风险的标的承保，从而使风险在量上得以测定，以期风险的平均分散；二是淘汰那些超出可保风险条件的保险标的。

核保控制

核保控制是指保险人对投保风险做出合理的承保选择后，对承保标的具体风险状况运用保险技术手段，控制自身的责任和风险，以合适的承保条件予以承保。承保控制的对象主要有两类：一类是风险较大但保险人还是予以承保的标的，保险人为了避免承担较大的保险风险必须通过承保控制来限制自己的保险责任；另一类是随着保险合同关系的成立而诱发的两种新的风险，即道德风险和心理风险。

人身保险核保因素分析

健康因素

（1）年龄。年龄是影响死亡率的首要因素，也是最重要的因素。因此，对年龄段的设定，是寿险是否承保及适用何种费率的重要参考。一般情况下，5 岁之前和 50 岁以后的死亡率相对要高，在 5 ～ 50 岁之间的死亡率则相对要低些。但即便是处于这一年龄段之间，具体年龄的不同，其死亡率仍有很大的差异。在医学上，年龄对于判断疾病的发生率、病种及预后都有一定的价值。这是因为不同的年龄段，其一些常见病的发生率是截然不同的。一般来说，年幼者以急性病的患病率为高，治疗效果好。而人到中年以后则是以慢性病的患病率为高，而且治疗效果不太理想。凡此种种，所以，不同年龄段的险种、保额等都是有所不同的。

（2）性别。性别是仅次于年龄所需要考虑的因素。一般情况下，女性的平均预期寿命除在妊娠期间外总是要高于男性。而且，男性社会交往频繁，从事的危险性行业较女性要多，也更具冒险性，以及不良嗜好也多，因此，男性的意外发生率较女性要高得多。所以，在相同条件下，很多国家都采取女性低于同龄男性一定费率的方式来计算保费。此外，不同的性别，对于寿险的需求也是不一样的。一般而言，女性在寿险方面的需求相对要小些。这主要是因为，男性通常是家庭收入的主要来源，一旦男性出现不测，将会给整个家庭带来很大的影响，因此男性通常更需要保险的保障。但随着各国的形势发展，在需求这一问题上，也逐渐有些变化。

（3）健康状况。寿险的费率是根据人群死亡率而制定的，而一个人的健康状况对死亡率的影响是至关重要的。在这一因素当中，首先得注意既往病史。过去曾患过某种疾病或有外伤都称为既往病史。疾病的出现可能使得死亡率上升，但一般而言，急性类的疾病在治愈以后对人的寿命基本上没什么影响。而某些慢性类疾病，由于不容易治愈，所以对死亡率的影响相对也就大些。所以，在核保时，这一点是不能不考虑的。其次是现有病症。现有病症指的是被保险人在参加保险时仍有的未被治愈的病症。在这一环节上，也得依据不同性质的病症做出不同的承保决定。再次则是体格是否适度，血压值、心跳频率等是否正常。因为这些指标的正常与否，预示着种种疾病的有无或将来疾病发生的可能性等。此外，今天的健康已不仅仅局限于身体无病的物理状态，同时还包括健康的行为、良好的心理状态，健全的性格等。因为不健康的行为、不好的心理状态、扭曲的性格，同样会导致疾病，乃至死亡，所以，后者在寿险的发展过程中也越来越受到重视。

（4）家族史。这里的家族史除了包括家族病史所涉及的家族遗传和某些疾病遗传倾向外，还包括家族平均寿命、家族背景、家族习俗等因素。由于人的生理病理的生命现象通常受到基因的影响，尤其是家族遗传基因的影响。尽管基因对寿命长短的控制并未完全被解释清楚，但基因在其中的作用则是显而易见的，所以上一辈的平均寿命也会影响到下一代的寿命预期。但这并不表明就可以完全忽视诸如社会、自然等因素对疾病的影响。此外，家族的一些传统习俗，总是会导致一些特定的疾病患病率上升或下降。这样的话，在核保时就必须区别对待，对于引发疾病患病率升降的因素予以综合考虑，才能做出适当的承保。

非健康因素

1. 保险利益

保险利益是指投保人对保险标的具有的法律上承认的利益。投保人对下列人员具有保险利益：本人；配偶、子女、父母；前项以外与投保人有抚养、赡养或者扶养关系的家庭其他成员、近亲属。除前款规定以外，被保险人同意投保人为其订立合同的，视为投保人对被保险人具有保险利益。

在核保具体操作中，关于被保险人同意规定的应用范围相对严格，必须要求投保人与被保险人之间存在一定的经济利益关系，主要包括以下关系类型。

（1）雇佣关系。企业对于具有合法雇佣关系的人员具有保险利益。

（2）合伙人关系。一方合伙人对另一方合伙人具有保险利益。

（3）债权债务人关系。债权人对其债务人具有保险利益。

（4）其他合法关系，如合理的经济利益关系。

2. 职业

职业不同，其所具有的危险程度不同，对死亡率的影响也不同。在对残疾收入保险的准被保险人的核保中，职业因素更为重要。寿险公司应充分分析准被保险人因职业致残的可能性，那些工作环境中存在较大的疾病或意外事故风险或者从事季节性工作者，通常被认为是“不受欢迎”的投保者；家庭主妇也被视为具有劣质残疾收入保险风险，因为她们一旦发生残疾，很难确定保险人是否一直在工作、何时重新工作。

一般的保险公司都定有危险职业的最高保险金额及职业等级费率，并以此作为核保的依据。当职业变更时，应予以重新划分职业类别，并审定新的保险费率。核保人员对于职业危险的核保是根据职业分类表进行的，对具有较高职业风险等级的，常采用加费承保和限额承保。

3. 习惯、嗜好

对有不良生活习惯和健康状况，如饮酒、抽烟、滥用药物、体态肥胖并伴有高血脂、高血压等症状的客户，核保时要作为重点对象。

4. 投保履历

了解过去是否曾投保或目前正值申请保险，是否曾被加费、延期或拒保，是否有过理赔记录等。

5. 兼职状况

兼职工作使人们经常处于过分紧张状态，其危险性比无兼职状况者要高。

6. 生活环境

被保险人生活环境的好坏通常与生活收入状况有密切关系，同时亦与教育程度、家庭成员和社交环境是否复杂有关。恶劣的环境势必对人的身心健康造成不利影响，从而增加死亡率。例如，居住地处于市中心，一方面噪声对健康产生不良影响，另一方面易发生交通事故，所以环境也就不可避免地成为人寿保险核保时必须考虑的因素之一。

财务因素

财务核保在核保中占据重要地位。其目的在于确定合理的保额，减少逆选择、骗保骗赔和退保等现象。财务核保时，核保人员需要综合分析影响保险需求的诸多因素，包括被保险人的年龄、职业、收入、性别和婚姻状况等，据此来综合判断被保险人的真实财务状况和合理保险需求。

1. 财务核保的审核资料

财务核保的审核资料包括以下几个方面。

（1）投保单中的基本信息。

（2）财务问卷。被保险人累计风险保额在 50 万元以上的，填写《高保额财务问卷》。

（3）生存调查资料中包含的财务资料，如生存调查问卷、生存调查报告等。

（4）其他收入证明资料、薪金收入证明，如每月工资单、纳税证明等。

（5）其他收入及资产拥有权的证明，如房产证、购买汽车证明或股票交割单等。

（6）其他客观性的可帮助评估被保险人经济价值的资料。

2. 财务核保的要点

（1）投保人所投保的险种，年缴保费一般应控制在本人年均收入的 20% 以内。

（2）被保险人的合理累计风险保额由被保险人的经济价值确定，即由其本人的收入能力决定，核保中一般根据其本人年均收入的倍数确定。不同年龄段下投保人年收入与最高保险金额的倍数关系如表 4-1 所示。

表 4-1 保险金额与收入的倍数关系表

年龄	现行收入的倍数	年龄	现行收入的倍数
20 ～ 24	20	45 ～ 49	11
25 ～ 29	18	50 ～ 54	9
30 ～ 34	17	55 ～ 59	8
35 ～ 39	15	60 ～ 64	6
40 ～ 44	12	65 和 65 以上	5

（3）如果投保申请超出按上述比例计算出的保险金额，核保人员应综合分析其投保动机、保障需求和收入状况。如果并未发现有异常情况，可以考虑予以承保，但此类超额幅度应控制在 20% 以内。

案例 4-1

请你根据下列投保信息摘要，运用所学的知识与技能分析作为专业的核保人员在收到这样的投保资料时，该如何处理？

客户投保信息摘要：

年龄：55 周岁；性别：女；职业：家庭妇女；健康：告知正常。

家族史：无异常，丈夫已身故。

投保人：女儿；职业：农民；受益人：女儿；年收入：1 万元；所缴保费：0.6 万元。

保险经历：无任何投保经历。

投保计划：世纪长乐分红保险 10 万元；

附加意外伤害保险特约 10 万元；

吉祥相伴定期保险 10 万元。

体检结果：身高 159cm，体重 53kg，血压 138 / 81mmHg，尿常规正常，乙肝五项均（–），SGPT（–），SGOT（–），TB（–），DB（–），CH（–），TG（–），Bun（–），Cr（–），心电图正常，胸透及 B 超显示肝胆脾胰双肾及妇科均正常。

调查结果：老年家庭妇女，丈夫已身故，独居。无收入，由两位子女提供每月 200 元的生活费。本次由女儿投保，职业为农民，年收入实际约 1 万元，投保人及其丈夫未购买保险。

【案例评析】

本案例中被保险人为老年家庭妇女，累计人身险保额 30 万元，女儿为其投保，也是身故受益人。投保书告知女儿年收入 1 万元，年缴保费 0.6 万元。被保险人健康状况良好。经过核保分析，得出以下结论。

1. 初步审核投保单后，从中可以看出该单被保险人的保障需求应以养老为主，而本单的保险计划却以意外伤害死亡保障为主。核保人对此单发出生存调查通知，主要了解投保人的投保动机、经济来源及该保险计划设计者是投保人还是保险展业员。

2. 在本案例中，女儿为母亲购买保险，投保人年收入仅 1 万元，每年需拿出 0.6 万元来支付保费。投保人为家庭经济收入来源者，最需要保险保障，但未购买任何保险。而被保险人无收入，非投保人家庭经济的提供者。本次投保以意外死亡保障为主，而不是以被保险人的养老或医疗为保障，若发生保险事故，不会给投保人带来经济上的损失，投保人反而会因此受益。据此，本案例无论从保险需求还是保险动机上来看都不合乎情理。通过生存调查，该单的投保意愿是良好的，由于投保人、被保险人不甚了解保险，而保险展业员仅仅从个人利益出发，没有根据客户的实际情况设计投保计划。对此，应对投保人重新设计投保险种，同时对保险展业员进行核保教育。

3. 根据投保人的收入情况，年缴保费约 0.2 万元是比较合适的（收入的 20%）。根据此保费，重新调整投保计划。

核保结论：降低意外伤害险投保金额，变更投保险种，改投以养老年金险或重大疾病险为主要的险种。

案例 4-2

2002 年 2 月 12 日，王先生通过保险展业员林某投保个人寿险，保额为 20 万元。根据寿险公司的核保规定，王先生在 2 月 15 日到寿险公司接受体检，结果查出肝功能异常：HBAb（+），HBAb（+），HBAb（+），显然王先生属于次健体。2 月 18 日，根据核保规定和体检的情况，寿险公司做出附加条件承保的决定，即比正常体增加一定的保费，王先生表示同意，并缴纳了增加的保费，于是寿险公司当日出具正式保单并送达客户，王先生在保单回执上签字确认。

谁料，2 月 22 日，王先生竟来到寿险公司出具了某医院为其所做的肝功能检验报告，检验结果显示的是 HBAb（－），与寿险公司的检验结果不同。王先生认为，医院的检验报告与寿险公司所做的检验相比更具有权威性，两者不符，说明寿险公司的检验存在问题。按照寿险公司的检验结果不仅使自己投保同样的保险比别人多交了保费，而且等于判定自己有肝炎。为此，王先生要求寿险公司赔偿其经济损失和精神损失 3 万元，否则将采取非常行动。

寿险公司的回答是：如果对寿险公司的检查结果有异议，可以到寿险公司重新复查，也可以到寿险公司的定点医院进行复查；如果认为交费不合理，可以退保，但这两种意见都遭到了王先生的拒绝。

【案例评析】

本案例中被保险人王先生在医院和在寿险公司的体检结果不同，主要是保险医学与临床医学的差异所致。临床医学面对的是疾病患者，是以治疗的可能性为目的的，偏重于对现症的减轻和治疗，对一些小的症状或检验值只要患者目前没有不适的感觉，即可以忽略。而保险医学面对的是被保险人集团，看重的是疾病对死亡率的影响，对一些体检有异常并无不适的被保险人，只要其未来会影响到死亡率，就有可能会加费承保，甚至拒保。因此，两种体检结果不同完全是可能的，也是客观的。另外，被保险人自己在医院做的体检是否失实还值得验证，由于人体本身的特殊性及体检手段可能存在缺陷，难以要求不同时期的体检报告中所有的指标完全相同。因此，即使体检结果有差异，也不能排除这些因素的影响，被保险人拒绝复查使得寿险公司无法判断这两次体检结果差异的原因。可见，寿险公司并不存在不当之处。同时还需说明，寿险公司体检的目的是决定承保的条件，并不是诊断病情，也从来不会为任何被保险人的任何疾病做结论性诊断，王先生根据寿险公司的体检结果主观臆断自己患有肝炎，声称寿险公司对自己造成了经济损失和精神损失，实属无理行为。

财产保险核保因素分析

在财产保险核保过程中，需要对有些因素进行重点风险分析和评估，并实地查勘。其中，主要的核保要素有：

（1）保险标的物所处的环境。保险标的物所处的环境不同，直接影响其出险几率的高低以及损失的程度。例如，对所投保的房屋，要检验其所处的环境是工业区、商业区还是居民区；附近有无诸如易燃、易爆的危险源；救火水源如何以及与消防队的距离远近；房屋是否属于高层建筑，周围是否通畅，消防车能否靠近等。

（2）保险财产的占用性质。查明保险财产的占用性质，可以了解其可能存在的风险；同时要查明建筑物的主体结构及所使用的材料，以确定其危险等级。

（3）投保标的物的主要风险隐患和关键防护部位及防护措施状况。这是对投保财产自身风险的检验。

1）认真检查投保财产可能发生风险损失的风险因素。例如，投保的财产是否属于易燃、易爆或易受损物品；对温度和湿度的灵敏度如何；机器设备是否超负荷运转；使用的电压是否稳定；建筑物结构状况等。

2）对投保财产的关键部位要重点检查。例如，建筑物的承重墙体是否牢固；船舶、车辆的发动机的保养是否良好。

3）严格检查投保财产的风险防范情况。例如，有无防火设施报警系统、排水排风设施；机器有无超载保护、降温保护措施；运输货物的包装是否符合标准；运载方式是否合乎标准等。

（4）有无处于危险状态中的财产。正处在危险状态中的财产意味着该项财产必然或即将发生风险损失，这样的财产保险人不予承保。这是因为保险承保的风险应具有损失发生的不确定性。必然发生的损失属于不可保风险。如果保险人予以承保，就会造成不合理的损失分布，这对于其他被保险人是不公平的。

（5）检查各种安全管理制度的制定和实施情况。健全的安全管理制度是预防风险发生的保证，可减少承保标的损失，提高承保质量。因此，核保人员应核查投保方的各项安全管理制度，核查其是否有专人负责该制度的执行和管理。如果发现问题，应建议投保人及时解决，并复核其整改效果。倘若保险人多次建议投保方实施安全计划方案，但投保方仍不执行，保险人可调高费率，增加特别条款，甚至拒保。

（6）查验被保险人以往的事故记录。核保要素主要包括被保险人发生事故的次数、时间、原因、损失及赔偿情况。一般从被保险人过去 3 ～ 5 年的事故记录中可以看出被保险人对保险财产的管理情况，通过分析以往损失原因找出风险所在，督促被保险人改善管理，采取有效措施，避免损失。

（7）调查被保险人的道德情况。特别是对经营状况较差的企业，弄清是否存在道德风险。一般可以通过政府有关部门或金融单位了解客户的资信情况，必要时可以建立客户资信档案，以备承保时使用。

核保业务流程及操作技能

人身保险核保业务流程和操作技能

核保的过程就是保险人对保单申请人的风险状况进行评估、选择和分类的过程。由于个体的差异性和信息在申请人和保险人之间的不对称分布，使得核保的过程较为复杂。一份保险合同的成立通常需经过多个步骤审核。

1. 初审

（1）保险展业员初审。保险展业员初次审核称为“第一次风险选择”。做好第一次的核保工作可以避免逆选择，提高工作效率，减少合同纠纷，它是保险展业员应尽的责任。保险展业员的初审方式与内容如下。

1）面晤。面晤的目的在于排除道德风险。保险展业员一定要亲自面见被保险人，做到以下几个方面：

第一，了解投保人的投保动机；确定投保人、被保险人、受益人之间的关系；分析其购买保险的目的是否为获得保险保障和投资，分析其中是否存在着道德风险。

第二，指导投保人填写投保单，投保单上的内容，特别是健康和财务的告知，务必请投保人、被保险人详细、清晰填写，并亲笔签名（未成年人由其法定监护人代签），不得相互代签或由保险展业员代签。

2）观察。保险展业员应详细观察被保险人的健康状况及生活环境，具体包括以下几个方面：被保险人的体格、外观、脸色、行动是否正常；被保险人有无残疾、智力和功能障碍；被保险人的家庭情况、工作、居住环境如何。

3）询问。保险展业员应对被保险人的健康情形、职业及告知等进行技巧性的询问，主要包括以下几个方面。

第一，投保的目的、投保的历史（应问明所投保的公司、险种、总投保额，以及既往有无被加费、限额、延期或拒保等）。

第二，被保险人的既往病史、家族史。

第三，被保险人的职业及使用工具的具体情况。

4）了解投保人的经济能力。一方面，评估投保人的续期缴费能力，即考察其所缴保费和其收入是否合适，通常情况投保人所缴的所有保费之和不超过其年收入的20%，否则会导致保单失效率大幅上升。另一方面，评估投保人所购买的保险累计保额是否合适，购买超额保险易诱发道德风险。

5）填写业务员报告书。保险展业员应根据对投保人、准被保险人的面试、观察和询问的结果如实填写业务员报告书。报告书要由保险展业员亲笔填写，填写内容应实事求是，对被保险人及投保人的特殊情况要做补充说明。

6）检视整个投保书。投保单内容有无遗漏，投保人、被投保人和保险展业员有无签章等。注意有无不实告知，是否签名等。

（2）内勤人员初审。保险展业员将投保书、保费暂收收据和委托银行代扣保险费协议书等投保文件交初审内勤，初审内勤按寿险公司的规定对有关投保资料进行审核。

1）内勤初审主要内容。

投保书及相关报告书、通知书是否填写完整；

年龄审核。投保人与被保险人的年龄都应为周岁；

身份证是否填满，是否有性别关系错误，身份证是否过期；

收费地址及所属地区邮编填写是否详细、准确；

被保险人职业、工种与类别是否匹配；

健康与财务告知栏是否全部填写，是否有说明，说明是否同投保书提示项目相符；

投保人、被保险人及保险展业员是否都有签名，保险展业员所属部门标记是否完备；

业务员报告书是否填写完全；

缴费方式选择“委托银行转账”方式的投保书是否附有《委托银行代扣保险费协议书》；

是否有过多涂改或应重填项目；

收据回收时，“正式收据”签收栏是否有客户签字。

初审未通过的投保文件退回营销部门进行修正。初审通过的投保文件由初审员在投保书上签章后进行收银录入。

2）初审注意事项。

填写要求是否规范。仔细审核投保书、收据和其他单证的填写是否规范，确保各类单证填写符合寿险公司的要求。

投保是否符合投保规则。注意不同险种投保的一般规则和特殊规则，确保所投保的险种、保额/份数、保险年期、交费年期、主附险搭配等符合投保规则的要求。

资料是否齐全。初审应备的资料主要有：投保书、对应暂收收据或委托银行转账协议书、业务员报告书、相关病历资料（如告知疾病史和住院史）及寿险公司规定的其他投保资料。

不难看出，初审工作所要审查的事项也是投保书填写中需要严加注意的事项。投保书填写完整、准确、清晰，符合投保规则的要求，就能够确保顺利通过初审，使投保资料及时交付机构契约部，避免因重复修改、补充投保资料造成时间上的损耗和对客户的打扰。

投保单的初审工作主要由初审员来完成。投保单初审主要审查投保单的填写是否规范、投保单是否违反投保规则等。通常，投保单填写不规范或违反了投保规则，一经机构契约部发现，都将以“问题件”的形式返回到保险展业员和客户的手中。从根本上说，绝大多数的“问题件”都是因投保书填写不规范、不准确，对投保规则认识不足所造成的，主要包括普通填写错误、投保规则的违反及其他差误等（见表4-2～表4-4）。

表4-2　部分普通填写类的问题件

类型	问题描述	原因
身份证、生日、年龄身高、体重	1. 身份证号码不足位数	1. 笔误 2. 确为不符，但未附身份证复印件
	2. 身份证号码与出生日期不符	
	3. 身份证号码尾数与性别不符	
	4. 生日不存在	
	5. 年龄有误	年龄计算错误
	6. 身高、体重未填写	漏填
职业代码	1. 未填写或不存在	遗漏或填写错误
	2. 职业代码与相应险种保费有误	未考虑职业代码的加费问题
	3. 职业代码与所填职业不符	职业代码查找错误或填写错误

（续）

类型	问题描述	原因
住址或邮寄地址	字迹无法辨识、邮寄地址不够详细	填写不够清晰、全面
投保人、被保险人或监护人、连带被保险人或监护人签名	1. 姓名字迹不清，无法辨识	填写不够清晰
	2. 声明或授权栏中的签名与客户资料中的姓名不符（监护人除外）	笔误或其他
	3. 被保险人或连带被保险人未成年，不得在声明或授权栏中的签名	应该由法定监护人签名（法定监护人姓名）
受益人或连带受益人	1. 姓名不清或未填写	填写不够清晰、完整或有遗漏
	2. 资料不全（多个受益人更需注意）	（受益顺位、受益比例等）
	3. 死亡给付的受益人不能为被保险人，死亡给付的连带受益人不能为连带被保险人	受益人的确不符合
	4. 补偿型健康险生存受益人或连带生存受益人只能为被保险人或连带被保险人本人	投保规则
交费年期	1. 对应险种交费年期有误	笔误或险种条款理解
	2. 未填写主险、附加险交费年期	有误

表 4-3　违反投保规则类的问题件

类型	问题描述
投保人资格	1. 年龄未满 18 周岁
	2. 与被保人或连带被保人无可保利益
	3. 年交保费超过投保人年收入的 20%
被保险人资格	1. 年龄未符合投保规则或不在对应主险或附加险承保范围内
	2. 未满 18 周岁投保意外险
附加险	1. 附加险交费年期大于主险交费年期
	2. 附加险保险年期大于主险保险年期
	3. 附加险所附加的主险为趸交方式
	4. 附加险保额与对应主险保额的比例不符合投保规则
最低保额	不符合对应险种最低保额限制
最低保费	不符合所在机构或对应险种最低保费限制
红利选择	趸交方式不能选择抵交保费的红利方式

表 4-4　其他类的问题件

类型	问题描述
身份证	寿险公司电脑库中有相同身份证的不同客户
职业代码	寿险公司电脑库中已有该客户的职业代码与投保书中代码不一致
通知	退还客户病历资料
累计保额	最新投保与历史投保累计保额超过投保规则要求

2. 体检医师核保

体检医师核保是“第二次风险选择”，是指核保人员根据被保险人的年龄、身体健康状况、既往病史及现病状况认为需对被保险人进行进一步身体状况检查的人员实施体检，必要时进行器械检查、X 光检查和化学检查等，以判断其是否符合承保要求，是否要特别加费，或予以延期、拒保。

3. 核保人员的核保

核保人员核保是“第三次风险选择”，是指核保人员根据初审资料、体检报告书、病历、特别问卷（如高血压调查表、肝病调查表、驾照问卷、高保额问卷和职业问卷等）、投保单和高额件财务状况报告书等资料再次进行审核，确定对被保险人可否承保或者以何种条件进行承保的过程。这一过程的主要步骤如下。

（1）初步审核。核保人员在收到投保人、保险展业员所提供的基本资料后，即可按照有关要求，并根据公司的投保规则及经营政策对所提供的资料检查核对，以确定资料是否齐全，是否需进一步补充资料，客户的投保需求是否超出了公司的有关规定和承受能力等，具体内容如下。

1）客户申请险种的保险金额是否超出了有关规定。为保证投保人的持续缴费能力和防范可能存在的道德风险，寿险公司都设有财务核保指标。

2）若是老客户，必须核查有无不良投保记录。

3）对投保金额巨大，或告知声明遗漏，或核保人员认为有疑问的保件，有必要对投保人和被保险人作进一步的资料收集。例如，要求被保险人对身体的某一部位进行体检，对其家庭收入进行专门调查等。

4）确定承保条件。根据被保险人的危险程度，按照有关手册确定其保险费率。

（2）进一步收集资料。对投保金额巨大，或告知声明有异常、遗漏，或核保人员在初步审核过程中发现有疑点的保件，有必要进一步收集有关资料。如一般对健康状况有疑点时，可要求被保险人进一步提供病历资料，填写健康问卷或要求被保险人体检，以获得进一步的健康资料；对财务状况有疑问的，有针对性地要求被保险人补充客观有效的财务证明文件或组织专人调查，以确定保险需求是否合理。

（3）综合分析，查定核保手册。核保人员根据投保资料对影响被保险人死亡率的有利因素及不利因素进行综合分析，依据核保手册，运用数理查定方法，以标准体的死亡率为基准，查定被保险人的额外死亡率，并依此确定被保险人所处的危险等级，决定承保的条件。

（4）确定承保条件。核保人员依被保险人的危险程度把被保险人划分为标准体、次标准体、拒保体。对于次标准体，核保人员依据其危险程度做出加费、附加承保条件、限额、缩短保险期限、改变缴费方式等决定，以达到危险选择的目的。

（5）做出核保决定。做出核保决定，即由核保人员对准被保险人进行风险评估，做出核保决定。在这一阶段一般有快速核保和电脑核保之分。

4. 生存调查

生存调查是“第四次风险选择”，指保险人为保证经营的稳定性，在承保前和承保后对被保险人的健康状况、财务状况及投保动机等实施的全方位调查。生存调查主要有保险合同成立前的调查和保险合同成立后的调查。

（1）保险合同成立前的调查。生存调查人员应进一步收集资料，辅助核保人员做出可否订立保险合同和承保条件的决定。针对保额较大或有疑问的保件，为了避免投保人、被保险人过失未如实告知或故意隐匿，不如实告知，需要进行生存调查。

（2）保险合同成立后的生存调查。保险合同成立后，生存调查人员可在客户申请复效、变更、加保等项目时进行生存调查，或者进行抽样跟踪观察。如有疑问或核保结论不正确，可对已成立的保险合同做相应的处理。

（3）生存调查的注意事项。生存调查人员是寿险公司的行政编制人员，其一举一动既代表公司形象，又影响客户的投保心理，故对下列问题应高度注意。

1）生存调查人员对调查准备要详尽，如对投保单上有关的客户基本资料、告知情况、投保内容、体检结果要做到心中有数，从而明确此次的查证重点，然后以电话与客户联系后再前往拜访。

2）在进行生存调查拜访时应先做好“打交道”的工作，再渐渐引进主题，并随时注意客户的反应及对调查环境的观察。与客户交谈时，态度要诚恳、亲切有礼，并且注意服装仪表的整洁端庄，切勿使客户产生不良印象或反感。

3）拜访时间一般可跟客户预约，也可采用“突然袭击式”。拜访时间的长短应视实际状况及客户对生存调查人员的态度好坏而决定。

（4）调查的最佳地点为被保险人的住宅，因为从被保险人住宅的环境及装潢可以了解其生活基本状况及受教育程度。其次为被保险人的工作单位，因为可以借此了解其工作环境、工作性质及担任的职务。一般情况下，不要接受被保险人提出的于第三地点进行调查的要求。

案例 4-2 高端客户的核保

2008 年年初，某公司高管刘先生欲购买人寿保单，在保险展业员最初为刘先生设计的保险计划中，各类寿险保额 200 万元，意外险 800 万元，合计保险金额达到了 1 000 万元，年缴保费近 3 万元。接手该业务的某合资寿险公司相当谨慎，对刘先生的健康和财务状况作了充分的核保。但由于保额太高，这张保单还必须向签约再保险公司——中国人寿再保险公司分保。

由于中国人寿再保险公司将承担这张保单的绝大多数风险，在核保时更加慎重。最后，中国人寿再保险公司建议，意外险保额必须降低一半，否则不予分保。理由是按照目前惯例，寿险和意外险保额的比例一般不得低于1∶3。

客户刘先生和保险展业员均感郁闷。保险展业员认为，按照惯例，个人寿险可投保的保额上限一般在年收入的 15 ～ 20 倍。如果这样计算，刘先生 1 000 万元的保额相对于他的年收入而言并不算多。

对此，中国人寿再保险公司的一位高管表示，由于该保单的保额达到普通人的近 100 倍，保险金额过于庞大而保费相对较低，使得道德风险发生的概率也成倍增加，这是中国人寿再保险公司不得不慎之的原因。

【案例评析】

核保是寿险公司控制风险的主要手段，对高保额的保单，寿险公司要特别进行健康核保和财务核保，以避免道德风险的发生。本案例中，刘先生的保额高达普通人近 100 倍，虽符合投保保额可在年收入的 15 ～ 20 倍，但为避免道德风险的发生，寿险公司应降低保额承保。

人身保险的业务运作是从承保开始的。承保既是寿险经营的首要问题，也是寿险经营中的基础工作。承保质量是反映寿险企业经营管理水平高低的一个重要标志，承保质量高低直接关系到寿险企业经营的稳定和经济效益的好坏。

财产保险业务流程和操作技能

核保是保险公司对可保危险进行评判与分类，进而决定是否承保，以什么样的条件承保的分析过程。核保是保险公司经营活动的初始环节，是保险承保工作的核心。核保工作的好坏直接关系到保险合同能否顺利履行，关系到保险公司的承保盈亏和财务稳定。严格规范核保工作是降低赔付率、增加保险公司盈利的关键，也是衡量保险公司经营管理水平高低的重要标志。

核保流程是保险公司保险经营的核心流程之一，流程环节的掌控对于公司整体风险选择能力的管理与改善是非常关键的。核保基本流程见图 4-43。

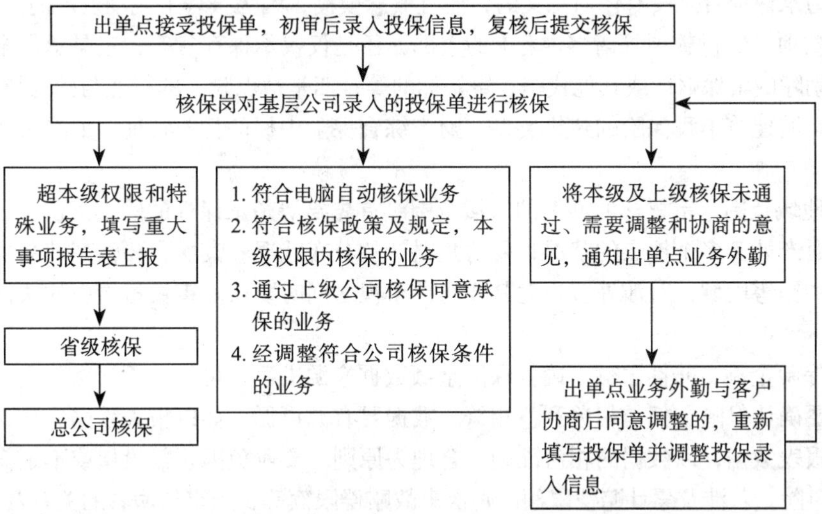

图 4-43　财产保险核保流程图

1. 接收投保申请

投保申请主要通过投保单的填写与递交来实现。对于投保单的审核主要包括以下几个方面：

（1）投保人、被保险人资料。确认投保人、被保险人的身份是否正确、信息是否充分。一是确定投保人、被保险人的关系，断定其中是否存在道德风险；二是审核投保人、被保险人是否对标的具有可保利益；三是对标的权属进行分析，清楚标的损坏赔偿的权益归属；四是审核投保单中投保人名称与其在法定机构的注册名称及投保单中的签章是否相符；五是姓名 / 名称、地址、邮编、联系方式等基本信息是否清晰无误。

（2）投保险种、应用条款。分析客户关心的风险所在，正确识别客户的意图与需求，根据现有险种、产品与条款，确认拟用险种正确无误。一是未开办险种或其相应的责任范围超出保险企业规定、保险惯例或保险监管规定的不能承保；二是投保险种不能出现张冠李戴与违规操作。例如，客户投保财产险就不能用机损险的投保单，或者为了规避核保规定而以客户投保公众责任险来替代雇主责任保险需求，或以质量保证保险条款来实现产品责任需要等；三是批改申请合乎规定。例如，降费的理由充分（确实证实标的风险降低或者以加大免赔的方式而申请降低费率），批改险种正确，如减少机损险的保额就应是对机损险进行批改申请而不是对财产综合险进行批改申请。

（3）保险标的。准确界定承保标的的性质、范围、内容。一是明确区分承保标的是责任险、保证险还是财产险，如客户的需求是承保公众责任，就不能以财产综合险保单来承保；

二是保险责任范围清晰，如承保公众责任保险，特别约定中仅提示“扩展火险责任”，就很不明确，又如产品责任险所保障的产品种类和型号必须清楚描述；三是审核对有关保险责任的措辞，避免模糊字眼的出现，确保责任范围清晰、无争端；四是对申请保险金额的批改，要清楚客户申请的是对流动资产还是固定资产的保险金额的批改；五是保险标的的行业性质或者标的类型须清晰。六是标的的位置、范围要准确、清晰地加以描述。

（4）保险项目。审核投保单、批改申请，确保承保标的的具体项目清晰。一是审核财产险或机损险的保险金额是以某月报表上的某部分资产进行确定，还是以附加财产清单的形式进行确定的；二是审核承保金额是包括固定资产、流动资产（从报表角度看，在出单中以流动资产作为承保项目是没有任何意义的，而且概念模糊，因为报表上流动资产的范围非常广，包括应收款项、应付款项等诸多内容）的全部，还是仅仅承保存货等；三是承保金额中是否包括条款剔除的禁保财产或其他代销、寄卖标的等；四是被保险人的行业与标的特征须清晰。例如，要标明建筑工程保险的建筑类型、财产综合保险中标的行业特征，如二级建筑的塑胶厂等。

（5）地域范围。审核标的涉及的区域范围。首先要清楚承保标的的坐落位置、周围环境状况，对财产处于多个地点的状况，要清楚财产的分布状况；其次，要清楚产品责任与质量险等产品的销售区域，对涉外客户尤其要给予重视。同时要认真审核拟援引的法律争议归属等问题。

（6）保险金额、赔偿限额。确保保险金额数据来源准确、可靠。不管保险金额的确定方式如何，要确认保险金额与相关利益相符。数据要有源可循，如以报表数据为准，则要求社会有关的报表数据，以数据的相对准确、合理为原则。要避免因超额投保或不足额投保而产生的道德风险。若涉及累计赔偿限额、每次事故赔偿限额等，须审核两者的关系及合理性。

（7）保险期限。清晰的保险期限约定对保费的最终结算是很有利的，如预收保险费的产品质量险、货运险、产品责任险、煤气责任险等。保险期限通常不应超过一年。工程险项目或货运航次险的保险期限应根据项目或航次的实际完成时间而确定。实务中，一是要确保保险期限的确定性，如货运险开口保单中，对标的的预约运输时间段的界定要清晰，还有“钩对钩”或“仓至仓”等条款的选用，又如建筑工程保险中对保险期限的拟定要按条款规定进行等；二是在未实地验标或得到某些书面确认之前，切忌倒签保单；三是要确保保险期限的合理性，谨慎使用保险期限展期。

（8）约定交付保费方式、日期。保险费缴纳时间通常分为期初一次性交付和分期交付。另有期初预缴保费再按保险期限结束时的实际保险价值或其他参数调整保费。确保保费是否按约定交付将成为保单生效的先决条件。重点审核分期付款方式是否符合保险公司相关规定以及是否合理，同时要审核付款方式是否会产生应收风险（如商业承兑等）。

（9）风险申报表（评估表）。风险申报表是进行初步风险评估的重要依据与信息来源。不同险种须用不同的风险信息表。重点审核风险信息的完整性与真实性，确保申报项目不漏项；数据格式符合要求，如量化数据不能以定性方式来描述；投保人签章完整。

（10）过去损失记录。主要记录或提供近年来的主要损失信息，这是风险评估的重要依据之一。不管标的过去投保了还是未投保，均要提供。过去损失记录主要包括事故损失大小、损失原因、发生时间等信息，其损失涉及范围不一定与保险责任直接相关。

（11）司法管辖权归属国（责任险）。责任险投保中，须明确司法管辖权归属国。通常分国内管辖权及世界管辖权两种，世界管辖权属高风险业务。

（12）投保人申明、签名、盖章、投保日期。审核投保人签名、盖章与投保单或（批单）保单中的被保险人的有关内容是否相符，投保时间是否存在倒签现象；务必确保投保人申明所填写资料属实。

2. 风险调查与评估

接收投保单后，保险公司开始进行风险调查与评估，主要从两方面着手：一是审核分析投保人填写的风险申报表（评估表）的内容；二是现场查勘。风险评估必须以达到了解标的风险状况为目的。以下是风险评估的具体步骤：

（1）审核投保单内容。投保单的审核是核保工作的第一步，是保险公司对投保风险的第一条监控防线，非常重要。

（2）明确主要风险。主要风险是指在投保责任范围内发生的可能性较大，而一旦发生造成损失金额也较大的风险。主要风险取决于保险标的内容，保险标的所在行业性质、地区、保险时期。

（3）明确风险点位。风险点位是在保险标的范围内最容易发生保险事故的环节点、地点或位置，如高楼建工险的地基工程、高速公路建工险的护坡、软基路段；公众责任险的电梯间、浴池、游泳池等。调查风险点位应着重调查主要风险点位。

（4）了解风险源。风险源即承保风险的来源或产生风险的原因。产生风险的原因来源于两大类：自然的，如地质结构的变化、台风、地震等；人为的，如恶意、疏忽等。

（5）了解被保险人的风险管理水平。被保险人的风险管理水平应从三个方面进行分析：人员素质、风险管理制度、风险管理设施。

（6）了解保险责任事故发生的可能性。重点了解保险标的所在行业发生类似事故的概率、被保险企业以往的损失记录以及保险标的当前所处的状况。

（7）分析一次事故有可能造成的最大损失。一次事故有可能造成的最大损失取决于：保险标的的性质、保险标的各个部分的间距（财产险）、事故影响范围的大小、消防与风险防范的措施、法律对损失金额的认定（责任险）等。

对标的进行风险调查与评估后，应对标的风险状况进行总的评价，评分等级可分为优、良、一般、较差、差等。

3. 承保决策

（1）根据标的风险状况，决定是否承保。实务中，保险公司核保政策禁止承保的风险不能承保；风险较大而承保条件不能相应提高的项目不能承保。对于不予承保的项目，要向投保人说明理由；对于决定承保的项目，要根据投保人的保险意图和标的风险状况拟定承保条件。

（2）正确拟定承保条件。要选择合适的险种条款，适合投保人的保险意图。主要考虑三个因素——被保险人、保险标的、保险责任，要避免张冠李戴，错误地选择险种条款。同时，要严格界定保险标的的内涵与外延。保险标的要明确名称、项目、所在地址、地域。在财产保险中，如投保人仅对部分财产投保而又不确定具体的财产部分，应在保单上明确说明投保财产在全部企业财产中所占的比例，并约定在发生赔案时，按比例赔偿。

（3）正确使用保险金额的确定方式。保险金额有两种基本确定方式：按照保险标的的价值确定，一般适用于财产保险；按照保险标的有可能发生的损失范围确定，一般适用于责任险。按照表现标的的价值确定保险金额，分为两种方式：定值保险与不定值保险。除艺术品、古董等价值波动大的特殊财产外，财产保险应采用不定值保险方式。除非特殊情况，否则财产保险不能按保险标的有可能发生的方式投保，应根据标的损失的区间概率对费率做出相应的调整。财产保险标的含一个以上项目，除明确总保险金额外，还应视具体情况确定每次事故赔偿限额、每人赔偿限额。

（4）正确厘定费率和免赔额。费率和免赔额的厘定要与保险标的的风险状况相对应。保险标的风险状况评级为优、良的，费率可在市场平均水平上适度下调；风险状况评级为一般的，费率可适用市场平均费率；风险状况较差或差的，费率应在市场平均费率基础上适度上调。免赔的设置考虑三个因素：必然发生的损失金额、被保险人风险管理意识和水平、被保险人选择自担的风险。免赔的变动应与费率的变动相联系；免赔额提高，费率降低；免赔额减少，费率提高。两者相互变动的幅度取决于标的损失在金额上的分布概率。

（5）谨慎使用附加条款。附加条款分为：限制责任条款、中性条款、扩展责任条款，应根据标的风险状况谨慎使用。在一个险种项下，对于特定标的的必然要发生或发生机会非常大的风险，应附加特别条款将其排除在保险责任之外；对于特定标的，如对保险标的的范围、保险责任、核赔方式有歧义，应附加中性条款予以明确。可保风险的扩展责任条款可以使用，不可保风险（如某些契约责任、核辐射责任等）的扩展责任条款不可以使用。同时，不可利用附加条款把一个险种改变为另外一个不同的险种。扩展责任条款应视具体情况单独设置赔偿限额和免赔额。

（6）确定保费交付方式和日期。在投保单和保险单上都必须明确约定付费方式和日期。一般情况下应明确约定保费的缴费期限。如保险费数额较大或有其他特殊原因，可同意客户分期交付保险费，但分期付费必须满足一定的条件。

4. 复核、签发保险合同

核保人拟定承保条件后，由出单部门或经办机构出具保险单、保险凭证、批单、协议等保险合同文件。

5. 保险合同的变更

保险合同的变更必须有合理依据，须获得保险人与被保险人的同意，同时，保险合同的变更必须采用书面的形式（批单）。

6. 保险合同的解除

保险合同的解除要符合法律法规，要与被保险人达成相关的共识或协议。

保单核保操作说明

1. 保单核保

进入保险公司核保部，核保部的业务包括：保单核保和保单签发（见图 4-44）。

图 4-44

点击“保单核保”菜单，打开如图 4-45 所示界面。

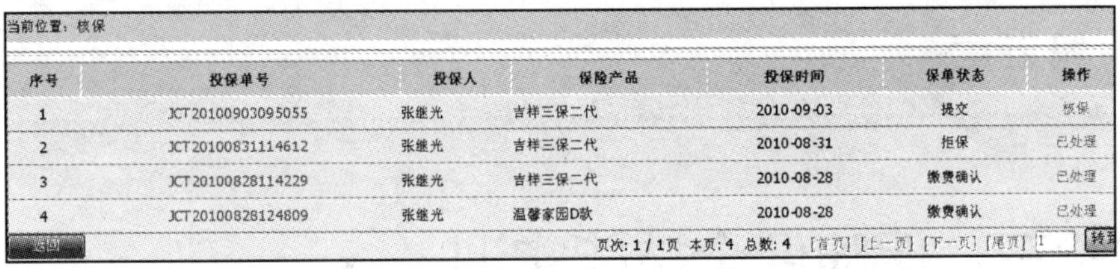
当前位置：核保

序号	投保单号	投保人	保险产品	投保时间	保单状态	操作
1	JCT20100903095055	张继光	吉祥三保二代	2010-09-03	提交	核保
2	JCT20100831114612	张继光	吉祥三保二代	2010-08-31	拒保	已处理
3	JCT20100828114229	张继光	吉祥三保二代	2010-08-28	缴费确认	已处理
4	JCT20100828124809	张继光	温馨家园D款	2010-08-28	缴费确认	已处理

返回　页次：1 / 1页　本页：4　总数：4　[首页] [上一页] [下一页] [尾页] 1 转

图　4-45

点击操作栏的“核保”，打开保险单，选择是否同意此投保案件，如同意则点击“承保”按钮，系统提示如图 4-46 所示。

图　4-46

若不同意，点击“拒保”按钮，并说明拒保理由。

2. 保单签发

承保后签发保单。点击“保单签发”菜单，打开如下界面（见图 4-47）。

当前位置：保单签发

序号	投保单号	投保人	保险产品	投保时间	保单状态	操作
1	JCT20100903095055	张继光	吉祥三保二代	2010-09-03	承保	签发

图　4-47

选择状态为“承保”的保险单，点击操作“签发”，打开保险单，在保险单下方点击“签发”按钮，完成签发操作。

【实训任务 4-1-2】人身保险投保单和财产保险投保单的初审

（1）实战内容：人身保险投保单和财产保险投保单的初审。

（2）实战目的：提高学生核保初审的操作技能。

（3）实战演练操作。对上一个投保实验中客户所填的保单进行初审，并给出初审意见。

（4）案例分析。被保险人王某，女性，38 周岁，已婚，有一子，北京郊区农民。其丈夫为其投保终身住院补贴 2 份，重大疾病险保额 9 万元，寿险保额 6 万元。年缴保费 3 818 元，20 年缴，保险责任终身。其父和其子顺序受益。无其他投保记录。

告知情况：4 年前因急性肾炎住院治疗 3 周。此后，时有眼睑、下肢浮肿，间断服药，无系统检查及治疗。体检项目及结果：身高 162cm，体重 60kg。BP：140/95mmHg；血红蛋白 9.5g%；尿蛋白（+）；超重血 BUN7.8mmol/L；腹部 B 超显示双肾轻度弥漫性病变。

补充病历资料：提供的住院病历资料及出院后门诊就诊记录提示慢性肾炎诊断明确，病情控制不稳定。

请根据以上案例情况，分析核保意见。

第五章

实验三　保险保全技能实训

第一节　实验目的和内容

一、实训目的

本实训项目主要涉及寿险合同履行过程中可能会出现的保单变动情况的业务处理。通过本实训环节，要求掌握保单保全业务流程及操作技巧，并能灵活运用，提高感性认识，提高业务水平。

二、实训内容

（1）承保前撤件业务训练。

（2）保单变更业务训练。

（3）保单解除业务训练。

三、实验资料和实验步骤

（一）实验资料准备

（1）场地准备：配备电脑的保险实训实验室、学院及周边环境。

（2）教学资料准备：多媒体课件、各保险公司资料及网站。

（二）实验步骤

（1）教师课堂讲授。

（2）学生利用实训软件进行保单保全业务训练，熟悉保险公司保单保全业务流程。

（3）自由组合，全班分为若干个小组，每组人数为 3 ～ 5 人，设小组长一名。

第二节　保险保全技能业务操作实训

【实训内容 5-1】保险保全技能业务操作实训

保单保全的主要内容

由于人寿保险缴费时间较长，因此在合同履行的过程中，还有可能出现保单变更等情况，由此会产生保单保全业务。保全是指寿险公司为了维护现有人身保险合同的持续有效与完整所进行的一系列服务。狭义的保全专指保全服务，即围绕保单契约变更、年金或满期金给付等服务项目而开展的工作。保全服务涉及的内容主要有：投保人受益人变更，一般错误更正，通信地址、电话、收费方式变更，领取方式变更，年龄、性别更正，职业、工种变更，交费方式的变更，保险合同效力恢复，补发保险单，满期生存给付，利差返还，保单迁移等（见表 5-1）。

表 5-1 ××保险公司人身保险产品的保全服务内容

序号	保全服务项目	保险公司提供服务的时间		
		保险期限内		年金给付期内
		交费期限内	非交费期限内	
1	通信地址、住所变更	√	√	√
2	姓名文字变更	√	√	√
3	证件类别及号码变更	√	√	√
4	性别错误更正	√	√	√
5	出生日期错误更正	√	√	√
6	更换投保人	√	√	
7	受益人变更	√	√	√
8	增加附加险	√	√	√
9	附加险核保	√		√
10	投保要约的确认	√	—	√
11	保险合同补发、换发	√	√	√
12	解除合同	√	√	√
13	保险关系转移	√	√	√
14	保单借款	√	√	
15	续期保费交费通知	√		
16	保费抵交	√		
17	保费自动垫交	√		
18	交费方式变更	√		
19	授权账号变更或撤销	√	√	√
20	减保	—	√	
21	保额增加权益	√	√	
22	减额交清	√	√	
23	可转换权益	√	√	
24	合同效力恢复	√	√	
25	利差返还	√	√	√
26	红利给付	√	√	√
27	生存金额领取通知	√	√	√
28	年金领取方式变更	√	—	
29	年金领取年龄变更	√	√	
30	犹豫期撤单	√	投保人签收合同的 10 日内	

本章重点介绍保单保全服务项目的五种主要业务，即保单变更、保单复效、保单减退保等服务要点与注意事项。

保单变更保全服务

由于人寿保险的合同期限较长，在较长的缴费期限内，投保人可能丧失缴费能力，投保人或投保人的姓名、住址等信息也可能发生变化，因而需要变更相关信息。

1. 投保人及相关信息变更

（1）申请人：申请人为投保人。申请时，新旧投保人、被保险人均须在申请书上亲笔签名。

（2）提交资料：《保险合同变更申请书》（见表 5-2）、保险合同、投保人身份证明、新投保人《补充告知问卷》，若为他人代理办理的，还需提供委托授权书及委托人的身份证件等。

（3）注意事项。

1）投保人及相关信息变更可在保险合同有效期内的任意时间提出申请。若存在保单抵押借款、保费豁免或保单失效，则不受理投保人的变更。

2）投保人变更应由原投保人提出并经被保险人同意后方可办理。

3）若投保人身故，则申请资格人为被保险人本人，被保险人为未成年人时，由其法定监护人代为行使权利。更改后的投保人对被保险人应有可保利益。

表 5-2 保险合同变更申请书（个人）

公司提示：

1. 申请合同内容变更时（通信地址变更除外），请随附保险合同，以便我公司予以批注。

2. 申请增加健康险类附加险险种或保险金额，更换列有免交未到期保险费责任的保险合同的投保人，请填写《补充告知合同》，以便我公司进行核保处理。

保险合同号							
投保人			客户号				
变更项目	变更后内容						
更正个人资料	姓名		性别		出生日期		
□投保人	证件名称		号码				
□被保险人 □收益人 □汇交人	通信地址： 邮编： 住所： 办公电话： 手机： E-mail： □连带批改本人其他保险合同的联系方式						
□职业变更	职业		职业代码		变更日期		
□更换投保人	客户号		是被保险人的				
	姓名		性别		出生日期		
	证件名称		号码				
	通信地址： 邮编： 联系电话： 手机： E-mail：						
	更换原因		（更换后）投保人签名				
□身故保险金受益人 □生存保险金受益人	受益顺序	姓名	性别	出生日期	证件名称	证件代码	被保险人的受益份额
□交费方式	□一次交清 / 趸交 □年交 □半年交 □季交 □月交 □不定期						
□领取年龄	□ 50 周岁 □ 55 周岁 □ 60 周岁 □ 65 周岁 □其他						
□领取方式	□一次性 □年领 □月领 □平准 □增额 □其他						
□减保	□降低后保险金额 元 □降低后保险费 元						
□减额交清							

（续）

□保额增加权益	增加保额 元					
□可转换权益	险种名称		保险金额		保险费	
	保险期间		交费方式		交费期间	
	领取方式		领取年龄		交费形式	
□利差返还方式	□储存利息 □抵交保费					
□红利领取方式	□现金 □储存生息 □抵交保费 □购买交清增额保险					
□增加险种	险种名称	保险金额	保险期间	交费期间	交费方式	保险费
□减少险种						
□增加保额						
□减少保额						
□终止续保						
	付款方式：与主险一致，如主险已采取银行转账形式交付保费，且投保人未作不续保通知，附加险的续保保费将在主险的付款账户上主动扣除。					
□其他变更项目						

对以上申请的解释或说明：

声明：

本人已仔细阅读，理解贵公司提示并同意遵守，谨以此申请书作为保险合同变更要约，并同意贵公司依此办理上述变更事项。

投保人签名： 被保险人（或其监护人）签名：

日期： 年 月 日 日期： 年 月 日

若申请人不能亲自办理，委托他人代办时，请填写委托授权书

授权委托书

××人寿保险股份有限公司 分公司：

委托人 全权委托受托人 （受托人身份证号： ）

持贵公司要求的必备文件，以委托人的名义前往贵公司代为办理上述保险合同变更事项。并郑重声明凡由本授权委托书引发的法律纠纷与贵公司无关，本授权委托书自签发之曰起生效。

委托人签名： 受托人签名：

日期： 年 月 日 日期： 年 月 日

受托人通信地址： 邮编： 电话：

以下内容由保险公司填写

处理意见：

受理人： 日期：

2. 受益人变更

（1）申请人：申请人为投保人或被保险人。投保人申请变更受益人时，须征得被保险人的同意。

（2）提交资料：《保险合同变更申请书》、保险合同、最近一期缴费凭证、投保人身份证明和受托人身份证明。

（3）注意事项。

1）受益人变更可在保险合同有效期和领取期内任意时间提出申请；变更受益人须相应变更下列信息：姓名、性别、身份证号码、受益人与被保险人关系等。

2）对于疾病、伤残、医疗保险金、各项津贴的受益人为被保险人本人的，不受理受益人的变更；保单状态为自动垫缴保费状态或保单存在借款，不受理受益人的变更；变更后的受益人与被保险人的关系若为直系亲属且保额在规定的范围内（通常规定为20万～30万元）的不需重新核保，否则须重新核保。

3）受益人为数人时，被保险人须指定受益顺序和各自的受益份额。

3. 客户基本信息变更

客户基本信息变更主要包括联系方式变更、缴费方式变更、缴费形式变更和年龄性别变更等，关于这些信息的变更应注意的问题如表 5-3 所示。

表 5-3 客户基本信息变更注意事项

变更项目	申请人资格	申请时间	说明
地址、职业、工种变更	投保人	合同有效期内	职业变更者须在申请书上亲笔签名
缴费方式变更	投保人	缴费期内	应在缴费对应日前 30 日内提出
缴费形式变更	投保人	缴费期内	若变为银行转账，需填写《委托银行转账协议书》
领取形式变更	投保人或被保险人	合同有效期内	须提交被保险人身份证明
年龄性别变更	投保人	合同有效期内	被更正人须在申请书上亲笔签名（一般情况下，受益人的资料更正无须受益人签名）

案例 5-1

张某于 2000 年 6 月 15 日投保意外伤害保险 20 万元、附加意外伤害医疗保险 1 万元。2001 年 6 月 15 日上午，张某在锦文阁楼外 11 层处进行外墙装修作业，由于安全绳在 19 楼处断裂，致使张某从 11 楼直坠 3 楼平台，当场死亡。

寿险公司在审核该案的过程中发现张某生前为某装饰工程公司的外墙喷漆工，最低应按 5 类职业收费承保，而其投保书中填写为“景灏商贸发展有限公司的安装工人，为 4 类职业”。核赔人依据核保人的意见，在充分考虑被保险人利益的基础上，决定按 5 类职业收费标准来计算给付金额，并报核保核赔部批准，做出赔付 129 230.77 元的理赔决定。

【案例评析】

客户职业变更后若未及时更改，会直接影响到寿险公司或客户自身的利益。因此，保险展业员应做好保单职业等信息变更工作，及时通知寿险公司的利弊关系宣导，更好地维护寿险公司和客户双方的利益。

保单复效保全服务

人身保险合同因投保人不按期缴纳保险费致使合同失效后，自失效之日起的一定时间内（保险条款一般都载明失效的时间，通常为两年），投保人可向保险人申请复效，经保险人审查同意，投保人补缴失效期间的保险费及利息后，保险合同即可恢复效力。

1. 申请人

保单复效保全服务的申请人为投保人。

2. 提交资料

《恢复合同效力申请书》、保险合同、最近一期缴费凭证、投保人身份证明、有关的补充告知、就诊资料（如果《恢复合同效力申请书》的告知栏有疾病告知）等。

3. 注意事项

（1）宽限期后 60 日内，投保人申请复效的保单可不经核保审核。

（2）保单失效两个月内原则上可不体检，但如果健康告知有异常或核保员认为有必要体检时，可进行相应的体检。失效两个月以上的保单，在投保时属非体检件的须做普检；投保时为体检件的，可按当时体检标准体检。同时，核保员可根据实际情况增加体检项目。失效两个月以上的高额保件的续保，须重新填写高保额问卷，并重新进行生存调查。

（3）若保单尚有未清偿的垫缴保费或借款，应通知投保客户在办理复效时一并清偿。

（4）当主险失效时，其附加险同时失效。办理复效时，若客户仍需投保附加险，附加险部分应办理加保手续，附加险保费按被保险人申请复效时的年龄计算。

减退保保全服务

在保险合同有效期内，投保人可能会因经济状况发生变化或对风险的认识发生变化而要求减少保额或退保。减退保的申请可在保险有效期内的任何时间办理。

1. 申请人

减退保保全服务的申请人为投保人，须被保险人亲笔签名。

2. 提交资料

保险合同、首期或最近一期保险费缴费凭证、《保险合同解除申请书》（见表 5-4）、投保人身份证明、受托人身份证明，若选择银行转账方式领款，还须提供活期银行储蓄存折首页复印件。

3. 注意事项

（1）投保人若在新契约保单的犹豫期（10 日）内提出减退保，保险人应退还客户全部的保险费。若客户上门办理的，合同解除的生效时间以寿险公司接到客户申请日期为准；对于客户以邮寄方式申请的，生效时间以投保人寄出解除合同申请信函上的寄出地邮局的邮戳日期为准。

（2）投保人若在犹豫期外退保，保险人按合同约定比例退还保单现金价值；犹豫期外减保，退还减少保额部分的现金价值。若存在健康加费和职业加费，则对加费部分按一定的比例退还；若主险的保险金额减少，附加险保额也应按寿险公司的内部投保规则做相应调整；对于非一年期附加险的其他险种，按保险条款约定的退保处理办法退保。

（3）发生过伤残、医疗赔付的保单或已完全进入生存领取的保单不办理减退保。

表 5-4 保险合同解除申请书（个人）

<table>
<tr><td colspan="4">公司提示：
1. 下述保险合同自我公司接到解除合同申请书之日起终止。
2. 申请结束保险合同，请随附保险合同原件、最近一期交费凭证、投保人及申请人身份证件。
3. 保险合同遗失时，须同时办理挂失手续。
4. 解除主险保险合同时，其附加险同时解除。
5. 投保人自签收保险合同之日起 10 日内申请解除保险合同，在返还保险费时，我公司将收取工本费，并扣减已支付的体检费。</td></tr>
<tr><td>保险合同号</td><td colspan="3"></td></tr>
<tr><td>投保人</td><td></td><td>联系电话</td><td></td></tr>
<tr><td colspan="4">申请原因 □经济原因 □险种不理想 □服务不满意 □出国移居 □公司信誉
□其他</td></tr>
<tr><td colspan="4">领款形式 □现金
□银行转账 开户银行： 户名： 账号：</td></tr>
</table>

（续）

声明与保证：

本人已仔细阅读，理解贵公司提示并同意遵守，谨此向贵公司申请解除上述保险合同，同意贵公司依此申请书办理合同解除事项，同时保证该保险合同并无与贵公司之外的转让、质押事实，申请人没有与保险合同有关的诉讼事项。

投保人签名： 申请日期： 年 月 日

若申请人不能亲自办理，委托他人代办时，请填写授权委托书

授权委托书

××人寿保险股份有限公司 分公司：

委托人 全权委托受托人 （受托人身份证号： ）

持贵公司要求的必备文件，以委托人的名义前往贵公司代为办理上述保险合同解除事项，并郑重声明：凡由本授权委托书引发的法律纠纷与贵公司无关，本授权委托书自签发之日生效。

委托人签名： 受托人签名：

日期： 年 月 日 日期： 年 月 日

受托人通信地址： 邮编： 电话：

以下内容由保险公司填写

处理意见：

受理人： 日期：

营业单位： 业务员： 工号：

保单迁移保全服务

如果投保人搬迁到其他的城市或地区，可以提出保单迁移申请。

1. 申请人

保单迁移保全服务的申请人为投保人，但须经被保险人签字认可。

2. 提交资料

转出《保险关系转移申请书》（见表5-5），保险合同，最近一次缴费凭证，投保人、被保险人的身份证明，受托人身份证明，寿险公司要求提供的其他资料。

3. 注意事项

投保人需提供准确的联系地址、邮编和电话，以便寿险公司及时为投保人服务；保费应交日之后办理迁移的，投保人应先缴当前保费；有借款、垫缴保费的保单，投保人迁移前应先办理本息还款。

表5-5 保险关系转移申请书

公司提示：

1. 申请保险关系转移，请随附保险合同、身份证件等资料。如委托他人办理，请同时提供受托人的身份证件。

2. 申请保险关系转移，应由投保人提出，并在申请书上签名认可。

3. 转入、转出公司均开办的附加险，可随主险一同转移，但续保时要按转入公司规定的费率执行。转入公司没有开办的附加险，按退保处理。

4. 保险关系转移后，指定医院须按转入公司的要求重新指定。

投保人：

客户号：

保险合同号：

保险合同号：

保险合同号：

保险合同号：

投保人最新通信地址： 邮编： 电话：

（续）

欲转往公司：
有无下列情形发生，若有，请在方框内选“√”： □欠交保费　□垫交保费　□未还借款　□应领未领保险金　□应领未领红利 / 利差
转移原因：　□投保人迁移　□被保险人迁移　｜　是否愿意转移为相近险种：□是　□否
声明与保证： 本人已仔细阅读，理解贵公司提示并同意遵守，谨以此申请书向贵公司申请转移上述条款，并同意贵公司依该申请书办理转移事宜。 投保人签名：　　　　　　申请日期：　年　月　日
若申请人不能亲自办理，委托他人代办时，请填写委托授权书
授权委托书 ××人寿保险股份有限公司　　分公司： 委托人　　全权委托受托人　　（受托人身份证号：　　　） 持贵公司要求的必备文件，以委托人的名义前往贵公司代为办理上述保险合同解除事项，并郑重声明：凡由本授权委托书引发的法律纠纷与贵公司无关，本授权委托书自签发之日生效。
委托人签名：　　　　　　　　受托人签名： 日期：　年　月　日　　　　　日期：　年　月　日 受托人通信地址：　　　　　　邮编：　　　　电话：
以下内容由保险公司填写
处理意见： 受理人：　　　　　　日期： 营业单位：　　　　　业务员：　　　　　工号：

保险合同补（换）发保全服务

保险单是证明保险人和投保人之间合同关系的有效文件，应妥善保管。若不慎遗失、污损，则须重新办理，寿险公司收取相应的工本费。

1. 申请人

保险合同补（换）发保全服务的申请人为投保人或保险展业员。

2. 申请时间

保险合同补（换）发保全服务的申请时间为保险合同有效期内。

3. 提交资料

《保险合同补 / 换发申请书》（见表 5-6）、投保人身份证明、受托人身份证明（若委托他人办理）、污损保险合同（若因污损而补发）、被保险人身份证明及最近一次缴费证明，寿险公司要求提供的其他材料（如遗失证明）。

4. 注意事项

若保单失效后申请补发，则应先办理保单复效手续。办理补发手续时，保单保全人员要核对投保人与被保险人的签章是否和预留的签章一致。新保单号码与原保单号码一致，但内容为保单最新状态。

表 5-6　保险合同补 / 换发申请书

公司提示： 1. 申请保险合同补 / 换发，应由投保人提出，并提交身份证件等必备资料。 2. 补 / 换发保险合同须交纳工本费人民币 10 元。 3. 因保险合同污损而申请换发的，须交回原保险合同。 4. 保险合同挂失须由投保人本人向公司申请。 5. 申请办理保险合同补 / 换发期间，不能受理除解除合同、续期交费以外的其他保全事项。

（续）

保险合同号			
投保人		被保险人	
客户号		身份证号码	
申请事项	个人保险合同填写	□保险合同换发 □保险合同挂失、补发 □保险合同构件补发（构件名称：　　） □保险合同构件换发（构件名称：　　）	
申请事项	团体保险合同填写	□保险合同换发 □保险合同挂失、补发 □保险合同构件补发（构件名称：　　） □保险合同构件换发（构件名称：　　） □保险合同相关凭证补发（凭证名称：　　）	

声明与保证：

本人郑重声明，自申请之日起，原保险合同作废，贵公司只依据本次补 / 换发件承担保险责任。原保险合同无任何转让、质押事实，也没有相关的债务及其他诉讼事项。

投保人签名：　　　　申请日期：　　年　　月　　日

处理意见：

受理人：　　　　日期：

营业机构：　　　　业务员：　　　　工号：

保单保全服务要点

保单保全作业流程

保单保全是对保险合同效力的维护，保全作业一般经过受理、初审、经办、复核、单证缮制、清分和日结、归档几个处理环节。

保单保全变更申请途径

（1）投保客户直接向其所投保的寿险公司的保全部门提出变更申请。

（2）投保客户可委托他人，如保险展业员、专门的收费员等，到寿险公司服务网点的保全部门申请办理。

（3）投保客户通过信函提出申请。此类申请目前一般仅限于通信地址或住所变更、解除合同等寿险公司认可的保全项目。

保单保全变更申请书填写要求

（1）客户用钢笔或签字笔按申请书上对应的项目正确、完整地填写，不应涂改。

（2）申请书上的签章应与投保单上相应的签章一致。

（3）申请日期应与委托书上的日期一致。

（4）保单的状态应符合规定要求。

1）在标准状态下，即保险责任尚未终止，保险合同依然有效，投保人也未申请迁出、保额变更等情况下，寿险公司可受理投保人各项保全申请，变更各项信息，如养老金领取、满期给付、保单补发、续期交费、转换险种等。

2）在退保状态下，即在保险合同自然终止前，投保人提出提前终止保险合同，并领取保单的现金价值，保险人不再承担相应责任的情况下，寿险公司不受理任何保全申请。

3）在终止状态下，即保险合同所约定的保险期限已届满，保险合同自然终止的情况下，寿险公司不受理任何保全申请。

4）在迁出状态下，即在被保险人因工作或其他原因从本地迁往异地，为缴费和领取保险金的便利，向保险人提出变更托管公司的情况下，寿险公司不受理其他任何保全申请。

5）在保单失效状态下，即对于非趸缴保单，投保人可能会因各种原因而欠缴保费，在超过约定的宽限期（一般为60天）后，保单处于失效状态的情况下，寿险公司接受投保人在失效两年内提出的复效申请，其他的保全服务不受理。

6）在领取状态下，即年金类保单和其他返还性保单已经进入领取期的情况下，除可受理领取方式的变更和基本信息变更外，不能受理其他的变更操作。

保全项目应备文件

客户向寿险公司提出各项变更申请需有相应的文件并填写“变更申请书”。一般说来，保全应准备的文件主要有：投保人身份证明、保险合同原件（补发保单除外）、最后一次缴费证明、被保险人身份证明或户口簿等。如为他人代办，附代办人身份证明等，具体的资料如表5-7所示。

表5-7 个人保险保全项目应备资料一览表

服务项目	申请人	应备资料	应备资料代码说明
通信地址/住所/电话变更	投保人或被保险人	2、6	1. 保险合同
性别/生日变更	投保人	1、2、3、6、8、18	2.《保险合同变更申请书（个人)》
姓名/文字变更/证件类别及号码变更	投保人	1、2、6、8、18、27（姓名更改）	3.《补充告知问卷（个人)》
职业变更	投保人	1、2、6、8、18、21	4.《投保要约补充告知/确认申请书》
投保人变更	原投保人	1、2、6、8、新6、新投保人3（投保人责任条款）、28	5. 最近一期交费凭证
受益人变更	投保人或被保险人	1、2、6、7、8	6. 投保人身份证
保险合同复效	投保人	1、3、6、8、10、29	7. 被保险人身份证
续期交费转账授权/变更/撤销	投保人	2（附加险终止）、16	8. 代办人身份证与委托书
终止附加险	投保人	1、2、6、8	9. 相应《附加医疗险补充协议》
增加附加险	主险投保人，同时被保险人在申请书上签名	1、2、3、9	10.《恢复保险合同效力申请书》
附加险加保	投保人，被保人（增加有死亡责任附险）	1、2、3、6、8、9	11.《解除保险合同申请书（个人)》
附加险减保	投保人	1、2、6、8	12.《借款申请书》
犹豫期解除合同	投保人	1、5、6、8、11	13.《生存保险金/利差/红利领取申请书（个人)》
解除合同	投保人	1、5、6、8、11	14.《保险合同补/换发申请书》
借款	投保人，但须经被保险人签字同意	1、5、6、8、12、23	15.《保险关系转移申请书》

（续）

服务项目	申请人	应备资料	应备资料代码说明
还款	投保人	12（投保人存执联）、22、23（申请人留存联）	16.《保险费自动转账付款授权书》
生存金、年金、满期金、红利领取	生存受益人	1、5、8、13、19、20、24	17.《投保要约补充告知 / 确认书》
保险合同补 / 换发	投保人	6、14、25（污损补发才要）	18. 被更正 / 告知人身份证
保险关系转移	投保人，但须经被保险人签字同意	1、5、6、7、8、15	19. 被保险人户籍证明
出国告知	投保人，同时，投保人（若出国者为被保险人、受益人）都须有本人亲笔签名	1、2、6、8、18、26	20. 受益人身份证
垫交还款	投保人	1、2、6、8	21. 职业变更证明
保费垫交方式变更	投保人	1、2、6、8	22. 领取借款时的付款收据
减少保险金额	投保人	1、2、5、6、8	23. 资料交接凭证
利差返还 / 红利领取方式变更	投保人	1、2、6、8	24. 存折首页复印件
变更期交保费交付方式	投保人	1、2、5、6、8	25. 污损保险合同
变更领取年龄 / 领取方式	投保人，同时被保险人在申请书上签名	1、2、6、8	26. 护照
减额交清	投保人	1、2、5、6、8	27. 户籍部门出具的变更证明
保额增加权益	投保人，同时被保险人在申请书上签名	1、2、5、6、7、8	28. 投保人若死亡的证明，继承人共同同意变更何人为投保人的说明
健康 / 职业补告知	投保人，同时被保险人在申请书上签名	1、3、6、8、17、18	29. 就诊资料
投保单的补签名（要约确认）	投保人，同时被保险人在申请书上签名	1、4、6、7	
可转换权益	投保人，同时被保险人在申请书签名	1、2、5、6、7、8	

资料来源：中国人寿保险公司福州支公司。

保单保全服务注意事项

（1）除退保外，其他的保全项目必须以保单有效为前提，如果保单失效，应先申请复效。

（2）申请保单各项保全，投保人必须在签章栏内签章，并填写身份证号；如申请投保人、受益人变更的，同时须由被保险人签章，若被保人为未成年，应请其法定监护人代签。

（3）涉及退费、退保及生存金领取金额较大的，应请客户亲自办理，不能代理。

（4）委托办理，受托人须携带本人及委托人的身份证，并在申请书上签名，填注其身份证号码，涉及内容变更及投保人变更、受益人变更等内容时，须同时出示投保人及被保险人的委托书。

（5）凡涉及续期收费的保全项目，如缴别变更、缴费方式变更、保额变更等，若当期保费已缴，则不得于本期办理变更。

（6）寿险公司的保全人员接受各项变更申请后，应认真审核申请人的资格及相关证件，如果变更对客户权益有重大影响，如变更保额等，应事先向客户解释清楚，避免未来引起不必要的纠纷，变更项目应完整，避免操作失误。保全服务是售后服务的一项重要的专业内容，保全服务既体现了保险合同的公平性，也体现了寿险公司对客户的一种人文关怀。良好的保全服务会不断地增强客户的信心与忠诚度，有助于寿险事业的拓展。在保全服务过程中，寿险公司必须以客户为中心，在合法、合情、合理的前提下，依照公正、公平、公开的原则，以准确、迅捷的方式向客户提供各类保全项目。

保险业务处理

保全业务部包括了承保前撤件、保单变更、保单解除三项业务的处理（见图 5-1）。

承保前撤件

进入保险公司保全步，点击“承保前撤件”菜单，在页面右侧打开如图 5-2 所示界面。

图 5-1

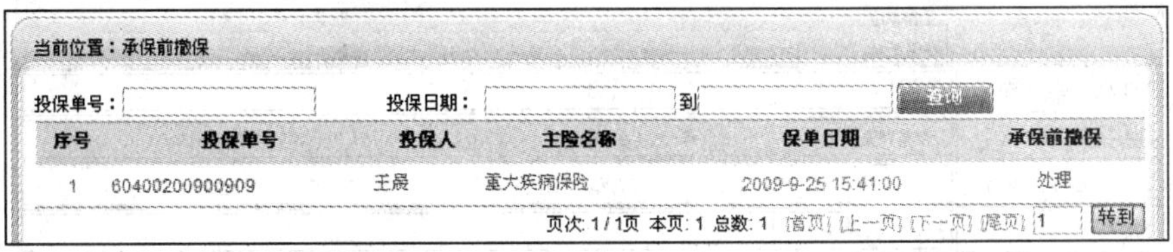

当前位置：承保前撤保

投保单号： 投保日期： 到 查询

序号	投保单号	投保人	主险名称	保单日期	承保前撤保
1	60400200900909	王晟	重大疾病保险	2009-9-25 15:41:00	处理

页次: 1/1页 本页: 1 总数: 1 [首页] [上一页] [下一页] [尾页] 1 转到

图 5-2

点击“承保前撤保”栏中的“处理”，打开人身保险承保前撤件申请书，点击“确定”按钮，系统提示：处理成功。

保单变更

点击“保单变更”菜单，打开如图 5-3 所示界面。

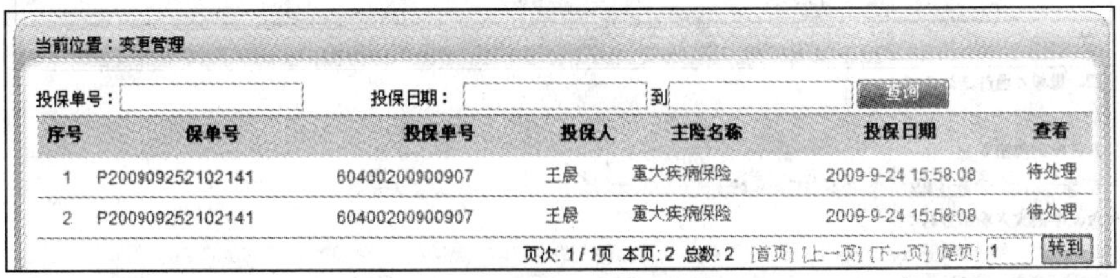

当前位置：变更管理

投保单号： 投保日期： 到 查询

序号	保单号	投保单号	投保人	主险名称	投保日期	查看
1	P200909252102141	60400200900907	王晟	重大疾病保险	2009-9-24 15:58:08	待处理
2	P200909252102141	60400200900907	王晟	重大疾病保险	2009-9-24 15:58:08	待处理

页次: 1/1页 本页: 2 总数: 2 [首页] [上一页] [下一页] [尾页] 1 转到

图 5-3

选择一条信息，点击该条信息“查看”栏中的“待处理”，打开如图 5-4 所示界面。

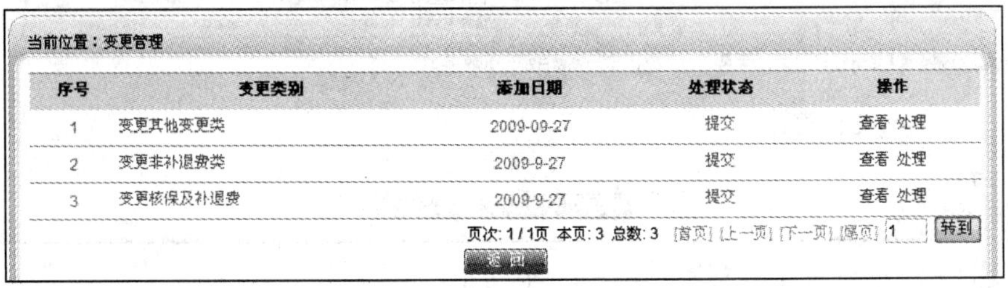

当前位置：变更管理

序号	变更类别	添加日期	处理状态	操作
1	变更其他变更类	2009-09-27	提交	查看 处理
2	变更非补退费类	2009-9-27	提交	查看 处理
3	变更核保及补退费	2009-9-27	提交	查看 处理

页次: 1/1页 本页: 3 总数: 3 [首页] [上一页] [下一页] [尾页] 1 转到

返回

图 5-4

选择一条记录，点击“操作”栏中的“处理”，打开如图 5-5 所示界面。

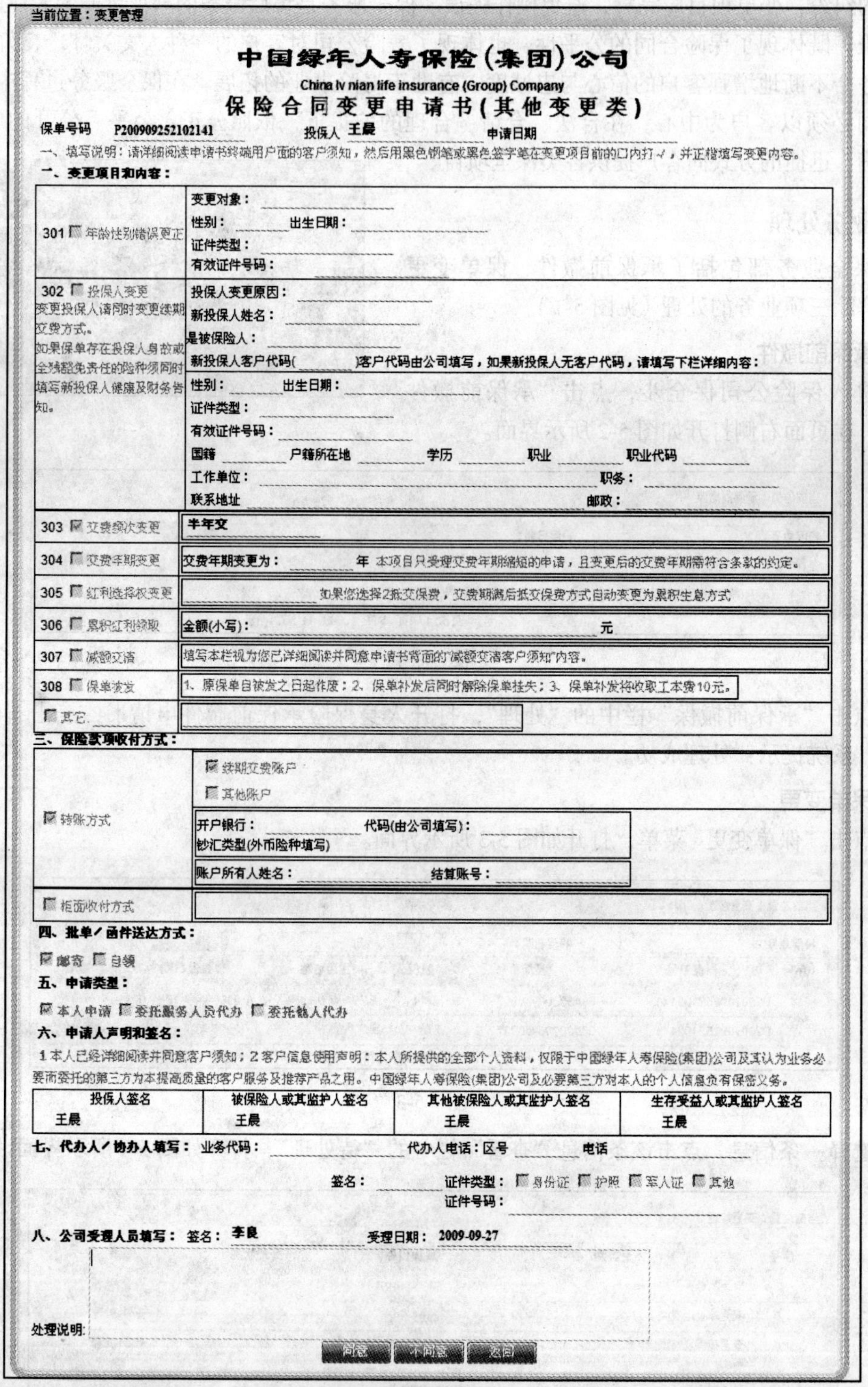

当前位置：变更管理

中国绿年人寿保险(集团)公司

China lv nian life insurance (Group) Company

保险合同变更申请书(其他变更类)

保单号码 P20090925210214l 投保人 王晨 申请日期

一、填写说明：请详细阅读申请书终端用户面的客户须知，然后用黑色钢笔或黑色签字笔在变更项目前的口内打√，并正楷填写变更内容。

一、变更项目和内容：

301 年龄性别错误更正	变更对象： 性别： 出生日期： 证件类型： 有效证件号码：
302 投保人变更 变更投保人请同时变更续期交费方式。 如果保单存在投保人身故或全残豁免责任的险种须同时填写新投保人健康及财务告知。	投保人变更原因： 新投保人姓名： 是被保险人： 新投保人客户代码( )客户代码由公司填写，如果新投保人无客户代码，请填写下栏详细内容： 性别： 出生日期： 证件类型： 有效证件号码： 国籍 户籍所在地 学历 职业 职业代码 工作单位： 职务： 联系地址 邮政：
303 交费频次变更	半年交
304 交费年期变更	交费年期变更为： 年 本项目只受理交费年期缩短的申请，且变更后的交费年期需符合条款的约定。
305 红利选择权变更	如果您选择2抵交保费，交费期满后抵交保费方式自动变更为累积生息方式
306 累积红利领取	金额(小写)： 元
307 减额交清	填写本栏视为您已详细阅读并同意申请书背面的“减额交清客户须知”内容。
308 保单补发	1、原保单自补发之日起作废；2、保单补发后同时解除保单挂失；3、保单补发将收取工本费10元。
其它	

三、保险款项收付方式：

转账方式	续期交费账户 其他账户 开户银行： 代码(由公司填写)： 钞汇类型(外币险种填写) 账户所有人姓名： 结算账号：
柜面收付方式	

四、批单/函件送达方式：

邮寄 自领

五、申请类型：

本人申请 委托服务人员代办 委托他人代办

六、申请人声明和签名：

1本人已经详细阅读并同意客户须知；2客户信息使用声明：本人所提供的全部个人资料，仅限于中国绿年人寿保险(集团)公司及其认为业务必要而委托的第三方为本提高质量的客户服务及推荐产品之用。中国绿年人寿保险(集团)公司及必要第三方对本人的个人信息负有保密义务。

投保人签名	被保险人或其监护人签名	其他被保险人或其监护人签名	生存受益人或其监护人签名
王晨	王晨	王晨	王晨

七、代办人/协办人填写： 业务代码： 代办人电话：区号 电话

签名： 证件类型： 身份证 护照 军人证 其他

证件号码：

八、公司受理人员填写： 签名： 李良 受理日期： 2009-09-27

处理说明：

同意 不同意 返回

图 5-5

点击“同意”按钮，在打开界面中，填写批改项目、批发前后的内容，如图 5-6 所示。

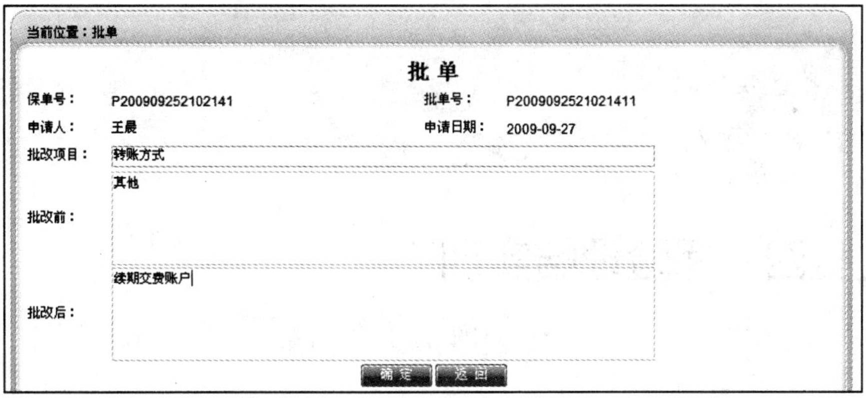

图 5-6

点击“确定”按钮，系统提示如下（见图 5-7）。

图 5-7

点击“确定”按钮。请按照以上操作方法，完成其他项目的处理。

保单解除

点击页面左侧的“合同解除”菜单，在页面右侧打开如图 5-8 所示界面。

图 5-8

点击“合同解除”栏中的“处理”，在打开界面中，点击“确定”按钮，合同解除成功。

第六章

实验四　保险理赔实训

第一节　实验目的和内容

一、实训目标

通过本实训环节，使学生熟悉保险公司业务管理的机构流程，熟练掌握客户索赔、公司理赔的主要内容及相关环节的操作要点与技能，学会正确填制及处理寿险业务有关各类单证，培养具有相应水平的实务工作能力，能解决理赔业务中的实际问题，增加其日后就业和发展的竞争力。

二、实训内容

（1）索赔和理赔的主要环节、程序与基本要求。

（2）理赔工作内容和单证的正确填写。

（3）理赔业务流程与操作技能。

三、实验资料和实验步骤

（一）实验资料准备

（1）场地准备：配备电脑的保险实训实验室、学院及周边环境。

（2）教学资料准备：多媒体课件、各保险公司资料及网站。

（二）实验步骤

（1）自由组合，全班分为若干个小组，每组人数为 3~5 人，设小组长一名。

（2）各小组进行角色互换，进行保险展业人员素质提升的训练。

四、实训方式

在院内以课堂讲授及院内实训室模拟操作软件为主，在此基础上，通过大量的案例研讨，情景模拟、实战演练等方式使学生对所学的知识与技能有进一步的提高与巩固。

第二节 理赔业务操作实训

【实训内容 6-1】理赔作业流程及操作技能

理赔业务流程

寿险理赔业务流程

寿险理赔是寿险公司履行保险责任、兑现保险合同承诺的过程，是指当保险人在被保险人发生保险事故，受益人提出索赔请求后，根据保险合同审核保险责任，并处理保险金给付的法律行为。寿险公司必须建立一套标准的理赔流程以便其理赔人员能遵照标准流程进行理赔。一般来说，寿险公司的理赔流程为：报案受理、立案处理、理赔审核（初审）、理赔调查、理赔计算（核定）、复核、审批、结案及归档等环节。

1. 报案阶段

报案是指在被保险人发生保险事故后，知情人将该事故情况通知寿险公司的行为。当报案人将所发生的事故通知寿险公司时，理赔程序就开始了。

（1）报案受理作业流程。理赔人员确认出险人的身份后应详细记录报案事项、投保情况及事故者身份（被保险人或投保人）等报案信息，通过查询寿险公司的系统，对出险人的身份及其在公司的所有保单状态进行查询确认，根据查询结果分别做下述处理。

1）未查到与出险人相关的任何保险合同的，应尽快通知报案人，告知该出险人未在本公司参加任何保险，并将该报案信息置为撤销报案。

2）报案时客户提供的资料不够齐全的，应一次性通知报案人补充提供出险人的身份资料，以确认出险人的身份及其持有的保险合同。或在申请人提供理赔申请资料时一并补充，进一步进行出险人的身份确认。

3）对已确认身份的出险人应进一步查明包括其作为投保人、被保险人在内的所有保险合同，以及寿险公司应承担保险责任的合同在出险时的效力状态，如出险人持有的保险合同全部为效力中止已满 2 年的，应尽快通知报案人告知其不予立案的原因，通知客户不予受理。如出险人持有的保险合同为有效合同，应将这些合同置为“报案”状态，为核保、保全部门提供信息。如果是身故，经核实后，可以将保单的状态变更为“终止”状态，对该保单做出终止划账和终止续缴保费动作，并在保单中标记“有报案”。如需伤残观察，应书面告知客户有关伤残鉴定的注意事项。符合受理条件的案件，予以立案。

（2）报案受理工作要点。报案环节应当引起理赔人员的高度重视。在报案登记过程中，接案人应准确记录报案时间，以便判断是否因延迟报案而增加理赔查勘费用。在从事理赔报案受理工作时，要特别注意以下几个问题。

1）礼貌周到。无论所发生的事故是否属于保险责任，均应对客户表示同情和安慰。

2）一次性向客户清楚交代有关手续。对报案需要提交的理赔资料应一次性交代清楚，不能有任何的遗漏，避免出现向客户重复索要理赔资料的情形。

3）不随便承诺。当报案人在理赔报案时会对他的理赔案件能否得到寿险公司的正常赔付表示十分关注，此时报案接待人员切忌随意解释，更不允许随意做出理赔承诺。

4）注意方式方法。理赔接待人员在询问时一定要注意技巧，一方面要让报案人感觉到寿险公司专业优质的服务水平，另一方面在尽可能多地了解到事故有关信息时应避免引起报案人的不满或欺诈者的警觉。对于明显不属保单约定的保险责任事故应马上向报案人说明，不予受理。

5）报案接待人员应具备高度的职业敏感，能够敏锐地判断一个案子的复杂性及重要程度。对于情况比较特殊的案子（如死亡赔案尸体尚未处理的、涉及重大疾病和可疑慢性病的医疗赔案且出险人仍在住院治疗的、涉及刑事案尚未结案的、社会上普遍关注的、涉及金额较大等案件），必须在第一时间向上级理赔人员反映，以利于马上进行下一步的理赔调查工作，使寿险公司的理赔工作能处于比较主动的状态。

2. 立案

立案是一种形式审核，它要求理赔人员在受理案件的过程中对一些显而易见的事实即刻做出判定，如索赔单证是否齐全有效，出险人是否是被保险人，保险事故是否发生在保单有效期内等，如不符合索赔要求，则不予立案并退回索赔单证。

（1）立案规则。

1）立案条件。立案必须符合下列条件：保险事故发生，出险人是保险单上的被保险人，保险合同为有效合同，被保险人在保险有效期内出险，理赔申请在保险法规定的时效内。

2）申请人条件。除条款有特别约定外，各项保险金的申请人为：残疾、重疾、医疗保险金为被保险人；身故保险金为受益人，未指定受益人的，由继承人申领；保费豁免为投保人、被保险人或被保险人的监护人；权利人也可委托他人代为申请，但必须向寿险公司提交有权利人（委托人）和代理人签名认可、授权明确的《理赔委托书》及双方的身份证明。《理赔委托书》的示例如下。

理赔委托书

××人寿保险股份有限公司：

本人系贵公司　　　号　　保险合同之

□受益人　　□受益人　　的监护人

□被保险人　□投保人

现同意就本合同授权被委托人　　（与委托人关系：　　）持其本人身份证及其他必备证明资料前往贵公司代为办理以下指定事项：

□理赔申请　□签订理赔协议　□受领给付款项

委托人郑重声明，凡由本理赔委托书引发的法律纠纷与贵公司无关。本委托书自委托人签名授权之日起生效。

委托人签名：

委托人身份证号：

日期：　年　月　日

被委托人签名：

被委托人身份证号：

日期：　年　月　日

被委托人通信地址：

邮编：　　　　　　电话：

公司提示：委托人授权代办理赔事项时，请在授权理赔事项前□内打√，在未授权的理赔事项前口内打×。

特别说明：××人寿保险股份有限公司仅作为××人寿保险（集团）公司的代理人代理××人寿保险（集团）公司管理保险业务，代理业务有关的法律责任均由××人寿保险（集团）公司承担。

3）立案申请材料。根据理赔规定和理赔申请类别提供相应的证明材料。理赔申请书要求由权利人亲自填写，由代理人填写的应持有授权委托书及其委托人身份证明。在申请人提出理赔申请时，根据发生保险事故的性质和申请类别，申请人应提交不同的证明文件。

4）暂缓立案。如出险事故类型为残疾给付的，应根据相关证明材料进一步判断是否需要伤残观察。若需经180天观察期的案件，应暂缓立案，同时通知报案受理人出具《伤残观察通知书》，一式两份，一份交申请人，另一份由立案人留存待查。对180天观察期满的案件，立案人应主动通知被保险人至寿险公司指定或认可的司法、医疗机构进行伤残鉴定，根据伤残鉴定证明，视实际伤残程度决定是否立案（肢体缺失的无须伤残观察）。

（2）退件。事实上并非所有的理赔案件都能立案，对于不能立案的索赔申请，寿险公司应及时通知保险金申请人，并将保险金申请人提交的索赔资料退还。有下列情形的通常不予立案：

1）出险人并非保单上的被保险人或保险合同约定的被保险公司；

2）保险事故的发生不在保险期间内；

3）理赔申请超过保险法规定的时效；

4）申请人资格审查不合格；

5）证明资料不齐全且在规定的期限内仍无法补全的；

6）明显不属于保险责任范围的（如未投保意外伤害险而索赔意外伤害险的）。

上述情况及其他不符合立案条件的案件，立案人员必须填写《理赔申请材料签收单》，将处理决定及理由书面通知申请人，同时必须对申请人提交的原始单证复印留底后做退件处理，在复印件上注明日期及送件人的姓名存档，并将处理日期在《理赔申请书》上进行登记。须强调指出，这种做法是为了防止申请人伪造其他的证明材料重新进行索赔。《理赔观察伤残通知书》示例如下。

理赔伤残观察通知书

尊敬的　　　女士／先生：

本公司收到您的理赔申请及有关证明材料后，经审核认为，您的伤残程度需治疗结束，经过180天的观察期才能视情况办理给付调查。请您在治疗结束，经过180天的观察期后，持保险单、申请书、出险当时及治疗／观察期结束时由我公司指定或认可的医疗机构出具的伤残程度鉴定证明，再向我公司办理理赔申请手续。

祝您早日康复！

公司地址：

联系电话：

邮　编：

业务员：

____年____月____日

工号：　　　　组别：　　　　电话：

（3）立案作业流程。

1）立案审核。接案人员收到报案受理人员或申请人提交的理赔申请书、理赔申请材料签收单及相关证明材料后，在电脑系统中复核所有的报案信息，查询既往承保、理赔记录，审核理赔申请书、理赔申请材料签收单的填写是否符合要求，证明材料是否齐全，申请人是否符合申请资格。对立案审核结果，接案人员应做如下处理：

符合立案条件的，进行立案登记；证明材料不完整或效力不足的，向申请人说明原因，通知客户尽快补齐证明材料。待证明材料齐全后，重新审核、立案；对审核过程中发现的、申请人尚未申请理赔的、公司应承担保险责任的保险合同，应告知申请人补交保险合同。待证明齐全后，进行立案登记。

2）立案登记。经立案审核符合立案条件的理赔申请，接案人员做如下立案登记处理：

对报案登记中记录不全的项目进行补充；对报案登记中记录不准确的项目进行补正，并计算预估赔付金额。

应对申请人提出理赔申请的保险合同分别立案登记，记录立案时间、接案人等。

案卷移交。确认立案后，助理核赔员根据理赔申请及事故证明材料，将理赔申请书、授权委托书、理赔申请材料签收单及所附证明材料入档，送交核赔人初审。进行案卷移出登记，记录移交案卷的赔案号、理算人员姓名及案卷移交时间，并由初审人员签名确认。

3. 理赔审核（初审）

理赔审核是指核赔人审定保险事故及保险责任的行为与过程。它是正确给付理算的基础，是人身保险理赔中极为关键的一个环节。审核要点与方法如下。

（1）审核保险合同的有效性。即根据保单查询系统及相关证明材料判断申请理赔的保险合同在出险时是否有效。主要方法是：第一，根据保险合同及理赔申请书检查出险日期是否在保险合同载明的保险期间内；第二，根据最近一次交费凭证和保单信息上的保险费交至日期，检查出险时保险合同的效力是否中止；第三，如申请理赔的保险合同在报案前曾办理合同效力恢复保全作业，应进一步查明出险日期是否在复效前的效力中止期间；第四，对健康险复效后设有免责期的保险合同，应进一步查明出险日期是否在免责期间。

（2）审核出险事故的性质。审核人员根据保险合同、理赔申请及相关证明材料判断申请理赔的出险事故是否为保险责任范围内的事故。主要方法是：首先，检查出险事故是否在保险合同保险责任条款约定的事故范围之内；其次，检查出险事故是否为保险合同责任免除条款约定的情形之一。

（3）审核事故证明材料。审核人员根据理赔申请及相关证明材料判断出险事故的类型，检查申请人所提供的事故证明材料是否完整、有效。主要方法是：第一，根据理赔申请书和赔案信息判断出险事故的类型，如医疗给付、疾病给付或残疾给付等；第二，检查证明材料是否为相应事故类型所需的各种证明材料；第三，检查证明材料的效力，即是否为寿险公司认可的医疗单位、公安部门及相关机构所出具，证明材料的印章是否有效。

（4）审核案件是否需要调查。理赔员调阅被保险人的投保资料，根据报案情况，查看被保险人投保时的健康及财务告知、体检报告等事项，分析是否可能存在道德风险及责任免除的情况，以此确定是否需要进行调查及调查的重点。需重点进行调查的理赔案件包括：

1）预计赔付金额较高的赔案；

2）长期险合同订立2年内死亡的；

3）存在保险欺诈、恶意投保可能或有保险责任免除可能的；

4）核赔人认为其他确有必要进行调查的。

如上述案件事实清楚、证据齐全、责任明确，可免于调查，但必须制作免调查审核单写明免于调查的理由。

案例 6-1

王某向寿险公司投保终身寿险 10 份，保险金额 10 万元，个人意外伤害保险金额 5 万元，并已交保费。寿险公司核保时发现王某正在患急性肝炎，未同意承保，但未退还保费，并书面通知王某一个月后体检。几天后，王某乘车时因车祸身亡，其受益人向寿险公司提出索赔，要求给付身故保险金。

【案例评析】

本案例中寿险公司已书面通知王某体检，属延期承保，王某向保险展业员缴纳保费时，寿险公司向其出具保险费暂收收据，载明：本联暂由投保人留存，待本公司同意承保时，发给正式收据及保险单。在王某未通过复检寿险公司同意承保之前，很难认定双方意思表示一致，且寿险公司通知王某一个月后复检，是一种尚未同意承保的意思表示。

对于被保险人在寿险公司签发保单前出险，寿险公司是否承担保险责任，应区别不同情况予以处理。在具体操作中，一般区分意外伤害和人寿保险两种解决方式。

1. 意外伤害保险。在交费后保单签发前出险，一般将保险期限追溯至缴费的次日零时，寿险公司予以赔偿。但被保险人职业未告知，且职业属拒保体，则可以拒赔；若属须加费承保的，则按比例给付。

2. 人寿保险。在交费后保单签发前出险，属拒保体须延期或加费且必须体检方可决定是否承保的，可拒赔；属可保体又不存在免除责任的，应赔付。

审核结论：本案被保险人为一类职业，意外险无须加费承保，应按保险金额给付保险金。人寿保险退还其全部保险费。

4. 调查阶段

理赔调查是指保险金申请人按要求提供了完整的索赔资料，经过寿险公司初步立案，但由于案情比较复杂，根据已有资料尚不能明确保险责任而向事故的知情方、联系方或处理方进行的核实取证工作。

（1）理赔调查阶段的工作要点。理赔调查是一项时间性、技术性和纪律性都很强的工作。在具体调查一件理赔案件时特别要注意以下几点。

1）快速。这是理赔调查工作的基本要求。理赔案件发生后，调查所需的第一手材料往往存在于事故发生当时。这就要求调查人员及时赶往现场，以便掌握事故的第一手资料。

2）避免先入为主。理赔结论的公正原则是每位理赔调查人员必须遵循的原则。一件需要调查的理赔案件在经过全面细致的调查前，理赔调查人员绝不能对该案件带有个人的看法。如果理赔调查人员事先已对将要调查的案子带有自己的成见，难免会影响调查的全面性和客观性，甚至影响到最终理赔结论的公正性。

3）合法与保密。在保险理赔调查工作中理赔人员要特别注意两点：一是调查方式的合法，如取得寿险公司合法授权等，并充分做好与被调查人员或单位的沟通工作，双方建立一个良好的合作平台；二是调查过程中必须特别注意保密，除了因为这是国家法律的规定外，同时也能让被调查人员和单位有安全感，为长期良好的合作打下基础。其中要特别注意妥善处理好与被调查人之间的关系。因为有些时候被调查人不仅仅是被保险人，还包括业务员，甚至寿险公司的有关员工。

4）敏锐把握案件的疑点。在很多的时候，一件理赔案件会提供给理赔调查人员一些相关的信息，理赔调查人员如果能注意到这些信息，在调查时就可以避免走很多的弯路。如过早索赔（特别是疾病身故或住院）、外地出险报案时间过迟、签名字迹有异、保险金申请人所属企业经营发生重大问题等。理赔调查人员如能及时注意到类似的这些信息，就能够区分调查重点及采取相应的调查方式，从而有利于迅速结案。

5）做好调查记录。理赔调查人员必须详细记录理赔调查的每一步骤，并将其保存在该案的理赔档案中。调查文件包括：保单信息、调查信息来源（如医院、医生、邻居、亲属等）、调查日期、授权书、联系函、调查时有关笔录（必须含讲述人的签名）及其他（如剪报、有关方面出具的书面证明等）。

6）正确撰写理赔调查报告。在理赔调查工作过程中，理赔调查人员要注意每一次调查的记录工作，并尽可能取得书证、物证、证人证言。在完成调查工作后，应撰写详细的理赔调查报告。在调查报告中要详细列明调查人员、调查地点、调查时间、被调查的对象及详细的调查经过，并附上调查时所取得的证据。最后应根据调查取证情况做周密的调查分析报告。

案例 6-2

广东某农民林某年龄已 50 多岁，无妻，他的弟弟于 2000 年 8 月 16 日为其投保一份康宁终身保险，年缴保费 2 340 元，保额 1 万元。由于拖欠 2001 年的保费，保险合同中止。2002 年 7 月 20 日，其弟申请复效，按合同条款规定，复效前要对林某进行体检。林某要求在北坡镇医院体检，获得通过。2003 年 5 月 17 日，林某的保单经保险公司审核复效，并补交了两年的保费和利息共计 5 005.05 元。2003 年 8 月 19 日投保人交了第 4 年的保费 2 340 元，4 年累计交保费 9 360 元。

2004 年 3 月 10 日，林某的弟弟到保险公司报案，说林某因病于 2003 年 11 月 25 日在家中病故，并提供了北坡镇医院出具的诊断证明。此外，他还提供了 2003 年 12 月 24 日北坡派出所开出的销户死亡证明，证明林某死于 2003 年 11 月 25 日，其弟申请赔付 3 万元。

接到报案，理赔人员深入林某的村庄进行明察暗访，村中的居民反映林某得糖尿病多年。2003 年 6 ～ 7 月，林某曾在私人医生庞某、北坡镇医院等处治疗，经医治无效死于 7 月 20 日。理赔人员到私人医生庞某处查实无误，但无证据作依据，不能做出拒赔处理。

于是，理赔人员深入到湛江火葬场调查林某的火葬记录。记录显示林某的死亡时间是 2003 年 7 月 20 日 14 时 50 分。这样就证明死者其弟为了获得赔付 3 万元保险金而将死亡证明推迟到 2003 年 11 月 25 日，推算出刚好符合被保险人复效 180 天后死亡可以赔付的要求。查明真相后，保险公司做出了拒赔处理。

【案例评析】

理赔是保险公司服务的核心，理赔的及时与合理是保险公司信誉的体现。在理赔中，保险公司应特别注意对欺诈风险的防范。

（2）理赔调查作业流程。

1）案卷移入登记。调查助理接案后，应进行案卷移入登记，记录所接案件的赔案号、调查人姓名、代码及接案时间。

2）理赔调查。理赔调查人员根据理赔调查申请提示的调查要点，采取适当的形式与方法，对该案件查勘取证。需异地机构代理查勘的理赔案件，理赔调查人员应委托相关分支机构代为查勘取证。在对案件有关当事人以及知情人的调查过程中，理赔调查人员应及时撰写调查笔录：记录调查人的姓名、调查时间、调查地点，被调查人的姓名、职业、年龄以及调查内容，并尽量提请被调查人亲笔签名认可。

3）理赔调查报告的撰写。理赔调查报告是对理赔调查全过程的总结性文字材料，对保险责任的认定具有重要的价值。不论给付金额大小、是否拒赔、理赔案件的社会影响程度如何，只要是经过调查的理赔案件都应认真书写理赔调查报告。完整的理赔报告应包括以下几个方面。

第一，被保险人的基本情况，如被保险人的姓名、性别、年龄、工作状况、生活习惯以及社交情况。

第二，保险合同内容核实情况，主要包括保险合同生效日、保险金额、投保告知事项、有无体检、契约调查事项、保险合同有无失效、既往有无理赔记录、核保有无特别约定、投保人及受益人的状况等。

第三，案情的基本情况，主要是对理赔案件发生、发展的过程进行描述，描述内容可以归纳为“七何”要素（即何时、何地、何事、何人、何故、何情、何物）。在叙述方面，可以采取顺序法，也可采取倒序法。

第四，理赔调查思路，写明理赔调查的重点及要解决的问题。

第五，理赔调查过程及获取的证据，理赔调查人员依据调查思路，明确调查方向，并列明调查过程中所获取的证据。

第六，调查结论。理赔调查结论是经过理赔调查后对理赔案件发生、发展客观事实的高度概括，是理赔审核人员和后续其他的相关人员分析理赔案件的主要参照物，是理赔调查活动的终结。形成调查结论应注意：语言要精练；不要主观臆断；不下理赔结论，只下调查结论。

4）调查结果的处理。理赔调查报告撰写完毕后应及时送交核赔人员。

5. 理赔计算

理赔计算，简称理算，是指理算人员对索赔案件做出给付、拒付、通融赔付、豁免处理和对给付保险金额计算的过程。理算人员根据保险合同以及类别的划分进行理赔计算，缮制《理赔计算书》和《理赔案件处理呈批表》。

（1）给付理算。对于正常给付的索赔案件的处理，应根据保险合同的内容、险种、给付责任、保险金额和出险情况计算出给付的保险金额。例如，身故保险金应根据合同身故责任进行计算；伤残保险金则根据伤残程度及鉴定结果，按规定比例计算；医疗保险金则根据客户支付的医疗费用进行计算。

（2）拒付理算。对应拒付的案件，理算人员作拒付确认，并记录拒付处理意见及原因。对于保险合同由此终止的，应在处理意见中注明，并按条款约定计算应退还保费或现金价值，以及不扣款及金额；对于保险合同继续有效的，应在处理意见中注明，将合同置为继续有效状态。《拒绝给付通知书》的示例如下所示。

拒绝给付通知书（样本）

保单号：2001yw0088194

险种名：人身意外伤害综合保险

申请人：李 ×× 及张 ××

被保险人：张 ××

尊敬的 ×× 女士阁下：

您好！本公司对贵被保险人遭遇的不幸深表同情。

您递交的理赔给付申请书已收悉。经理赔调查，2002 年 2 月 20 日在寓所发生的贵被保险人因一氧化碳中毒身亡属实，但事故过程中并不存在任何意外伤害致其身故的原因，您在申请给付时也未能举证贵被保险人因意外伤害的原因致身故。根据本合同格式条款第五条第七款的约定，本公司遗憾地表示不承担给付保险金的责任，退还未满期保费，本合同效力终止。

如有任何查询，请与本公司联系。

专此函达

公司咨询电话：95×××

理赔部门电话：×××××

×× 保险公司 ×× 市分公司

2002 年 3 月 7 日

（3）豁免保费理算。对于应豁免保费的案件，理算人员作豁免确认，将保险合同作“已理算且保费豁免”处理。

（4）理赔理算时的注意事项。

1）理赔计算应按赔案编号逐单进行，同一保险合同号码项下的主险和附加险在同一计算书内计算。

2）对保险金额逐年递增的赔案，理算时应注意金额的变化。

3）主险、附加险同处在宽限期间，申请附加险给付的赔案，在理算时主险和附加险欠缴保费应同时扣减。

4）如投保年龄或性别与实际情况不符，导致实缴保费小于应缴保费，应按比例赔付；如实缴保费大于应缴保费，应按实际保额计算给付，并无息退还多缴的保费；赔付后合同继续有效的，续期保费按实际年龄对应的缴费标准收取。

5）在计算、核定理赔给付金时，应注意下列事项：

第一，投保人是否有尚未归还的保单借款，如有，则应相应扣减借款本金及利息；

第二，保单是否处于保费垫缴状态，如是，则应相应扣减垫缴保费的本金及利息；

第三，是否有欠缴保费、预收保费，如有，应相应扣减欠缴保费或退还预收保费；

第四，如申请人延误报案的，还可扣除因申请人延误报案而发生的核赔、查勘费用；

第五，如有未领取的满期保险金、红利、利差，应予以补付；

第六，如在宽限期出险，计算时应扣除欠缴保费。

6. 复核、审批

（1）复核。复核是理赔业务处理中一个关键的环节，具有把关的作用。通过复核，能够发现业务处理过程中的疏忽和错误，并及时予以纠正；同时复核对理赔人员也具有监督和约束的作用，防止理赔人员个人因素对理赔结果的影响，保证理赔处理的客观性和公正性。复核的内容要点如下：

1）出险人的确认；

2）保险期间的确认；

3）出险事故原因及性质的确认；

4）保险责任的确认；

5）证明材料完整性与有效性的确认；

6）理赔计算准确性与完整性的确认。

（2）审批。已复核的案件逐级呈报给有相应审批权限的主管进行审批。根据审批的结果，进行相应的处理。批复需要重新理算的案件，应退回理算人员重新理算；批复需进一步调查的案件，应通知理赔调查人员继续调查；批复同意的案件，则移入下一个结案处理环节。

7. 结案、归档

（1）结案。理赔人员收到核赔人移交的理赔案卷后应进行案卷移入登记，记录赔案号、结案号、结案人姓名及移入时间等。

1）给付案件的处理。

第一，继续有效的合同处理。缮制《批单》一式两份，一份附贴在保险合同上，交还给客户以明示；另一份归档。缮制《理赔领款通知书》寄送申请人。根据保险合同可以明确受益人的，应在通知书中注明受益人的姓名；无法确定受益人的，提示继承人凭公证书或其他证明材料前来办理领款手续，如代领款还应出示《理赔委托书》。同时将保险合同作“已结案且合同继续有效”处理。

第二，效力终止合同的处理。缮制《理赔领款通知书》寄送申请人，同时注明保险合同效力终止的原因。将保险合同作“已结案且合同终止”处理。

2）拒赔案件的处理。

第一，继续有效合同的处理。缮制《拒赔通知书》寄送申请人。通知书中应注明拒赔的原因，提示申请人取回保险合同等证明材料。将保险合同作“已结案且合同继续有效”处理。

第二，效力终止合同的处理。缮制《拒赔通知书》寄送申请人。通知书中应注明拒赔原因及保险合同效力终止的原因。如有退费款项，应同时在通知书中予以反映，并注明金额及款项归属人，提示前来领款。将保险合同作“已结案且合同终止”处理。

3）豁免案件处理。应豁免保费的案件，缮制《豁免保费通知书》寄送申请人。将保险合同作“已结案且合同豁免保费”处理。

4）领款处理。

第一，关于领款人的确定。如领款事项为退还保费、现金价值、未满期保费、预缴保费，则领款人为投保人或其委托人的代领人。如领款事项为保险金给付，则领款人为合同约定的保险金受益人或其委托的代领人。对于保险合同未指定受益人，或未明确指定受益人，或所有受益人丧失、放弃受益权的，应视情况及金额由公证部门出具公证书或由法院确定保险金额领款人及份额。

第二，领款人应出具的材料。领款人应提供《理赔领款通知书》《拒赔通知书》、领款人身份证原件、银行账号（需通过银行转账领款时）等。委托他人代领的，除按上述要求提供材料外，还应提供受托人身份证原件及领款人出具《理赔委托书》。

（2）整理归档。结案人员将已经结案的理赔案件的所有材料按规定的顺序排放和装订，并按业务档案管理的要求进行归档管理，以便将来查阅和使用。

1）理赔案件结案后，助理核赔员对案卷中的材料与明细表内容核对后签收，按顺序将案卷进行装订后归档。

2）理赔归档的材料及装订顺序：理赔案卷目录；保险单正本或复印件；理赔申请材料签收单；委托授权书；理赔给付申请书；理赔调查报告书及相关调查材料：各类通知书；领款收据及批单；被保险人、受益人身份证明；申请人申请索赔的各种事故证明材料和医疗费用等有关单据；合议笔录；案件呈报或上报上级公司的报告书副本及上级公司批复文件；起诉书、应诉书、答辩状、法庭调解书和庭外和解协议书。

财产保险理赔操作基本规程

核赔流程是产险公司保险经营的核心流程之一，流程环节的掌控与扎实的操作对于公司整体赔付情况的改善与盈利的提高是非常关键的。流程主要包括以下环节。

1. 案件受理

（1）报案受理。保险标的出险后，接到报案时应详细询问被保险人名称、保单号码、出险日期、出险地点、估计损失等并记录下来，同时要请被保险人尽快填报出险通知。

（2）插队单底。根据被保险人的出险通知，及时复印有关投保单、保险单、批单副本，以便在现场查勘前先了解承保情况，同时要与报案记录内容详细核对，以分清是否属于本保险项下责任。

（3）立案。接到出险通知后，无论是否属于保险责任，均应及时立案。

2. 现场查勘

（1）做好查勘准备。接到报案后，根据地点和案情立即派人进行现场查勘，查勘人员在赶赴现场之前，首先要了解保险标的的基本情况，然后根据灾害事故类别，携带必要的查勘工具（如相机、皮尺等）以及现场查勘记录本、保险单复印件。对于应该查勘哪些内容，需要被保险人提供哪些资料，出发之前应先做个初步计划。

（2）查勘内容。主要包括以下方面。

1）事故的详细过程。

2）出险时间、地点，当时的自然条件、周围环境；必要时绘制现场草图。

3）出险原因，初步判别是否属于该保单的保险责任，保险事故是否由第三者造成。

4）及时查阅有关财务账册，与保险单对照，查对受损标的是否为保单项下的标的物，并填写“查账笔录”，重要的账册应复印一份作为赔案证明材料。

5）现场清点。现场清点往往是确定损失金额的基础，是保险核赔中相当重要的一环。现场清点时要求与被保险人共同清点，清点后双方签字。清点时既要清点受损物资的数量，又要清点未受损物资的数量，以便确定不足额投保比例。对于有些被保险人已经清理过的标的，可以要求被保险人先提供保险标的损失清单，根据“损失清单”进行现场清点核对，损失清单上应加盖被保险人公章。

6）施救。出险后，应立即督促、协助被保险人及时施救，减少保险财产损失。施救费用应分明细列明，并提供相关证明资料。

7）现场照片。进行现场查看时应尽量拍摄事故现场照片，拍出事故现场全景，并尽可能准确、详细、全面地反映所有受损标的的数量、标记、类型、受损程度，并一一附上简要文字说明。

8）事故证明。核赔人员应督促、协助被保险人尽快提供有关部门出具的出险证明、事故证明及有关单证。

9）聘请专家或公估人。对于专业技术性强、损失原因或损失程度不易判定的案例，或损失额特别大的个案，应及时聘请有关权威部门、专家或公估人进行鉴定，尽可能取得具有权威性、有法律效力的证明材料。

10）填写现场查勘报告。现场查勘完毕后，应缮制现场查勘报告，写明事故的起因、经过、结果、所了解的情况、处理经过、损失情况、估损金额等。

3. 保险责任审定

（1）是否属于保险条款责任。审定发生的损失是否由保单条款规定的保险责任事故引起。对于已明确不属于保险责任的案件，须编制《拒赔案件通知书》，说明拒赔理由。

（2）是否属于保险财产。依据投保财产清单核对被保险人提供的财产损失清单来确定是否属于保险财产。凡不属于保险财产的应予以剔除。

（3）出险时间是否在保险有效期内。

（4）被保险人是否尽到义务。保险法、保单条款等规定了被保险人的义务，如保单明确规定在被保险人为尽到义务时保险公司可以拒赔，则符合拒赔条件时应考虑拒赔。

（5）是否属于第三者责任而涉及追偿。财产发生保险责任范围内的损失，属于第三者责任造成的，应被保险人要求可先拒赔，同时由被保险人填写权益转让书，将追偿权转让给保险人，并要求被保险人积极协助向第三者追偿。

4. 损失核定

（1）标的损失核定是否准确。

1）核对投保财产清单上各投保项目的保险金额，确定有无不足额投保或超额投保。

2）核对各受损标的属于哪些会计科目，是否属于固定资产和存货明细账上反映的保险财产。对于不属于投保财产的应予剔除。

3）查对被保险账册，除查对资产负债表、总账外，还根据需要分别查对分类账、明细账、车间和仓库以及柜组台账、领料单、盘点清单、出入库单据等，准确掌握受损标的的实际价值。

4）与被保险人谈判，确定损失程度及损失金额，必要时应聘请专家协助定损。

（2）施救费用的审核。

1）施救费用必须是在保险事故发生后或已经发生时为抢救保险财产所支出的费用。判定施救费用是否合理，必须以发生保险事故为前提。如果是为了防止灾害事故的发生而采取预防措施所支出的费用，则属于防灾费用。

2）施救费用必须以“直接”“必要”“合理”为原则。

5. 赔款理算

（1）赔偿理算基础。

1）保险赔款以保险金额为限；

2）保险赔款以实际损失为限；

3）保险赔款以保险利益为限。

（2）赔款计算方式。

1）第一危险计算方式：这种赔偿方式的特点是，在保险金额限度内，赔偿金额等于实际损失金额。第一危险方式多用于家庭财产保险。

2）比例赔偿方式：比例赔偿方式是按保险金额和出现时保险标的保险价值比例来进行赔偿。对于财产基本险、财产综合险、机损险等险种、部分损失不足额投保计算公式为：

赔款 =（实际损失金额 − 残值）×（保险金额 / 标的保险价值）

3）限额赔偿方式：即设定赔款最高赔偿限额，超过约定限额则不予赔偿。限额赔偿方式多用于各类责任保险。

（3）赔款计算。

1）核查有无预付赔款或垫支、查勘、咨询等款项。

2）施救费用的计算。施救费用赔款以不超过保险金额为限。计算保险标的赔款需要比例分摊的，施救费用也采用相同的比例进行分摊。

3）缮制赔款计算书。

（4）赔付处理。

1）将赔款计算书正本交财务部门作为付款依据。

2）被保险人在赔款收据上盖章后，即可付款。

3）根据业务的不同性质和要求，在损案赔付后分别办理收回正本保单、通知承保部门注销保险单或出具更改保险金额的批单等手续。

6. 拒赔、通融赔付、预付赔款

（1）拒赔。拒赔是核赔记过之一，是保险人根据保险合同或保险法的有关条款对保险索赔提出拒绝赔偿的行为。投保人在出险后遭到拒赔，主要有以下原因。

1）未履行按其缴纳保险费的义务。

2）未履行如实告知义务，保险合同是一种诚信合同，在订立合同之前投保人应如实告知有关情况，否则，出险后保险人可以拒赔。

3）保险事故不属于保险责任范围之内。

4）保险事故属于除外责任的。

5）所签保险合同为无效合同。

6）缺少必要的索赔单证、材料。

7）超过了索赔时效。

8）投保人未履行保险合同规定的其他相关义务。

9）有证据显示投保人（被保险人）有诈骗行为。

（2）通融赔付。当意外事故的发生未能确定是保险责任，而被保险人因种种理由要求赔偿时，保险公司出于维护与重要客户的良好关系，扩大保险人的良好声誉的考虑，可能会进行通融赔付。通融赔付的金额通常是保险金额的一小部分。

（3）预付赔款。预付赔款是指为了使遭受损失的被保险人尽快得到经济协助，保险人对事故损失较大、事故责任比较清楚而暂时不能结案的保险索赔案件预先支付部分（一般控制在估损金额的30%～50%左右）赔款的行为。我国《保险法》第二十六条规定：保险人自收到赔偿或者给付保险金的请求和有关证明、资料之日起六十日内，对其赔偿或者给付保险金的数额不能确定的，应当根据已有证明和资料可以确定的最低数额先予支付。

7. 追偿

追偿是指保险人在赔付被保险人的损失后取得追偿权，通过合法途径和有效措施向债务人或应承担损失的责任人追讨欠款的行为。我国《保险法》规定：因第三者对保险标的损害而造成保险事故的，保险人自向被保险人赔偿保险金之日起，在赔偿金额范围内代为行使被保险人对第三者请求赔偿的权利。追偿时，必须取得由被保险人填写的权益转让书，将追偿权转让给保险人。追偿方式有两种：一种是协商方式；另一种是法律诉讼。

理赔管理措施

理赔管理要以客户为导向、高效流程为品质目标。理赔品质管理内容主要包括两个方面：一是理赔的定位，理赔是客户对保险经营者最关键的考验，理赔品质决定了公司品牌和客户的忠诚度；二是通过严格、及时的审案，降低由于疏忽导致的过多赔付或错赔，从而改善赔付率。保险理赔管理的主要措施包括以下方面。

（1）严格理赔程序，把好最后关口。保险理赔工作是保险关系中投保人与保险人利益的直接体现，是维系保险关系的重要条件，无论对投保人还是保险人来说都很敏感。因此，在处理赔案中除必须坚持公平、合理、准确、及时的原则外，还应做到：第一，实行交叉审核制度，严格单证审核；第二，对每一笔赔款实行投保人、代理人认定制度，在未证实投保人与代理人真实关系之前，不得以任何方式向代理人给付保险金；第三，重大保险金额赔付实行集中查勘，集中定损、估损、集中会诊制度；第四，对参与管理工作的一线人员应严格纪律，明确责任，增强理赔人员的责任心，提高理赔人员的自律意识；第五，努力搞好调查取证工作，全面、及时、准确、系统地掌握标的出现的真实情况。

（2）加快保险公估机构的培育和发展。将目前由政府或行政部门承担的有关事项剥离出来，由公估机构专门行驶标的出险检验、估损，杜绝人情定损、关系定损。如在机动车辆保险中，交警只负责事故的认定与裁决，由公估机构对损失情况进行查验，对于人身险的赔付，应由指定的专门医院或经保险公司认可的医院出具证明。保险公司应与协作医疗机构签订责任书，以约束医疗机构的行为，避免滥用职权，谋取私利，增加理赔风险。

（3）建立有效的权、责、利相结合的理赔制度，加强理赔工作的监督管理。保险业是高风险行业，强化员工的内防意识至关重要。保险公司应按照《公司法》的有关规定，逐步完善内控制度，明确理赔、理赔责任。对复核员、理赔员、会计、出纳应分开设置，避免混岗，强化各环节的责、权、利制衡要素，严格实行内控、理赔责任追究制度，有效建立起理赔风险管理新机制。

（4）政府应依法行政，依法管理。保险公司是根据《公司法》及国家有关规定，并经批准设立的专门经营保险业务的企业，具有相对独立的法人经营自主权。各级政府和国家有关部门应充分认识保险在本地经济、社会发展中的地位和作用，明白保险公司是纯商业机构，支持保险公司的合法经营及理赔决定，避免过多的干预。保监会应依法实施保险监管，维护保险人的合法权益。

（5）加强法制建设，加大执法检查和司法监督力度。当前，保险管理部门及国家有关职能部门，应对包括《保险法》在内的保险法律法规进行不断的完善，消除法律“真空地带”，使保险理赔的费率依据更为有力。执法检查和司法监督是保证司法公正性、权威性和严肃性的重要措施，也是保险公司防范和化解理赔风险的有力武器。

（6）提高理赔人员素质，增强实战能力。随着科学技术的发展，保险理赔风险因素的高技术化及隐蔽化趋势越来越强，理赔工作难度越来越大，对理赔人员的素质要求也越来越高，这就需要保险理赔人员不断提高自身应付各种理赔风险的能力：一是具有应付各种突发事故的能力；二是具有从复杂的赔案中去伪存真，由表及里的分析问题的能力；三是具有明察秋毫的能力；四是具有掌握识别各种欺诈手段及运用现代科学技术处理赔案的能力；五是具有强烈的责任心、专业感，运用法律武器准确、公平地进行理赔工作。

理赔操作说明（以人寿保险为例）

理赔中心的业务包括：报案处理、立案处理、理算处理、理赔处理、上诉处理（见图 6-1）。

图 6-1

报案处理

点击“报案处理”菜单，打开如图 6-2 所示界面。

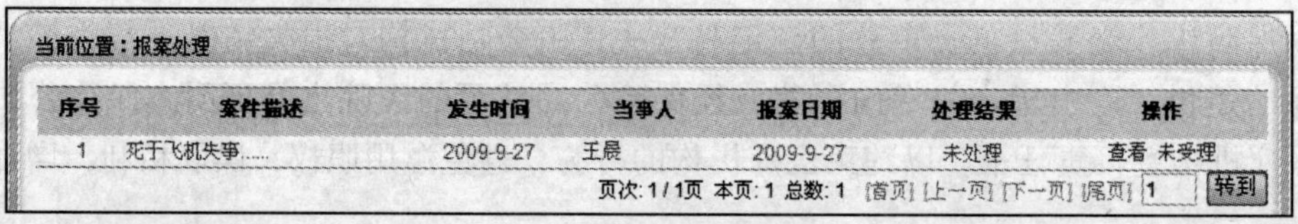
当前位置：报案处理

序号	案件描述	发生时间	当事人	报案日期	处理结果	操作
1	死于飞机失事.....	2009-9-27	王晨	2009-9-27	未处理	查看 未受理

页次：1 / 1页 本页：1 总数：1 [首页] [上一页] [下一页] [尾页] 1 转到

图 6-2

点击“操作”栏中的“未受理”，在打开界面中，填写受理描述，如图 6-3 所示。

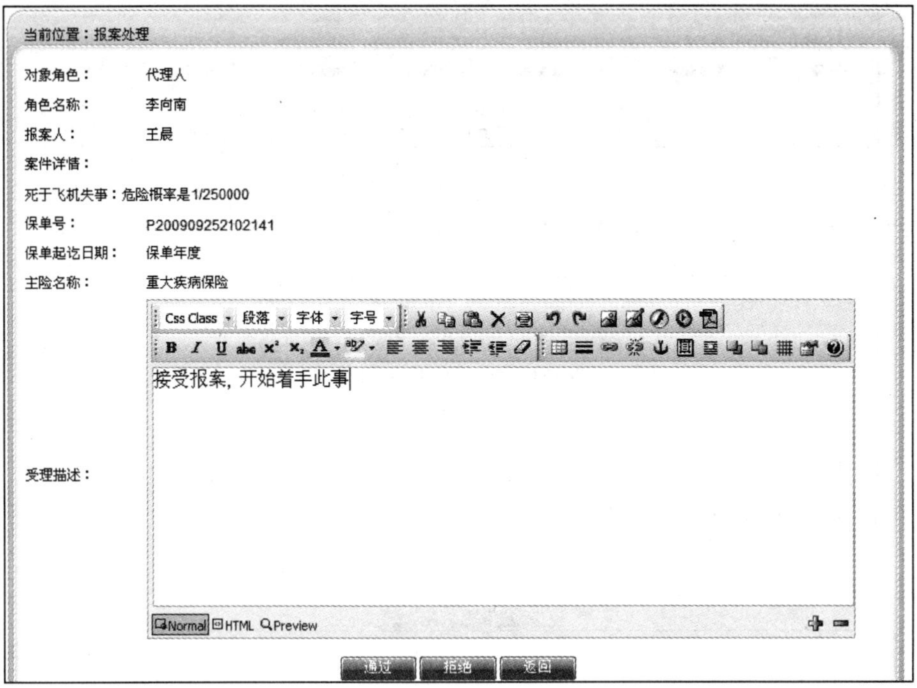

图　6-3

点击“通过”按钮，系统提示人寿保险受理已通过。

立案处理

点击“立案处理”菜单，打开如图 6-4 所示界面。

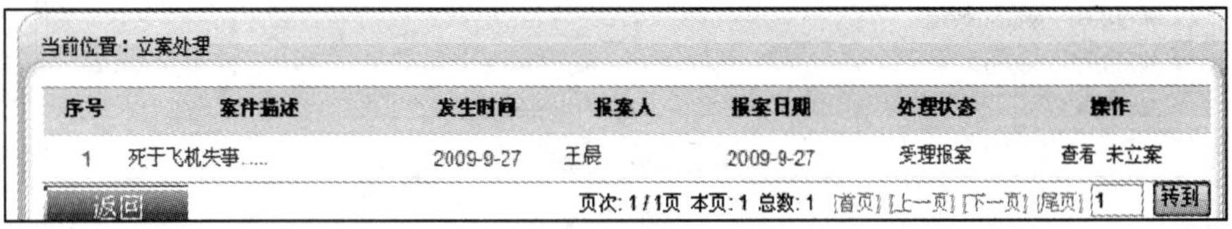

图　6-4

点击“操作”栏中的“未立案”，在打开界面中，点击“同意立案”按钮，系统提示如下（见图 6-5）。

图　6-5

点击“确定”按钮。

理算处理

点击“理算处理”菜单，打开如图 6-6 所示界面。

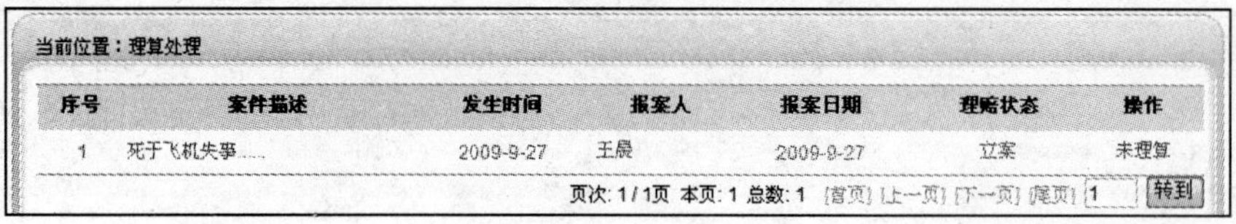

图 6-6

点击“操作”栏中的“未理算”，打开如图 6-7 所示界面。

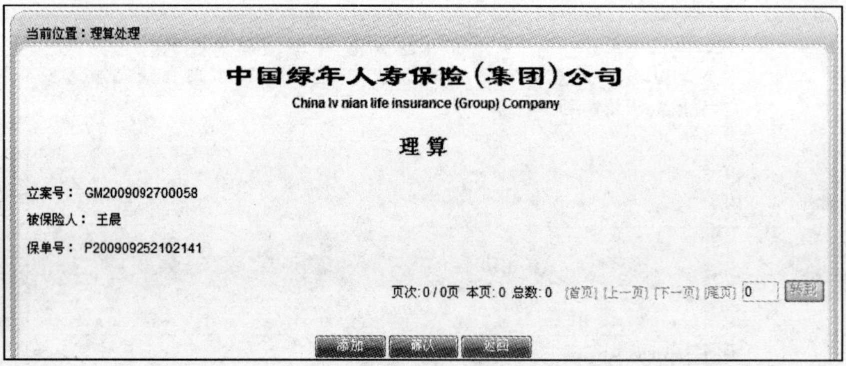

图 6-7

点击“添加”按钮，在弹出窗口中，填写理算的费用项目、费用、赔付比例，如图 6-8 所示。

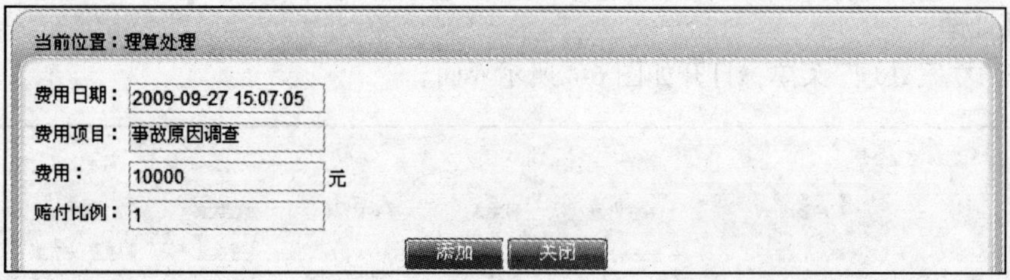

图 6-8

点击“添加”按钮，打开如图 6-9 所示界面。

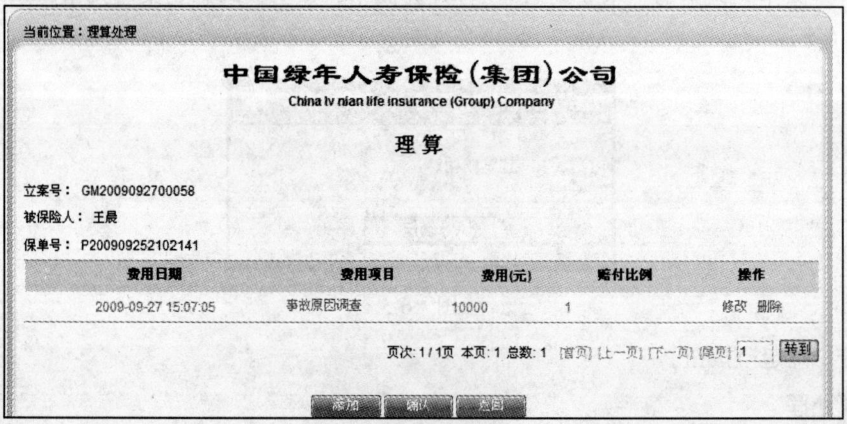

图 6-9

点击“确认”按钮，系统提示：理算成功。

理赔处理

点击“理赔处理”菜单，打开如图 6-10 所示界面。

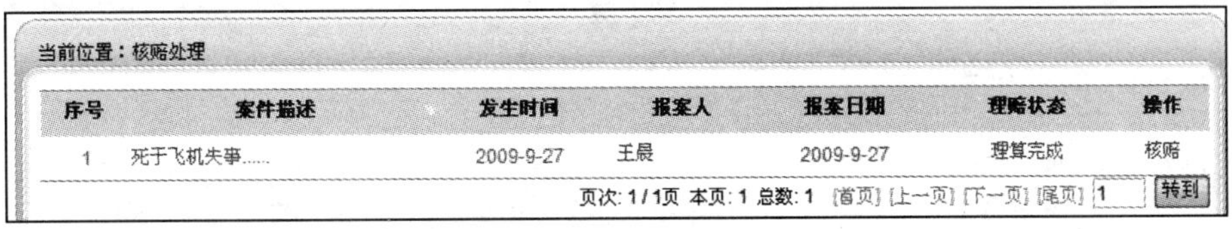

图　6-10

点击“操作”栏中的“理赔”，在打开界面中，点击“同意赔付”按钮，打开如图 6-11 所示界面。

新平安人寿保险公司

DDD

理赔决定通知书

理赔批单号：E2009083100032　案件号：GM2009083100038

致有被保险人：ss2

提出理赔申请，经本公司审核后，赔付明细如下：

保单号：P200908282101975　险种赔付：24000元

本案合计给付保险费：贰万肆仟元整

账单信息：

账单合计金额：30000元　全额自费：0元　部分自费：6000元

具体说明如下：

您的授权转帐帐户信息：

开户行：中国银行　户主姓名：王芳　账号：2300225622322155225

保险公司名称：　签批人：ss2　日期：2009-8-31

返回

图　6-11

点击“确定”按钮，系统提示：理赔通知书已发出。

上诉处理

点击“上诉处理”菜单，打开如图 6-12 所示界面。

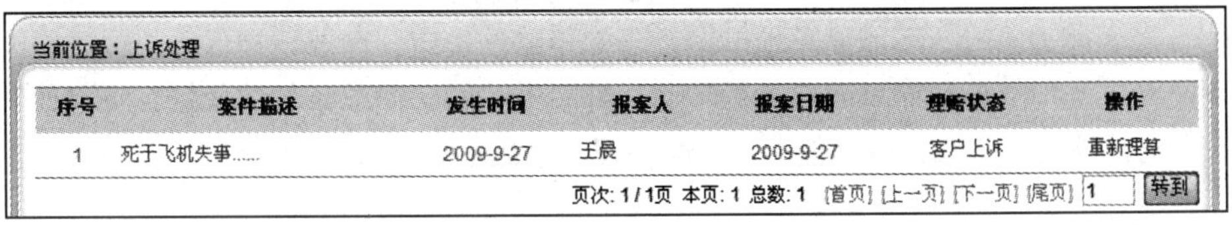

图　6-12

点击“操作”栏中的“重新理算”，打开如图 6-13 所示界面。

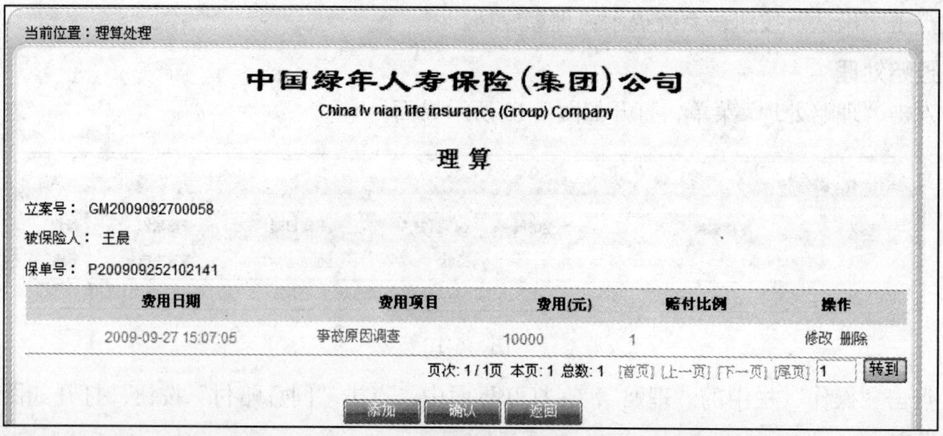

图 6-13

点击“添加”按钮，在弹出窗口中，重新填写理算的费用项目、费用、赔付比例。也可以点击“操作”栏中的“修改”，重新填写理算信息。最后，点击“确认”按钮，系统提示理算成功。

提示：人寿保险公司在处理完客户的上诉请求之后，再重新进行“理赔处理”；等待客户同意新的理赔决定之后，进行“确认支付”。

【实训内容 6-2】理赔业务处理技巧

理赔沟通技巧

理赔处理的沟通技巧就是通过理赔人员与被保险人或受益人采取电话、会面、书信、电子邮件等方式，使双方对于理赔案件的某些观点、看法、思维方式等达成一致。

沟通是理赔案件处理中最重要的技能，也是最基本的技能。有效的沟通在理赔案件的过程中是必不可少的。下面是理赔沟通技巧的要点。

（1）在理赔案件处理时应明确被保险人或受益人提供的资料是否齐全；及时向其说明寿险公司通常处理程序；向被保险人或受益人明确，在规定的时间内理赔的处理完成时就会有结果等。

（2）同时请被保险人或受益人留下电话号码或其他便捷的联系方式，承诺一有结果会马上通知对方。

（3）在立案后的调查过程中要尽可能地与被保险人或受益人保持必要的联系，如通报案件的处理进程等，从心理上给被保险人或受益人以安慰。

（4）当可以进行正常赔付时一定要告知被保险人领取赔款时所需准备的资料，领取的时间、地点等，避免使他们由于所带资料不全而反复奔波。

（5）当不能理赔时，不能简单地以电话告知拒赔的决定，而要请被保险人或受益人来公司或理赔人员上门与他们面对面地进行沟通，讲明不赔的法律或条款的依据，听取他们的意见，有针对性地一一解答，减轻他们的抵触心理，避免矛盾的激化。

理赔谈判技巧

1. 知己知彼

只有在对理赔案件有全面的了解并有充分准备的基础上，才能选择具体而有效的谈判方式，使自己立于不败之地。要真正地了解对方，必须明确他们的需求，这样才能采用行之有效的手段和方法。因此，在谈判之前，获悉对方的信息并确定相应的谈判方式是很重要的。

2. 刚柔并用

当理赔人员处于维护条款和法律的严肃性的问题上与对方谈判时，一开始便要和盘托出理赔人员的最高条件，在气势上压住对方，但要注意语气和态度。这种方式适用于与一些极个别无理取闹的对手的谈判，逼迫对手让步。如果对手以硬碰硬，不妨用“我们可以采用正常的法律程序”等与对手交涉。当优势不在自己一方（如对某些条款的理解产生歧义）时，也要从谈判对手的角度考虑，以不变应万变，不动声色，让对手尽情发挥，躲过对手的锋芒，从而为达成一个有所妥协而又不使寿险公司的利益受到较大损失的协议做好准备。

3. 找出对方的失误

从准备谈判时就投入重要精力找出对手的失误，并尽可能声明这种失误对寿险公司或将对寿险公司造成的危害。例如，在由于被保险人不如实告知的拒赔谈判中就要应用这样的谈判技巧，说明不如实告知已经或将要给寿险公司带来什么样的危害，这样谈判起来就会更加主动。谈判的技巧在应用的过程中，理赔人员一定要注重诚信，在维护保险条款的严肃性、控制风险的同时还要注重文明礼貌、售后服务等问题，让对方心服口服。

4. 学会赞赏

适时的赞赏是储蓄感情的良方。在理赔谈判时不要由于自己是寿险公司的理赔人员，就觉得自己对条款、法律、保险责任的理解都是正确的或对方的主张都是错误的，而要适时地对谈判方对于保险的正确认识给予肯定和表扬，以缓解谈判中的气氛。

5. 不要使用刺激性的语言

人际关系专家指出，谈判双方之间可以讨论，但不能有过于激烈的争论。火药味十足的争论是人际关系的一个陷阱，在争论中是没有赢家的，对理赔案件处理中的谈判双方来说更是如此。在谈判中无论对方的态度如何，无论对方的言语有多么的恶劣，理赔人员都要以一种平和的心态去面对，不能以怨报怨、恶语中伤，否则会使有利转为不利、使优势转为劣势。

6. 学会倾听，走进对方的世界

学会倾听对于理赔人员尤为重要。客户在谈判中往往急于证明自己是正确的，希望尽快得到理赔，而遭受拒绝后则往往不能接受，并对理赔人员的观点产生逆反心理，这种心理是十分自然的。理赔人员应学会认真倾听，并适时地做出回应，然后巧妙地引出别的关键性话题，以便在没有冲突或气氛缓解的情况下继续谈判。

7. 注意营造谈判的氛围

最有效的交流应该是让我们的话走进对方的心。为达此目的，营造出良好的谈判氛围是很重要的。心理学早就证明，人在接受负面信息时会产生自我防卫心理，而使用恰当的技巧可以降低这种自我防卫心理。

理赔调查过程中的技巧

理赔处理过程中的调查、分析、决策也要根据不同的情况使用不同的技巧。如在理赔的调查中不仅要听取被保险人或受益人对于出险情况的叙述，也要调查第三方对于案件情况的描述，第三方可以涉及目击者、邻居、单位、警方或医疗机构等。调查时可以借助从事过公、检、法、司等背景的人员，借助专业的调查设备和管理软件，借助专业的调查公司，借助其他寿险公司的调查机构等，都是在理赔调查中可以采取的技巧。

理赔分析时，不仅要有自己的思路，也要有集体讨论的意见；不仅要有理赔人员的意见，也要有医学、法律专业人士的意见；不仅要有公司内部的意见，还可以征询其他同业人员对于案件处理的分析意见等。在决策时更要群策群力，特别是对于疑难案件的处理，技巧的运用可以使困难的情况变得简单、容易。

总之，在理赔案件的处理过程中，理赔技巧的运用是不可或缺的，技巧运用的好坏关系理赔案件处理的时效，关系理赔案件的正确处理，关系风险的控制，关系寿险公司形象的维护。

案例 6-3 理赔技巧在实务中的运用

根据保险事故发生原因的区别，理赔案件也可以分为不同的类型，而处理这些不同类型的理赔案件时所应用的理赔处理技巧也不同。以下是一个意外事故理赔的案例。

1999 年 12 月，某保险公司理赔人员接到报案，称两天前某被保险人由于交通事故当场死亡。尸体被发现时已经冻僵，投保险种中有高额的意外伤害保险。理赔人员在接到报案后按日常的程序进行了登记后准备前往查勘，但由于雪大封路，致使在保险事故发生后第四天才前往，此时发现被保险人的尸体已经火化。在前往交通事故处理部门的调查过程中发现该案由于是单方面的责任事故，且由于被保险人的尸体已经冻僵，家属强烈要求迅速火化等原因，交通事故处理部门没有对被保险人的尸体进行尸检，也没有进行血液酒精含量的测定（尸体冻僵的原因）。最后由于此案没有能够找到意外伤害保险条款的责任免除的事项，保险公司进行了全额赔付。

【案例评析】

从上面意外险意外身故的案例处理中可以看出这样一点，就是在意外险案件的处理中，某些资料的获得机会是很少的，有很大的时间和条件限制。没有这些资料就不能完全保证案件处理的正确性，也就谈不到风险的控制。因此，在本案例处理报案或接受报案后就要应用一定的沟通技巧，以求获得理赔人员处理案件所需要的关键资料，如被保险人血液酒精含量的测定。可以采取以下措施：如迅速与交通事故处理部门的负责人取得联系，询问事故处理的情况、进展，有无进行或有无准备进行尸体检验，有无血液酒精含量测定，如果没有则要力争得到对方的协助，说明这些资料对保险理赔的重要性，另一方面，与被保险人的直系亲属取得联系，要求进行证据保全（即尸体暂时不能火化），要求其与保险公司配合，讲明利害关系，必要时与被保险人的家属签订证据保全协议。相信通过以上处理技巧，无论是交通事故处理部门还是被保险人的家属大都会在一定程度上给予配合，从而达到理赔人员对关键资料收集的目的。

【实训任务 6-1】保险产品分析

案例分析

1997 年 3 月 10 日，李某以本人为被保险人投保了重大疾病险 10 万元附加住院医疗险 1

份，共计保险费 1 248 元。但续期保费过宽限期仍未交付，致使保单失效。1998 年 5 月 20 日，李某到保险公司申请该保单复效，填写了复效申请书，并缴纳续期保险费。李某对复效通知书上所列书面询问均告知“无”。保险公司同意自 5 月 20 日起复效。1998 年 5 月 22 日，李某因“慢性结石性胆囊炎”在医院住院治疗，手术时发现其直肠上有数粒黄豆大颗粒，经检查确诊为“直肠癌、慢性结石性胆囊炎”。手术治疗后，李某于 6 月 28 日出院。次日，李某手持保单、复效批单、出入院证明、病理检查报告等相关证明文件向保险公司提出理赔申请，要求赔付重大疾病保险金 10 万元及住院医疗保险金。保险公司随即展开调查，核实李某于 1998 年 4 月 30 日在出差期间，曾因“腹痛呕吐”在当地某医院进行 B 超检查，提示“慢性结石性胆囊炎”，经服药治疗后无好转。在此以后到申请复效期间，未发现有其他就医检查或治疗的记录。

请根据以上案例情况，分析理赔处理意见并详细说明理由。

实训题

1. 正确填写领取保险理赔款所需的单据

陈和先生（公司经理，庆春路嘉德广场 B17F，230873196902060449）于 2004 年 10 月 16 日为自己购买保额为 60 万元的国寿祥和定期寿险，并购买保额为 10 万元的附加意外伤害保险。保费为年缴，通过银行转账形式，其开户银行为中国工商银行，账号 10085133，保单指定受益人为其子陈乙。

2007 年 7 月 25 日，被保险人因病去世，2007 年 8 月 2 日，其妻向保险公司报案。

提示注意：

（1）被保险人因病死亡，保险公司接到报案，填写理赔报案登记表。

（2）受益人向保险公司提出理赔申请，填写理赔申请书。

（3）保险公司立案调查，填写理赔调查记录。

（4）保险公司确认赔付，填写理赔计算书。

（5）送达理赔领款通知书。

理赔所需单据如表 6-1 ～表 6-3 所示。

表 6-1 理赔报案登记表

报案时间： 年 月 日 时	受理人：	受理人代码：
出险人资料：		
姓名：		
证件类型：	证件号码：	
保险合同号：		
联系电话：		
联系地址：		
事故资料：		
事故类别：□意外 □重大疾病 □手术 □疾病 □其他（ ）		
险人当前状况： □身故 □住院治疗 □诊治疗 □已康复		
事故发生时间： 年 月 日 时		
事故发生地点：	事故处理机关：	
事故经过描述：		
报案人资料：		
姓名：		

（续）

联系电话:		
联系地址:		
业务员资料:		
业务员姓名:		
业务员编号:		
业务员联系电话:		

表 6-2 理赔调查记录

报案登记号		案件号		调查序号	
事故人姓名		性别		出生日期	
事故日期		证件类型		证件号码	
调查类型		交查日期		查讫日期	
调查项目					
查证途径					
事实与证据					
调查结论					
证明材料及件数					
调查人员		报告日期			

表 6-3 理赔计算书

赔案编号			保险合同			
出险人			客户号			
出险人身份	□被保险人 □投保人 □连带被保险人		处理结果	□给付 □拒赔 □豁免保费 □协议给付		
给付责任	主险名称	附加险 1	附加险 2	附加险 3	合计	
医疗费用						
日津贴给付						
残疾给付						
疾病给付						
死亡给付						
其他						
合计						

2. 按照软件提供的保险事故，分别进行人身保险和财产保险的理赔流程实训

第三篇

财产保险业务实训

第七章

实验一 企业财产保险业务实训

第一节 实验目的和内容

一、实验准备

（一）理论基础知识准备

学生应了解企业财产保险的概念，熟悉我国企业财产保险的主要险种及其保险责任和责任免除，掌握企业财产保险的主要单证的名称、含义、内容以及作用，熟悉企业财产保险的实务处理。

（二）教学准备

（1）场地准备：配有电脑的保险实训实验室、学院及周边环境。

（2）教学资料准备：企业财产保险相关单证、企业财产保险案例、企业财产保险险种条款及费率、企业年报。

二、实验目的

通过本实验项目要求学生了解企业财产保险业务活动流程；了解我国的企业财产保险险种及发展状况；掌握企业财产保险业务活动各环节的基本要求和操作要点。

三、实验操作要求

（1）自由组合，全班分为若干个小组，各组推选出组长一名，组长将本组组员名单及联系方式交由学习委员，汇总后上交老师。

（2）各组在组长的协调下进行分工，共同完成实验内容。

（3）在搜集国内各保险公司所售企业财产保险险种时，学生应注意进行比较评价。

（4）本实验项目完成后，以组为单位上交一份本组组员共同完成的调查报告，同时各位学生独立完成实验报告，一并上交老师。

（5）各小组分析实训中出现的问题，小组间互相讨论和交流心得与经验。

四、课后实验拓展

通过访问国内各财产保险公司官方网站或实地调查，了解各公司的企业财产保险业务流程的异同，分析其优缺点并提出意见。

第二节　企业财产保险业务操作实训

【实训内容 7-1】企业财产保险认知实训

学生通过网络，了解和收集国内各财产保险公司的企业财产保险险种现状（尤其是有特色的险种）。

（1）完成调查报告并提交电子文档给老师。

（2）以小组为单位选出一名组员进行企业财产险特色产品课堂演示（建议以 PowerPoint 格式制作）。

【实训内容 7-2】企业财产保险业务流程操作实训

由小组成员依次扮演客户、财产保险公司、财险代理人和经纪公司四个角色，模拟企业财产保险各环节，学生从所扮演角色的角度出发，熟悉和掌握企业财产保险理赔业务各环节的操作要点及相关技巧；学会填写企业财产保险相关单证。

登录保险核心业务实验教学软件系统，完成下列企业财产保险业务实验操作项目（见表 7-1 ～表 7-4）。

表 7-1　客户所需要完成的操作项目一览表

序号	得分项	得分（分）	最大得分（分）
1	企财险向保险公司进行询价	1	5
2	企财险向代理人进行询价	1	5
3	企财险向经纪公司进行询价	1	5
4	企财险直接投保（投保单提交）	1	5
5	企财险委托经纪公司	1	5
6	企财险委托资料提交	1	5
7	企财险委托投保签字	1	5
8	风险问询表填写提交	1	5
9	企财险授权委托	1	5
10	投保查勘确认	1	5
11	企财险保单签收	1	5
12	企财险保费支付	1	5
13	企财险企业添加	1	5
14	企财险变更提交	1	5
15	危险事故向保险公司报案	1	5
16	危险事故向经纪公司报案	1	5
17	危险事故向财险代理人报案	1	5
18	企财险危险事故查勘确认	1	5
19	企财险危险事故理赔申请	1	5
20	企财险危险事故支付确认	1	5

表 7-2 财产保险公司所需要完成的操作项目一览表

序号	得分项	得分（分）	最大得分（分）
1	企财险产品添加	1	5
2	客户询价处理	1	5
3	经纪公司询价处理	1	5
4	询价查勘报告书填写	1	5
5	报价单发送	1	5
6	报价单修改	1	5
7	企财险保险单核保	1	5
8	企财险保险单签发	1	5
9	经纪费用发放	1	5
10	货运险投标	1	5
11	企财险变更处理	1	5
12	企财险危险事故报案处理	1	5
13	企财险危险事故查勘报告提交	1	5
14	企财险危险事故立案处理	1	5
15	企财险危险事故理算处理	1	5
16	企财险危险事故核赔处理	1	5
17	企财险危险事故核赔支付	1	5
18	客户询价转交代理人处理	1	5
19	询价查勘报告书提交	1	5
20	企财险危险事故查勘报告填写	1	5

表 7-3 经纪公司所需要完成的操作项目一览表

序号	得分项	得分（分）	最大得分（分）
1	企财险客户询价处理	1	5
2	企财险向保险公司询价	1	5
3	企财险委托处理	1	5
4	企财险委托投保	1	5
5	企财险委托发布招标	1	5
6	企财险委托招标确认	1	5
7	企财险委托报案	1	5
8	回复给客户报价信息	1	5
9	企财险报案处理	1	5

表 7-4 财险代理人所需要完成的操作项目一览表

序号	得分项	得分（分）	最大得分（分）
1	企财险客户询价处理	1	5
2	企财险客户危险事故报案处理	1	5
3	企财险客户危险事故向保险公司报案	1	5

【实训内容 7-3】企业财产保险案例分析实训

教师提供案例，学生分组讨论和处理案情。

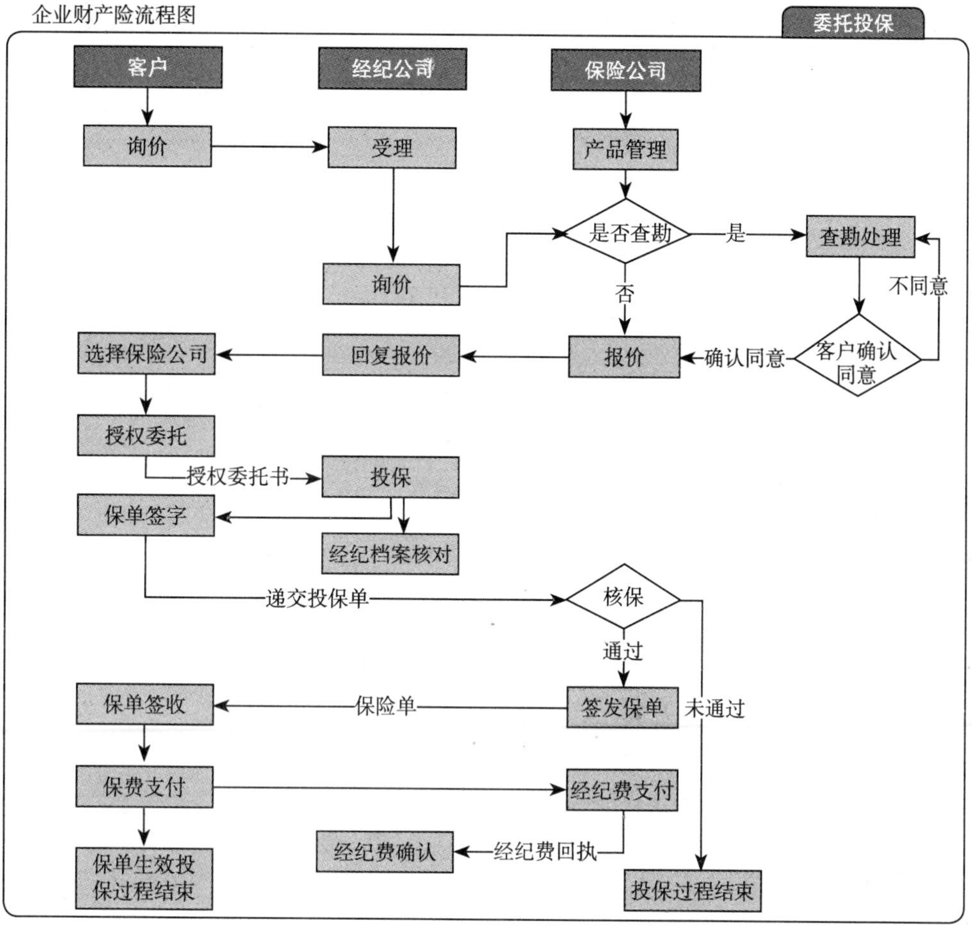

企业财产险流程图
委托投保
客户
经纪公司
保险公司
询价
受理
产品管理
是否查勘
是
查勘处理
询价
否
不同意
选择保险公司
回复报价
报价
确认同意
客户确认同意
授权委托
授权委托书
投保
保单签字
经纪档案核对
递交投保单
核保
通过
保单签收
保险单
签发保单
未通过
保费支付
经纪费支付
经纪费确认
经纪费回执
保单生效投保过程结束
投保过程结束

图 7-1

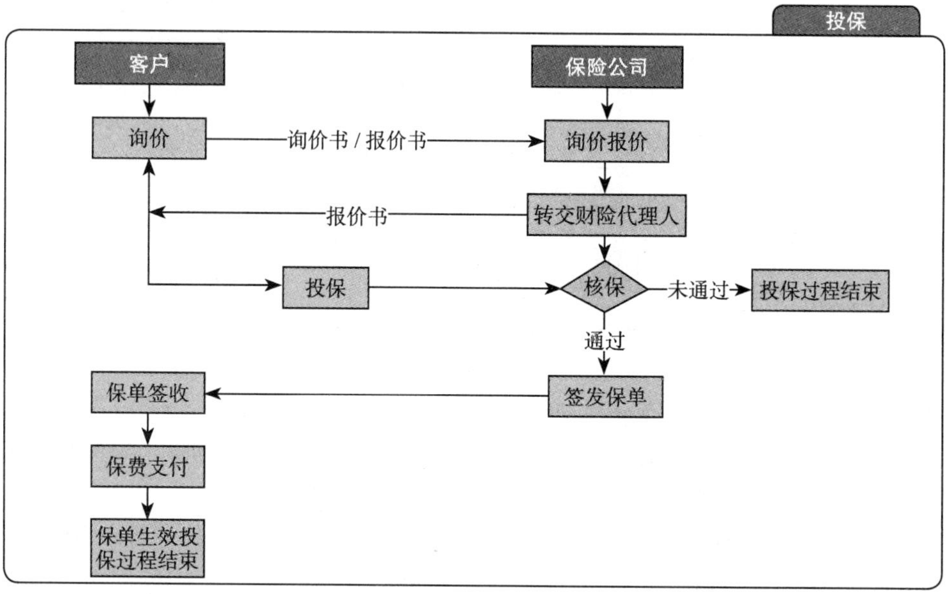

投保
客户
保险公司
询价
询价书 / 报价书
询价报价
报价书
转交财险代理人
投保
核保
未通过
投保过程结束
通过
保单签收
签发保单
保费支付
保单生效投保过程结束

图 7-2

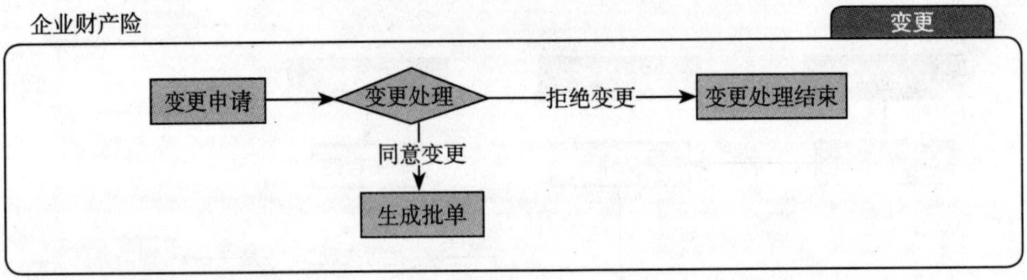

图 7-3

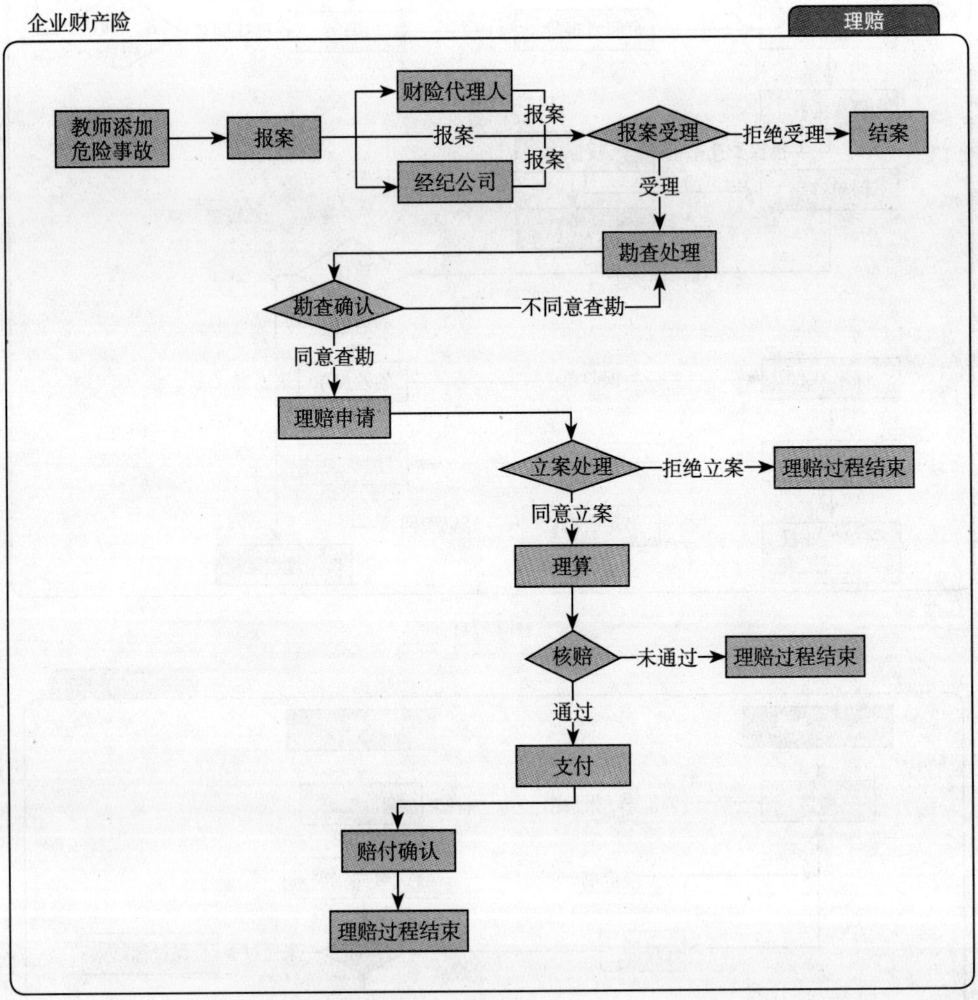

图 7-4

登录保险核心业务实验教学软件系统，由小组成员依次扮演客户、财产保险公司、财险代理人和经纪公司四个角色，模拟企业财产保险各环节，学生从所扮演角色的角度出发，熟悉和掌握企业财产保险理赔业务各环节的操作要点及相关技巧。

在实验选择框内选择“企业财产险”实验，查看实验信息，并点击“进入实验”按钮，进入该实验的角色选择页面。

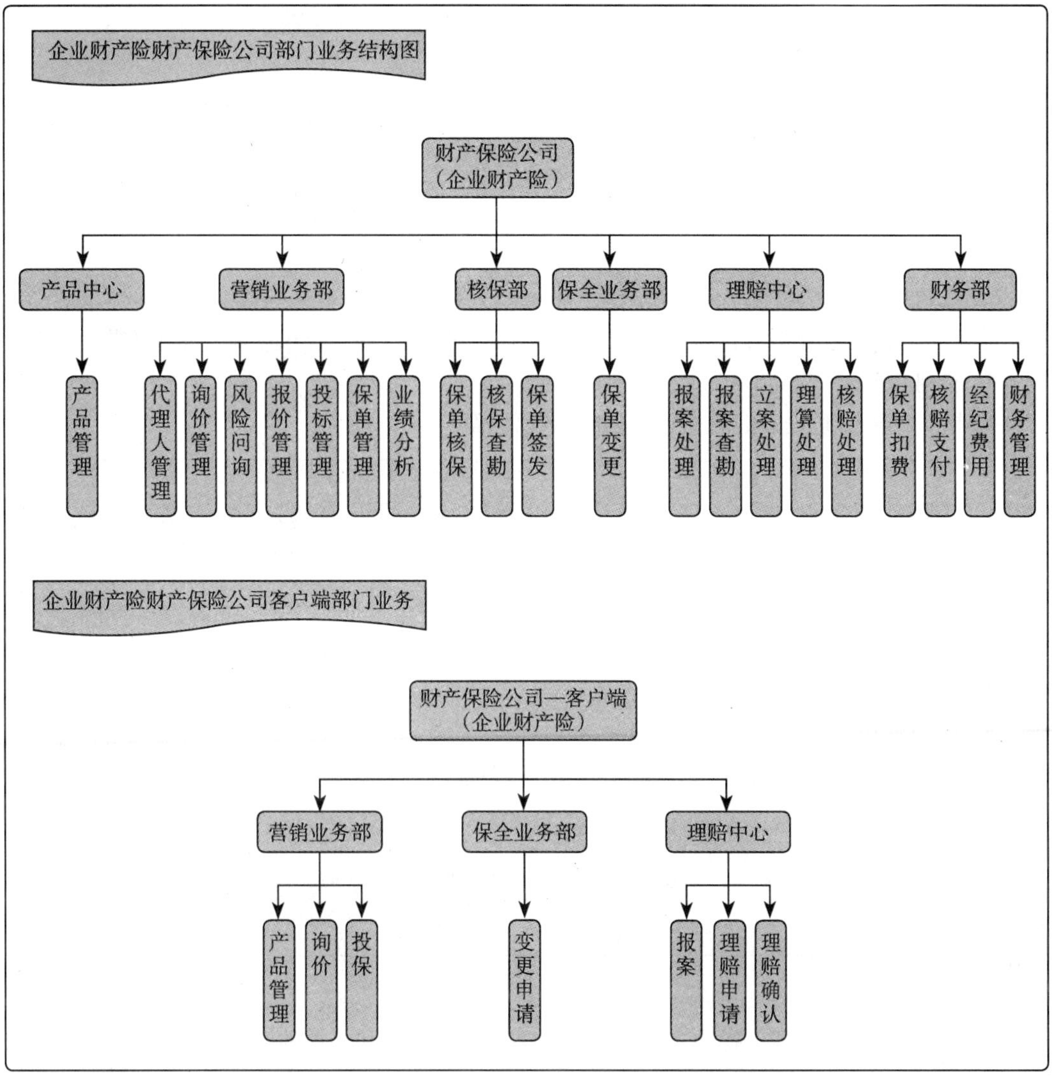

图　7-5

图　7-6

客户

选择“客户”角色，进入客户在企业财产险实验的操作平台，如图 7-7 所示。

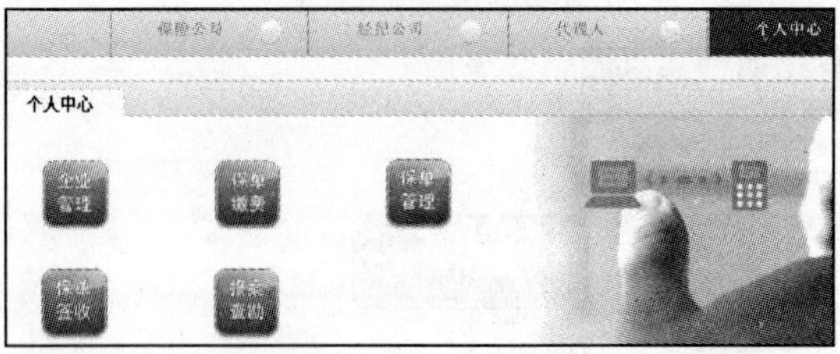

图 7-7

个人中心

个人中心包括的业务有：企业管理、保单缴费、保单管理、保单签收、报案查勘。

1. 企业管理

点击“企业管理”按钮，进入如图 7-8 所示界面。

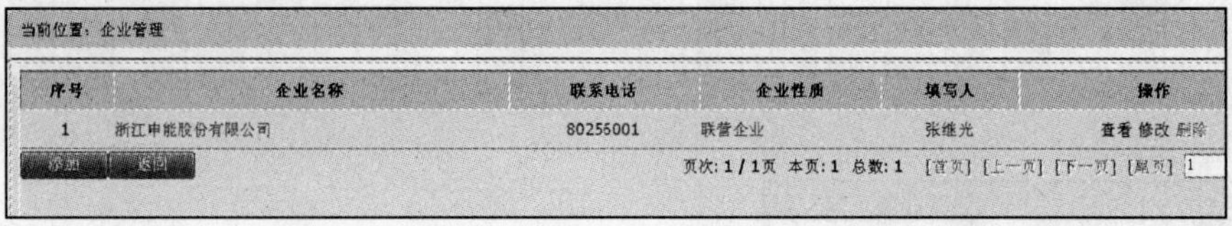

当前位置：企业管理

序号	企业名称	联系电话	企业性质	填写人	操作
1	浙江申能股份有限公司	80255001	联营企业	张继光	查看 修改 删除

添加 返回 页次：1 / 1页 本页：1 总数：1 [首页] [上一页] [下一页] [尾页] 1

图 7-8

在该栏目中进行企业信息的添加及管理。

2. 保单管理

点击“保单管理”按钮，打开如图 7-9 所示界面。

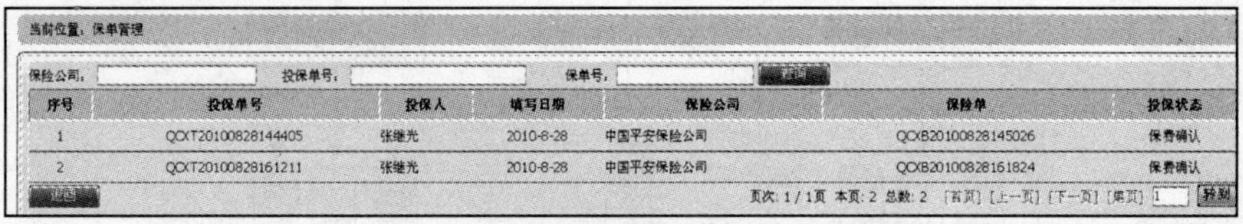

当前位置：保单管理

保险公司： 投保单号： 保单号：

序号	投保单号	投保人	填写日期	保险公司	保险单	投保状态
1	QCXT20100828144405	张继光	2010-8-28	中国平安保险公司	QCXB20100828145026	保费确认
2	QCXT20100828161211	张继光	2010-8-28	中国平安保险公司	QCXB20100828161824	保费确认

页次：1 / 1页 本页：2 总数：2 [首页] [上一页] [下一页] [尾页] 1 转到

图 7-9

此栏目，可查看到所有操作过的保单的状态，及投保单和保单的明细页面。

3. 保单缴费

点击“保单缴费”菜单，打开如图 7-10 所示界面。

当前位置：保费支付

序号	投保单号	投保人	填写日期	保险公司	投保状态	操作
1	QCXT20091029150112	王小二	2009-10-29	中国人民财产保险股份有限公司	签收	未支付

图 7-10

点击操作栏的“未支付”，保费支付完毕。

4. 保单签收

点击“保单签收”按钮，打开如图 7-11 所示界面。

当前位置：保单签收

序号	投保单号	投保人	填写日期	保险公司	投保状态	操作
1	QCXT20091029150112	王小二	2009-10-29	中国人民财产保险股份有限公司	签发	未签收

图 7-11

点击操作栏的“未签收”，签收保单完毕。

5. 报案查勘

点击“报案查勘”菜单，打开查勘确认列表，在列表中点击“客户未确认”，打开查勘报告，进行确认操作，确认完状态如图 7-12 所示。

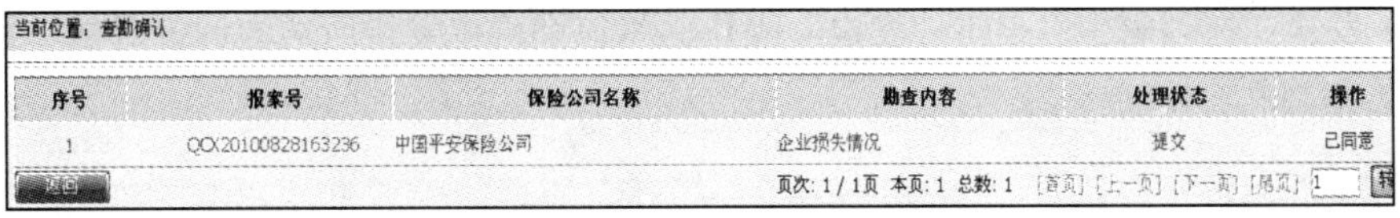

图 7-12

代理人

客户在“代理人”模块中操作询价和报案两个业务。

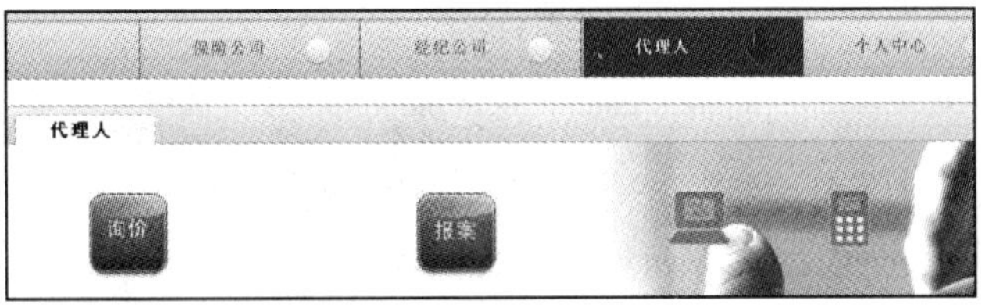

图 7-13

客户在决定购买保险之前，可以向财产保险公司、财险代理人、财险经纪公司咨询售价，从而了解保险产品，选择合适的保险产品和保险公司。

1. 询价

（1）选择“代理人”模块，并点击“询价”按钮（见图 7-13）。进入向代理人的询价列表。点击“添加”按钮，添加询价信息，如图 7-14 所示。

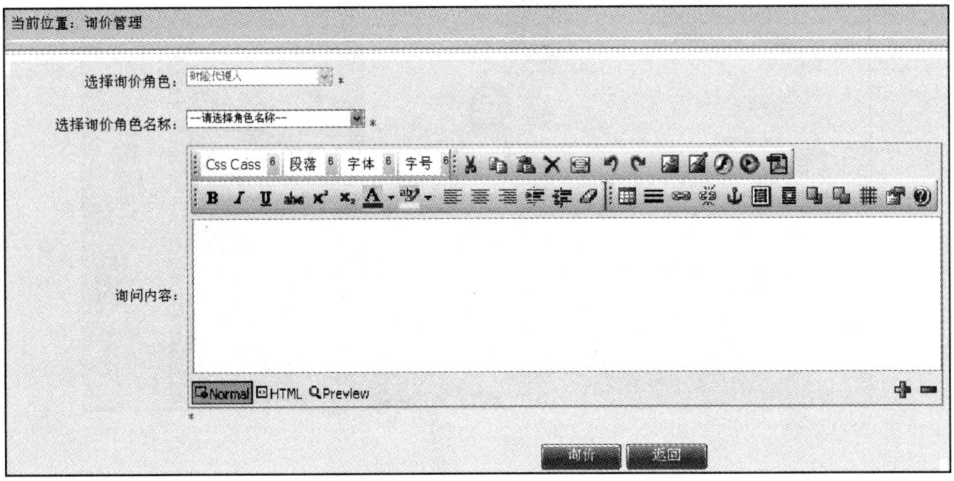

图 7-14

在打开界面中，询价角色默认为财险代理人，请选择询价对象，填写询问内容，输入完毕后，点击“询价”，保存该询价信息，并在询价列表中增加一条记录（该记录默认为待发送）。

在询价列表中，可对询价单进行修改或删除。

图 7-15

（2）发送：在列表中，点击“发送”操作，将该询价单发给所选的询价对象。发送后不能再修改或删除。

2. 报案

向代理人发送报案信息。

经纪公司

客户角色进入经纪公司的财险业务部办理委托投保、询价、报案等相关业务（见图 7-16）。

图 7-16

选择经纪公司，点击右侧的模拟图进入经纪公司的财险业务部办理业务。

财险业务部的业务包括：询价、风险问询、授权委托、查勘确认、委托签字、报案。

图 7-17

1. 询价

选择询价业务，进入询价列表。向经纪公司询价。

2. 风险问询

点击“风险问询”菜单，打开如图 7-18 所示界面。

图 7-18

选择经纪公司、投保企业，点击“风险问询”，填写风险问询表，如图 7-19 所示。

图 7-19

之后回到列表页面，点击操作栏的“提交”，即可发送给经纪公司。

3. 授权委托

点击“授权委托”菜单，打开如图 7-20 所示界面。

图 7-20

选择经纪公司和被保企业，点击“委托”，打开如图 7-21 所示页面。

点击“确定”，委托成功，系统跳转到如图 7-22 所示页面。

4. 查勘确认

点击“查勘确认”菜单，打开如图 7-23 所示界面。

点击右侧操作栏的“客户未确认”，确认完状态如图 7-24 所示。

5. 委托签字

投保后客户将对保单进行签字。

选择“委托签字”菜单，选择未签字的委托，点击“签字”操作，完成签字。

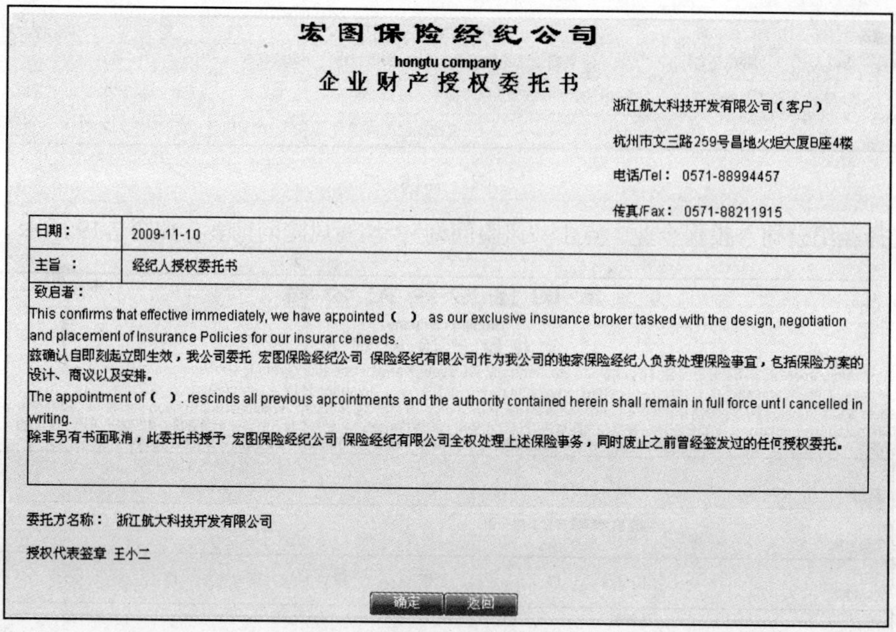

宏图保险经纪公司

hongtu company

企业财产授权委托书

浙江航大科技开发有限公司（客户）

杭州市文三路259号昌地火炬大厦B座4楼

电话/Tel： 0571-88994457

传真/Fax： 0571-88211915

日期：	2009-11-10
主旨 ：	经纪人授权委托书

致启者：

This confirms that effective immediately, we have appointed （ ） as our exclusive insurance broker tasked with the design, negotiation and placement of Insurance Policies for our insurance needs.

兹确认自即刻起立即生效，我公司委托 宏图保险经纪公司 保险经纪有限公司作为我公司的独家保险经纪人负责处理保险事宜，包括保险方案的设计、商议以及安排。

The appointment of （ ）. rescinds all previous appointments and the authority contained herein shall remain in full force until cancelled in writing.

除非另有书面取消，此委托书授予 宏图保险经纪公司 保险经纪有限公司全权处理上述保险事务，同时废止之前曾经签发过的任何授权委托。

委托方名称： 浙江航大科技开发有限公司

授权代表签章 王小二

确定 返回

图 7-21

序号	委托人	企业名称	受委托方公司名称	委托时间	操作
1	王小二	浙江航大科技开发有限公司	宏图保险经纪公司	2009-10-30	查看

页次: 1 / 1页 本页: 1 总数: 1 [首页] [上一页] [下一页] [尾页] 1 转到

图 7-22

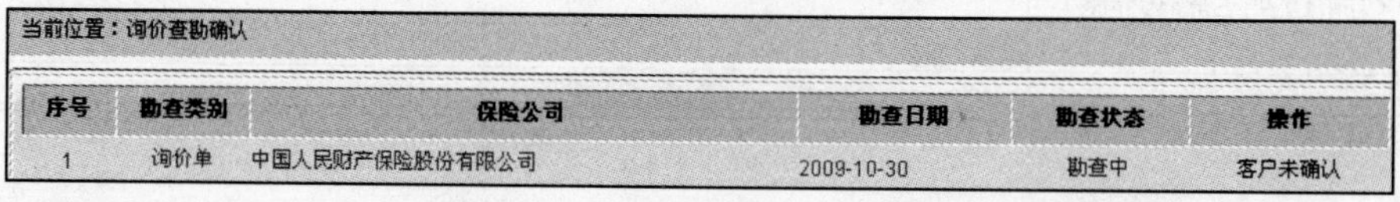

当前位置：询价查勘确认

序号	勘查类别	保险公司	勘查日期	勘查状态	操作
1	询价单	中国人民财产保险股份有限公司	2009-10-30	勘查中	客户未确认

图 7-23

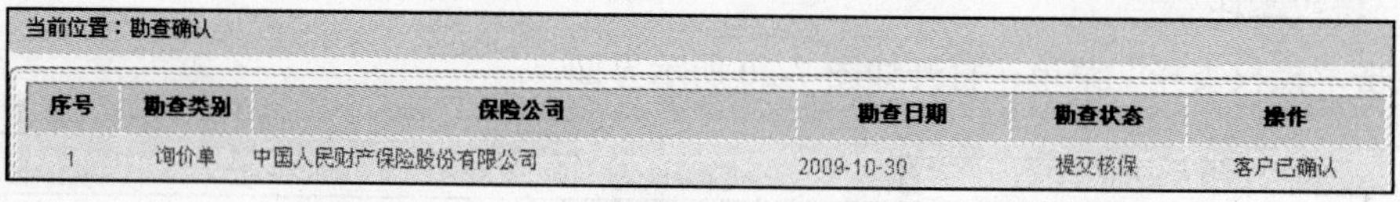

当前位置：勘查确认

序号	勘查类别	保险公司	勘查日期	勘查状态	操作
1	询价单	中国人民财产保险股份有限公司	2009-10-30	提交核保	客户已确认

图 7-24

6. 报案

点击“报案”菜单，打开如图 7-25 所示界面。

当前位置：报案

序号	事件名称	发生时间	报案
1	失窃	2010-09-03	未报案
2	2010年8月28日企业……	2010-08-28	已报案

返回 页次: 1 / 1页 本页: 2 总数: 2 [首页] [上一页] [下一页] [尾页] 1

图 7-25

点击“未报案”，填写完整事故描述后，选择经纪公司和保单号，点击“报案”按钮，发送给经纪公司处理。

保险公司

客户角色进入财产保险公司的营销中心、保全业务和理赔中心办理投保、保单保全、理赔等相关业务。

1. 营销部

营销部的业务包括：产品管理、询价、投保。

（1）产品管理。点击页面左侧的“产品管理”菜单，在页面右侧打开如图 7-26 所示界面。

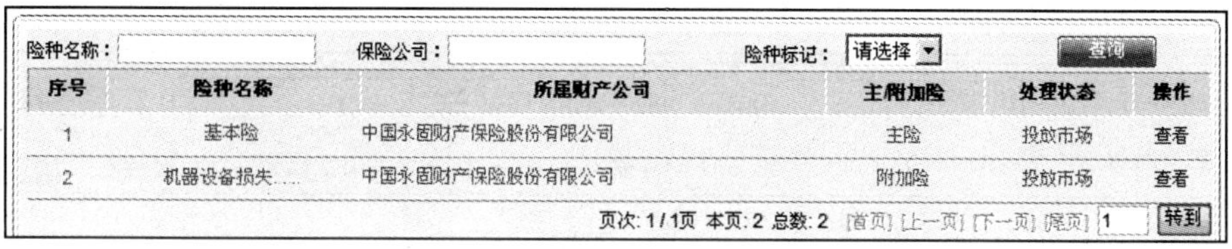

图 7-26

选择一条保险产品信息，点击该条信息“操作”栏中的“查看”，在打开界面中，查看详细的信息。

（2）询价。向保险公司询价。

选择“询价”业务，点击“添加”按钮，进入如图 7-27 所示界面。

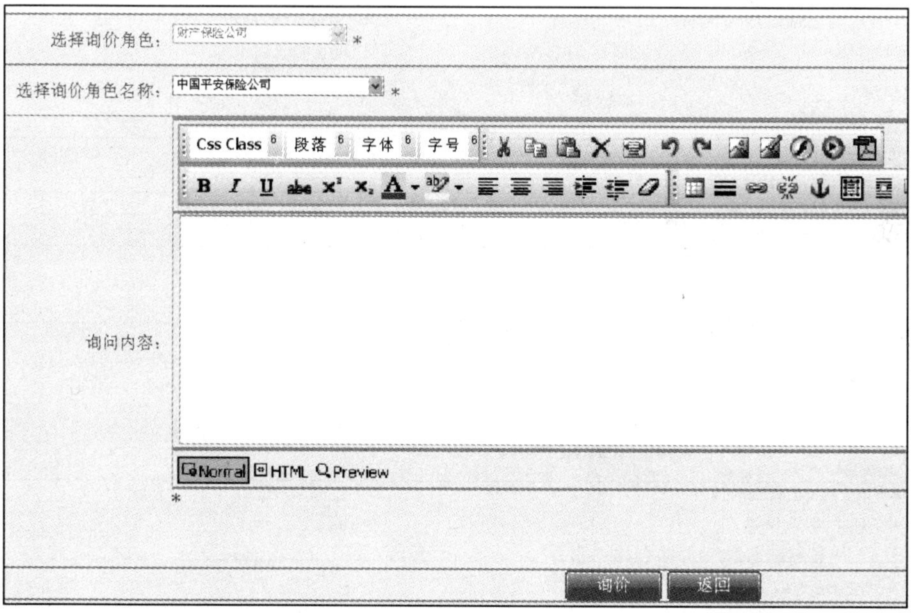

图 7-27

在打开界面中，询价角色默认为：财产保险公司，请选择询价对象，填写询问内容，输入完毕后，点击“询价”，保存该询价信息，并在询价列表中增加一条记录（该记录默认为待发送）。在询价列表中，可对询价单进行修改或删除。

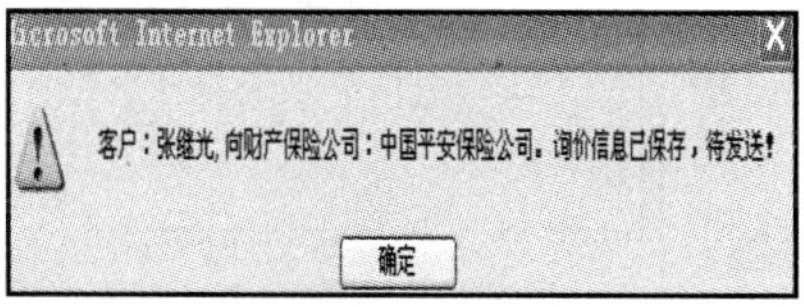

图 7-28

序号	对象角色	询问对象	询问内容	询问时间	回复状态	查看
1	财产保险公司	中国平安保险公司	你好	2010-9-3	保存	查看 修改 删除 发送

添加 返回 页次：1 / 1页 本页：1 总数：1 [首页] [上一页] [下一页] [尾页] 1

图 7-29

在列表中，点击“发送”操作，将该询价单发给所选的询价对象。发送后不能再修改或删除。

（3）投保。企业直接向财产保险公司投保企业财产险。

点击页面左侧的“投保→投保管理”菜单，在页面右侧打开如图 7-30 所示界面。

图 7-30

点击“请选择保险公司”和“请选择被保企业”下拉框，从中选择一家保险公司、被保企业，然后点击“投保”按钮，在打开界面中，填写信息，如图 7-31 所示。

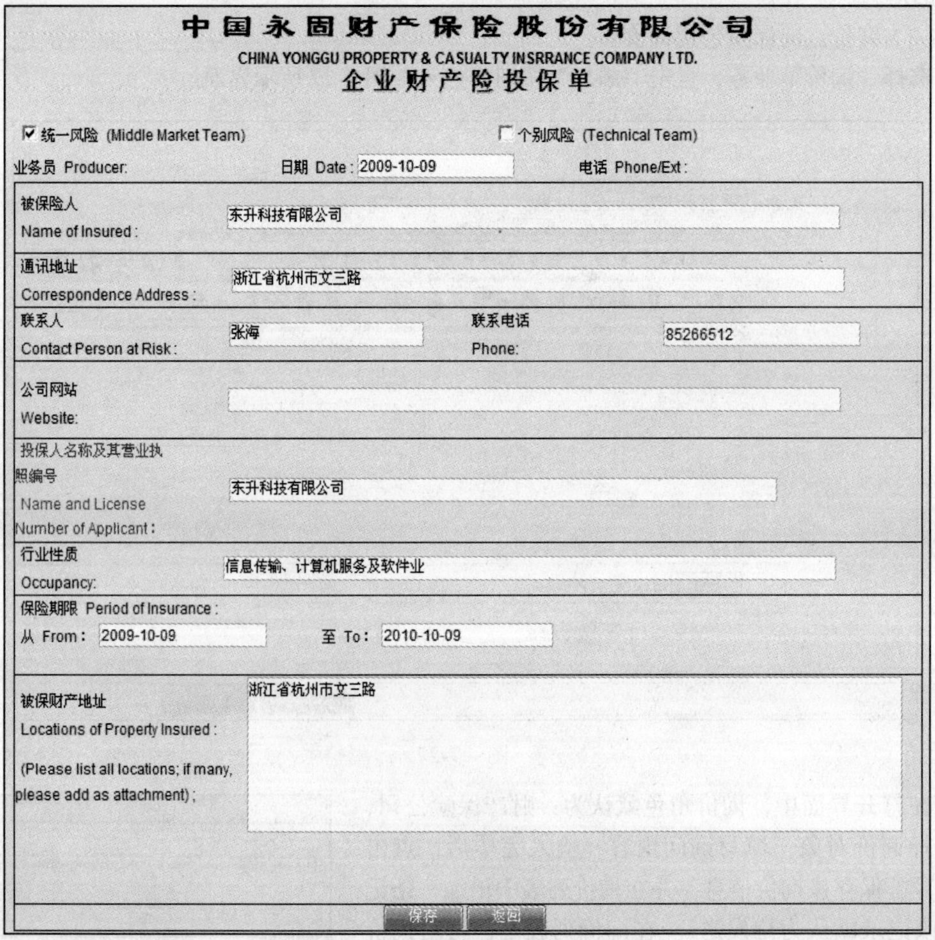

中国永固财产保险股份有限公司
CHINA YONGGU PROPERTY & CASUALTY INSRRANCE COMPANY LTD.
企业财产险投保单

☑ 统一风险 (Middle Market Team) ☐ 个别风险 (Technical Team)

业务员 Producer: 日期 Date：2009-10-09 电话 Phone/Ext：

被保险人 Name of Insured：东升科技有限公司

通讯地址 Correspondence Address：浙江省杭州市文三路

联系人 Contact Person at Risk：张海 联系电话 Phone：85266512

公司网站 Website：

投保人名称及其营业执照编号 Name and License Number of Applicant：东升科技有限公司

行业性质 Occupancy：信息传输、计算机服务及软件业

保险期限 Period of Insurance：
从 From：2009-10-09 至 To：2010-10-09

被保财产地址 Locations of Property Insured：
(Please list all locations; if many, please add as attachment)：浙江省杭州市文三路

保存 返回

图 7-31

点击“保存”按钮，系统提示如图 7-32 所示。

图　7-32

点击“确定”按钮，在打开界面中，点击“新增主险”按钮，弹出如图 7-33 所示窗口。

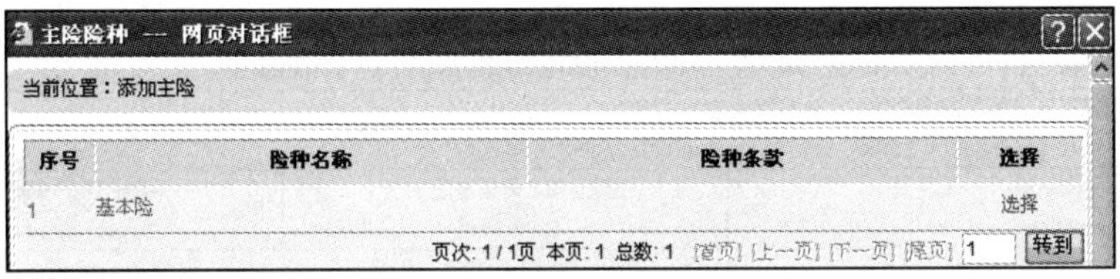

图　7-33

选择一条主险信息，点击该条信息“选择”栏中的“选择”，然后点击页面最下方的“新增主险”按钮。在打开界面中，点击“新增附加险”按钮，弹出如图 7-34 所示窗口。

图　7-34

在弹出窗口中，选择一条附加险信息，点击该条信息“选择”栏中的“选择”，打开如图 7-35 所示界面。

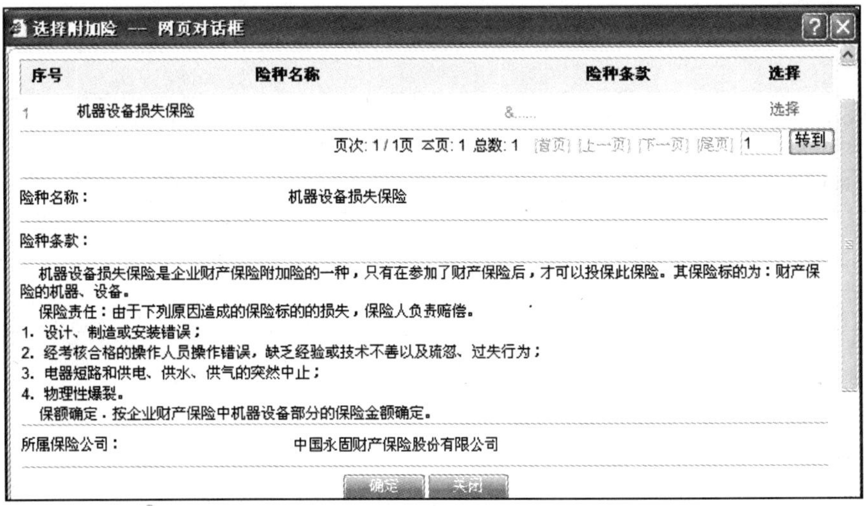

图　7-35

点击“确定”按钮，返回至“填写财产保险询价书”页面。在该页面中，填写“希望的免赔额”，如图 7-36 所示。

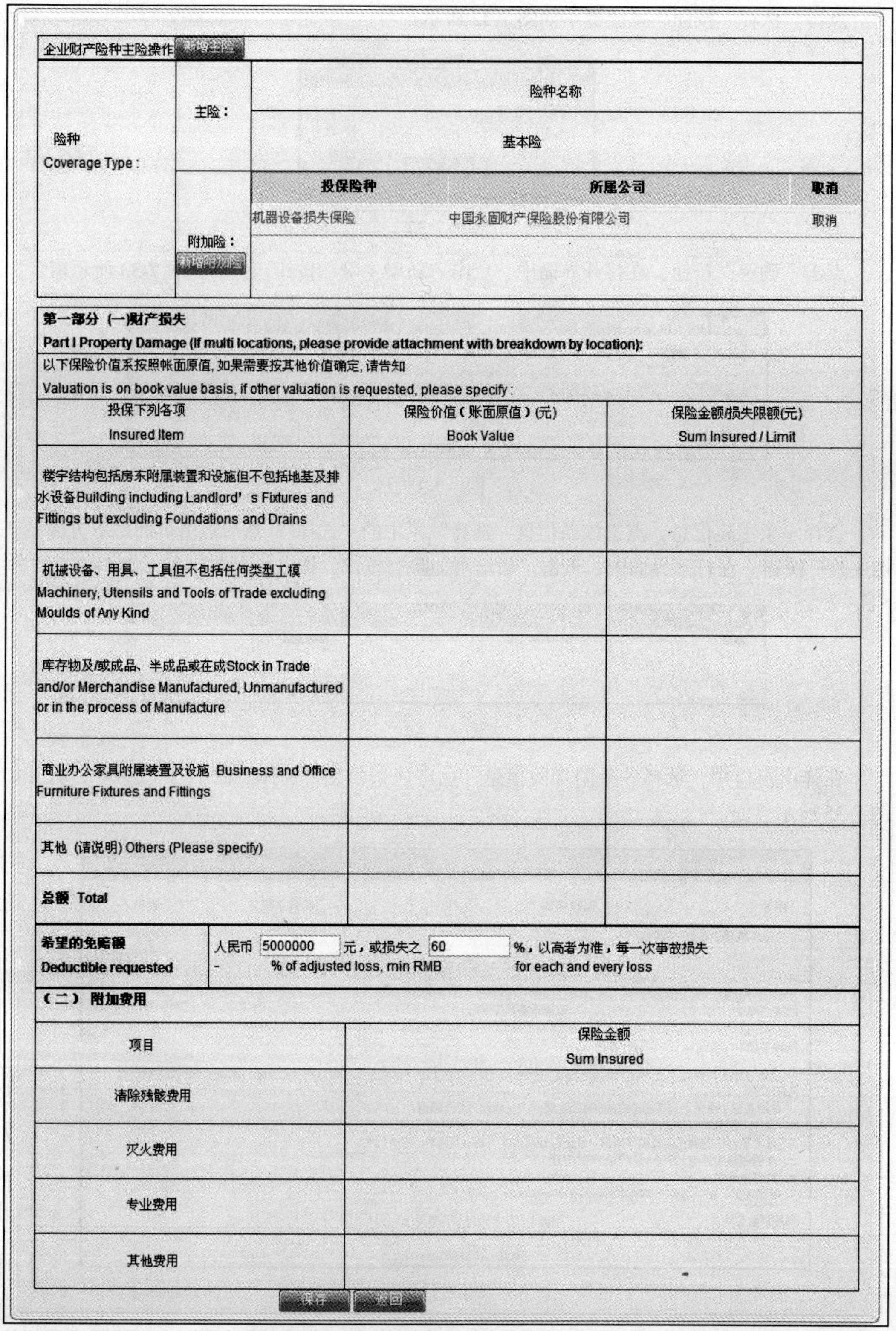

企业财产险种主险操作 新增主险

险种 Coverage Type :	主险：	险种名称		
		基本险		
	附加险： 新增附加险	投保险种	所属公司	取消
		机器设备损失保险	中国永固财产保险股份有限公司	取消

第一部分 (一)财产损失

Part I Property Damage (If multi locations, please provide attachment with breakdown by location):

以下保险价值系按照帐面原值，如果需要按其他价值确定，请告知

Valuation is on book value basis, if other valuation is requested, please specify :

投保下列各项 Insured Item	保险价值（账面原值）(元) Book Value	保险金额/损失限额(元) Sum Insured / Limit
楼宇结构包括房东附属装置和设施但不包括地基及排水设备Building including Landlord' s Fixtures and Fittings but excluding Foundations and Drains		
机械设备、用具、工具但不包括任何类型工模 Machinery, Utensils and Tools of Trade excluding Moulds of Any Kind		
库存物及/或成品、半成品或在成Stock in Trade and/or Merchandise Manufactured, Unmanufactured or in the process of Manufacture		
商业办公家具附属装置及设施 Business and Office Furniture Fixtures and Fittings		
其他 (请说明) Others (Please specify)		
总额 Total		

希望的免赔额 Deductible requested	人民币 5000000 元，或损失之 60 %，以高者为准，每一次事故损失 - % of adjusted loss, min RMB for each and every loss

（二） 附加费用

项目	保险金额 Sum Insured
清除残骸费用	
灭火费用	
专业费用	
其他费用	

保存 返回

图 7-36

点击“保存”按钮，系统提示如下（见图 7-37）。

图 7-37

点击“确定”按钮，在打开界面中，填写财产询价书中信息，如图 7-38 所示。

当前位置：填写财产询价书

风险地址房屋数量(不包括仓库)： 2
Number of Buildings (excluding warehouse)
仓库数量： 1
Number of Warehouses
总面积
Total Floor Area 300 m²
建筑类别 (请在下面填写风险地址内各种所已有的建筑类型的面积)
Construction Type (Please fill in information below regarding the area of each construction type)
钢筋混凝土结构
Reinforced Concrete Structure : 300 m²
一般钢结构
Steel Structure : m²
砖木结构或木结构
Brick Joisted or Wood Structure : 300 m²
其他结构, 请说明
Other, please specify : m²
彩钢板结构
Sandwich panel present : 有 Yes ☑无 No
如有,请告知彩钢板结构建筑所占之 %, 以及中间之保温材料: If Yes, please specify % of construction, and type of insulation:
厂区平面图
Plant Layout Attached : 有 Yes ☑无 No
☑自有厂房 租用厂房
Owned Leased
有无共用单位
Co-tenants? 有 Yes ☑无 No
合租人从事何种生产
Occupancy of cotenant :
仓库及储存区域的详细情况 (请填写以下有关仓库及库存区域的信息)
Warehouse / Storage Area Details (Please fill in the information below regarding warehouse / storage)
原材料、成品仓库及堆放区域
Raw Material & Finished Goods Storage Area : 200 m²
仓库货物堆高
Max. Pallet Storage Height : 2.5 m²
货架最大高度
Max. Height of Racks : 1.5 m²
周边情况, 请给出被保险财产地址四周的情况(例如, 河流,森林, 纺织厂等), 及其和被保险地址的距离
Exposure, please give details of exposure plus distance to north, south, east and west of location :
周边为一家印染厂
保存 返回

图 7-38

点击“保存”按钮，系统提示（见图 7-39）。

图 7-39

点击“确定”按钮，在打开界面中，填写信息，如图 7-40 所示。

行业描述
Occupancy :

利用计算机设备,根据行业用户的需求,设计、开发应用性软件。

请列出大致工艺流程
Please give the brief details of work flow & process:

工艺流程图
Production Flow Chat attached: ☐有 Yes ☑无 No

主要原料
Raw Material Used:

产成品
Final Product :
软件

主要生产设备
Key Machinery, please give brief details :
计算机

大型液压设备
Hydraulic Equipment Used: ☐有 Yes ☑无 No

带明火操作
Fired Processes :
烤炉 Oven ☐ 熔炉 Furnace ☐
干燥机 Dryer ☐ 加热器 Heater ☐
其他,请说明 Other, please specify

周边情况,请给出被保险财产地址四周的情况(例如,河流,森林,纺织厂等),及其和被保险地址的距离
Exposure, please give details of exposure plus distance to north, south, east and west of location :

自动喷淋系统
Automatic Sprinkler : ☑完全 Fully Protected ☐部分 Partly Protected ☐无喷淋 No Sprinklers

货架内的水喷淋喷头
In-rack Sprinklers Present in Warehouse / Storage Area : ☑有 Yes ☐无 No

火警探头系统
Automatic Fire Detection: ☑有 Yes ☐无 No
如果有,系统联网至
If yes, connected to :
☑消防局 Fire Departmen ☐控制室 Security Room ☐就地报警 Local Alarm

其他防火设备
Other Fire Protection Facilities:
请列出
Please list :

防盗报警系统
Burglar Alarm : ☑有 Yes ☐无 No
是否和保安公司或公安局联网 If yes, is it connected to alarm company or police station :
☑是 Yes ☐否 No

24小时保安
24 Hours Security : ☑有 Yes ☐无 No

☐禁烟措施
Smoking Control Regulation Present & Enforced
☐动火许可制度和记录
Hot work Permit Present & Enforced
☐厂内自检程序和记录
Self Inspection Program Present & Enforced
☐定期消防设施维护与记录
Fire Protection Maintenance Present & Enforced
☐整理、整顿的规章条例与记录
Housekeeping Stipulation Present & Enforced

被保险地址附近的河流、湖泊、水库离被保险地址的距离
The distance between insured location and river / lake / reservoir close to the insured location :
☑500米以内 within 500 meters ☐超过500米 above 500 meters

保存 返回

图 7-40

点击“保存”按钮，系统提示如下（见图 7-41）。

图 7-41

点击“确定”按钮，在打开界面中，填写信息，如图 7-42 所示。

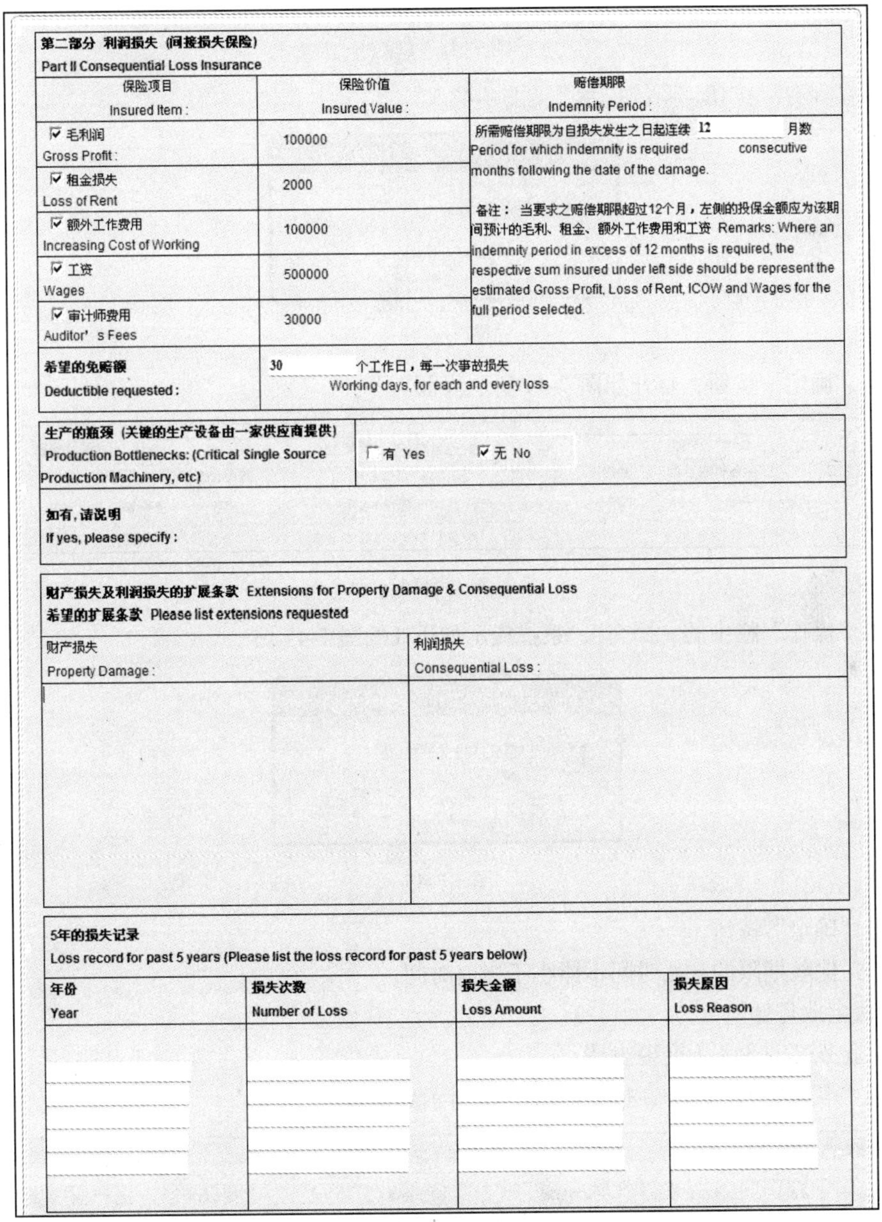

第二部分 利润损失（间接损失保险）
Part II Consequential Loss Insurance

保险项目 Insured Item :	保险价值 Insured Value :	赔偿期限 Indemnity Period :
☑ 毛利润 Gross Profit :	100000	所需赔偿期限为自损失发生之日起连续 12 月数 Period for which indemnity is required consecutive months following the date of the damage.
☑ 租金损失 Loss of Rent	2000	
☑ 额外工作费用 Increasing Cost of Working	100000	备注：当要求之赔偿期限超过12个月，左侧的投保金额应为该期间预计的毛利、租金、额外工作费用和工资 Remarks: Where an indemnity period in excess of 12 months is required, the respective sum insured under left side should be represent the estimated Gross Profit, Loss of Rent, ICOW and Wages for the full period selected.
☑ 工资 Wages	500000	
☑ 审计师费用 Auditor' s Fees	30000	
希望的免赔额 Deductible requested :	30 个工作日，每一次事故损失 Working days, for each and every loss	

生产的瓶颈（关键的生产设备由一家供应商提供） Production Bottlenecks: (Critical Single Source Production Machinery, etc)	☐ 有 Yes ☑ 无 No
如有，请说明 If yes, please specify :	

财产损失及利润损失的扩展条款 Extensions for Property Damage & Consequential Loss
希望的扩展条款 Please list extensions requested

财产损失 Property Damage :	利润损失 Consequential Loss :

5年的损失记录
Loss record for past 5 years (Please list the loss record for past 5 years below)

年份 Year	损失次数 Number of Loss	损失金额 Loss Amount	损失原因 Loss Reason

图 7-42

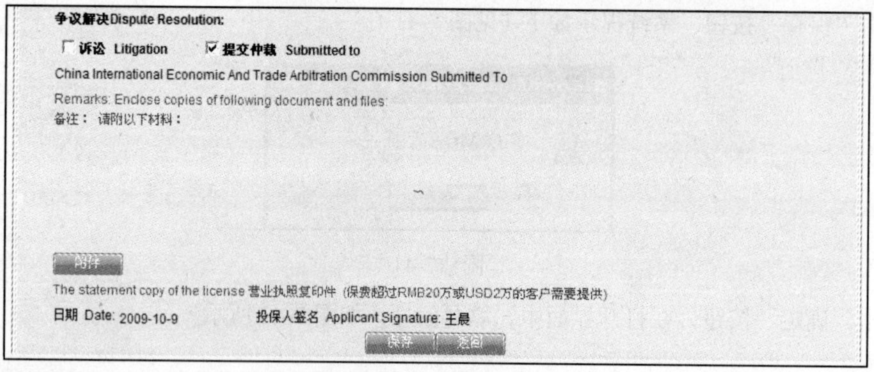

图 7-42 （续）

点击“保存”按钮，系统提示（见图 7-43）。

图 7-43

点击“确定”按钮，打开如图 7-44 所示界面。

图 7-44

点击“操作”栏中的“提交”，系统提示如下（见图 7-45）。

图 7-45

点击“确定”按钮。

提示：保险期限的开始时间不能小于当前时间。

2. 保全业务部

保全业务部的业务为变更申请。

点击“申请变更”业务，打开如图 7-46 所示界面。

图 7-46

点击操作栏的“添加”，出现如图 7-47 所示页面。

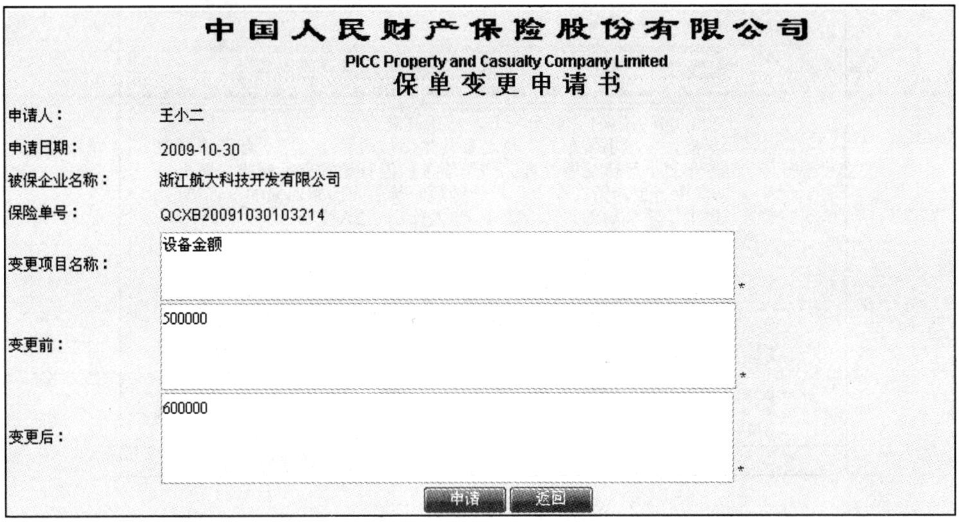

图　7-47

填写完申请书后，点击“申请”后，回到列表页面（见图 7-48）。

序号	变更项目名	申请日期	处理状态	操作
1	地址变更	2009-11-10	保存	查看 修改 删除 提交

图　7-48

点击操作栏的“提交”，将变更申请书提交给保险公司。

3. 理赔中心

理赔中心的业务包括：报案、理赔申请、理赔确认。

（1）报案。点击“报案”菜单，打开如图 7-49 所示界面。

当前位置：事故报案

序号	事件名称	发生时间	报案
1	死于飞机失事	2009-9-27	未报案

页次: 1/1页 本页: 1 总数: 1 [首页] [上一页] [下一页] [尾页] 1 转到

图　7-49

点击“报案”栏中的“未报案”，在打开界面中，选择保险公司名称、保单号，填写案件详情，如图 7-50 所示：

点击“报案”按钮，保存报案信息。

在报案列表中，点击“操作”栏中的“提交”，将该报案提交给保险公司。

点击“添加新报案”按钮，可以添加新的企业财产保险事故报案信息，方法与上面的操作方法一致。

提示： 1. 只有在教师添加人寿保险危险事件之后，学生才能演练人寿保险的理赔流程。

2. 选择报案的保单号，必须是保险公司直接受理的保单。

（2）理赔申请。点击“理赔申请”菜单，打开如图 7-51 所示界面。

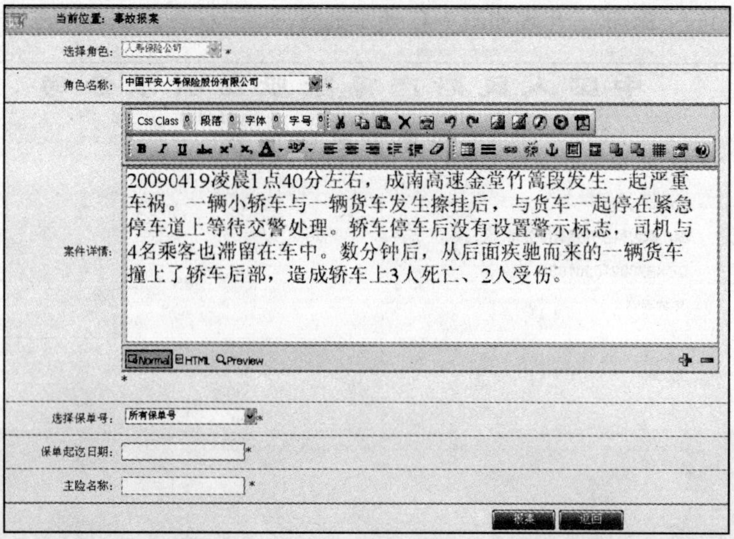

图 7-50

当前位置：理赔申请

序号	报案号	报案人	保险公司名称	申请状态	操作
1	QCX20091030105732	王小二	中国人民财产保险股份有限公司	未申请	申请

图 7-51

点击操作栏目的“申请”，填写理赔申请表，而后回到列表页面点击操作栏的“提交”即可。

（3）理赔确认。点击“理赔确认”菜单打开如图 7-52 所示界面。

当前位置：支付确认

序号	立案号	立案时间	申请单号	立案状态	操作
1	QCX20091030112143	2009-10-30	QCX200910301113531	赔付支付	未确认

页次：1/1页 本页：1 总数：1 [首页] [上一页] [下一页] [尾页] 1 转到

图 7-52

在保险公司已经支付赔款后，客户点击操作栏的“未确认”，确认收到赔款即可。

财险代理人

在进入企业财产险实验后，选择“财险代理人”（见图 7-53），第一次进入“代理人操作平台”，系统提示注册代理人信息。

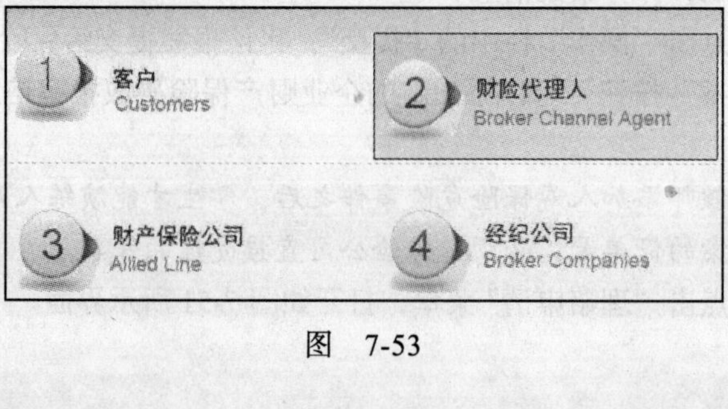

图 7-53

在进入企业财产险实验后，选择“财险代理人”，第一次进入“代理人操作平台”，系统提示如下（见图 7-54）。

图　7-54

点击“确定”按钮，打开代理人基本信息注册界面，在该界面中，输入相关的信息，如图 7-55 所示。

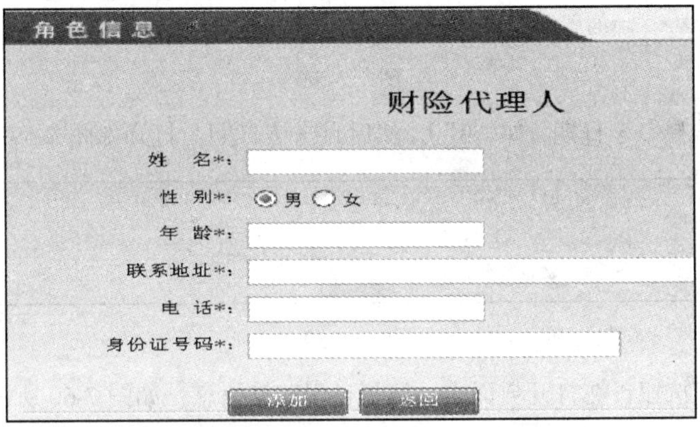

图　7-55

点击“添加”按钮，系统提示如下（见图 7-56）。

图　7-56

点击“确定”按钮，返回代理人资料页面，在该页面内可修改代理人信息。若不修改，点击“返回”按钮，返回至角色选择页面，然后再点击“财险代理人”按钮，打开“代理人操作平台”首页面（见图 7-57）。

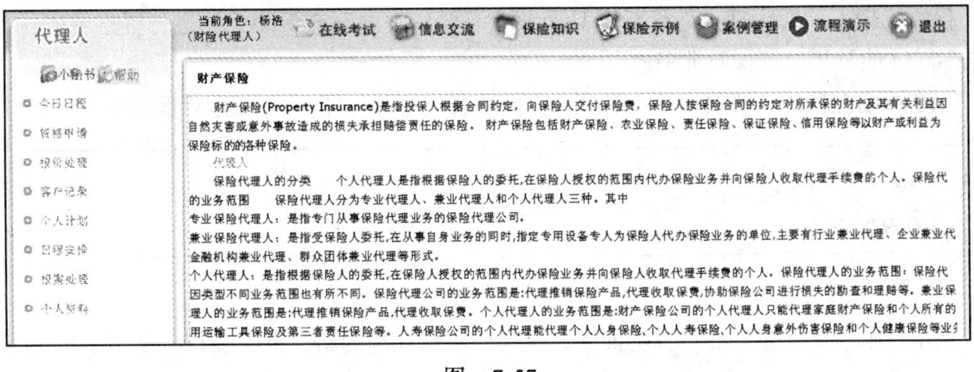

图　7-57

今日日程

点击页面左侧的“今日日程”菜单，在页面右侧打开如图 7-58 所示界面。

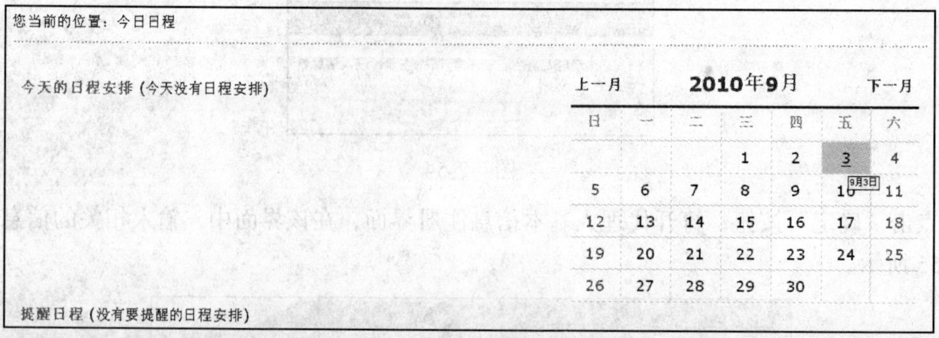

图 7-58

从日历表中选择一个日期（如“3”），然后点击该日期，打开如图 7-59 所示界面。

图 7-59

点击“添加”按钮，在打开界面中，填写日程安排信息，如图 7-60 所示。

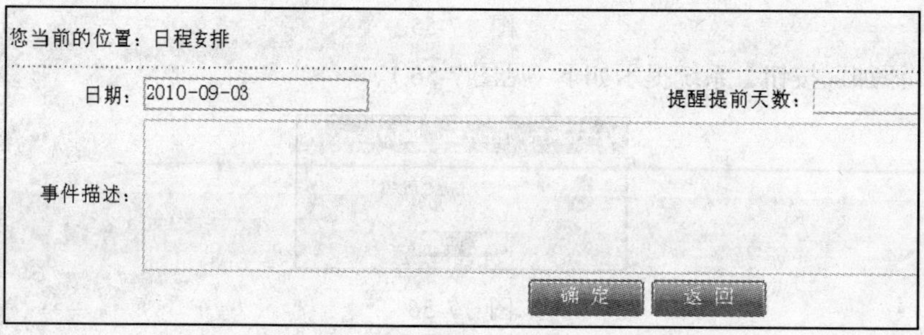

图 7-60

点击“确定”按钮。

资格申请

保险代理人，要代理人寿保险产品业务，需要事先向财产保险公司进行资格申请，获得批准后，才能从事财产保险业务。

点击页面左侧的“资格申请”菜单，在页面右侧打开如图 7-61 所示界面。

图 7-61

点击“申请”按钮，在打开界面中，选择所申请代理的财产保险公司，如图 7-62 所示。

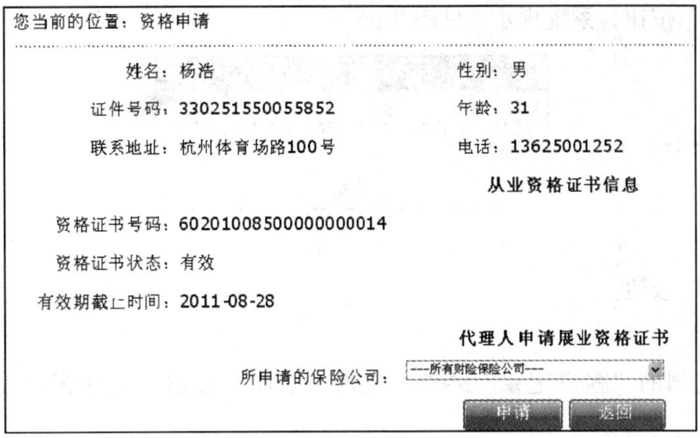

图 7-62

点击“申请”按钮，系统提示（见图 7-63）。

点击“确定”按钮。

图 7-63

报价处理

该模块的主要功能是，保险代理受理客户的询价信息。同时，保险代理人作为保险公司的员工，也需要处理由保险公司转交的客户询价请求。

点击页面左侧的“报价处理”菜单，在页面右侧打开如图 7-64 所示界面。

图 7-64

点击“操作”栏中的“处理”，在打开界面中，填写回复信息，如图 7-65 所示。

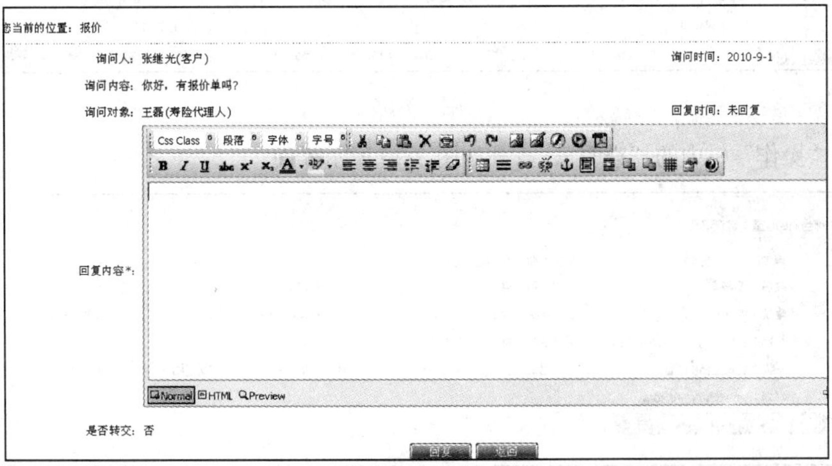

图 7-65

点击“回复”按钮，系统提示（见图 7-66）：

图 7-66

点击“确定”按钮。

客户记录

点击页面左侧的“客户记录”菜单，点击“添加”按钮，添加客户信息，如图 7-67、图 7-68 所示。

图 7-67

图 7-68

点击“确定”按钮，返回至如图 7-69 所示界面。

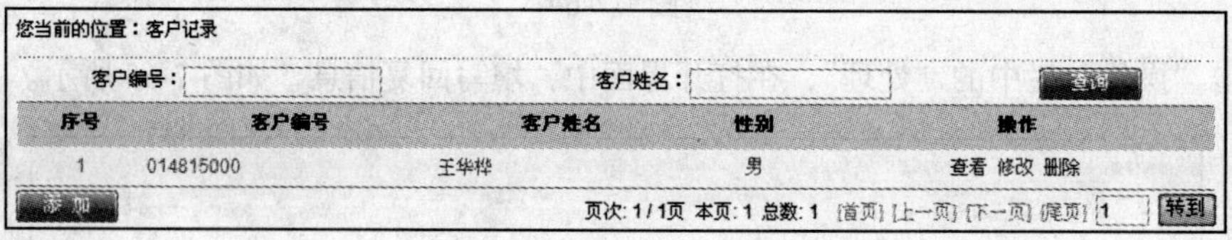

图 7-69

点击“操作”栏中的“查看”，打开如图 7-70 所示界面。

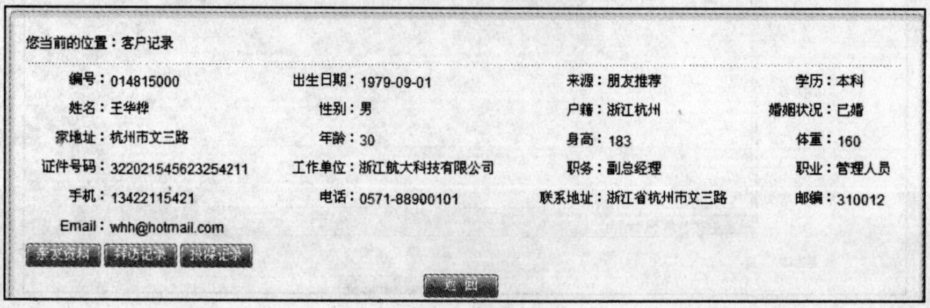

图 7-70

1. 管理客户亲友资料

点击“亲友资料”按钮，打开如图 7-71 所示界面。

图　7-71

点击“添加”按钮，在打开界面中，填写客户亲友资料信息，如图 7-72 所示。

图　7-72

点击“确定”按钮，系统提示（见图 7-73）。

图　7-73

点击“确定”按钮。

2. 客户拜访记录管理

点击“拜访记录”按钮，打开如图 7-74 所示界面。

图　7-74

点击“添加”按钮，在打开界面中，填写拜访时间、事件描述，如图 7-75 所示。

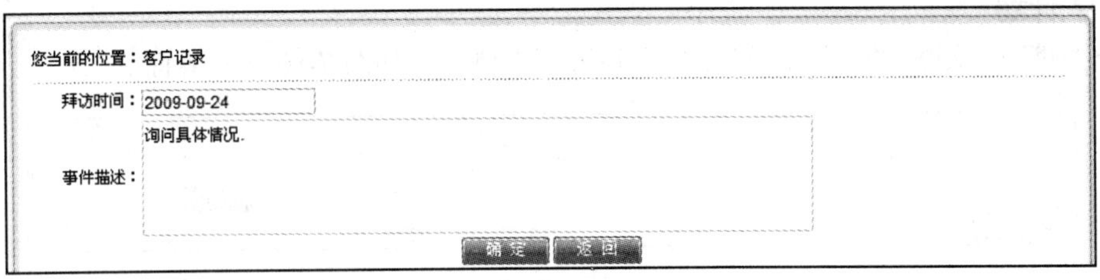

图　7-75

点击“确定”按钮，系统提示如下（见图 7-76）。

图 7-76

点击“确定”按钮。

3. 客户投保记录管理

点击“投保记录”按钮，打开如图 7-77 所示界面。

图 7-77

点击“添加”按钮，在打开界面中，填写各项客户投保信息，如图 7-78 所示。

图 7-78

点击“确定”按钮，系统提示（见图 7-79）。

图 7-79

点击“确定”按钮。

个人计划

点击页面左侧的“个人计划”菜单，在页面右侧打开如图 7-80 所示界面。

图 7-80

点击“添加”按钮，在打开界面中，填写各项信息，如图 7-81 所示。

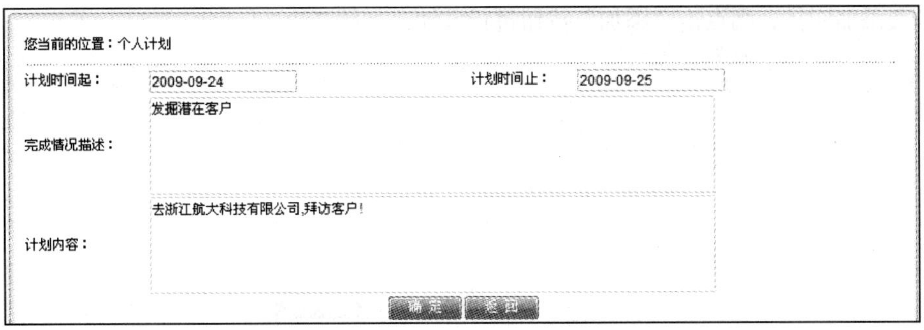

图　7-81

点击“确定”按钮，系统提示如下（见图 7-82）。

图　7-82

点击“确定”按钮。

日程安排

点击页面左侧的“日程安排”菜单，在页面右侧打开如图 7-83 所示界面。

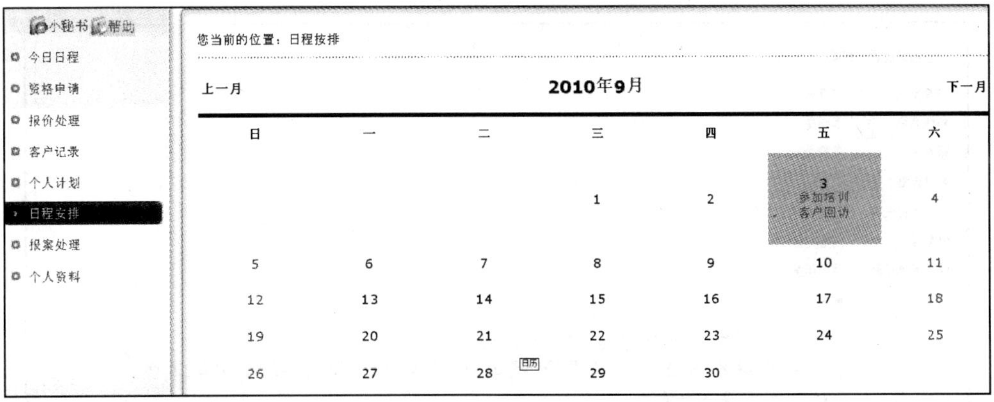

图　7-83

点击某一日期，可查看该日期的日程（见图 7-84）。

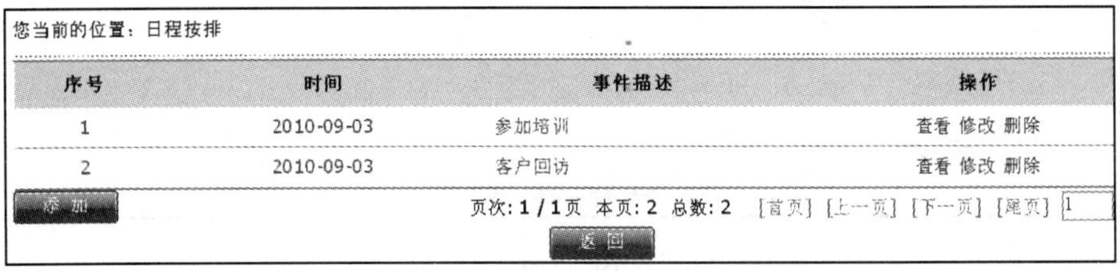

图　7-84

若要添加安排，则点击“添加”按钮进行添加，如图 7-85 所示。

图 7-85

点击“确定”，保存完成。

报案处理

财险代理人受理客户的保险事故处理请求。

点击页面左侧的“报案”菜单，在页面右侧打开如图 7-86 所示界面。

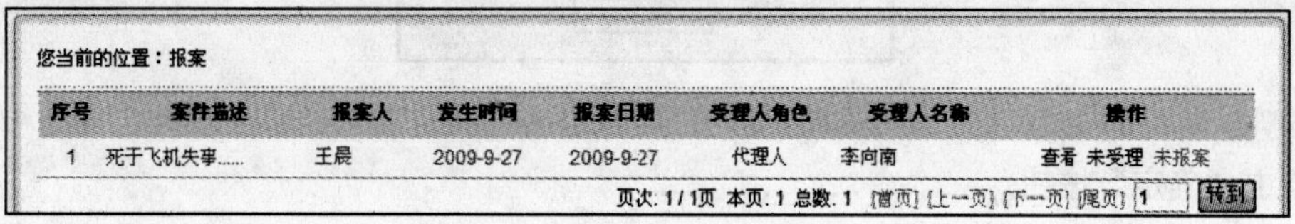

图 7-86

点击“操作”栏中的“未受理”，在打开界面中，填写受理描述，如图 7-87 所示。

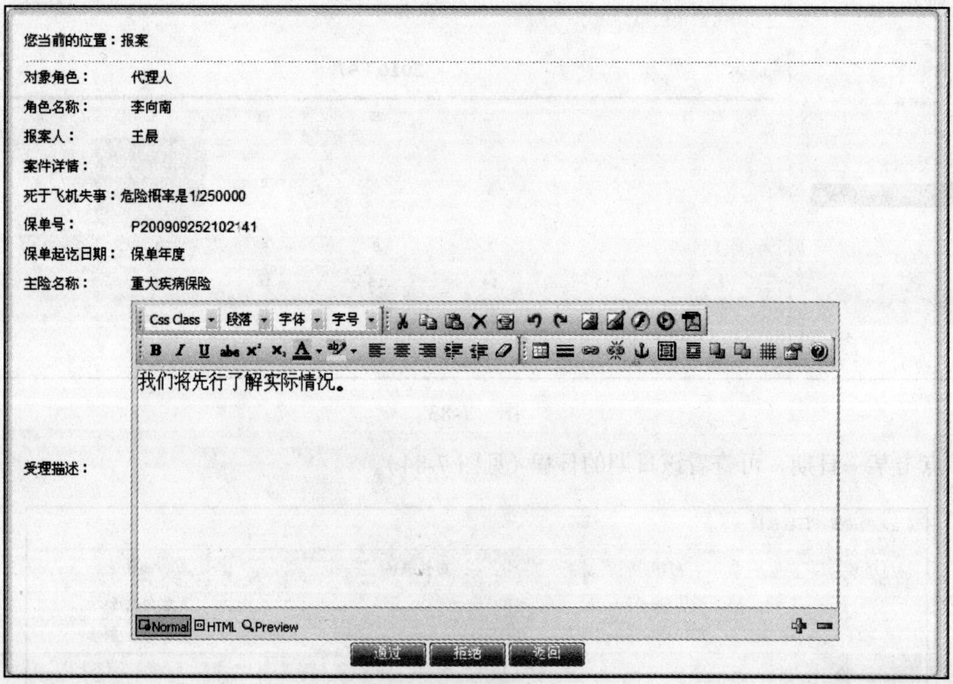

图 7-87

点击“通过”按钮，系统提示如下（见图 7-88）。

点击“确定”按钮，在打开界面中，点击“操作”栏中的“未报案”，代理人向保险公司报案。

图　7-88

个人资料

代理人个人资料维护窗口。

点击页面左侧的“个人资料”菜单，打开个人资料页面（见图 7-89）。可进行个人资料的修改。

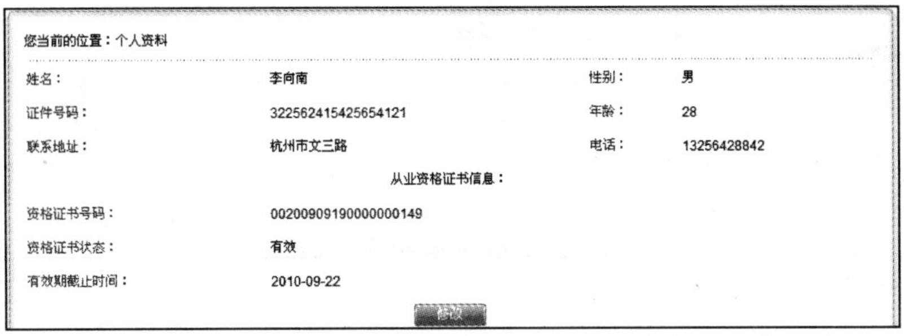

图　7-89

点击“修改”按钮，在打开界面中，输入要更新的信息，然后点击“保存”按钮。

财产保险公司

在进入企业财产险实验后，选择“财产保险公司”，第一次进入“财产保险公司操作平台”，系统提示如下（见图 7-90）。

图　7-90

点击“确定”按钮，打开财产保险公司基本信息注册界面，在该界面中输入相关的信息，完成注册。

进入财产保险公司操作平台首页面，分别选择财产保险公司的各个部门处理业务。

产品部

点击“产品管理”菜单，在页面右侧打开如图 7-91 所示界面。

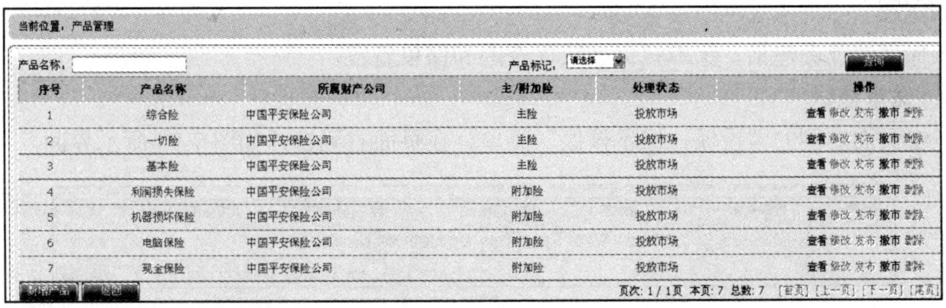

序号	产品名称	所属财产公司	主/附加险	处理状态	操作
1	综合险	中国平安保险公司	主险	投放市场	查看 修改 发布 撤市 删除
2	一切险	中国平安保险公司	主险	投放市场	查看 修改 发布 撤市 删除
3	基本险	中国平安保险公司	主险	投放市场	查看 修改 发布 撤市 删除
4	利润损失保险	中国平安保险公司	附加险	投放市场	查看 修改 发布 撤市 删除
5	机器损坏保险	中国平安保险公司	附加险	投放市场	查看 修改 发布 撤市 删除
6	电脑保险	中国平安保险公司	附加险	投放市场	查看 修改 发布 撤市 删除
7	现金保险	中国平安保险公司	附加险	投放市场	查看 修改 发布 撤市 删除

图　7-91

点击“新增产品”按钮，在打开界面中，选择“主/附加险标记”“险种名称”，填写险种条款，如图 7-92 所示。

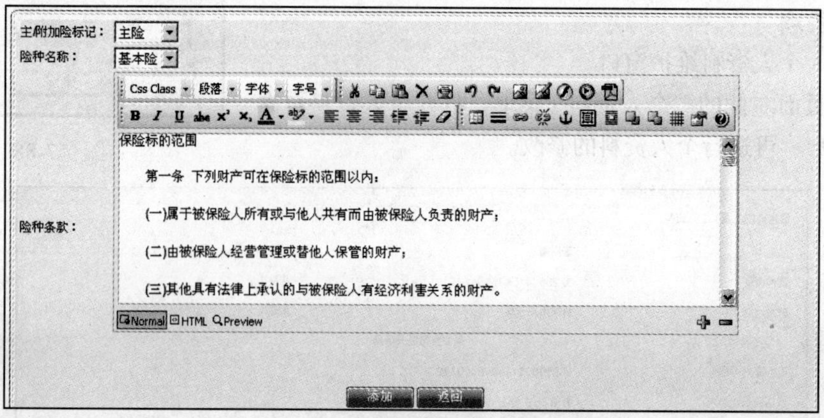

图 7-92

点击“添加”按钮，系统提示如下（见图 7-93）。

图 7-93

点击“确定”按钮，打开如图 7-94 所示界面。

图 7-94

选择一条保险产品信息，点击“操作”栏中的“查看”，查看该产品的详细信息；点击“操作”栏中的“修改”，更新该条信息；点击“操作”栏中的“发布”，将该产品信息发布，投放市场；点击“操作”栏中的“撤销”，将已推向市场的保险产品设置为停售状态；点击“操作”栏中的“删除”，删除该条信息。

提示：财产保险公司必须要将保险产品进行发布，客户才能进行投保。

核保部

核保部的业务包括：保单核保、核保查勘和保单签发。

1. 保单核保

点击页面左侧的“投保→保单核保”菜单，在页面右侧打开如图 7-95 所示界面。

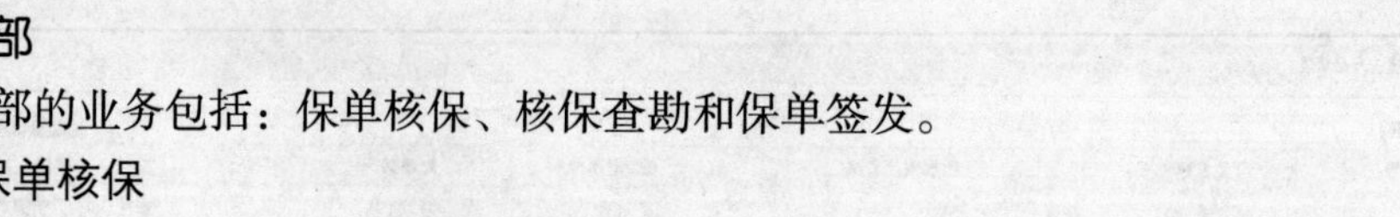

图 7-95

点击“操作”栏中的“未核保”，在打开界面中，填写保险费率等信息，并点击“通过”按钮。此时操作栏状态显示“通过”。

2. 核保查勘

在同意受理询价后，可派遣人员进行现场查勘，查勘后需填写勘查报告。

点击页面左侧的“核保询价勘查”菜单，在页面右侧打开如图 7-96 所示界面。

当前位置：询价查勘

序号	勘查类别	企业名称	勘查状态	操作
1	询价单	浙江航大科技开发有限公司	已派遣	查看问询 未勘查 未提交

图　7-96

点击操作栏的“未勘查”，如图 7-97 所示，填写勘查报告书，之后等待客户确认。

图　7-97

在客户确认同意此勘查报告书后，点击操作栏的“未提交”，将此案提交报价部门作出报价。

3. 保单签发

点击“保单签发”菜单，打开如图 7-98 所示界面。

当前位置：保单签发

序号	投保单号	被保险人	填写日期	保险公司	投保状态	操作
1	QCXT20091029150112	浙江航大科技开发有限公司	2009-10-29	中国人民财产保险股份有限公司	通过	未签发

图　7-98

点击操作栏的“未签发”，成功签发保单。

保全业务部

保全业务部的业务为：保单变更。

点击“变更处理”菜单，打开如图 7-99 所示界面。

当前位置：变更处理

序号	投保人	保险单号	填写日期	保险公司	客户状态	操作
1	王小二	QCXB20091030103214	2009-10-30	中国人民财产保险股份有限公司	已缴费	待处理

图　7-99

点击“操作”栏中的“待处理”，在打开界面中，操作处理变更，系统将自动生成批单，客户端可查看。

营销部

营销部的业务包括：代理人管理、询价管理、风险问询、投标管理、保单管理、业绩分析。

1. 代理人管理

点击“代理人管理”菜单，打开如图 7-100 所示界面。

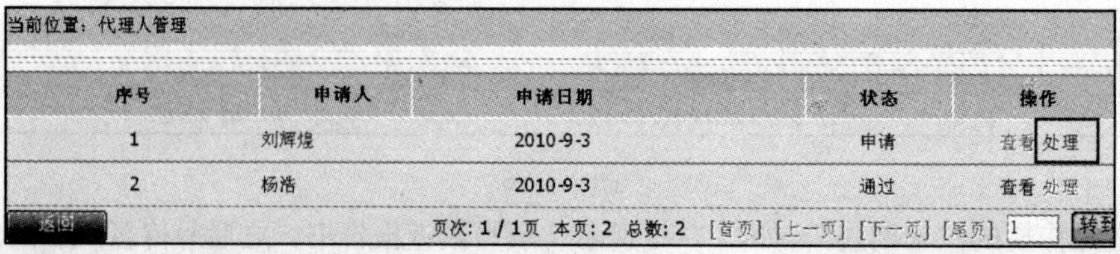

图 7-100

选择状态为“申请”的代理人，点击操作栏中的“处理”，在打开界面中，填写业务范围、销售区域、结果说明，点击“通过”按钮，系统提示如下（见图 7-101）。

图 7-101

提示：若不批准代理的资格申请，则点击“拒绝”按钮。

2. 询价管理

针对客户的询价信息，保险公司可以直接向客户报价，也可以指定保险代理人跟客户沟通，向客户报价。在这里可处理客户和经纪公司的询价信息。

点击“询价管理”菜单，打开如图 7-102 所示界面。

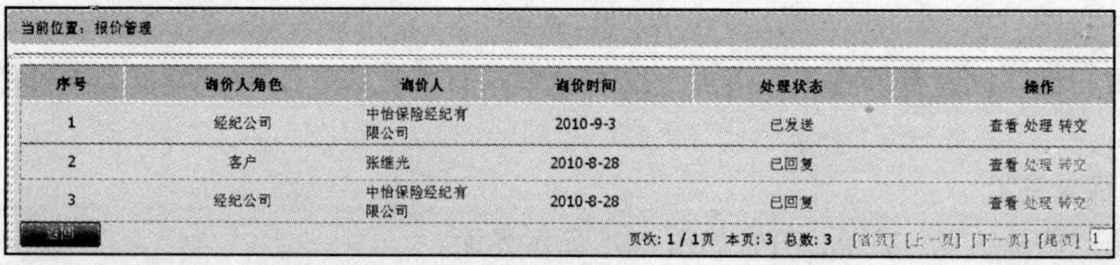

图 7-102

（1）财产保险公司直接报价。点击“操作”栏中的“处理”，在打开界面中，填写回复信息，如图 7-103 所示。

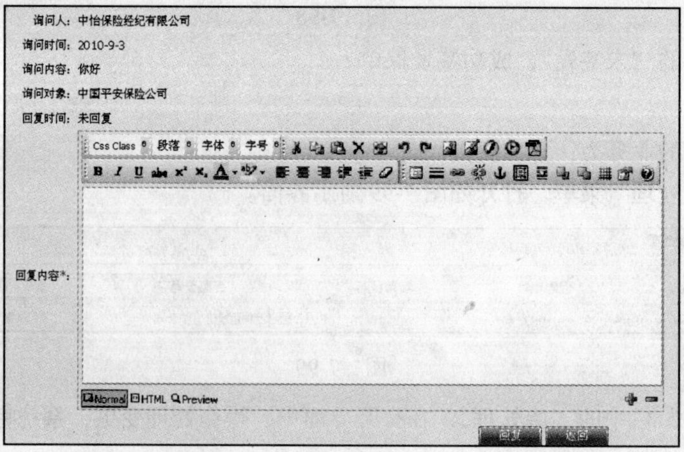

图 7-103

点击“回复”按钮。

（2）转交保险代理人处理。点击“操作”栏中的“转交”，打开如图 7-104 所示界面。

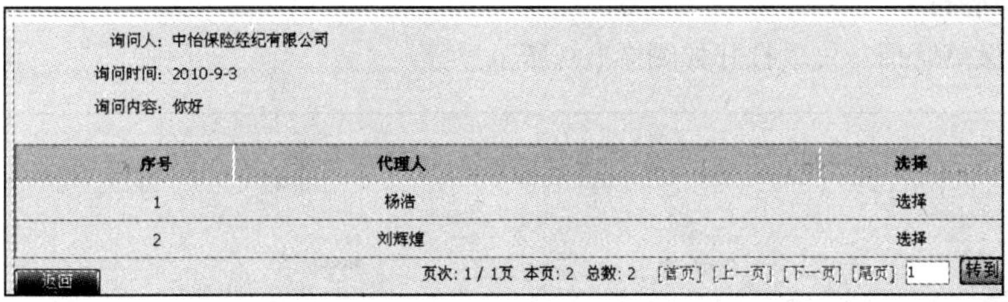

图 7-104

选择一个保险代理人，点击“选择”栏中的“选择”，系统提示如右（见图 7-105）。

点击“确定”按钮，系统提示该记录成功转交给该代理人处理。

图 7-105

3. 风险问询

处理经纪公司委托的风险问询业务（见图 7-106）。

图 7-106

点击“风险问询”进入如图 7-106 所示界面，点击“未受理”，查看询价单，选择是否查勘，完成受理。

4. 报价管理

点击“报价管理”菜单，在页面右侧打开如图 7-107 所示界面。

图 7-107

点击操作栏“未填写”，在打开页面填写明细报价单，填写完整保存后，点击“发送”，将报价发送给经纪公司或客户。

5. 投标管理

点击“投标管理”菜单，打开如图 7-108 所示界面。

图 7-108

选择一条招标信息，点击该条信息“投标”栏中的“投标”，在打开界面中，填写优惠条件、理赔服务承诺，点击“确定”按钮，系统提示“投标成功”。

6. 保单管理

点击“保单管理”菜单打开如图 7-109 所示界面。

当前位置：保单管理

保单号： 查询

序号	投保单号	保单号	客户名称	保险产品	投保时间	投保状态
1	JCT20100903095055	JCB20100903105721	张继光	吉祥三保二代	2010-09-03	签发
2	JCT20100828114229	JCB20100828114324	张继光	吉祥三保二代	2010-08-28	缴费确认
3	JCT20100828124809	JCB20100828125147	张继光	温馨家园D款	2010-08-28	缴费确认

返回　页次：1 / 1页 本页：3 总数：3 [首页] [上一页] [下一页] [尾页] 1 转到

图 7-109

此栏目，可查看到所有操作过的保单的状态以及投保单和保单的明细页面。

7. 业绩分析

点击“业绩分析”菜单，打开如图 7-110 所示界面。

当前位置：业绩分析

时间查询： 到 查询

图 7-110

此栏目提供按时间段查询所有保单，以便对固定时间段（如一季度或一月）的公司业绩进行统计。

理赔中心

理赔中心的业务包括：报案处理、报案查勘、立案处理、理算处理、核赔处理（见图 7-111）。

图 7-111

1. 报案处理

点击“报案处理”菜单，打开如图 7-112 所示界面。

当前位置：报案处理

序号	报案号	报案人	保险公司名称	报案日期	处理状态	操作
1	QCX20100903165757	张继光	中国平安保险公司	2010-09-03	未处理	待处理
2	QCX20100828163236	张继光	中国平安保险公司	2010-08-28	已处理	查看

返回　页次：1 / 1页 本页：2 总数：2 [首页] [上一页] [下一页] [尾页] 1 转到

图 7-112

点击“操作”栏中的“待处理”，在打开界面中，填写查勘人员、地点、时间和任务描述，点击“受理”按钮，系统提示受理已通过（见图 7-113）。

图 7-113

2. 报案查勘

报案受理后，进行查勘。点击“报案查勘”业务，进入如图 7-114 所示界面。

图 7-114

点击“未查勘”操作，填写查勘报告。填写后点击“确定”按钮后，由客户在“个人中心”进行“查勘处理”。客户同意后，再提交该查勘报告。

图 7-115

立案报告提交后，客户可进行理赔申请。

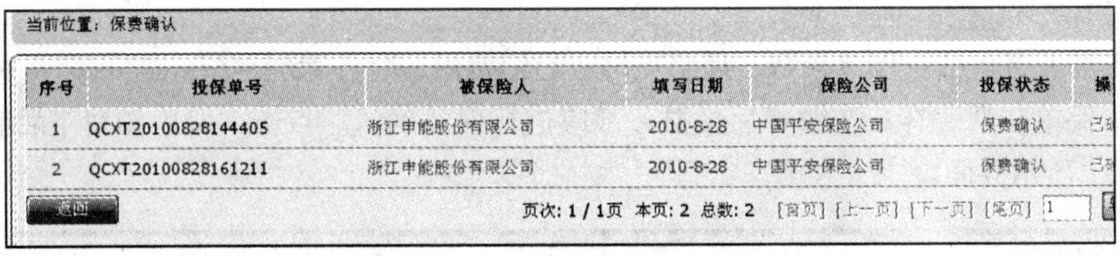

图 7-116

3. 立案处理

处理客户的理赔申请，点击“立案处理”菜单，打开如图 7-117 所示界面。

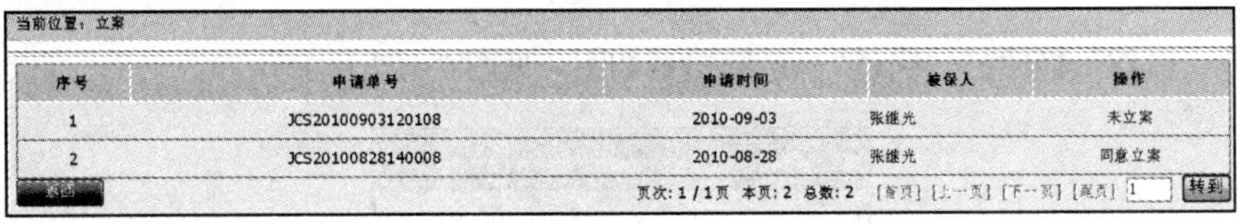

图 7-117

点击“操作”栏中的“未立案”，在打开理赔申请表，点击“同意立案”按钮，系统提示如下（见图 7-118）。

图 7-118

点击“确定”按钮。

4. 理算处理

点击“理算处理”菜单，打开如图 7-119 所示界面。

图 7-119

点击“操作”栏中的“理算”，打开赔款计算书界面，在赔款计算书里填写赔款计算方式、查勘金额、其他金额和结算方式及日期，填写后点击“确定”完成理算。

5. 核赔处理

点击“核赔处理”菜单，打开如图 7-120 所示界面。

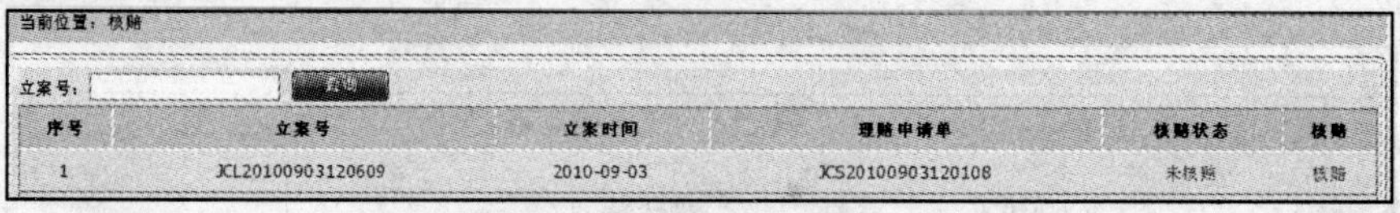

图 7-120

点击“操作”栏中的“核赔”，打开赔款计算书界面。点击“核赔通过”按钮，完成核赔处理。

6. 财务部

财务部业务包括：保单扣费、理赔支付、经纪费用、财务管理。

（1）保单扣费。客户在缴费后，财务部应进行保费确认。点击“保单扣费”菜单，打开如图 7-121 所示界面。

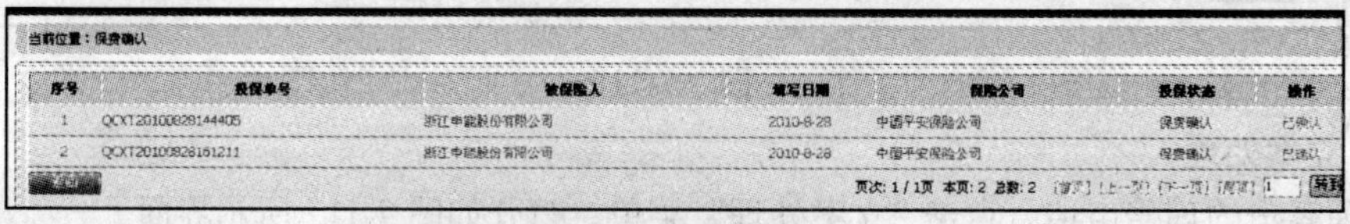

图 7-121

点击“操作”栏中的“确认”，系统提示如下（见图 7-122）。

图 7-122

点击“确定”按钮。

（2）理赔支付。核赔处理通过后，进行理赔支付。点击“理赔支付”菜单，打开如图 7-123 所示界面。

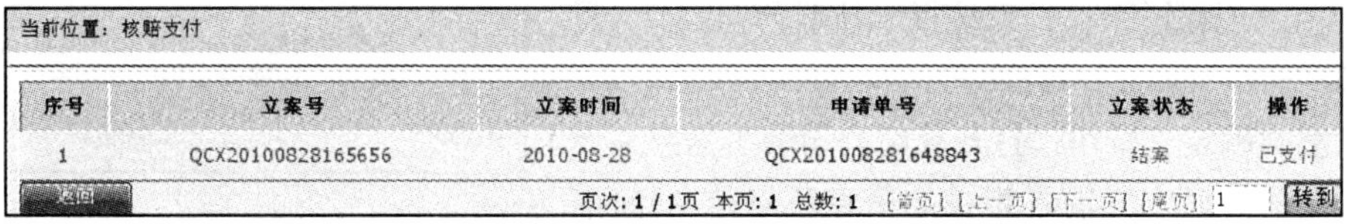

图 7-123

点击“操作”栏中的“支付”，系统提示已支付，点击“确定”按钮。

（3）经纪费用。保险公司支付经纪费用。点击“经纪费用”打开如图 7-124 所示界面，点击“未发送”。

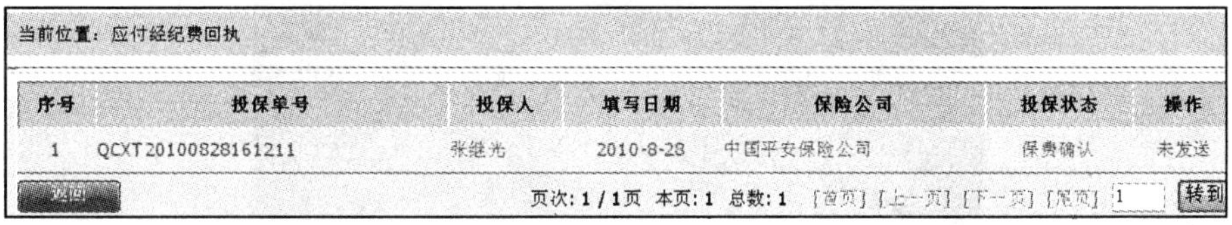

图 7-124

打开应付经纪费用回执，填写费用信息后点击“保存”按钮，系统提示如下（见图 7-125）。

图 7-125

（4）财务管理。点击“财务管理”菜单，打开如图 7-126 所示界面。

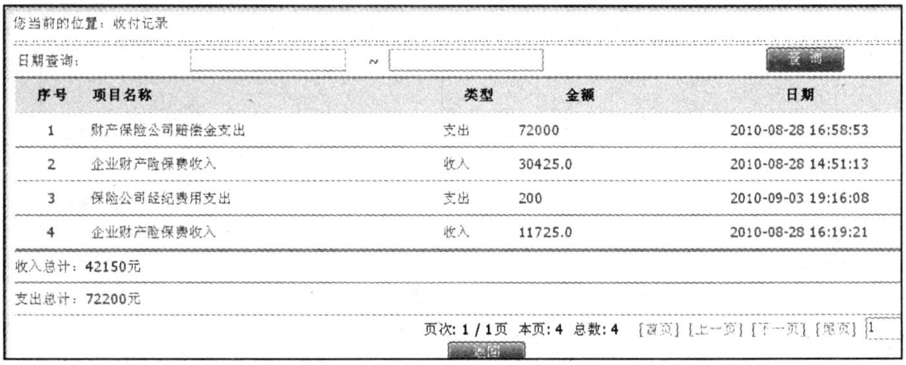

图 7-126

此栏目可查阅到本公司所有保费收入、赔款支出以及退款情况，并可按收支类型或日期进行查询。

经纪公司

经纪公司在财险业务、客户中心、财务中心中处理业务。

在角色选择页面内选择“经纪公司”，第一次进入“经纪公司操作平台”，系统提示注册公司信息（见图 7-127）。

图 7-127

点击“确定”按钮，打开经纪公司基本信息注册界面，在该界面中，输入相关的信息后点击“保存”按钮，系统提示公司信息注册成功。

再点击“返回”按钮，返回角色选择页面，然后点击“经纪公司”按钮，打开“经纪公司操作平台”首页面（见图 7-128）。

图 7-128

财险业务

选择“财险业务”，进入企业财产险业务框。企业财产保险业务包括：产品管理、报价管理、询价管理、风险问询、委托投保、招标管理、投标管理、委托报案。

1. 产品管理

点击“产品管理”菜单，打开如图 7-129 所示界面。

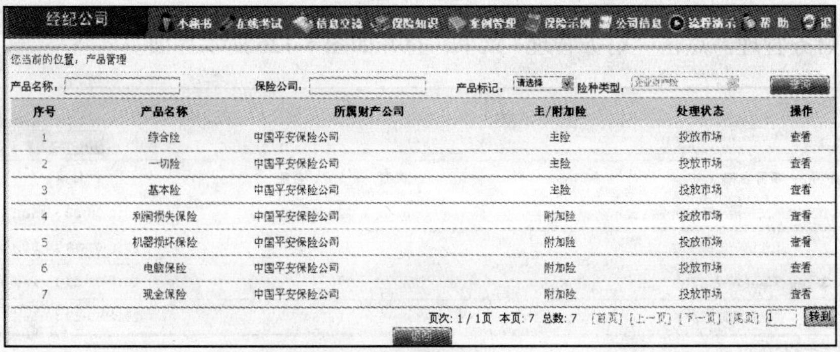

序号	产品名称	所属财产公司	主/附加险	处理状态	操作
1	综合险	中国平安保险公司	主险	投放市场	查看
2	一切险	中国平安保险公司	主险	投放市场	查看
3	基本险	中国平安保险公司	主险	投放市场	查看
4	利润损失保险	中国平安保险公司	附加险	投放市场	查看
5	机器损坏保险	中国平安保险公司	附加险	投放市场	查看
6	电脑保险	中国平安保险公司	附加险	投放市场	查看
7	现金保险	中国平安保险公司	附加险	投放市场	查看

页次：1 / 1页 本页：7 总数：7 [首页] [上一页] [下一页] [尾页] 1 转到

图 7-129

选择一条保险产品信息，点击该条信息“操作”栏中的“查看”，在打开界面中，查看详细的信息。或者输入险种名称、险种代码、保险公司名称，点击“险种种类”下拉框，从中选择一种险种，然后点击“查询”按钮，查看符合条件的保险产品。

2. 报价管理

点击“报价管理”菜单，打开如图 7-130 所示界面。

您当前的位置：客户询价管理

险种类型：

序号	对象角色	询问对象	询问内容	询问时间	回复状态	查看
1	经纪公司	中怡保险经纪有限公司	咨询温馨家园D款价格	2010-8-28	未回复	查看 处理

页次：1 / 1页 本页：1 总数：1 [首页] [上一页] [下一页] [尾页] 1 转

返回

图 7-130

选择一条“处理状态”为“未回复”的信息，点击该条信息“操作”栏中的“处理”，打开客户询价单，填写回复信息，填写完成后点击“回复”按钮，完成回复。

3. 询价管理

询价管理指经纪公司向财产保险公司询价。

点击“报价管理”菜单，打开如图 7-131 所示界面。

您当前的位置：询价管理

序号	询问对象	询问内容	询问时间	回复状态	查看
1	中国平安人寿保险股份有限公司	你好啊	2010-9-2	保存	查看 修改 删除 发送
2	中国平安人寿保险股份有限公司	你好	2010-9-2	已发送	查看 修改 删除 发送

添加 返回 页次：1 / 1页 本页：2 总数：2 [首页] [上一页] [下一页] [尾页] 1 转到

图 7-131

点击“添加”按钮，进入询价内容输入页面，选择保险公司并输入询价内容，再点击“询价”按钮，保存询价单后返回询价列表。

在列表中，可对询价单进行修改或删除。

点击“发送”，将询价信息发送给保险公司。发送后不能再修改和删除。

4. 风险问询

点击“风险问询”进入如图 7-132 所示界面。

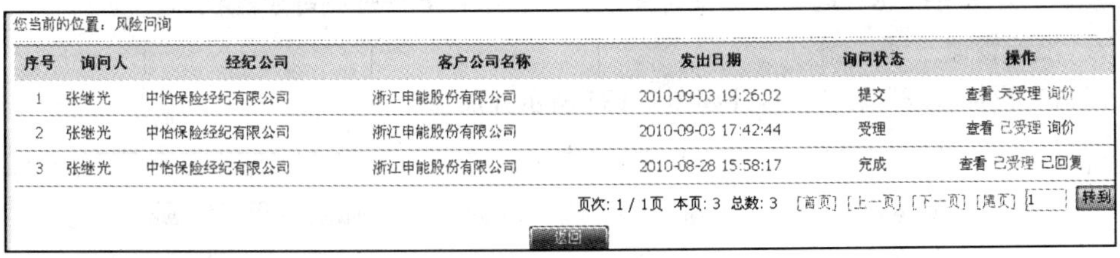
您当前的位置：风险问询

序号	询问人	经纪公司	客户公司名称	发出日期	询问状态	操作
1	张继光	中怡保险经纪有限公司	浙江申能股份有限公司	2010-09-03 19:26:02	提交	查看 未受理 询价
2	张继光	中怡保险经纪有限公司	浙江申能股份有限公司	2010-09-03 17:42:44	受理	查看 已受理 询价
3	张继光	中怡保险经纪有限公司	浙江申能股份有限公司	2010-08-28 15:58:17	完成	查看 已受理 已回复

页次：1 / 1页 本页：3 总数：3 [首页] [上一页] [下一页] [尾页] 1 转到

返回

图 7-132

点击“未受理”操作，点击“下一页”查看整个问询表，点击“受理”按钮返回风险问询列表。

在列表中点击“询价”操作，可进行询价或招标操作。

5. 委托投保

点击“委托投保”菜单，打开委托投保列表，点击“操作”栏中的“投保”，选择保险公司，填写投保单进行投保。填写后保存投保单，返回列表，在列表中将该保险单发送给客户，等待签字。

6. 招标管理

点击“招标管理”菜单，打开如图 7-133 所示界面。

图 7-133

点击“招标”栏中的“招标”，在打开界面中，选择保险类型，填写招标起始和结束时间、标的说明，如图 7-134 所示。

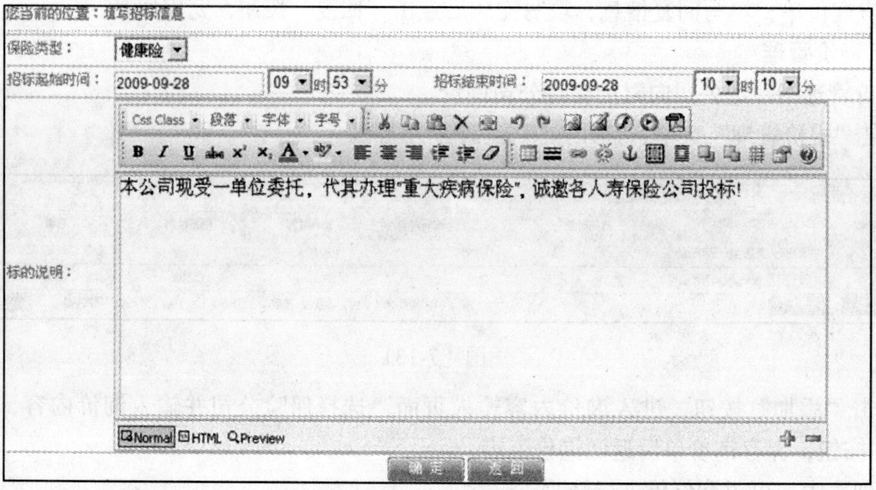

图 7-134

点击“确定”按钮，系统提示：已成功招标。

提示：1. 招标起始和结束时间，精确到小时、分钟。

2. 只有在招标起始和结束时间段内，各个人寿保险公司才能投标。

7. 投标管理

点击“投标管理”菜单，打开如图 7-135 所示界面。

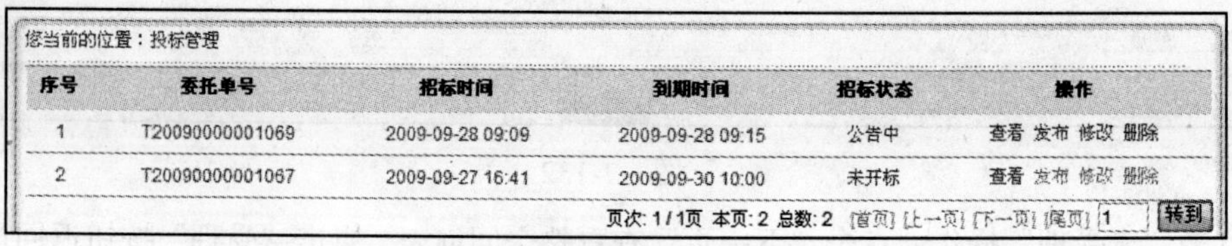

图 7-135

选择一条“招标状态”为“公告中”的投标信息，点击该条信息“操作”栏中的“发布”，打开如图 7-136 所示界面。

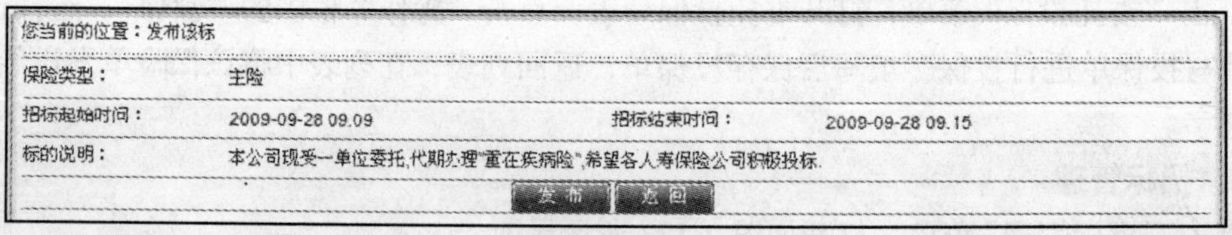

图 7-136

点击“发布”按钮，系统提示（见图 7-137）：

图　7-137

点击“确定”按钮，打开如图 7-138 所示界面。

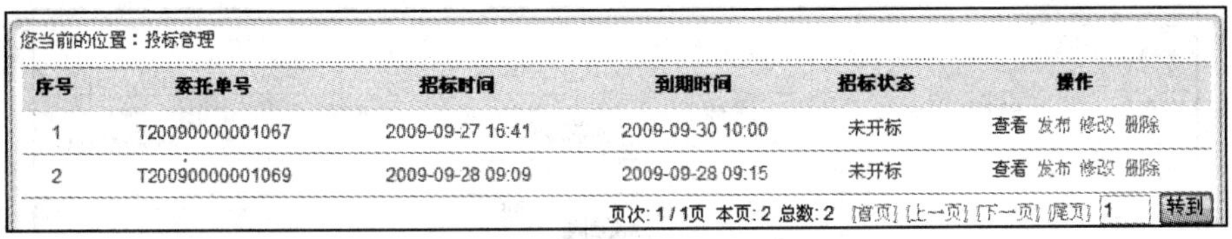

图　7-138

此时，等待各人寿保险公司投标。在各人寿保险公司投标结束之后，选择一条“招标状态”为“未开标”的信息，点击该条信息“操作”栏中的“查看”，打开如图 7-139 所示界面。

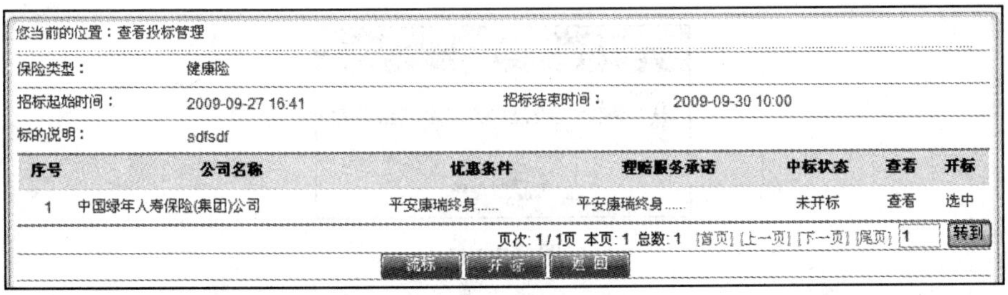

图　7-139

从所有的投标公司中选择一家财产保险公司，然后点击其所在行的“选中”，打开如图 7-140 所示界面。

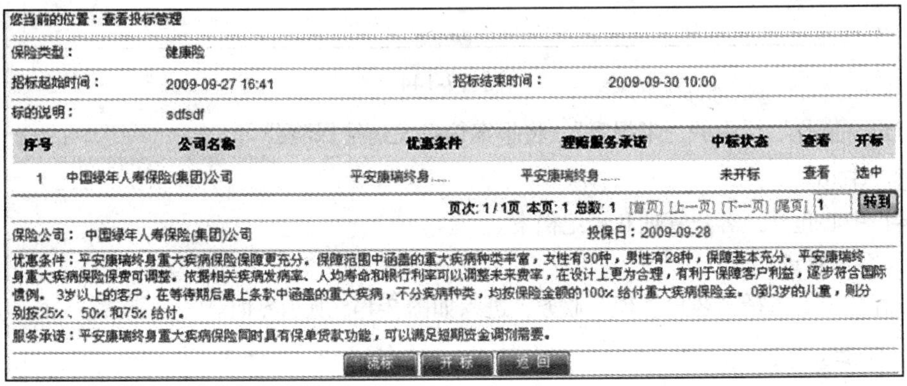

图　7-140

若要废除该招标标的，则点击“流标”按钮；若同意选中的人寿保险公司中标，则点击“开标”按钮，系统提示如下（见图 7-141）。

点击“确定”按钮。

提示：招标时间结束之后，才能开标。

8. 委托报案

经纪公司对自己接受客户委托办理的企业财产险，在客户委托报案后，接受客户的人身事故报案，并进行处理。

图 7-141

点击“事故报案”菜单，在页面右侧打开如图 7-142 所示界面。

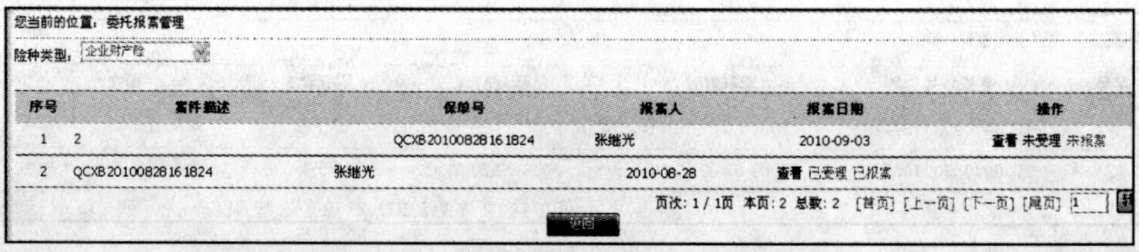

图 7-142

选择一条信息，点击该条信息“操作”栏中的“未受理”，在打开界面中，填写受理描述，点击“确定”按钮，系统提示如下（见图 7-143）。

图 7-143

点击“确定”按钮，打开如图 7-144 所示界面。

图 7-144

点击“操作”栏中的“未报案”，将报案信息发送给保险公司。

客户中心

客户中心包含：客户管理和经纪档案。

1. 客户管理

在客户中心选择“客户管理”业务，进入如图 7-145 所示界面。

图 7-145

显示本公司的客户列表，可分别查看该客户的询价信息、委托信息和客户基本资料。

2. 经纪档案

选择“经纪档案”进入如图 7-146 所示界面。

图 7-146

点击“未核对”操作，打开经纪公司档案核对表，填写核对表，点击“保存”，系统提示如下（见图 7-147）。

图 7-147

3. 财务中心

财务中心的业务包括：收付记录和经纪费确认。

（1）收付记录。点击“收付记录”菜单，打开如图 7-148 所示界面。

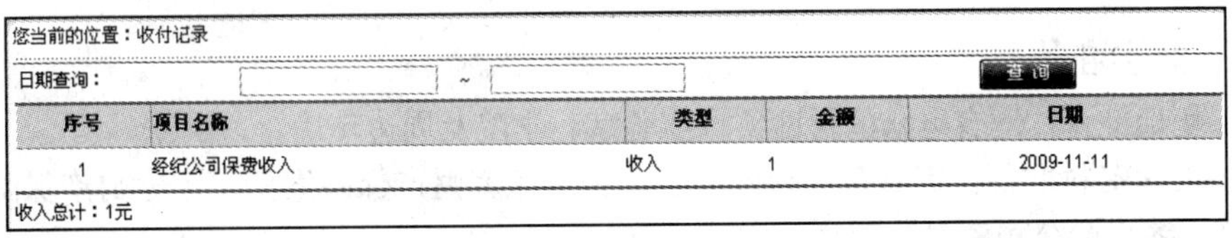

图 7-148

此栏目可查阅到本公司所有经纪费收入及各项支出情况，并可按收支类型或日期进行查询。

（2）经纪费确认。点击“经纪费确认”菜单，打开如图 7-149 所示界面。

图 7-149

点击操作栏的“未确认”，可查看到每个案件保险公司应付的经纪费金额，点击“确认”按钮，完成经纪费确认操作。

第八章

实验二　家庭财产保险业务实训

第一节　实验目的和内容

一、实验准备

（一）理论基础知识准备

学生应了解家庭财产保险的概念，熟悉我国家庭财产保险的主要险种及其保险责任和责任免除，掌握家庭财产保险的主要单证的名称、含义、内容以及作用，熟悉家庭财产保险的实务处理。

（二）教学准备

（1）场地准备：配有电脑的保险实训实验室、学院及周边环境。

（2）教学资料准备：家庭财产保险相关单证、家庭财产保险案例、家庭财产保险险种条款及费率、各保险公司资料及网站。

二、实验目的

通过本实验项目，要求学生了解家庭财产保险业务活动流程；了解我国的主要家庭财产保险险种；认识家庭财产保险的发展状况；掌握家庭财产保险业务活动各环节的基本要求和操作要点。

三、实验操作要求

（1）自由组合，全班分为若干个小组，各组推选出组长一名，组长将本组组员名单及联系方式交由学习委员汇总后上交老师。

（2）各组在组长的协调下进行分工，共同完成实验内容。

（3）在搜集国内各保险公司所售家庭财产保险险种时，老师应提醒学生注意其特色险种。

（4）本实验项目完成后，各位学生独立完成实验报告，上交老师。

四、课后实验拓展

通过访问国内各财产保险公司官方网站或实地调查，了解家庭财产保险产品的知名度、美誉度以及投保情况。

第二节　家庭财产保险业务操作实训

【实训内容 8-1】家庭财产风险需求分析

本实验的目的在于了解影响家庭财产的风险因素，学生应学会分析造成家庭财产损失的潜在风险。学生以小组为单位，以了解某商品住宅小区居民客户的家庭财产风险需求为目的，设计《家庭财产风险调查表》并上交电子文档，内容及格式自拟，示例如下所示。

学生宿舍财产风险调查问卷

1. 宿舍所在楼层及房号 ________
2. 宿舍应居住人数 ________
   实际居住人数 ________
3. 宿舍楼建筑结构
   □钢筋混凝土　□砖木　□简易建筑　其他 ________
4. 宿舍楼建造时间 ________
5. 楼道及走廊是否有安全警示标志？
   □是　□否
6. 安全警示标志及防火措施有哪些？
   □防火措施指禁止吸烟和使用明火　□禁止乱拉乱接电线
   □使用防爆型照明灯具和电器设备　□装有导除静电装置
   □装有防雷电装置　□室外消火栓
   □火灾自动报警系统　□火灾自动灭火系统
   □手提灭火器　□消防水源　□紧急疏散通道　其他 ________
7. 宿舍现有电器设备有哪些？
   □电视　□电脑　□空调　□风扇　□电热水器　□取暖器
   □电吹风筒　其他 ________
8. 是否有大功率电器（1000 瓦及以上）？
   □是　□否
9. 是否有私拉电线及插座？
   □是　□否
10. 宿舍门锁钥匙除了宿舍成员之外还有谁持有？
    □没有了　□有 ________
11. 双休日及节假日宿舍成员外出情况如何？
    □全部外出　□偶尔全部外出　□常有人在宿舍　□都不外出
12. 上课的时候是否还有人留在宿舍？
    □有　□没有
13. 宿舍是否存放有易燃易爆品？
    □有　□没有

14. 是否有人在宿舍内抽烟？

□多数　□少数　□没有

15. 是否养有宠物？

□没有　□有，养的宠物是 ________

16. 宿舍内墙、天花板是否有材料脱落迹象？

□有　□没有

17. 是否使用架床？

□是　□否

18. 如果使用架床，是否有明显松动迹象？

□是　□否

19. 学校是否检查宿舍安全情况？

□经常　□偶尔　□定期　□从来没有

20. 宿舍管理制度是否允许外来人员进入宿舍？

□允许　□不允许　□规定时间　□需要登记

21. 是否有宿舍管理员？

□有，24 小时在岗　□有，但并不是 24 小时在岗　□没有

22. 贵重物品出入宿舍大门是否需要做相关登记？

□需要　□不需要

23. 晚上关闭宿舍大门禁止出入？

□否　□是，关门的时间是 ________

【实训内容 8-2】家庭财产保险产品调查

本实验的目的在于了解我国常见的家庭财产保险产品。学生以小组为单位，通过网络了解国内各主要财产保险公司的家庭财产保险产品现状。

（1）通过认真比较推荐一款在售的最佳家庭财产保险产品，并在课堂进行介绍演示（包括产品介绍、推荐理由等）。

（2）目前移动便携设备（数码相机、笔记本电脑、MP3 等）已成为个人和家庭生活不可或缺的财产组成部分，李先生想为自己的单反数码相机和笔记本电脑投保家庭财产保险，但不清楚保险公司是否有承保此类财产的保险产品出售，请你为其寻找。

【实训内容 8-3】家庭财产保险网上在线投保

学生通过登录保险公司官方网站进行模拟网上在线投保，了解如何确定保险金额以及保费计算，并对各家保险公司的投保结果进行分析评价（保障项目、保险金额、保费比较等方面）。

请登录各大财产保险公司官网进行网上模拟投保（投保人情况和家庭财产情况可自拟，不进行网上支付即可）

【实训内容 8-4】家庭财产保险业务流程实训

本实验的目的在于了解和掌握家庭财产保险的业务流程各环节和操作要求。由小组成员依次扮演客户、财产保险公司、财险代理人和经纪公司四个角色，模拟家庭财产保险各环节，学生从所扮演角色的角度出发，熟悉和掌握家庭财产保险理赔业务各环节的操作要点及相关技巧；学会填写家庭财产保险相关单证。

登录保险核心业务实验教学软件系统，完成下列家庭财产保险业务实验操作项目（见表 8-1 ～表 8-4）。

表 8-1 客户所需要完成的操作项目一览表

序号	得分项	得分（分）	最大得分（分）
1	客户家财险向保险公司询价	1	5
2	客户家财险向经纪公司询价	1	5
3	客户家财险向财险代理人询价	1	5
4	客户家财险直接向保险公司投保	1	5
5	客户家财险委托保险经纪公司	1	5
6	客户家财险委托保险经纪公司详情提交	1	5
7	客户家财险委托保险经纪公司投保单签字	1	5
8	客户家财险保单签收	1	5
9	客户家财险保费支付	1	5
10	家财险注销退保申请	1	5
11	家财险保险单变更提交	1	5
12	客户危险事故向保险公司报案	1	5
13	客户危险事故向经纪公司报案	1	5
14	客户危险事故向财险代理人报案	1	5
15	危险事故查勘确认	1	5
16	危险事故理赔申请	1	5
17	危险事故支付确认	1	5

表 8-2 财产保险公司所需要完成的操作项目一览表

序号	得分项	得分（分）	最大得分（分）
1	家财险产品添加	1	5
2	家财险询价处理	1	5
3	家财险投标发送	1	5
4	家财险保单签发	1	5
5	家财险保费确认支付	1	5
6	家财险变更处理	1	5
7	家财险危险事故报案处理	1	5
8	家财险危险事故报案查勘	1	5
9	家财险危险事故立案处理	1	5
10	家财险危险事故理算处理	1	5
11	家财险危险事故核赔处理	1	5
12	家财险危险事故核赔支付	1	5
13	代理人管理处理	1	5

表 8-3 经纪公司所需要完成的操作项目一览表

序号	得分项	得分（分）	最大得分（分）
1	家财险客户询价处理	1	5
2	家财险客户委托处理	1	5
3	家财险委托投保	1	5
4	家财险委托招标发布	1	5
5	家财险委托招标开标	1	5
6	家财险客户报案处理	1	5
7	家财险危险事故向保险公司报案	1	5

表 8-4 财险代理人所需要完成的操作项目一览表

序号	得分项	得分（分）	最大得分（分）
1	家财险客户询价处理	1	5
2	家财险客户危险事故报案处理	1	5
3	家财险客户危险事故向保险公司报案	1	5

【实训内容 8-5】家庭财产保险案例分析实训

教师提供案例，学生分组讨论和处理案情（见图 8-1 ～图 8-5）。

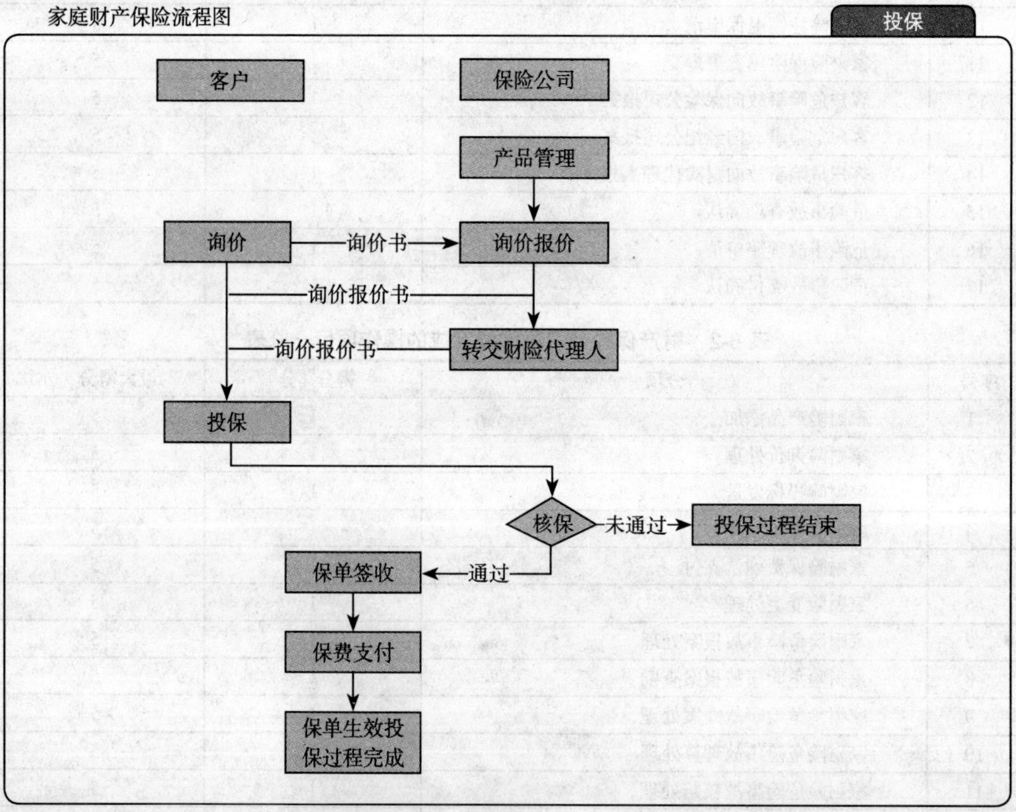

图 8-1

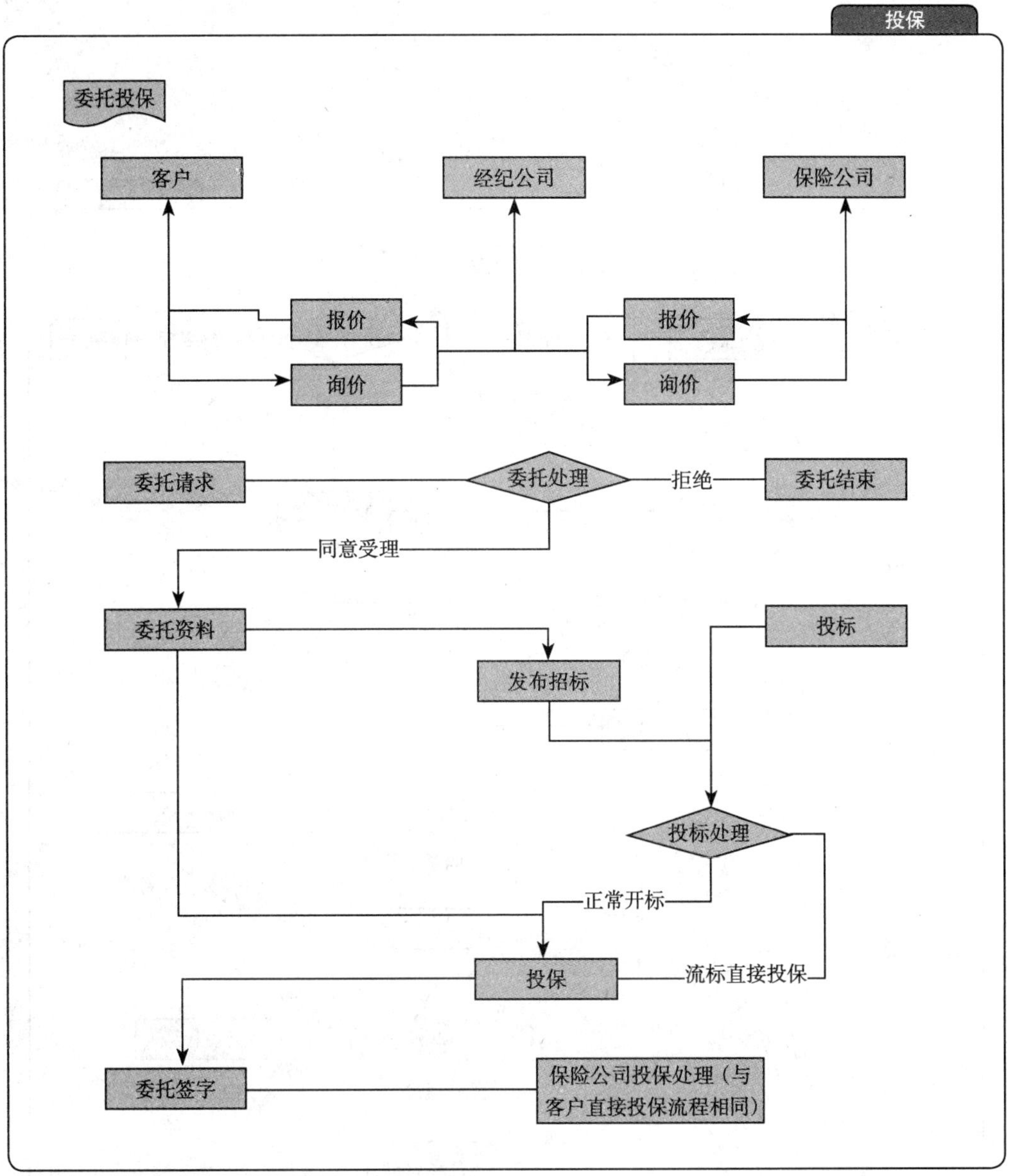
投保
委托投保
客户
经纪公司
保险公司
报价
询价
报价
询价
委托请求
委托处理
拒绝
委托结束
同意受理
委托资料
投标
发布招标
投标处理
正常开标
投保
流标直接投保
委托签字
保险公司投保处理（与客户直接投保流程相同）

图　8-2

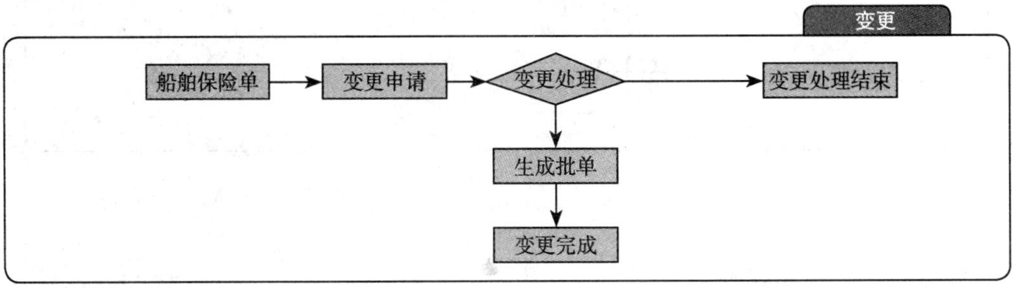
变更
船舶保险单
变更申请
变更处理
变更处理结束
生成批单
变更完成

图　8-3

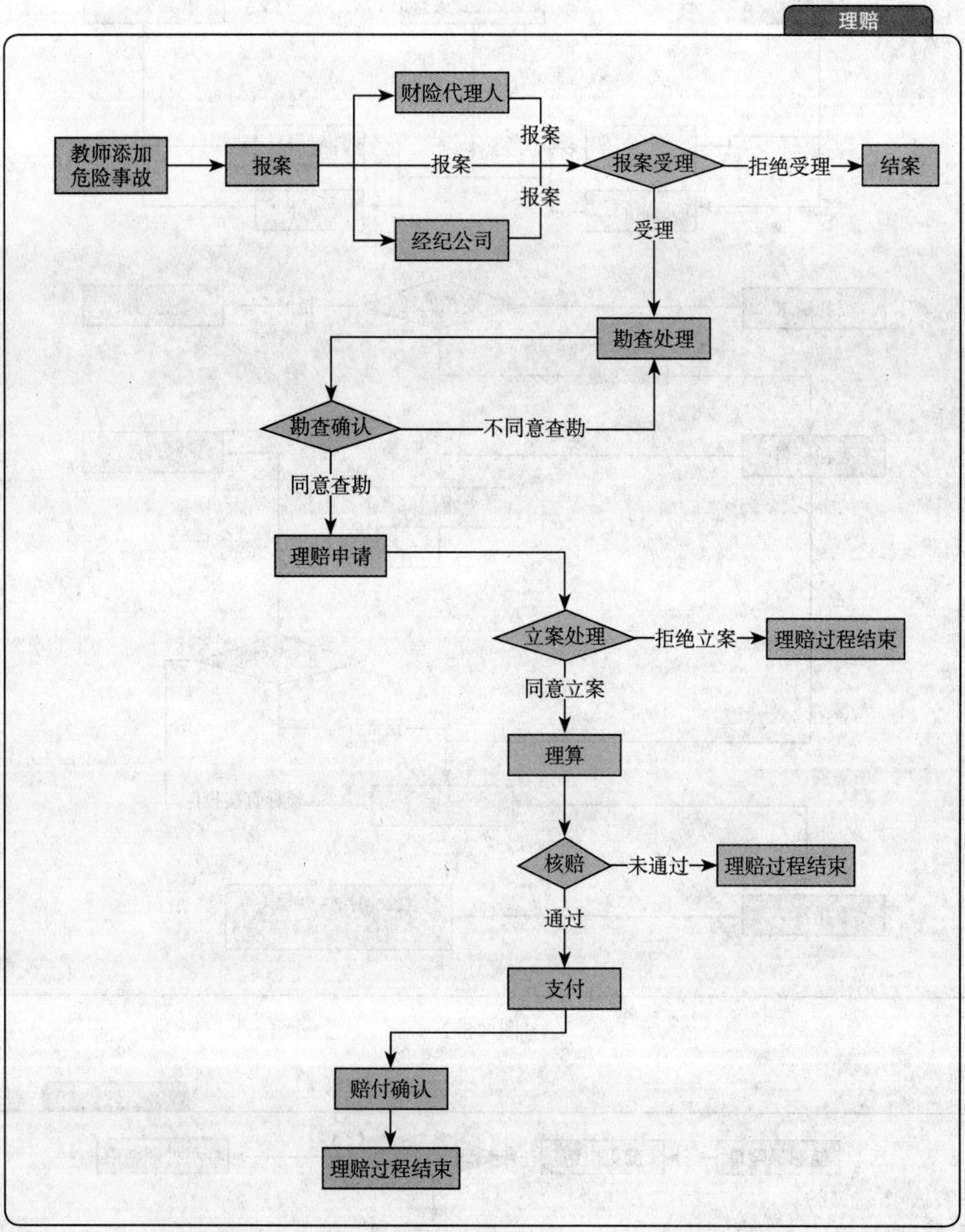
理赔
教师添加危险事故
报案
财险代理人
经纪公司
报案
报案
报案
报案受理
拒绝受理
结案
受理
勘查处理
勘查确认
不同意查勘
同意查勘
理赔申请
立案处理
拒绝立案
理赔过程结束
同意立案
理算
核赔
未通过
理赔过程结束
通过
支付
赔付确认
理赔过程结束

图 8-4

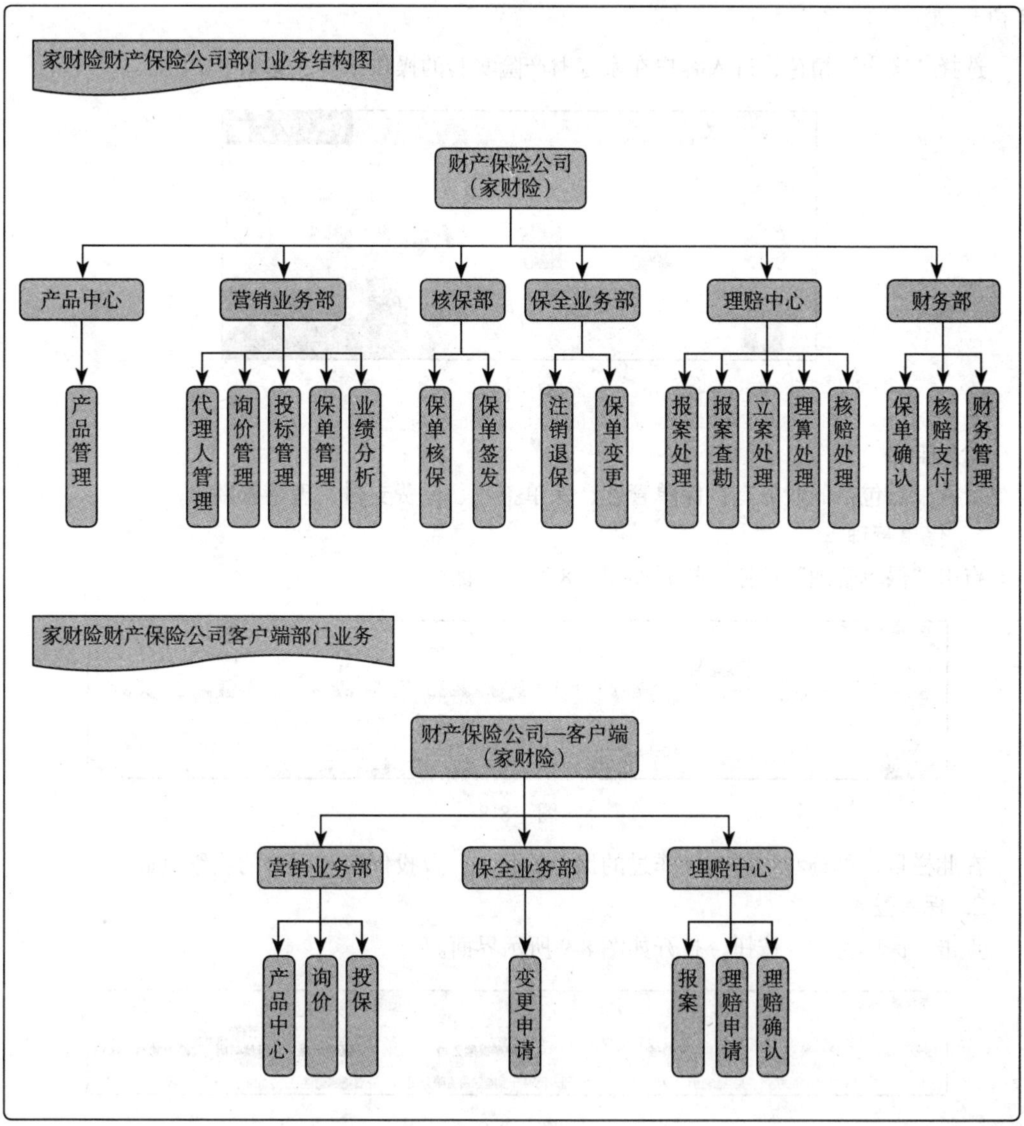

图　8-5

在实验选择框内选择“家庭财产险”实验，查看实验信息，并点击“进入实验”按钮，进入该实验的角色选择页面（见图 8-6）。

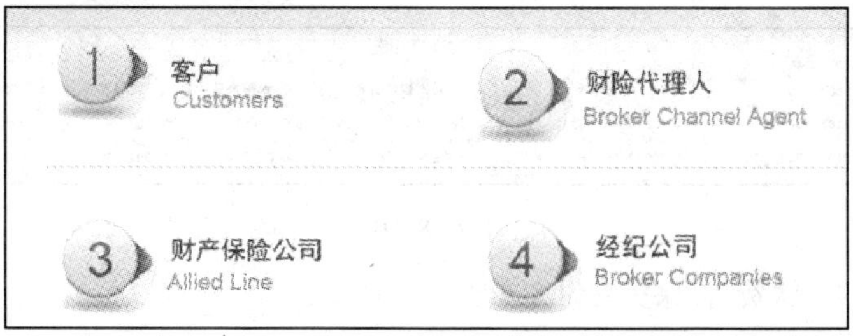

图　8-6

客户

选择“客户”角色，进入客户在家庭财产险实验的操作平台，如图 8-7 所示。

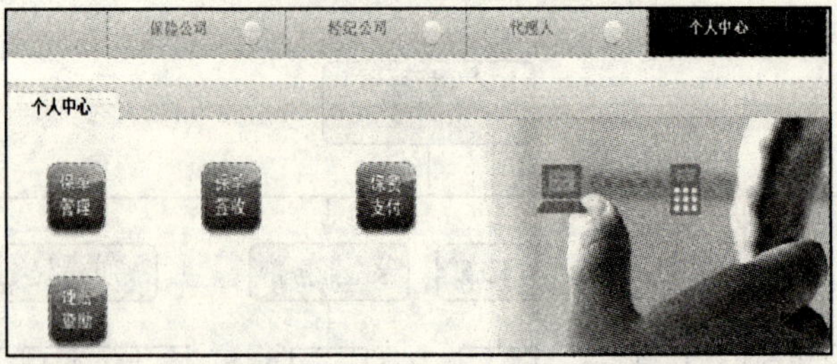

图 8-7

个人中心

个人中心包括的业务有：保单管理、保单签收、保费支付、理赔查勘。

1. 保单管理

点击“保单管理”按钮，打开如图 8-8 所示界面。

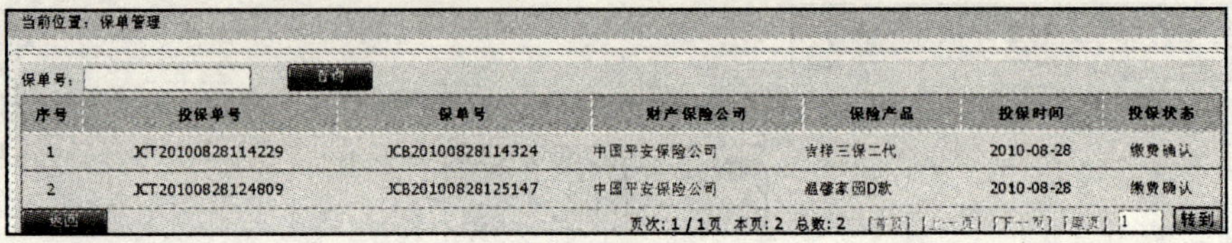

当前位置：保单管理

保单号：

序号	投保单号	保单号	财产保险公司	保险产品	投保时间	投保状态
1	JCT20100828114229	JCB20100828114324	中国平安保险公司	吉祥三保二代	2010-08-28	缴费确认
2	JCT20100828124809	JCB20100828125147	中国平安保险公司	温馨家园D款	2010-08-28	缴费确认

页次：1 / 1页 本页：2 总数：2 转到

图 8-8

在此栏目，可查看到所有操作过的保单的状态，及投保单和保单的明细页面。

2. 保单签收

点击“保单签收”按钮，打开如图 8-9 所示界面。

当前位置：签收

序号	投保单号	保单号	财产保险公司	保险产品	投保时间	投保状态	操作
1	JCT20091102100929	JCB20091102101025	中国人民财产保险股份有限公司	普通家财险	2009-11-02	承保	签收

图 8-9

点击操作栏的“签收”，签收保单完毕。

3. 保费支付

点击页面左侧的“投保→保单缴费”菜单，在页面右侧打开如图 8-10 所示界面。

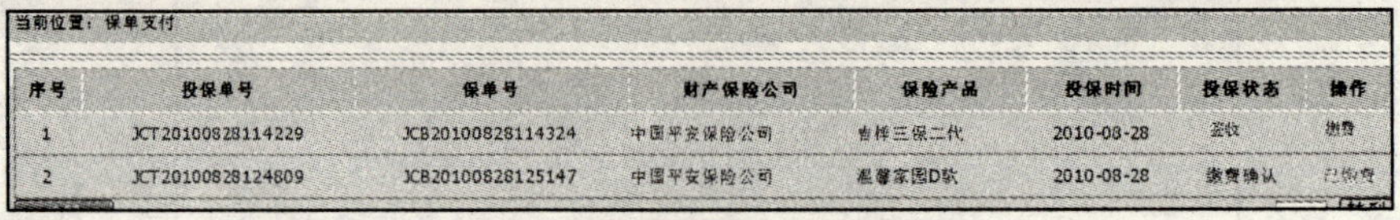

当前位置：保单支付

序号	投保单号	保单号	财产保险公司	保险产品	投保时间	投保状态	操作
1	JCT20100828114229	JCB20100828114324	中国平安保险公司	吉祥三保二代	2010-08-28	签收	缴费
2	JCT20100828124809	JCB20100828125147	中国平安保险公司	温馨家园D款	2010-08-28	缴费确认	已缴费

图 8-10

点击操作栏的“缴费”，保费支付完毕。

4. 理赔查勘

点击“理赔查勘”按钮，打开如图 8-11 所示界面。

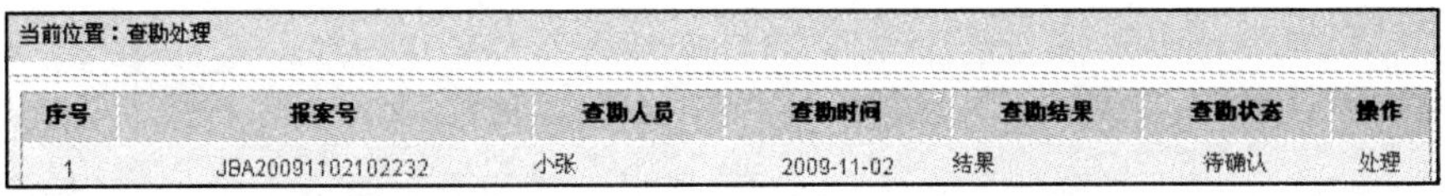

图　8-11

点击操作栏“处理”，在打开的查勘报告页面，可操作同意此查勘报告。

代理人

客户在决定购买保险之前，可以向财产保险公司、财险代理人、财险经纪公司咨询售价（见图 8-12），从而了解保险产品，选择合适的保险产品和保险公司。

1. 询价

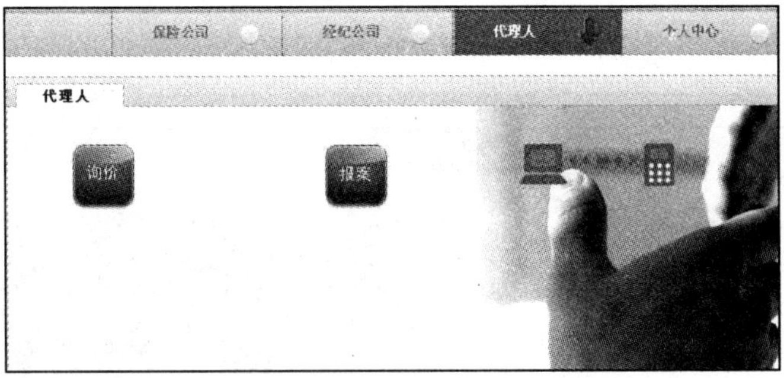

图　8-12

（1）选择“代理人”模块，并点击“询价”按钮，如图 8-12 所示。进入向代理人的询价列表。

点击“添加”按钮，添加询价信息，如图 8-13 所示。

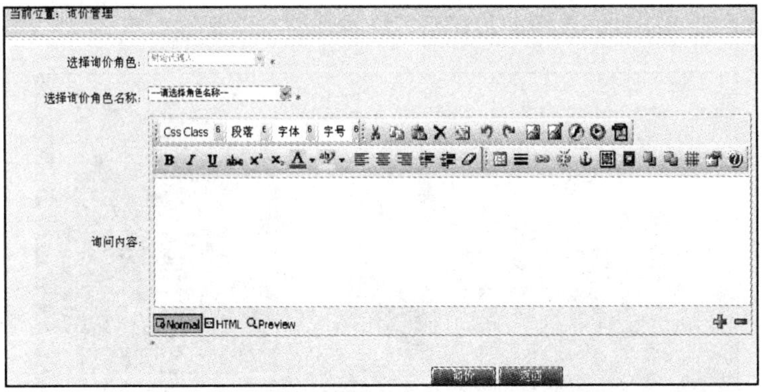

图　8-13

在打开界面中，询价角色默认为：财险代理人，请选择询价对象，填写询问内容。

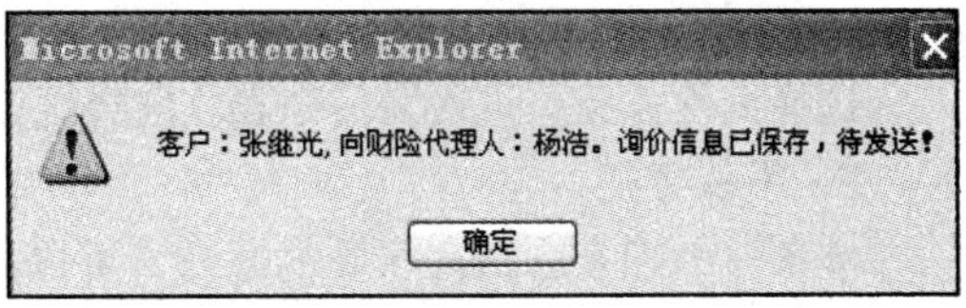

图　8-14

输入完毕后，点击“询价”，保存该询价信息，并在询价列表中增加一条记录（该记录默认为待发送）。

在询价列表中，可对询价单进行修改或删除。

图 8-15

（2）发送：在列表中，点击“发送”操作，将该询价单发给所选的询价对象。发送后不能再修改或删除。

2. 报案

向代理人发送报案信息。

经纪公司

客户角色进入经纪公司的财险业务部办理委托投保、询价、报案等相关业务（见图 8-16）。

图 8-16

选择经纪公司，点击右侧的模拟图进入经纪公司的财险业务部办理业务（见图 8-17）。

财险业务部的业务包括：询价、投保委托、委托签字、报案。

图 8-17

1. 询价

选择询价业务，进入询价列表。向经纪公司询价操作请参考“代理人询价”的说明。

2. 投保委托

准备要办理家庭财产保险的客户，可以委托一家保险经纪公司，代为办理保险业务。点击“投保委托”业务，打开如图 8-18 所示界面。

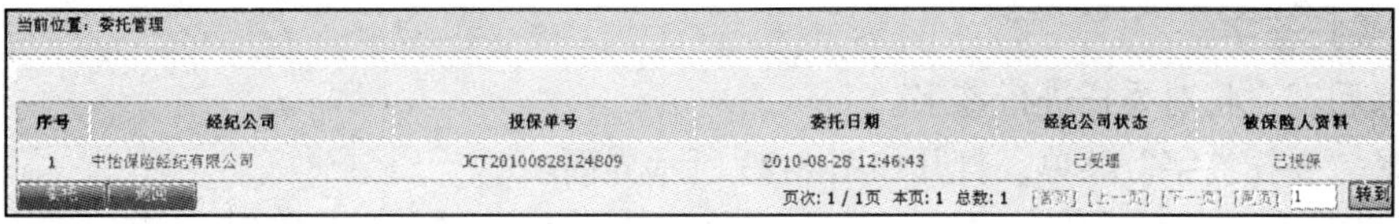

图　8-18

点击“委托”按钮，在打开界面中，选择经纪公司、是否指定保险公司，填写委托详情，如图 8-19 所示。

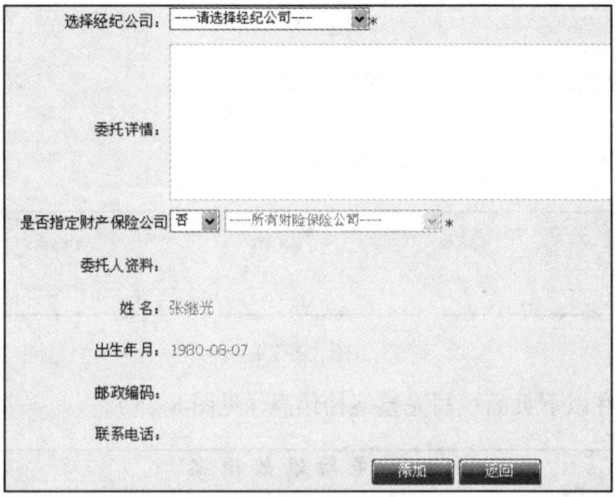

图　8-19

点击“添加”按钮，系统提示如下（见图 8-20）。

图　8-20

点击“确定”按钮，跳转至如图 8-21 所示页面。

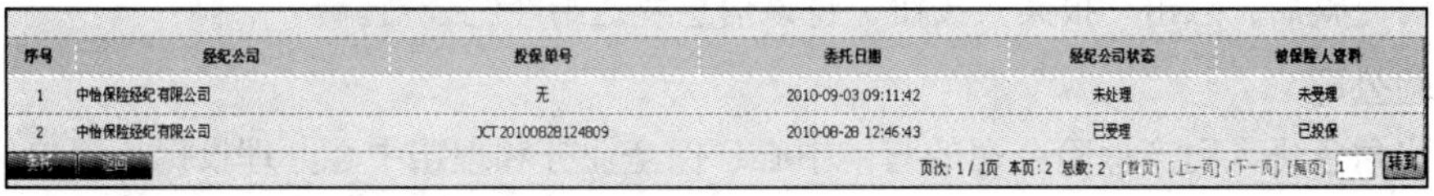

图　8-21

此时，等待保险经纪公司受理，保险经纪公司同意委托之后，页面将显示为如图 8-22 所示页面。

图　8-22

3. 委托签字

投保后客户将对委托进行签字。

选择“委托签字”菜单，打开如图 8-23 所示界面。

图 8-23

选择未签字的委托，点击“签字”操作，完成签字。

4. 报案

点击“报案”菜单，打开如图 8-24 所示界面。

图 8-24

点击“报案”，在以下页面填写完整案情信息（见图 8-25）。

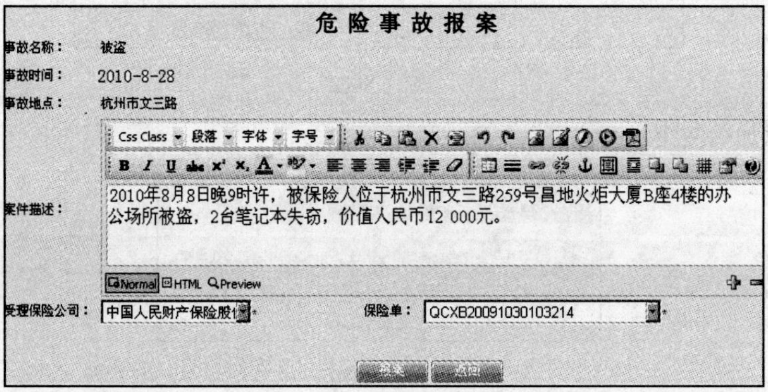

图 8-25

填写完整后，点击“报案”按钮，将该信息发送给经纪公司。

保险公司

客户角色进入财产保险公司的营销中心、保全业务和理赔中心办理投保、保单保全、理赔等相关业务。

1. 营销部

营销部的业务包括：产品管理、询价、投保。

（1）产品管理。点击“产品管理”菜单，打开如图 8-26 所示界面。

选择一条保险产品信息，点击该条信息“操作”栏中的“查看”，在打开界面中，查看详细的信息。

（2）询价。向保险公司询价。选择“询价”业务，点击“添加”按钮，进入如图 8-27 所示界面。

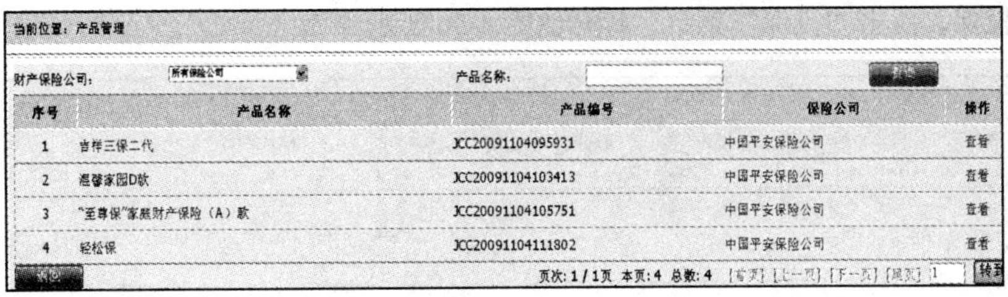

图　8-26

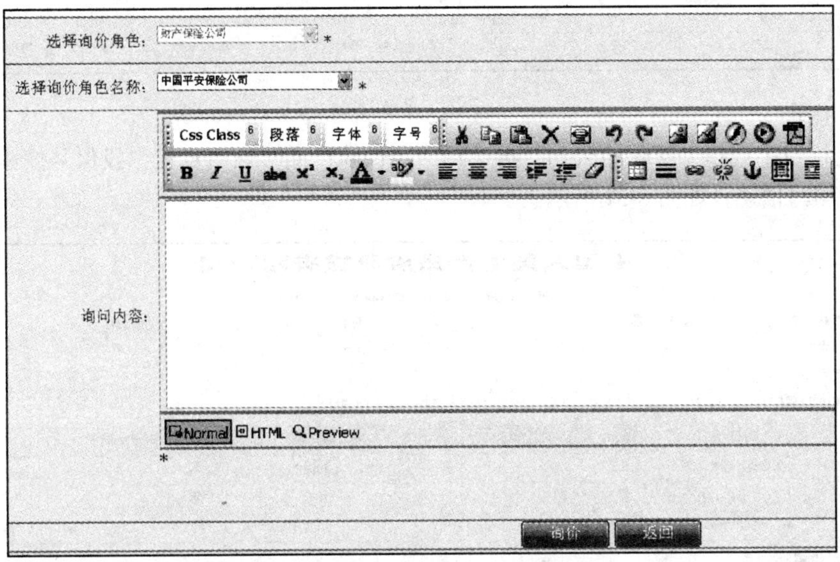

图　8-27

在打开界面中，询价角色默认为：财产保险公司，请选择询价对象，填写询问内容。

输入完毕后，点击“询价”，保存该询价信息，并在询价列表中增加一条记录（该记录默认为待发送）(见图 8-28）。

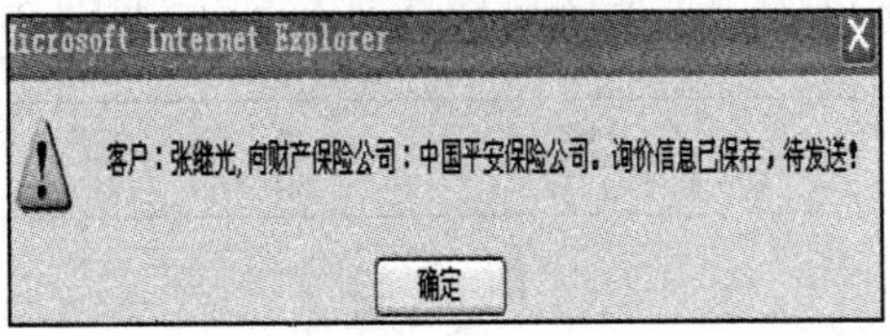

图　8-28

在询价列表中，可对询价单进行修改或删除（见图 8-29）。

图　8-29

在列表中，点击“发送”操作，将该询价单发给所选的询价对象。发送后不能再修改或删除。

（3）投保。点击“投保”菜单，打开如图 8-30 所示界面。

当前位置：投保管理

序号	投保单号	保险公司	投保时间	投保状态	操作
1	JCT20100831114612	中国平安保险公司	2010-08-31	拒保	查看 修改 提交 删除
2	JCT20100828114229	中国平安保险公司	2010-08-28	保费确认	查看 修改 提交 删除

页次：1 / 1页 本页：2 总数：2 [首页] [上一页] [下一页] [尾页] 1 转到

中国平安保险公司

序号	产品名称	产品编号	保险公司	添加时间	操作
1	吉祥三保二代	JCC20091104095931	中国平安保险公司	2010-08-28 11:24:21	投保
2	温馨家园D款	JCC20091104103413	中国平安保险公司	2010-08-28 11:24:21	投保
3	“至尊保”家庭财产保险（A）款	JCC20091104105751	中国平安保险公司	2010-08-28 11:24:21	投保
4	轻松保	JCC20091104111802	中国平安保险公司	2010-08-28 11:24:21	投保

页次：1 / 1页 本页：4 总数：4 [首页] [上一页] [下一页] [尾页] 1 转到

返回

图 8-30

在此栏目中选择一家保险公司，再选择一项保险产品，然后点击“投保”按钮，在打开界面中，填写信息，如图 8-31 所示。

中国人民财产保险股份有限公司

PICC Property and Casualty Company Limited

产品名称： 普通家财险　　产品编号： JCC20091102093246

最大份数： 100份　　每份保费： 200元

产品说明：

普通家庭财产保险是家庭财产保险的基本形式，它是一种专为城乡居民家庭开设的一种通用型家财险业务。

保障项目	项目明细	每份保额	每份保额分项（元）
房屋及其附属设备	无	500000元	无
家具	无	10000元	无
家用电器	无	5000元	无

投保份数： 1 份 *

房屋详细地址： 杭州市古墩路88号 *

保险期限起始日期： 2009-11-30 *

保险期限到期日期： 2010-11-30 *

确定　返回

图 8-31

点击“确定”按钮，保存成功。页面跳转至列表页面（见图 8-32）。

序号	投保单号	保险公司	投保时间	投保状态	操作
1	JCT20100903095055	中国平安保险公司	2010-09-03	保存	查看 修改 提交 删除

图 8-32

点击“操作”栏中的“提交”，将投保单提交给保险公司。

2. 保全业务部

在保全业务部的操作是申请变更。点击“申请变更”业务，打开如图 8-33 所示界面。

序号	投保单号	保单号	财产保险公司	保险产品	投保时间	操作
1	JCT20100828114229	JCB20100828114324	中国平安保险公司	吉祥三保二代	2010-08-28	申请
2	JCT20100828124809	JCB20100828125147	中国平安保险公司	温馨家园D款	2010-08-28	申请

返回　页次：1 / 1页 本页：2 总数：2 [首页] [上一页] [下一页] [尾页] 1 转到

图 8-33

点击操作栏的“申请”，填写变更申请书，输入变更项目及变更前后的内容（见图 8-34）。

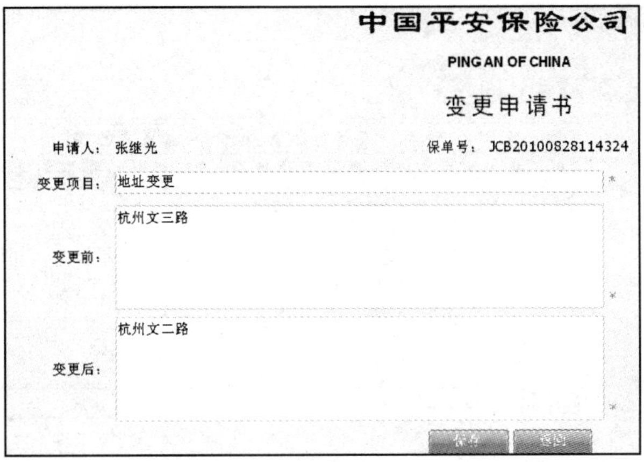

图　8-34

填写完申请书后，点击“保存”后，回到列表页面（见图 8-35）。

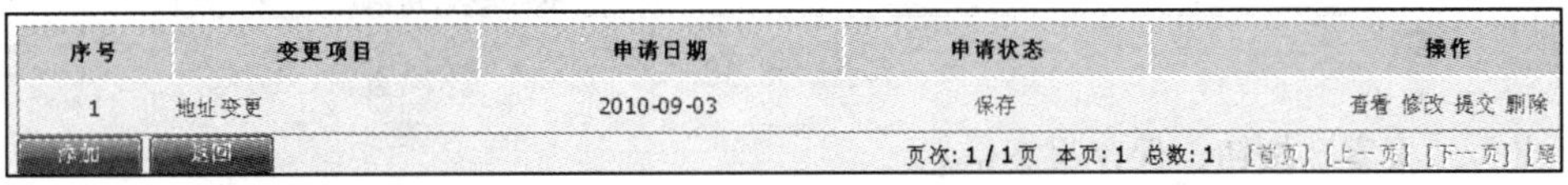

序号	变更项目	申请日期	申请状态	操作
1	地址变更	2010-09-03	保存	查看 修改 提交 删除

图　8-35

点击操作栏的“提交”，将变更申请书提交给保险公司。（一份保单可添加多个变更申请）

3. 理赔中心

图　8-36

理赔中心的业务包括：报案、理赔申请、理赔确认。

（1）报案。点击“报案”菜单，打开如图 8-37 所示界面。

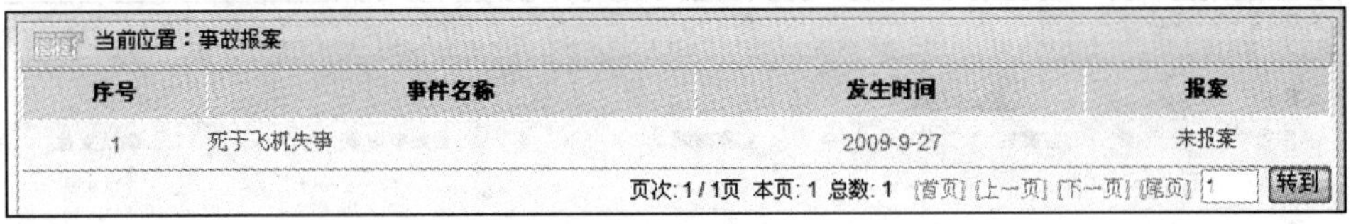

序号	事件名称	发生时间	报案
1	死于飞机失事	2009-9-27	未报案

图　8-37

点击“报案”栏中的“未报案”，在打开界面中，选择保险公司名称、保单号，填写案件详情，如图 8-38 所示。

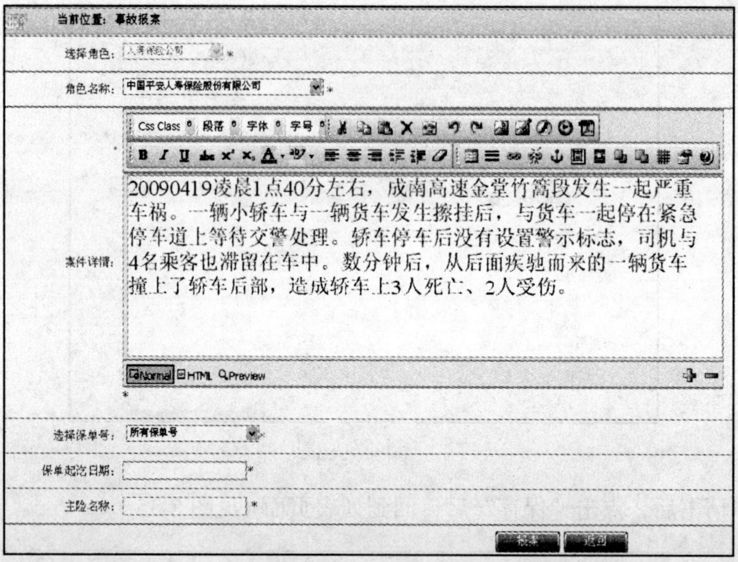

图 8-38

点击“报案”按钮，保存报案信息。

在报案列表中，点击“操作”栏中的“提交”，将该报案提交给保险公司。

点击“添加新报案”按钮，可以添加新的企业财产保险事故报案信息，方法与上面的操作方法一致。

提示： 1. 只有在教师添加人寿保险危险事件之后，学生才能演练人寿保险的理赔流程。

2. 选择报案的保单号，必须是保险公司直接受理的保单。

（2）理赔申请。点击“理赔申请”菜单，在页面右侧打开如图 8-39 所示界面。

当前位置：理赔申请

序号	报案号	勘查人员	勘查日期	勘查结果	申请状态	操作
1	JBA20091102102232	小张	2009-11-02	结果	未申请	申请

图 8-39

点击操作栏目的“申请”，填写理赔申请表，而后回到列表页面点击操作栏的“提交”即可。

3. 理赔确认

点击“理赔确认”菜单打开如图 8-40 所示界面。

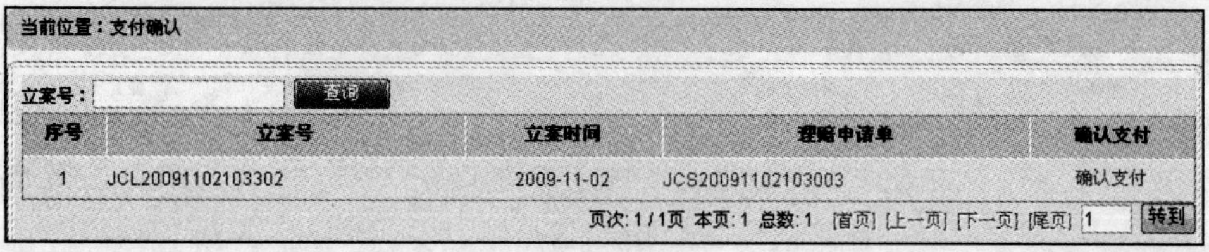

当前位置：支付确认

立案号： 查询

序号	立案号	立案时间	理赔申请单	确认支付
1	JCL20091102103302	2009-11-02	JCS20091102103003	确认支付

页次：1/1页 本页：1 总数：1 [首页] [上一页] [下一页] [尾页] 1 转到

图 8-40

在保险公司已经支付赔款后，客户点击操作栏的“确认支付”，确认收到赔款即可。

财险代理人

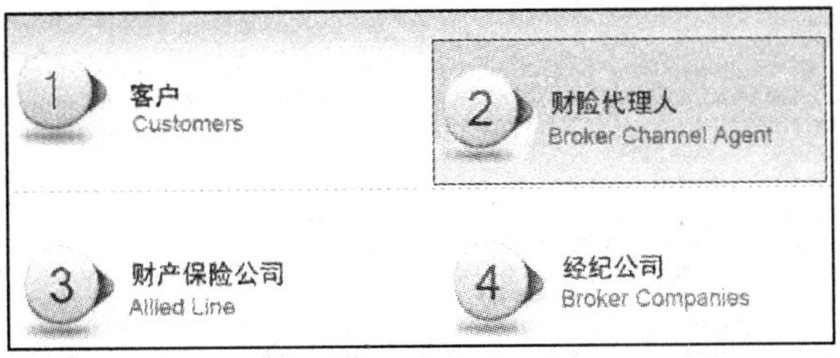

图　8-41

在进入家庭财产险实验后，选择“财险代理人”，第一次进入“代理人操作平台”，系统提示如下（见图 8-42）。

图　8-42

点击“确定”按钮，打开代理人基本信息注册界面，在该界面中，输入相关的信息，如图 8-43 所示。

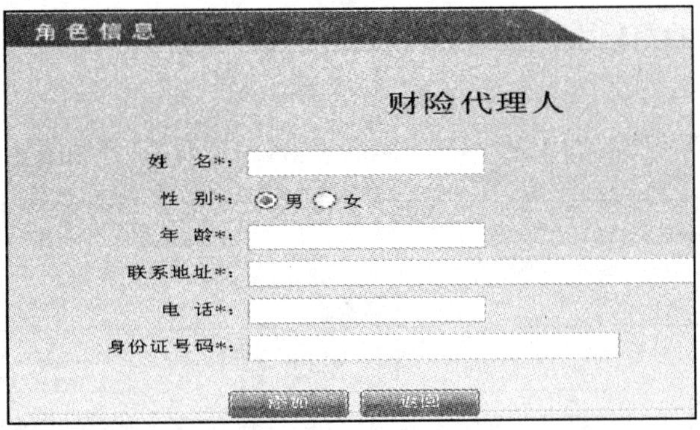

图　8-43

点击“添加”按钮，系统提示如图 8-44 所示。

图　8-44

点击“确定”按钮，返回代理人资料页面，在该页面内可修改代理人信息。若不修改，点击“返回”按钮，返回至角色选择页面，然后再点击“财险代理人”按钮，打开“代理人操作平台”首页面（见图 8-45）。

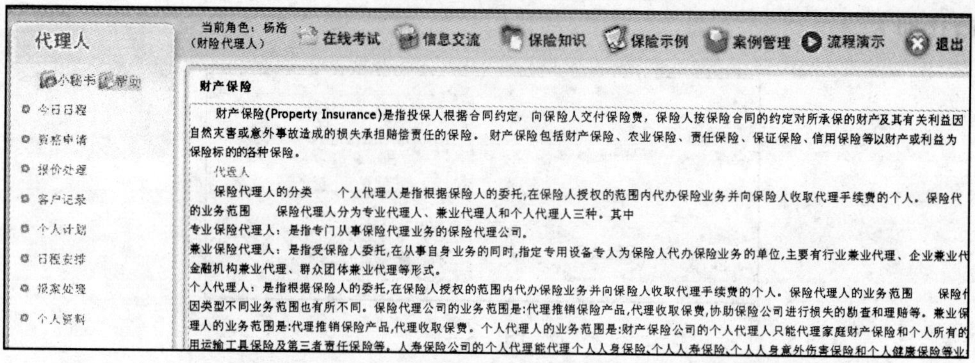

图　8-45

今日日程

点击页面左侧的“今日日程”菜单，在页面右侧打开如图 8-46 所示界面。

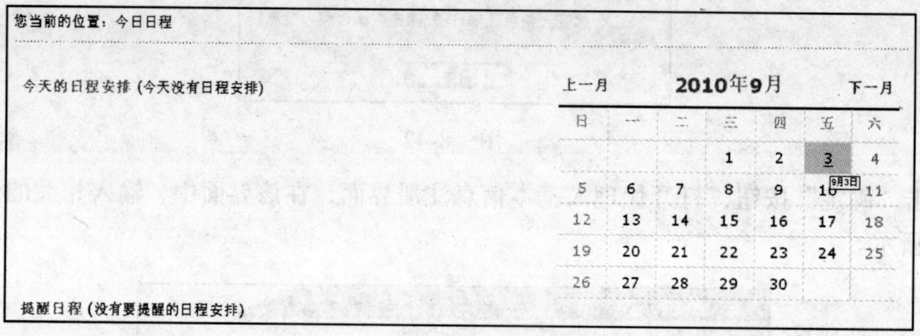

图　8-46

从日历表中选择一个日期（如“3”），然后点击该日期，打开如图 8-47 所示界面。

图　8-47

点击“添加”按钮，在打开界面中，填写日程安排信息，如图 8-48 所示。

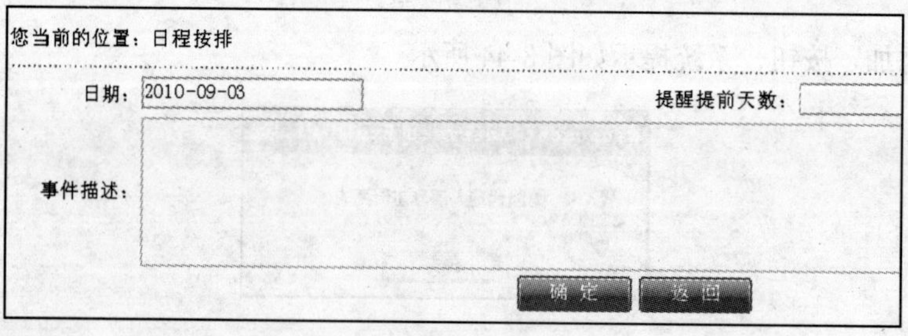

图　8-48

点击“确定”按钮。

资格申请

保险代理人，要代理人寿保险产品业务，需要事先向财产保险公司进行资格申请，获得批准后，才能从事财产保险业务。

点击页面左侧的“资格申请”菜单，在页面右侧打开如图 8-49 所示界面。

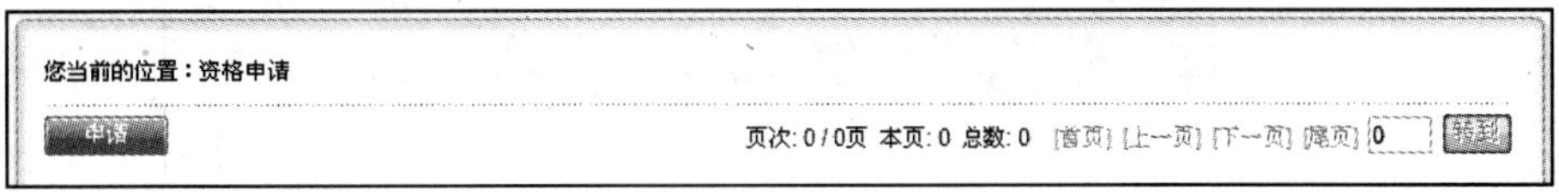

图　8-49

点击“申请”按钮，在打开界面中，选择所申请代理的财产保险公司，如图 8-50 所示。

图　8-50

点击“申请”按钮，系统提示如下（见图 8-51）。

图　8-51

点击“确定”按钮。

报价处理

该模块的主要功能是，保险代理受理客户的询价信息。同时，保险代理人作为保险公司的员工，也需要处理由保险公司转交的客户询价请求。

点击页面左侧的“报价处理”菜单，在页面右侧打开如图 8-52 所示界面。

图　8-52

点击“操作”栏中的“处理”，在打开界面中，填写回复信息，如图 8-53 所示。

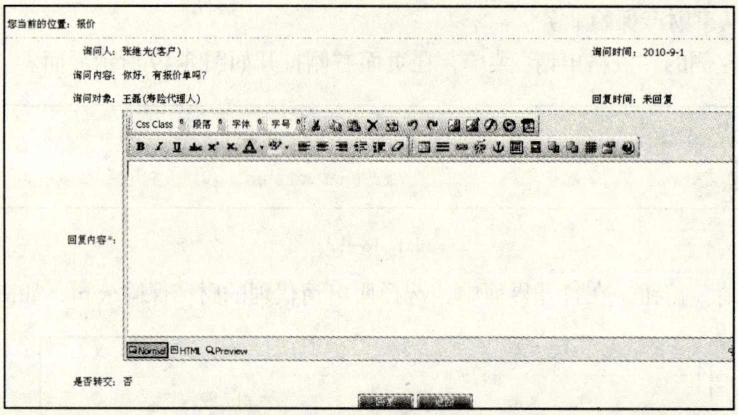

图 8-53

点击“回复”按钮，系统提示如下（见图 8-54）。

图 8-54

点击“确定”按钮。

客户记录

点击页面左侧的“客户记录”菜单，点击“添加”按钮，添加客户信息，如图 8-55 和图 8-56 所示。

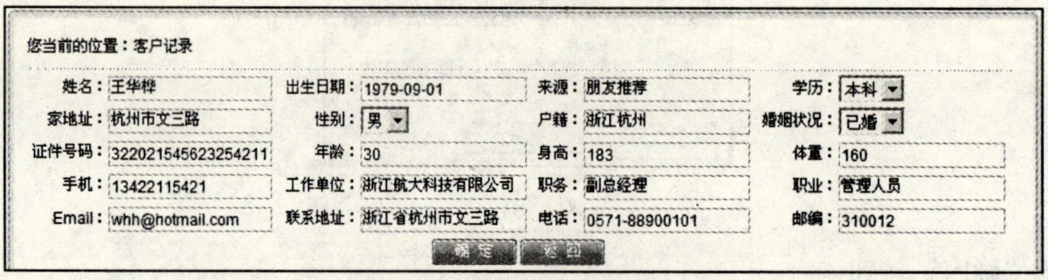

图 8-55

图 8-56

点击“确定”按钮，页面返回至如图 8-57 所示界面。

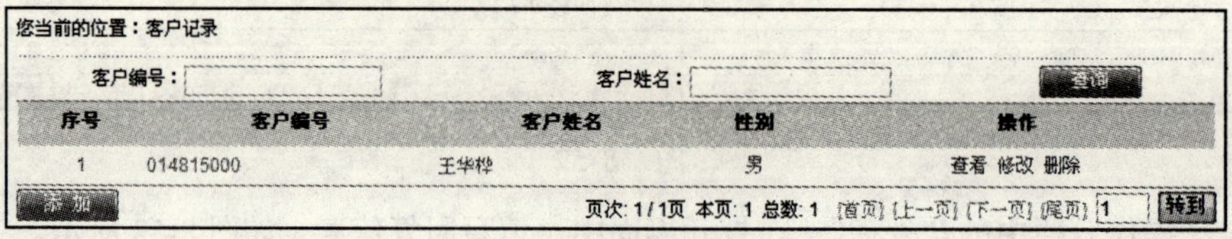

图 8-57

点击“操作”栏中的“查看”，打开如图 8-58 所示界面：

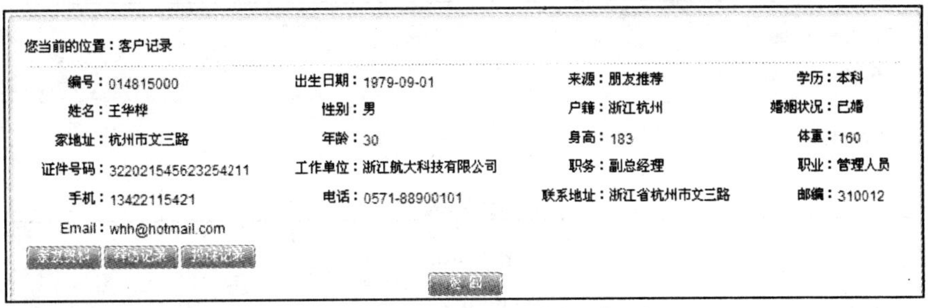

图　8-58

1. 管理客户亲友资料

点击“亲友资料”按钮，打开如图 8-59 所示界面。

图　8-59

点击“添加”按钮，在打开界面中，填写客户亲友资料信息，如图 8-60 所示。

图　8-60

点击“确定”按钮，系统提示如下（见图 8-61）。

图　8-61

点击“确定”按钮。

2. 客户拜访记录管理

点击“拜访记录”按钮，打开如图 8-62 所示界面。

图　8-62

点击“添加”按钮，在打开界面中，填写拜访时间、事件描述，如图 8-63 所示。

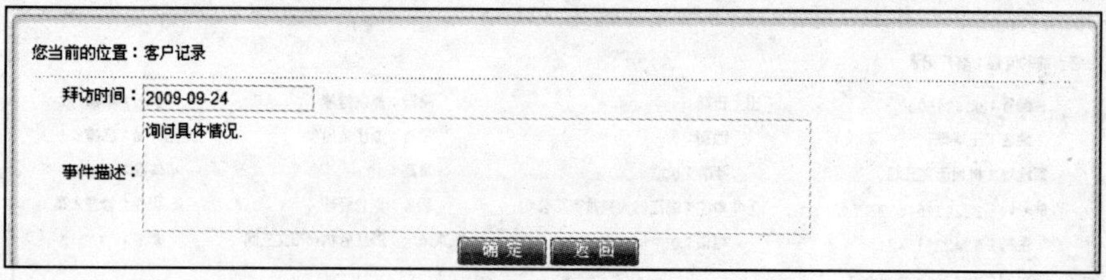

图 8-63

点击“确定”按钮，系统提示如下（见图 8-64）。

图 8-64

点击“确定”按钮。

3. 客户投保记录管理

点击“投保记录”按钮，打开如图 8-65 所示界面。

图 8-65

点击“添加”按钮，在打开界面中，填写各项客户投保信息，如图 8-66 所示。

图 8-66

点击“确定”按钮，系统提示如图 8-67 所示。

图 8-67

点击“确定”按钮。

个人计划

点击页面左侧的“个人计划”菜单，在页面右侧打开如图 8-68 所示界面。

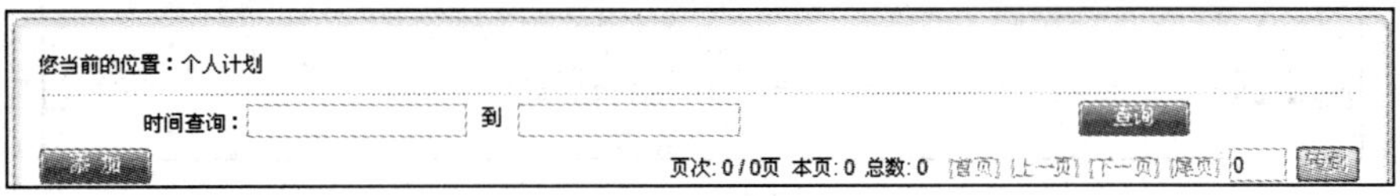

图　8-68

点击“添加”按钮，在打开界面中，填写各项信息，如图 8-69 所示。

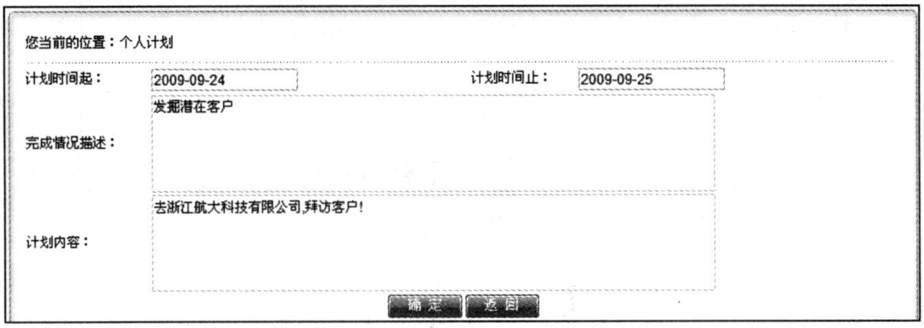

图　8-69

点击“确定”按钮，系统提示如图 8-70 所示。

图　8-70

点击“确定”按钮。

日程安排

点击页面左侧的“日程安排”菜单，在页面右侧打开如图 8-71 所示界面。

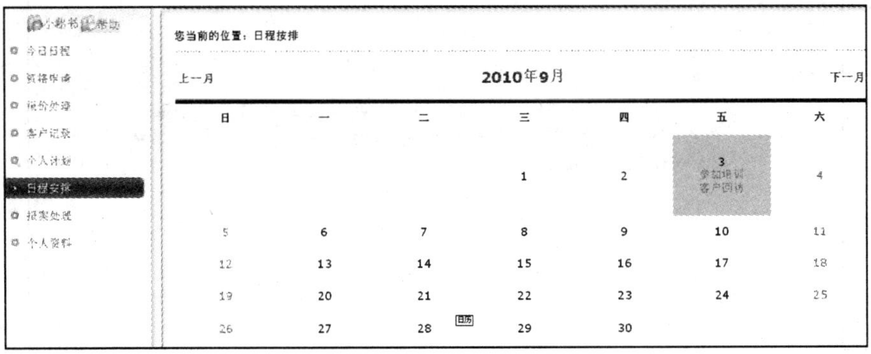

图　8-71

点击某一日期，可查看该日期的日程（见图 8-72）。

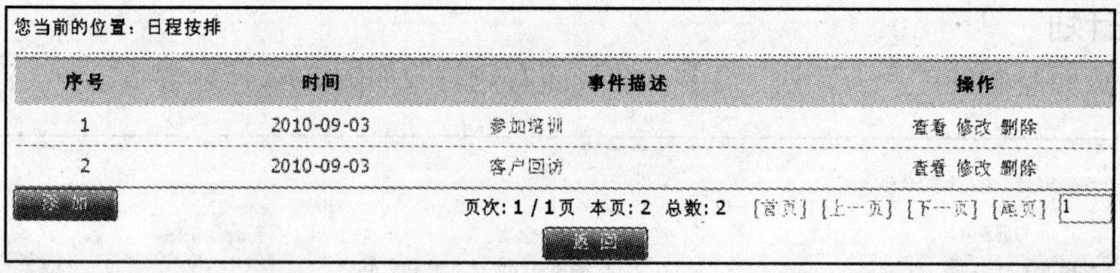

图 8-72

若要添加安排，则点击“添加”按钮进行添加，如图 8-73 所示。

图 8-73

点击“确定”，保存完成。

报案处理

财险代理人受理客户的保险事故处理请求。

点击页面左侧的“报案”菜单，在页面右侧打开如图 8-74 所示界面。

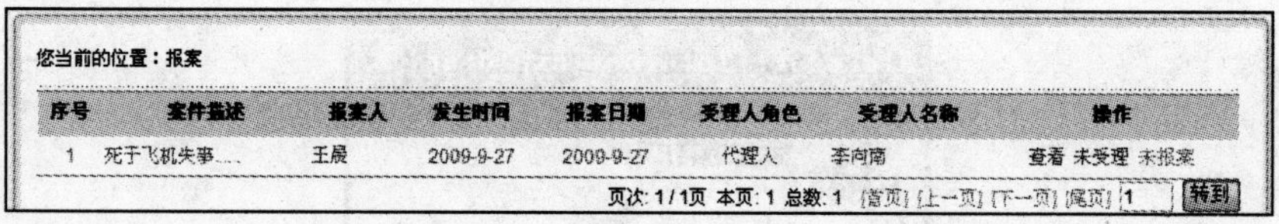

图 8-74

点击“操作”栏中的“未受理”，在打开界面中，填写受理描述，如图 8-75 所示。

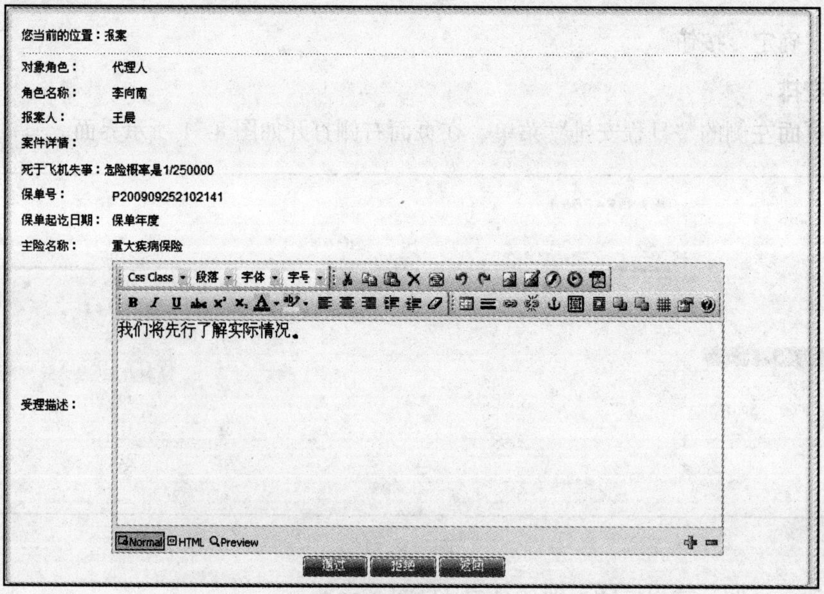

图 8-75

点击“通过”按钮，系统提示如图 8-76 所示。

点击“确定”按钮，在打开界面中，点击“操作”栏中的“未报案”，代理人向保险公司报案。

图　8-76

个人资料

代理人个人资料维护窗口。

点击页面左侧的“个人资料”菜单，打开个人资料页面。可进行个人资料的修改。

点击“修改”按钮，在打开界面中，输入要更新的信息，然后点击“保存”按钮。

财产保险公司

在进入家庭财产险实验后，选择“财产保险公司”，第一次进入“财产保险公司操作平台”，系统提示如图 8-77 所示。

图　8-77

点击“确定”按钮，打开财产保险公司基本信息注册界面，在该界面中，输入相关的信息，如图 8-78 所示。

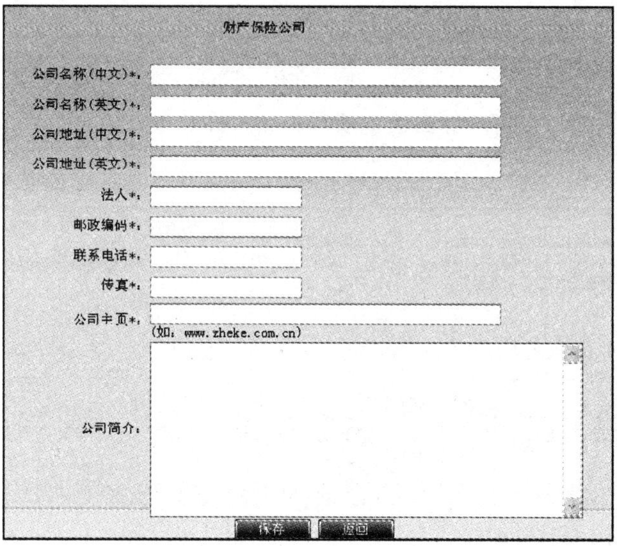

图　8-78

点击“保存”按钮，系统提示如图 8-79 所示。

点击“确定”按钮，返回财险公司基本信息页面，可对基本信息进行修改。或点击“返回”按钮，返回角色选择页面，然后再点击“财产保险公司”按钮，打开“财产保险公司操作平台”首页面（见图 8-80）。

图　8-79

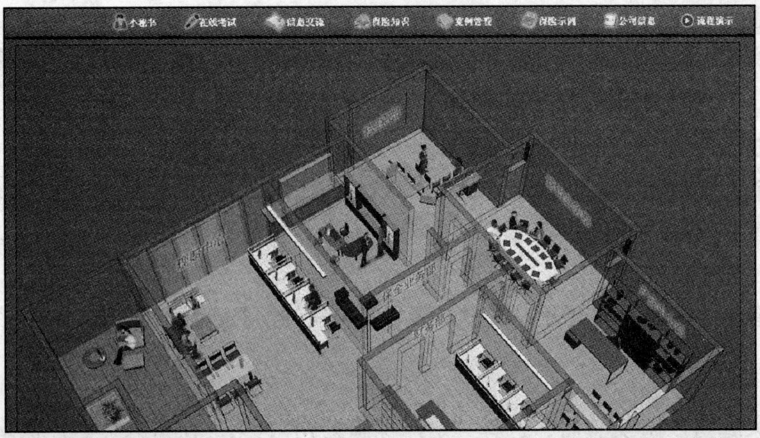

图 8-80

分别选择财产保险公司的各个部门处理业务。

产品部

产品部的业务是进行产品管理。点击“产品管理”菜单，打开如图 8-81 所示界面。

当前位置：产品管理

序号	产品名称	产品编号	添加时间	产品状态	操作
1	吉祥三保二代	JCC20091104095931	2010-08-28 11:24:21	投放市场	查看 修改 发布 撤市 删除
2	温馨家庭[illegible]款	JCC20091104103413	2010-08-28 11:24:21	投放市场	查看 修改 发布 撤市 删除
3	“至尊保”家庭财产保险（A）款	JCC20091104105751	2010-08-28 11:24:21	投放市场	查看 修改 发布 撤市 删除
4	轻松保	JCC20091104111802	2010-08-28 11:24:21	投放市场	查看 修改 发布 撤市 删除

页次：1 / 1 页 本页：4 总数：4 [首页] [上一页] [下一页] [尾页] 1

图 8-81

点击“添加”按钮，在打开界面中，填写产品名称及条款内容，点击确定，之后跳转到如图 8-82 所示页面。

当前位置：保险产品

产品名称： 家庭财产险

最大份数：200份 每份保费： 100元

产品说明：家庭财产

保障项目

项目名称： *

每份保额： 元 *

主/附加险：主险

填写说明：

家财险产品添加说明：产品添加分为三部分信息：

1、产品基本信息：包括 产品名称、每份保费、最大份数（客户所能购买本产品的最大数量，可以根据本产品所能提供的最大保障来确立），产品说明，产品条款。

2、产品项目信息。每个产品可以添加多个保障项目。每个保障项目需要设定最大保障额度（每份保额），同时需要指出该项目是主险还是附加险。一个产品只能存在一个主险，但可以添加多个附加险。每个项目可以增加多个子项目，每个子项目的保额总和不能超过主项目设置的保额。产品项目信息可以分为三层信息：项目主要内容、子项目、子项明细，主要控制子项的保额的总和为主项设定的保额，子项可以为空不设置。如家庭财产损失险：分为三个项目：①房屋；②房屋装修；③室内财产，其中室内财产又划为家具、床上用品、服装三个子项。

保障项目	项目明细		每份保额	每份保额分项（元）	
家庭财产损失险	房屋		380000元	300000元	
	房屋装修			50000元	
	室内财产	家用电器		30000元	15000元
		家具			10000元
		床上用品			2500元
		服装			2500元

添加 返回

图 8-82

添加主险和附加险的保障项目，点击“添加”按钮（可继续添加多个保障项目）。

之后返回列表页面，点击“操作”栏中的“发布”，将该产品信息发布，投放市场。

序号	产品名称	产品编号	添加时间	产品状态	操作
1	家庭财产险	JCC20100903104626	2010-09-03 10:46:26	研发中	查看 修改 发布 撤销 删除

图 8-83

点击“操作”栏中的“查看”，查看该产品的详细信息；点击“操作”栏中的“修改”，更新该条信息；点击“操作”栏中的“撤销”，将已推向市场的保险产品设置为停售状态；点击“操作”栏中的“删除”，删除该条信息。

提示： 财产保险公司必须要将保险产品进行发布，客户才能进行投保。

核保部

图 8-84

核保部的业务包括：保单核保和保单签发。

1. 保单核保

点击“保单核保”菜单，打开如图 8-85 所示界面。

当前位置：核保

序号	投保单号	投保人	保险产品	投保时间	保单状态	操作
1	JCT20100903095055	张继光	吉祥三保二代	2010-09-03	提交	核保
2	JCT20100831114612	张继光	吉祥三保二代	2010-08-31	拒保	已处理
3	JCT20100828114229	张继光	吉祥三保二代	2010-08-28	缴费确认	已处理
4	JCT20100828124809	张继光	温馨家园D款	2010-08-28	缴费确认	已处理

返回 页次：1 / 1页 本页：4 总数：4 [首页] [上一页] [下一页] [尾页] 1 转到

图 8-85

点击操作栏的“核保”，打开保险单，选择是否同意此投保案件，如同意则点击“承保”按钮，系统提示如图 8-86 所示。

图 8-86

若不同意，点击“拒保”按钮。

2. 保单签发

承保后签发保单。点击“保单签发”菜单，打开如图 8-87 所示界面。

图 8-87

选择状态为“承保”的保险单，点击操作“签发”，打开保险单，在保险单下方点击“签发”按钮，完成签发操作。

保全业务部

保全业务部的业务为：保单变更。

点击“变更处理”菜单，打开如图 8-88 所示界面。

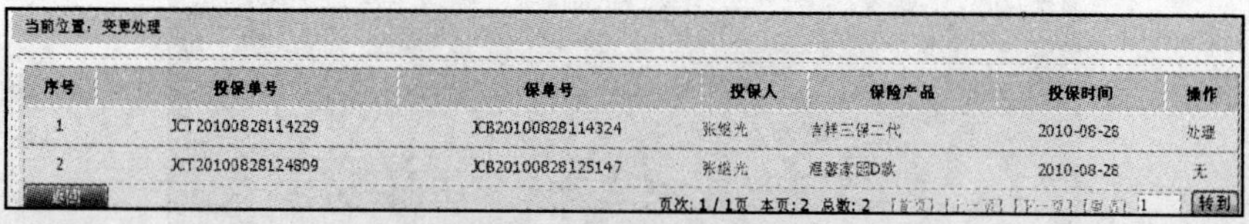

图 8-88

点击操作栏中的“处理”，在打开界面中，操作处理变更，系统将自动生成批单，客户端可查看。

图 8-89

营销部

营销部的业务包括：代理人管理、询价管理、投标管理、保单管理、业绩分析。

1. 代理人管理

点击“代理人管理”菜单，打开如图 8-90 所示界面。

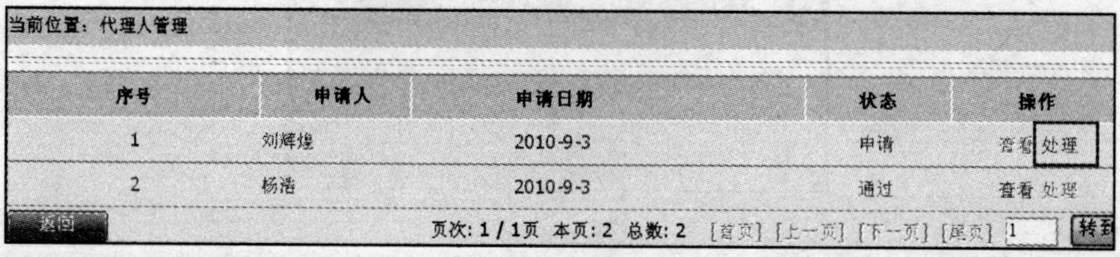

图 8-90

选择状态为“申请”的代理人，点击操作栏中的“处理”，在打开界面中，填写业务范围、销售区域、结果说明，点击“通过”按钮，系统提示如图 8-91 所示。

提示：若不批准代理的资格申请，则点击“拒绝”按钮。

2. 询价管理

针对客户的询价信息，保险公司可以直接向客户报价，也可以指定保险代理人跟客户沟通，向客户报价。

在这里可处理客户和经纪公司的询价信息。

点击“询价管理”菜单，打开如图 8-92 所示界面。

图 8-91

图 8-92

（1）财产保险公司直接报价。点击“操作”栏中的“处理”，在打开界面中，填写回复信息，如图 8-93 所示。

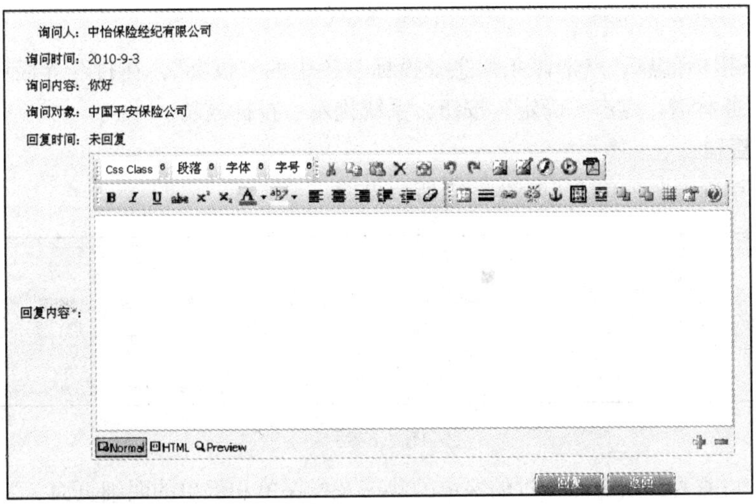

图 8-93

点击“回复”按钮。

（2）转交保险代理人处理。点击“操作”栏中的“转交”，打开如图 8-94 所示界面。

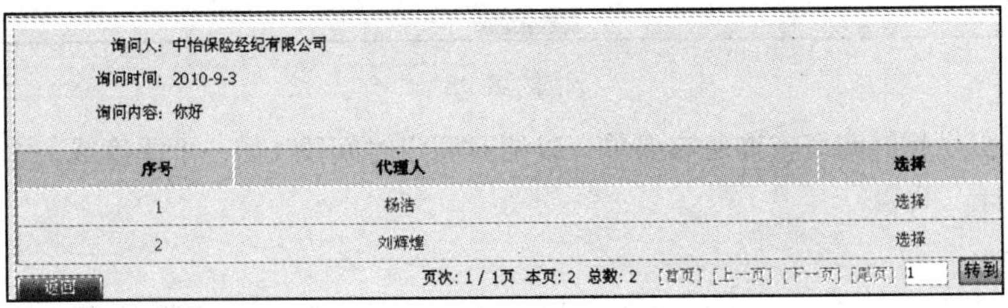

图 8-94

选择一个保险代理人，点击“选择”栏中的“选择”，系统提示如图 8-95 所示。

图 8-95

点击“确定”按钮，系统提示该记录成功转交给该代理人处理。

3. 投标管理

点击“投标管理”菜单，打开如图 8-96 所示界面。

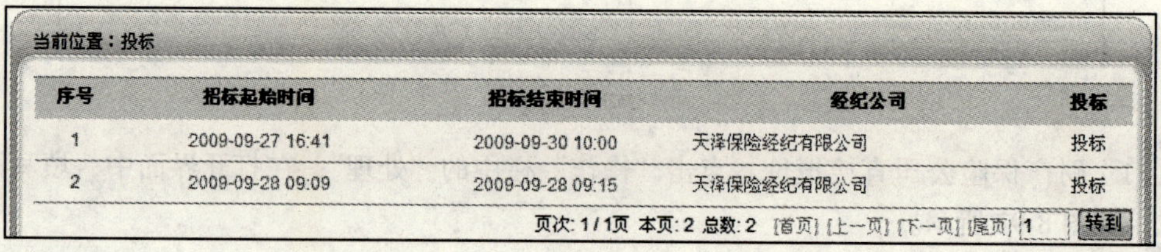

图 8-96

选择一条招标信息，点击该条信息“投标”栏中的“投标”，在打开界面中，填写优惠条件、理赔服务承诺，点击“确定”按钮，系统提示：投标成功。

4. 保单管理

点击“保单管理”菜单打开如图 8-97 所示界面。

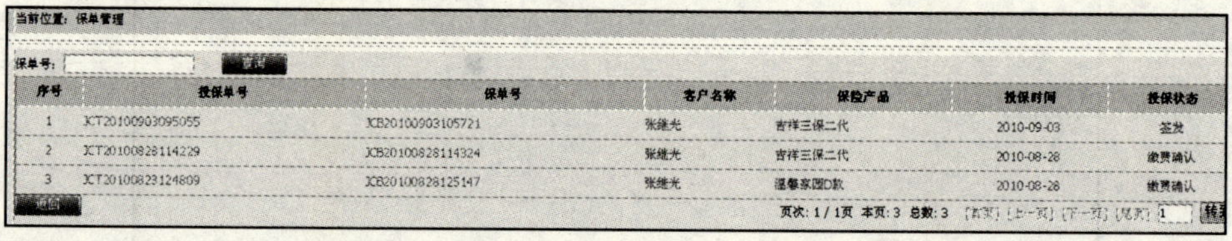

图 8-97

此栏目，可查看到所有操作过的保单的状态及投保单和保单的明细页面。

5. 业绩分析

点击“业绩分析”菜单，打开如图 8-98 所示界面。

图 8-98

此栏目提供按时间段查询所有保单，以便对固定时间段（如一个季度或一个月）的公司业绩进行统计。

理赔中心

理赔中心的业务包括：报案处理、报案查勘、立案处理、理算处理、核赔处理（见图 8-99）。

图　8-99

1. 报案处理

点击“报案处理”菜单，打开如图 8-100 所示界面。

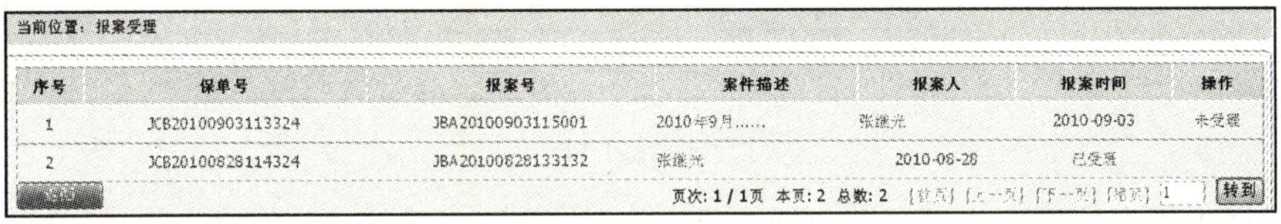

图　8-100

点击“操作”栏中的“未受理”，在打开界面中，填写查勘人员、地点、时间和任务描述（若拒绝受理则填写拒绝原因），如图 8-101 所示。

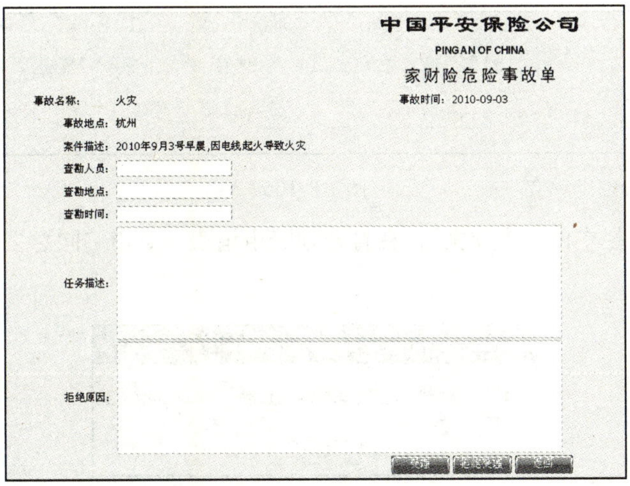

图　8-101

点击“受理”按钮，系统提示受理已通过（见图 8-102）。

图　8-102

2. 报案查勘

报案受理后，进行查勘。点击“报案查勘”业务，进入如图 8-103 所示界面。

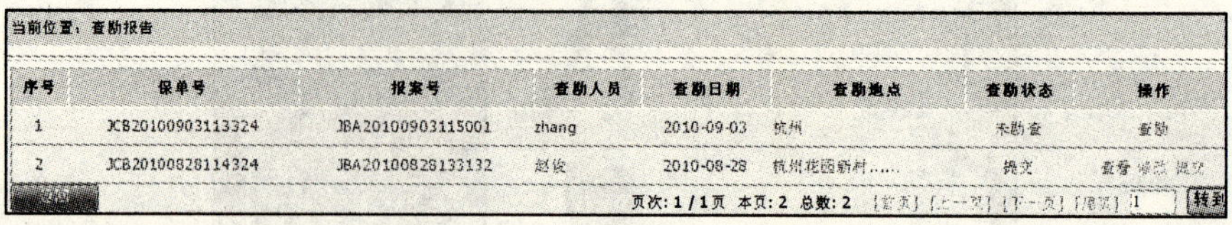

当前位置：查勘报告

序号	保单号	报案号	查勘人员	查勘日期	查勘地点	查勘状态	操作
1	JCB20100903113324	JBA20100903115001	zhang	2010-09-03	杭州	未勘查	查勘
2	JCB20100828114324	JBA20100828133132	赵俊	2010-08-28	杭州花园新村……	提交	查看 修改 提交

页次：1 / 1页 本页：2 总数：2 转到

图 8-103

点击“查勘”操作，填写查勘报告。填写后点击“确定”按钮后，由客户在“个人中心”进行“查勘处理”。

客户同意后，再提交该查勘报告（见图 8-104）。

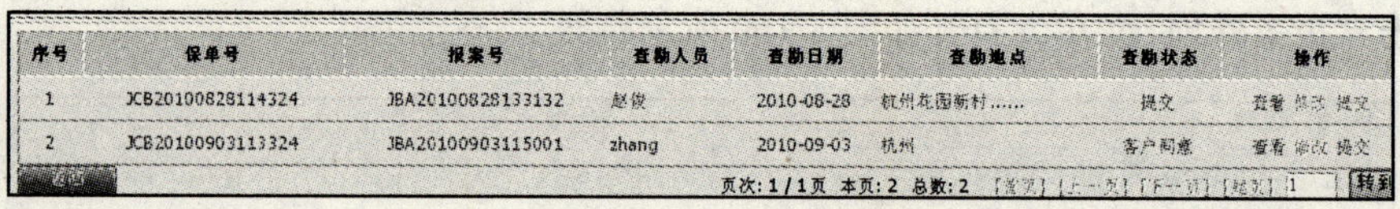

序号	保单号	报案号	查勘人员	查勘日期	查勘地点	查勘状态	操作
1	JCB20100828114324	JBA20100828133132	赵俊	2010-08-28	杭州花园新村……	提交	查看 修改 提交
2	JCB20100903113324	JBA20100903115001	zhang	2010-09-03	杭州	客户同意	查看 修改 提交

页次：1 / 1页 本页：2 总数：2 转到

图 8-104

立案报告提交后，客户可进行理赔申请。

3. 立案处理

处理客户的理赔申请。

点击“立案处理”菜单，打开如图 8-105 所示界面。

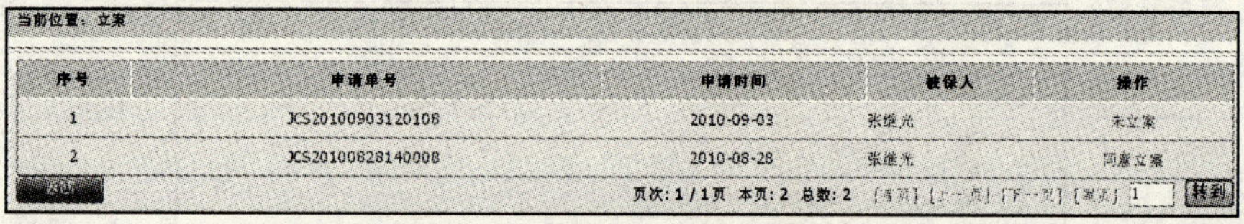

当前位置：立案

序号	申请单号	申请时间	被保人	操作
1	JCS20100903120108	2010-09-03	张继光	未立案
2	JCS20100828140008	2010-08-28	张继光	同意立案

页次：1 / 1页 本页：2 总数：2 转到

图 8-105

点击“操作”栏中的“未立案”，在打开理赔申请表，点击“同意立案”按钮，系统提示如图 8-106 所示。

图 8-106

点击“确定”按钮。

4. 理算处理

点击“理算处理”菜单，打开如图 8-107 所示界面。

立案号：

序号	立案号	立案时间	理赔申请单	理算
1	JCL20100903120609	2010-09-03	JCS20100903120108	理算

图 8-107

点击“操作”栏中的“理算”，打开赔款计算书界面，在赔款计算书里填写赔款计算方式、查勘金额、其他金额和结算方式及日期，填写后点击“确定”完成理算。

5. 核赔处理

点击“核赔处理”菜单，打开如图 8-108 所示界面。

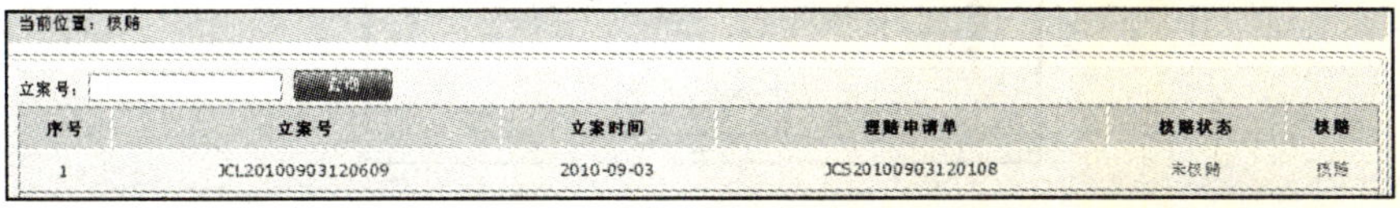

图 8-108

点击“操作”栏中的“核赔”，打开赔款计算书界面。点击“核赔通过”按钮，完成核赔处理。

财务部

财务部业务包括：保费确认、核赔支付、财务管理。

1. 保费确认

客户在缴费后，财务部应进行保费确认。点击“保费确认”菜单，打开如图 8-109 所示界面。

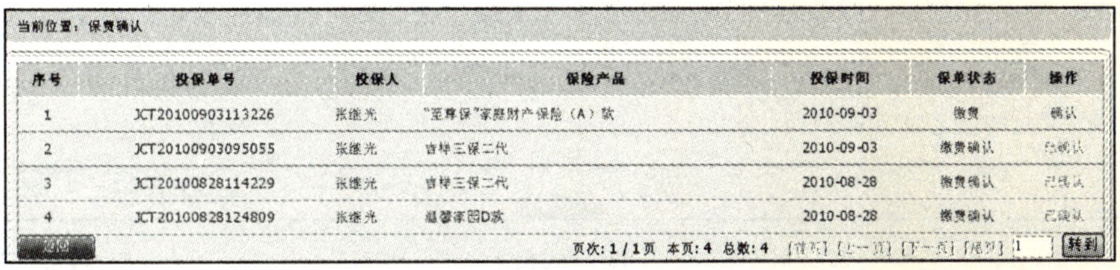

图 8-109

点击“操作”栏中的“确认”，系统提示如图 8-110 所示。

图 8-110

点击“确定”按钮。

2. 核赔支付

核赔处理通过后，进行核赔支付。点击“理赔支付”菜单，打开如图 8-111 所示界面。

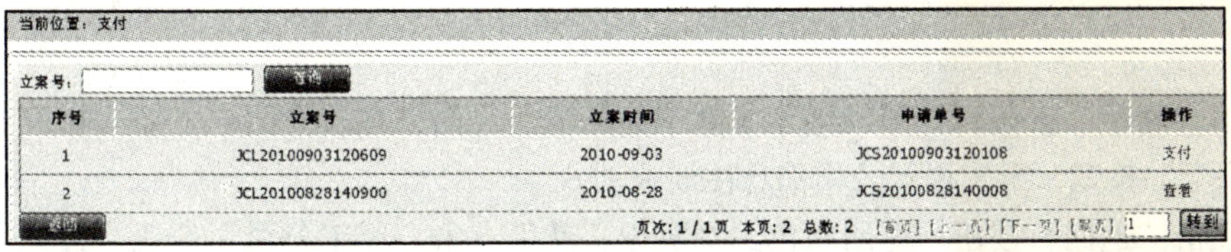

图 8-111

点击“操作”栏中的“支付”，打开赔款计算书，点击“确认支付”按钮，系统提示如图 8-112 所示。

图 8-112

点击“确定”按钮。

3. 财务管理

点击“财务管理”菜单，打开如图 8-113 所示界面。

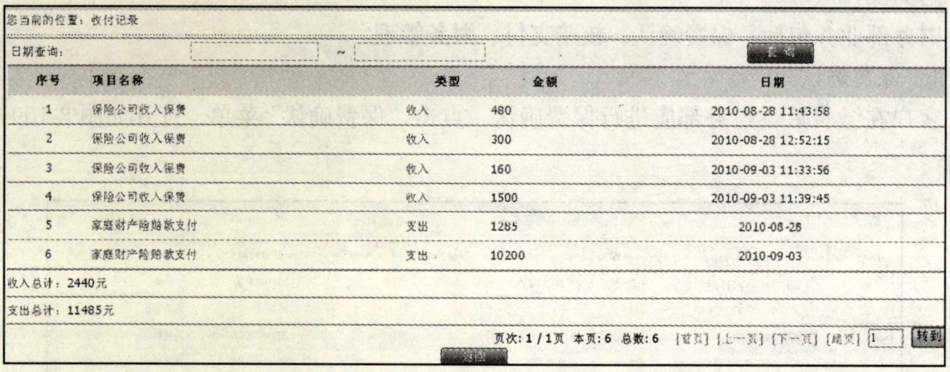

您当前的位置：收付记录

日期查询： ~ 查询

序号	项目名称	类型	金额	日期
1	保险公司收入保费	收入	480	2010-08-28 11:43:58
2	保险公司收入保费	收入	300	2010-08-28 12:52:15
3	保险公司收入保费	收入	160	2010-09-03 11:33:56
4	保险公司收入保费	收入	1500	2010-09-03 11:39:45
5	家庭财产险赔款支付	支出	1285	2010-08-28
6	家庭财产险赔款支付	支出	10200	2010-09-03

收入总计：2440元

支出总计：11485元

页次：1 / 1页 本页：6 总数：6 [首页] [上一页] [下一页] [尾页] 1 转到

返回

图 8-113

此栏目可查阅到本公司所有保费收入、赔款支出以及退款情况，并可按收支类型或日期进行查询。

经纪公司

经纪公司在财险业务、客户中心、财务中心中处理业务。

在角色选择页面内选择“经纪公司”，第一次进入“经纪公司操作平台”，系统提示注册公司信息（见图 8-114）。

图 8-114

点击“确定”按钮，打开经纪公司基本信息注册界面，在该界面中，输入相关的信息后点击“保存”按钮，系统提示公司信息注册成功。

再点击“返回”按钮，返回角色选择页面；然后点击“经纪公司”按钮，打开“经纪公司操作平台”首页面（见图 8-115）。

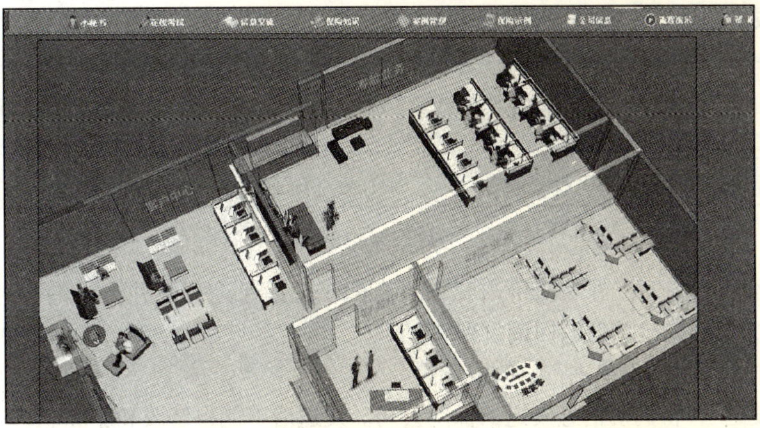

图　8-115

财险业务

选择“财险业务”，进入家庭财产险业务框。寿险业务包括：产品管理、报价管理、询价管理、委托管理、招标管理、委托报案。

1. 产品管理

点击“产品管理”菜单，打开如图 8-116 所示界面。

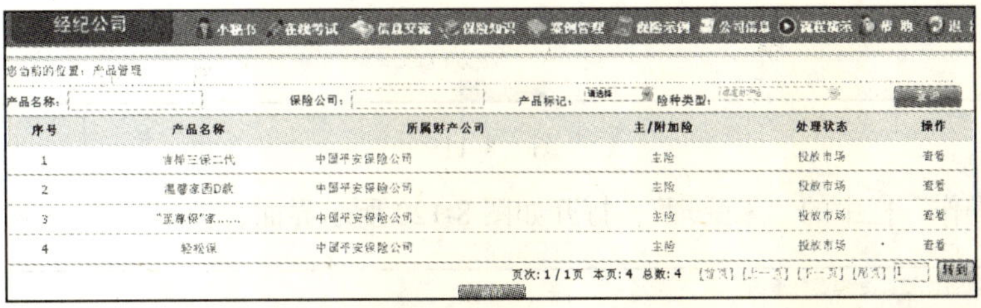

图　8-116

选择一条保险产品信息，点击该条信息“操作”栏中的“查看”，在打开界面中，查看详细的信息。或者输入险种名称、险种代码、保险公司名称，点击“险种种类”下拉框，从中选择一种险种，然后点击“查询”按钮，查看符合条件的保险产品。

2. 报价管理

点击“报价管理”菜单，打开如图 8-117 所示界面。

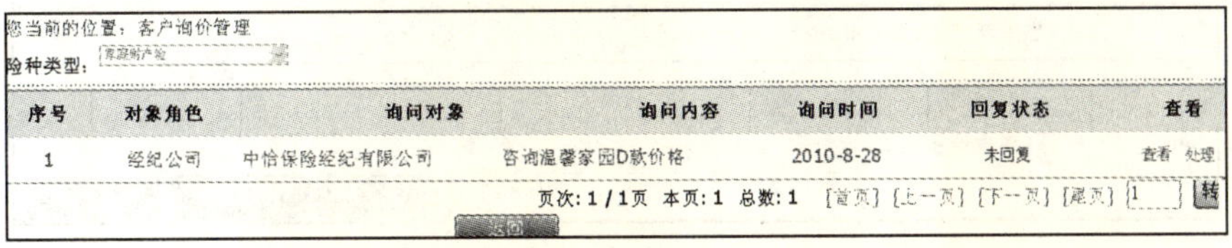

图　8-117

选择一条“处理状态”为“未回复”的信息，点击该条信息“操作”栏中的“处理”，打开客户询价单，填写回复信息，填写完成后点击“回复”按钮，完成回复。

3. 询价管理

询价管理指经纪公司向财产保险公司询价。

点击“报价管理”菜单，打开如图 8-118 所示界面。

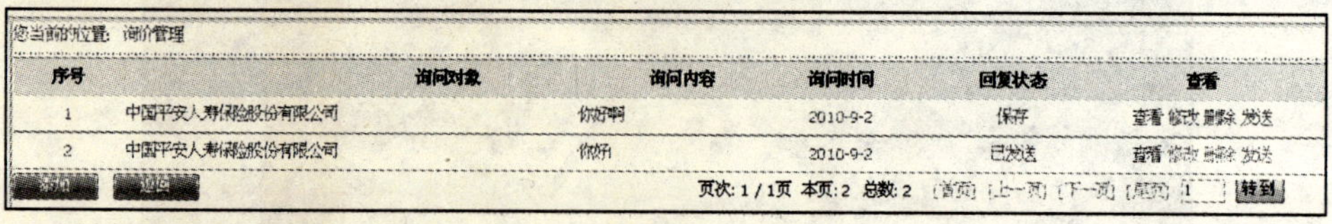

图 8-118

点击“添加”按钮，进入询价内容输入页面，选择保险公司并输入询价内容，再点击“询价”按钮，保存询价单后返回询价列表。

在列表中，可对询价单进行修改或删除。

点击“发送”，将询价信息发送给保险公司。发送后不能再修改和删除。

4. 委托管理

处理客户委托办理保险业务的请求。

点击“委托管理”菜单，打开如图 8-119 所示界面。

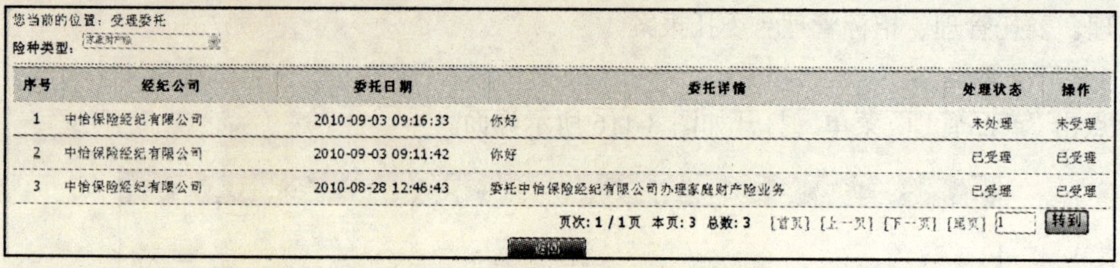

图 8-119

点击“操作”栏中的“未受理”，打开如图 8-120 所示界面。

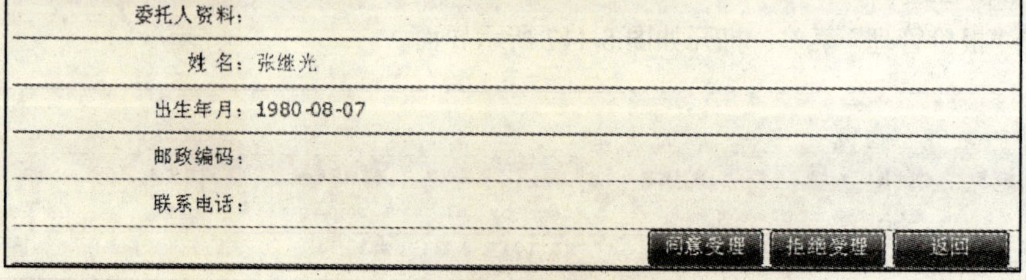

图 8-120

若不同意客户的委托请求，则点击“拒绝受理”按钮；若同意客户的委托请求，则点击“同意受理”按钮。

5. 委托投保

点击“委托投保”菜单，打开如图 8-121 所示界面。

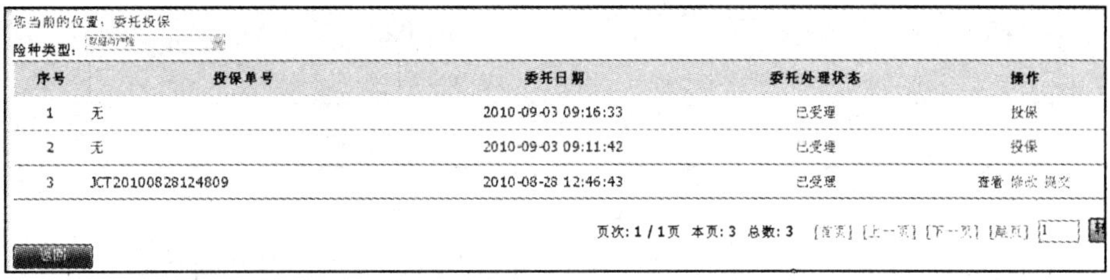

图　8-121

点击“操作”栏中的“投保”，选择保险产品并投保。

填写投保份数、房屋详细地址、保险期限后，点击“确定”按钮填写完成。

在列表中将该保险单发送给客户，等待签字。

图　8-122

6. 招标管理

“招标管理”详细操作请参考“经纪公司—招标管理”。

7. 投标管理

“招标管理”详细操作请参考“经纪公司—投标管理”。

8. 委托报案

经纪公司对自己接受客户委托办理的家庭财产保险，在客户委托报案后，接受客户的人身事故报案，并进行处理。

点击页面左侧的“事故报案”菜单，在页面右侧打开如图 8-123 所示界面。

图　8-123

选择一条信息，点击该条信息“操作”栏中的“未受理”，在打开界面中，填写受理描述。

点击“确定”按钮，系统提示如图 8-124 所示。

图　8-124

点击“确定”按钮，打开如图 8-125 所示界面。

序号	案件描述	保单号	报案人	报案日期	操作
1	火灾	JCB20100828125147	张继光	2010-09-03	查看 已受理 未报案

页次：1 / 1页 本页：1 总数：1 [首页] [上一页] [下一页] [尾页] 1

返回

图 8-125

点击“操作”栏中的“未报案”，在打开的界面中点击“报案”按钮，系统提示已报案，点击“确定”按钮，经纪公司向财产保险公司报案成功。

客户中心

客户中心的业务是进行客户管理。

在客户中心选择“客户管理”业务，进入如图 8-126 所示界面。

您当前的位置：客户记录

客户名称： 查看

序号	客户名称	添加日期	是否有询价	是否有委托	操作
1	张继光	2010-8-28 13:37:00	查看	查看	查看

返回 页次：1 / 1页 本页：1 总数：1 [首页] [上一页] [下一页] [尾页] 1 转到

图 8-126

显示本公司的客户列表，可分别查看该客户的询价信息、委托信息和客户基本资料。

财务中心

财务中心的业务包括：收付记录和经纪费确认。

（1）收付记录。点击“收付记录”菜单，打开如图 8-127 所示界面。

您当前的位置：收付记录

日期查询： ~ 查询

序号	项目名称	类型	金额	日期
1	经纪公司保费收入	收入	1	2009-11-11

收入总计：1元

图 8-127

此栏目可查阅到本公司所有经纪费收入及各项支出情况，并可按收支类型或日期进行查询。

（2）经纪费确认。点击“经纪费确认”菜单，打开如图 8-128 所示界面。

您当前的位置：经费回执确认

序号	保险公司	企业名称	发送日期	投保状态	操作
1	宏图保险经纪公司	浙江航大科技开发有限公司	2009-11-11	发送	未确认

图 8-128

点击操作栏的“未确认”，可查看到每个案件保险公司应付的经纪费金额，点击“确认”按钮，完成经纪费确认操作。

第九章

实验三　机动车辆保险业务实训

第一节　实验目的和内容

一、实验准备

1. 理论基础知识准备

学生应了解我国机动车辆保险的基本情况，熟悉我国机动车辆保险的主要险种及其保险责任和责任免除，掌握机动车辆保险的主要单证的名称、含义、内容以及作用，熟悉机动车辆保险承保与理赔的实务处理。

2. 教学准备

（1）场地准备：配有电脑的保险实训实验室、学院及周边环境。

（2）教学资料准备：机动车辆保险相关单证、机动车辆保险案例、机动车辆保险种条款及费率、各保险公司资料及网站。

二、实验目的

通过本实验项目，要求学生了解机动车辆保险承保与理赔的业务流程及其要点，认识机动车辆保险各业务环节的意义和目的，掌握机动车辆保险各业务环节工作的具体内容和要求。

三、实验操作要求

（1）自由组合，全班分为若干个小组，各组推选出组长一名，组长将本组组员名单及联系方式交由学习委员汇总后上交老师。

（2）各组在组长的协调下进行分工，共同完成实验内容。

（3）在搜集国内各保险公司所售机动车辆保险险种时，老师应提醒学生注意其特色险种，尤其是附加险和特约条款。

（4）本实验项目完成后，各位学生独立完成实验报告上交老师。

四、课后实验拓展

通过访问国内各财产保险公司官方网站或实地调查，了解机动车辆保险产品的知名度、美誉度以及投保情况。

第二节 机动车辆保险业务操作实训

【实训内容 9-1】车险产品调查实训

（1）实训目的：了解和熟悉我国的车险产品。

（2）实训内容：以小组为单位，通过网络平台了解我国各公司的车险产品，并进行比较，特别关注各保险公司的特色车险产品（条款）及服务项目。

（3）要求完成：每个小组推荐一款你认为最有特色的车险附加险或特约条款，并进行介绍，随机抽查演示。

【实训内容 9-2】车险投保规划实训

（1）实训目的：根据客户风险需求及投保车辆情况，设计车险投保险种组合，并计算保费。

（2）实训内容：

1）根据所给客户资料及投保车辆情况，分析其风险需求；

2）根据客户风险需求，为其设计车险投保险种组合；

3）根据客户投保险种组合，结合费率调整规定，计算其应缴保费。

（3）要求完成：以小组为单位完成以下练习一与练习二，形成书面作业上交，随机抽查演示。

练习一：投保案例 9-1

32 岁的张先生于 2010 年 10 月 30 日购买了一辆标致 408 2010 款 2.0L 自动尊贵版（见图 9-1），新车购置价 18 万元（含新车购置税），用于替换家中的旧车。张先生是老驾驶员，驾龄已有 8 年。张先生喜欢旅游，打算买了车之后有时间就举家出外自驾旅行，游览祖国的名山大川。张先生住在一个城乡结合部的商品住宅小区，没买车库，租了小区地下停车场的一个固定停车位，小区里有物业管理人员昼夜巡逻，还安装了监控摄像头。张先生为某政府机关公务员，在单位任科长，月薪 5 000 元左右，年终还有 1 万～3 万元的奖金，单位有露天停车场。单位离家较远，每天得驾车穿过城市中心到公司上班，路上平均大约花费 1 小时。张先生的妻子不会开车，因此不论是日常驾驶还是外出旅游，均为张先生驾驶。

（1）请分析张先生与车辆有关的风险需求。

（2）请根据张先生的风险需求设计车险投保险种组合（人保、太保和平保三家公司分别设计，具体险种及附加险请参看其官网）。

（3）请为张先生建议投保各险种保额，并据此计算其应缴年保费（人保、太保和平保三家公司分别计算，并考虑费率调整系数。要结合张先生的收入考虑其保费承担能力）。

图 9-1

练习二：投保案例 9-2

今年 24 岁的李小姐，大学毕业刚参加工作不久，便在家人的资助下于 2009 年 12 月买了一辆比亚迪 F0 09 款 爱国版 1.0 舒适型轿车（见图 9-2），当时新车购置价 3.68 万元（含新车购置税）。购车后李小姐在中国人民保险公司购买了交强险、车辆损失险、第三者责任险、全车盗抢险、车身划痕险和不计免赔特约险。作为驾驶新手的李小姐一年以来发生了四起交通事故（均未造成人员伤亡），保险公司均予以赔偿。今年保单要到期了，李小姐准备继续购买车险，但是她担心在人保续保时会因为上一年度的赔款而增加保费，所以想换到太保或平保投保。李小姐打算按车辆的实际价值投保。

（1）请分别计算李小姐在人保续保和转投太保或平保的保费，然后给出李小姐投保建议（请考虑费率调整系数以及投保车辆折旧）。

（2）对于李小姐今年投保的投保险种及保额，你有什么建议吗？

图 9-2

【实训内容 9-3】车险业务操作流程实训

本实验的目的在于了解和掌握机动车辆保险的业务流程各环节和操作要求。由小组成员依次扮演客户、财产保险公司、财险代理人和经纪公司四个角色，模拟机动车辆保险各环节。学生从所扮演角色的角度出发，熟悉和掌握机动车辆保险业务各环节的操作要点及相关技巧；学会填写机动车辆保险相关单证。

登录保险核心业务实验教学软件系统，完成下列机动车辆保险业务实验操作项目（见表 9-1 ～ 9-4）。

表 9-1 客户所需要完成的操作项目

序号	得分项	得分（分）	最大得分（分）	所属阶段
1	产品查看	1	5	投保
2	车辆信息添加	1	5	
3	向财产保险公司询价	1	5	
4	向财险代理人询价	1	5	
5	向经纪公司询价	1	5	
6	机动车交通事故责任强制保险投保	1	5	
7	机动车商业保险投保	1	5	
8	委托经纪公司信息发送	1	5	
9	委托资料车辆填写	1	5	
10	委托投保单签字确认	1	5	
11	保险单缴费	1	5	
12	保单签收	1	5	
13	保单注销 / 退保	1	5	
14	保单变更申请	1	5	
15	保险单批单支付	1	5	

（续）

序号	得分项	得分（分）	最大得分（分）	所属阶段
16	危险事故向代理人报案	1	5	索赔
17	危险事故经纪公司报案	1	5	
18	危险事故向保险公司报案	1	5	
19	危险事故查勘确认	1	5	

表 9-2 财产保险公司所需要完成的操作项目

序号	得分项	得分（分）	最大得分（分）	所属阶段
1	车险产品添加	1	5	承保
2	车险投保单录单	1	5	
3	车险投保单核保同意	1	5	
4	车险投保单核保回退	1	5	
5	车险投保单回退处理	1	5	
6	车险确认缴费	1	5	
7	车险保单生成	1	5	
8	车险变更项目增加	1	5	
9	车险变更处理	1	5	
10	车险批单录单	1	5	
11	车险批单核保处理（同意、回退、拒保）	1	5	
12	车险批单核保回退处理	1	5	
13	车险批单确认支付	1	5	
14	车险批单生成	1	5	
15	车险报案处理	1	5	理赔
16	车险报案勘查	1	5	
17	车险定损确认	1	5	
18	车险核损确认	1	5	
19	车险核损回退确认	1	5	
20	车险立案处理	1	5	
21	车险理算处理	1	5	
22	车险核赔处理	1	5	
23	车险核赔回退处理	1	5	
24	车险核赔支付	1	5	

表 9-3 财险代理人所需要完成的操作项目

序号	得分项	得分（分）	最大得分（分）	所属阶段
1	车险客户询价处理	1	5	投保
2	车险客户危险事故报案处理	1	5	理赔

表 9-4 经纪公司所需要完成的操作项目

序号	得分项	得分（分）	最大得分（分）	所属阶段
1	客户询价处理	1	5	投保
2	向保险公司询价	1	5	
3	委托处理	1	5	
4	委托投保	1	5	
5	委托发布招标	1	5	
6	委托招标确认	1	5	
7	委托报案	1	5	理赔

【实训内容 9-4】机动车辆保险案例分析实训

教师提供案例，学生分组讨论和处理案情。

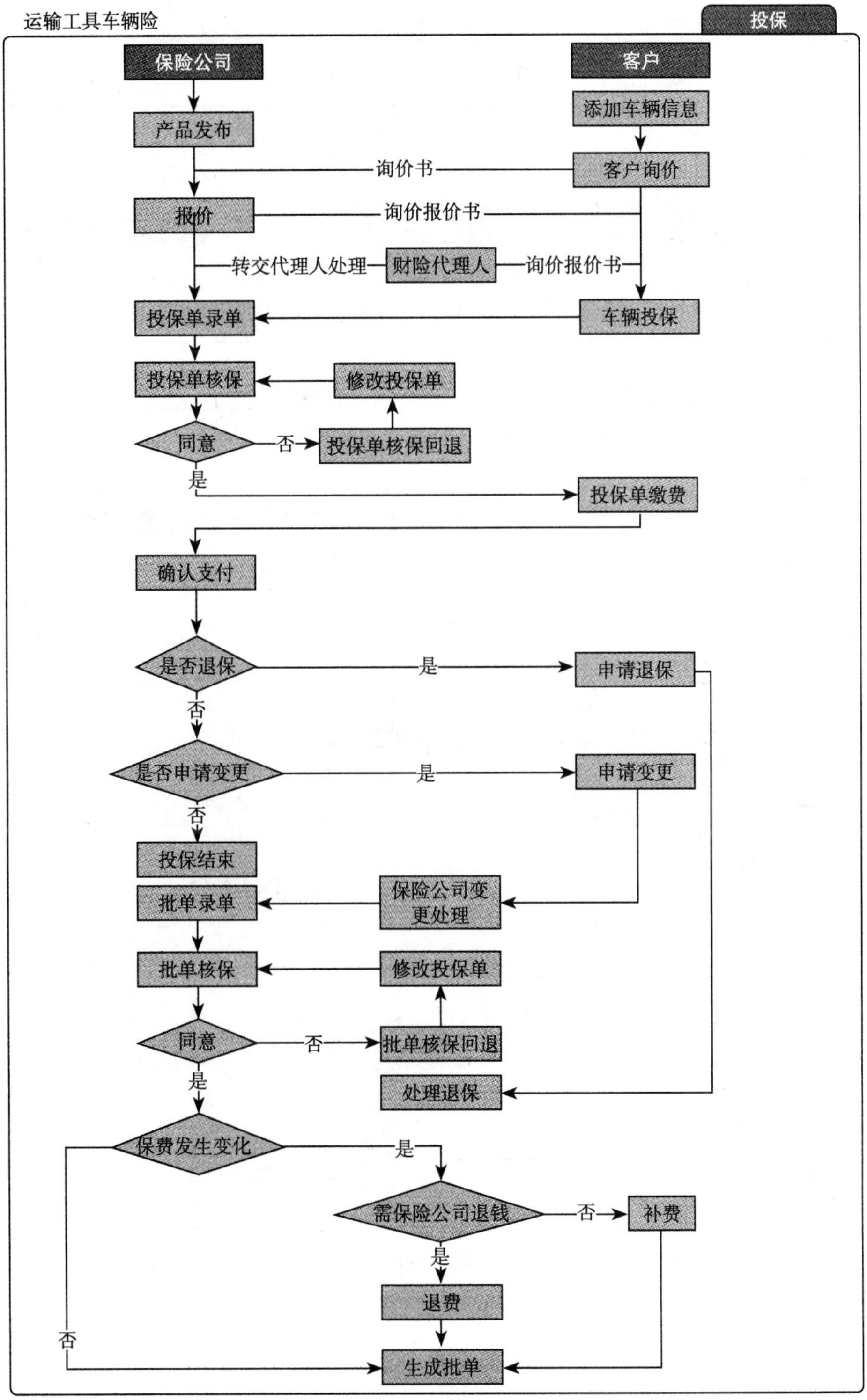

图　9-3

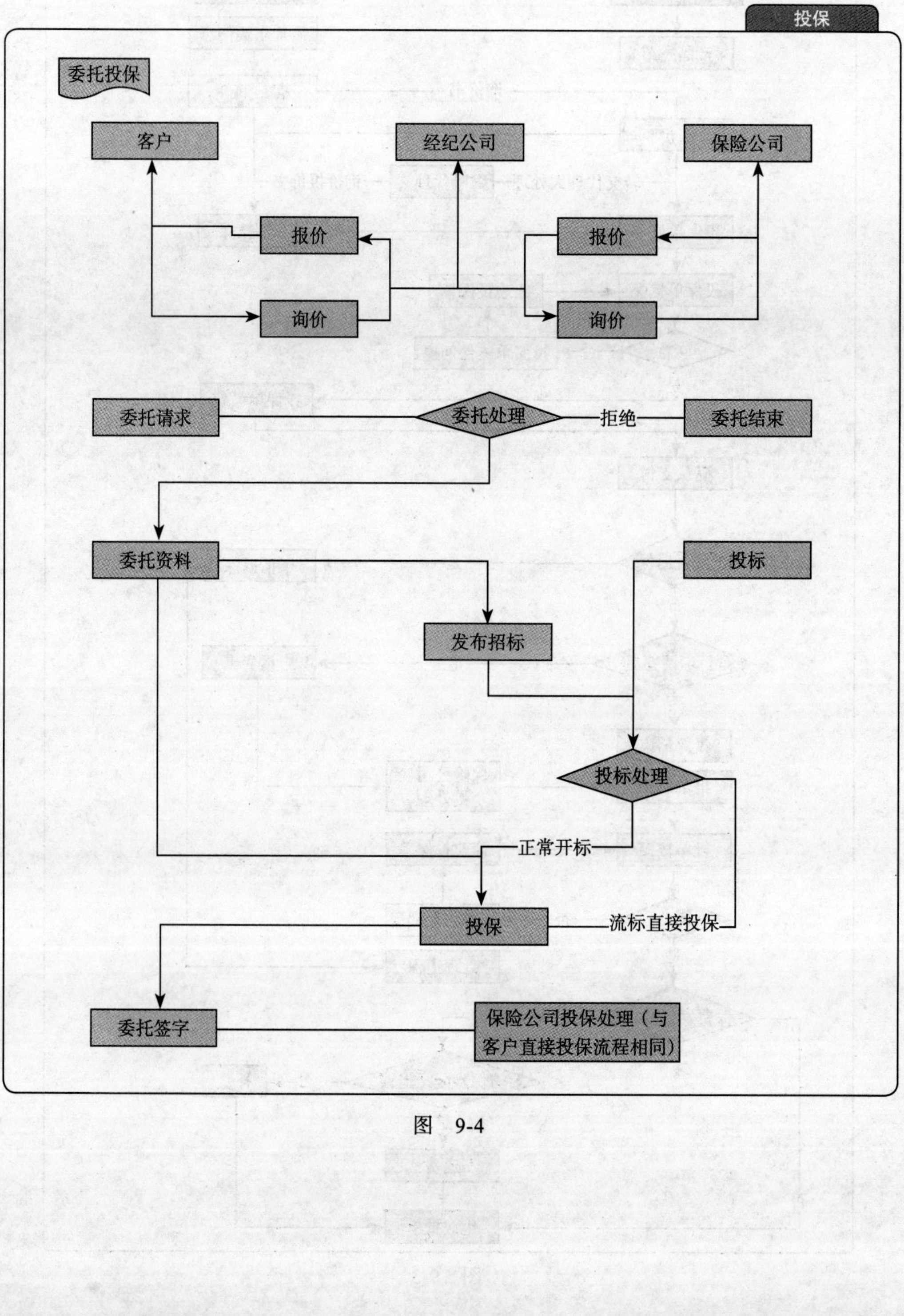
投保
委托投保
客户
经纪公司
保险公司
报价
询价
报价
询价
委托请求
委托处理
拒绝
委托结束
委托资料
投标
发布招标
投标处理
正常开标
投保
流标直接投保
委托签字
保险公司投保处理（与客户直接投保流程相同）

图 9-4

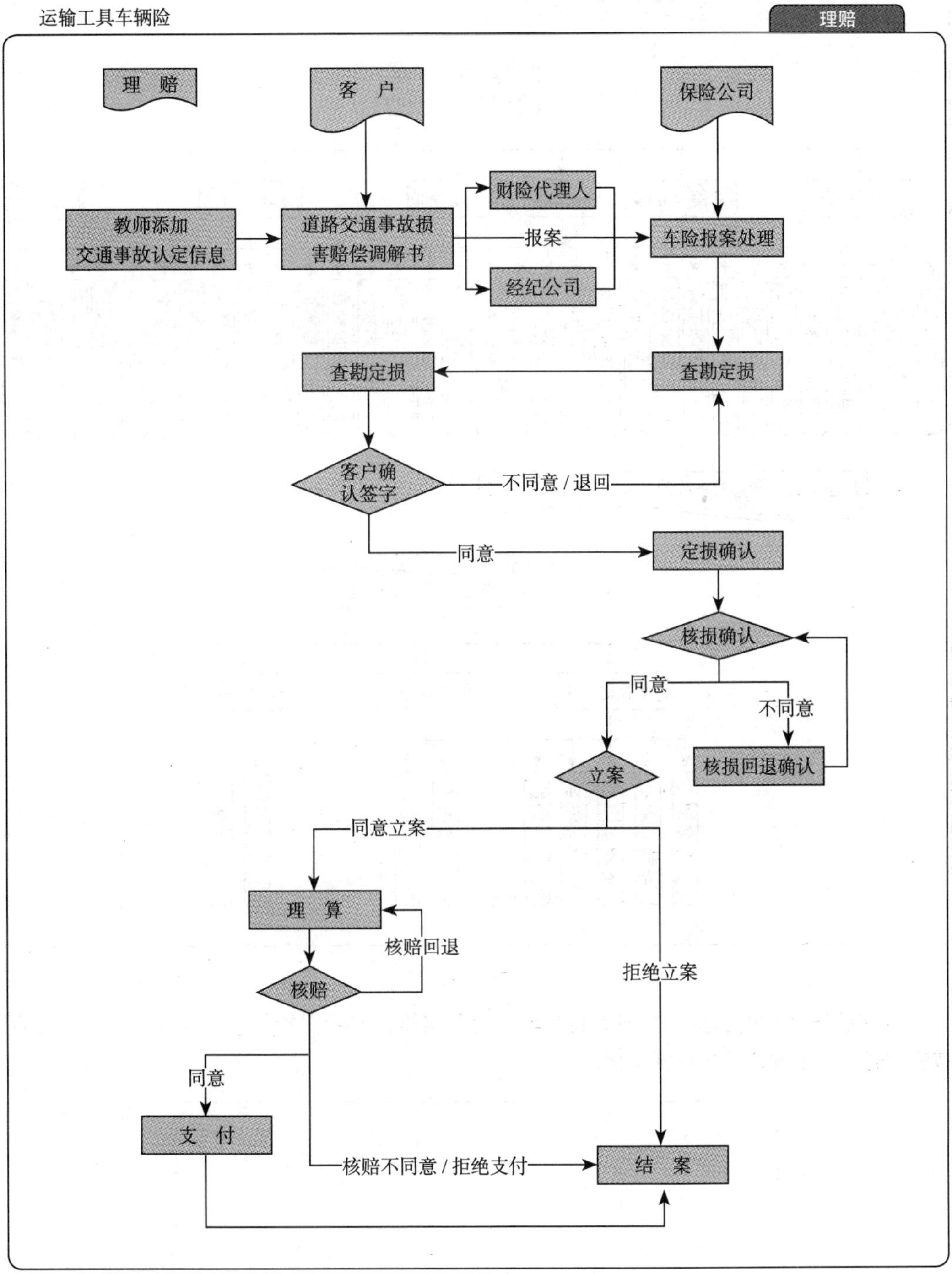

运输工具车辆险
理赔
理　赔
客　户
保险公司
教师添加
交通事故认定信息
道路交通事故损
害赔偿调解书
财险代理人
报案
经纪公司
车险报案处理
查勘定损
查勘定损
客户确
认签字
不同意 / 退回
同意
定损确认
核损确认
同意
不同意
核损回退确认
立案
同意立案
理　算
核赔回退
核赔
拒绝立案
同意
支　付
核赔不同意 / 拒绝支付
结　案

图　9-5

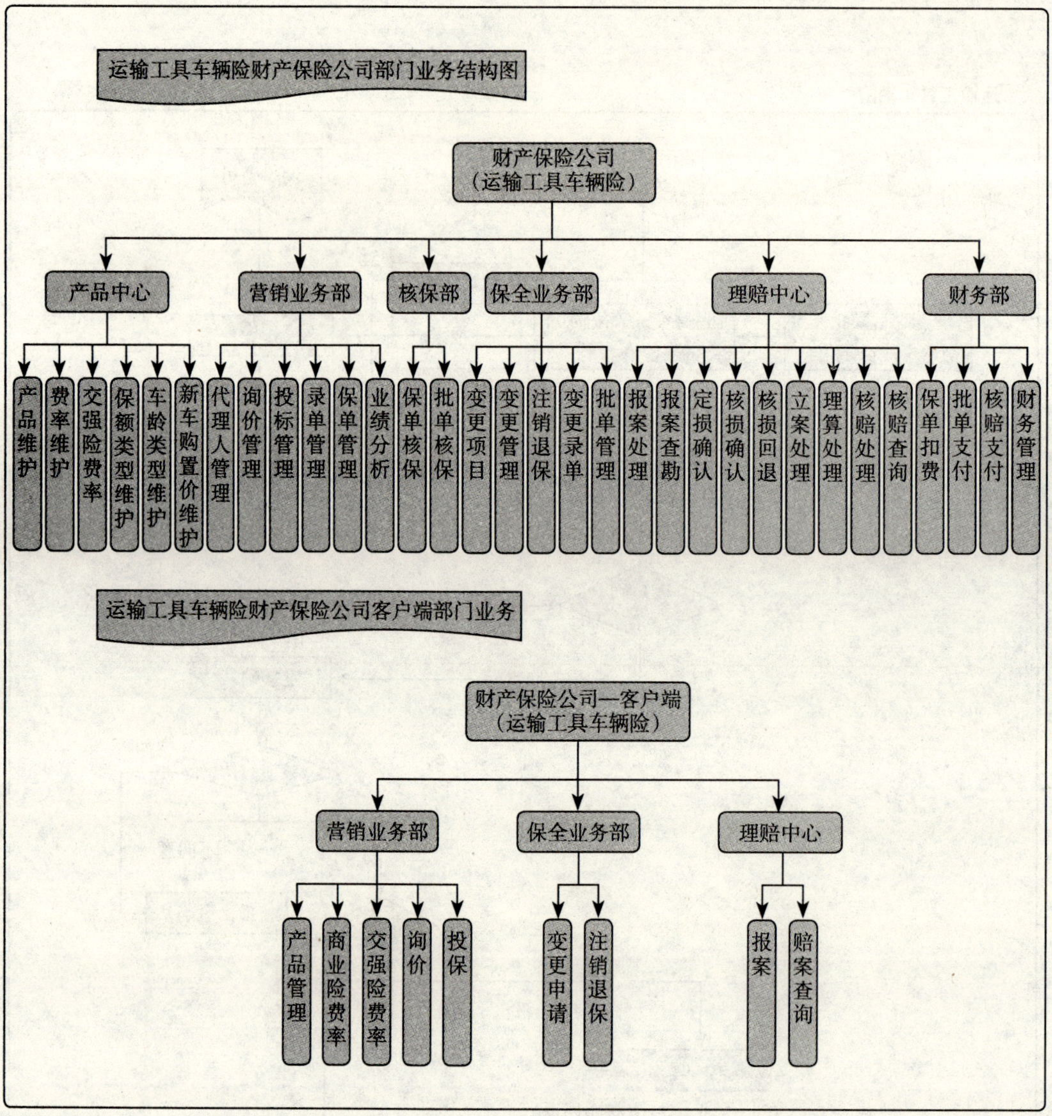

图 9-6

在实验选择框内选择“交通工具车辆财险”实验，查看实验信息，并点击“进入实验”按钮，进入该实验的角色选择页面。

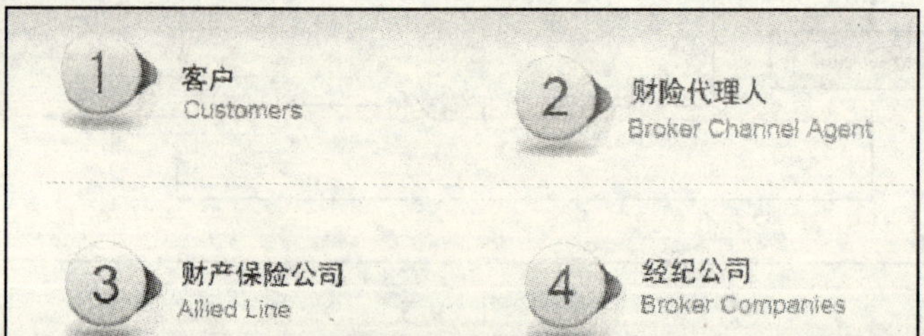

图 9-7

客户

选择“客户”角色，进入客户在车险实验的操作平台，如图 9-8 所示。

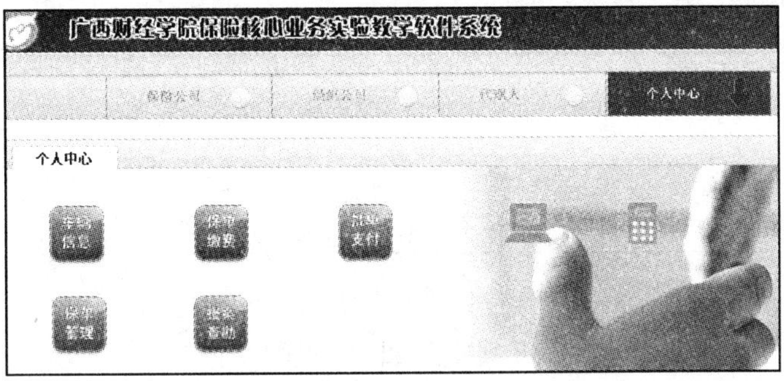

图　9-8

个人中心

个人中心的业务包括：车辆信息、保单缴费、批单支付、保单管理、报案查勘。

1. 车辆信息

点击“车辆信息”按钮，打开如图 9-9 所示界面。

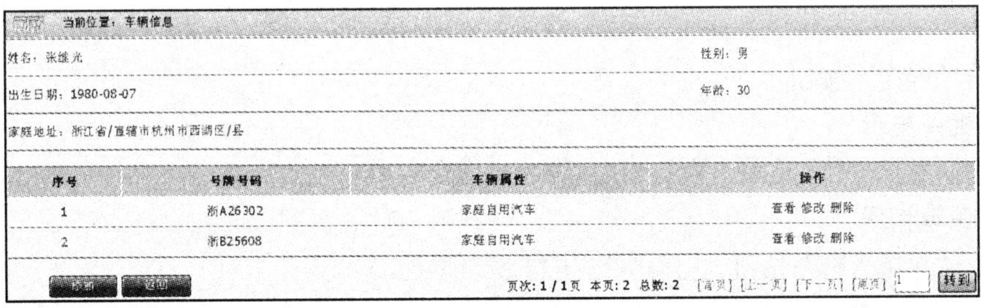

图　9-9

选择一条车辆信息，点击“操作”栏中的“查看”，可以查看其详细信息。

点击“操作”栏中的“修改”，可以更新该条信息；

点击“操作”栏中的“删除”，将删除该条信息。

点击“添加”按钮，在打开界面中，填写车辆各项信息，如图 9-10 所示。

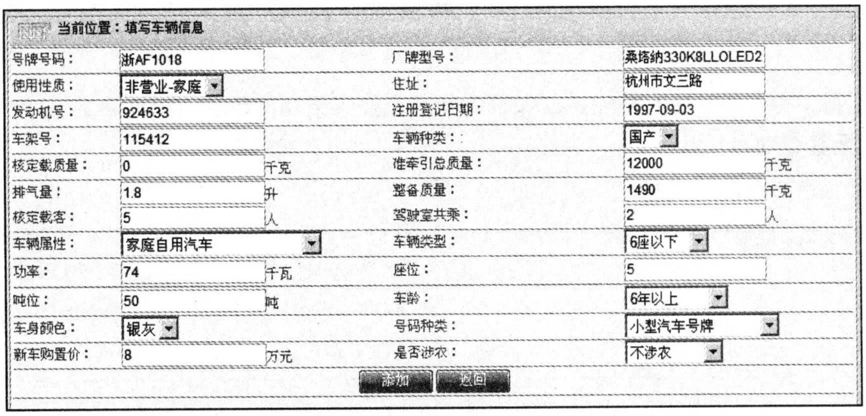

图　9-10

点击“添加”按钮，系统提示：添加成功。

2. 保单缴费

点击页面左侧的“客户缴费”菜单，在页面右侧打开如图 9-11 所示界面。

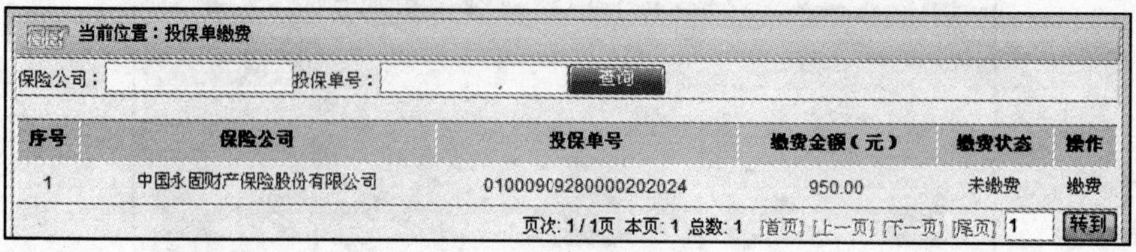

图 9-11

点击“操作”栏中的“缴费”，系统提示如下（见图 9-12）。

点击“确定”按钮，系统提示如下（见图 9-13）。

图 9-12

图 9-13

点击“确定”按钮。

3. 批单支付

点击“批单支付”菜单，在页面内操作支付即可。

4. 保单管理

点击“保单管理”按钮，打开如图 9-14 所示界面。

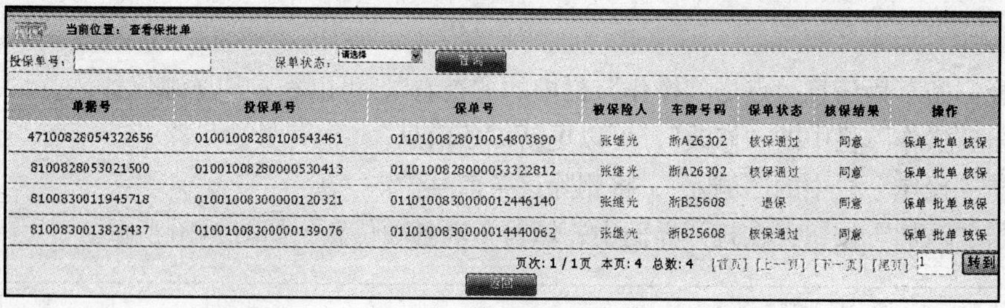

图 9-14

此栏目，可查看到所有操作过的保单的状态及投保单和保单的明细页面。

5. 报案查勘

点击“报案查勘”按钮，打开如图 9-15 所示界面。

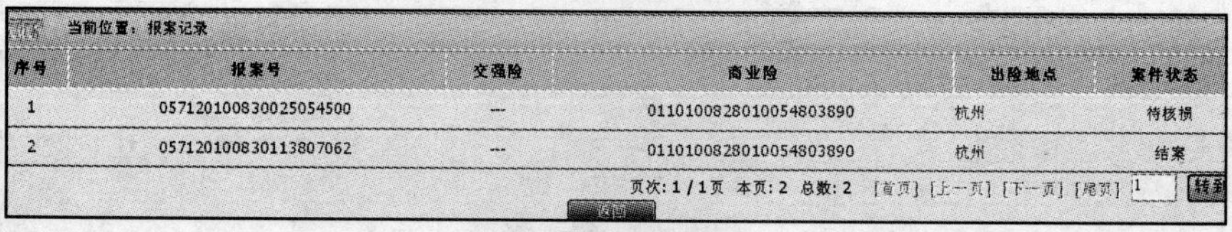

图 9-15

在此列表中可点击案件状态查看报案查勘定损意向书的相关信息。

代理人

客户在决定购买保险之前，可以向财产保险公司、财险代理人、财险经纪公司咨询售价，从而了解保险产品，选择合适的保险产品和保险公司。

1. 询价

选择“代理人”模块，并点击“询价”按钮，如图 9-16 所示，进入向代理人的询价列表。

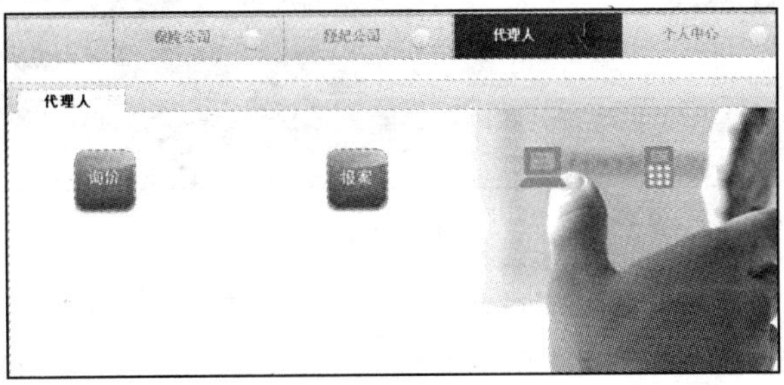

图　9-16

点击“添加”按钮，添加询价信息，如图 9-17 所示。

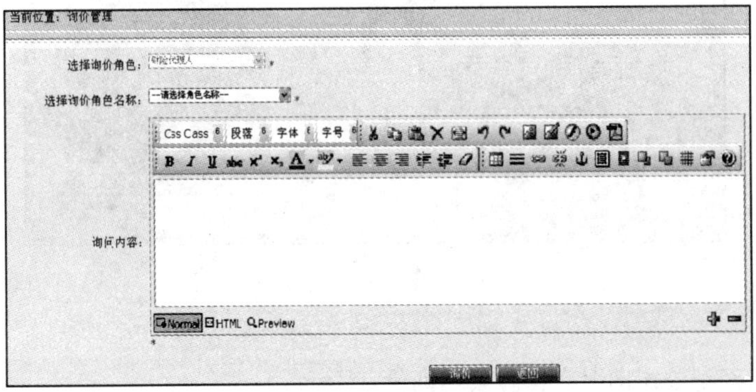

图　9-17

在打开界面中，询价角色默认为：财险代理人，请选择询价对象，填写询问内容，

输入完毕后，点击“询价”，保存该询价信息，并在询价列表中增加一条记录（该记录默认为待发送）。

在询价列表中，可对询价单进行修改或删除（见图 9-18）。

序号	对象角色	询问对象	询问内容	询问时间	回复状态	查看
1	财险代理人	杨浩	车险	2010-9-3	保存	查看 修改 删除 发送

页次：1/1页 本页：1 总数：1

图　9-18

在列表中，点击“发送”操作，将该询价单发给所选的询价对象。发送后不能再修改或删除。

2. 报案

向代理人发送报案信息。

经纪公司

客户进入经纪公司的财险业务部办理委托投保、询价、报案等相关业务（见图 9-19）。

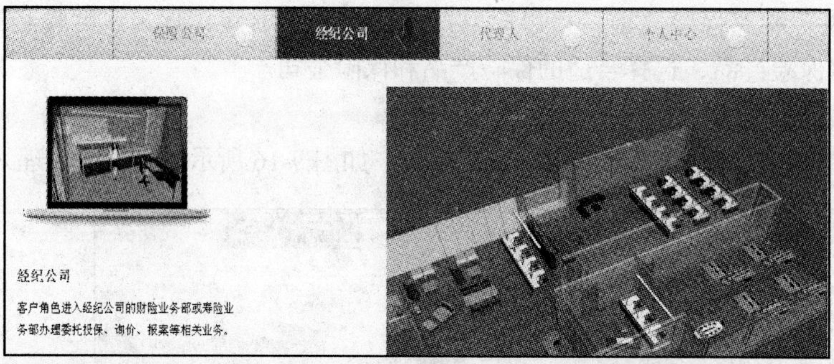

图 9-19

选择经纪公司，点击右侧的模拟图进入经纪公司的财险业务部办理业务。

财险业务部的业务包括：询价、投保委托、委托签字、报案（见图 9-20）。

图 9-20

1. 询价

询价管理指经纪公司向财产保险公司询价。

点击“报价管理”菜单，打开如图 9-21 所示界面。

您当前的位置：询价管理

序号	询问对象	询问内容	询问时间	回复状态	查看
1	中国平安人寿保险股份有限公司	你好啊	2010-9-2	保存	查看 修改 删除 发送
2	中国平安人寿保险股份有限公司	你好!	2010-9-2	已发送	查看 修改 删除 发送

页次：1 / 1页 本页：2 总数：2 [首页] [上一页] [下一页] [尾页] 1 转到

图 9-21

点击“添加”按钮，进入询价内容输入页面，选择保险公司并输入询价内容，再点击“询价”按钮，保存询价单后返回询价列表。

在列表中，可对询价单进行修改或删除。

点击“发送”，将询价信息发送给保险公司。发送后不能再修改和删除。

2. 投保委托

准备要办理车险的客户，可以委托一家保险经纪公司，代为办理保险业务。

点击“委托”按钮，填写委托信息，保存并发送给经纪公司。

经纪公司受理后填写车辆信息。

图　9-22

如上图，点击“未填写”，选择车辆信息后，点击“添加”返回委托列表，再提交给经纪公司进行投保。

3. 委托签字

投保后客户将对保单进行签字。

选择“委托签字”菜单，选择未签字的委托，点击“签字”操作，完成签字。

4. 报案

点击“报案”菜单，打开如图 9-23 所示界面。

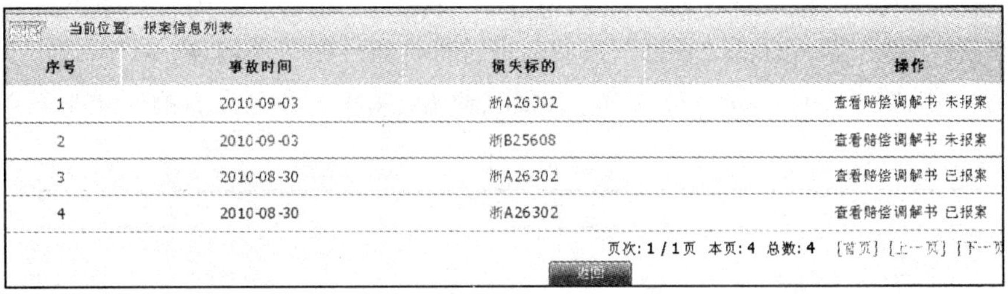

图　9-23

点击“未报案”，填写完整事故描述后，点击“报案”按钮，发送给经纪公司处理。

保险公司

客户角色进入财产保险公司的营销中心、保全业务和理赔中心办理投保、保单保全、理赔等相关业务 。

1. 营销部

营销部的业务包括：产品管理、商业险费率、交强险费率、询价、投保。

（1）产品管理。点击“产品管理”菜单，打开如图 9-24 所示界面。

图　9-24

选择一条保险信息，点击该条信息“操作”栏中的“查看”，在打开界面中，查看详细的信息。或者，输入险种名称、险种代码、保险公司名称，点击“主附加险”下拉框，从中选择主险或附加险，然后点击“查询”按钮，查看符合条件的保险产品。

（2）商业险费率。点击“商业险费率”菜单，打开如图 9-25 所示界面。

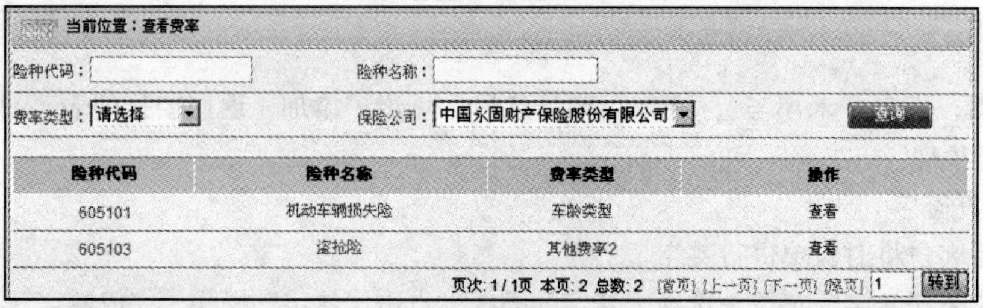

图 9-25

选择一条商业险费率信息，点击该条信息“操作”栏中的“查看”，在打开界面中，查看详细的信息。或者，输入险种名称、险种代码、保险公司名称，点击“费率类型”下拉框，从中选择一种类型，然后点击“查询”按钮，查看符合条件的费率信息。

（3）交强险费率。点击页面左侧的“交强险费率”菜单，在页面右侧打开如图 9-26 所示界面。

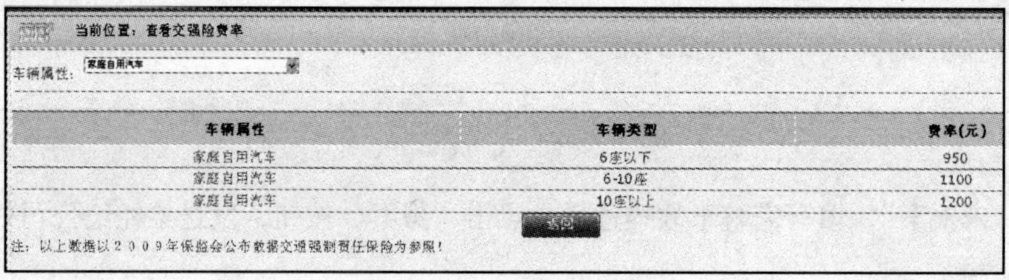

图 9-26

点击“车辆属性”下拉框，从中选择一种类型，系统将自动检索出符合条件的信息。

（4）询价。向保险公司询价。选择“询价”业务，点击“添加”按钮，进入如图 9-27 所示界面。

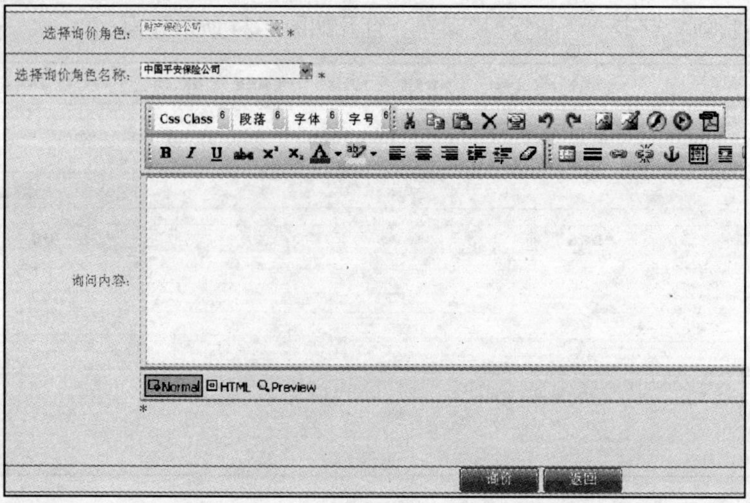

图 9-27

在打开界面中，询价角色默认为：财产保险公司，请选择询价对象，填写询问内容，

输入完毕后，点击"询价"，保存该询价信息，并在询价列表中增加一条记录（该记录默认为待发送）。

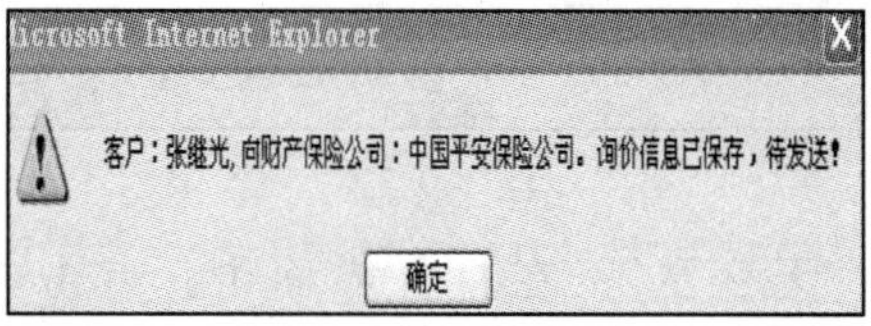

图　9-28

在询价列表中，可对询价单进行修改或删除（见图 9-29）。

序号	对象角色	询问对象	询问内容	询问时间	回复状态	查看
1	财产保险公司	中国平安保险公司	你好	2010-9-3	保存	查看 修改 删除 发送

添加　返回　页次：1 / 1页　本页：1　总数：1　[首页] [上一页] [下一页] [尾页] 1

图　9-29

在列表中，点击“发送”操作，将该询价单发给所选的询价对象。发送后不能再修改或删除。

（5）投保。点击“投保”菜单，打开如图 9-30 所示界面。

当前位置：车辆投保记录信息

车辆投保记录

序号	车辆号牌号码	单据号	投保时间	保险人	处理状态	操作
1	浙B25608	8100830011945718	2010-8-30	中国平安保险公司	已处理	查看 修改 提交 删除
2	浙B25608	8100830013825437	2010-8-30	中国平安保险公司	已处理	查看 修改 提交 删除
3	浙A26302	8100828053021500	2010-8-28	中国平安保险公司	已处理	查看 修改 提交 删除

页次：1 / 1页　本页：3　总数：3　[首页] [上一页] [下一页] [尾页] 1 转到

车辆信息

序号	号牌号码	车辆属性	投保
1	浙A26302	家庭自用汽车	投保
2	浙B25608	家庭自用汽车	投保

页次：1 / 1页　本页：2　总数：2　[首页] [上一页] [下一页] [尾页] 1 转到

返回

图　9-30

在此栏目中选择一车辆点击“投保”，进入车辆信息页面。再选择一家保险公司，点击投保按钮，填写机动车保险单。

保存保险单后，返回投保记录列表，点击“提交”，将保险单提交给保险公司（见图 9-31）。

车辆投保记录

序号	车辆号牌号码	单据号	投保时间	保险人	处理状态	操作
1	浙A26302	8100903021254859	2010-9-3	中国平安保险公司	保存	查看 修改 提交 删除
2	浙B25608	8100830011945718	2010-8-30	中国平安保险公司	已处理	查看 修改 提交 删除

图　9-31

2. 保全业务部

保全业务部的业务包括：变更申请和注销退保。

（1）变更申请。点击“申请变更”业务，打开如图 9-32 所示界面。

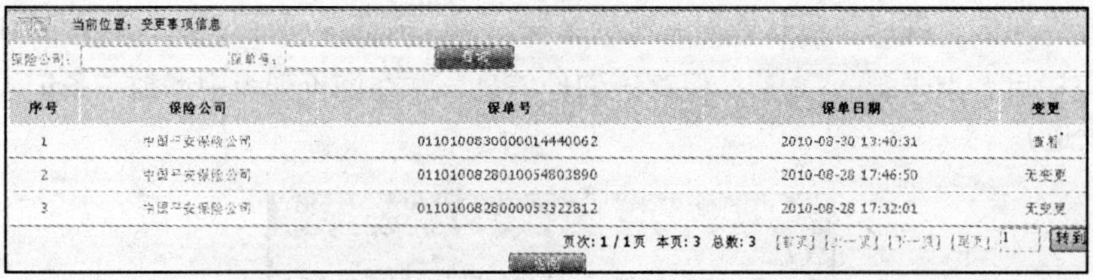

图 9-32

点击“变更”栏中的“无变更”，在打开界面中，点击“申请变更事项”栏中的“添加”按钮，在弹出窗口中，选择变更事项，填写变更前后的内容，如图 9-33 所示。

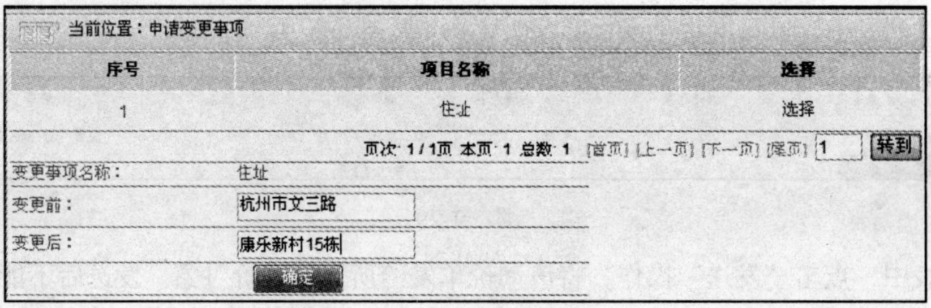

图 9-33

点击“确定”按钮。在打开界面中，填写其他信息，如图 9-34 所示。

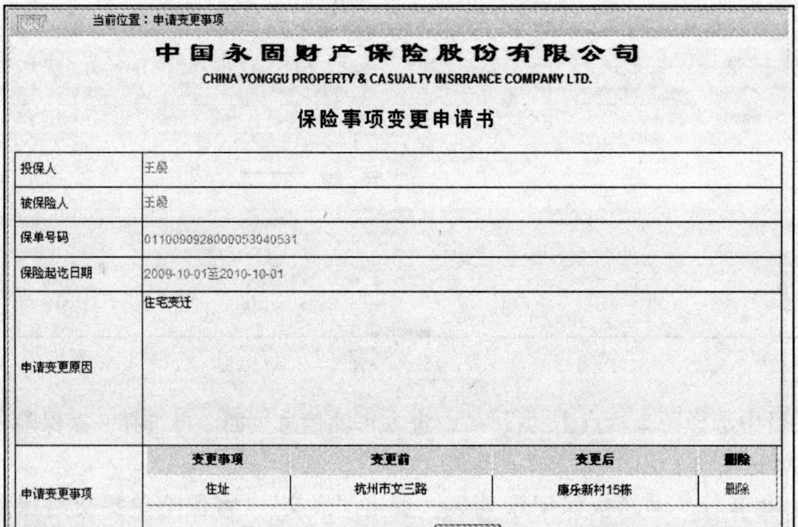

图 9-34

点击“保存”按钮，系统提示如图 9-35 所示。

图　9-35

点击“确定”按钮，打开如图 9-36 所示界面。

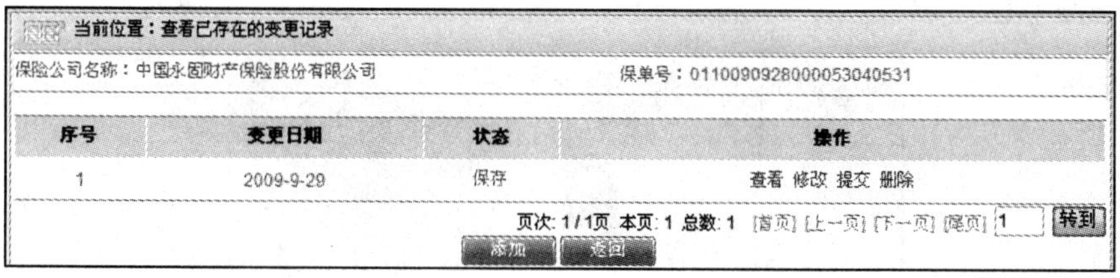

图　9-36

点击“操作”栏中的“提交”，系统提示如图 9-37 所示。

图　9-37

点击“确定”按钮。

（2）注销退保。点击“注销退保”菜单，打开如图 9-38 所示界面。

图　9-38

点击“操作”栏中的“申请”，在打开注销退保审批表，填写信息，点击“保存”按钮，系统提示：添加成功，返回如图 9-39 所示界面。

图　9-39

点击“操作”栏中的“提交”，系统提示如图 9-40 所示。

图 9-40

点击“确定”按钮。

3. 理赔中心

图 9-41

理赔中心的业务包括：报案、赔案查询。

（1）报案。向保险公司报案。点击左侧的“报案”菜单，打开如图 9-42 所示界面。

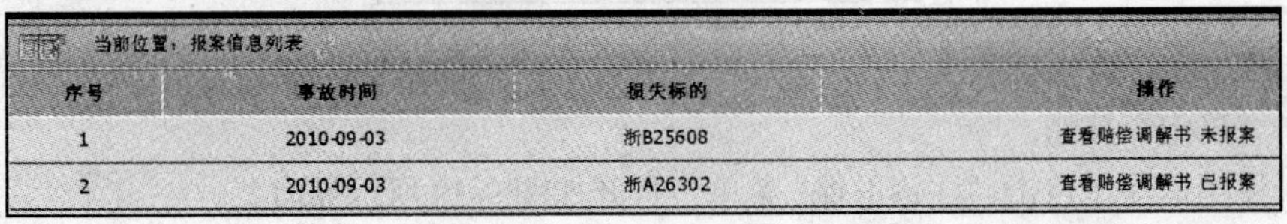

当前位置：报案信息列表

序号	事故时间	损失标的	操作
1	2010-09-03	浙B25608	查看赔偿调解书 未报案
2	2010-09-03	浙A26302	查看赔偿调解书 已报案

图 9-42

点击“操作”栏中的“未报案”，在打开界面中，点击“选择保险公司”下拉框，从中选择一家财产保险公司，填写事故描述，点击报案按钮，填写机动车出险通知出。点击输入框旁边的“选择”按钮，在弹出窗口中，选择一个车辆保单，如图 9-43 所示。

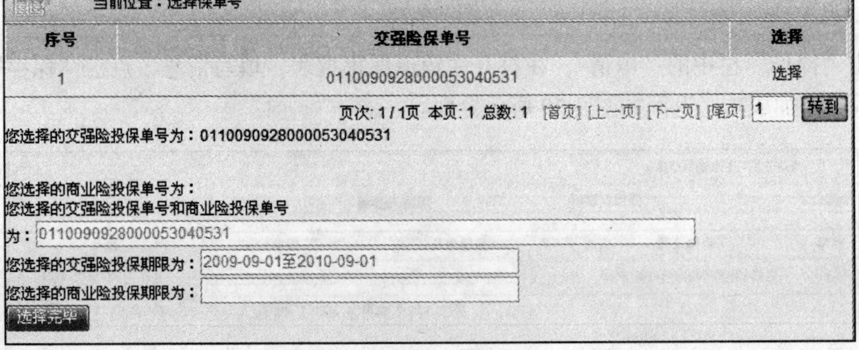

图 9-43

点击“选择完毕”按钮。在打开界面中，填写“机动车辆保险出险通知书”其他信息，如图 9-44 所示。

图　9-44

点击“添加”按钮。

提示：只有在教师添加“运输工具车辆险”危险事件之后，学生才能演练车险的理赔流程。

（2）赔案查询。点击“赔案查询”菜单，打开如图 9-45 所示界面。

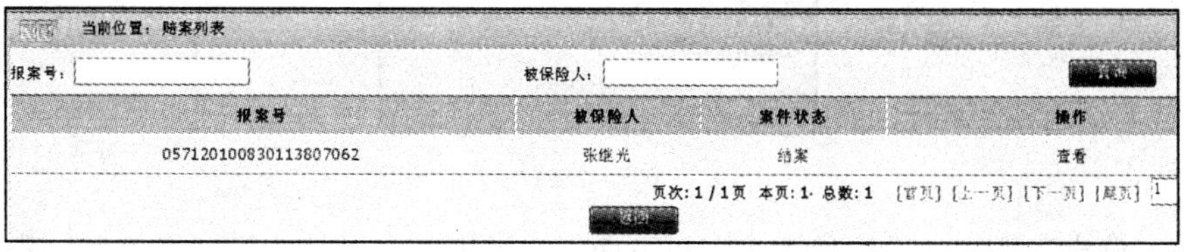

图　9-45

点击“查看”，可查看本案的基本信息、立案信息、核损信息、理算信息及核赔信息。

财险代理人

图 9-46

在进入车险实验后，选择“财险代理人”，第一次进入“代理人操作平台”，系统提示注册代理人信息。

图 9-47

点击“确定”按钮，打开代理人基本信息注册界面，在该界面中，输入相关的信息，如图 9-48 所示。

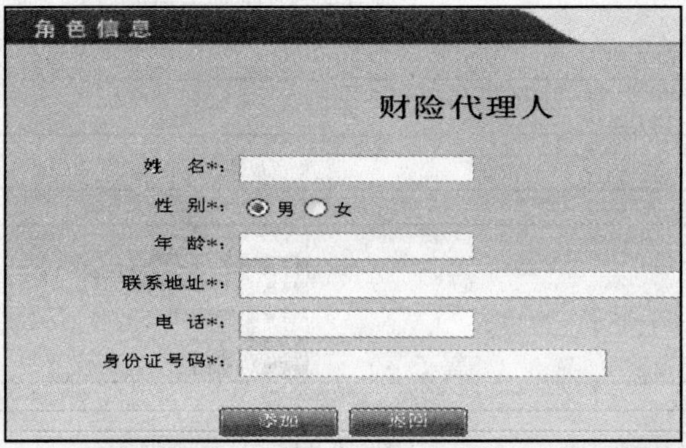

图 9-48

点击“添加”按钮，系统提示如图 9-49 所示。

图 9-49

点击“确定”按钮，返回代理人资料页面，在该页面内可修改代理人信息。若不修改，点击“返回”按钮，返回至角色选择页面，然后再点击“财险代理人”按钮，打开“代理人操作平台”首页面（见图 9-50）。

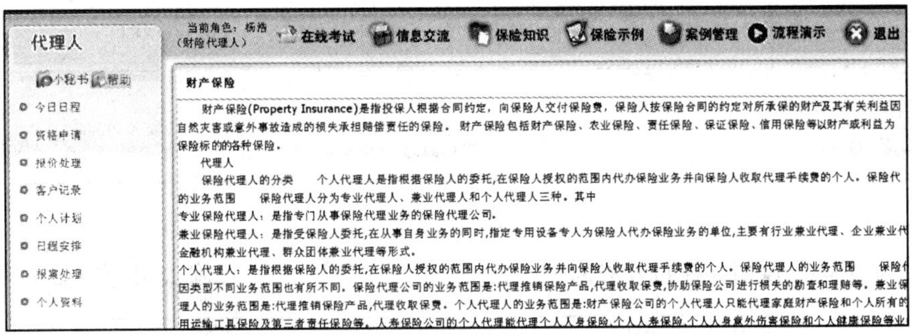

图　9-50

今日日程

点击页面左侧的“今日日程”菜单，在页面右侧打开如图 9-51 所示界面。

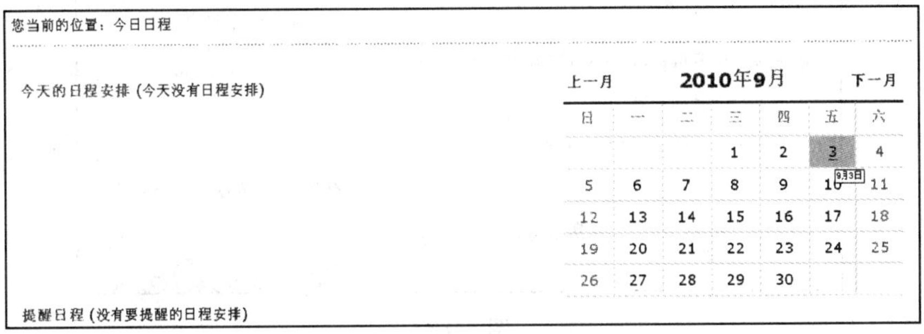

图　9-51

从日历表中选择一个日期（如“3”），然后点击该日期，打开如图 9-52 所示界面。

图　9-52

点击“添加”按钮，在打开界面中，填写日程安排信息，如图 9-53 所示。

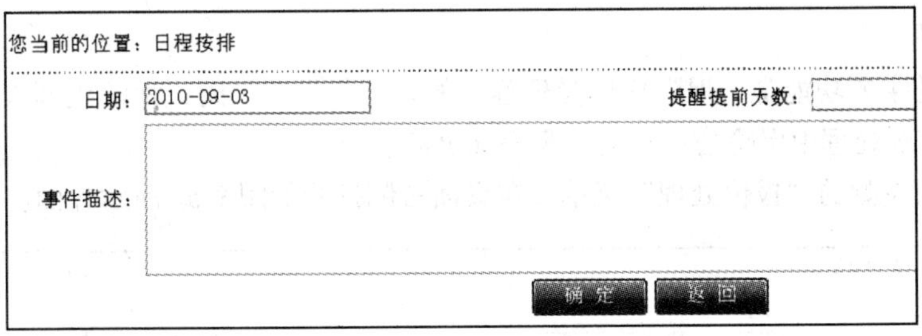

图　9-53

点击“确定”按钮。

资格申请

保险代理人，要代理人寿保险产品业务，需要事先向财产保险公司进行资格申请，获得批准后，才能从事财产保险业务。

点击页面左侧的“资格申请”菜单，在页面右侧打开如图 9-54 所示界面。

图 9-54

点击“申请”按钮，在打开界面中，选择所申请代理的财产保险公司，如图 9-55 所示。

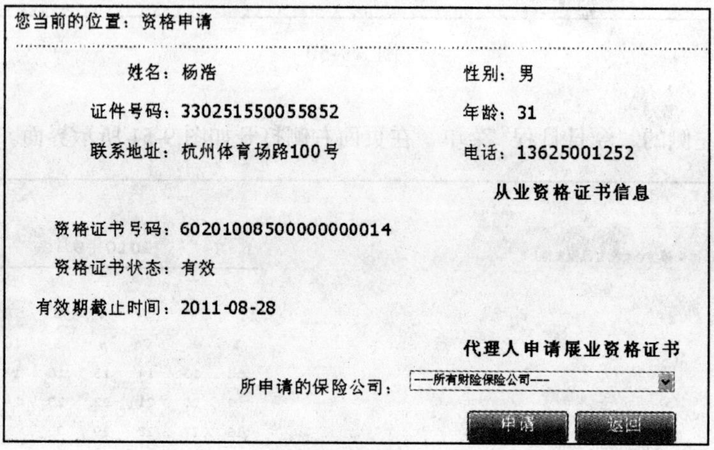

图 9-55

点击“申请”按钮，系统提示如图 9-56 所示。

图 9-56

点击“确定”按钮。

报价处理

该模块的主要功能是，保险代理受理客户的询价信息。同时，保险代理人作为保险公司的员工，也需要处理由保险公司转交的客户询价请求。

点击页面左侧的“报价处理”菜单，在页面右侧打开如图 9-57 所示界面。

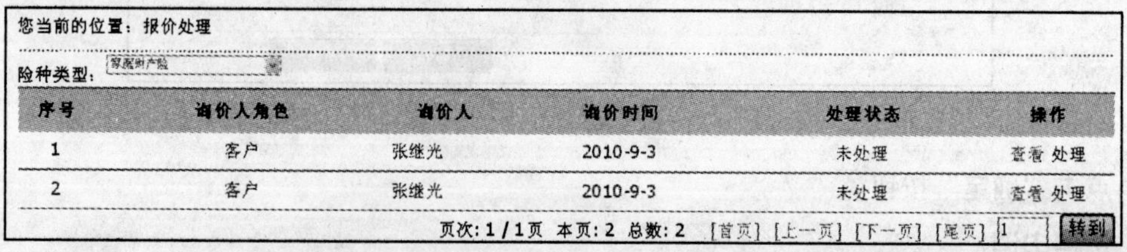

图 9-57

点击“操作”栏中的“处理”，在打开界面中，填写回复信息，如图 9-58 所示。

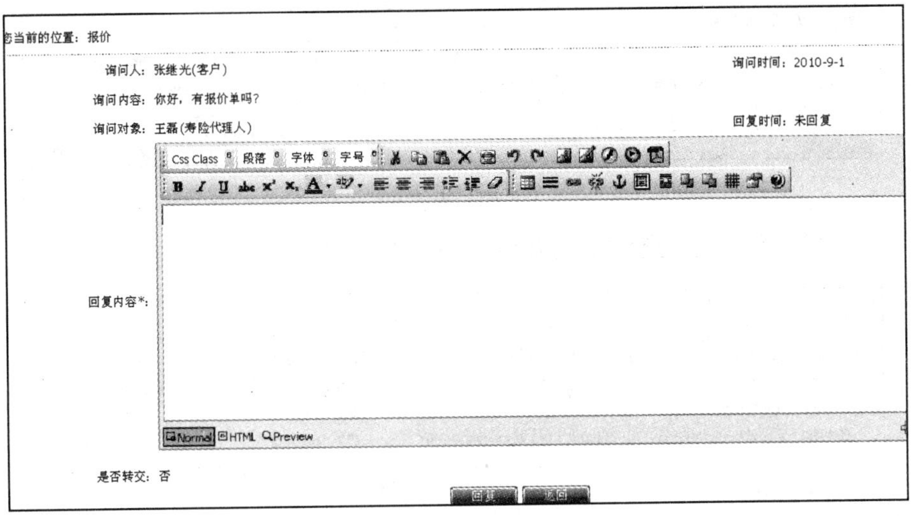

图　9-58

点击“回复”按钮，系统提示如图 9-59 所示。

图　9-59

点击“确定”按钮。

客户记录

点击页面左侧的“客户记录”菜单，点击“添加”按钮，添加客户信息，如图 9-60 所示。

图　9-60

图　9-61

点击“确定”按钮，页面返回至如图 9-62 所示界面。

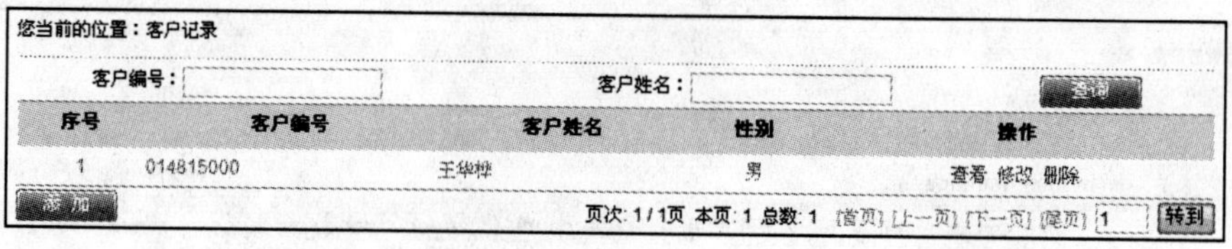

图 9-62

点击“操作”栏中的“查看”，打开如图 9-63 所示界面。

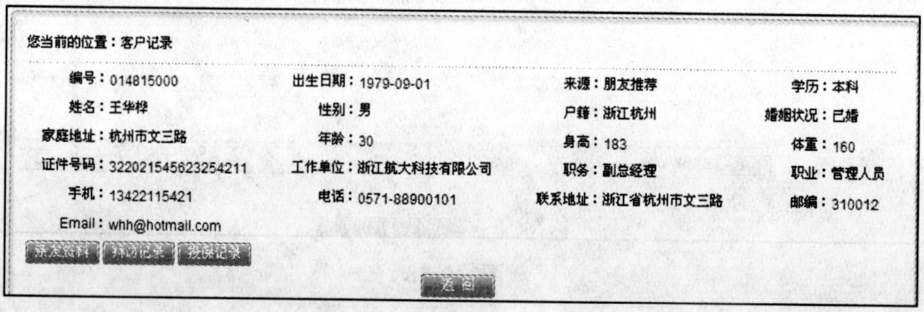

图 9-63

1. 管理客户亲友资料

点击“亲友资料”按钮，再点击“添加”按钮，在打开界面中，填写客户亲友资料信息，如图 9-64 所示。

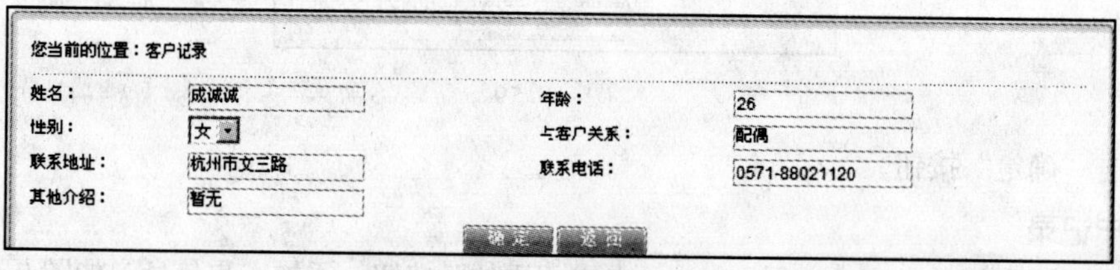

图 9-64

点击“确定”按钮，系统提示如图 9-65 所示。

图 9-65

点击“确定”按钮。

2. 客户拜访记录管理

点击“拜访记录”按钮，打开如图 9-66 所示界面。

图 9-66

点击“添加”按钮，在打开界面中，填写拜访时间、事件描述，如图 9-67 所示。

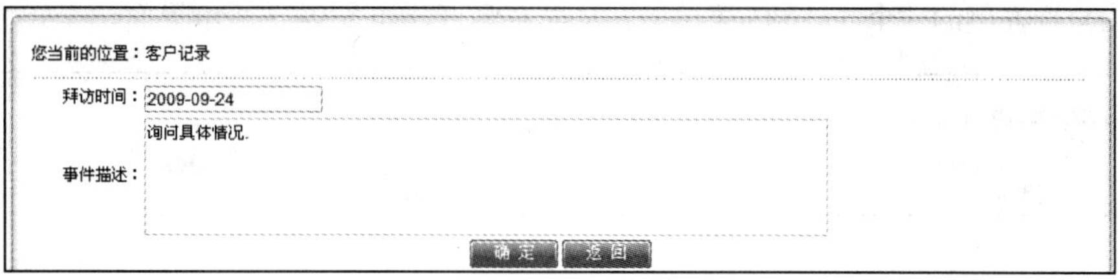

图　9-67

点击“确定”按钮，系统提示如图 9-68 所示。

图　9-68

点击“确定”按钮。

3. 客户投保记录管理

点击“投保记录”按钮，打开如图 9-69 所示界面。

图　9-69

点击“添加”按钮，在打开界面中，填写各项客户投保信息，如图 9-70 所示。

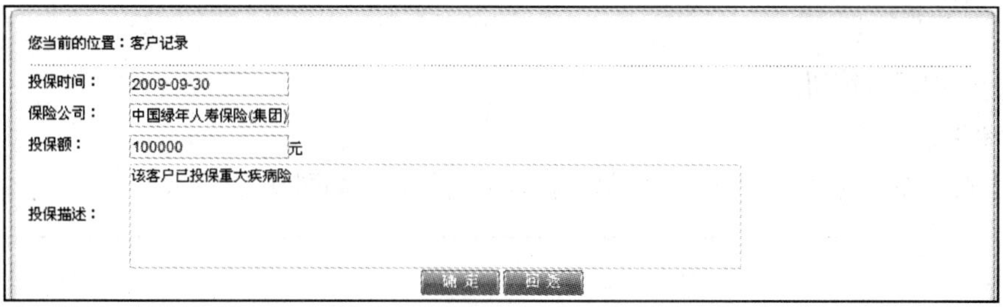

图　9-70

点击“确定”按钮，系统提示如图 9-71 所示。

图　9-71

点击“确定”按钮。

个人计划

点击页面左侧的“个人计划”菜单，在页面右侧打开如图 9-72 所示界面。

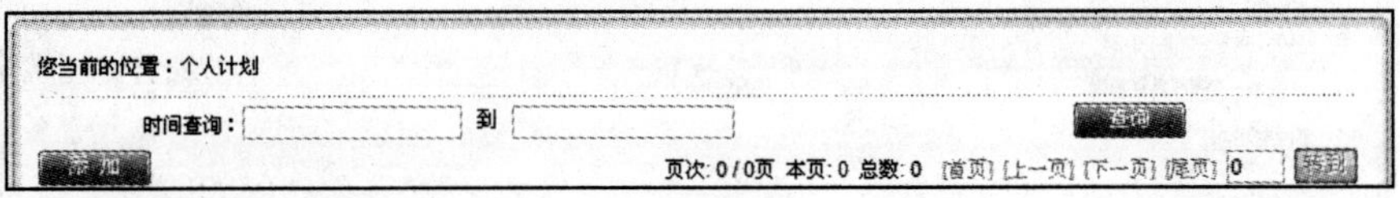

图 9-72

点击“添加”按钮，在打开界面中，填写各项信息，如图 9-73 所示。

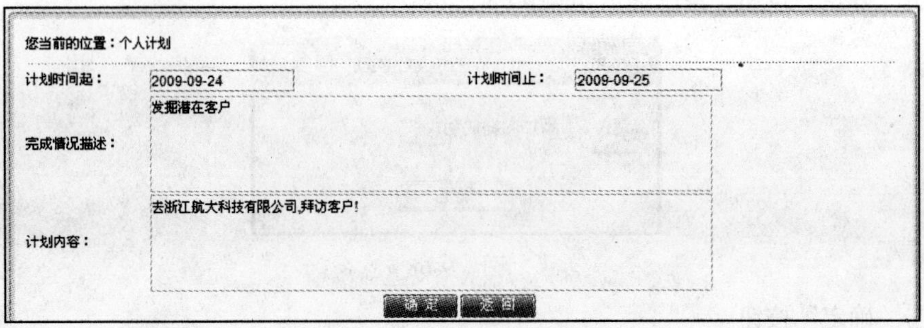

图 9-73

点击“确定”按钮，系统提示如下（见图 9-74）。

图 9-74

点击“确定”按钮。

日程安排

点击页面左侧的“日程安排”菜单，在页面右侧打开如图 9-75 所示界面。

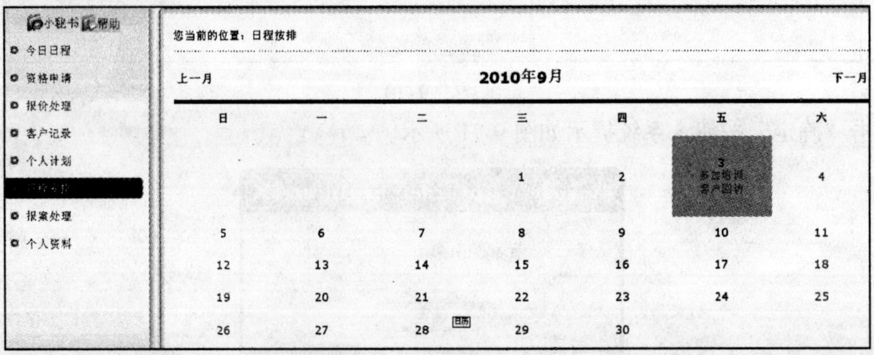

图 9-75

点击某一日期，可查看该日期的日程。

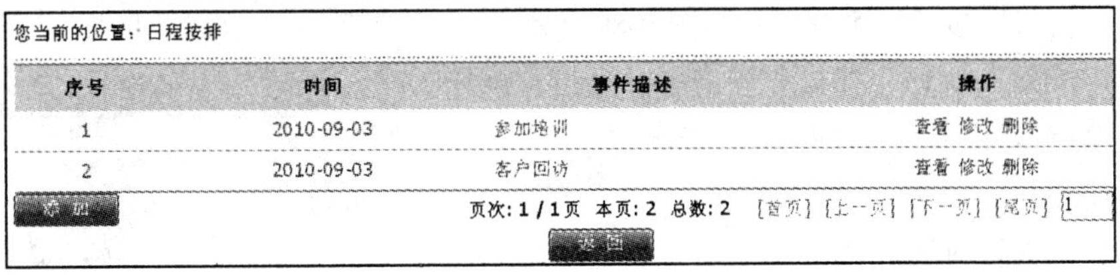

图 9-76

若要添加安排，则点击“添加”按钮进行添加，如图 9-77 所示。

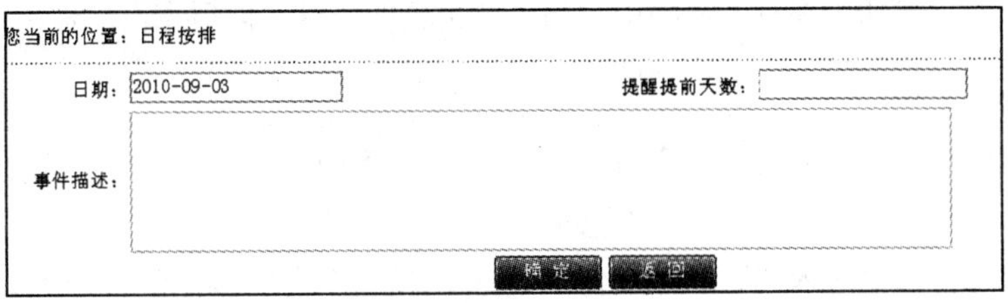

图 9-77

点击“确定”按钮，保存完成。

报案处理

财险代理人受理客户的保险事故处理请求。

点击页面左侧的“报案”菜单，在页面右侧打开如图 9-78 所示界面。

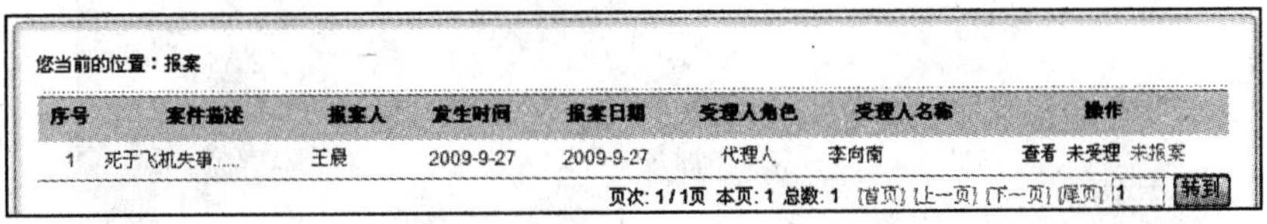

图 9-78

点击“操作”栏中的“未受理”，在打开界面中，填写受理描述，如图 9-79 所示。

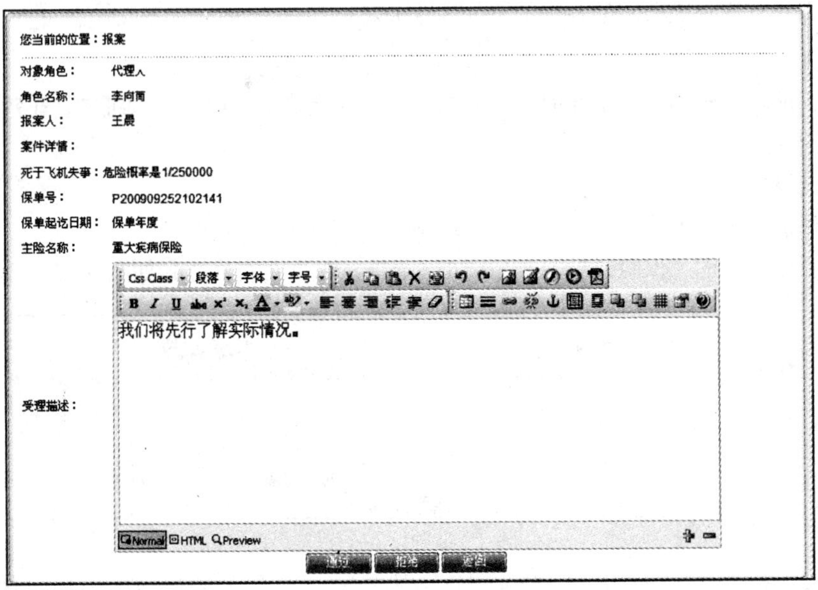

图 9-79

点击“通过”按钮，系统提示如图 9-80 所示。

点击“确定”按钮，在打开界面中，点击“操作”栏中的“未报案”，代理人向保险公司报案。

图 9-80

个人资料

代理人个人资料维护窗口。

点击页面左侧的“个人资料”菜单，打开个人资料页面，可进行个人资料的修改。

点击“修改”按钮，在打开界面中，输入要更新的信息，然后点击“保存”按钮。

财产保险公司

在进入车险实验后，选择“财产保险公司”，第一次进入“财产保险公司操作平台”，系统提示注册公司信息。

注册后再选择角色进入“财产保险公司操作平台”首页面（见图 9-81）。

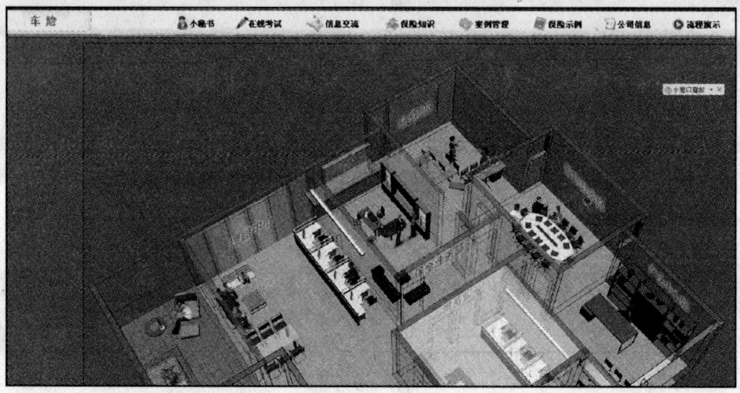

图 9-81

分别选择财产保险公司的各个部门处理业务。

产品部

产品部的业务包括：产品维护、费率维护、交强险费率、保额类型维护、车龄类型维护、新车购置价维护。

1. 产品维护

（1）添加、编辑保险产品。

点击页面左侧的“保险产品→产品维护”菜单，在页面右侧打开如图 9-82 所示界面。

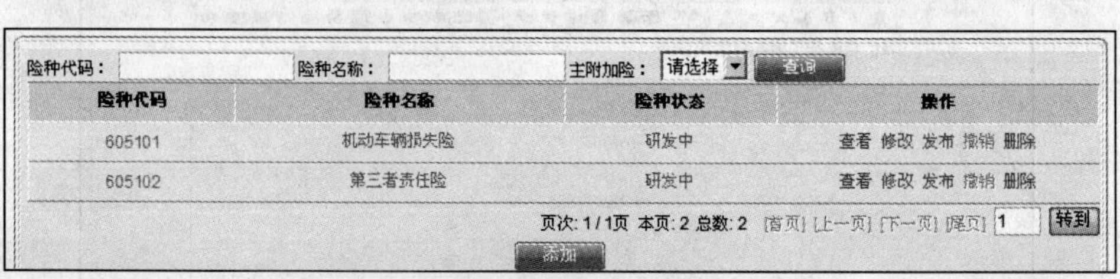

险种代码	险种名称	险种状态	操作
605101	机动车辆损失险	研发中	查看 修改 发布 撤销 删除
605102	第三者责任险	研发中	查看 修改 发布 撤销 删除

图 9-82

点击“添加”按钮，在打开界面中，输入保险产品的基础信息，如图 9-83 所示。

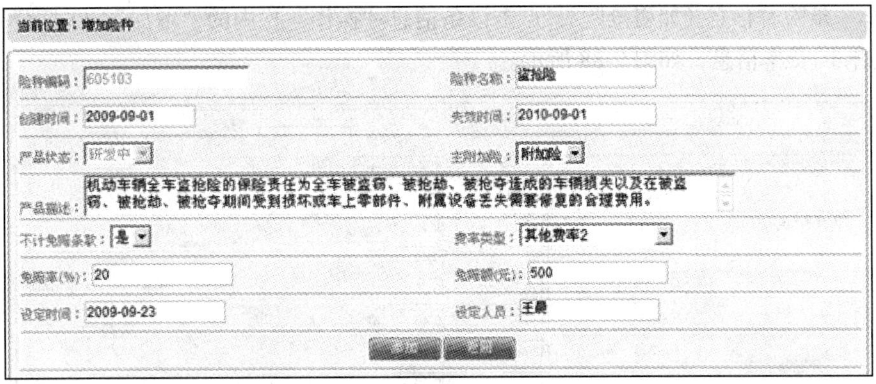

图　9-83

点击“添加”按钮。险种添加成功。

提示： 选择一条保险产品信息，点击“操作”栏中的“查看”，查看该产品的详细信息；点击“操作”栏中的“修改”，更新该条信息；点击“操作”栏中的“发布”，将该产品信息发布；点击“操作”栏中的“撤销”，撤销该条产品的发布；点击“操作”栏中的“删除”，删除该条信息。

（2）发布保险产品。

保险产品添加之后，在“保险产品→费率维护”模块中，设置相应的费率之后，点击该保险产品“操作”栏中的“发布”，系统提示如图 9-84 所示。

点击“确定”按钮，系统提示如图 9-85 所示。

图　9-84

图　9-85

点击“确定”按钮。

（3）保险产品撤销。

将已推向市场的保险产品设置为停售状态。

在保险产品发布之后，选择一条已发布的保险产品信息，点击该条信息“操作”栏中的“撤销”，系统提示如图 9-86 所示。

图　9-86

点击“确定”按钮，系统提示：险种已从市场撤销。

2. 费率维护

点击“费率维护”菜单，打开如图 9-87 所示界面。

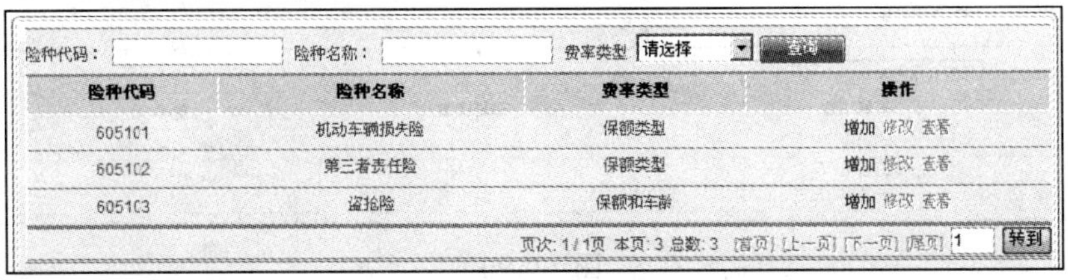

图　9-87

选择一条险种信息（如盗抢险），点击该条信息“操作”栏中的“增加”，在打开界面中，填写该险种的费率信息，如图 9-88 所示。

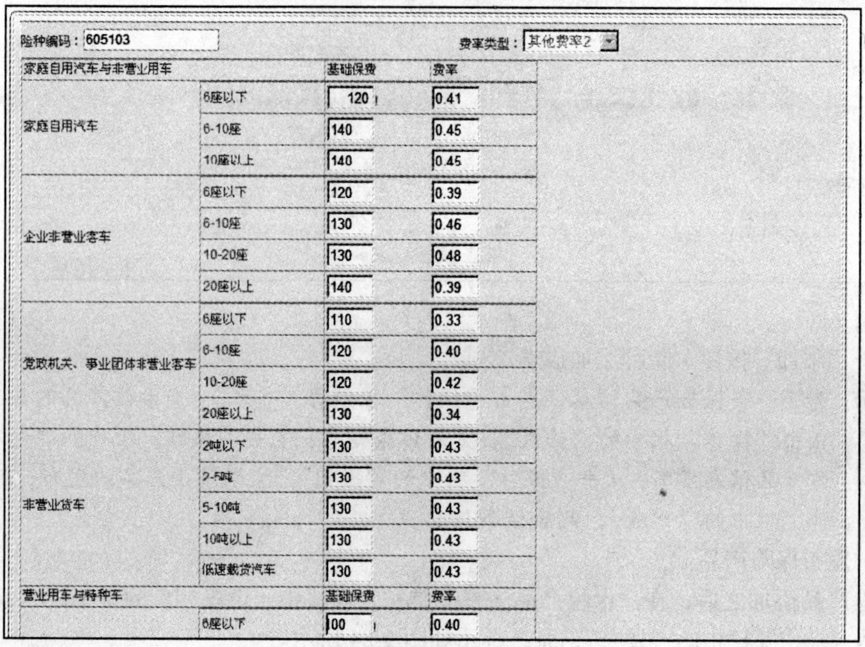

图 9-88

点击最下方的“提交”按钮，系统提示如图 9-89 所示。

图 9-89

点击“确定”按钮。

3. 交强险费率

交强险费率数据由系统自动赋值，财产保险公司可以按照车辆属性查看相应的交强险费率。

点击页面左侧的“保险产品→查看交强险费率”菜单，在页面右侧打开如图 9-90 所示界面。

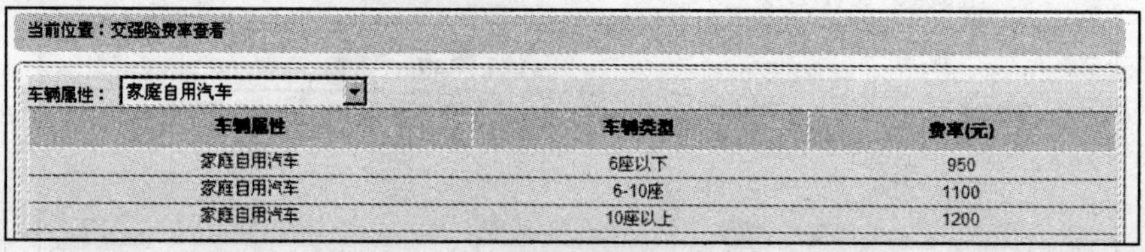

图 9-90

点击“车辆属性”下拉框，从中选择要查看的车辆类型，系统将检索出相应的车辆和费率信息。

4. 保额类型维护

查看详细的保额类型信息。

点击页面左侧的“保险产品→保额类型维护”菜单，在页面右侧打开如图 9-91 所示界面。

当前位置：保额类型维护

序号	保额起始值(元)	保额终止值(元)
1	0	50000
2	50000	100000
3	100000	150000
4	150000	200000
5	200000	300000
6	300000	500000
7	500000	1000000
8	1000000	无限

页次: 1 / 1页　本页: 8　总数: 8　[首页] [上一页] [下一页] [尾

返回

图　9-91

5. 车龄类型维护

查看详细的车龄类型信息。

点击页面左侧的“保险产品→车龄类型维护”菜单，在页面右侧打开如图 9-92 所示界面。

序号	车龄起始值(年)	车龄终止值(年)
1	0	1
2	1	2
3	2	5
4	5	无限

页次: 1 / 1页　本页: 4　总数: 4　[首页] [上一页] [下一页] [尾页] 1 转到

图　9-92

6. 新车购置价维护

查看详细的新车购置价信息。

点击页面左侧的“保险产品→新车购置价维护”菜单，在页面右侧打开如图 9-93 所示界面。

序号	新车起始价(万元)	新车终止价(万元)
1	0	5
2	5	10
3	10	20
4	20	30
5	30	50
6	50	无限

页次: 1 / 1页　本页: 6　总数: 6　[首页] [上一页] [下一页] [尾页] 1 转到

图　9-93

核保部

图 9-94

核保部的业务包括：保单核保和批单核保。

1. 保单核保

点击“保单核保”菜单，打开如图 9-95 所示界面。

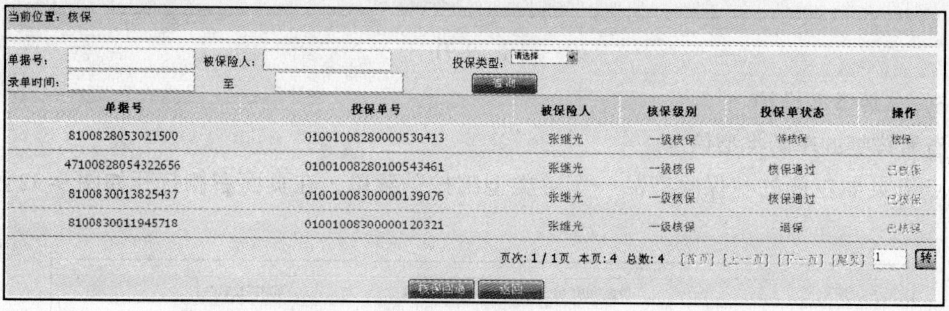

图 9-95

点击“操作”栏中的“核保”，打开如图 9-96 所示界面。

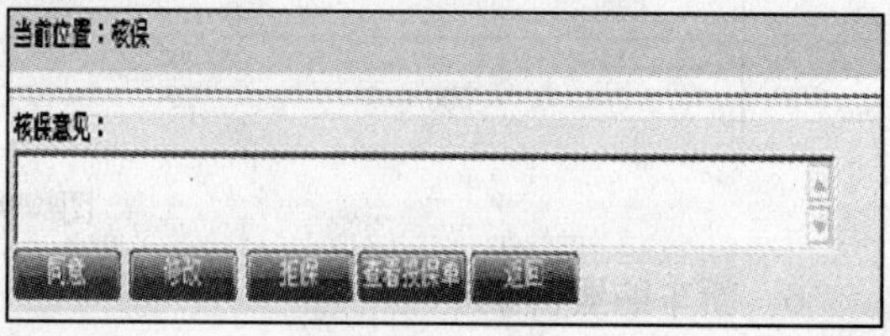

图 9-96

页面中共有五个操作按钮，各按钮代表的功能如下：

“同意”按钮：同意投保。

“修改”按钮：修改投保单。

“拒保”按钮：不同意投保人投保。

“查看投保单”按钮：查看投保单详细信息。

“返回”按钮：返回至“投保单核保”模块首页面。

若您的核保意见是同意投保，则填写核保意见，如图 9-97 所示。

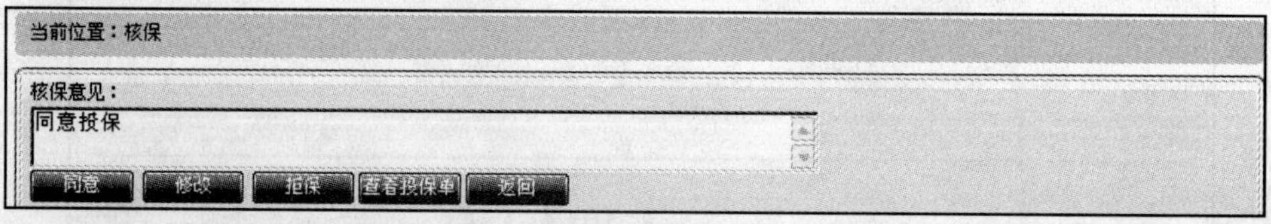

图 9-97

点击“同意”按钮，系统提示如图 9-98 所示。

图　9-98

点击“确定”按钮。

核保回退：点击“核保回退”按钮，根据核保意见进行修改后再次进行核保。

2. 批单核保

在批单录入后进行批单核保（见图 9-99）。

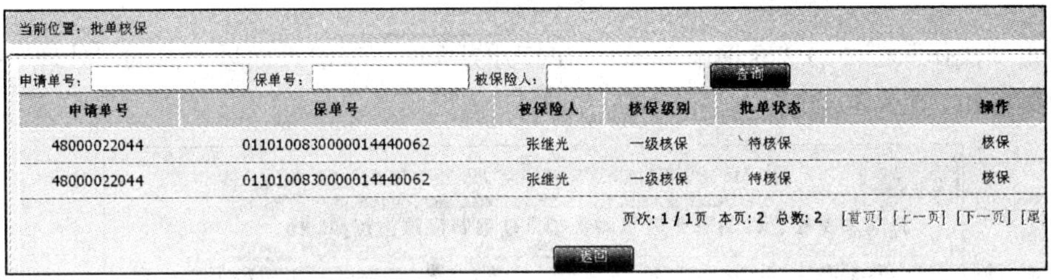

图　9-99

点击“核保”操作，在打开界面中点击“核保”按钮，填写核保意见，点击“同意”，核保完成。

保全业务部

保全业务部的业务有：变更项目、变更管理、注销退保、变更录单、批单管理。

1. 变更项目

点击“变更项目”菜单，打开如图 9-100 所示界面。

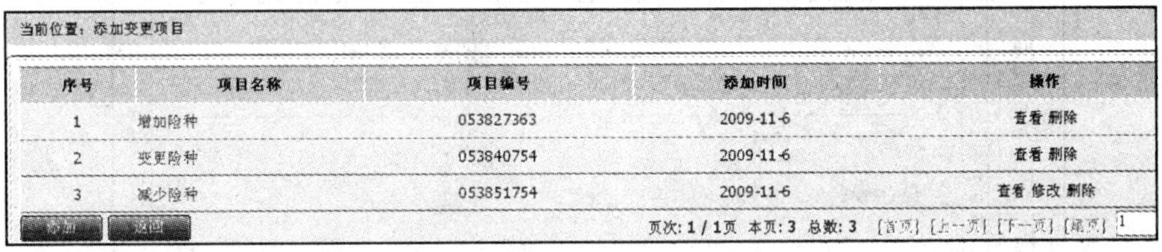

图　9-100

点击“添加”按钮，在打开界面中，填写项目名称，选择险种标志，如图 9-101 所示。

图　9-101

点击“添加”按钮，系统提示如图 9-102 所示。

图　9-102

点击“确定”按钮。

2. 变更管理

点击“变更管理”菜单，打开如图 9-103 所示界面。

投保人：　批改申请单号：　查询

序号	保单号	批改申请单号	投保人	投保时间	操作
1	0110090928000053040531	60500095541	王晨	2009-9-29	处理申请单

页次：1 / 1页 本页：1 总数：1 [首页] [上一页] [下一页] [尾页] 1 转到

图 9-103

点击“操作”栏中的“处理申请单”，在打开界面中，点击页面最下方的“处理”按钮，打开如图 9-104 所示界面。

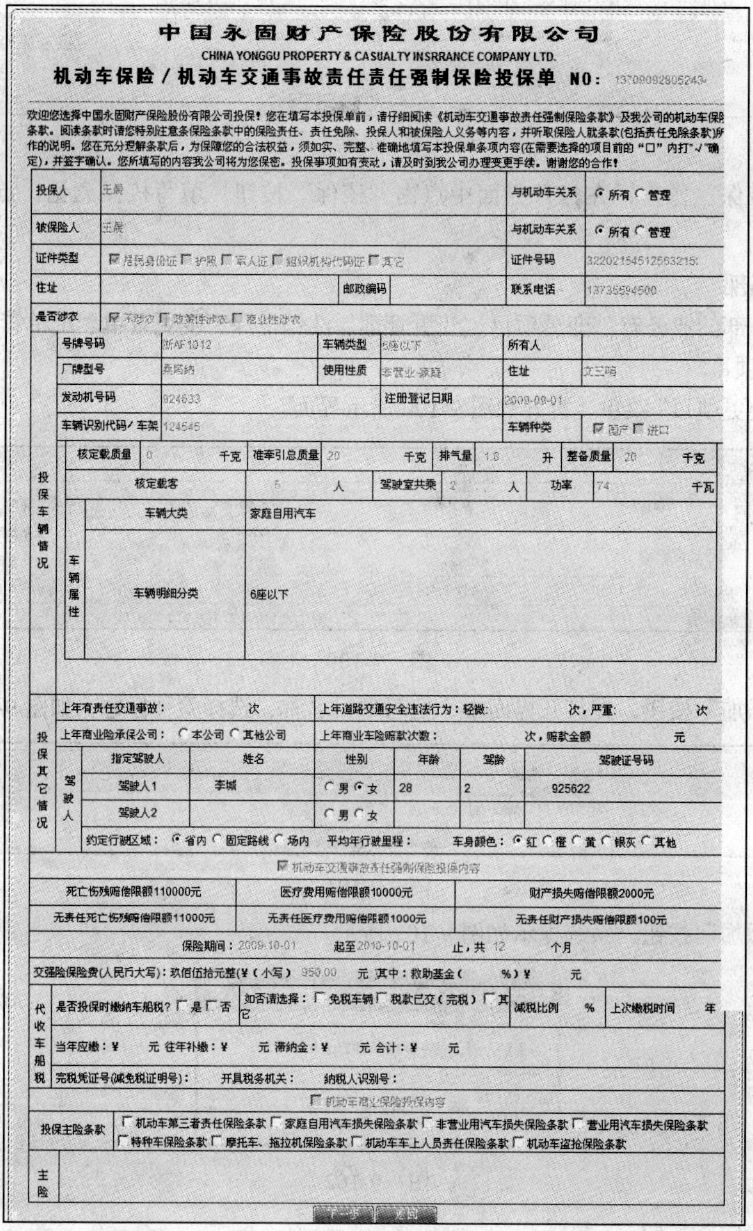

中国永固财产保险股份有限公司

CHINA YONGGU PROPERTY & CASUALTY INSRRANCE COMPANY LTD.

机动车保险 / 机动车交通事故责任责任强制保险投保单 NO: 13709092805243

欢迎您选择中国永固财产保险股份有限公司投保！您在填写本投保单前，请仔细阅读《机动车交通事故责任强制保险条款》及我公司的机动车保险条款。阅读条款时请您特别注意条保险条款中的保险责任、责任免除、投保人和被保险人义务等内容，并听取保险人就条款(包括责任免除条款)所作的说明。您在充分理解条款后，为保障您的合法权益，须如实、完整、准确地填写本投保单条项内容(在需要选择的项目前的“口”内打“√”确定)，并签字确认。您所填写的内容我公司将为您保密。投保事项如有变动，请及时到我公司办理变更手续。谢谢您的合作！

投保人：王晨　与机动车关系：所有 / 管理

被保险人：王晨　与机动车关系：所有 / 管理

证件类型：居民身份证 / 护照 / 军人证 / 组织机构代码证 / 其它　证件号码：322021545125632151

住址：　邮政编码：　联系电话：13735594500

是否涉农：不涉农 / 政策性涉农 / 商业性涉农

投保车辆情况

号牌号码：浙AF1012　车辆类型：6座以下　所有人：

厂牌型号：桑塔纳　使用性质：非营业-家庭　住址：文三路

发动机号码：924633　注册登记日期：2009-09-01

车辆识别代码/车架：124545　车辆种类：国产 / 进口

核定载质量：0 千克　准牵引总质量：20 千克　排气量：1.8 升　整备质量：20 千克

核定载客：5 人　驾驶室共乘：2 人　功率：74 千瓦

车辆属性：车辆大类：家庭自用汽车；车辆明细分类：6座以下

投保其它情况

上年有责任交通事故：　次　上年道路交通安全违法行为：轻微：　次，严重：　次

上年商业险承保公司：本公司 / 其他公司　上年商业车险赔款次数：　次，赔款金额　元

驾驶人 指定驾驶人	姓名	性别	年龄	驾龄	驾驶证号码
驾驶人1	李城	男 / 女	28	2	925622
驾驶人2		男 / 女			

约定行驶区域：省内 / 固定路线 / 场内　平均年行驶里程：　车身颜色：红 / 橙 / 黄 / 银灰 / 其他

机动车交通事故责任强制保险投保内容

死亡伤残赔偿限额110000元	医疗费用赔偿限额10000元	财产损失赔偿限额2000元
无责任死亡伤残赔偿限额11000元	无责任医疗费用赔偿限额1000元	无责任财产损失赔偿限额100元

保险期间：2009-10-01 起至2010-10-01 止，共 12 个月

交强险保险费(人民币大写)：玖佰伍拾元整(¥(小写) 950.00 元 其中：救助基金(　%)¥　元

代收车船税

是否投保时缴纳车船税？是 / 否　如否请选择：免税车辆 / 税款已交(完税) / 其它　减税比例　%　上次缴税时间　年

当年应缴：¥　元 往年补缴：¥　元 滞纳金：¥　元 合计：¥　元

完税凭证号(减免税证明号)：　开具税务机关：　纳税人识别号：

机动车商业保险投保内容

投保主险条款：机动车第三者责任保险条款 / 家庭自用汽车损失保险条款 / 非营业用汽车损失保险条款 / 营业用汽车损失保险条款 / 特种车保险条款 / 摩托车、拖拉机保险条款 / 机动车车上人员责任保险条款 / 机动车盗抢保险条款

主险

下一步　返回

图 9-104

点击“下一步”按钮，系统提示如图 9-105 所示。

图　9-105

点击“确定”按钮，打开如图 9-106 所示界面。

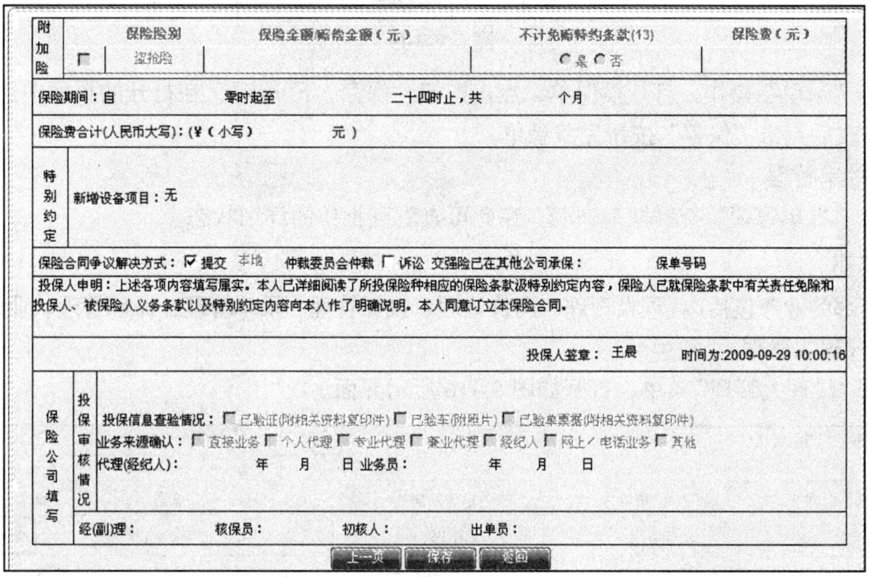

图　9-106

点击“保存”按钮。

3. 注销退保

点击“注销退保”菜单，打开如图 9-107 所示界面。

图　9-107

点击“操作”栏中的“处理”，在打开注销退保审批表，填写主办部门处理意见，点击“注销 / 退保”按钮，系统提示如图 9-108 所示。

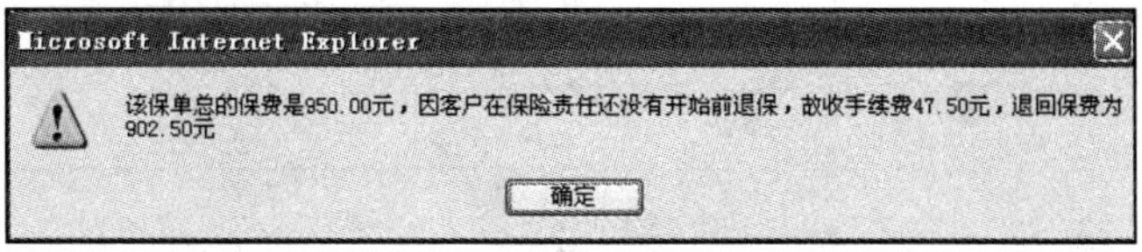

图　9-108

点击“确定”按钮。

4. 变更录单

点击“变更录单”业务，打开需要录单的列表，如图 9-109 所示界面。

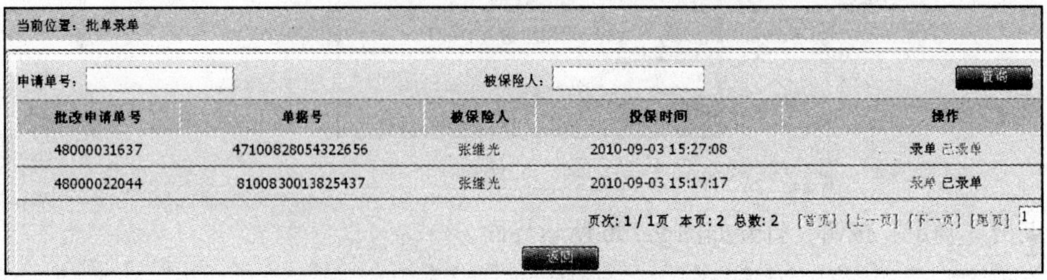

图 9-109

点击“录单”操作，打开投保单，点击按钮“保存 / 下一步”，在打开的页面中进行数据修改，修改后点击“保存”按钮完成录单。

5. 批单管理

点击“批单管理”查看批单列表。在此可查看到批单的详细状态。

营销部

营销部的业务包括：代理人管理、询价管理、投标管理、录单管理、保单管理、业绩分析。

1. 代理人管理

点击“代理人管理”菜单，打开如图 9-110 所示界面。

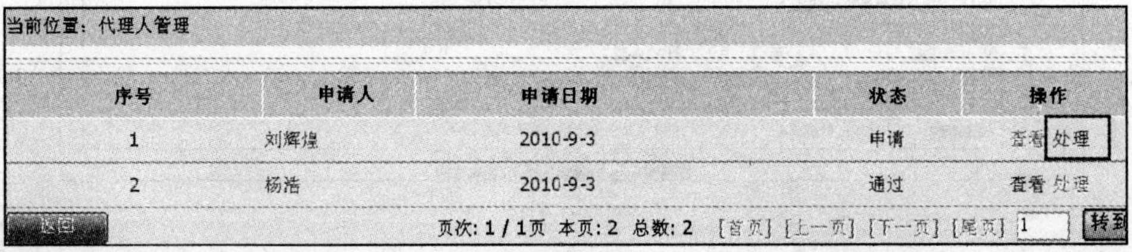

图 9-110

选择状态为“申请”的代理人，点击操作栏中的“处理”，在打开界面中，填写业务范围、销售区域、结果说明，点击“通过”按钮，系统提示如图 9-111 所示。

图 9-111

提示：若不批准代理的资格申请，则点击“拒绝”按钮。

2. 询价管理

针对客户的询价信息，保险公司可以直接向客户报价，也可以指定保险代理人跟客户沟通，向客户报价。在这里可处理客户和经纪公司的询价信息。

点击“询价管理”菜单，打开如图 9-112 所示界面。

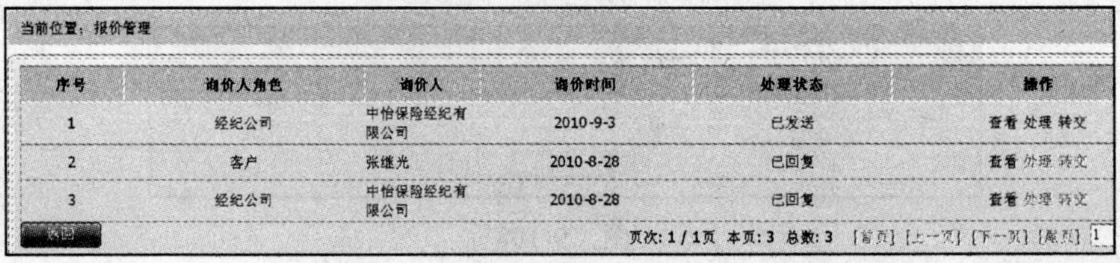

图 9-112

（1）财产保险公司直接报价。

点击“操作”栏中的“处理”，在打开界面中，填写回复信息，如图 9-113 所示。

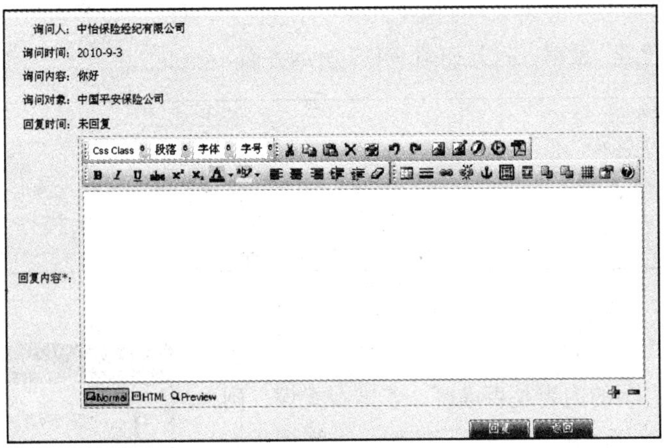

图　9-113

点击“回复”按钮。

（2）转交保险代理人处理。

点击“操作”栏中的“转交”，打开如图 9-114 所示界面。

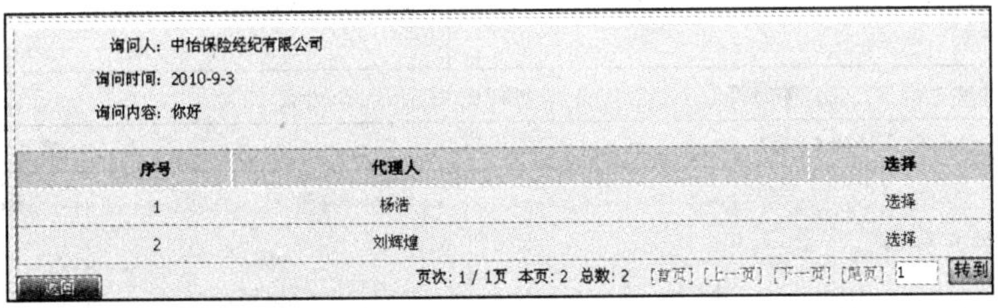

图　9-114

选择一个保险代理人，点击“选择”栏中的“选择”，系统提示如图 9-115 所示。

图　9-115

点击“确定”按钮，系统提示该记录成功转交给该代理人处理。

3. 投标管理

点击“投标管理”菜单，打开如图 9-116 所示界面。

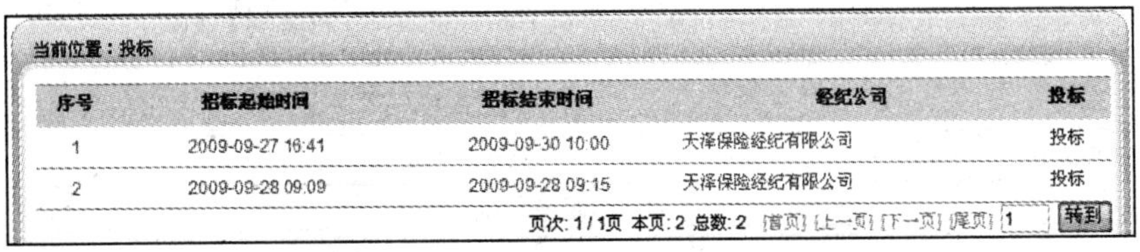

图　9-116

选择一条招标信息，点击该条信息“投标”栏中的“投标”，在打开界面中，填写优惠条件、理赔服务承诺，点击“确定”按钮，系统提示：投标成功。

4. 录单管理

点击“录单管理”菜单，打开如图 9-117 所示界面。

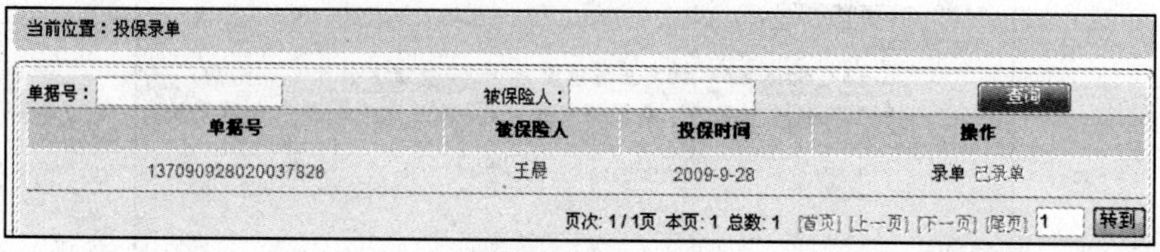

图 9-117

点击“操作”栏中的“录单”，在打开界面中，查看投保单中各信息项的内容是否准确，若准备无误，则点击页面最下方的“保存 / 下一步”按钮，系统提示如图 9-118 所示。

图 9-118

点击“确定”按钮，在打开界面中，填写投保审核情况，如图 9-119 所示。

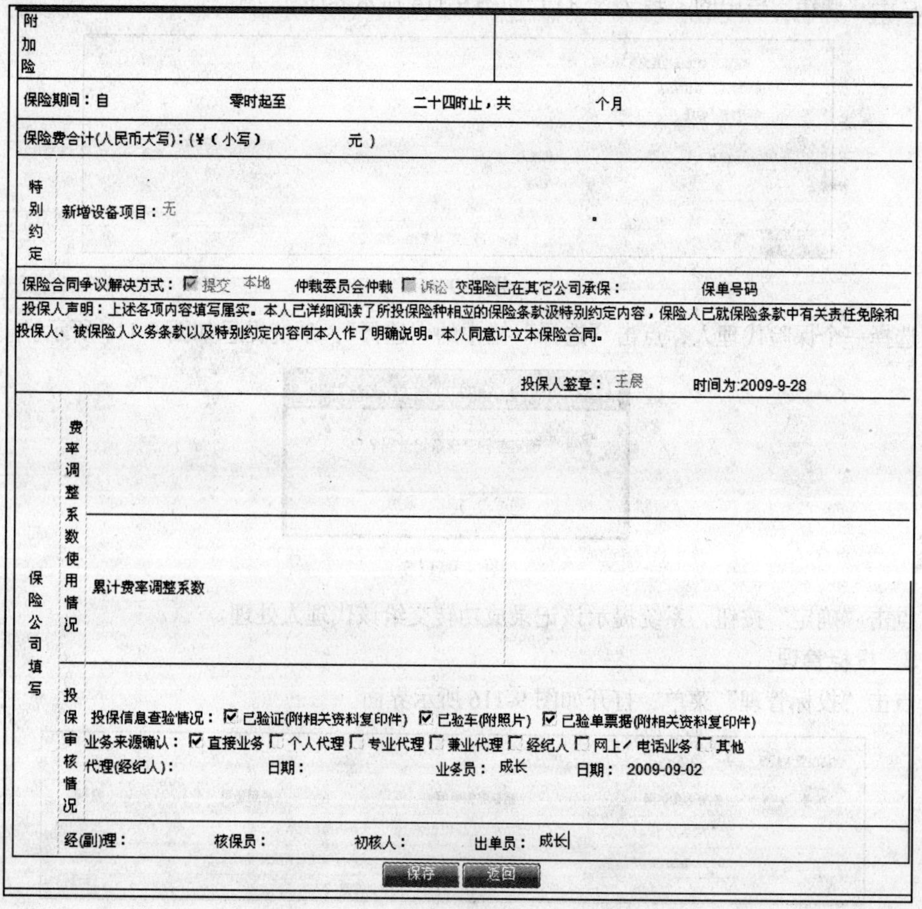

图 9-119

点击“保存”按钮，系统提示如图 9-120 所示。

图　9-120

点击“确定”按钮。

5. 保单管理

点击“保单管理”菜单打开如图 9-121 所示界面。

当前位置：查看保单

保单号：　被保险人：　保单状态：请选择　查询

单据号	保单号	被保险人	保单状态	操作
47100828054322656	0110100828010054803890	张继光	核保通过	查看
8100828053021500	0110100828000053322812	张继光	核保通过	查看
8100830011945718	0110100830000012446140	张继光	退保	查看
8100830013825437	0110100830000014440062	张继光	核保通过	查看

页次：1 / 1页　本页：4　总数：4　[首页] [上一页] [下一页] [尾页] 1 转到

返回

图　9-121

此栏目，可查看到所有操作过的保单的状态及投保单和保单的明细页面。

6. 业绩分析

点击“业绩分析”菜单，打开如图 9-122 所示界面。

当前位置：业绩分析

时间查询：　到　查询

图　9-122

此栏目提供按时间段查询所有保单，以便对固定时间段（如一季度或一月）的公司业绩进行统计。

理赔中心

理赔中心的业务包括：报案处理、报案查勘、定损确认、核损确认、核损回退、立案处理、理算处理、核赔处理、核赔查询（见图 9-123）。

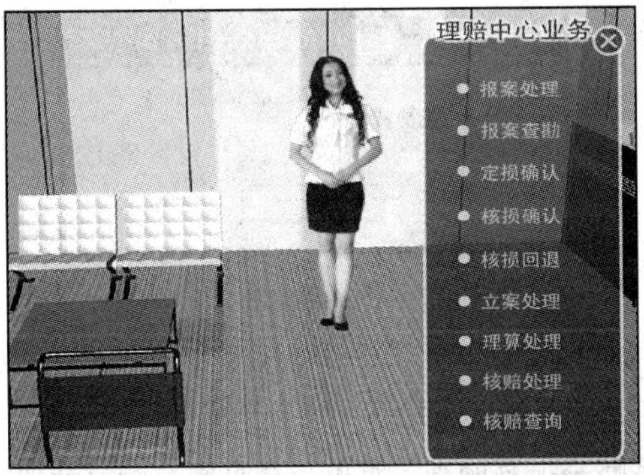

图　9-123

1. 报案处理

点击“报案处理”菜单，打开如图 9-124 所示界面。

报案号	报案时间	交强险	商业险	被保险人	出险地点	操作
057120090929025807968	2009-9-29	0110090928000053040531	---	王晨	杭州	接案 指派查勘人员

页次: 1 / 1页 本页: 1 总数: 1 [首页] [上一页] [下一页] [尾页] 1 转到

图 9-124

点击“操作”栏中的“接案”，在打开界面中，点击页面最下方的“确定”按钮，系统提示（见图 9-125）。

图 9-125

点击“确定”按钮，打开如图 9-126 所示界面。

报案号	报案时间	交强险	商业险	被保险人	出险地点	操作
057120090929025807968	2009-9-29	0110090928000053040531	---	王晨	杭州	已接案 指派查勘人员

页次: 1 / 1页 本页: 1 总数: 1 [首页] [上一页] [下一页] [尾页] 1 转到

图 9-126

点击“操作”栏中的“指派查勘人员”，在打开界面中，填写查勘定损人员，如图 9-127 所示。

报案号：	057120090929025807	出现地点：	杭州
查勘地点：	杭州	查勘定损人员：	许世保
调度时间：	2009-9-29		

添加 返回

图 9-127

点击“添加”按钮，系统提示如图 9-128 所示。

图 9-128

点击“确定”按钮。

2. 报案查勘

点击页面左侧的“理赔→报案勘查”菜单，在页面右侧打开如图 9-129 所示界面。

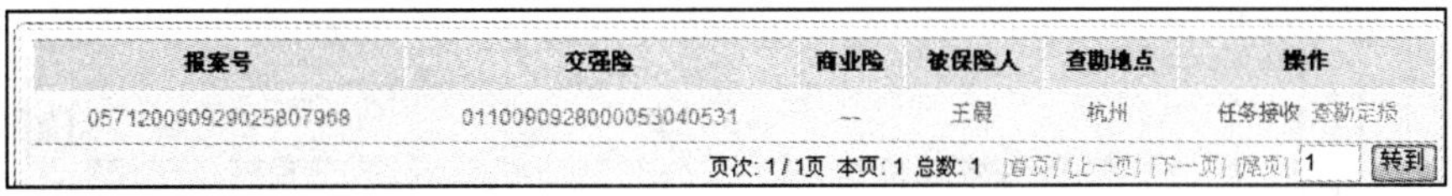

图　9-129

点击“操作”栏中的“任务接收”，打开如图 9-130 所示界面。

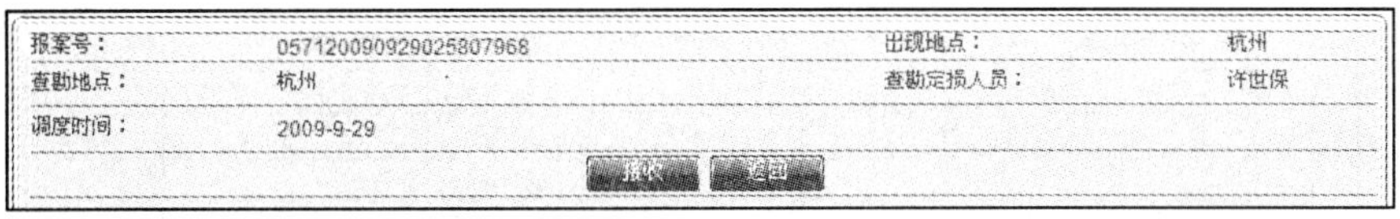

图　9-130

点击“接收”按钮，系统提示如图 9-131 所示。

图　9-131

点击“确定”按钮，打开如图 9-132 所示界面。

图　9-132

点击“操作”栏中的“查勘定损”，在打开界面中，选择案件性质、是否第一现场、是否第一现场报案，填写号牌底色、事故信息、索赔信息、保险公司，如图 9-133 所示。

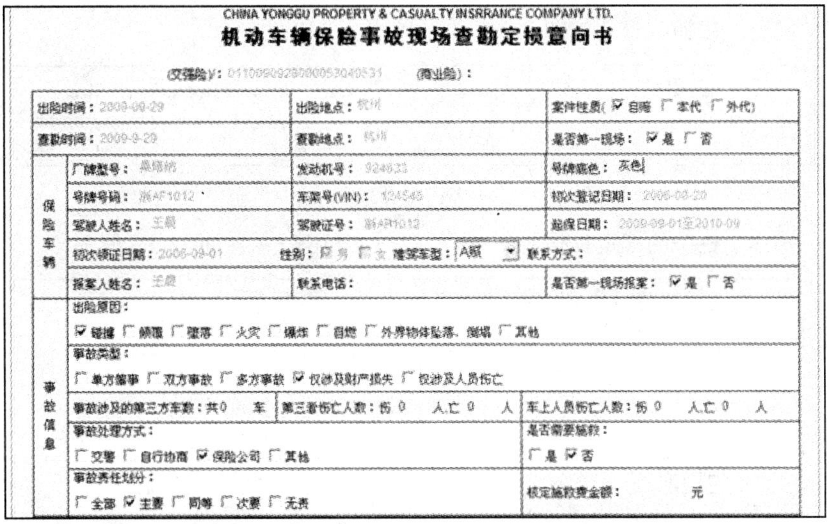

图　9-133

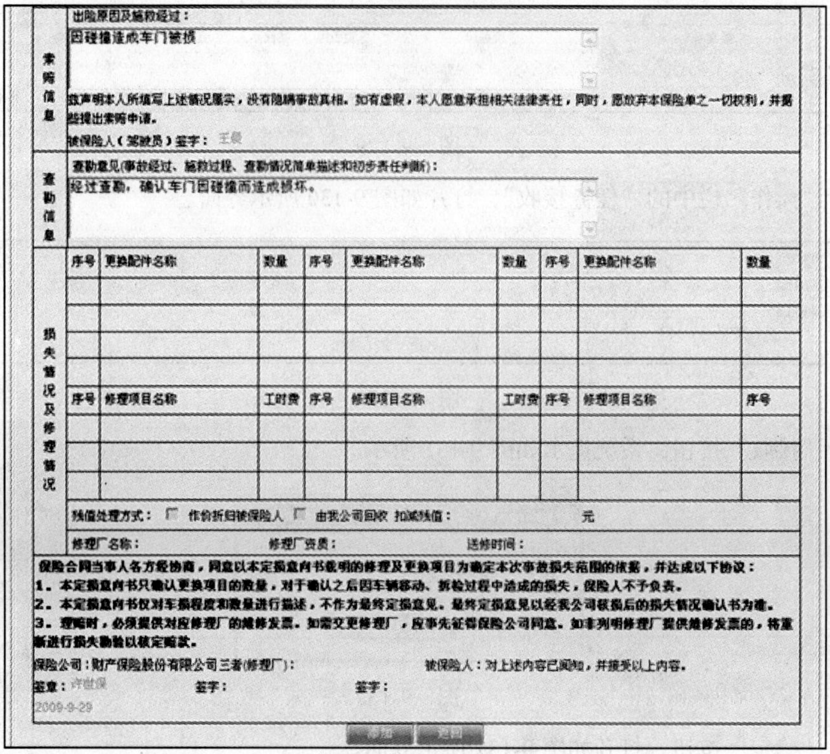

图 9-133（续）

点击“添加”按钮，系统提示如图 9-134 所示。

图　9-134

点击“确定”按钮，打开如图 9-135 所示界面。

图　9-135

点击“操作”栏中的“定损报告”，打开如图 9-136 所示界面。

图　9-136

点击“添加”按钮，在打开界面中，填写维修项目、工时费，如图 9-137 所示。

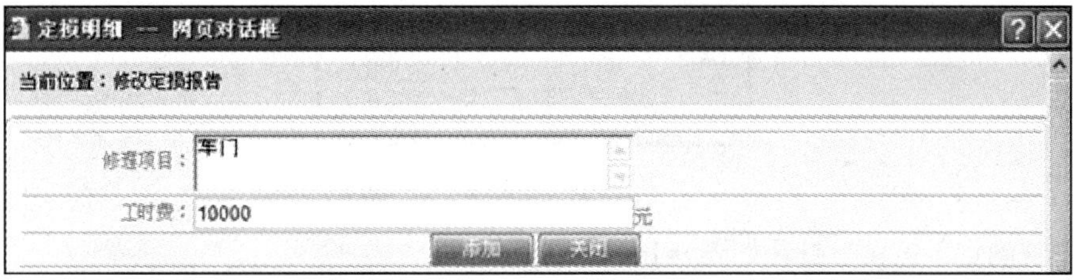

图　9-137

点击“添加”按钮，在打开界面中，选择保险险别、变速箱形式、发动机形式，填写总扣减残值、管理费、税金、其他约定，如图 9-138 所示。

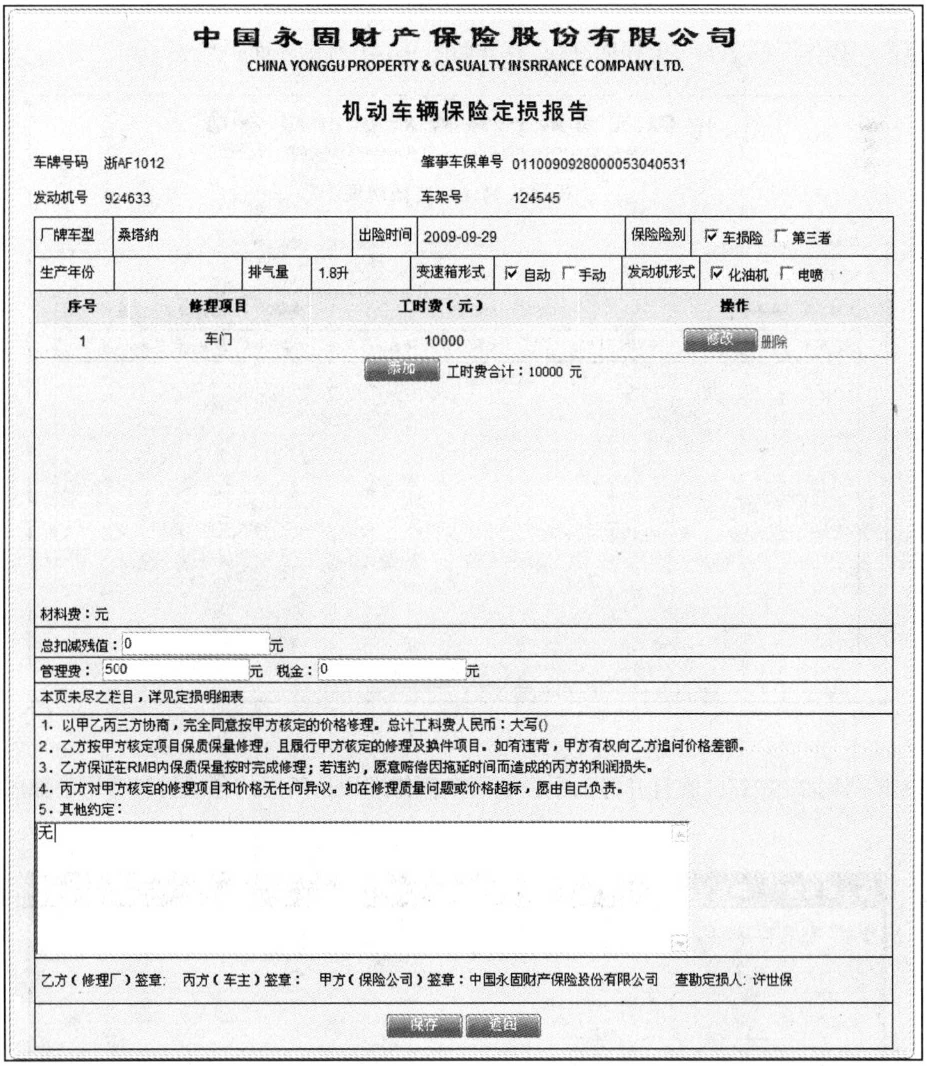

图　9-138

点击“保存”按钮，系统提示如图 9-139 所示。

图 9-139

点击“确定”按钮，打开如图 9-140 所示界面。

图 9-140

点击“操作”栏中的“定损明细”，打开如图 9-141 所示界面。

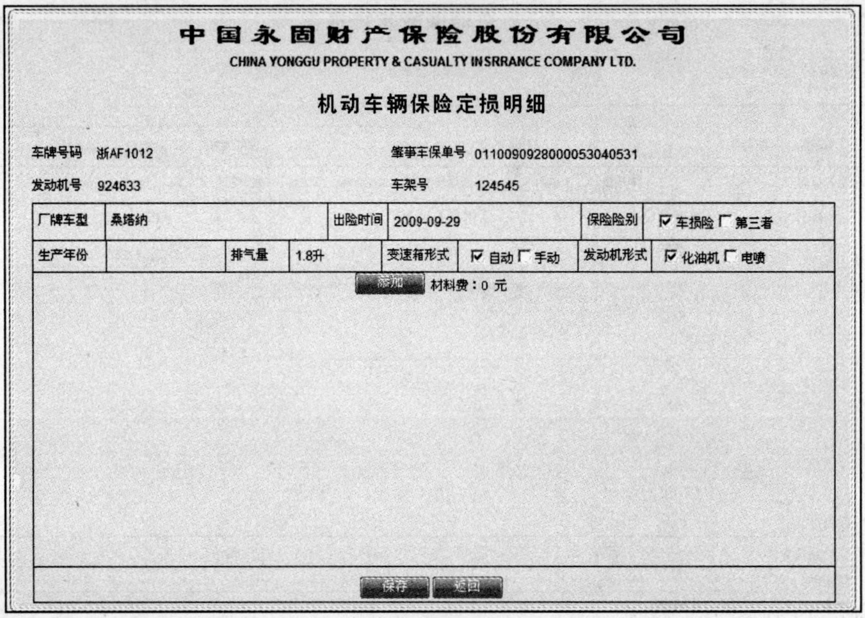

图 9-141

点击“添加”按钮，在打开界面中，填写车辆修理项目所用的各项材料费用，如图 9-142 所示。

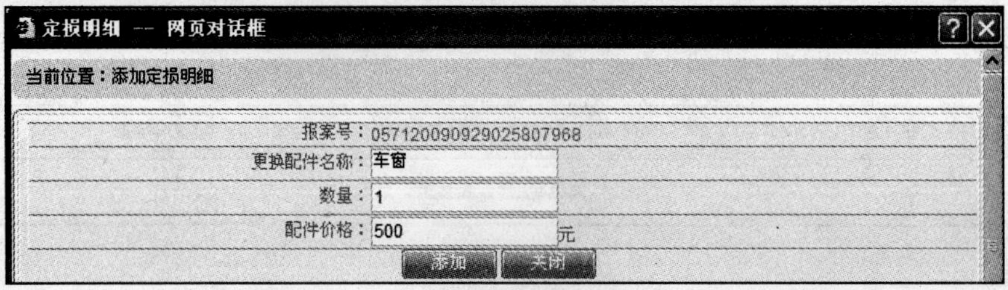

图 9-142

点击“添加”按钮，打开如图 9-143 所示界面。

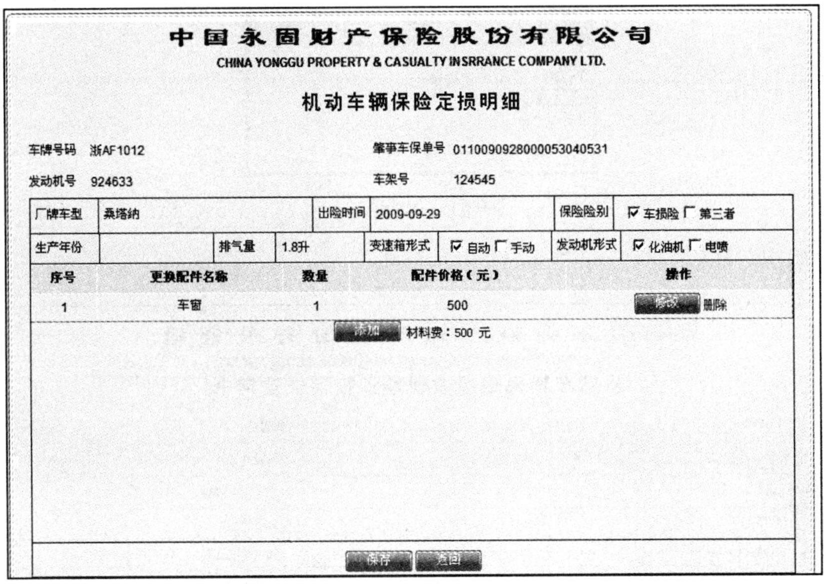

图 9-143

图 9-144

点击“保存”按钮，系统提示如图 9-144 所示。

点击“确定”按钮。

3. 定损确认

点击“定损确认”菜单，打开如图 9-145 所示界面。

图 9-145

点击“操作”栏中的“提交审核”，打开如图 9-146 所示界面。

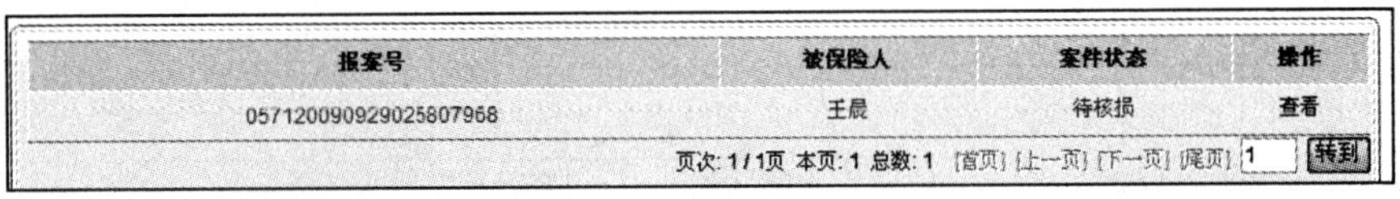

图 9-146

点击“操作”栏中的“查看”，在打开界面中，查看“机动车辆保险事故现场查勘定损意向书”“机动车辆保险定损报告”“机动车辆保险定损明细”详细信息。

4. 核损确认

点击“核损确认”菜单，打开如图 9-147 所示界面。

图 9-147

点击“操作”栏中的“核损”，系统提示如图 9-148 所示。

图 9-148

点击“确定”按钮，打开如图 9-149 所示界面。

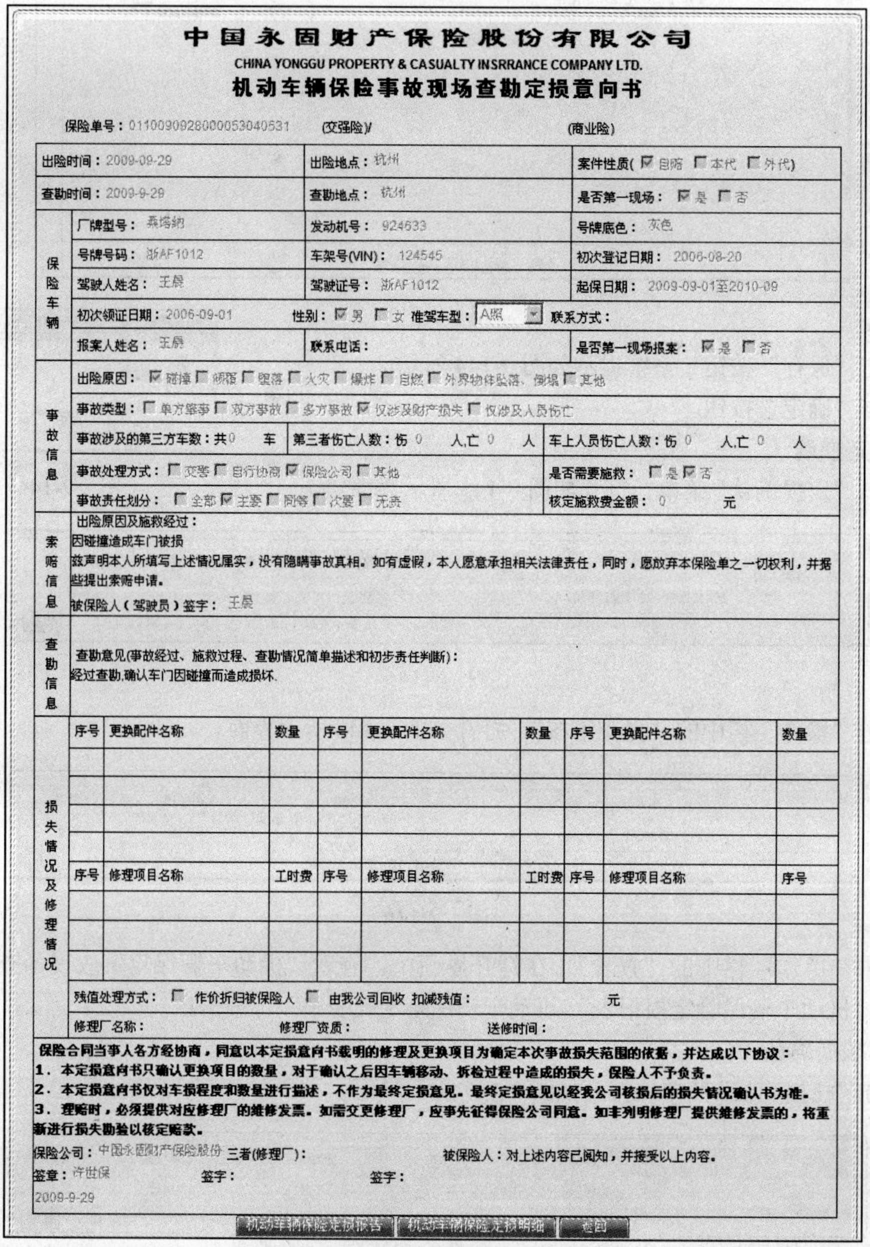

中国永固财产保险股份有限公司

CHINA YONGGU PROPERTY & CASUALTY INSRRANCE COMPANY LTD.

机动车辆保险事故现场查勘定损意向书

保险单号：01100909280000053040531 (交强险)/ (商业险)

出险时间：2009-09-29		出险地点：杭州	案件性质(☑自赔 ☐本代 ☐外代)
查勘时间：2009-9-29		查勘地点：杭州	是否第一现场：☑是 ☐否
保险车辆	厂牌型号：桑塔纳	发动机号：924633	号牌底色：灰色
	号牌号码：浙AF1012	车架号(VIN)：124545	初次登记日期：2006-08-20
	驾驶人姓名：王晨	驾驶证号：浙AF1012	起保日期：2009-09-01至2010-09
	初次领证日期：2006-09-01 性别：☑男 ☐女 准驾车型：A照		联系方式：
	报案人姓名：王晨	联系电话：	是否第一现场报案：☑是 ☐否
事故信息	出险原因：☑碰撞 ☐倾覆 ☐坠落 ☐火灾 ☐爆炸 ☐自燃 ☐外界物体坠落、倒塌 ☐其他		
	事故类型：☐单方肇事 ☐双方事故 ☐多方事故 ☑仅涉及财产损失 ☐仅涉及人员伤亡		
	事故涉及的第三方车数：共0 车	第三者伤亡人数：伤 0 人,亡 0 人	车上人员伤亡人数：伤 0 人,亡 0 人
	事故处理方式：☐交警 ☐自行协商 ☑保险公司 ☐其他		是否需要施救：☐是 ☑否
	事故责任划分：☐全部 ☑主要 ☐同等 ☐次要 ☐无责		核定施救费金额：0 元
索赔信息	出险原因及施救经过： 因碰撞造成车门被损 兹声明本人所填写上述情况属实，没有隐瞒事故真相。如有虚假，本人愿意承担相关法律责任，同时，愿放弃本保险单之一切权利，并据些提出索赔申请。 被保险人（驾驶员）签字：王晨		
查勘信息	查勘意见(事故经过、施救过程、查勘情况简单描述和初步责任判断)： 经过查勘,确认车门因碰撞而造成损坏.		

损失情况及修理情况

序号	更换配件名称	数量	序号	更换配件名称	数量	序号	更换配件名称	数量
序号	修理项目名称	工时费	序号	修理项目名称	工时费	序号	修理项目名称	序号

残值处理方式：☐ 作价折归被保险人 ☐ 由我公司回收 扣减残值： 元

修理厂名称： 修理厂资质： 送修时间：

保险合同当事人各方经协商，同意以本定损意向书载明的修理及更换项目为确定本次事故损失范围的依据，并达成以下协议：

1．本定损意向书只确认更换项目的数量，对于确认之后因车辆移动、拆检过程中造成的损失，保险人不予负责。

2．本定损意向书仅对车损程度和数量进行描述，不作为最终定损意见。最终定损意见以经我公司核损后的损失情况确认书为准。

3．理赔时，必须提供对应修理厂的维修发票。如需交更修理厂，应事先征得保险公司同意。如非列明修理厂提供维修发票的，将重新进行损失勘验以核定赔款。

保险公司：中国永固财产保险股份 三者(修理厂)： 被保险人：对上述内容已阅知，并接受以上内容。

签章：许世保 签字： 签字：

2009-9-29

机动车辆保险定损报告 机动车辆保险定损明细 返回

图 9-149

页面中共有三个按钮，各按钮代表的功能为：

“机动车辆保险定损报告”按钮：对“机动车辆保险定损报告”中所填写的车辆修理项目的工时费进行核定，若核定“机动车辆保险定损报告”中所记载的工时费不合理，则可填写“核损工时费用”。“机动车辆保险定损明细”按钮：对“机动车辆保险定损报告”中所填写的车辆修理项目，进行修理时，所需要的材料或配件的数量和价格进行核定。“返回”按钮：返回至“理赔→核损确认”模块首页面。

“机动车辆保险定损报告”“机动车辆保险定损明细”操作方法如下。

（1）机动车辆保险定损报告。

点击“机动车辆保险定损报告”按钮，打开如图 9-150 所示界面。

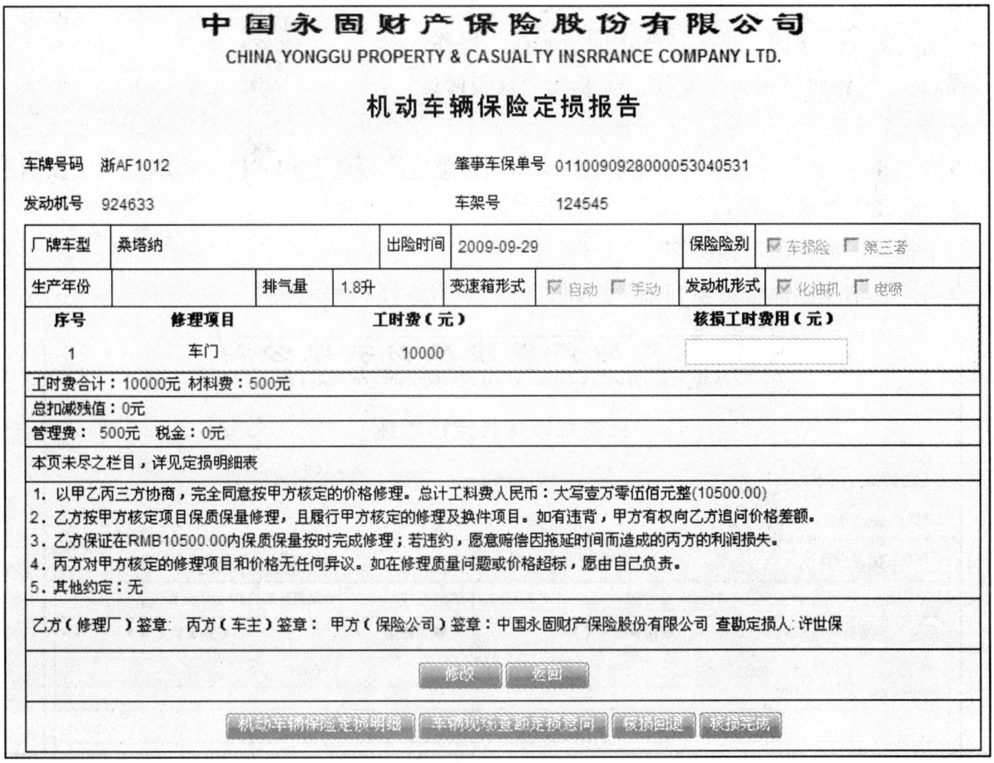
中国永固财产保险股份有限公司
CHINA YONGGU PROPERTY & CASUALTY INSRRANCE COMPANY LTD.

机动车辆保险定损报告

车牌号码　浙AF1012　　　肇事车保单号　0110090928000053040531

发动机号　924633　　　车架号　124545

厂牌车型	桑塔纳		出险时间	2009-09-29		保险险别	车损险　第三者
生产年份		排气量	1.8升	变速箱形式	自动　手动	发动机形式	化油机　电喷

序号	修理项目	工时费（元）	核损工时费用（元）
1	车门	10000	

工时费合计：10000元 材料费：500元

总扣减残值：0元

管理费：500元　税金：0元

本页未尽之栏目，详见定损明细表

1. 以甲乙丙三方协商，完全同意按甲方核定的价格修理。总计工料费人民币：大写壹万零伍佰元整(10500.00)
2. 乙方按甲方核定项目保质保量修理，且履行甲方核定的修理及换件项目。如有违背，甲方有权向乙方追问价格差额。
3. 乙方保证在RMB10500.00内保质保量按时完成修理；若违约，愿意赔偿因拖延时间而造成的丙方的利润损失。
4. 丙方对甲方核定的修理项目和价格无任何异议。如在修理质量问题或价格超标，愿由自己负责。
5. 其他约定：无

乙方（修理厂）签章：　丙方（车主）签章：　甲方（保险公司）签章：中国永固财产保险股份有限公司 查勘定损人：许世保

修改　返回

机动车辆保险定损明细　车辆现场查勘定损意向　核损回退　核损完成

图　9-150

1）修改“核损工时费用”

在页面中，输入修理项目的“核损工时费用”，然后点击“修改”按钮。

2）机动车辆保险定损明细

点击“机动车辆保险定损明细”按钮，在打开界面中，对车辆修理项目所需要的材料或配件的数量和价格进行核定，具体操作请参阅“核损确认→（2）机动车辆保险定损明细”。

3）车辆现场查勘定损意向

点击“车辆现场查勘定损意向”按钮，在打开界面中，查看“机动车辆保险事故现场查勘定损意向书”详细信息。

4）核损回退

点击“核损回退”按钮，在打开界面中填写核损意见，如图 9-151 所示。

图 9-151

点击“提交”按钮，进入“核损回退确认”操作。

提示：“核损回退确认”操作，请参阅“核损回退”。

5）核损完成

点击“核损完成”按钮，完成对“机动车辆保险定损报告”和“机动车辆保险定损明细”的核定，进入“立案”操作。

（2）机动车辆保险定损明细。

点击“机动车辆保险定损明细”按钮，打开如图 9-152 所示界面。

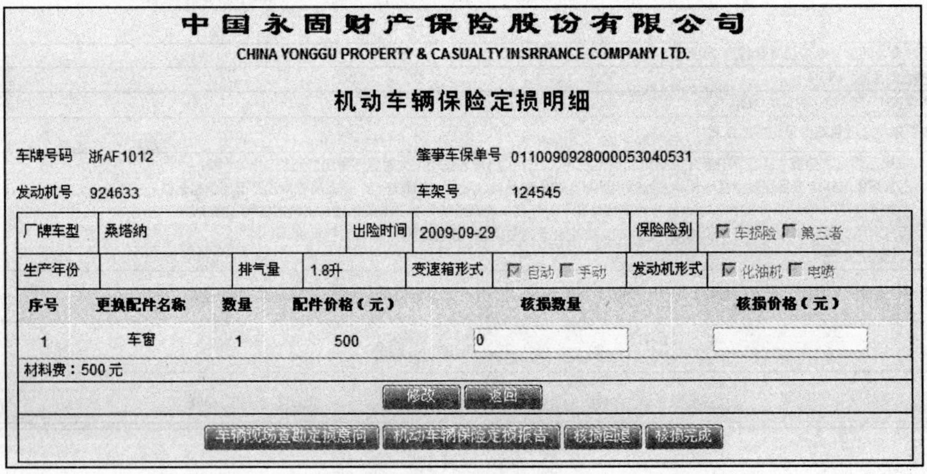

图 9-152

1）对车辆修理所需的配件数量和价格进行核损

在页面中，输入车辆修理所需配件的核损数量、核损价格，然后点击“修改”按钮。

2）车辆现场查勘定损意向

点击“车辆现场查勘定损意向”按钮，在打开界面中，查看“机动车辆保险事故现场查勘定损意向书”详细信息。

3）机动车辆保险定损报告

点击“机动车辆保险定损报告”按钮，在打开界面中，对“机动车辆保险定损报告”中所填写的车辆修理项目的工时费进行核定，具体操作请参阅“核损确认→机动车辆保险定损报告”。

4）核损回退

点击“核损回退”按钮，在打开界面中填写核损意见，如图 9-153 所示。

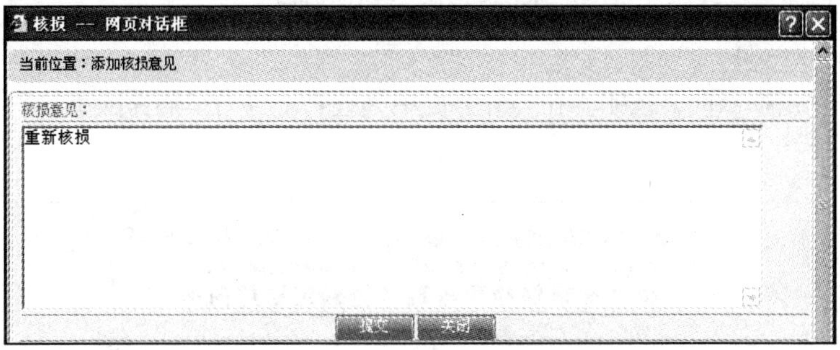

图　9-153

点击“提交”按钮，进入“核损回退确认”操作。

提示：“核损回退确认”操作，请参阅“核损回退确认”。

5）核损完成

点击“核损完成”按钮，完成对“机动车辆保险定损报告”和“机动车辆保险定损明细”的核定，进入“立案”操作。

5. 核损回退

点击“核损回退”菜单，打开如图 9-154 所示界面。

图　9-154

点击“操作”栏中的“修改”，打开如图 9-155 所示界面。

（1）机动车辆保险定损报告

点击“机动车辆保险定损报告”按钮，打开如图 9-156 所示界面。

1）修改、删除“修理项目”信息

选择一条修理项目信息，点击该条信息“操作”栏中的“修改”，弹出如图 9-157 所示窗口。

在该窗口中，直接输入你要更改的信息内容，然后点击“保存”按钮；点击该条信息“操作”栏中的“删除”，删除该条修理项目信息。

2）添加“修理项目”信息

点击修理项目信息下方的“添加”按钮，在打开界面中，填写维修项目、工时费用，然后点击“添加”按钮。

3）修改“机动车辆保险定损报告”信息

选择保险险别、变速箱形式、发动机形式，填写总扣减残值、管理费、税金、其他约定信息，然后点击页面下方的“修改”按钮。

4）返回首页面

点击页面下方的“返回”按钮，返回至“理赔→核损回退确认”模块首页面。

5）车辆现场查勘明细

点击“车辆现场查勘明细”按钮，在打开界面中，修改车车现场查勘明细信息，具体操作请参阅“核损回退确认→（2）机动车辆保险定损明细”。

6）查勘定损意向

点击“查勘定损意向”按钮，在打开界面中，查看“机动车辆保险事故现场查勘定损意向书”详细信息。

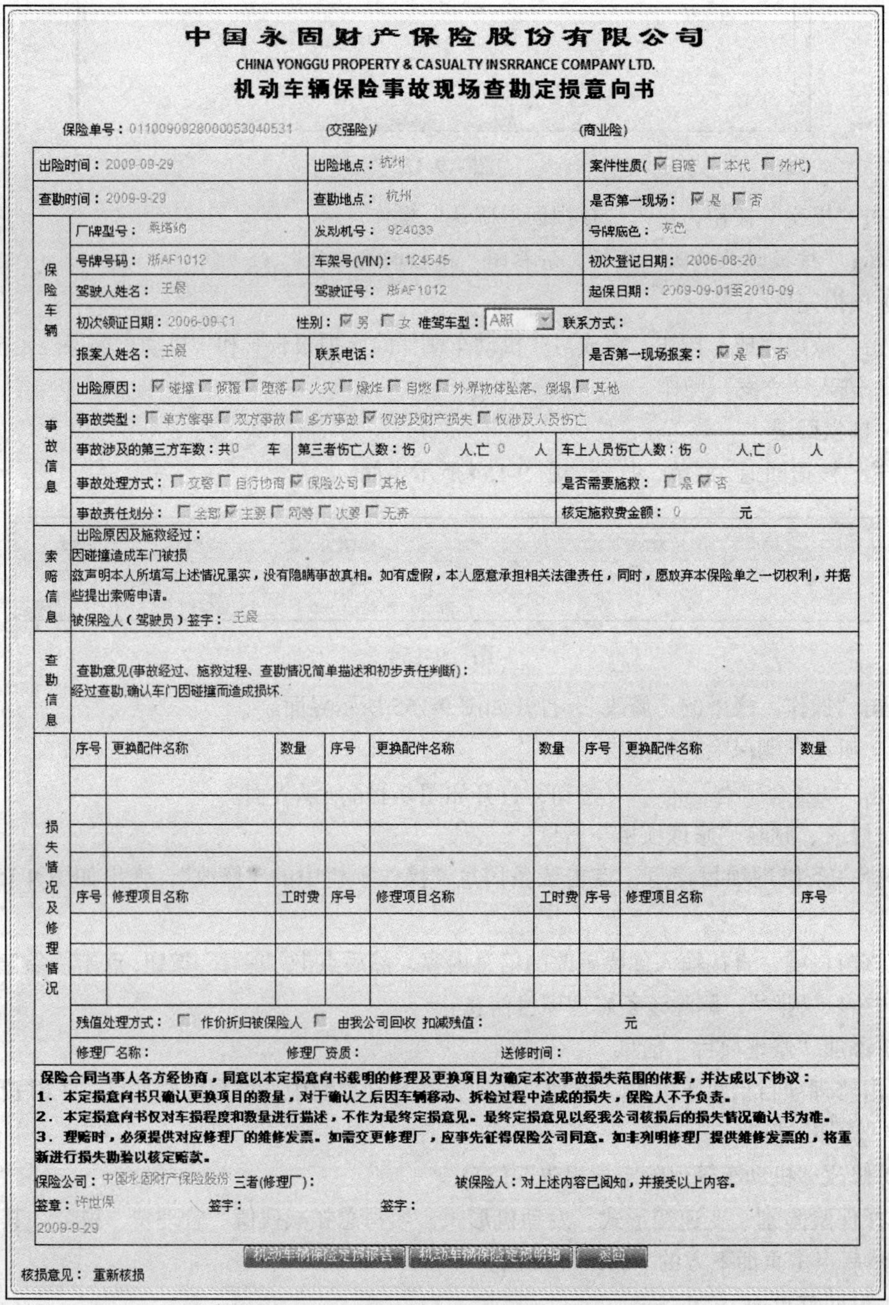

中国永固财产保险股份有限公司

CHINA YONGGU PROPERTY & CASUALTY INSRRANCE COMPANY LTD.

机动车辆保险事故现场查勘定损意向书

保险单号：01100908280000053040531 (交强险)/ (商业险)

出险时间：2009-09-29		出险地点：杭州	案件性质(☑自赔 ☐本代 ☐外代)
查勘时间：2009-9-29		查勘地点：杭州	是否第一现场：☑是 ☐否
保险车辆	厂牌型号：桑塔纳	发动机号：924033	号牌底色：灰色
	号牌号码：浙AF1012	车架号(VIN)：124545	初次登记日期：2006-08-20
	驾驶人姓名：王晨	驾驶证号：浙AF1012	起保日期：2009-09-01至2010-09
	初次领证日期：2006-09-01	性别：☑男 ☐女 准驾车型：A照	联系方式：
	报案人姓名：王晨	联系电话：	是否第一现场报案：☑是 ☐否
事故信息	出险原因：☑碰撞 ☐倾覆 ☐坠落 ☐火灾 ☐爆炸 ☐自燃 ☐外界物体坠落、倒塌 ☐其他		
	事故类型：☐单方肇事 ☐双方事故 ☐多方事故 ☑仅涉及财产损失 ☐仅涉及人员伤亡		
	事故涉及的第三方车数：共0 车	第三者伤亡人数：伤 0 人,亡 0 人	车上人员伤亡人数：伤 0 人,亡 0 人
	事故处理方式：☐交警 ☐自行协商 ☑保险公司 ☐其他		是否需要施救：☐是 ☑否
	事故责任划分：☐全部 ☑主要 ☐同等 ☐次要 ☐无责		核定施救费金额：0 元
索赔信息	出险原因及施救经过： 因碰撞造成车门被损 兹声明本人所填写上述情况属实，没有隐瞒事故真相。如有虚假，本人愿意承担相关法律责任，同时，愿放弃本保险单之一切权利，并据此提出索赔申请。 被保险人（驾驶员）签字：王晨		
查勘信息	查勘意见(事故经过、施救过程、查勘情况简单描述和初步责任判断)： 经过查勘,确认车门因碰撞而造成损坏.		

损失情况及修理情况

序号	更换配件名称	数量	序号	更换配件名称	数量	序号	更换配件名称	数量

序号	修理项目名称	工时费	序号	修理项目名称	工时费	序号	修理项目名称	序号

残值处理方式：☐ 作价折归被保险人 ☐ 由我公司回收 扣减残值： 元

修理厂名称： 修理厂资质： 送修时间：

保险合同当事人各方经协商，同意以本定损意向书载明的修理及更换项目为确定本次事故损失范围的依据，并达成以下协议：

1．本定损意向书只确认更换项目的数量，对于确认之后因车辆移动、拆检过程中造成的损失，保险人不予负责。

2．本定损意向书仅对车损程度和数量进行描述，不作为最终定损意见。最终定损意见以经我公司核损后的损失情况确认书为准。

3．理赔时，必须提供对应修理厂的维修发票。如需变更修理厂，应事先征得保险公司同意。如非列明修理厂提供维修发票的，将重新进行损失勘验以核定赔款。

保险公司：中国永固财产保险股份 三者(修理厂)： 被保险人：对上述内容已阅知，并接受以上内容。

签章：许世保 签字： 签字：

2009-9-29

核损意见： 重新核损

图 9-155

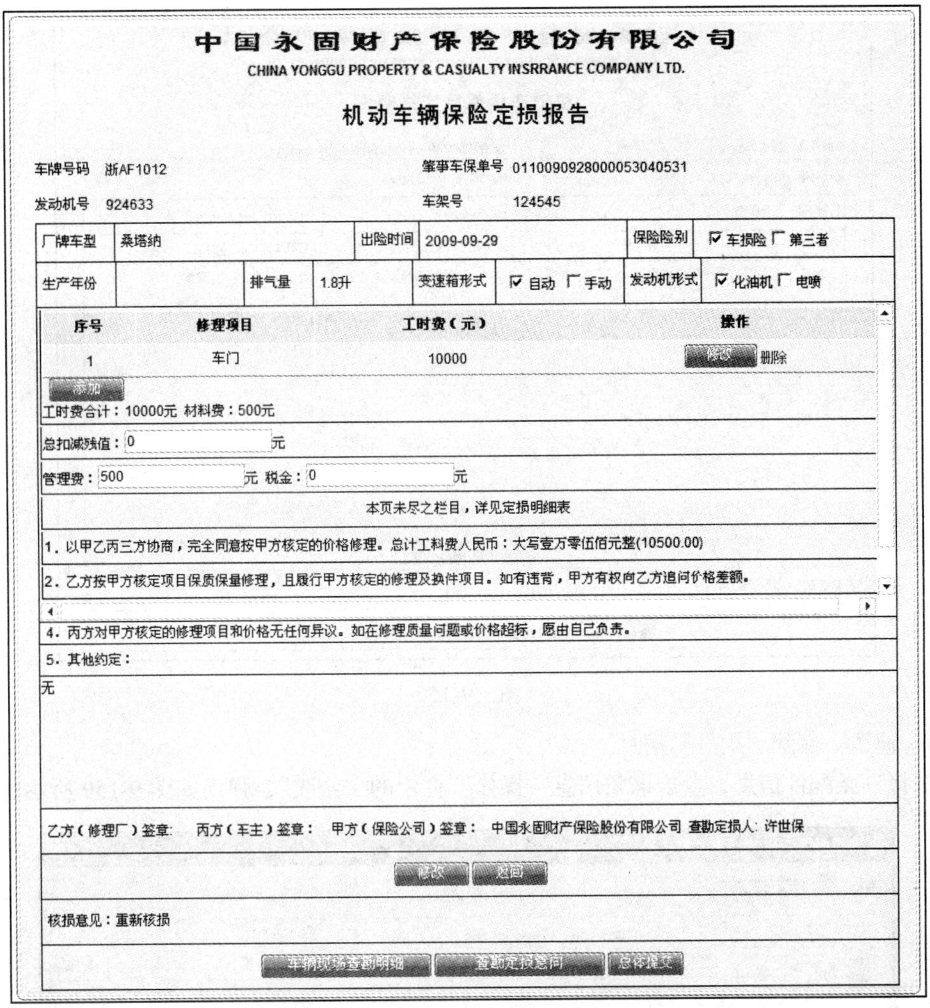

图　9-156

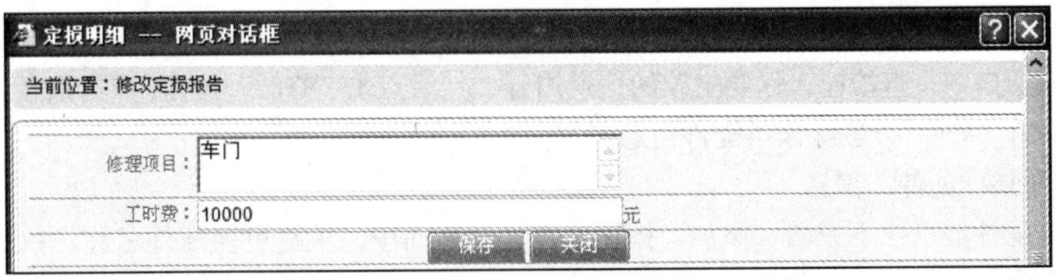

图　9-157

7）总体提交

点击页面下方的“总体提交”按钮，保存“机动车辆保险定损报告”和“机动车辆保险定损明细”中更新的信息，重新进行“核损确认”操作。

提示：“核损确认”操作，请参阅“核损确认”。

（2）机动车辆保险定损明细

点击“机动车辆保险定损明细”按钮，打开如图 9-158 所示界面。

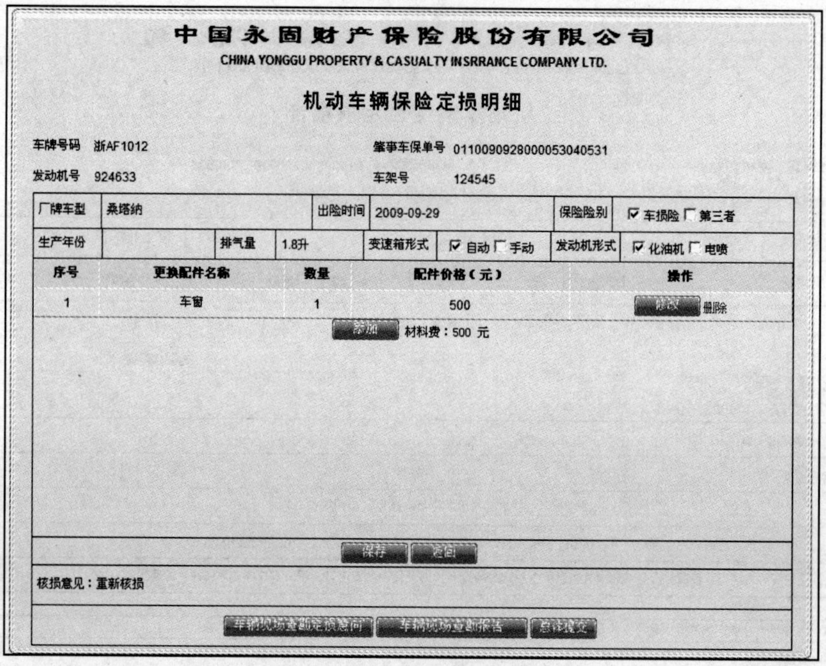

图 9-158

1）修改、删除“配件”信息

选择一条配件信息，点击该条信息“操作”栏中的“修改”，弹出如图 9-159 所示窗口。

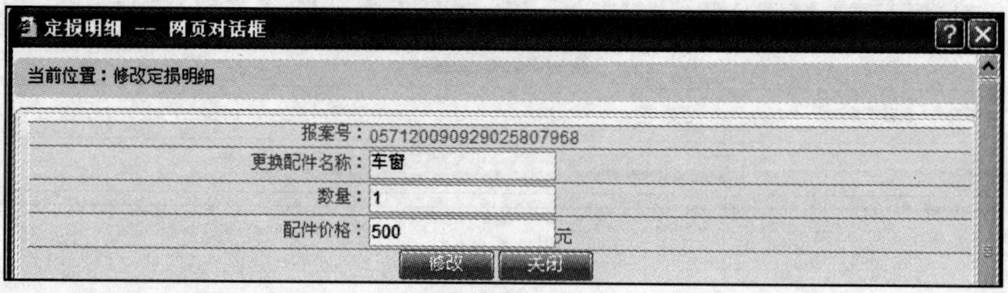

图 9-159

在该窗口中，直接输入你要更改的信息内容，然后点击“修改”按钮；点击该条信息“操作”栏中的“删除”，删除该条配件信息。

2）添加“配件”信息

点击配件信息栏下方的“添加”按钮，在打开界面中，填写更换配件名称、数量、配件价格，然后点击“添加”按钮。

3）保存“机动车辆保险定损明细”信息

选择保险险别、变速箱形式、发动机形式，添加、修改、删除“配件”信息，然后点击页面下方的“保存”按钮。

4）返回首页面

点击页面下方的“返回”按钮，返回至“理赔→核损回退确认”模块首页面。

5）车辆现场查勘定损意向

点击“车辆现场查勘定损意向”按钮，在打开界面中，查看“机动车辆保险事故现场查勘定损意向书”详细信息。

6）车辆现场查勘报告

点击“车辆现场查勘报告”按钮，在打开界面中，修改“机动车辆保险定损报告”中的信息，具体操作请参阅“核损回退确认→机动车辆保险定损报告”。

7）总体提交

点击页面下方的“总体提交”按钮，保存“机动车辆保险定损报告”和“机动车辆保险定损明细”中更新的信息，重新进行“核损确认”操作。

提示：“核损确认”操作，请参阅“核损确认”。

6. 立案处理

点击“立案处理”菜单，打开如图 9-160 所示界面。

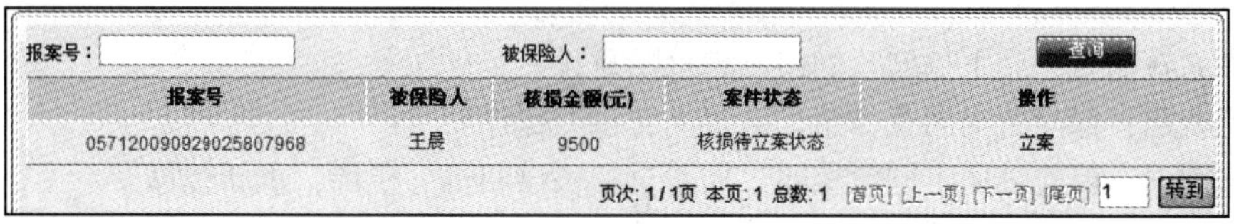

图　9-160

点击“操作”栏中的“立案”，打开如图 9-161 所示界面。

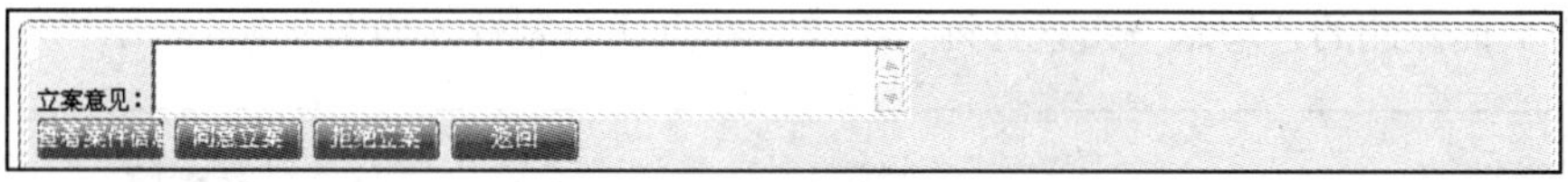

图　9-161

（1）查看案件信息

点击“查看案件信息”按钮，在打开界面中，查看案件详细信息。

（2）拒绝立案

不同意理赔，拒绝立案，理赔业务就此终结。

（3）同意立案

填写“立案意见”，然后点击“同意立案”按钮，系统提示如图 9-162 所示。

图　9-162

点击“确定”按钮。进入“理算”操作。

7. 理算处理

点击“理算处理”菜单，打开如图 9-163 所示界面。

图　9-163

点击“操作”栏中的“理算”，打开赔款计算书界面，在赔款计算书里填写赔款计算方式、查勘金额、其他金额和结算方式及日期，填写后点击“确定”完成理算。

8. 核赔处理

点击“核赔处理”菜单，打开如图 9-164 所示界面。

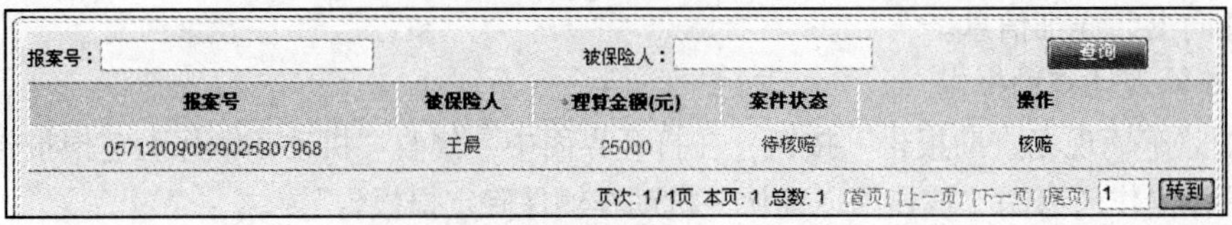

报案号	被保险人	理算金额(元)	案件状态	操作
05712009092902580 7968	王晨	25000	待核赔	核赔

图 9-164

点击“操作”栏中的“核赔”，打开如图 9-165 所示界面。

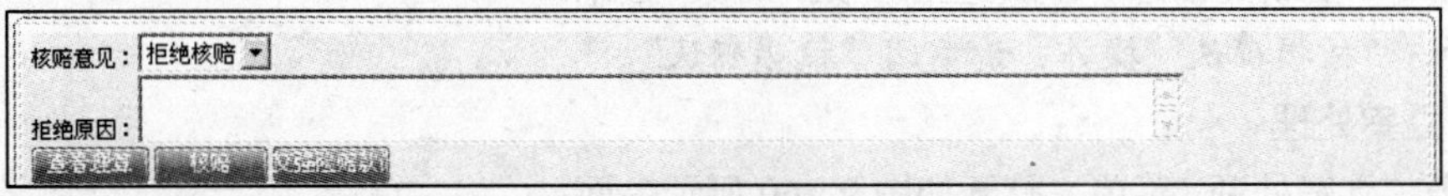

图 9-165

点击“核赔意见”下拉框，弹出三种核赔意见：

同意核赔：保险公司同意核赔，进入“支付”操作。

核赔回退：保险公司不同意核赔，回退至“核赔回退”模块，重新理算。

拒绝核赔：不同意核赔，车险理赔业务就此终止。

选择一种核赔意见，填写拒绝原因，然后点击“核赔”按钮。

9. 赔案查询

点击页面左侧的“理赔→赔案查询”菜单，在页面右侧打开如图 9-166 所示界面。

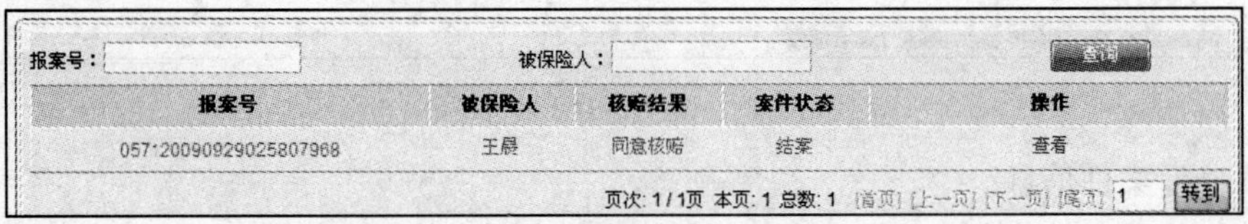

报案号	被保险人	核赔结果	案件状态	操作
057'20090929025807968	王晨	同意核赔	结案	查看

图 9-166

点击“操作”栏中的“查看”，在打开界面中，查看理赔基本信息、立案信息、核损信息、理算信息、核赔信息等。

财务部

财务部业务包括：保单扣费、批单支付、核赔支付、财务管理。

1. 保单扣费

客户在缴费后，财务部应进行保费确认。点击“保单扣费”菜单，打开如图 9-167 所示界面。

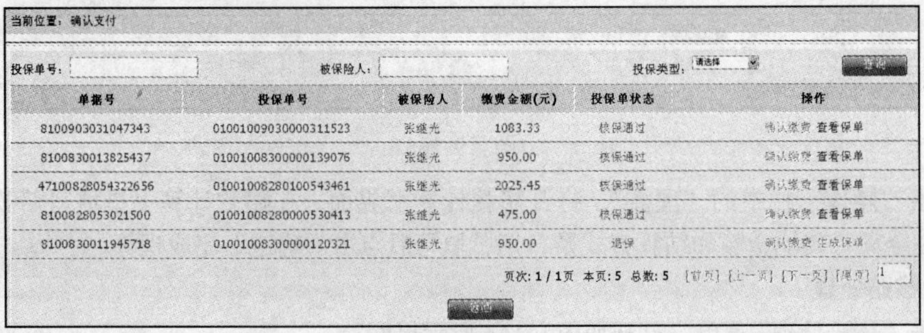

单据号	投保单号	被保险人	缴费金额(元)	投保单状态	操作
8100903031047343	0100100903000031152 3	张继光	1083.33	核保通过	确认缴费 查看保单
8100830013825437	0100100830000013907 6	张继光	950.00	核保通过	确认缴费 查看保单
4710082805432265 6	0100100828010054346 1	张继光	2025.45	核保通过	确认缴费 查看保单
8100828053021500	0100100828000053041 3	张继光	475.00	核保通过	确认缴费 查看保单
8100830011945718	0100100830000012032 1	张继光	950.00	退保	确认缴费 生成保单

图 9-167

点击“操作”栏中的“确认”，系统提示如图 9-168 所示。

点击“确定”按钮。确认后生成保单，可查看保单信息。

图　9-168

2. 批单支付

点击“批单支付”菜单打开如图 9-169 所示界面。

点击“操作”栏中的“生成批单”，系统提示如图 9-170 所示。

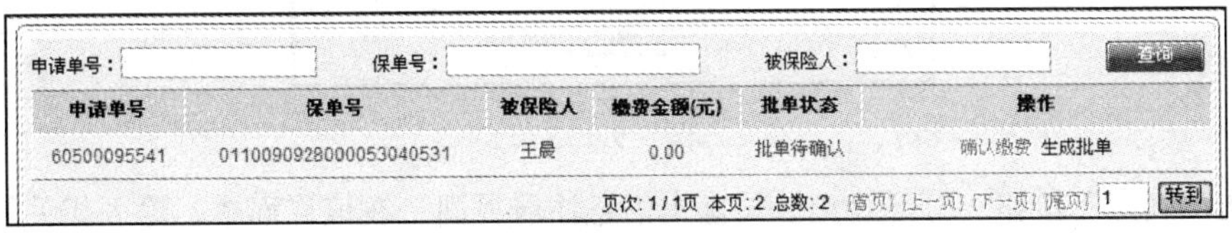

图　9-169

图　9-170

点击“确定”按钮。

3. 核赔支付

核赔处理通过后，进行核赔支付。点击“理赔支付”菜单，打开如图 9-171 所示界面。

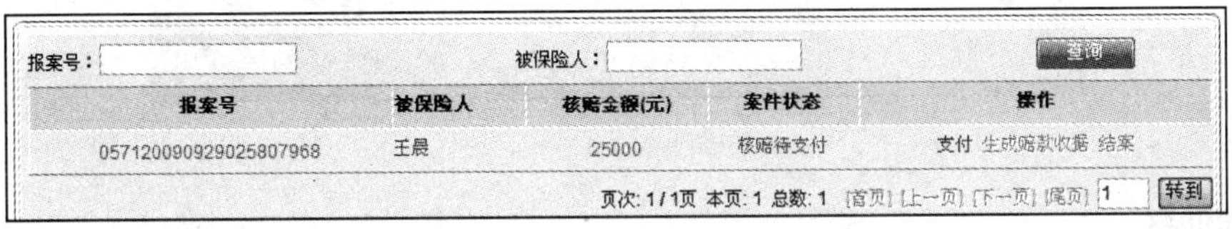

图　9-171

点击“操作”栏中的“支付”，系统提示已支付，点击“确定”按钮，打开如图 9-172 所示界面。

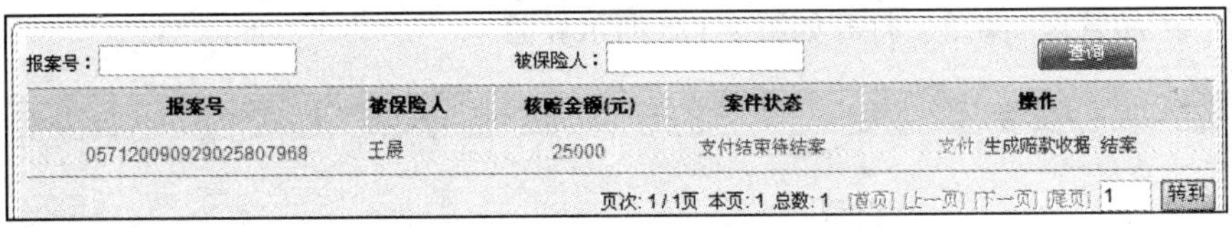

图　9-172

点击“操作”栏中的“生成赔款收据”，在打开界面中，查看“赔款收据”，保险公司事故赔偿责任终了；点击“操作”栏中的“结案”，车险理赔结案。

4. 财务管理

点击“财务管理”菜单，可查阅到本公司所有保费收入、赔款支出以及退款情况，并可按收支类型或日期进行查询。

经纪公司

经纪公司在财险业务、客户中心、财务中心中处理业务。

在角色选择页面内选择“经纪公司”，第一次进入“经纪公司操作平台”，系统提示注册公司信息。

图 9-173

点击“确定”按钮，打开经纪公司基本信息注册界面，在该界面中，输入相关的信息后点击“保存”按钮，系统提示公司信息注册成功。

再点击“返回”按钮，返回角色选择页面，然后再点击“经纪公司”按钮，打开“经纪公司操作平台”首页面（见图 9-174）。

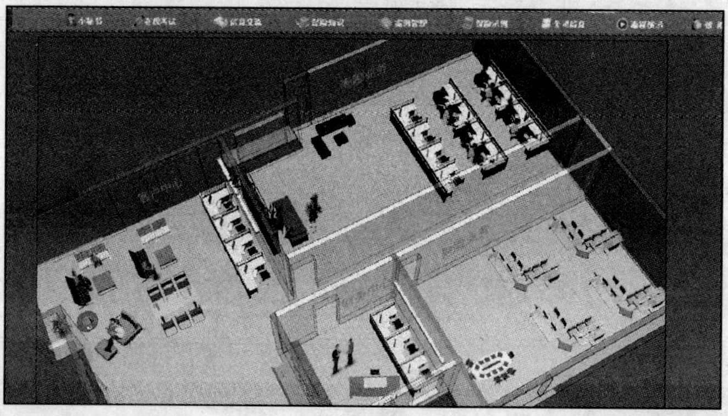

图 9-174

财险业务

选择“财险业务”，进入交通工具险业务框。寿险业务包括：产品管理、报价管理、询价管理、委托管理、招标管理、委托报案。

1. 产品管理

点击“产品管理”菜单，打开如图 9-175 所示界面。

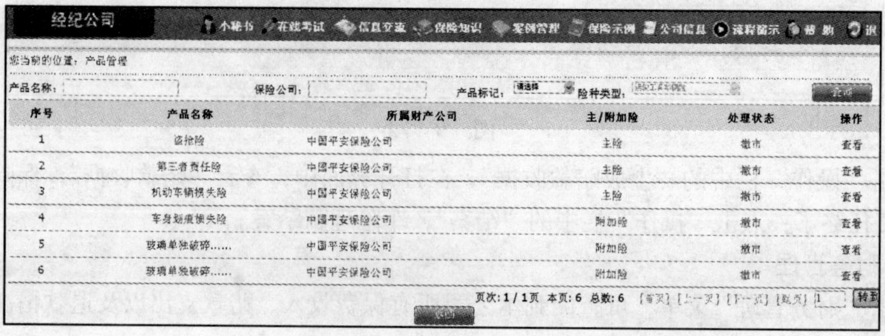

序号	产品名称	所属财产公司	主/附加险	处理状态	操作
1	盗抢险	中国平安保险公司	主险	撤市	查看
2	第三者责任险	中国平安保险公司	主险	撤市	查看
3	机动车辆损失险	中国平安保险公司	主险	撤市	查看
4	车身划痕损失险	中国平安保险公司	附加险	撤市	查看
5	玻璃单独破碎……	中国平安保险公司	附加险	撤市	查看
6	玻璃单独破碎……	中国平安保险公司	附加险	撤市	查看

图 9-175

选择一条保险产品信息，点击该条信息“操作”栏中的“查看”，在打开界面中，查看详细的信息。或者输入险种名称、险种代码、保险公司名称，点击“险种种类”下拉框，从中选择一种险种，然后点击“查询”按钮，查看符合条件的保险产品。

2. 报价管理

点击“报价管理”菜单，打开如图 9-176 所示界面。

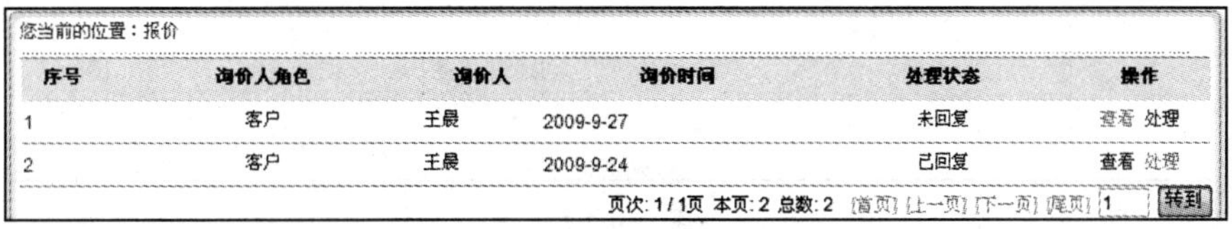

图 9-176

选择一条“处理状态”为“未回复”的信息，点击该条信息“操作”栏中的“处理”，在打开界面中，填写回复信息，如图 9-177 所示。

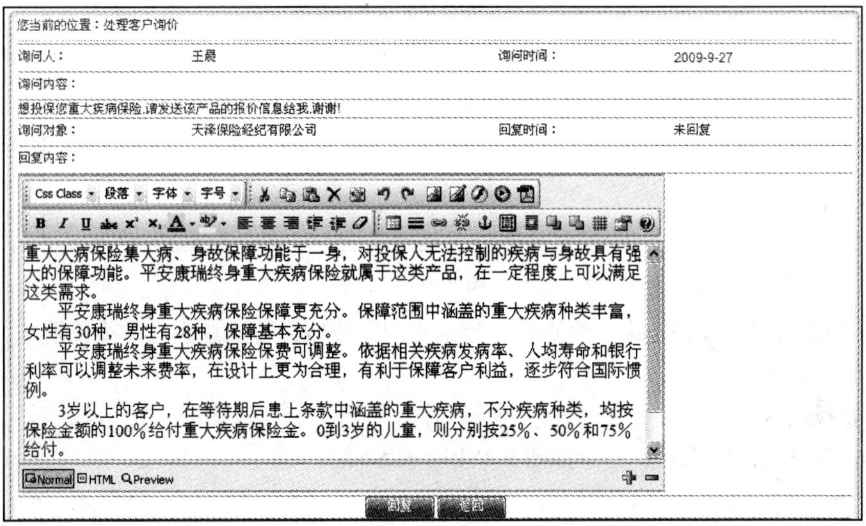

图 9-177

点击“回复”按钮，完成回复。

3. 询价管理

询价管理指经纪公司向人寿保险公司询价。

点击“报价管理”菜单，打开如图 9-178 所示界面。

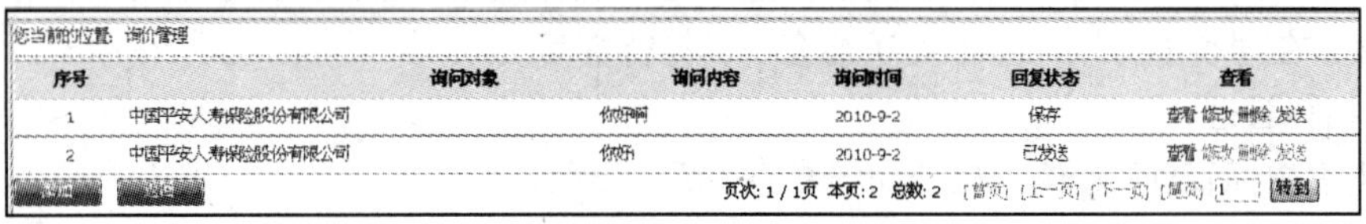

图 9-178

点击“添加”按钮，进入询价内容输入页面，选择保险公司并输入询价内容，再点击“询价”按钮，保存询价单后返回询价列表。

在列表中，可对询价单进行修改或删除。

点击“发送”，将询价信息发送给保险公司。发送后不能再修改和删除。

4. 委托管理

处理客户委托办理保险业务的请求。

点击“委托管理”菜单，打开如图 9-179 所示界面。

图 9-179

点击“操作”栏中的“未受理”，打开如图 9-180 所示界面。

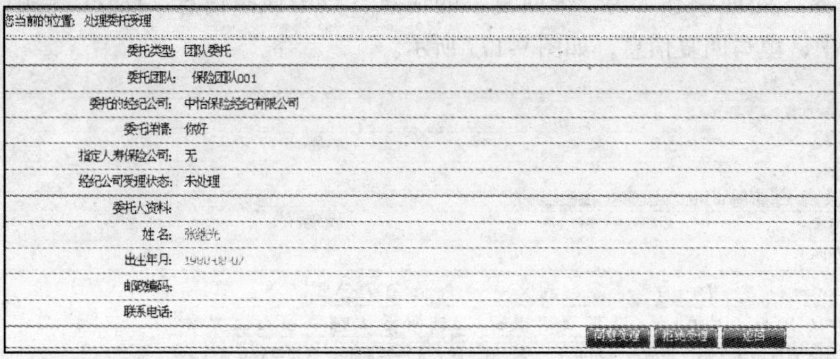

图 9-180

若不同意客户的委托请求，则点击“拒绝受理”按钮；若同意客户的委托请求，则点击“同意受理”按钮。

5. 委托投保

点击“委托投保”菜单，打开如图 9-181 所示界面。

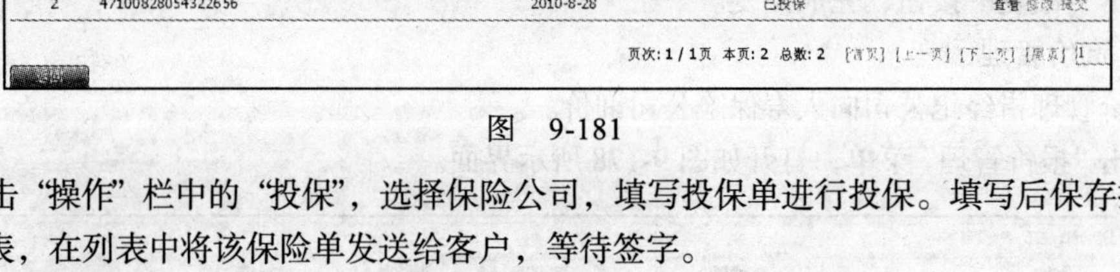

图 9-181

点击“操作”栏中的“投保”，选择保险公司，填写投保单进行投保。填写后保存投保单，返回列表，在列表中将该保险单发送给客户，等待签字。

6. 招标管理

点击“招标管理”菜单，打开如图 9-182 所示界面。

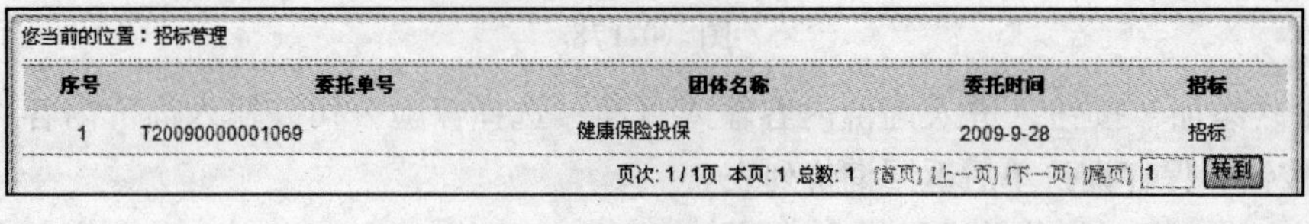

图 9-182

点击“招标”栏中的“招标”，在打开界面中，选择保险类型，填写招标起始和结束时间、标的说明，如图 9-183 所示。

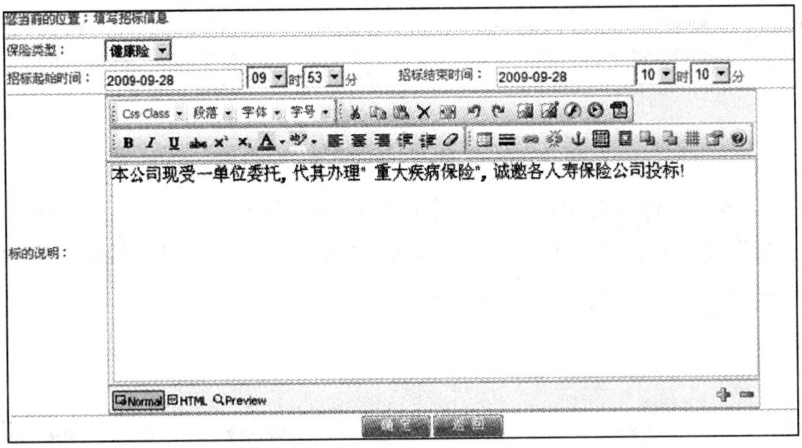

图 9-183

点击“确定”按钮，系统提示：已成功招标。

提示： 1. 招标起始和结束时间，精确到小时、分钟；

2. 只有在招标起始和结束时间段内，各个人寿保险公司才能投标。

7. 投标管理

点击“投标管理”菜单，打开如图 9-184 所示界面。

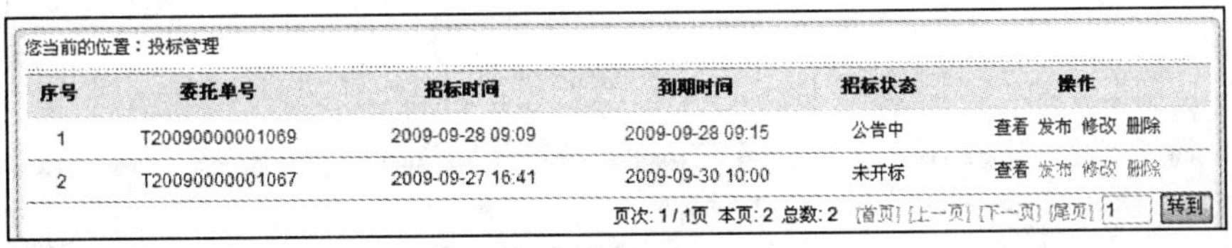
您当前的位置：投标管理

序号	委托单号	招标时间	到期时间	招标状态	操作
1	T20090000001069	2009-09-28 09:09	2009-09-28 09:15	公告中	查看 发布 修改 删除
2	T20090000001067	2009-09-27 16:41	2009-09-30 10:00	未开标	查看 发布 修改 删除

页次：1 / 1页 本页：2 总数：2 [首页] [上一页] [下一页] [尾页] 1 转到

图 9-184

选择一条“招标状态”为“公告中”的投标信息，点击该条信息“操作”栏中的“发布”，打开如图 9-185 所示界面。

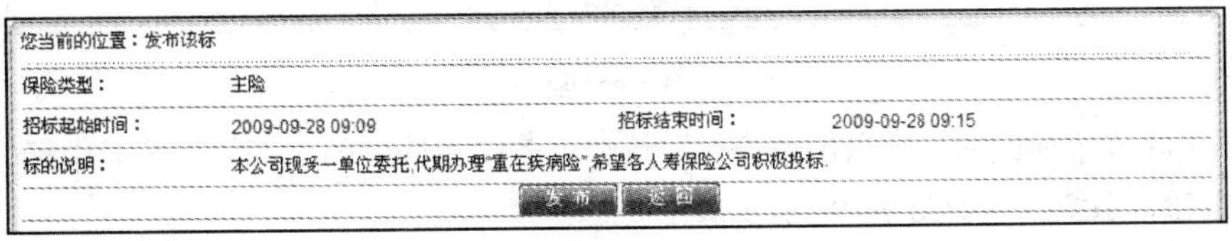

图 9-185

点击“发布”按钮，系统提示如图 9-186 所示。

图 9-186

点击“确定”按钮，打开如图 9-187 所示界面。

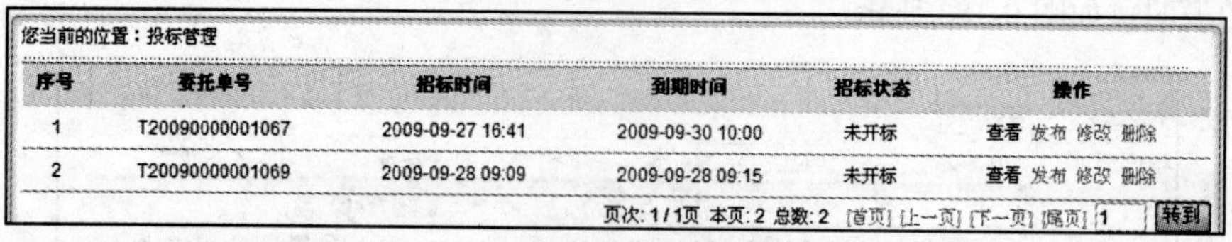

图 9-187

此时，等待各人寿保险公司投标。在各人寿保险公司投标结束之后，选择一条“招标状态”为“未开标”的信息，点击该条信息“操作”栏中的“查看”，打开如图 9-188 所示界面。

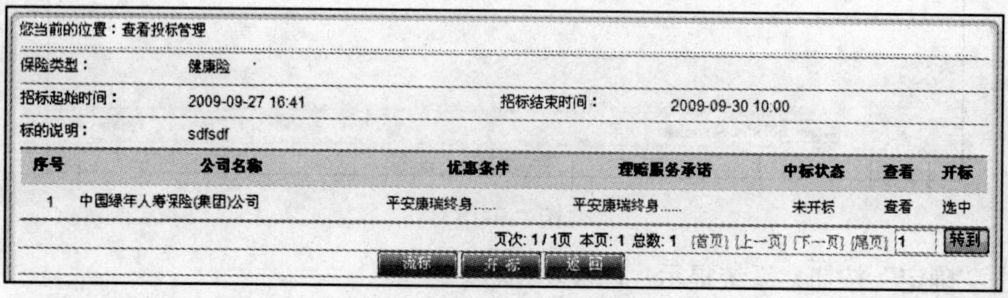

图 9-188

从所有的投标公司中选择一家人寿保险公司，然后点击其所在行的“选中”，打开如图 9-189 所示界面。

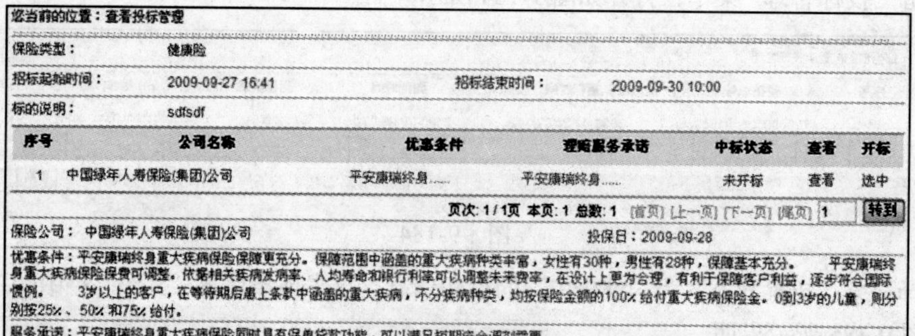

图 9-189

若要废除该招标标的，则点击“流标”按钮；若同意选中的人寿保险公司中标，则点击“开标”按钮，系统提示如图 9-190 所示。

图 9-190

点击“确定”按钮。

提示：招标时间结束之后，才能开标。

8. 委托报案

经纪公司对自己接受客户委托办理的车险，在客户委托报案后，接受客户的人身事故报案，并进行处理。

点击“委托报案”菜单，打开如图 9-191 所示界面。

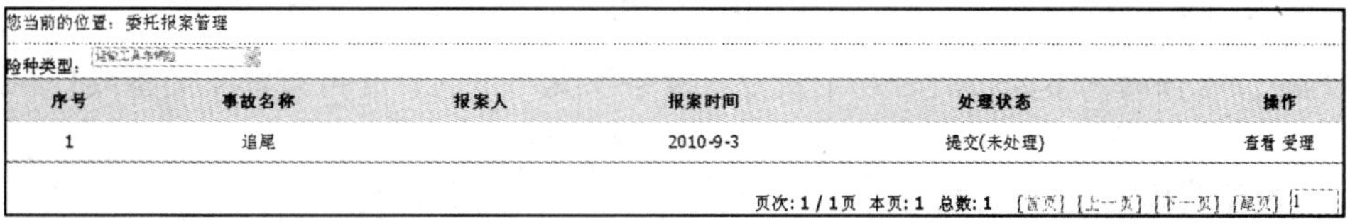

图 9-191

选择一条信息，点击该条信息“操作”栏中的“受理”，在打开界面中，填写受理描述，点击“确定”按钮，系统提示如图 9-192 所示。

图 9-192

点击“确定”按钮，打开如图 9-193 所示界面。

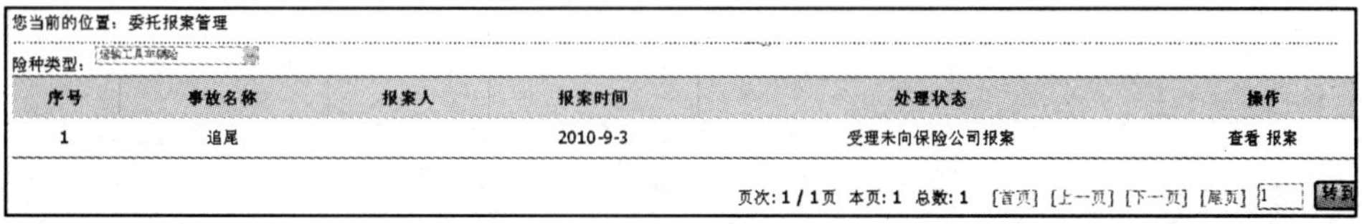

图 9-193

点击“操作”栏中的“报案”，填写出险通知书，填写后将出险通知书提交给保险公司。

客户中心

客户中心的业务是进行客户管理。

在客户中心选择“客户管理”业务，进入如图 9-194 所示界面。

图 9-194

显示本公司的客户列表，可分别查看该客户的询价信息、委托信息和客户基本资料。

财务中心

财务中心的业务包括：收付记录和经济费确认。

1. 收付记录

点击“收付记录”菜单，打开如图 9-195 所示界面。

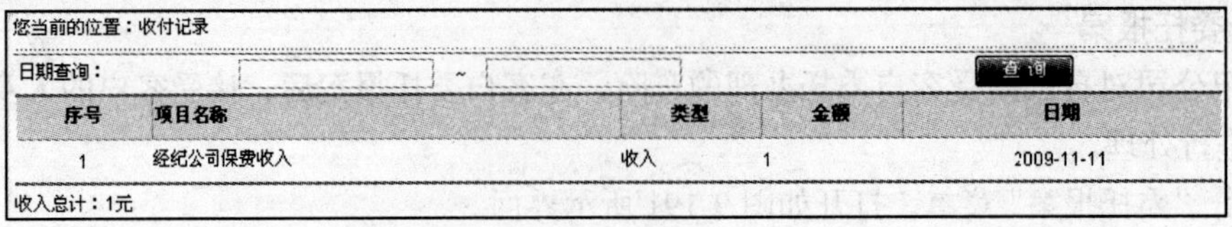

您当前的位置：收付记录

日期查询：　～　查询

序号	项目名称	类型	金额	日期
1	经纪公司保费收入	收入	1	2009-11-11

收入总计：1元

图 9-195

此栏目可查阅到本公司所有经纪费收入及各项支出情况，并可按收支类型或日期进行查询。

2. 经纪费确认

点击“经纪费确认”菜单，打开如图 9-196 所示界面。

您当前的位置：经费回执确认

序号	保险公司	企业名称	发送日期	投保状态	操作
1	宏图保险经纪公司	浙江航大科技开发有限公司	2009-11-11	发送	未确认

图 9-196

点击操作栏的“未确认”，可查看到每个案件保险公司应付的经纪费金额，点击“确认”按钮，完成经纪费确认操作。

第十章

实验四　船舶保险业务实训

第一节　实验目的和内容

一、实验准备

1. 理论基础知识准备

学生应了解我国船舶事业的基本情况，熟悉我国沿海、内河和远洋船舶保险的主要险种及其保险责任和责任免除，掌握船舶保险的主要单证的名称、含义、内容以及作用，熟悉船舶保险险种承保与理赔的实务处理。

2. 教学准备

（1）场地准备：配有电脑的保险实训实验室、学院及周边环境。

（2）教学资料准备：船舶保险相关单证、船舶保险相关案例、船舶保险种条款及费率、各保险公司资料及网站。

二、实验目的

通过本实验项目要求学生了解船舶保险承保的业务流程及其要点，认识船舶保险各业务环节的意义和目的，掌握船舶保险各业务环节工作的具体内容和要求。

三、实验操作要求

（1）自由组合，全班分为若干个小组，各组推选出组长一名，组长将本组组员名单及联系方式交由学习委员汇总后上交老师。

（2）各组在组长的协调下进行分工，共同完成实验内容。

（3）在搜集国内各保险公司所售船舶保险险种时，老师应提醒学生注意其特色险种，尤其是附加险和特约条款。

（4）本实验项目完成后，各位学生独立完成实验报告上交老师。

四、课后实验拓展

通过访问国内外各财产保险公司官方网站或实地调查，了解船舶保险产品的知名度、美誉度以及投保情况，对国内外船舶保险的险种进行比较。

第二节 船舶保险业务操作实训

【实训内容 10-1】船舶保险产品调查实训

（1）实训目的：了解和熟悉我国的船舶保险产品。

（2）实训内容：以小组为单位，通过网络平台了解我国各公司的船舶保险产品，并进行比较，特别关注各保险公司的特色车险产品（条款）及服务项目。

（3）要求完成：每个小组推荐一款你认为最有特色的船舶保险附加险或特约条款，并进行介绍，随机抽查演示。

【实训内容 10-2】船舶保险业务操作流程实训

本实验的目的在于了解和掌握船舶保险的业务流程各环节和操作要求。由小组成员依次扮演客户、财产保险公司、财险代理人和经纪公司四个角色，模拟机动车辆保险各环节，学生从所扮演角色的角度出发，熟悉和掌握船舶保险业务各环节的操作要点及相关技巧；学会填写船舶保险相关单证。

登录保险核心业务实验教学软件系统，完成下列运输工具船舶保险业务实验操作项目（见表 10-1 ～表 10-4）。

表 10-1 客户所需要完成的操作项目一览表

序号	得分项	得分（分）	最大得分（分）	所属阶段
1	客户向保险公司询价	1	5	投保
2	客户向经纪公司询价	1	5	
3	客户向财险代理人询价	1	5	
4	客户直接向保险公司投保	1	5	
5	客户委托保险公司	1	5	
6	客户委托详情提交	1	5	
7	客户委托投保单签字	1	5	
8	客户船舶险保单签收	1	5	
9	客户船舶险保费支付	1	5	
10	船舶险注销退保申请	1	5	
11	船舶险保险单变更提交	1	5	
12	客户危险事故向保险公司报案	1	5	
13	客户危险事故向经纪公司报案	1	5	
14	客户危险事故向财险代理人报案	1	5	
15	危险事故查勘确认	1	5	索赔
16	危险事故理赔申请	1	5	
17	危险事故支付确认	1	5	

表 10-2　财产保险公司所需要完成的操作项目一览表

序号	得分项	得分（分）	最大得分（分）	所属阶段
1	船舶险产品添加	1	5	承保
2	船舶险询价处理	1	5	
3	船舶险报价发送	1	5	
4	船舶险投标发送	1	5	
5	船舶险保单签发	1	5	
6	船舶险保费确认支付	1	5	
7	船舶险注销退保处理	1	5	
8	船舶险变更处理	1	5	
9	船舶险危险事故报案处理	1	5	理赔
10	船舶险危险事故报案查勘	1	5	
11	船舶险危险事故立案处理	1	5	
12	船舶险危险事故理算处理	1	5	
13	船舶险危险事故核赔处理	1	5	
14	船舶险危险事故核赔支付	1	5	
15	船舶险询价转交	1	5	
16	代理人管理处理	1	5	
17	船舶险投标发送	1	5	

表 10-3　财险代理人所需要完成的操作项目一览表

序号	得分项	得分（分）	最大得分（分）	所属阶段
1	船舶险客户询价处理	1	5	投保
2	船舶险客户危险事故报案处理	1	5	理赔
3	船舶险客户危险事故向保险公司报案	1	5	

表 10-4　经纪公司所需要完成的操作项目一览表

序号	得分项	得分（分）	最大得分（分）	所属阶段
1	船舶险客户询价处理	1	5	投保
2	船舶险客户委托处理	1	5	
3	船舶险委托投保	1	5	
4	船舶险委托招标发布	1	5	
5	船舶险委托招标开标	1	5	
6	船舶险客户报案处理	1	5	
7	船舶险危险事故向保险公司报案	1	5	理赔

【实训内容 10-3】船舶保险案例分析实训

教师提供案例，学生分组讨论和处理案情（见图 10-1 ～图 10-6）。

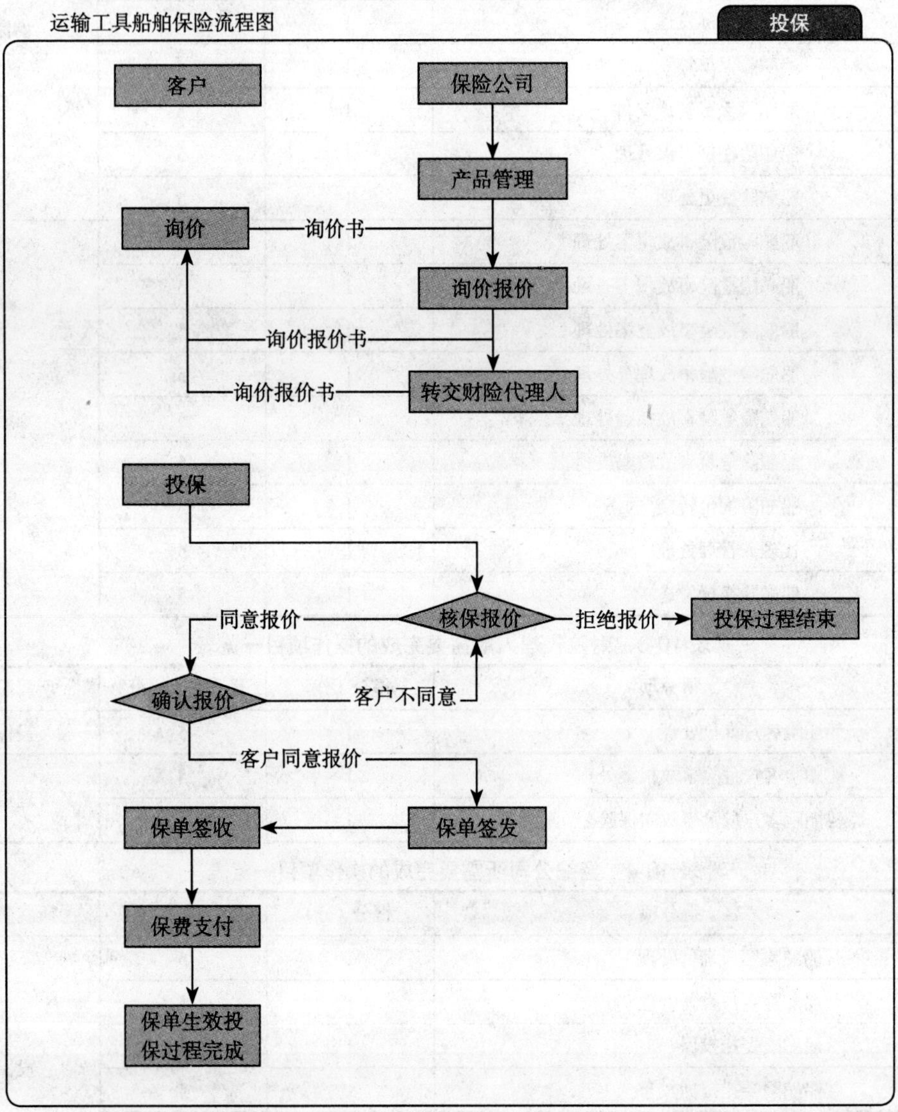

图 10-1

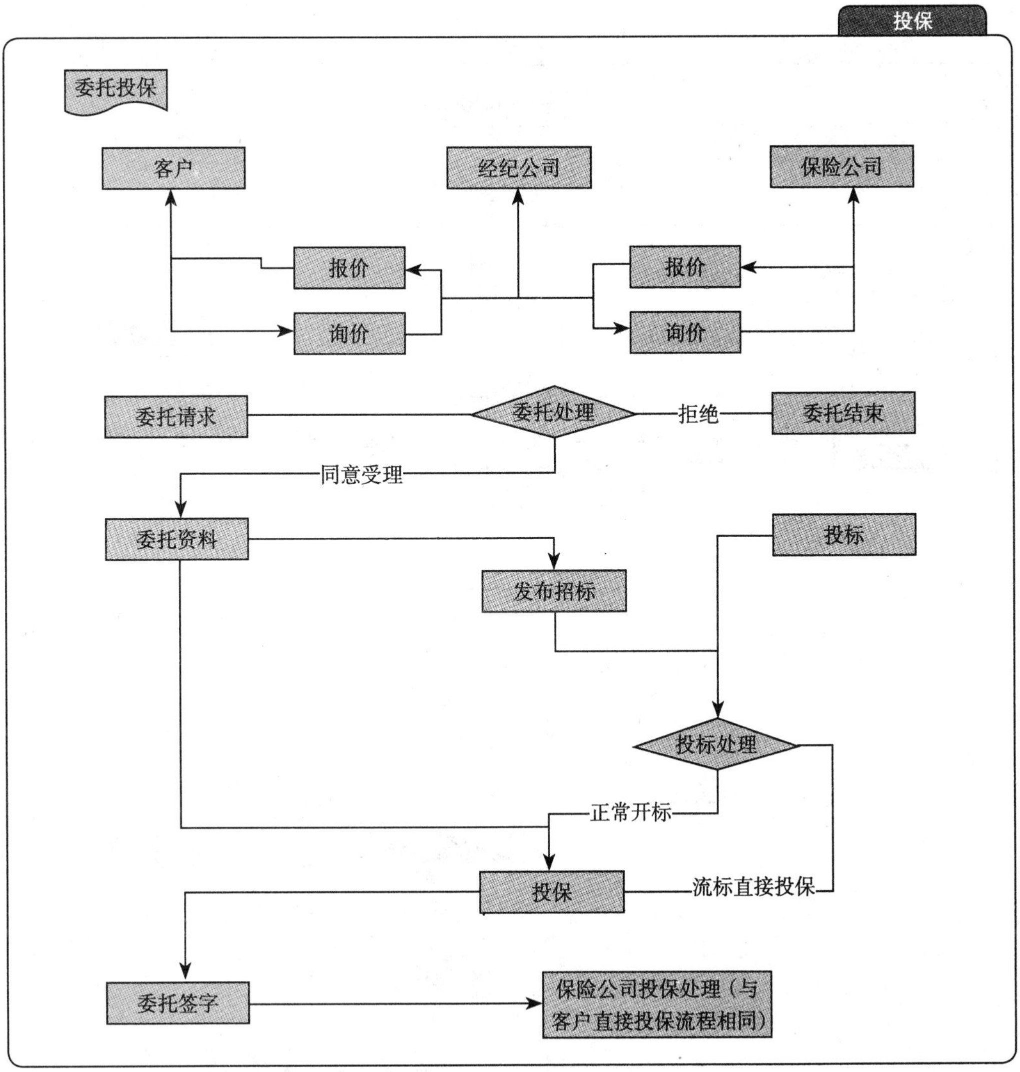
投保
委托投保
客户
经纪公司
保险公司
报价
询价
报价
询价
委托请求
委托处理
拒绝
委托结束
同意受理
委托资料
投标
发布招标
投标处理
正常开标
投保
流标直接投保
委托签字
保险公司投保处理（与客户直接投保流程相同）

图 10-2

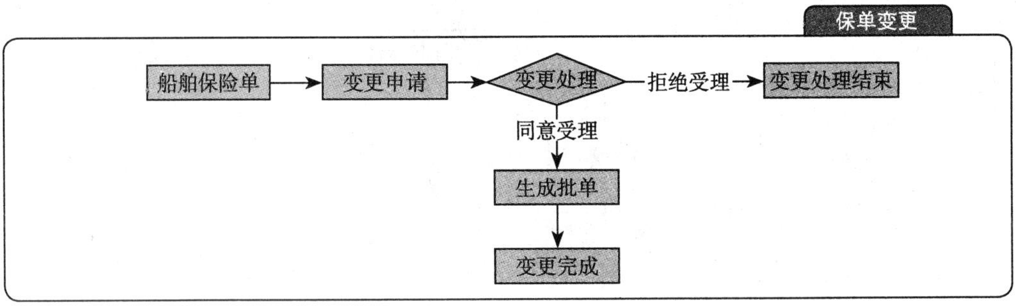
保单变更
船舶保险单
变更申请
变更处理
拒绝受理
变更处理结束
同意受理
生成批单
变更完成

图 10-3

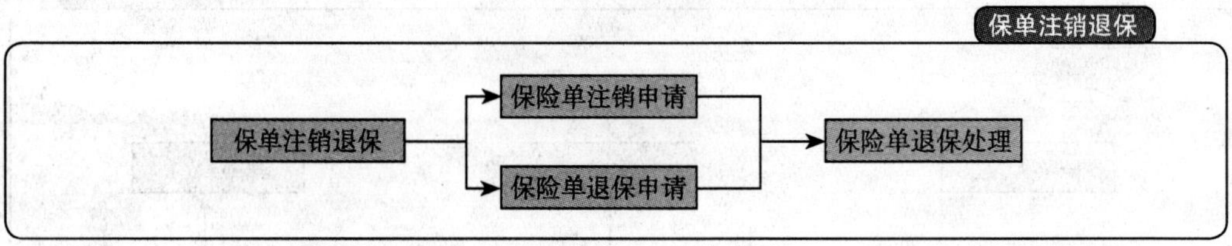
保单注销退保
保单注销退保
保险单注销申请
保险单退保申请
保险单退保处理

图 10-4

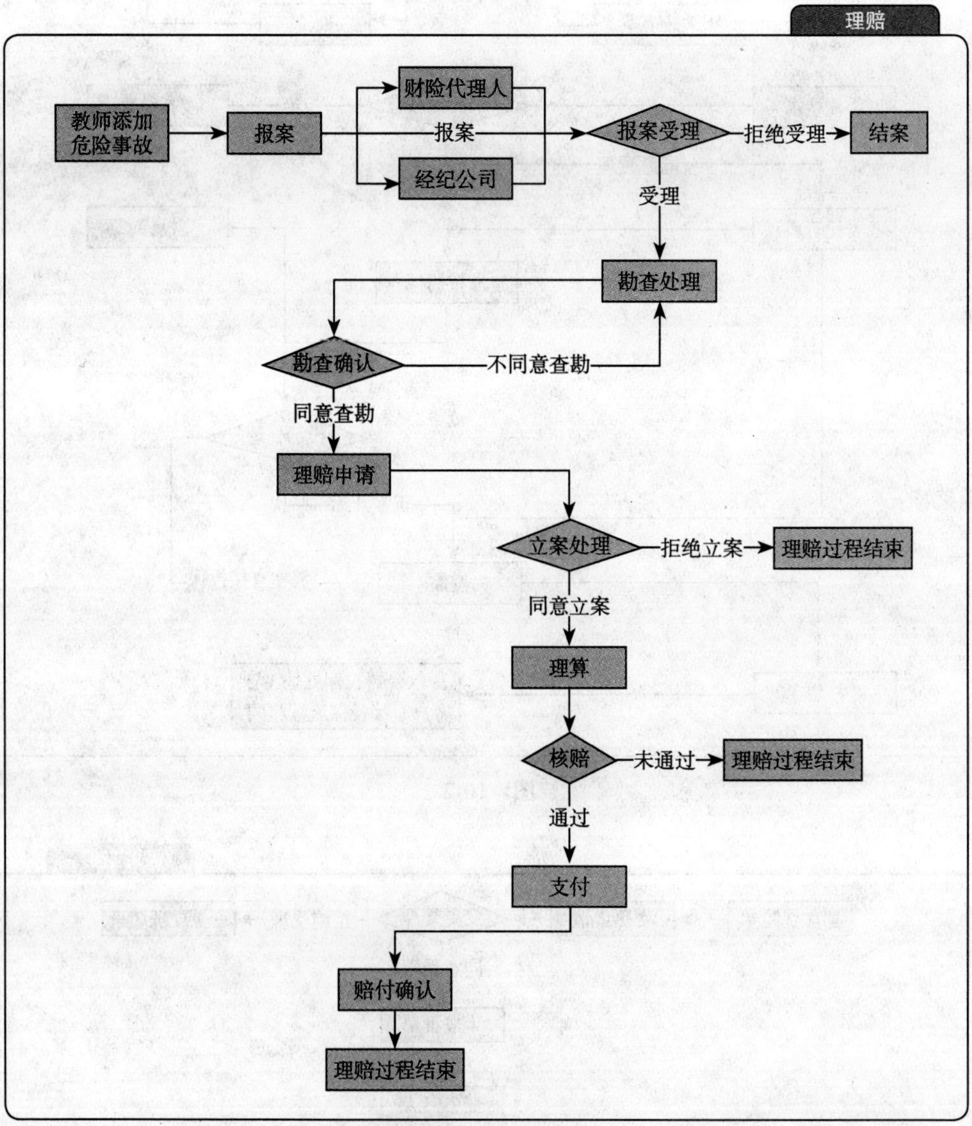
理赔
教师添加危险事故
报案
财险代理人
经纪公司
报案
报案受理
拒绝受理
结案
受理
勘查处理
勘查确认
不同意查勘
同意查勘
理赔申请
立案处理
拒绝立案
理赔过程结束
同意立案
理算
核赔
未通过
理赔过程结束
通过
支付
赔付确认
理赔过程结束

图 10-5

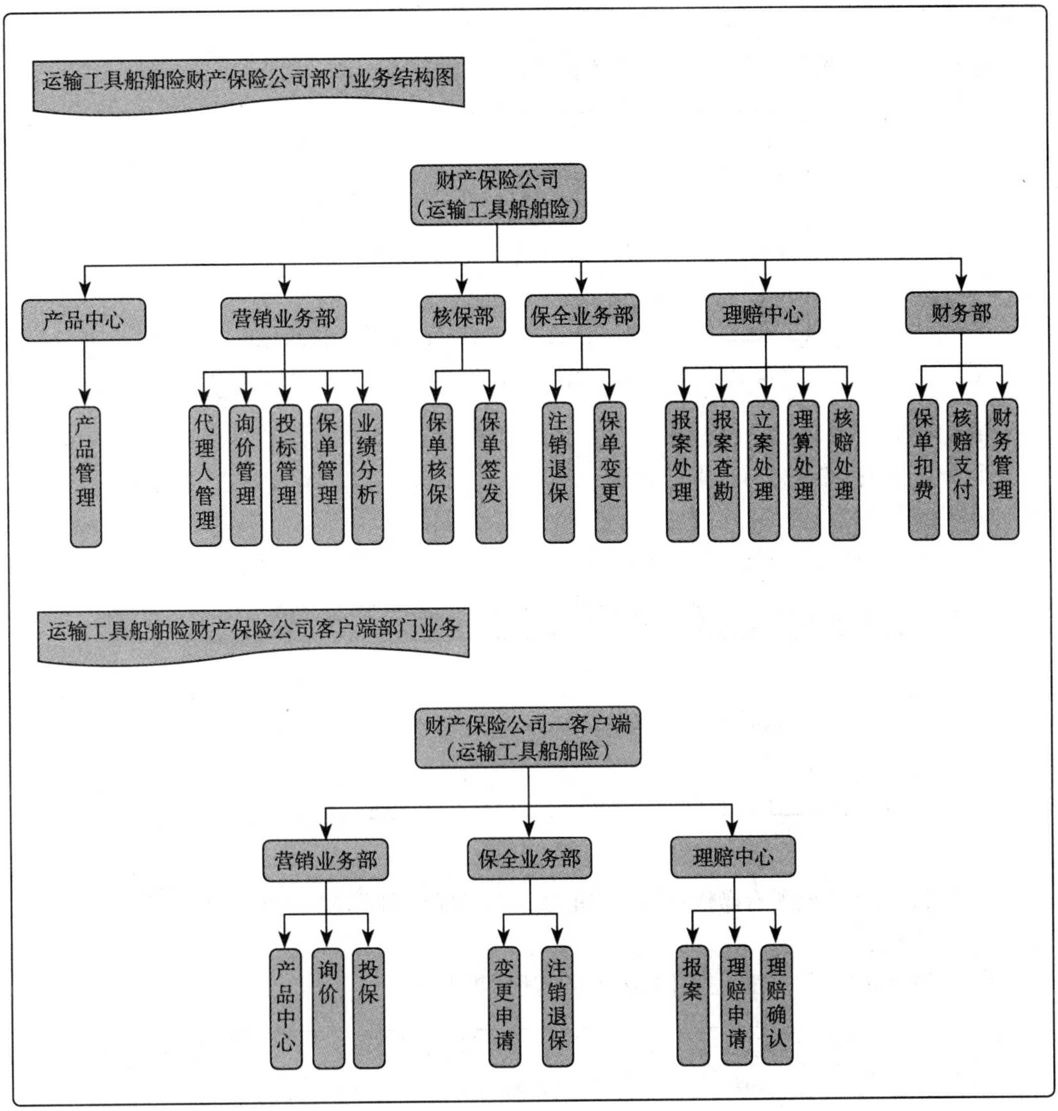

图　10-6

在实验选择框内选择“船舶险”实验，查看实验信息，并点击“进入实验”按钮，进入该实验的角色选择页面（见图 10-7）。

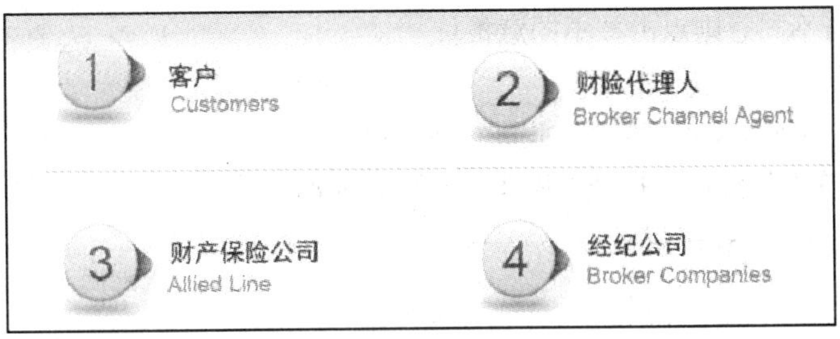

图　10-7

客户

选择“客户”角色，进入客户在船舶险实验的操作平台，如图 10-8 所示。

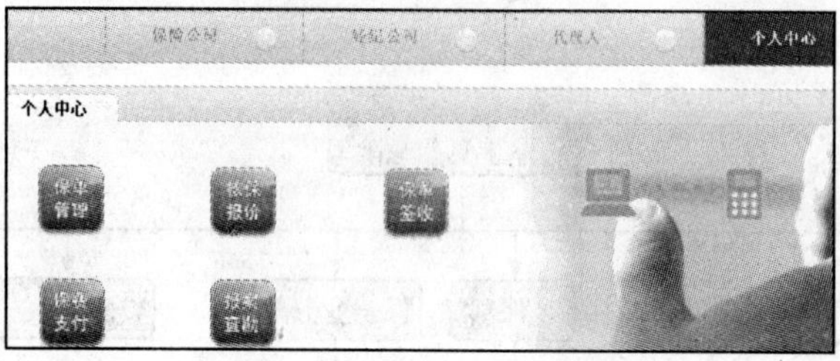

图 10-8

个人中心

个人中心包括的业务有：保单管理、核保报价、保单签收、保费支付、报案查勘。

1. 保单管理

点击“保单管理”按钮，打开如图 10-9 所示界面。

图 10-9

此栏目，可查看到所有操作过的保单的状态及投保单和保单的明细页面。

2. 核保报价

点击“核保报价”按钮，打开如图 10-10 所示界面。

图 10-10

在收到保险公司的报价后，可在此栏目查看，并点击“处理”，打开报价书，点击“同意报价”按钮（若不同意则点击“不同意报价”）。

3. 保单签收

保险公司签发保险单后，客户在此进行签收操作。

点击“保单签收”按钮，打开如图 10-11 所示界面。

图 10-11

点击操作栏的“签收”，打开保险单，点击签收按钮，系统提示（见图 10-12）。

图 10-12

4. 保费支付

保险单签收后操作保费支付。

点击“保费支付”按钮，打开如图 10-13 所示界面。

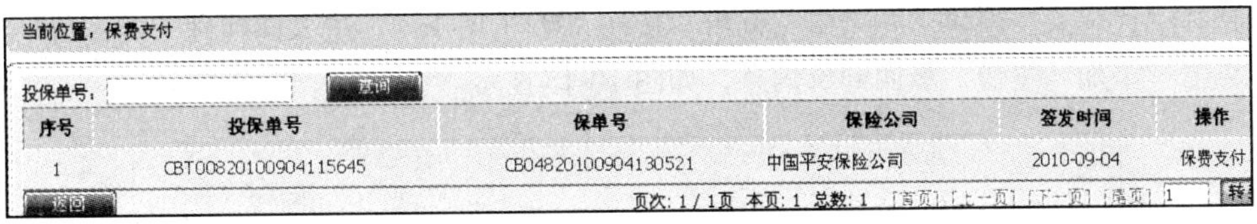

图 10-13

点击操作栏的“保费支付”，保费支付完毕。

5. 报案查勘

点击“报案查勘”菜单，打开查勘确认列表，在列表中点击“未确认”，打开查勘报告页面，可操作同意此查勘报告。

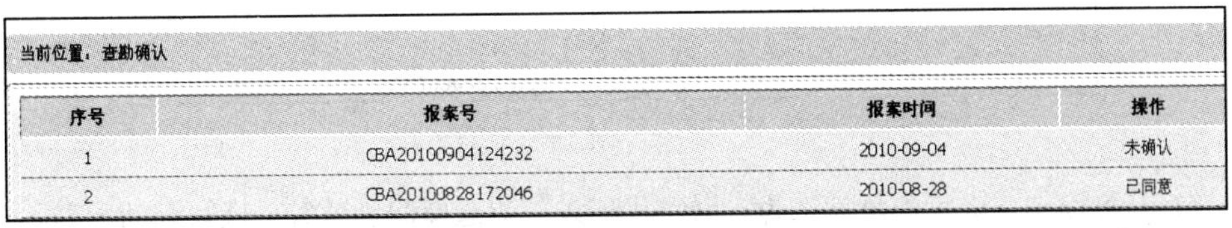

图 10-14

代理人

客户在“代理人”模块中操作询价和报案两个业务（见图 10-15）。

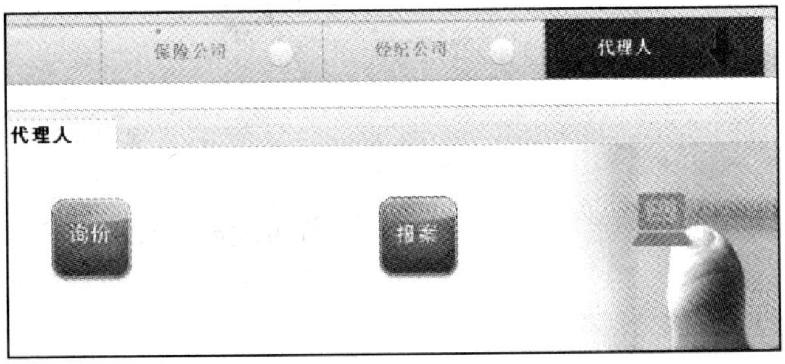

图 10-15

客户在决定购买保险之前，可以向财产保险公司、财险代理人、财险经纪公司咨询售价，从而了解保险产品，选择合适的保险产品和保险公司。

1. 询价

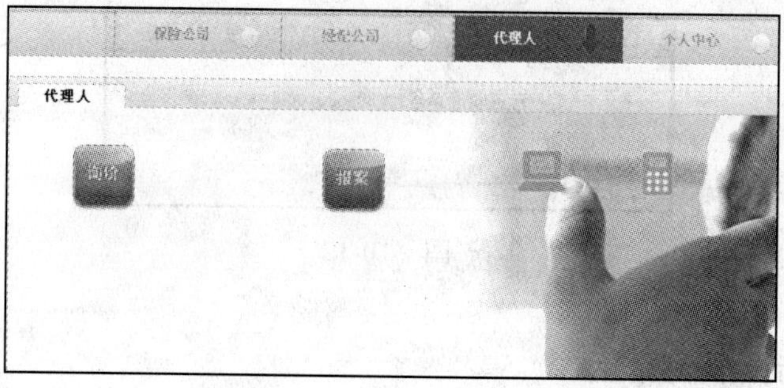

图 10-16

选择“代理人”模块，并点击“询价”按钮（见图 10-16）。进入向代理人的询价列表。点击“添加”按钮，添加询价信息，如图 10-17 所示。

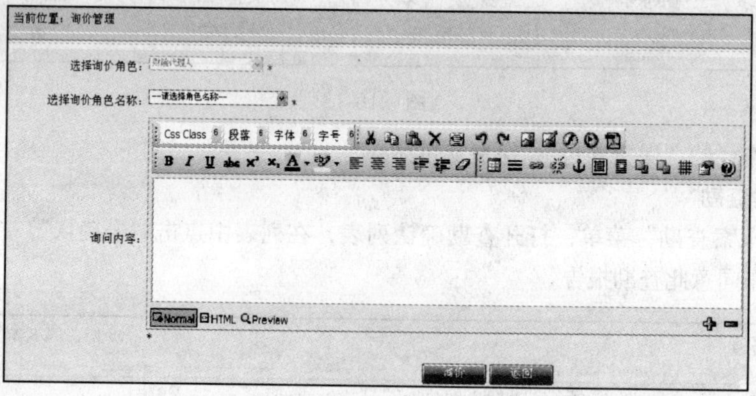

图 10-17

在打开界面中，询价角色默认为：财险代理人，请选择询价对象，填写询问内容。

输入完毕后，点击“询价”按钮，保存该询价信息，并在询价列表中增加一条记录（该记录默认为待发送）。

在询价列表中，可对询价单进行修改或删除（见图 10-18）。

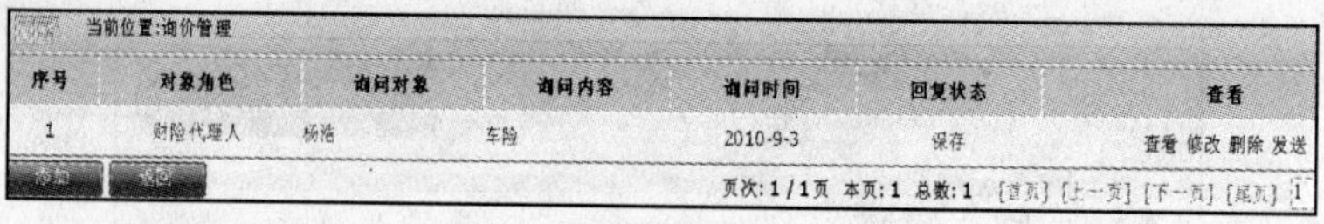

图 10-18

发送：在列表中，点击“发送”操作，将该询价单发给所选的询价对象。发送后不能再修改或删除。

2. 报案

向代理人发送报案信息。

经纪公司

客户角色进入经纪公司的财险业务部办理委托投保、询价、报案等相关业务（见图 10-19）。

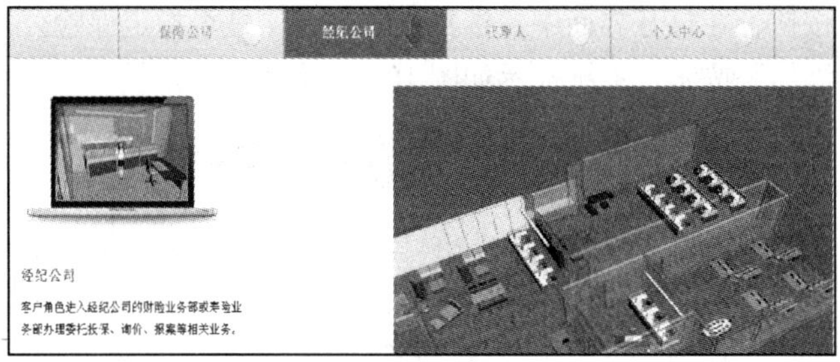

图　10-19

选择经纪公司，点击右侧的模拟图进入经纪公司的财险业务部办理业务（见图 10-20）。

财险业务部的业务包括：询价、投保委托、委托签字、报案。

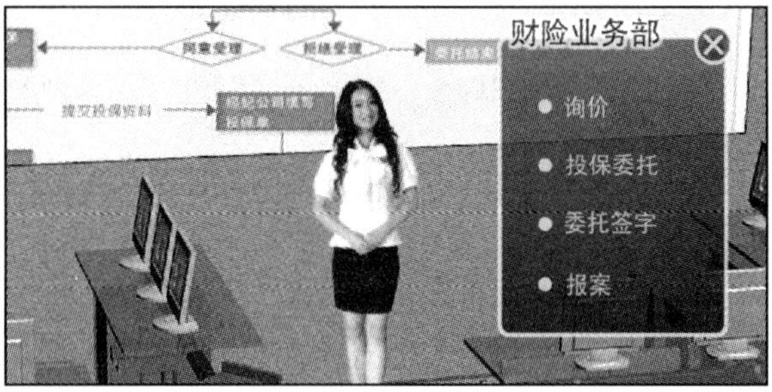

图　10-20

1. 询价

询价管理指经纪公司向财产保险公司询价。

点击“报价管理”菜单，打开如图 10-21 所示界面。

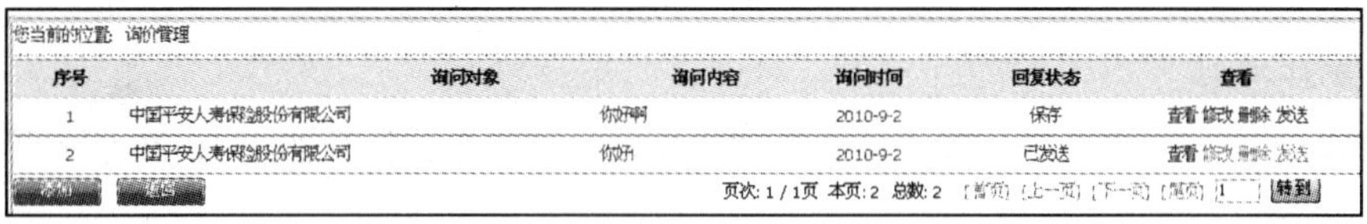

您当前的位置：询价管理

序号	询问对象	询问内容	询问时间	回复状态	查看
1	中国平安人寿保险股份有限公司	你好啊	2010-9-2	保存	查看 修改 删除 发送
2	中国平安人寿保险股份有限公司	你好	2010-9-2	已发送	查看 修改 删除 发送

页次：1 / 1页　本页：2　总数：2　[首页] [上一页] [下一页] [尾页] 1 转到

图　10-21

点击“添加”按钮，进入询价内容输入页面，选择保险公司并输入询价内容，再点击“询价”按钮，保存询价单后返回询价列表。

在列表中，可对询价单进行修改或删除。

点击“发送”，将询价信息发送给保险公司。发送后不能再修改和删除。

2. 投保委托

准备要办理船舶险的客户，可以委托一家保险经纪公司，代为办理保险业务。点击“投保委托”业务，打开如图 10-22 所示界面。

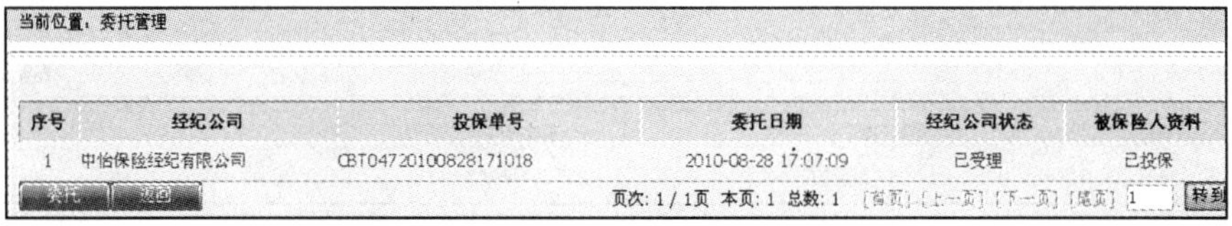

当前位置：委托管理

序号	经纪公司	投保单号	委托日期	经纪公司状态	被保险人资料
1	中怡保险经纪有限公司	CBT047 20100828171018	2010-08-28 17:07:09	已受理	已投保

页次：1 / 1页　本页：1　总数：1　[首页] [上一页] [下一页] [尾页] 1 转到

图　10-22

点击“委托”按钮，在打开界面中，选择经纪公司、是否指定保险公司，填写委托详情，填写完毕后点击“添加”按钮，系统提示如图 10-23 所示。

图 10-23

点击“确定”按钮，跳转至如图 10-24 所示页面。

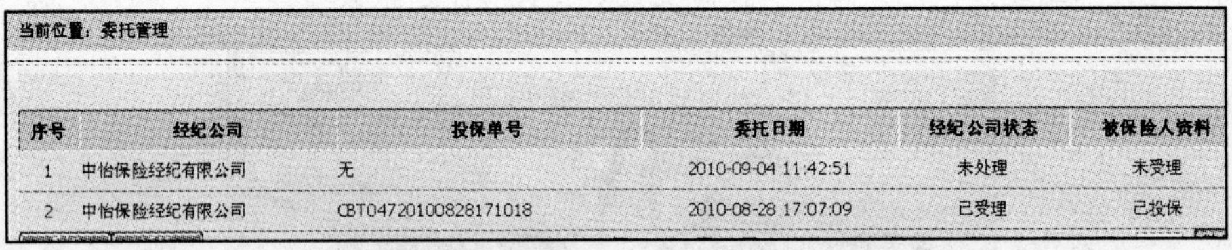
当前位置：委托管理

序号	经纪公司	投保单号	委托日期	经纪公司状态	被保险人资料
1	中怡保险经纪有限公司	无	2010-09-04 11:42:51	未处理	未受理
2	中怡保险经纪有限公司	CBT04720100828171018	2010-08-28 17:07:09	已受理	已投保

图 10-24

此时，等待保险经纪公司受理。

经纪公司受理后，填写委托资料，保存后再提交给经纪公司（见图 10-25）。

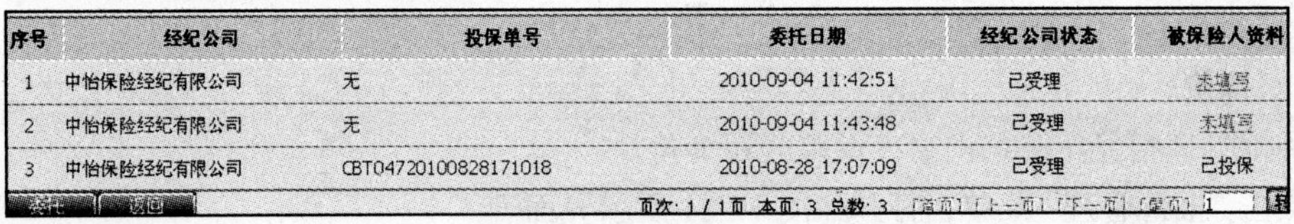

序号	经纪公司	投保单号	委托日期	经纪公司状态	被保险人资料
1	中怡保险经纪有限公司	无	2010-09-04 11:42:51	已受理	未填写
2	中怡保险经纪有限公司	无	2010-09-04 11:43:48	已受理	未填写
3	中怡保险经纪有限公司	CBT04720100828171018	2010-08-28 17:07:09	已受理	已投保

委托 返回 页次：1 / 1页 本页：3 总数：3 [首页] [上一页] [下一页] [尾页] 1 转

图 10-25

3. 委托签字

投保后客户将对委托进行签字。选择“委托签字”菜单，打开如图 10-26 所示界面。

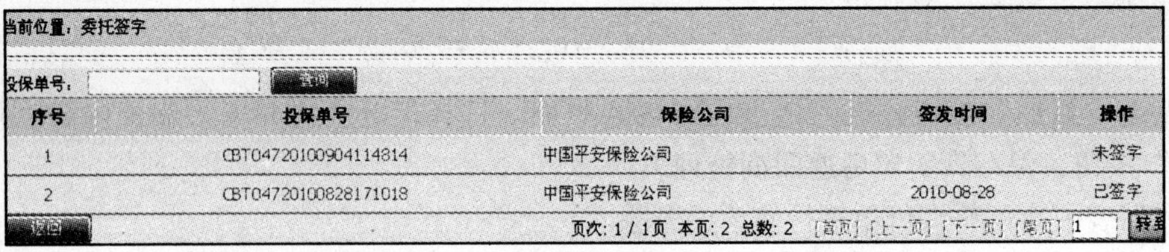
当前位置：委托签字

投保单号： 查询

序号	投保单号	保险公司	签发时间	操作
1	CBT04720100904114814	中国平安保险公司		未签字
2	CBT04720100828171018	中国平安保险公司	2010-08-28	已签字

返回 页次：1 / 1页 本页：2 总数：2 [首页] [上一页] [下一页] [尾页] 1 转到

图 10-26

选择未签字的委托，点击“未签字”操作，完成签字。

4. 报案

点击“报案”菜单，打开如图 10-27 所示界面。

当前位置：报案

序号	事故名称	事故时间	报案状态	报案
1	台风	2010-09-04	未报案	报案

图 10-27

点击“报案”，选择经纪公司和保险单号，如图 10-28 所示。

图 10-28

点击“报案”按钮，将事故单提交给经纪公司。

保险公司

客户角色进入财产保险公司的营销中心、保全业务和理赔中心办理投保、保单保全、理赔等相关业务。

1. 营销部

营销部的业务包括：产品管理、询价、投保。

（1）产品管理。点击“产品管理”菜单，打开如图 10-29 所示界面。

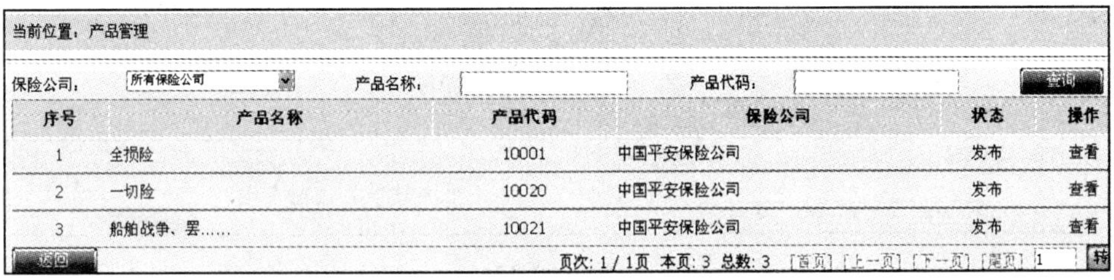

图 10-29

选择一条保险产品信息，点击该条信息“操作”栏中的“查看”，在打开界面中，查看详细的信息。

（2）询价。向保险公司询价。选择“询价”业务，点击“添加”按钮，进入如图 10-30 所示界面。

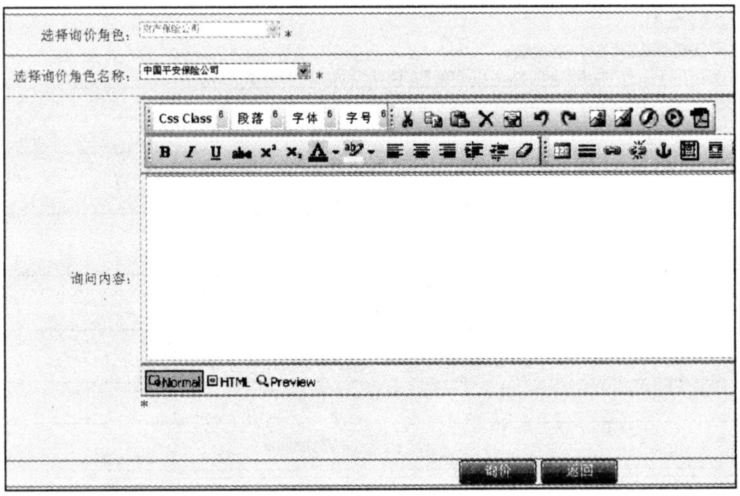

图 10-30

在打开界面中，询价角色默认为：财产保险公司，请选择询价对象，填写询问内容。

输入完毕后，点击“询价”，保存该询价信息，并在询价列表中增加一条记录（该记录默认为待发送）。

图 10-31

在询价列表中，可对询价单进行修改或删除（见图 10-32）。

图 10-32

在列表中，点击“发送”操作，将该询价单发给所选的询价对象。发送后不能再修改或删除。

（3）投保。点击“投保”菜单，在页面右侧打开如图 10-33 所示界面。

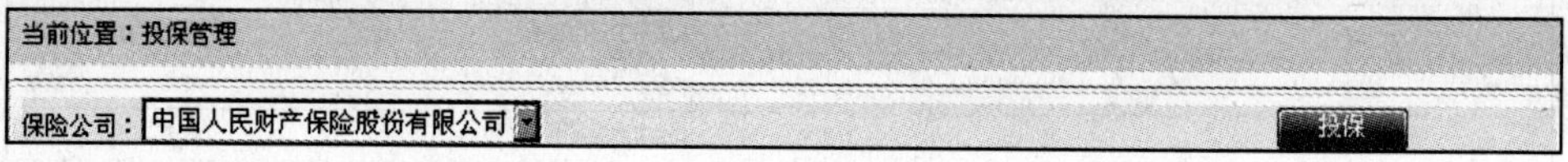

图 10-33

在此栏目中选择一家保险公司，点击“投保”按钮，在打开界面中，填写相关内容（见图 10-34）。

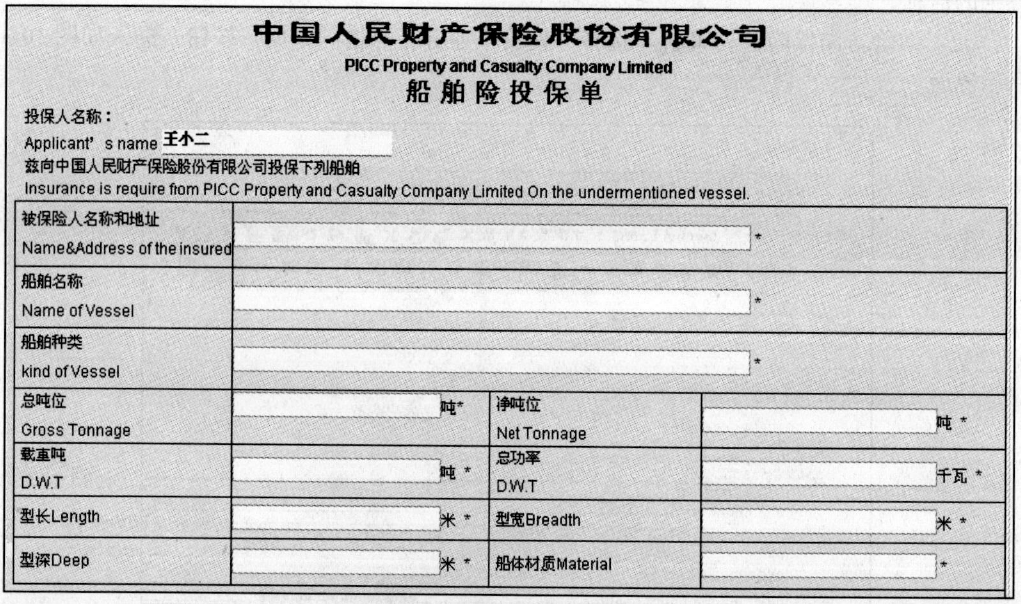

图 10-34

添加完成后，页面跳转至列表页面（见图 10-35）。

保险公司：中国平安保险公司　投保

序号	投保单号	投保时间	保险公司	处理状态	操作
1	CBT00820100904115645	2010-09-04 11:56:45	中国平安保险公司	保存	查看 修改 提交 删除

图　10-35

点击“操作”栏中的“提交”，将投保单提交给保险公司。

2. 保全业务部

保全业务部的业务包括：变更申请和注销退保。

（1）变更申请。点击“变更申请”业务，打开如图 10-36 所示界面。

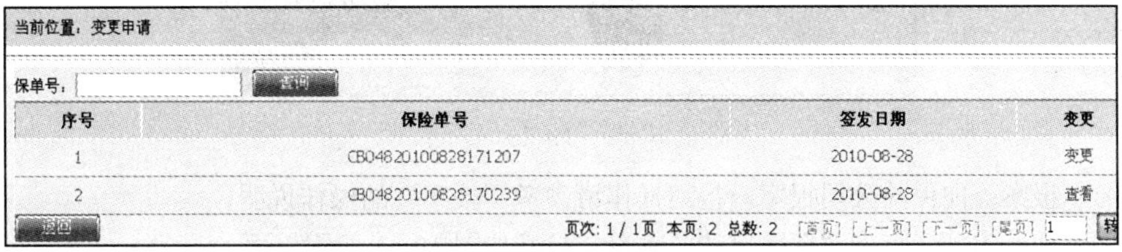

当前位置：变更申请

保单号：　查询

序号	保险单号	签发日期	变更
1	CB04820100828171207	2010-08-28	变更
2	CB04820100828170239	2010-08-28	查看

返回　页次：1 / 1页　本页：2　总数：2　[首页] [上一页] [下一页] [尾页] 1　转

图　10-36

点击“变更”栏中的“变更”操作，填写变更申请单，填写完后点击“申请”按钮，返回变更业务列表，将申请提交给保险公司。

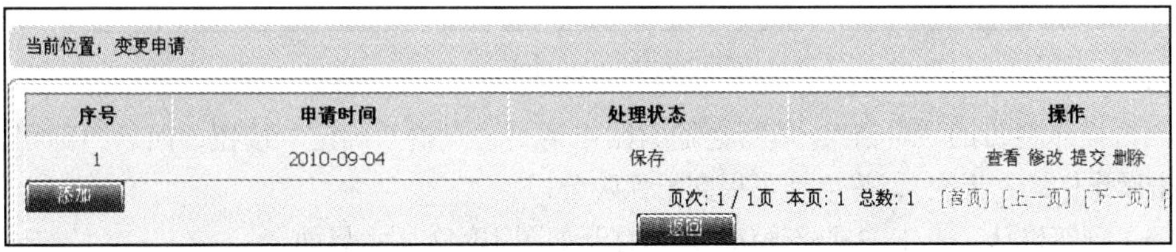

当前位置：变更申请

序号	申请时间	处理状态	操作
1	2010-09-04	保存	查看 修改 提交 删除

添加　页次：1 / 1页　本页：1　总数：1　[首页] [上一页] [下一页]

返回

图　10-37

（2）注销退保。点击“注销退保”菜单，打开如图 10-38 所示界面。

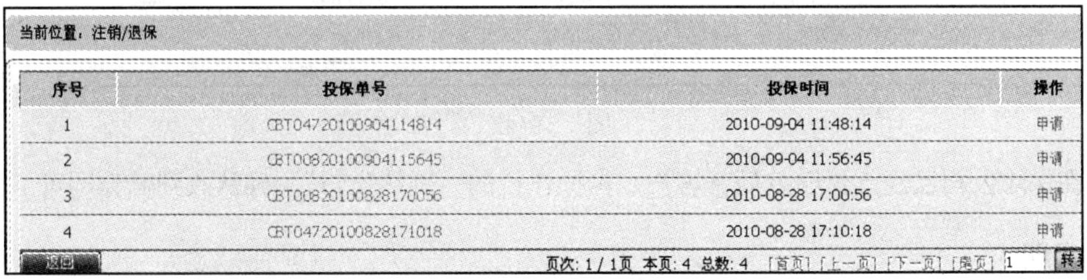

当前位置：注销/退保

序号	投保单号	投保时间	操作
1	CBT04720100904114814	2010-09-04 11:48:14	申请
2	CBT00820100904115645	2010-09-04 11:56:45	申请
3	CBT00820100828170056	2010-08-28 17:00:56	申请
4	CBT04720100828171018	2010-08-28 17:10:18	申请

返回　页次：1 / 1页　本页：4　总数：4　[首页] [上一页] [下一页] [尾页] 1　转

图　10-38

点击“操作”栏中的“申请”，在打开的注销退保审批表中填写信息，点击“确定”按钮，添加成功，返回如图 10-39 所示界面。

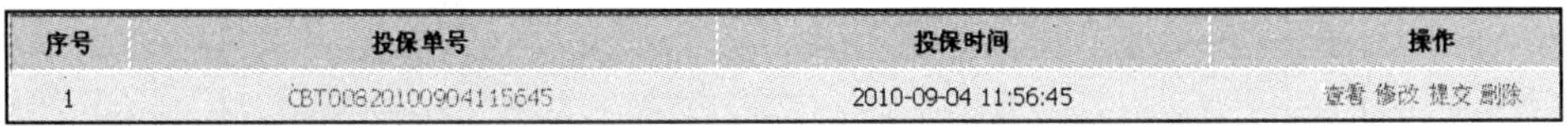

序号	投保单号	投保时间	操作
1	CBT00820100904115645	2010-09-04 11:56:45	查看 修改 提交 删除

图　10-39

点击“操作”栏中的“提交”按钮。

3. 理赔中心

理赔中心的业务包括：报案、理赔申请、理赔确认（见图 10-40）。

图 10-40

（1）报案。向保险公司报案。报案操作请参考“报案”的操作说明。

（2）理赔申请。点击“理赔申请”菜单，打开如图 10-41 所示界面。

当前位置：理赔申请

序号	报案号	报案日期	查勘报告	处理状态	理赔申请
1	CBA20100828174306	2010-08-28	查勘	未申请	申请
2	CBA20100828172046	2010-08-28	查勘	结案	已申请

返回　页次：1 / 1页 本页：2 总数：2 [首页] [上一页] [下一页] [尾页] 1

图 10-41

点击操作栏目的“申请”，填写运输索赔申请书，点击“确定”按钮，而后回到列表页面点击操作栏的“提交”，将申请书提交给保险公司。

（3）理赔确认。点击“理赔确认”菜单打开如图 10-42 所示界面。

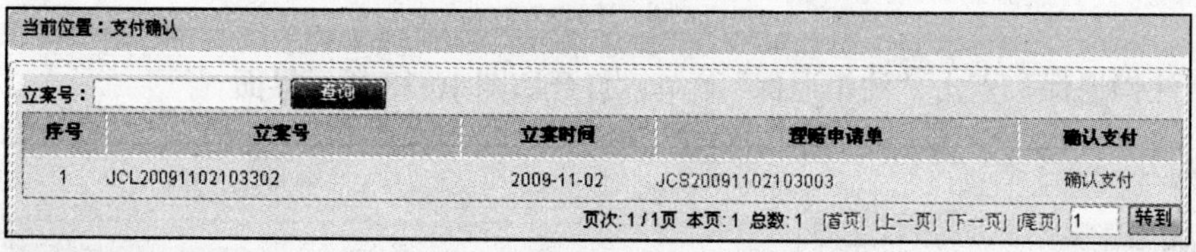
当前位置：支付确认

立案号：　查询

序号	立案号	立案时间	理赔申请单	确认支付
1	JCL20091102103302	2009-11-02	JCS20091102103003	确认支付

页次：1 / 1页 本页：1 总数：1 [首页] [上一页] [下一页] [尾页] 1 转到

图 10-42

在保险公司已经支付赔款后，客户点击操作栏的“确认支付”，确认收到赔款即可。

财险代理人

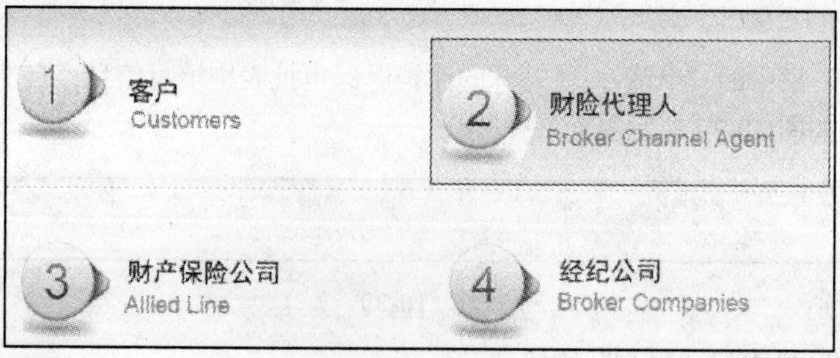

图 10-43

在进入船舶险实验后，选择“财险代理人”，第一次进入“代理人操作平台”，系统提示注册代理人信息（见图 10-44）。

图　10-44

点击“确定”按钮，打开代理人基本信息注册界面，在该界面中，输入相关的信息，如图 10-45 所示。

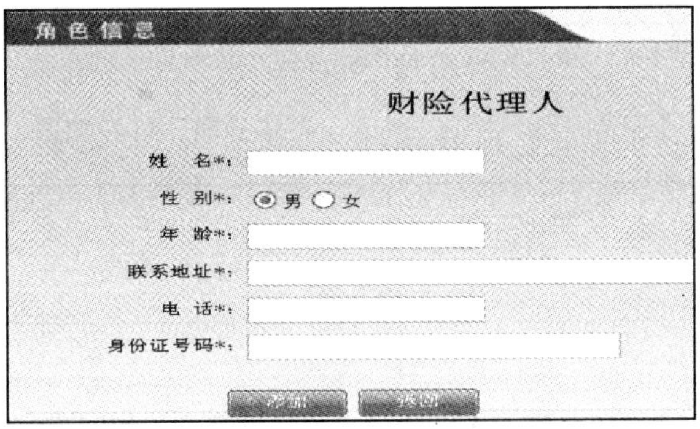

图　10-45

点击“添加”按钮，系统提示如图 10-46 所示。

图　10-46

点击“确定”按钮，返回代理人资料页面，在该页面内可修改代理人信息。若不修改，点击“返回”按钮，返回至角色选择页面，然后再点击“财险代理人”按钮，打开“代理人操作平台”首页面。

进入“代理人操作平台”后，打开如图 10-47 所示界面。

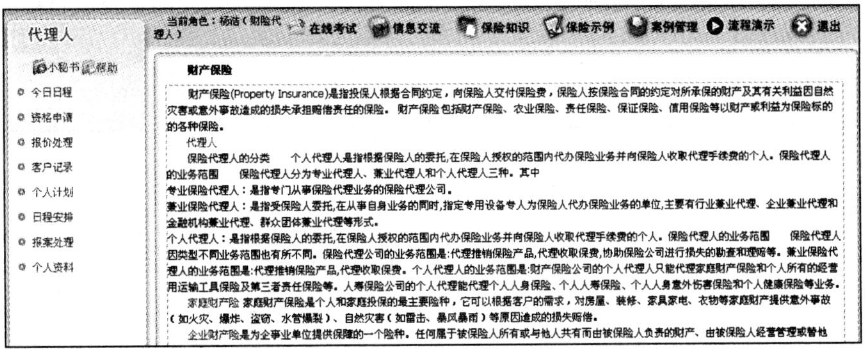

图　10-47

今日日程

点击页面左侧的“今日日程”菜单，在页面右侧打开如图 10-48 所示界面。

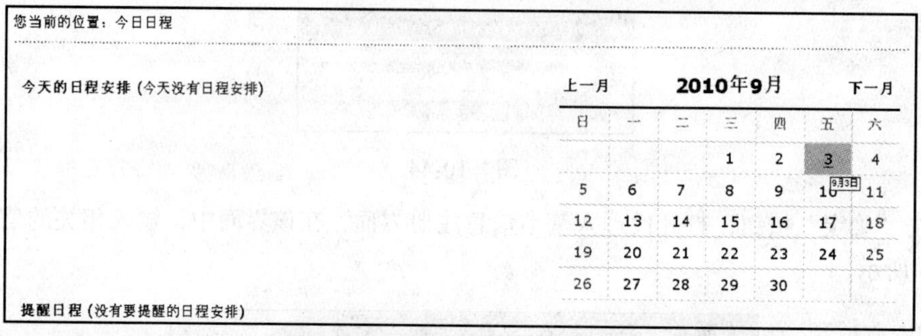

图 10-48

从日历表中选择一个日期（如“3”），然后点击该日期，打开如图 10-49 所示界面。

图 10-49

点击“添加”按钮，在打开界面中，填写日程安排信息，如图 10-50 所示。

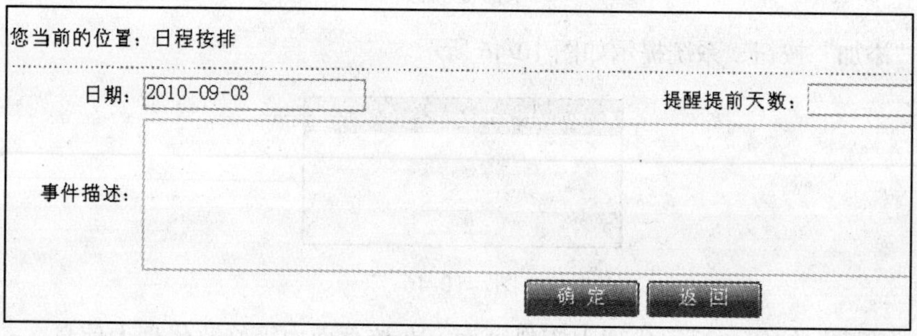

图 10-50

点击“确定”按钮。

资格申请

保险代理人，要代理人寿保险产品业务，需要事先向财产保险公司进行资格申请，获得批准后，才能从事财产保险业务。

点击页面左侧的“资格申请”菜单，在页面右侧打开如图 10-51 所示界面。

图 10-51

点击“申请”按钮，在打开界面中，选择所申请代理的财产保险公司，如图 10-52 所示。

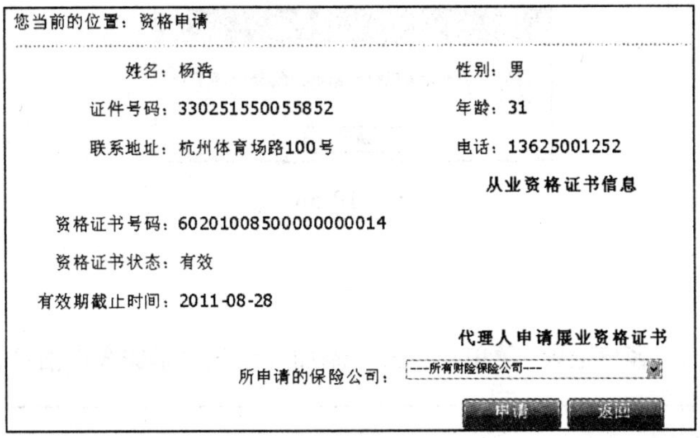

图 10-52

点击“申请”按钮，系统提示如图 10-53 所示。

点击“确定”按钮。

图 10-53

报价处理

该模块的主要功能是，保险代理受理客户的询价信息。同时，保险代理人作为保险公司的员工，也需要处理由保险公司转交的客户询价请求。

点击页面左侧的“报价处理”菜单，在页面右侧打开如图 10-54 所示界面。

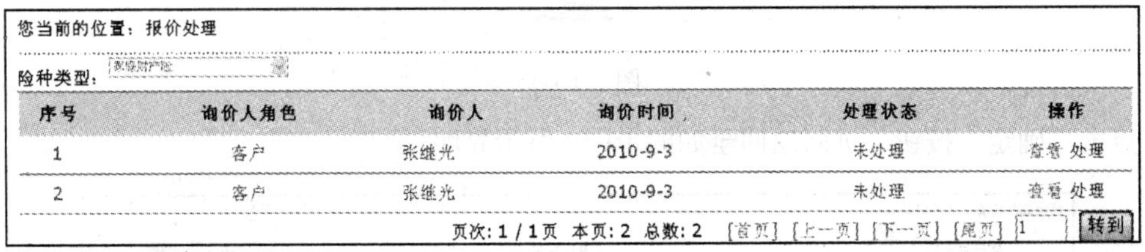

图 10-54

点击“操作”栏中的“处理”，在打开界面中，填写回复信息，如图 10-55 所示。

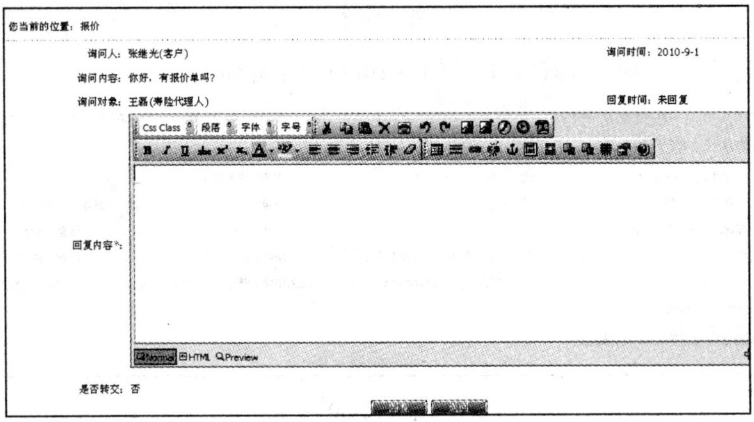

图 10-55

点击“回复”按钮，系统提示如图 10-56 所示。

图 10-56

点击“确定”按钮。

客户记录

点击页面左侧的“客户记录”菜单，点击“添加”按钮，添加客户信息，如图 10-57 所示。

图 10-57

图 10-58

点击“确定”按钮，页面返回至如图 10-59 所示界面。

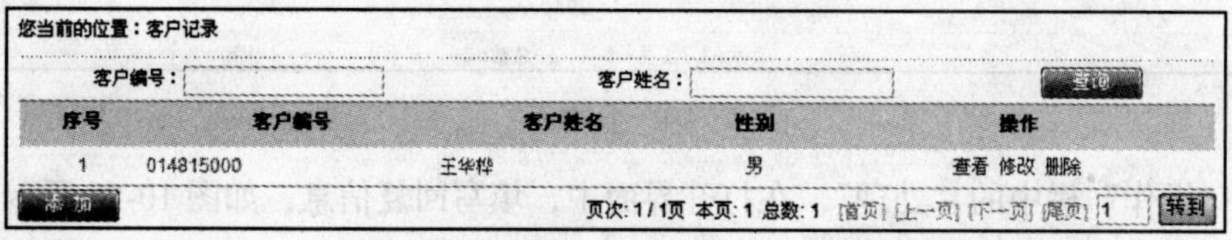

图 10-59

点击“操作”栏中的“查看”，打开如图 10-60 所示界面。

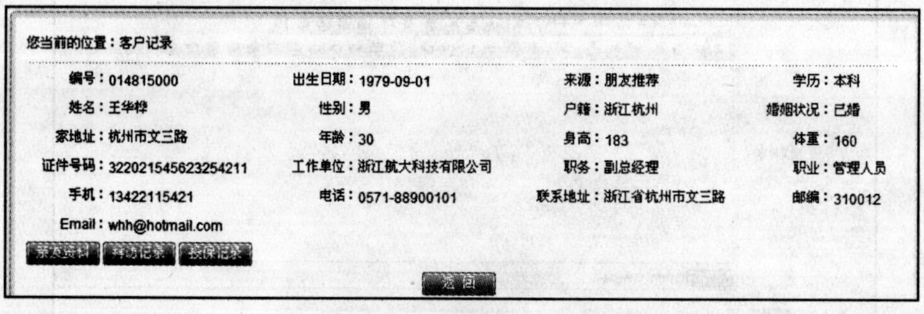

图 10-60

1. 管理客户亲友资料

点击“亲友资料”按钮，打开如图 10-61 所示界面。

图 10-61

点击“添加”按钮，在打开界面中，填写客户亲友资料信息，如图 10-62 所示。

图 10-62

点击“确定”按钮，系统提示如图 10-63 所示。

图 10-63

点击“确定”按钮。

2. 客户拜访记录管理

点击“拜访记录”按钮，打开如图 10-64 所示界面。

图 10-64

点击“添加”按钮，在打开界面中，填写拜访时间、事件描述，如图 10-65 所示。

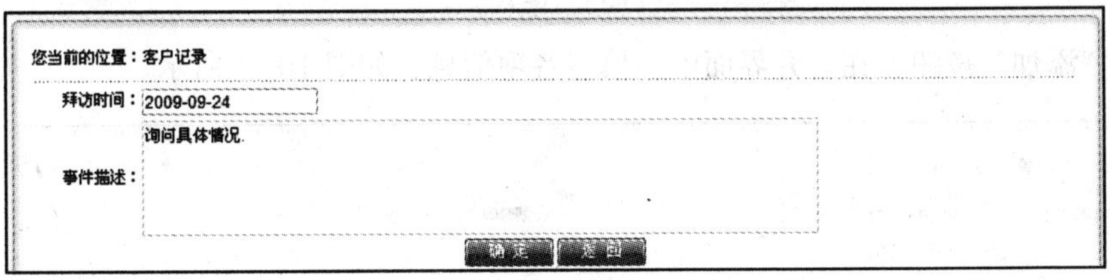

图 10-65

点击“确定”按钮，系统提示如图 10-66 所示。

图 10-66

点击“确定”按钮。

3. 客户投保记录管理

点击“投保记录”按钮，打开如图 10-67 所示界面。

图 10-67

点击“添加”按钮，在打开界面中，填写各项客户投保信息，如图 10-68 所示。

图 10-68

点击“确定”按钮，系统提示如图 10-69 所示。

图 10-69

点击“确定”按钮。

个人计划

点击页面左侧的“个人计划”菜单，在页面右侧打开如图 10-70 所示界面。

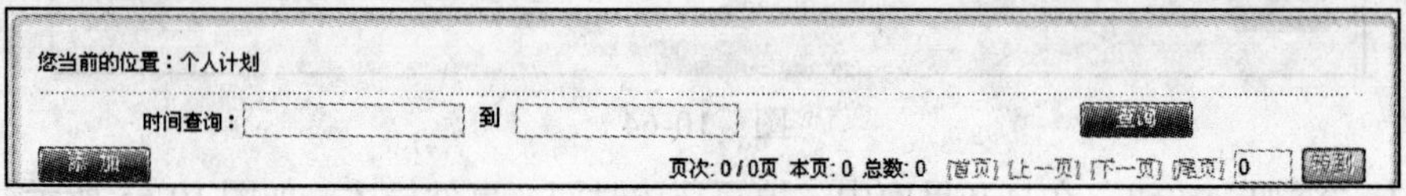

图 10-70

点击“添加”按钮，在打开界面中，填写各项信息，如图 10-71 所示。

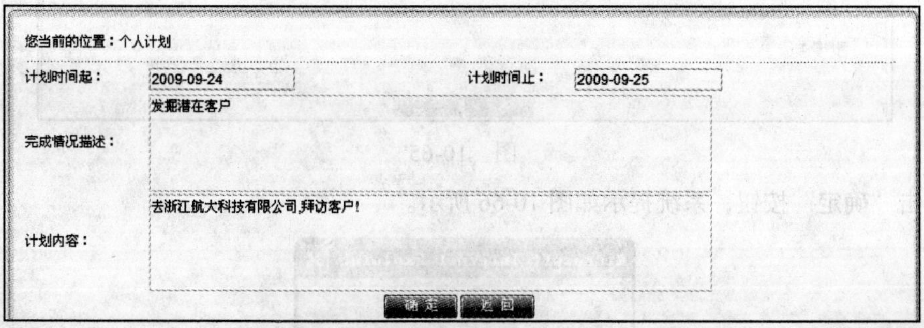

图 10-71

点击“确定”按钮，系统提示如图 10-72 所示。

图　10-72

点击“确定”按钮。

日程安排

点击页面左侧的“日程安排”菜单，在页面右侧打开如图 10-73 所示界面。

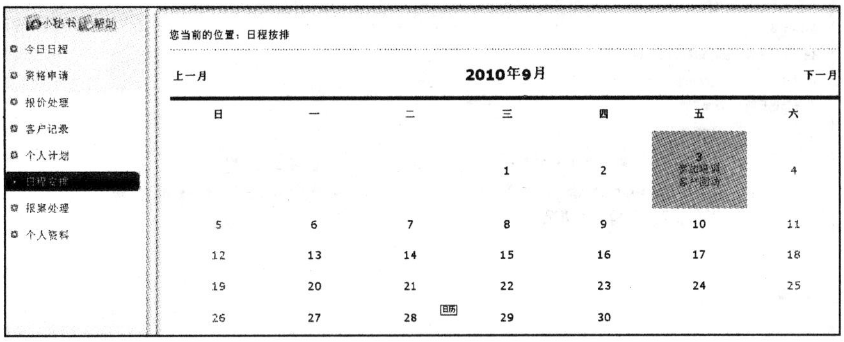

图　10-73

点击某一日期，可查看该日期的日程（见图 10-74）。

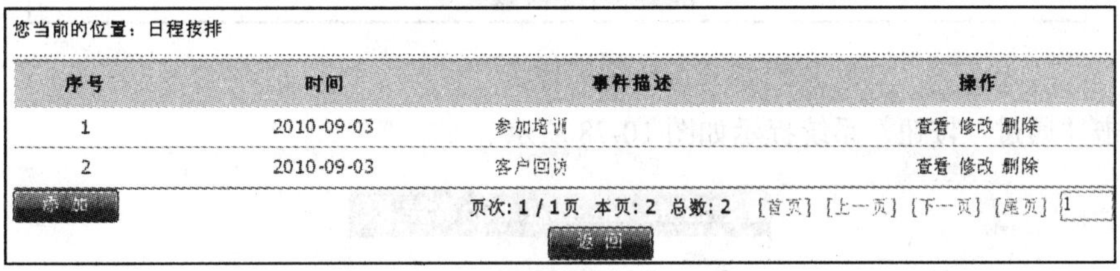

图　10-74

若要添加安排，则点击“添加”按钮进行添加，如图 10-75 所示。

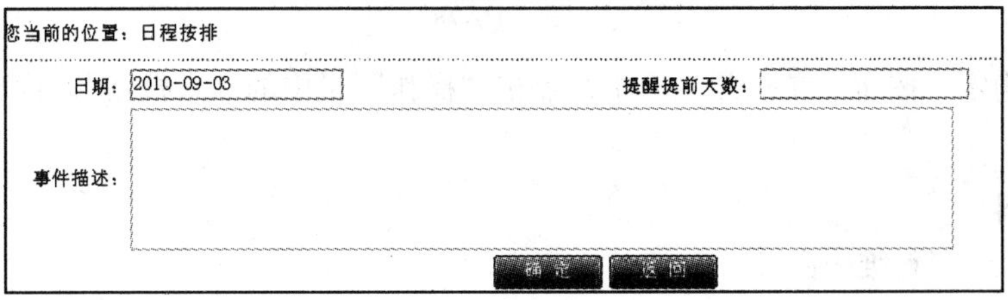

图　10-75

点击“确定”按钮，保存完成。

报案处理

财险代理人受理客户的保险事故处理请求。

点击页面左侧的“报案”菜单，在页面右侧打开如图 10-76 所示界面。

图 10-76

点击“操作”栏中的“未受理”，在打开界面中，填写受理描述，如图 10-77 所示。

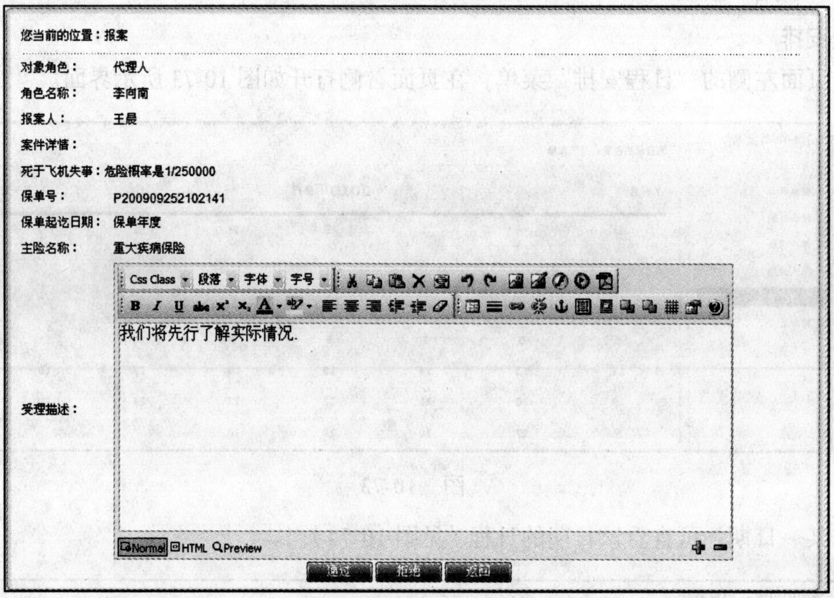

图 10-77

点击“通过”按钮，系统提示如图 10-78 所示。

图 10-78

点击“确定”按钮，在打开界面中，点击“操作”栏中的“未报案”，代理人向保险公司报案。

个人资料

代理人个人资料维护窗口。

点击页面左侧的“个人资料”菜单，打开个人资料页面。可进行个人资料的修改。

点击“修改”按钮，在打开界面中，输入要更新的信息，然后点击“保存”按钮。

财产保险公司

在进入船舶险实验后，选择“财产保险公司”，第一次进入“财产保险公司操作平台”，系统提示如图 10-79 所示。

图　10-79

点击“确定”按钮，打开财产保险公司基本信息注册界面，在该界面中输入相关的信息，完成注册。

进入财产保险公司操作平台首页面，分别选择财产保险公司的各个部门处理业务。

产品部

点击“产品管理”菜单，打开如下界面（见图 10-80）。

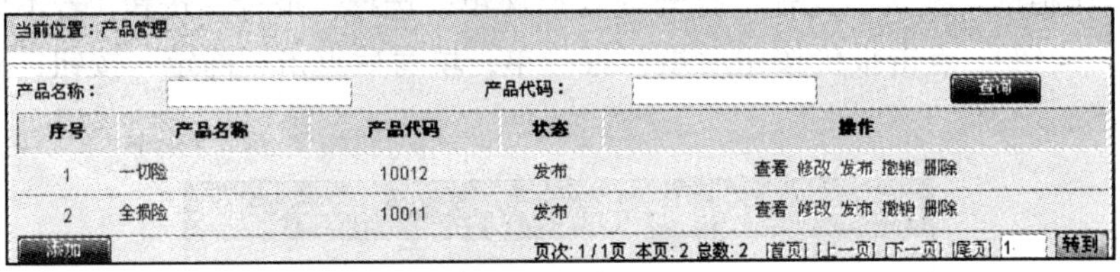

图　10-80

点击“添加”按钮，在打开界面中，填写产品名称及条款内容，如图 10-81 所示。

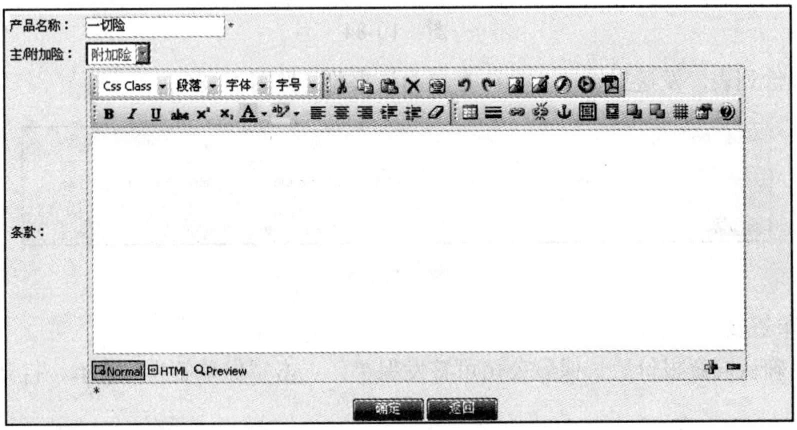

图　10-81

点击“确定”按钮；之后回到列表页面，点击“操作”栏中的“发布”，将该产品信息发布，投放市场（见图 10-82）。

图　10-82

点击“操作”栏中的“查看”，查看该产品的详细信息；点击“操作”栏中的“修改”，更新该条信息；点击“操作”栏中的“撤销”，将已推向市场的保险产品设置为停售状态；点击“操作”栏中的“删除”，删除该条信息。

提示：财产保险公司必须要将保险产品进行发布，客户才能进行投保。

核保部

核保部的业务包括：保单核保、保单签发。

1. 保单核保

在收到客户的投保单后，保险公司可根据客户情况进行报价，点击“保单核保”菜单，打开如图 10-83 所示界面。

图 10-83

点击操作栏的“报价”操作，打开查看投保单，选择“报价”按钮（若不同意则点击“拒绝报价”按钮），点击报价按钮后填写报价单，填写后点击“确定”按钮，系统提示如图 10-84 所示。

图 10-84

返回报价列表，发送报价单，等待客户确认报价（见图 10-85）。

图 10-85

2. 保单签发

在客户确认同意报价后，保险公司可签发保单，点击“保单签发”菜单，打开如图 10-86 所示界面。

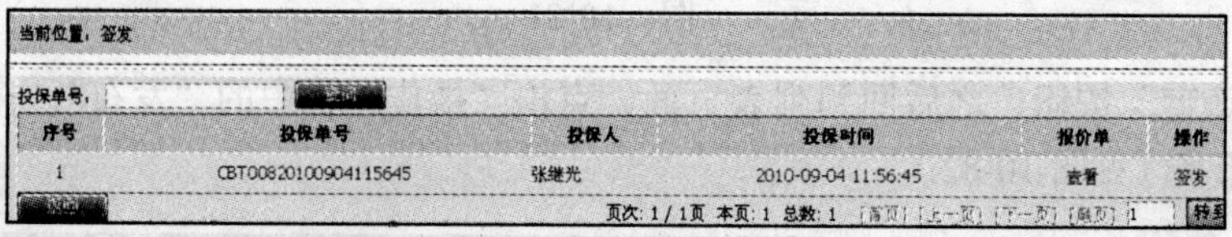

图 10-86

点击操作栏的“签发”，签发保单。

保全业务部

保全业务部的业务为：保单变更与注销退保。

1. 保单变更

点击“保单变更”菜单，打开如图 10-87 所示界面。

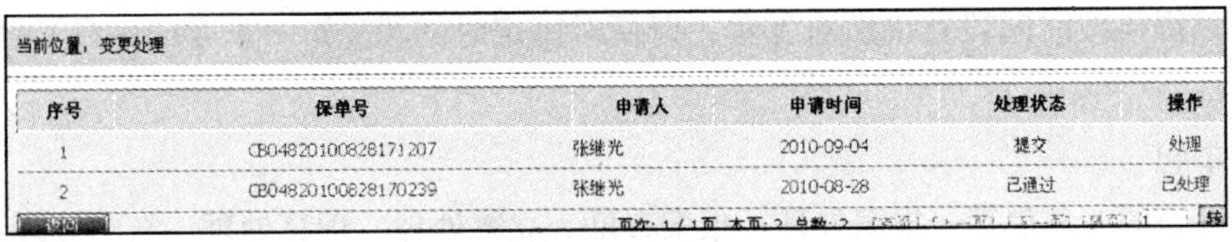

图　10-87

点击操作栏中的“处理”，打开变更申请单，选择“同意”按钮处理变更。

2. 注销退保

点击“注销退保”菜单，打开如图 10-88 所示界面。

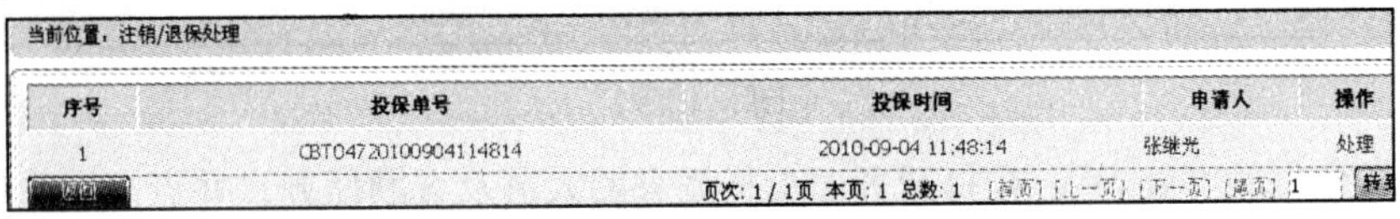

图　10-88

点击操作栏中的“处理”，在打开页面中，处理客户的注销或退保申请。

营销部

营销部的业务包括：代理人管理、询价管理、投标管理、保单管理、业绩分析。

1. 代理人管理

代理人管理请参考其他险种实验“财产保险公司—营销部—代理人管理”的内容。

2. 询价管理

针对客户的询价信息，保险公司可以直接向客户报价，也可以指定保险代理人跟客户沟通，向客户报价。在这里可处理客户和经纪公司的询价信息。“询价管理”操作请参考其他险种实验“财产保险公司—营销部—询价管理”内容。

3. 投标管理

招标管理请查看其他险种实验“财产保险公司—营销部—招标管理”的内容。

4. 保单管理

点击“保单管理”菜单打开如图 10-89 所示界面。

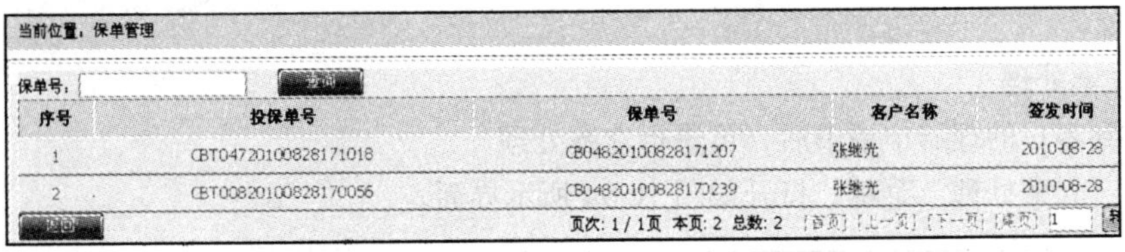

图　10-89

此栏目，可查看到所有操作过的保单的状态及投保单和保单的明细页面。

5. 业绩分析

点击“业绩分析”菜单，打开如图 10-90 所示界面。

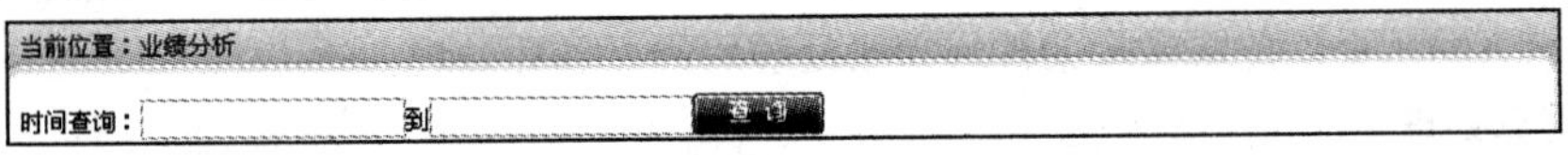

图　10-90

此栏目提供按时间段查询所有保单，以便对固定时间段（如一季度或一月）的公司业绩进行统计。

理赔中心

理赔中心的业务包括：报案处理、报案查勘、立案处理、理算处理、核赔处理。

1. 报案处理

点击“报案处理”菜单，打开如图 10-91 所示界面。

当前位置：报案受理

序号	报案号	保单号	报案人	报案时间	操作
1	CBA20100904124232	CB04820100828170239	张继光	2010-09-04	处理

图 10-91

点击操作栏的“处理”，在打开页面上指派查勘人员及查勘任务，并点击“受理”，系统提示如下（见图 10-92）。

图 10-92

2. 报案查勘

报案受理后，进行查勘。点击“报案查勘”业务，进入如图 10-93 所示界面。

当前位置：查勘报告

序号	报案号	查勘人员	查勘时间	查勘任务	客户状态	操作
1	CBA20100904124232	张志嵘	2010-09-04	勘察损失是否……	未查勘	查勘
2	CBA20100828172046	张志嵘	2010-08-28	勘察损失是否……	提交	已查勘 修改 提交

图 10-93

点击“查勘”操作，填写查勘报告。填完点击保存查勘报告，返回查勘列表。待客户同意后再提交。

3. 立案处理

在收到客户的理赔申请书后，可进行立案处理。

点击“立案处理”菜单，打开如图 10-94 所示界面。

当前位置：立案

序号	申请人	报案号	申请单号	申请时间	处理状态	操作
1	张继光	CBA20100828174306	SPD20100904124455	2010-09-04	未处理	立案

图 10-94

点击操作栏的“立案”，在打开的页面中填写立案说明，若同意立案，则立案完成；若不同意，则表明不受理此次保险案件。立案处理后进行理算处理。

4. 理算处理

点击“理算处理”菜单，打开如图 10-95 所示界面。

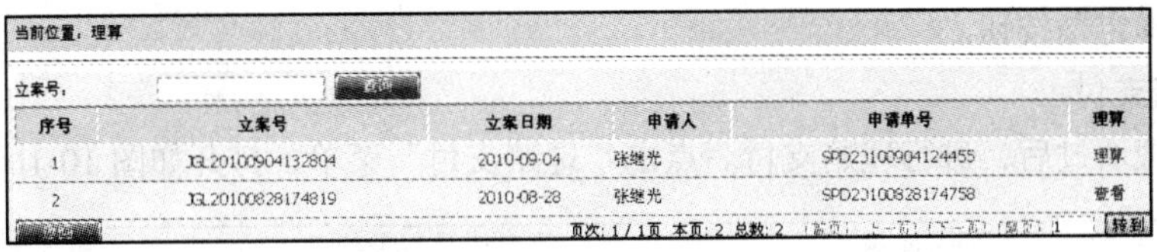

序号	立案号	立案日期	申请人	申请单号	理算
1	JGL20100904132804	2010-09-04	张继光	SPD20100904124455	理算
2	JGL20100828174819	2010-08-28	张继光	SPD20100828174758	查看

图　10-95

点击操作栏的“理算”，打开赔款计算书，填写详细理算数据，如理赔额等，点击“确定”按钮。

5. 核赔处理

点击“核赔处理”菜单，打开如图 10-96 所示界面。

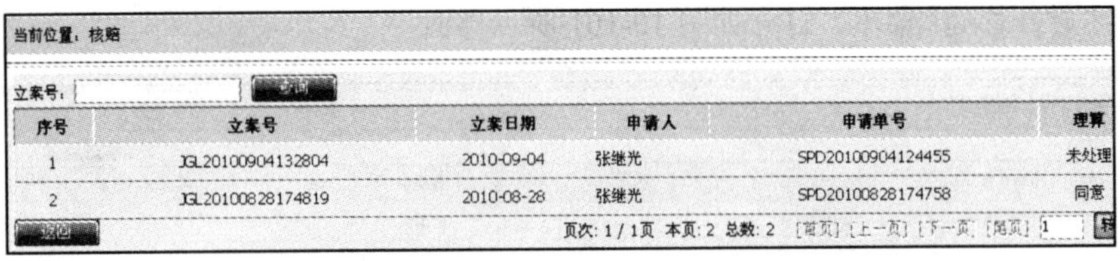

序号	立案号	立案日期	申请人	申请单号	理算
1	JGL20100904132804	2010-09-04	张继光	SPD20100904124455	未处理
2	JGL20100828174819	2010-08-28	张继光	SPD20100828174758	同意

图　10-96

点击操作栏的“未处理”，在打开页面可操作是否同意此核赔内容。核赔通过，系统提示如图 10-97 所示。

图　10-97

财务部

财务部业务包括：保单扣费、理赔支付、财务管理。

1. 保单扣费

客户在缴费后，财务部应进行保费确认。点击“保单扣费”菜单，打开如图 10-98 所示界面。

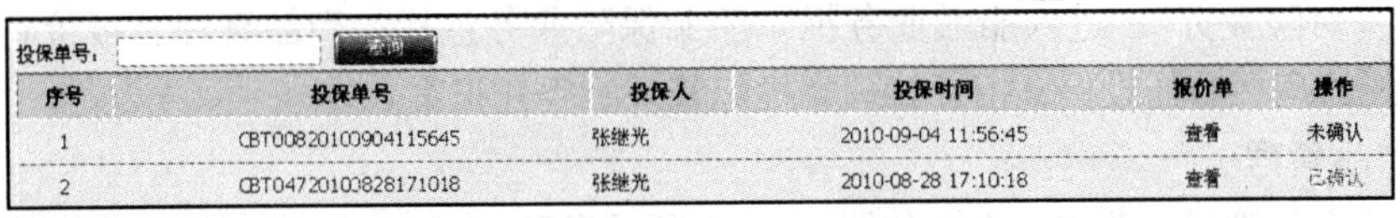

序号	投保单号	投保人	投保时间	报价单	操作
1	CBT00820100904115645	张继光	2010-09-04 11:56:45	查看	未确认
2	CBT04720100828171018	张继光	2010-08-28 17:10:18	查看	已确认

图　10-98

点击“操作”栏中的“未确认”，系统提示如图 10-99 所示。

图　10-99

点击“确定”按钮。

2. 理赔支付

核赔处理通过后，进行理赔支付。点击“理赔支付”菜单，打开如图 10-100 所示界面。

立案号：[ ] 查询

序号	立案号	立案日期	申请人	申请单号	支付
1	JGL20100904132804	2010-09-04	张继光	SPD20100904124455	未支付

图 10-100

点击“未支付”，打开赔款计算书，点击“支付”按钮，完成支付。

3. 财务管理

点击“财务管理”菜单，打开如图 10-101 所示界面。

您当前的位置：收付记录

日期查询：[ ] ~ [ ] 查询

序号	项目名称	类型	金额	日期
1	船舶险CB048201008281702339赔款支付	支出	808	2010-09-04
2	保险公司收入保费	收入	2000	2010-08-28 17:12:33
3	船舶险CB048201008281702339赔款支付	支出	15000	2010-08-28
4	保险公司收入保费	收入	1000	2010-08-28 17:03:13
5	保险公司收入保费	收入	0.003	2010-09-04 13:08:03

收入总计：3000.003元

支出总计：15808元

页次：1 / 1页 本页：5 总数：5 [首页] [上一页] [下一页] [尾页] 1

返回

图 10-101

此栏目可查阅到本公司所有保费收入、赔款支出以及退款情况，并可按收支类型或日期进行查询。

经纪公司

经纪公司在财险业务、客户中心、财务中心中处理业务。

在角色选择页面内选择“经纪公司”，第一次进入“经纪公司操作平台”，系统提示注册公司信息（详细请查阅“经纪公司”的操作说明）。

财险业务

选择“财险业务”，进入船舶业务框。船舶保险业务包括：产品管理、报价管理、询价管理、委托管理、委托投保、招标管理、投标管理、委托报案。

1. 产品管理

点击“产品管理”菜单，打开如图 10-102 所示界面。

当前的位置：产品管理

品名称：[ ] 保险公司：[ ] 产品标记：请选择 险种类型：运输工具险船舶 查询

序号	产品名称	所属财产公司	主/附加险	处理状态	操作
1	全损险	中国平安保险公司	主险	投放市场	查看
2	一切险	中国平安保险公司	主险	投放市场	查看
3	船舶战争、罢......	中国平安保险公司	附加险	投放市场	查看

页次：1 / 1页 本页：3 总数：3 [首页] [上一页] [下一页] [尾页] 1 转到

返回

图 10-102

选择一条保险产品信息，点击该条信息“操作”栏中的“查看”，在打开界面中，查看详细的信息。或者输入险种名称、保险公司名称，点击“产品标记”下拉框，从中选择一种险种，然后点击“查询”按钮，查看符合条件的保险产品。

2. 报价管理

报价管理请查看其他险种实验“经纪公司——财险业务——报价管理”的内容。

3. 询价管理

询价管理请参阅其他险种实验“经纪公司——财险业务——询价管理”的内容。

4. 委托管理

点击“委托管理”菜单，打开如图 10-103 所示界面。

您当前的位置：受理委托
险种类型：运输工具船舶险

序号	经纪公司	委托日期	委托详情	处理状态	操作
1	中怡保险经纪有限公司	2010-09-04 11:42:51	船舶险委托投保	未处理	未受理
2	中怡保险经纪有限公司	2010-09-04 11:43:48	船舶险委托投保	已受理	已受理

图　10-103

点击“未受理”操作，查看委托信息选择“同意受理”或“拒绝受理”按钮。

受理后等待客户填写委托资料后进行投保。

5. 委托投保

点击“委托投保”菜单，打开如图 10-104 所示界面。

您当前的位置：委托投保
险种类型：运输工具船舶险

序号	投保单号	委托日期	委托处理状态	操作
1	无	2010-09-04 11:42:51	已受理	投保
2	CBT04720100904114814	2010-09-04 11:43:48	已受理	查看 修改 提交

图　10-104

客户提交委托资料后，进行委托投保。在委托投保列表中点击“操作”栏中的“投保”，填写投保单进行投保。填写后保存投保单，点击“确定”返回列表。

您当前的位置：委托投保
险种类型：运输工具船舶险

序号	投保单号	委托日期	委托处理状态	操作
1	CBT04720100904135458	2010-09-04 11:42:51	已受理	查看 修改 提交
2	CBT04720100904114814	2010-09-04 11:43:48	已受理	查看 修改 提交

图　10-105

在列表中将该保险单发送给客户，等待签字。

6. 招标管理

“招标管理”详细操作请参考其他险种实验“经纪公司——财险业务——招标管理”的内容。

7. 投标管理

“投标管理”详细操作请参考其他险种实验“经纪公司——财险业务——投标管理”的内容。

8. 委托报案

经纪公司对自己接受客户委托办理的工程险，在客户委托报案后，接受客户的人身事故报案，并进行处理。

点击“委托报案”菜单，打开如图 10-106 所示界面。

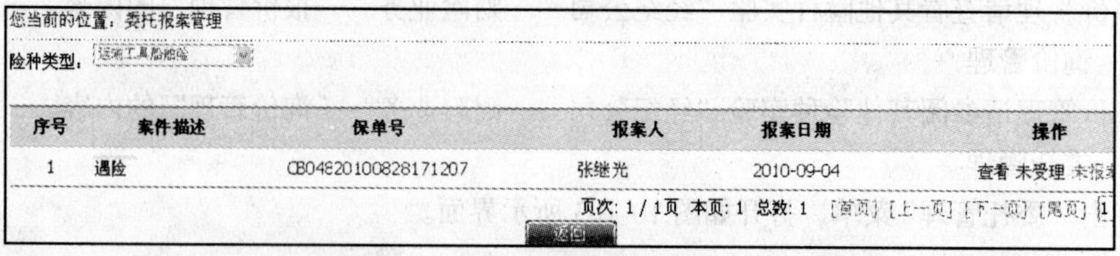

图 10-106

选择一条信息，点击该条信息“操作”栏中的“未受理”，在打开界面中，填写受理描述，并点击“通过”按钮，返回委托列表，点击“未报案”将报案信息发给保险公司。

图 10-107

客户中心

客户中心的业务是进行客户管理。

在客户中心选择“客户管理”业务，进入如图 10-108 所示界面。

图 10-108

显示本公司的客户列表，可分别查看该客户的询价信息、委托信息和客户基本资料。

财务中心

财务中心的业务包括：收付记录和经纪费确认。

详细请参考其他险种实验“经纪公司—财务中心”的内容。

第十一章

实验五　运输货物保险业务实训

第一节　实验目的和内容

一、实验准备

1. 理论基础知识准备

学生应了解我国运输货物保险的基本情况，熟悉我国运输货物保险的主要险种及其保险责任和责任免除，掌握运输货物保险的主要单证的名称、含义、内容以及作用，熟悉运输货物保险承保实务处理。

2. 教学准备

（1）场地准备：配有电脑的保险实训实验室、学院及周边环境。

（2）教学资料准备：运输货物保险相关单证、运输货物保险案例、运输货物保险险种条款及费率、各保险公司资料及网站。

二、实验目的

通过本实验项目要求学生了解运输货物保险承保与理赔的业务流程及其要点，认识运输货物保险各业务环节的意义和目的，掌握运输货物保险承保理赔各业务环节工作的具体内容和要求。

三、实验操作要求

（1）自由组合，全班分为若干个小组，每组人数为 5 ～ 7 人，各组推选出组长一名，组长将本组组员名单及联系方式交由学习委员汇总后上交老师。

（2）各组在组长的协调下进行分工，共同完成实验内容。

（3）在搜集国内各保险公司所售运输货物保险险种时，老师应提醒学生注意其特色险种，尤其是附加险和特约条款。

（4）本实验项目完成后，各位学生独立完成实验报告上交老师。

四、课后实验拓展

通过访问国内各财产保险公司官方网站或实地调查，了解运输货物保险产品的知名度、美誉度以及投保情况。

第二节 运输货物保险业务操作实训

【实训内容 11-1】运输货物保险产品调查实训

（1）实训目的：了解和熟悉我国的运输货物保险产品。

（2）实训内容：以小组为单位，通过网络平台了解我国各公司的运输货物保险产品并进行比较，特别关注各保险公司的特色运输货物保险产品（条款）及服务项目。

（3）要求完成：每个小组推荐一款你们认为最有特色的运输货物保险附加险或特约条款并进行介绍，随机抽查演示。

【实训内容 11-2】运输货物保险业务操作流程实训

本实验的目的在于了解和掌握运输货物保险的业务流程各环节和操作要求。由小组成员依次扮演客户、财产保险公司、财险代理人和经纪公司四个角色，模拟运输货物保险各环节，学生从所扮演角色的角度出发，熟悉和掌握运输货物保险业务各环节的操作要点及相关技巧；学会填写运输货物保险相关单证。

登录保险核心业务实验教学软件系统，完成下列运输货物保险业务实验操作项目（见表 11-1 ～表 11-4 和图 11-1 ～图 11-5）。

表 11-1 客户所需要完成的操作项目一览表

序号	得分项	得分（分）	最大得分（分）	所属阶段
1	向保险公司询价	1	5	投保
2	货运险向经纪公司询价	1	5	
3	货运险向代理人询价	1	5	
4	货运险向保险公司直接投保（单次保单）	1	5	
5	货运险向保险公司直接投保（预约保单）	1	5	
6	货运险委托申请（单次保单）	1	5	
7	货运险委托资料发送（单次保单）	1	5	
8	货运险委托投保单签字（单次保单）	1	5	
9	货运险委托申请（预约保单）	1	5	
10	货运险委托资料发送（预约保单）	1	5	
11	货运险委托投保单签字（预约保单）	1	5	
12	保单签收（单次保单）	1	5	
13	保单签收（预约保单）	1	5	
14	保费支付	1	5	
15	保单注销 / 退保申请	1	5	

（续）

序号	得分项	得分（分）	最大得分（分）	所属阶段
16	保单变更申请	1	5	索赔
17	危险事故向保险公司报案	1	5	
18	危险事故向经纪公司报案	1	5	
19	危险事故向代理人报案	1	5	
20	危险事故查勘确认			
21	危险事故理赔申请			
22	危险事故理赔支付确认			

表 11-2　财产保险公司所需要完成的操作项目一览表

序号	得分项	得分（分）	最大得分（分）	所属阶段
1	货运险产品添加	1	5	承保
2	货运险客户询价处理（单次投保报价）	1	5	
3	货运险客户询价处理（预约投保报价）	1	5	
4	货运险客户报价查勘（预约投保）	1	5	
5	货运险经纪公司询价处理	1	5	
6	货运险保单签发	1	5	
7	货运险投标	1	5	
8	货运险保单注销退保处理	1	5	
9	货运险变更处理	1	5	
10	货运险报案受理	1	5	理赔
11	货运险报案查勘	1	5	
12	货运险立案处理	1	5	
13	货运险理算处理	1	5	
14	货运险核赔处理	1	5	
15	货运险核赔支付	1	5	

表 11-3　财险代理人所需要完成的操作项目一览表

序号	得分项	得分（分）	最大得分（分）	所属阶段
1	货运险客户询价处理	1	5	投保
2	货运险客户危险事故报案处理	1	5	理赔

表 11-4　经纪公司所需要完成的操作项目一览表

序号	得分项	得分（分）	最大得分（分）	所属阶段
1	客户询价处理	1	5	投保
2	向保险公司询价	1	5	
3	委托处理	1	5	
4	委托投保	1	5	
5	委托发布招标	1	5	
6	委托招标确认	1	5	
7	委托报案	1	5	理赔

海洋运输货物险

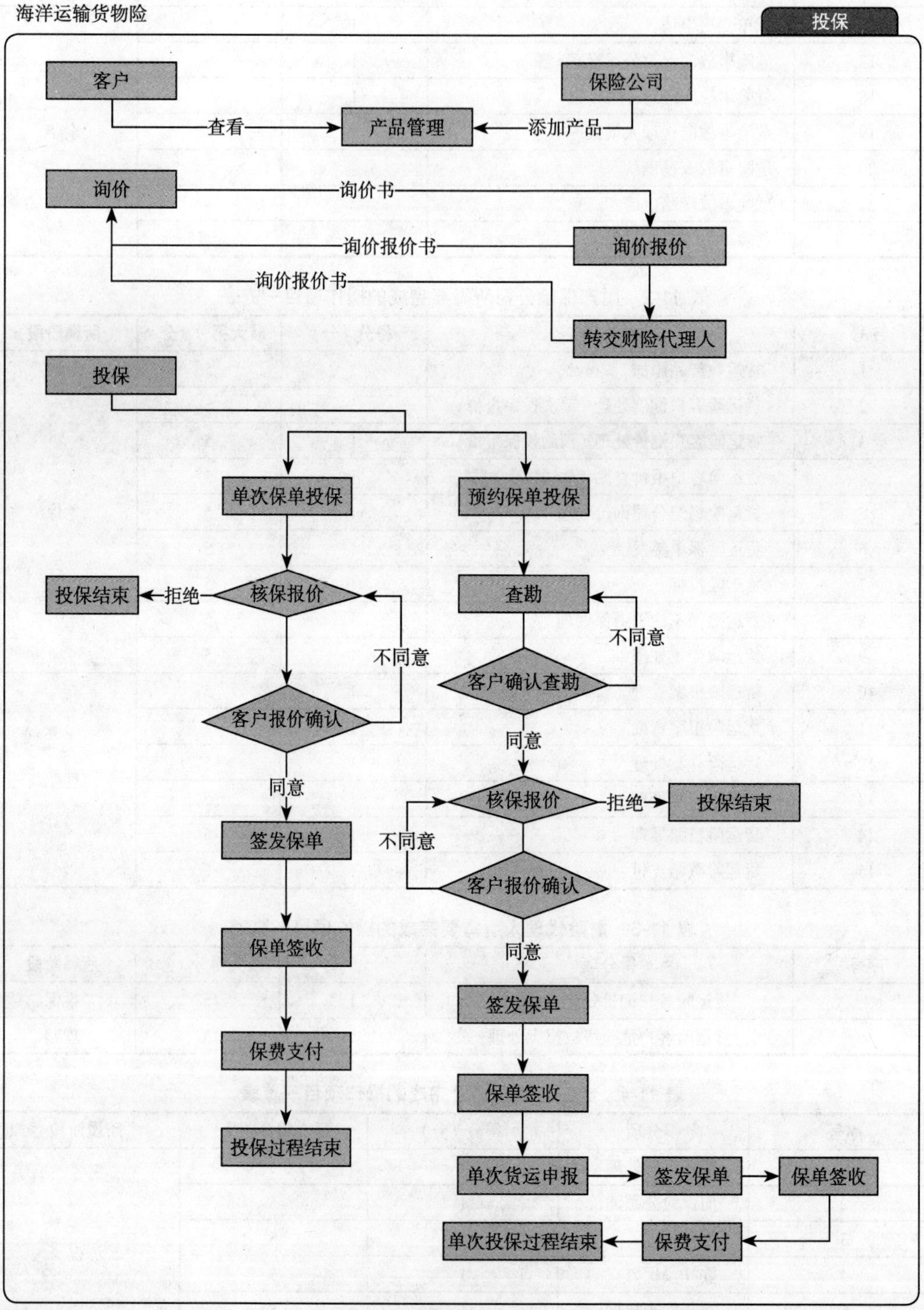

图 11-1

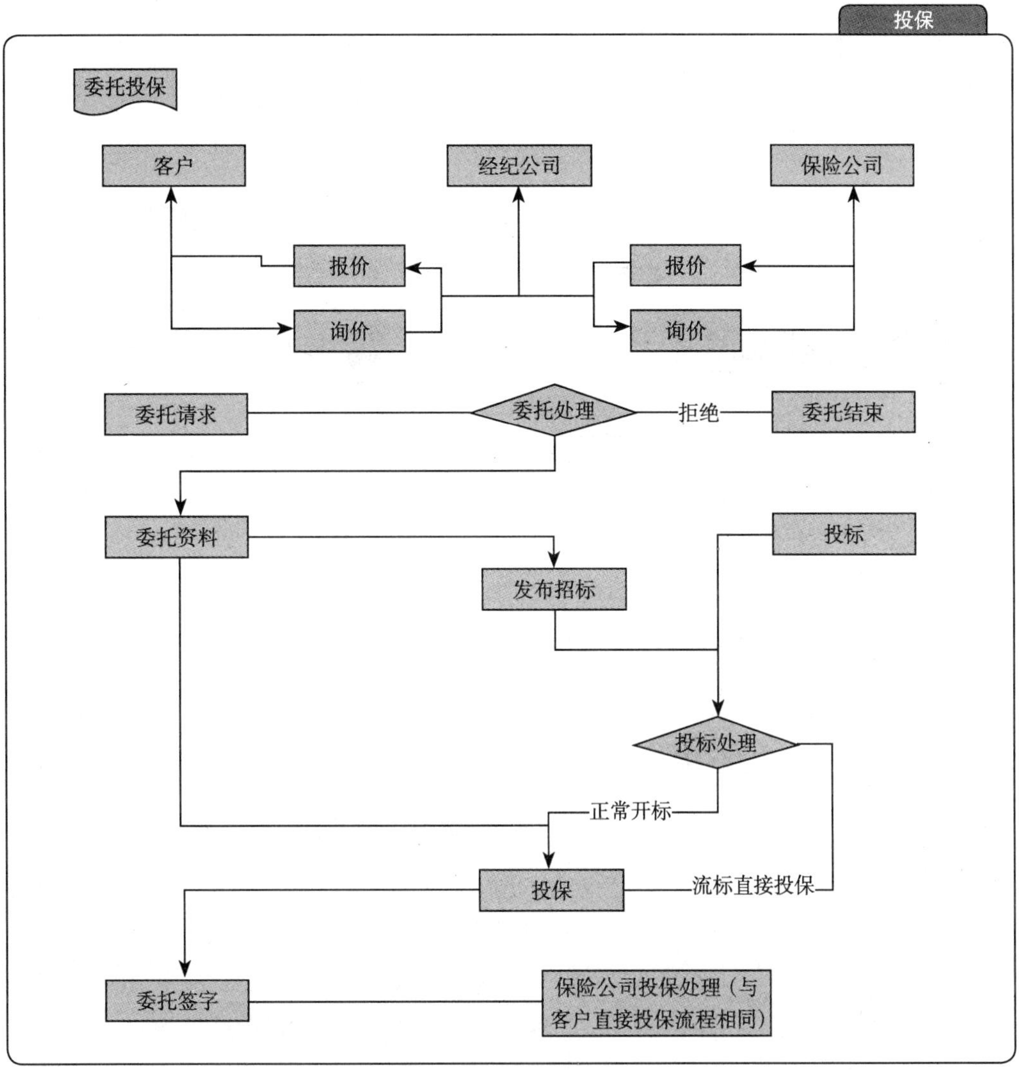
投保
委托投保
客户
经纪公司
保险公司
报价
询价
报价
询价
委托请求
委托处理
拒绝
委托结束
委托资料
投标
发布招标
投标处理
正常开标
投保
流标直接投保
委托签字
保险公司投保处理（与客户直接投保流程相同）

图　11-2

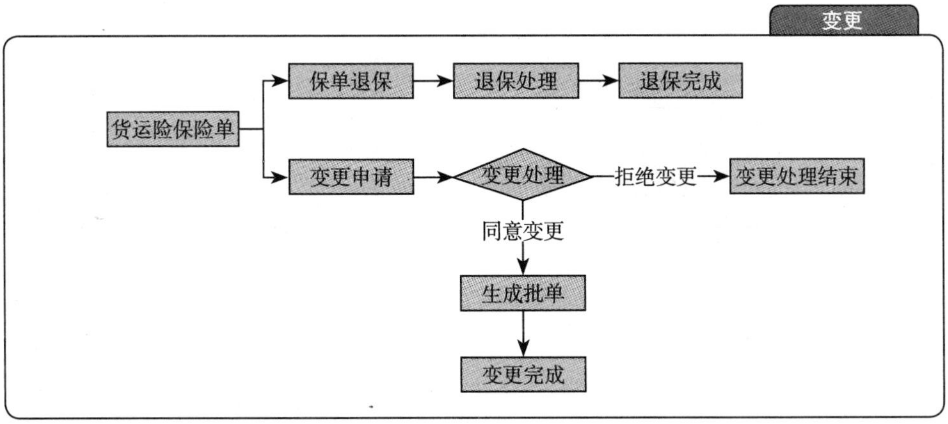
变更
保单退保
退保处理
退保完成
货运险保险单
变更申请
变更处理
拒绝变更
变更处理结束
同意变更
生成批单
变更完成

图　11-3

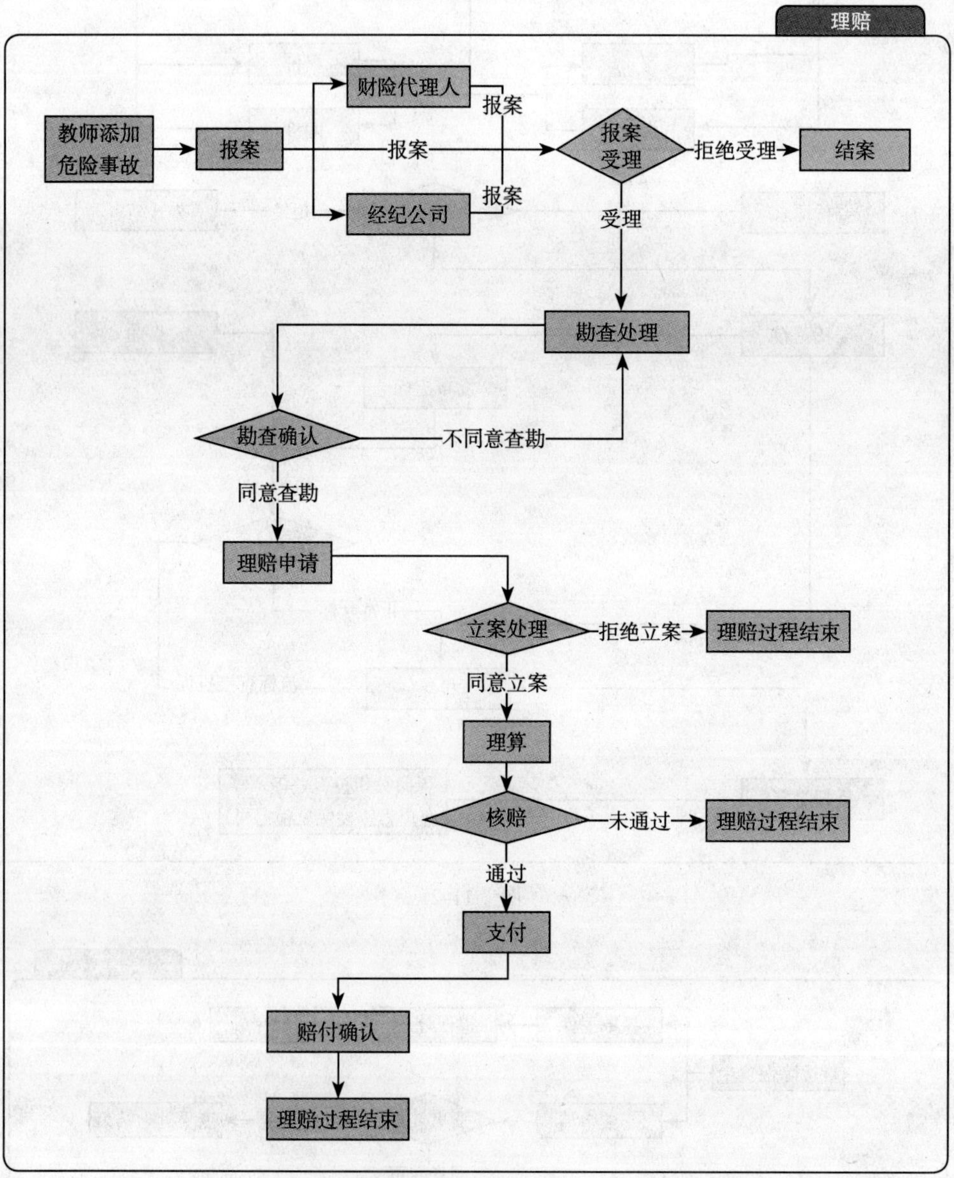
理赔
教师添加危险事故
报案
财险代理人
经纪公司
报案
报案
报案
报案受理
拒绝受理
结案
受理
勘查处理
勘查确认
不同意查勘
同意查勘
理赔申请
立案处理
拒绝立案
理赔过程结束
同意立案
理算
核赔
未通过
理赔过程结束
通过
支付
赔付确认
理赔过程结束

图 11-4

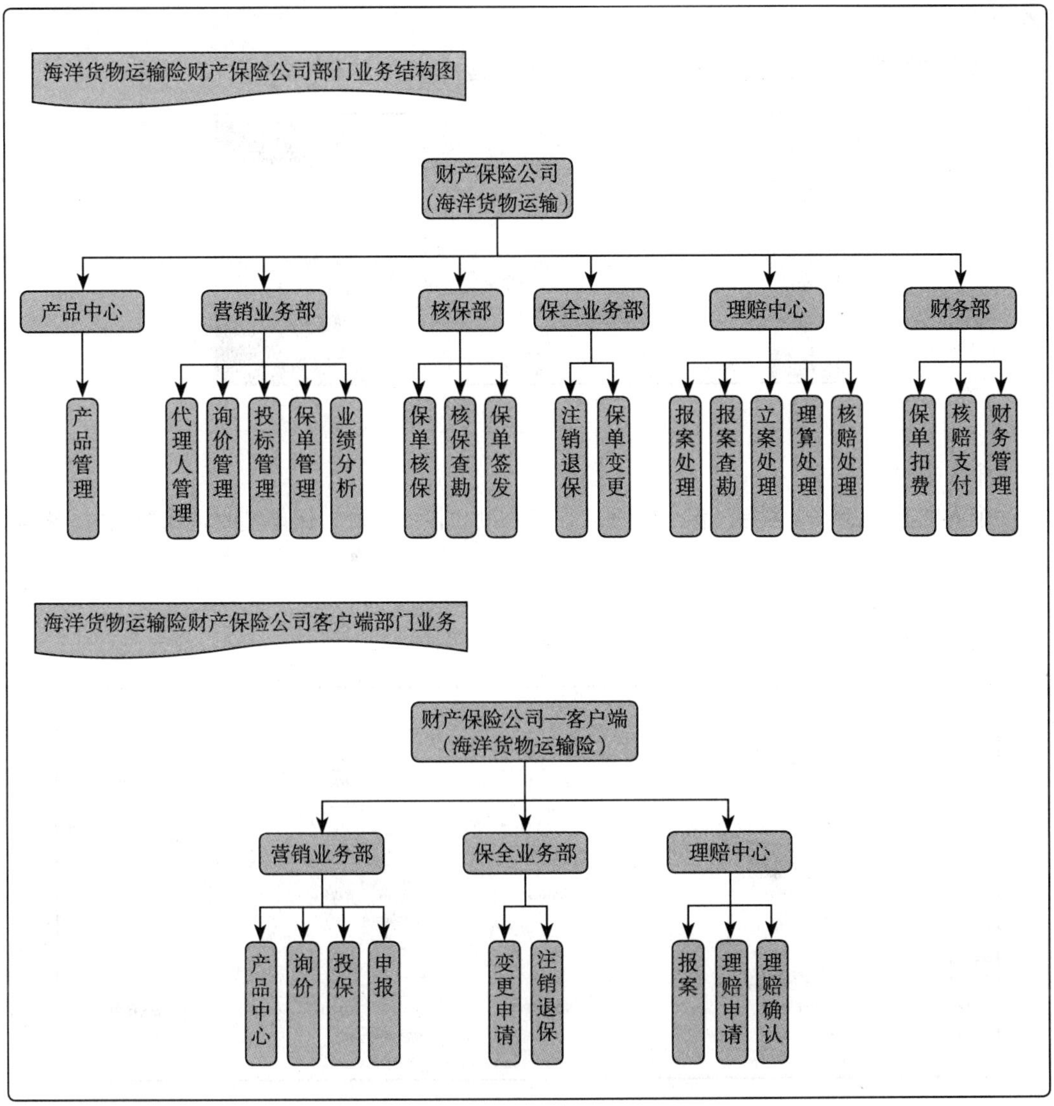

图 11-5

在实验选择框内选择“运输货物险”实验，查看实验信息，并点击“进入实验”按钮，进入该实验的角色选择页面（见图 11-6）。

图 11-6

客户

选择“客户”角色，进入客户在运输货物险实验的操作平台，如图 11-7 所示。

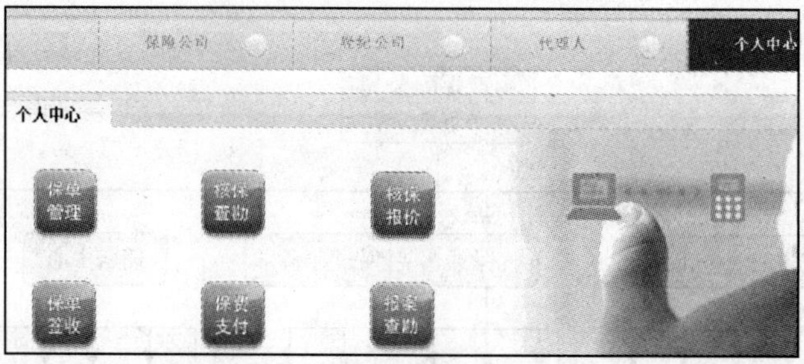

图 11-7

个人中心

个人中心包括的业务有：保单管理、核保查勘、核保报价、保单签收、保费支付、报案查勘。

1. 保单管理

点击“保单管理”按钮，打开如图 11-8 所示界面。

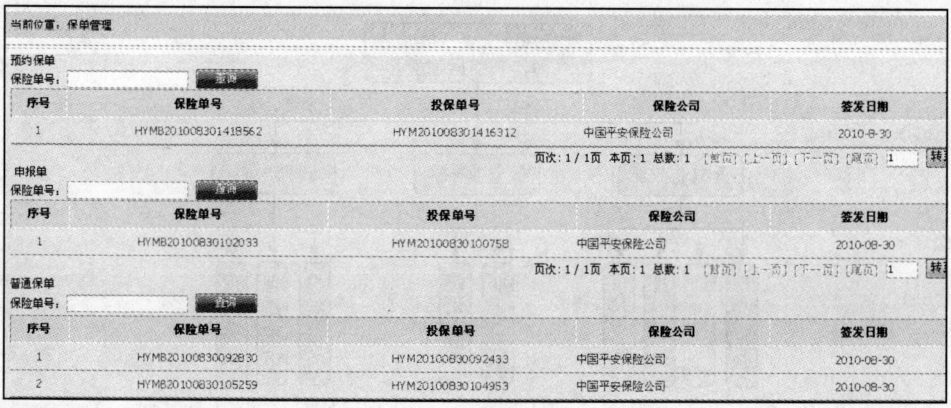

当前位置：保单管理

预约保单

保险单号： 查询

序号	保险单号	投保单号	保险公司	签发日期
1	HYMB201008301418562	HYM201008301416312	中国平安保险公司	2010-8-30

页次：1 / 1页 本页：1 总数：1 [首页] [上一页] [下一页] [尾页] 1 转

申报单

保险单号： 查询

序号	保险单号	投保单号	保险公司	签发日期
1	HYMB20100830102033	HYM20100830100758	中国平安保险公司	2010-08-30

页次：1 / 1页 本页：1 总数：1 [首页] [上一页] [下一页] [尾页] 1 转

普通保单

保险单号： 查询

序号	保险单号	投保单号	保险公司	签发日期
1	HYMB20100830092830	HYM20100830092433	中国平安保险公司	2010-08-30
2	HYMB20100830105259	HYM20100830104953	中国平安保险公司	2010-08-30

图 11-8

此栏目，可查看到所有操作过的保单的状态及投保单和保单的明细页面。

2. 核保查勘

点击“核保查勘”菜单，打开如图 11-9 所示界面。

当前位置：查勘确认

序号	投保单号	查勘人员	查勘地点	查勘时间	操作
1	HYM200911021434859	李四	上海港口	2009-11-2	未处理

图 11-9

点击操作栏的“未处理”，确认是否同意保险公司的此勘查报告。

3. 核保报价

点击“核保报价”按钮，打开如图 11-10 所示界面。

预约投保单
投保单号：　查询

序号	投保单号	保险公司	签发日期	操作
1	HYM201008301416312	中国平安保险公司	2010-8-30	确认报价

图　11-10

点击操作栏的“确认报价”，可操作是否同意保险公司的报价。

4. 保单签收

保险公司签发保险单后，客户在此进行签收操作。

点击“保单签收”按钮，打开如图 11-11 所示界面。

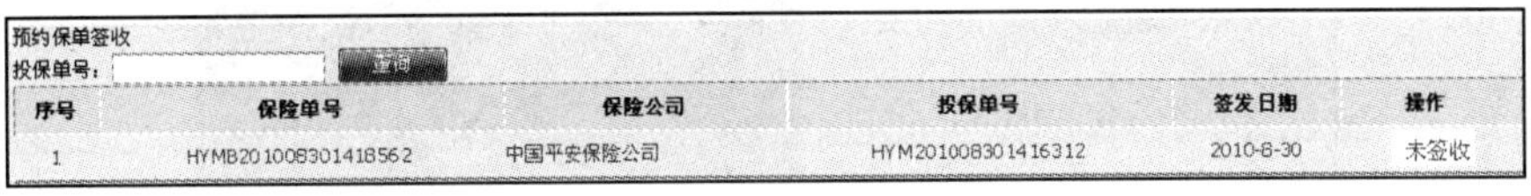

预约保单签收
投保单号：　查询

序号	保险单号	保险公司	投保单号	签发日期	操作
1	HYMB201008301418562	中国平安保险公司	HYM201008301416312	2010-8-30	未签收

图　11-11

点击操作栏的“未签收”，签收保单完毕。

5. 保费支付

保险单签收后操作保费支付。

点击“保费支付”按钮，打开如图 11-12 所示界面。

保险单号：　查询

序号	保险单号	投保单号	保险公司	签发日期	操作
1	HYMB20091102142107	HYM20091102141650	中国人民财产保险股份有限公司	2009-11-02	保费支付

图　11-12

点击操作栏的“保费支付”，保费支付完毕。

6. 报案查勘

点击“报案查勘”菜单，打开查勘确认列表（见图 11-13）。

当前位置：查勘处理

序号	报案号	查勘人员	查勘时间	查勘结果	查勘状态	操作
1	JBA20091102102232	小张	2009-11-02	结果	待确认	处理

图　11-13

点击操作栏“处理”，在打开的查勘报告页面，可操作同意此查勘报告。

代理人

客户在“代理人”模块中操作询价和报案两个业务（见图 11-14）。

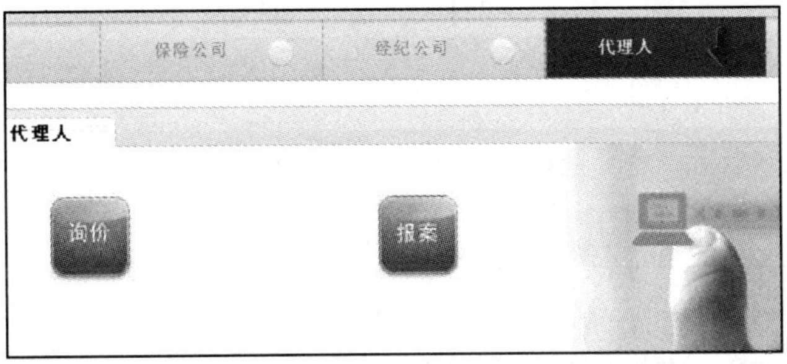

图　11-14

详细操作说明可参考其他章节的说明。

经纪公司

客户角色进入经纪公司的财险业务部办理委托投保、询价、报案等相关业务（见图 11-15）。

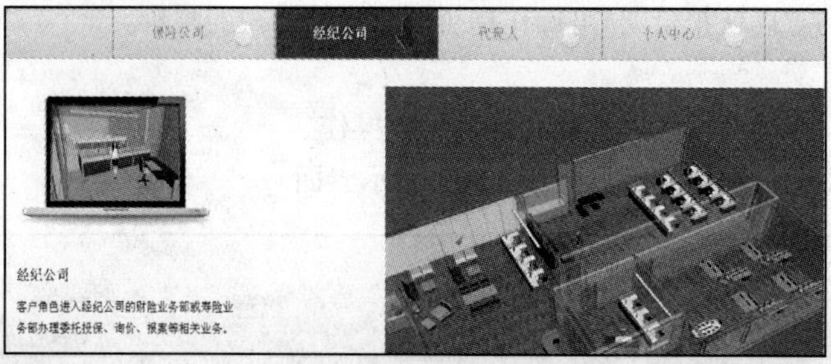

图 11-15

选择经纪公司，点击右侧的模拟图进入经纪公司的财险业务部办理业务。

财险业务部的业务包括：询价、投保委托、委托签字、报案（见图 11-16）。

图 11-16

1. 询价

选择询价业务，进入询价列表。向经纪公司询价详细操作说明可参考其他章节的说明。

2. 投保委托

准备要办理运输货物险的客户，可以委托一家保险经纪公司，代为办理保险业务。点击“投保委托”业务，打开如图 11-17 所示界面。

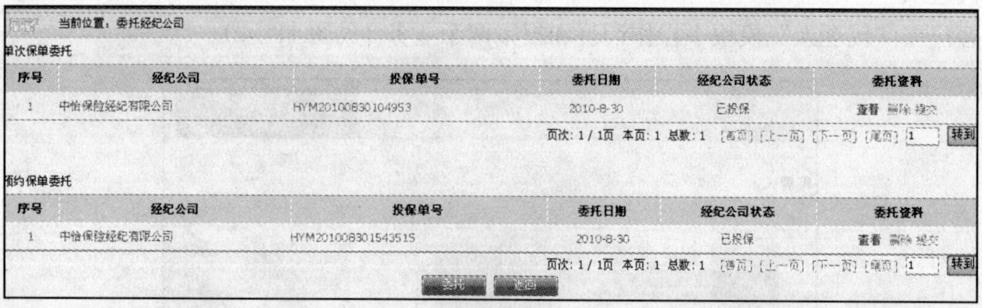

图 11-17

点击“委托”按钮，在打开界面中，选择委托方式、经纪公司、是否指定保险公司，填写委托详情，填写完毕后点击“添加”按钮，系统提示如图 11-18 所示。

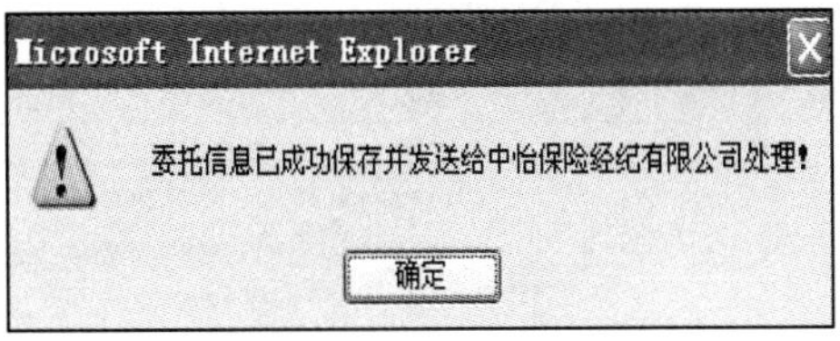

图　11-18

点击“确定”按钮，跳转至如图 11-19 所示界面。

当前位置：委托经纪公司

公众责任险委托

序号	经纪公司	投保单号	委托日期	经纪公司状态	委托资料
1	中怡保险经纪有限公司	无	2010-9-4	未处理	未受理

图　11-19

此时，等待保险经纪公司受理。

经纪公司受理后，填写委托资料，保存后再提交给经纪公司。

3. 委托签字

经纪公司委托投保后客户将对委托进行签字。选择“委托签字”菜单，打开如图 11-20 所示界面。

普通委托保单签字

序号	经纪公司	委托日期	委托详情	处理状态	是否签字
1	中怡保险经纪有限公司	2010-9-4	委托中怡保险经纪有限公司投保	已投保	未签字

图　11-20

选择未签字的委托，点击“未签字”操作，打开投保单点击“签字”按钮。

4. 报案

点击“报案”菜单，打开如图 11-21 所示界面。

当前位置：报案

序号	事故名称	事故时间	报案状态	报案
1	事故28	2010-09-04	未报案	报案
2	8月28日海洋……	2010-08-30	已报案	查看

图　11-21

在列表中点击“报案”操作，选择经纪公司和保险单号，点击“报案”按钮，将事故单提交给经纪公司。

保险公司

客户角色进入财产保险公司的营销中心、保全业务和理赔中心办理投保、保单保全、理赔等相关业务 。

1. 营销部

营销部的业务包括：产品中心、询价、投保、申报。

（1）产品中心。点击“产品中心”菜单，打开如图 11-22 所示界面。

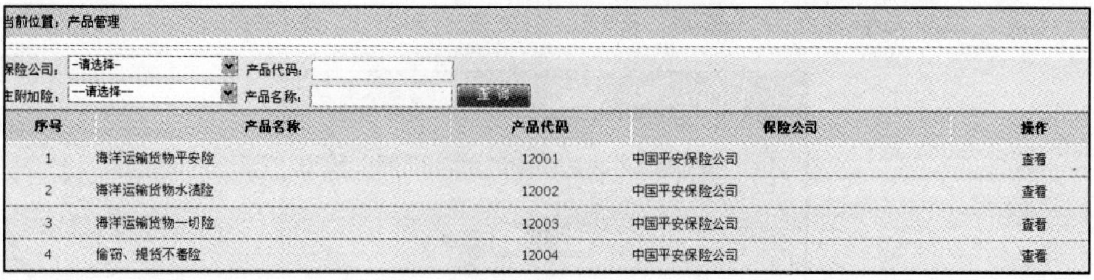

图 11-22

选择一条保险产品信息，点击该条信息“操作”栏中的“查看”，在打开界面中，查看详细的信息。

（2）询价。向保险公司询价。详细操作说明可参考其他章节的说明。

（3）投保。点击“投保”菜单，在页面右侧打开如图 11-23 所示界面。

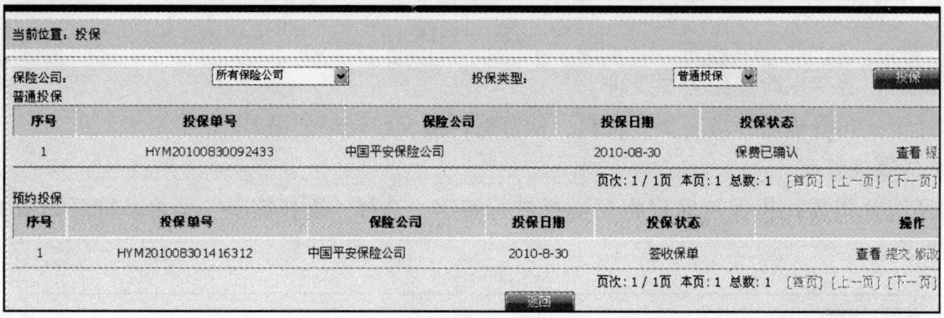

图 11-23

在此栏目中选择一家保险公司，并选择投保类型“普通投保”或“预约投保”，点击“投保”按钮，在打开界面中，填写相关内容。填写完整后，回到列表页面，点击操作栏的“提交”，将投保单提交保险公司（见图 11-24）。

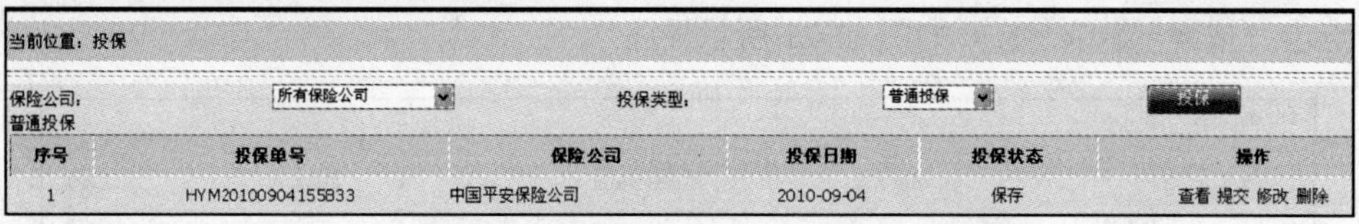

图 11-24

（4）申报。点击“申报”菜单打开如图 11-25 所示界面。

图 11-25

点击操作“申报”，填写货物运输保险投保申请书，填写相关信息后，点击保存按钮，系统提示如图 11-26 所示。

图 11-26

在“申报记录”列表中将申报信息提交给保险公司（见图 11-27）。

图 11-27

2. 保全业务部

保全业务部的业务包括：变更申请和注销退保。

（1）变更申请。点击“变更申请”业务，打开如图 11-28 所示界面。

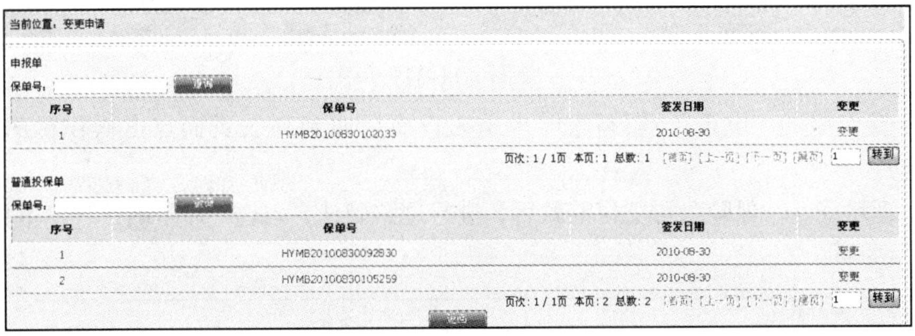

图 11-28

点击操作栏的“变更”，填写变更申请单，填写完后点击“申请”按钮，返回变更业务列表，将申请提交给保险公司。

（2）注销退保。点击“注销退保”菜单，打开如图 11-29 所示界面。

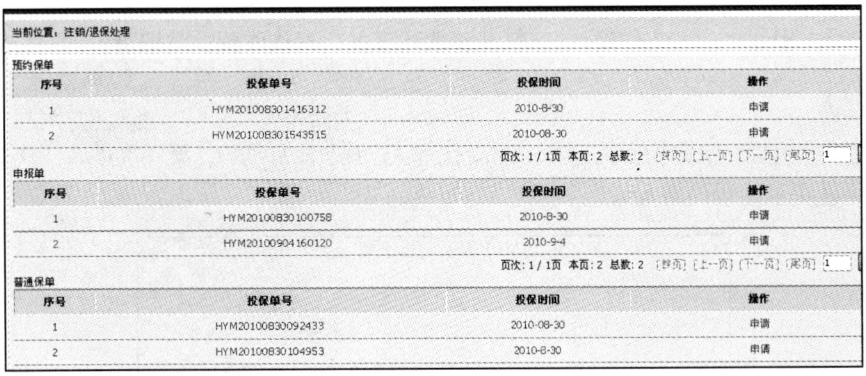

图 11-29

点击“操作”栏中的“申请”，在打开的注销退保审批表中，填写信息，点击“保存”按钮，添加成功后点击“提交”。

3. 理赔中心

理赔中心的业务包括：报案、理赔申请、理赔确认（见图 11-30）。

图 11-30

（1）报案。向保险公司报案。报案操作详细操作说明可参考其他章节的说明。

（2）理赔申请。保险公司提交查勘报告后进行理赔申请。点击“理赔申请”菜单，打开如图 11-31 所示界面。

当前位置：理赔申请

序号	报案号	勘查人员	勘查日期	勘查结果	申请状态	操作
1	JBA20091102102232	小张	2009-11-02	结果	未申请	申请

图 11-31

点击操作栏的“申请”，填写索赔申请表，而后回到列表页面点击操作栏的“提交”即可。

（3）理赔确认。保险公司支付赔款后，进行理赔确认，点击“理赔确认”菜单打开如图 11-32 所示界面。

当前位置：赔付确认

申请单号： 查询

序号	申请单号	申请时间	申请状态	操作
1	SPD20100904150212	2010-09-04	立案	支付确认

页次：1 / 1页 本页：1 总数：1 [首页] [上一页] [下一页] [尾页] 1 转

返回

图 11-32

客户点击操作栏的“支付确认”，打开赔款计算书，确认收到赔款即可。

财险代理人

在进入运输货物险实验后，选择“财险代理人”（见图 11-33），第一次进入“代理人操作平台”，系统提示注册代理人信息。

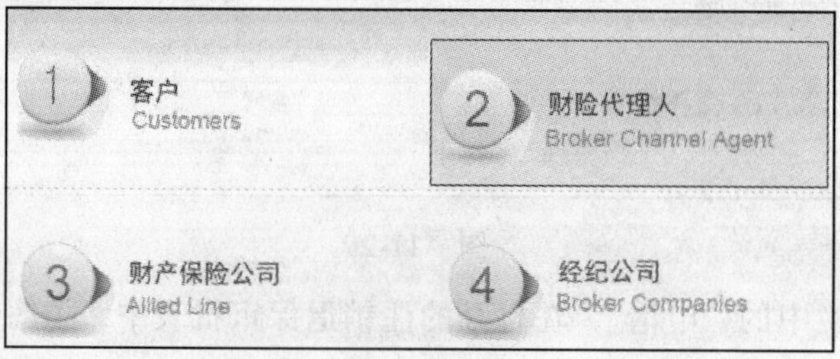

图 11-33

进入“代理人操作平台”后，界面如图 11-34 所示。

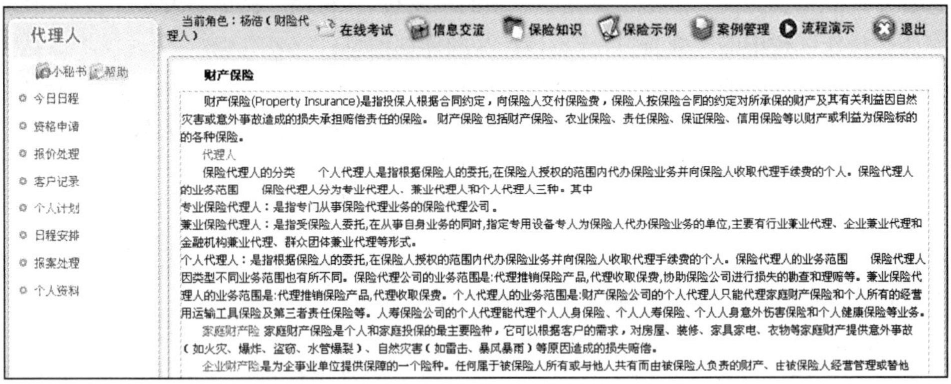

图 11-34

财险代理人的相关操作请参考其他险种“财险代理人”的内容，此处不再重复说明。

财产保险公司

在进入运输货物险实验后，选择“财产保险公司”，第一次进入“财产保险公司操作平台”，应进行财产保险公司注册。

进入财产保险公司操作平台首页面如图 11-35 所示，分别选择财产保险公司的各个部门处理业务。

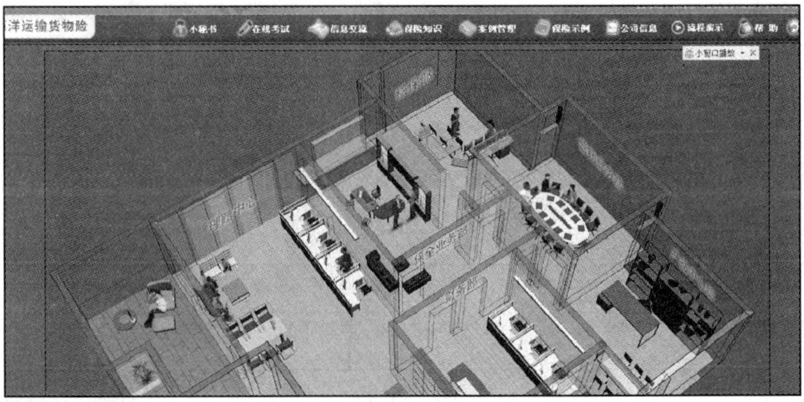

图 11-35

产品部

点击“产品管理”菜单，打开如图 11-36 所示界面。

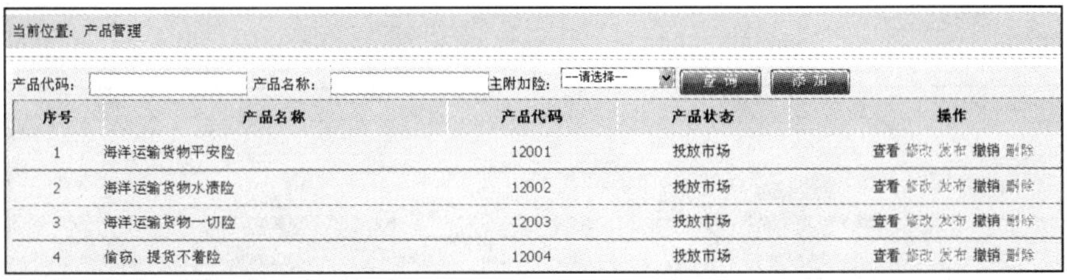
当前位置：产品管理

产品代码：　产品名称：　主附加险：--请选择--

序号	产品名称	产品代码	产品状态	操作
1	海洋运输货物平安险	12001	投放市场	查看 修改 发布 撤销 删除
2	海洋运输货物水渍险	12002	投放市场	查看 修改 发布 撤销 删除
3	海洋运输货物一切险	12003	投放市场	查看 修改 发布 撤销 删除
4	偷窃、提货不着险	12004	投放市场	查看 修改 发布 撤销 删除

图 11-36

点击“添加”按钮，添加产品信息。

添加后回到列表页面，点击“操作”栏中的“发布”，将该产品信息发布，投放市场。

点击“操作”栏中的“查看”，查看该产品的详细信息；

点击“操作”栏中的“修改”，更新该条信息；

点击“操作”栏中的“撤销”，将已推向市场的保险产品设置为停售状态；

点击“操作”栏中的“删除”，删除该条信息。

提示：财产保险公司必须要将保险产品进行发布，客户才能进行投保。

核保部

核保部的业务包括：保单核保、核保查勘、保单签发。

1. 保单核保

在收到客户的投保单后，保险公司可根据客户情况进行报价，点击“保单核保”菜单，打开如图 11-37 所示界面。

当前位置：报价管理

预约投保单

投保单号： 查询

序号	投保单号	投保人	投保日期	勘查结果	投保状态	操作
1	HYM201008301543515	张继光	2010-08-30	查勘事故中货物损失情况.	提交	报价
2	HYM201008301416312	张继光	2010-8-30	查勘结束	签收保单	已报价

页次：1 / 1页 本页：2 总数：2 [首页] [上一页] [下一页] [尾页] 1 转到

图 11-37

点击操作栏的“报价”操作，打开查看投保单，选择“报价”按钮（若不同意则点击“拒绝报价”按钮），点击报价按钮后填写货物运输保险报价书，计算保费，再点击“保存”按钮，将报价单提交给客户。等待客户确认报价。

2. 核保查勘

在收到客户的预约投保后，需要进行现场勘查才能决定是否受理其投保。

点击“核保查勘”菜单，打开如图 11-38 所示界面。

当前位置：分配勘查任务

序号	投保单号	查勘人员	查勘地点	查勘时间	操作
1	HYM200911021434859	李四	上海港口	2009-1'-2	未处理

图 11-38

点击操作栏的“未处理”，填写勘查报告，等待客户确认。

3. 保单签发

在客户确认同意报价后，保险公司可签发保单，点击“保单签发”菜单，打开如图 11-39 所示界面。

当前位置：保单签发

预约保单签发

投保单号： 查询

序号	投保单号	报价单号	投保人	投保日期	操作
1	HYM201008301543515	BJS201009041612406	张继光	2010-08-30	未签发

图 11-39

点击操作栏的“未签发”，签发保单。

保全业务部

保全业务部的业务为：保单变更与注销退保。

1. 保单变更

点击“保单变更”菜单，打开如图 11-40 所示界面。

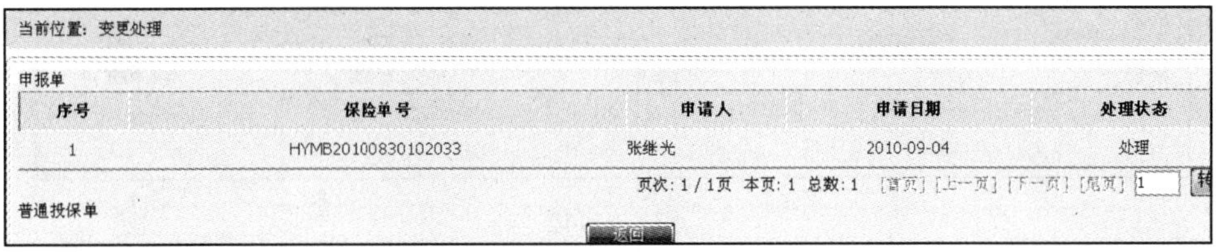
当前位置：变更处理

申报单

序号	保险单号	申请人	申请日期	处理状态
1	HYMB20100830102033	张继光	2010-09-04	处理

页次：1 / 1页 本页：1 总数：1 [首页] [上一页] [下一页] [尾页] 1 转

普通投保单

返回

图 11-40

点击操作栏中的“处理”，打开变更申请单，选择“同意变更”按钮处理变更，系统自动生成批单。

2. 注销退保

点击“注销退保”菜单，打开如图 11-41 所示界面。

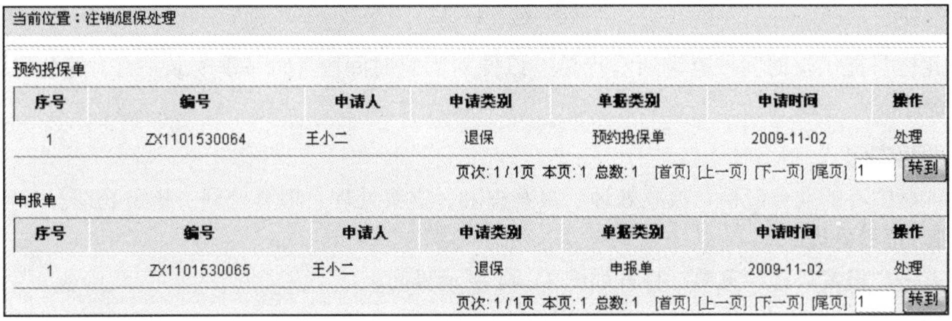
当前位置：注销/退保处理

预约投保单

序号	编号	申请人	申请类别	单据类别	申请时间	操作
1	ZX1101530064	王小二	退保	预约投保单	2009-11-02	处理

页次：1 / 1页 本页：1 总数：1 [首页] [上一页] [下一页] [尾页] 1 转到

申报单

序号	编号	申请人	申请类别	单据类别	申请时间	操作
1	ZX1101530065	王小二	退保	申报单	2009-11-02	处理

页次：1 / 1页 本页：1 总数：1 [首页] [上一页] [下一页] [尾页] 1 转到

图 11-41

点击操作栏中的“处理”，在打开页面中，处理客户的注销或退保申请。

营销部

营销部的业务包括：代理人管理、询价管理、投标管理、保单管理、业绩分析。

1. 代理人管理

代理人管理请参考其他险种实验“财产保险公司——营销部——代理人管理”的内容。

2. 询价管理

针对客户的询价信息，保险公司可以直接向客户报价，也可以指定保险代理人跟客户沟通，向客户报价。在这里可处理客户和经纪公司的询价信息。“询价管理”操作请参考其他险种实验“财产保险公司——营销部——询价管理”内容。

3. 投标管理

投标管理请查看其他险种实验“财产保险公司——营销部——投标管理”的内容。

4. 保单管理

点击“保单管理”菜单，打开如图 11-42 所示界面。

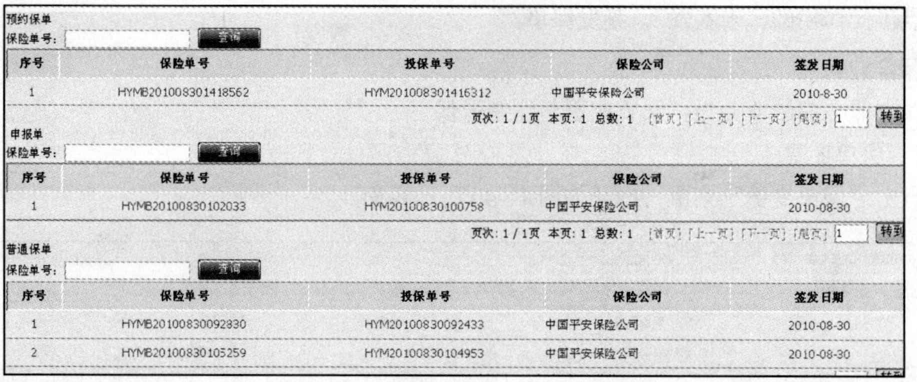

图 11-42

此栏目，可查看到所有操作过的保单的状态及投保单和保单的明细页面。

5. 业绩分析

点击“业绩分析”菜单，打开如图 11-43 所示界面。

图 11-43

此栏目提供按时间段查询所有保单，以便对固定时间段（如一季度或一月）的公司业绩进行统计。

理赔中心

理赔中心的业务包括：报案处理、报案查勘、立案处理、理算处理、核赔处理。

1. 报案处理

点击“报案处理”菜单，打开如图 11-44 所示界面。

图 11-44

点击操作栏的“未处理”，在打开页面上指派查勘人员及查勘任务并点击“受理”。

2. 报案查勘

报案受理后，进行查勘。点击“报案查勘”业务，进入如图 11-45 所示界面。

图 11-45

点击“查勘”操作，填写查勘报告。填写后点击保存查勘报告，返回查勘列表。在客户同意后再提交。

3. 立案处理

在收到客户的理赔申请书后，可进行立案处理。

点击页面左侧的“立案处理”菜单打开如图 11-46 所示界面。

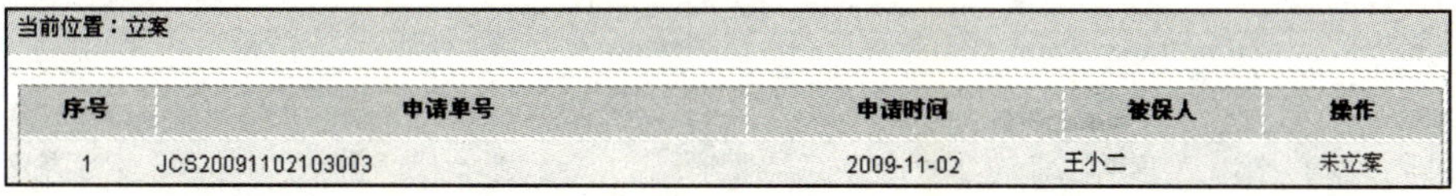

图 11-46

点击操作栏的“未立案”，在打开的页面中填写立案说明并同意立案，立案完成；若不同意，则表明不受理此次保险案件。

4. 理算处理

点击“理算处理”菜单，打开如图 11-47 所示界面。

图 11-47

点击操作栏的“理算”，在打开页面填写详细理算数据，如理赔额等，然后保存。

5. 核赔处理

点击“核赔处理”菜单，打开如图 11-48 所示界面。

图 11-48

点击操作栏的“核赔”，在打开页面可操作是否同意此核赔内容。

财务部

财务部业务包括：保单扣费、理赔支付、财务管理。

1. 保单扣费

客户在缴费后，财务部应进行保费确认。点击“保单扣费”菜单，打开如图 11-49 所示界面。

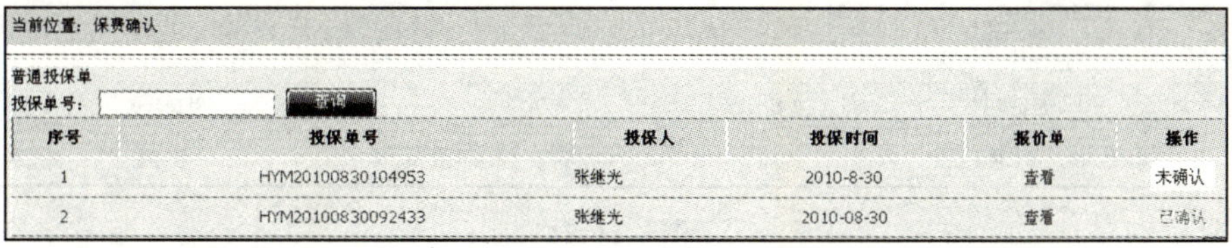

图 11-49

点击“操作”栏中的“未确认”，完成扣费操作。

2. 理赔支付

核赔处理通过后，进行理赔支付。

点击“理赔支付”菜单，打开如图 11-50 所示界面。

当前位置：支付

立案号： 查询

序号	立案号	立案时间	申请单号	操作
1	JCL20091102103302	2009-11-02	JCS20091102103003	支付

图 11-50

点击操作栏的“支付”，成功支付赔款。

3. 财务管理

点击“财务管理”菜单，打开收付记录界面，此栏目可查阅到本公司所有保费收入、赔款支出以及退款情况，并可按收支类型或日期进行查询。

经纪公司

经纪公司在财险业务、客户中心、财务中心中处理业务。

在角色选择页面内选择“经纪公司”，第一次进入“经纪公司操作平台”，系统提示注册公司信息。

财险业务

选择“财险业务”，进入船舶业务框。寿险业务包括：产品管理、报价管理、询价管理、委托管理、委托投保、招标管理、投标管理、委托报案。

1. 产品管理

点击“产品管理”菜单，打开运输货物险列表，选择一条保险产品信息，点击该条信息“操作”栏中的“查看”，在打开界面中，查看详细的信息。或者输入险种名称、保险公司名称，点击“产品标记”下拉框，从中选择一种险种，然后点击“查询”按钮，查看符合条件的保险产品。

2. 报价管理

报价管理详细操作说明可参考其他章节的说明。

3. 询价管理

报价管理详细操作说明可参考其他章节的说明。

4. 委托管理

点击“委托管理”菜单，打开如图 11-51 所示界面。

您当前的位置：受理委托

险种类型：运输货物险

序号	经纪公司	委托日期	委托详情	处理状态	操作
1	中怡保险经纪有限公司	2010-9-4	委托中怡保险经纪有限公司投保.	未处理	未受理

图 11-51

点击“未受理”操作，查看委托信息选择“同意受理”或“拒绝受理”按钮。

受理后等待客户填写委托资料后进行投保。

5. 委托投保

点击“委托投保”菜单，打开如图 11-52 所示界面。

海洋货物险预约委托投保

序号	投保单号	委托日期	处理状态	操作
1		2010-9-4	已受理	保存 投保

图 11-52

客户提交委托资料后，进行委托投保。在委托投保列表中点击“操作”栏中的“投保”，填写投保单进行投保。选择保险公司和主险，填写赔偿限额、保险金额等信息后，点击“保存”按钮，系统提示如下（见图 11-53）。

图 11-53

点击“确定”返回列表，在列表中将该保险单发送给客户，等待签字（见图 11-54）。

海洋货物险预约委托投保

序号	投保单号	委托日期	处理状态	操作
1	HYM201009041632843	2010-9-4	已受理	保存 查看 修改 提交

图 11-54

6. 招标管理

“招标管理”详细操作说明可参考其他章节的说明。

7. 投标管理

“招标管理”详细操作说明可参考其他章节的说明。

8. 委托报案

经纪公司对自己接受客户委托办理的工程险，在客户委托报案后，接受客户的人身事故报案，并进行处理。

点击“委托报案”菜单，进入如图 11-55 所示界面。

您当前的位置：委托报案管理

险种类型：运输货物险

序号	报案号	报案人	报案时间	操作
1	HBA20100904155335	张继光	2010-09-04	处理

图 11-55

选择一条信息，点击该条信息“操作”栏中的“处理”，在打开界面中，填写受理描述，点击“报案”将报案信息发给保险公司。

客户中心

客户中心的业务是进行客户管理。

在客户中心选择“客户管理”业务，进入如图 11-56 所示界面。

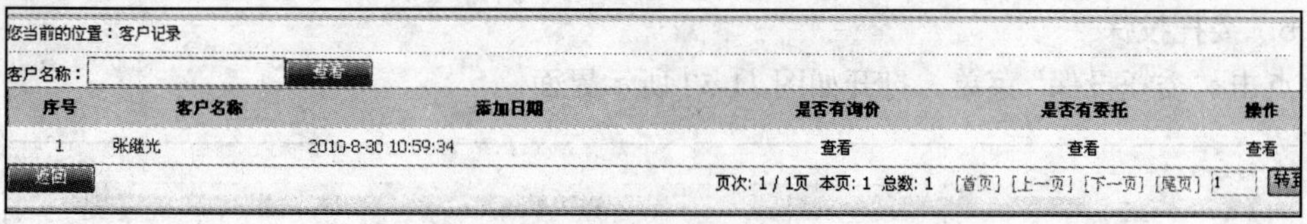

图 11-56

显示本公司的客户列表，可分别查看该客户的询价信息、委托信息和客户基本资料。

财务中心

财务中心的业务包括：收付记录和经纪费确认。详细操作说明可参考其他章节的说明。

第十二章

实验六　工程保险业务实训

第一节　实验目的和内容

一、实验准备

1. 理论基础知识准备

学生应了解我国工程保险的基本情况，熟悉我国工程保险的主要险种及其保险责任和责任免除，掌握工程保险的主要单证的名称、含义、内容以及作用，熟悉工程保险承保实务处理。

2. 教学准备

（1）场地准备：配有电脑的保险实训实验室、学院及周边环境。

（2）教学资料准备：工程保险相关单证、工程保险案例、工程保险险种条款及费率、各保险公司资料及网站。

二、实验目的

通过本实验项目要求学生了解工程保险承保与理赔的业务流程及其要点，认识工程保险各业务环节的意义和目的，掌握工程保险承保理赔各业务环节工作的具体内容和要求。

三、实验操作要求

（1）自由组合，全班分为若干个小组，各组推选出组长一名，组长将本组组员名单及联系方式交由学习委员汇总后上交老师。

（2）各组在组长的协调下进行分工，共同完成实验内容。

（3）在搜集国内各保险公司所售工程保险险种时，老师应提醒学生注意其特色险种，尤其是附加险和特约条款。

（4）本实验项目完成后，各位学生独立完成实验报告上交老师。

四、课后实验拓展

通过访问国内各财产保险公司官方网站或实地调查，了解工程保险产品的知名度、美誉度以及投保情况。

第二节 工程保险业务操作实训

【实训内容 12-1】工程保险产品调查实训

（1）实训目的：了解和熟悉我国的工程保险产品。

（2）实训内容：以小组为单位，通过网络平台了解我国各公司的工程保险产品并进行比较，特别关注各保险公司的特色工程保险产品（条款）及服务项目。

（3）要求完成：每个小组推荐一款你们认为最有特色的工程保险产品条款并进行介绍，随机抽查演示。

【实训内容 12-2】工程保险业务操作流程实训

本实验的目的在于了解和掌握工程保险的业务流程各环节和操作要求。由小组成员依次扮演客户、财产保险公司、财险代理人和经纪公司四个角色，模拟工程保险各环节，学生从所扮演角色的角度出发，熟悉和掌握工程保险业务各环节的操作要点及相关技巧；学会填写工程保险相关单证。

登录保险核心业务实验教学软件系统，完成下列工程保险业务实验操作项目（见表 12-1 ～表 12-4 和图 12-1 ～图 12-5）。

表 12-1 客户所需要完成的操作项目一览表

序号	得分项	得分（分）	最大得分（分）	所属阶段
1	客户建工险向保险公司询价	1	5	投保
2	客户建工险向经纪公司询价	1	5	
3	客户建工险向财险代理人询价	1	5	
4	客户建工险直接向保险公司投保	1	5	
5	客户建工险委托保险公司	1	5	
6	客户建工险委托详情提交	1	5	
7	客户建工险委托投保单签字	1	5	
8	客户建工险投保报价确认	1	5	
9	客户建工险保单签收	1	5	
10	客户建工险保费支付	1	5	
11	建工险保险单变更提交	1	5	
12	客户建工险危险事故向保险公司报案	1	5	索赔
13	客户建工险危险事故向经纪公司报案	1	5	
14	客户建工险危险事故向财险代理人报案	1	5	
15	客户建工险危险事故查勘确认	1	5	
16	客户建工险危险事故理赔申请	1	5	
17	客户建工险危险事故支付确认	1	5	

表 12-2　财产保险公司所需要完成的操作项目一览表

序号	得分项	得分（分）	最大得分（分）	所属阶段
1	建工险产品添加	1	5	承保
2	建工险询价处理	1	5	
3	建工险投保报价发送	1	5	
4	建工险投标发送	1	5	
5	建工险保单签发	1	5	
6	建工险保费确认支付	1	5	
7	建工险变更处理	1	5	
8	建工险危险事故报案处理	1	5	理赔
9	建工险危险事故报案查勘	1	5	
10	建工险危险事故立案处理	1	5	
11	建工险危险事故理算处理	1	5	
12	建工险危险事故核赔处理	1	5	
13	建工险危险事故核赔支付	1	5	

表 12-3　财险代理人所需要完成的操作项目一览表

序号	得分项	得分（分）	最大得分（分）	所属阶段
1	建工险客户询价处理	1	5	投保
2	建工险客户危险事故报案处理	1	5	理赔
3	建工险客户危险事故向保险公司报案	1	5	

表 12-4　经纪公司所需要完成的操作项目一览表

序号	得分项	得分（分）	最大得分（分）	所属阶段
1	经纪公司（建工险）	1	5	投保
2	建工险客户询价处理	1	5	
3	建工险客户委托处理	1	5	
4	建工险委托投保	1	5	
5	建工险委托招标发布	1	5	
6	建工险委托招标开标	1	5	
7	建工险客户报案处理	1	5	理赔
8	建工险危险事故向保险公司报案	1	5	

工程责任险流程图

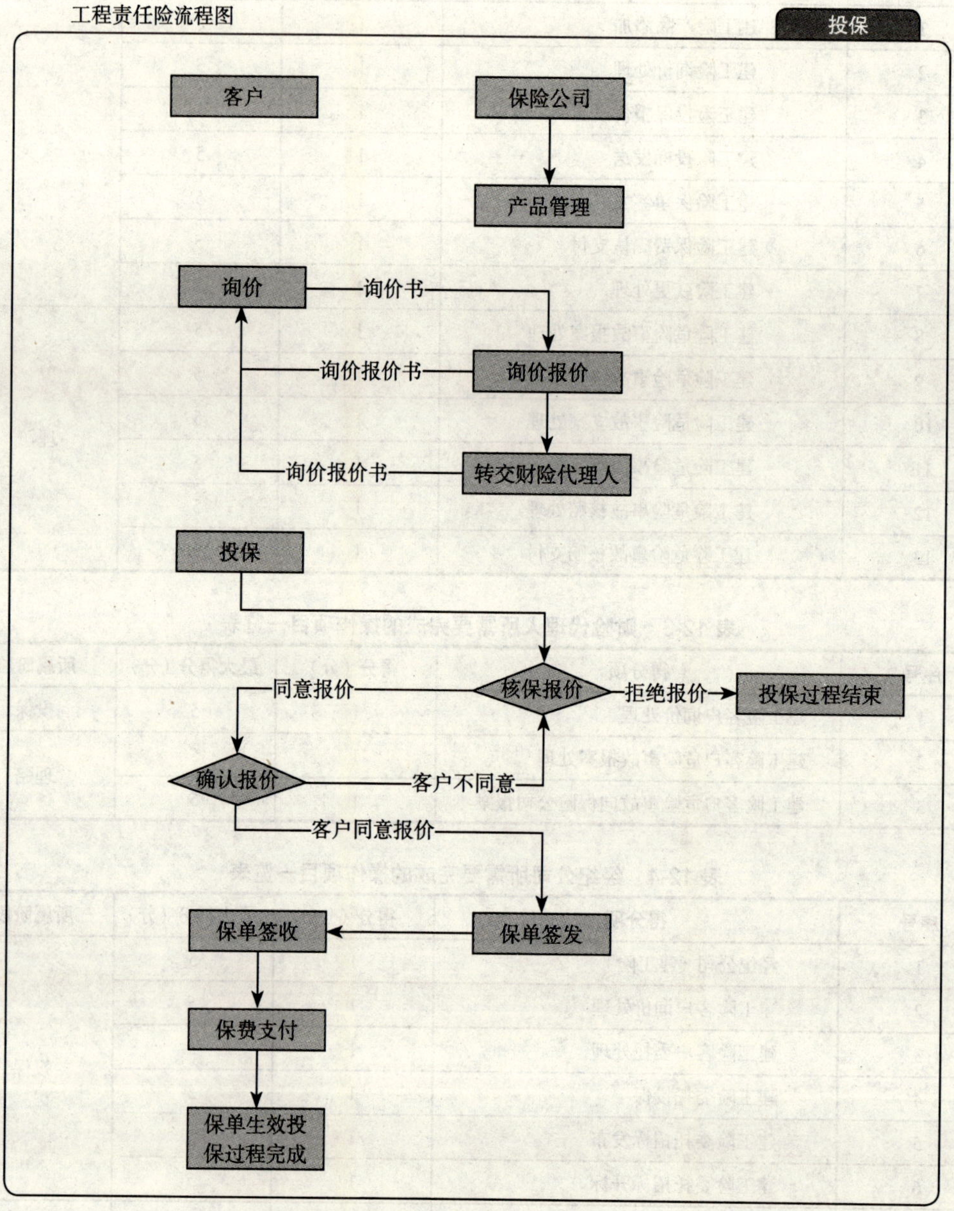

图 12-1

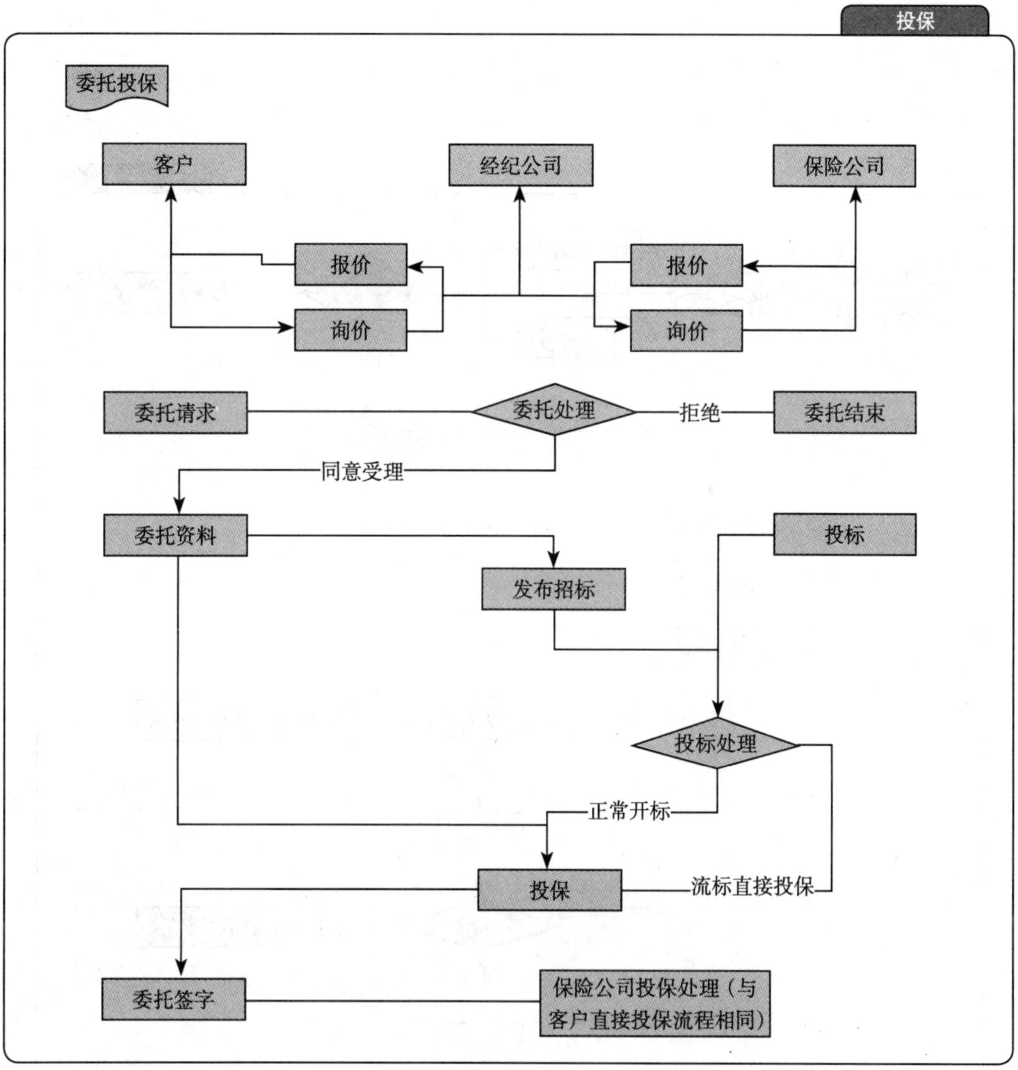
投保
委托投保
客户
经纪公司
保险公司
报价
询价
报价
询价
委托请求
委托处理
拒绝
委托结束
同意受理
委托资料
投标
发布招标
投标处理
正常开标
投保
流标直接投保
委托签字
保险公司投保处理（与客户直接投保流程相同）

图　12-2

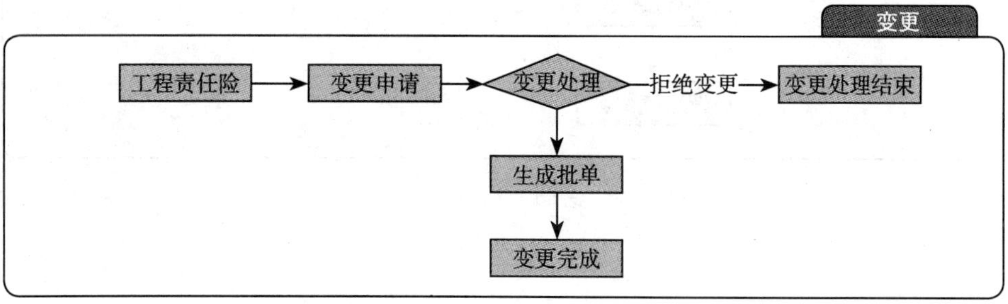
变更
工程责任险
变更申请
变更处理
拒绝变更
变更处理结束
生成批单
变更完成

图　12-3

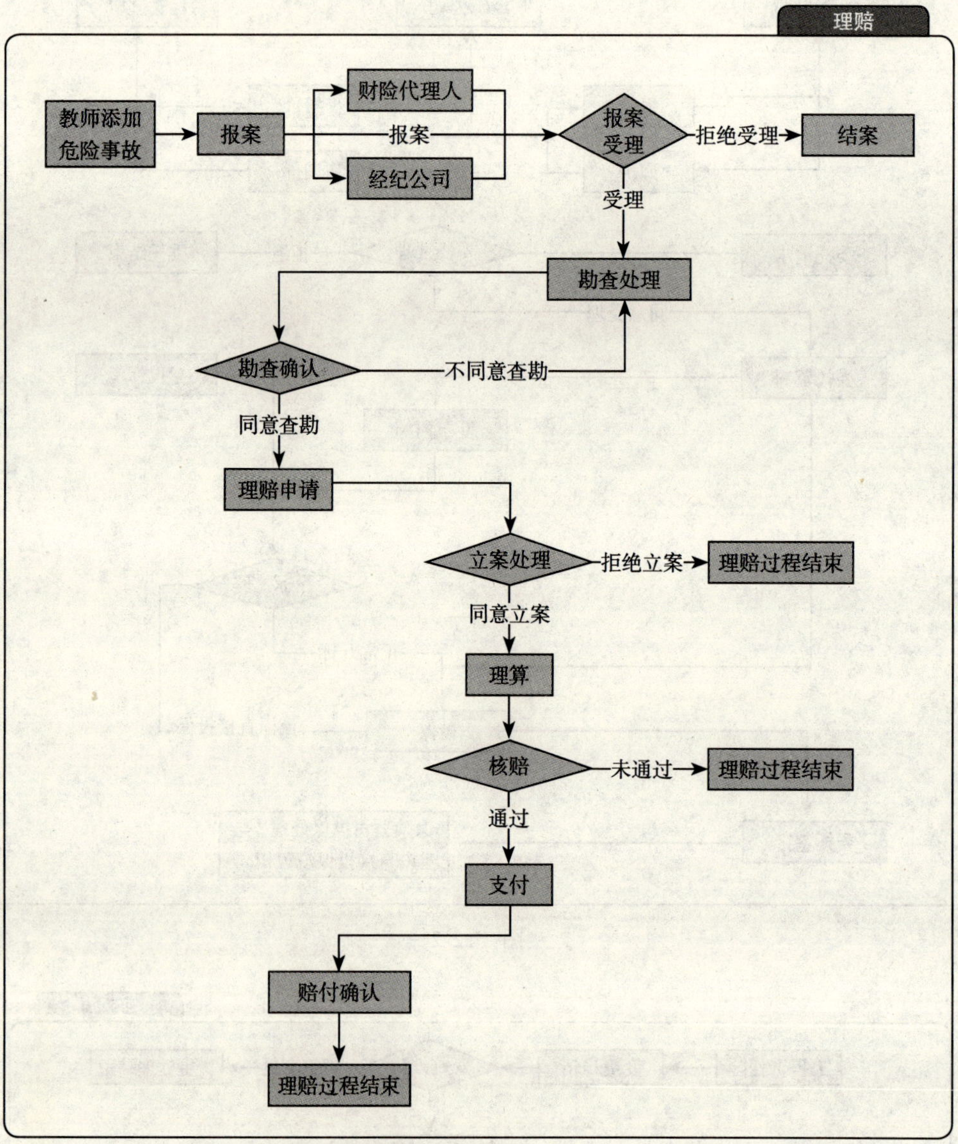
理赔
教师添加危险事故
报案
财险代理人
经纪公司
报案
报案受理
拒绝受理
结案
受理
勘查处理
勘查确认
不同意查勘
同意查勘
理赔申请
立案处理
拒绝立案
理赔过程结束
同意立案
理算
核赔
未通过
理赔过程结束
通过
支付
赔付确认
理赔过程结束

图 12-4

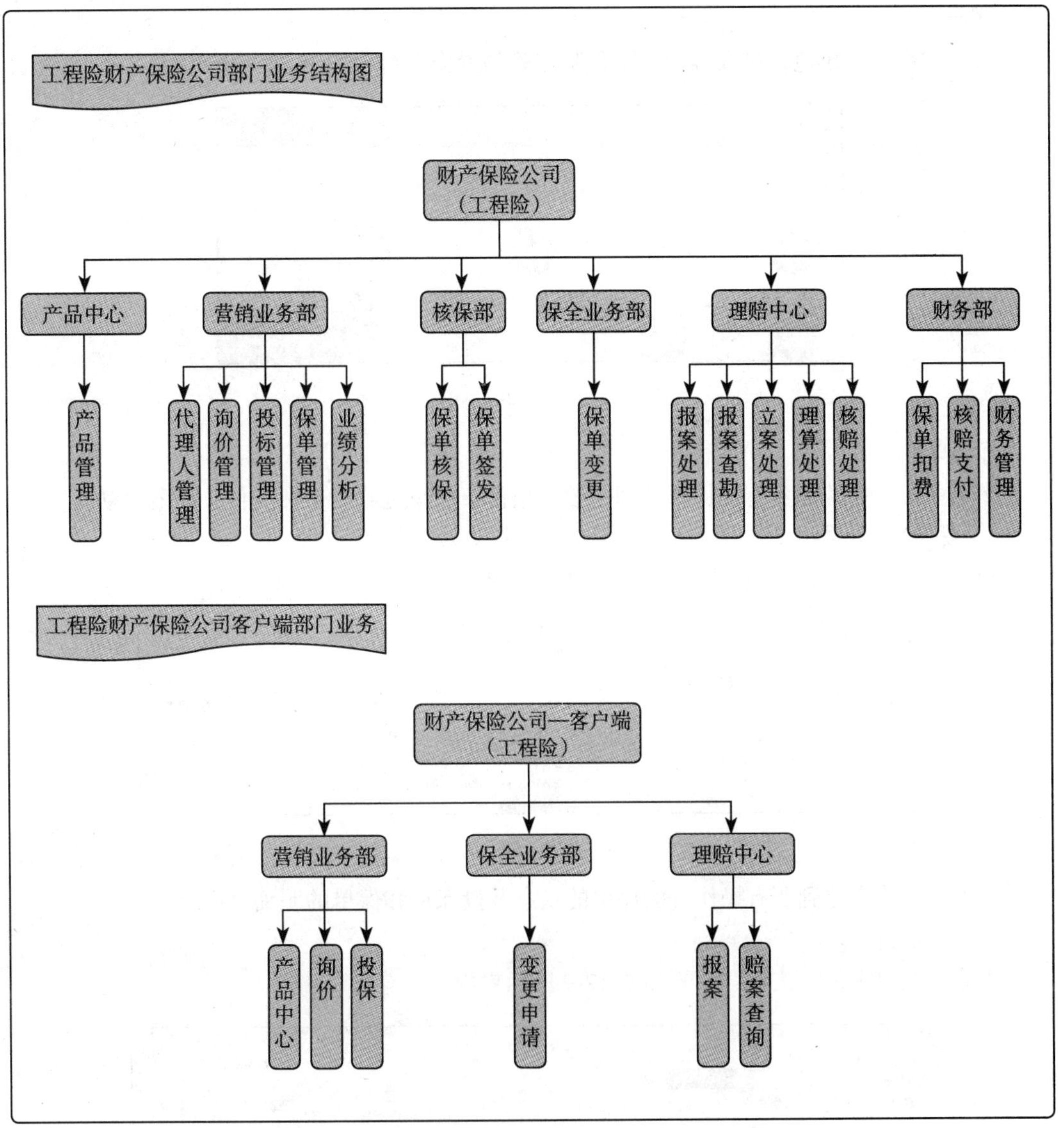

图 12-5

在实验选择框内选择“责任险”实验，查看实验信息，并点击“进入实验”按钮，进入该实验的角色选择页面（见图 12-6）。

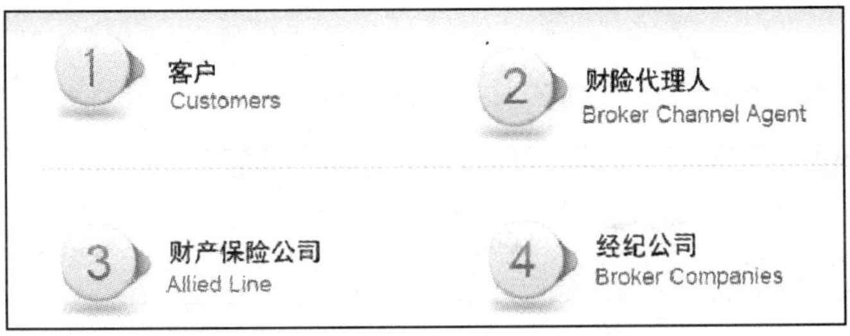

图 12-6

客户

选择“客户”角色，进入客户在工程险实验的操作平台，如图 12-7 所示。

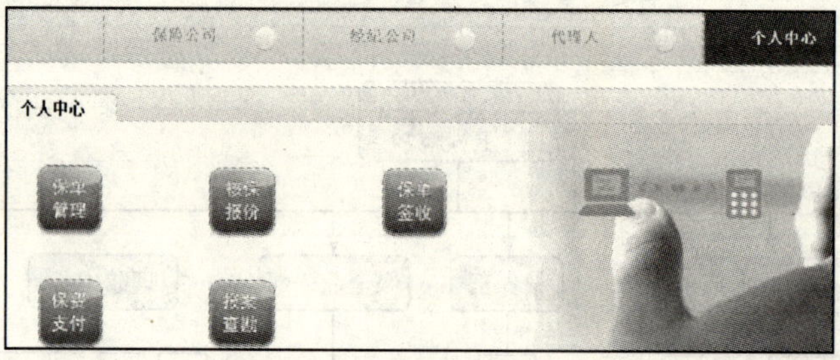

图 12-7

个人中心

个人中心包括的业务有：保单管理、核保报价、保单签收、保费支付、报案查勘。

1. 保单管理

点击“保单管理”按钮，打开如图 12-8 所示界面。

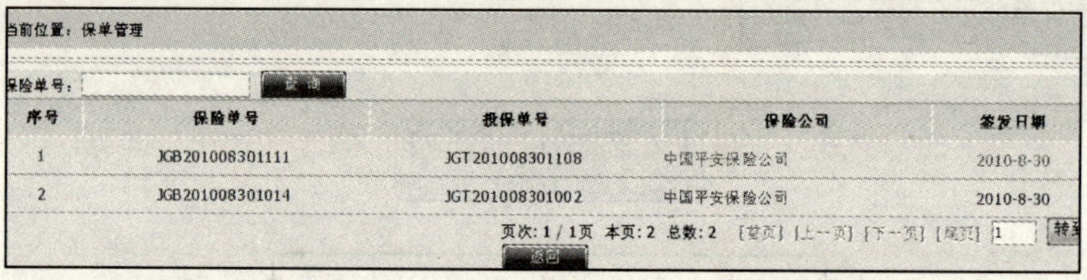

序号	保险单号	投保单号	保险公司	签发日期
1	JGB201008301111	JGT201008301108	中国平安保险公司	2010-8-30
2	JGB201008301014	JGT201008301002	中国平安保险公司	2010-8-30

图 12-8

此栏目，可查看到所有操作过的保单的状态及投保单和保单的明细页面。

2. 核保报价

点击“核保报价”按钮，打开如图 12-9 所示界面。

序号	投保单号	所属保险公司	投保时间	操作
1	JGT200911021048	中国人民财产保险股份有限公司	2009-11-02	未回复

图 12-9

在收到保险公司的报价后，可在此栏目查看，并点击“未回复”，对此报价进行回复同意与否。

3. 保单签收

点击“保单签收”按钮，打开如图 12-10 所示界面。

序号	保险单号	保险公司	投保单号	签发日期	操作
1	JGB200911021100	中国人民财产保险股份有限公司	JGT200911021048	2009-11-2	签收

图 12-10

点击操作栏的“签收”，签收保单完毕。

4. 保费支付

点击“保费支付”按钮，打开如图 12-11 所示界面。

当前位置：保费支付

保险单号：　查询

序号	保险单号	投保单号	保险公司	签发日期	操作
1	JGB200911021100	JGT200911021048	中国人民财产保险股份有限公司	2009-11-2	保费支付

图　12-11

点击操作栏的“保费支付”，保费支付完毕。

5. 报案查勘

点击“报案查勘”菜单，打开查勘确认列表，在列表中点击“处理”，打开查勘报告，进行确认操作，确认完状态如图 12-12 所示。

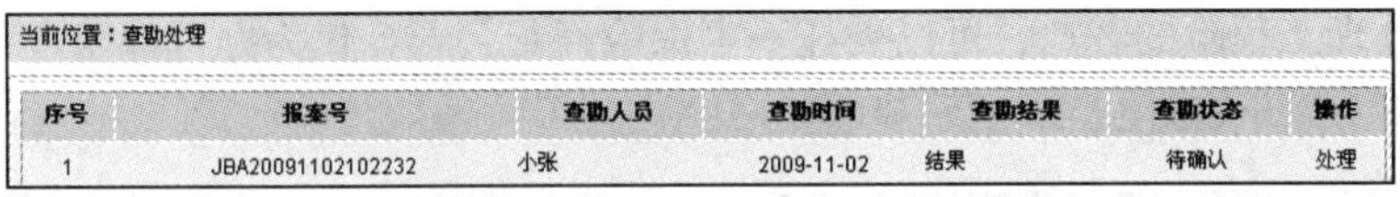
当前位置：查勘处理

序号	报案号	查勘人员	查勘时间	查勘结果	查勘状态	操作
1	JBA20091102102232	小张	2009-11-02	结果	待确认	处理

图　12-12

代理人

客户在“代理人”模块中操作询价和报案两个业务（见图 12-13）。

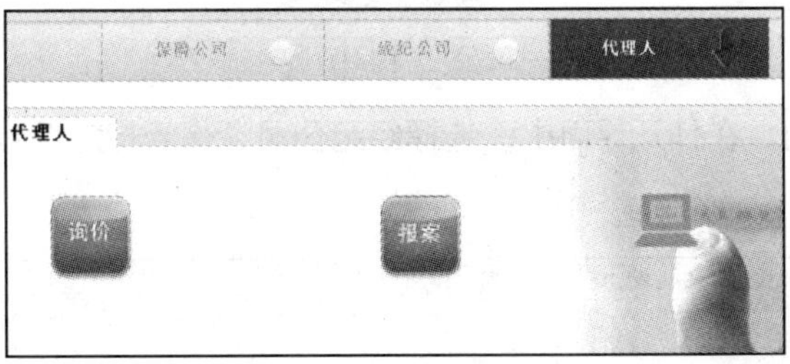

图　12-13

详细操作说明可参考其他章节的说明。

经纪公司

客户角色进入经纪公司的财险业务部办理委托投保、询价、报案等相关业务（见图 12-14）。

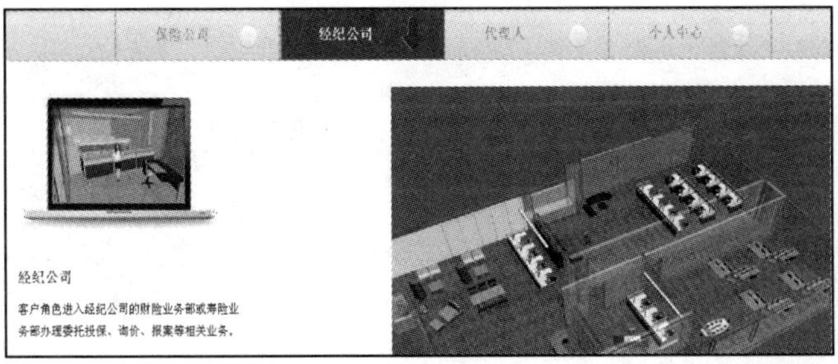

图　12-14

选择经纪公司，点击右侧的模拟图进入经纪公司的财险业务部办理业务。

财险业务部的业务包括：询价、投保委托、委托签字、报案（见图 12-15）。

图 12-15

1. 询价

选择询价业务，进入询价列表。向经纪公司询价操作请参考其他章节的说明。

2. 投保委托

准备要办理工程险的客户，可以委托一家保险经纪公司，代为办理保险业务。点击“投保委托”业务，打开如图 12-16 所示界面。

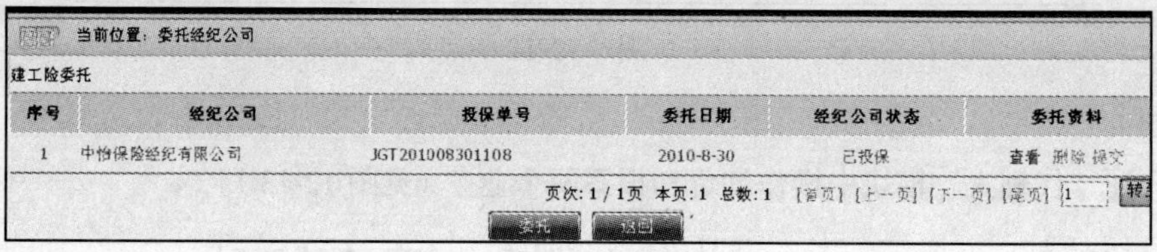

图 12-16

点击“委托”按钮，在打开界面中，选择经纪公司、是否指定保险公司，填写委托详情，如图 12-17 所示。

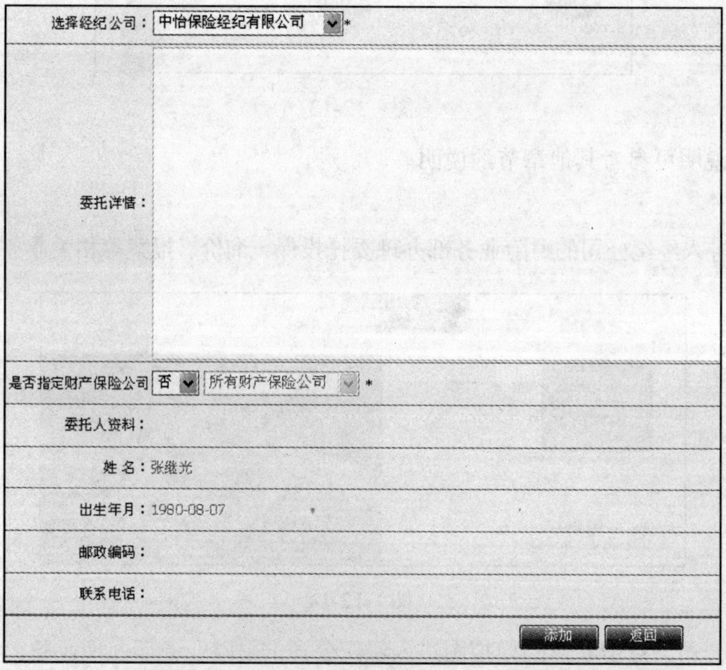

图 12-17

点击“添加”按钮，系统提示如图 12-18 所示。

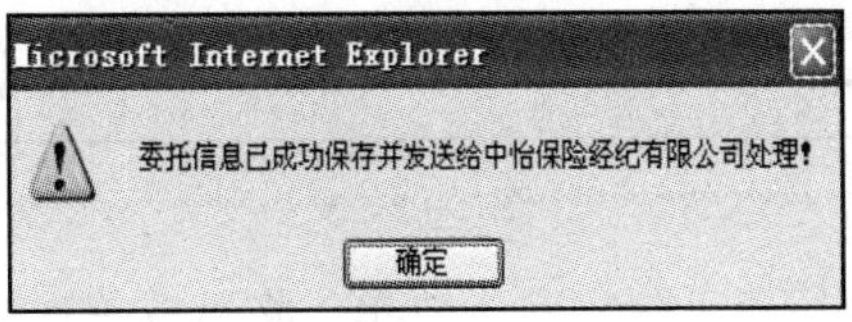

图　12-18

点击“确定”按钮，跳转至如图 12-19 所示界面。

序号	经纪公司	投保单号	委托日期	经纪公司状态	委托资料
1	中怡保险经纪有限公司	无	2010-9-3	未处理	未受理
2	中怡保险经纪有限公司	JGT201008301108	2010-8-30	已投保	查看　删除　提交

页次:1 / 1页　本页:2　总数:2　[首页] [上一页] [下一页] [尾页] 1 转到

委托　返回

图　12-19

此时，等待保险经纪公司受理。

经纪公司受理后，填写委托资料，保存后再提交给经纪公司（见图 12-20）。

当前位置：委托经纪公司

建工险委托

序号	经纪公司	投保单号	委托日期	经纪公司状态	委托资料
1	中怡保险经纪有限公司	无	2010-9-3	已受理	未填写

图　12-20

3. 委托签字

投保后客户将对委托进行签字。选择“委托签字”菜单，打开如图 12-21 所示界面。

当前位置：保单签字

序号	经纪公司	委托日期	委托详情	处理状态	是否签字
1	中怡保险经纪有限公司	2010-8-30	委托中怡保险经纪有限公司办理工程责任险事务	提交	未签字

页次: 1 / 1页　本页: 1　总数: 1　[首页] [上一页] [下一页] [尾页] 1 转

返回

图　12-21

选择未签字的委托，点击“未签字”操作，完成签字。

4. 报案

点击“报案”菜单，打开如图 12-22 所示界面。

当前位置：报案

序号	事故名称	事故时间	操作
1	事故2	2010-09-03	报案
2	事故3	2010-09-03	报案

页次: 1 / 1页　本页: 2　总数: 2　[首页] [上一页] [下一页] [尾页]

返回

图　12-22

点击“报案”，选择经纪公司，如图 12-23 所示。

图 12-23

点击“报案”按钮，填写建工险危险事故单，将事故单提交给经纪公司，系统提示如图 12-24 所示。

图 12-24

保险公司

客户角色进入财产保险公司的营销中心、保全业务和理赔中心办理投保、保单保全、理赔等相关业务。

1. 营销部

营销部的业务包括：产品管理、询价、投保。

（1）产品管理。点击“产品管理”菜单，打开如图 12-25 所示界面。

当前位置：产品管理

产品代码： 产品名称： 保险公司：-请选择- 查询

序号	产品名称	产品代码	保险公司	产品状态	操作
1	建筑、安装工程险	12001	中国平安保险公司	投放市场	查看
2	第三者责任险	12001	中国平安保险公司	投放市场	查看
3	施工机器、设备险	12002	中国平安保险公司	投放市场	查看
4	建筑工程一切险及第三责任险	12003	中国平安保险公司	投放市场	查看
5	安装工程一切险及第三责任险	12004	中国平安保险公司	投放市场	查看
6	建房工程险	12005	中国平安保险公司	投放市场	查看
7	户外广告媒体安装工程组合险	12006	中国平安保险公司	投放市场	查看

页次：1 / 1页 本页：7 总数：7 [首页] [上一页] [下一页] [尾页] 1 转到

返回

图 12-25

选择一条保险产品信息，点击该条信息“操作”栏中的“查看”，在打开界面中，查看详细的信息。

（2）询价。向保险公司询价。操作请参考其他章节的说明。

（3）投保。点击“投保”菜单，打开如图 12-26 所示界面。

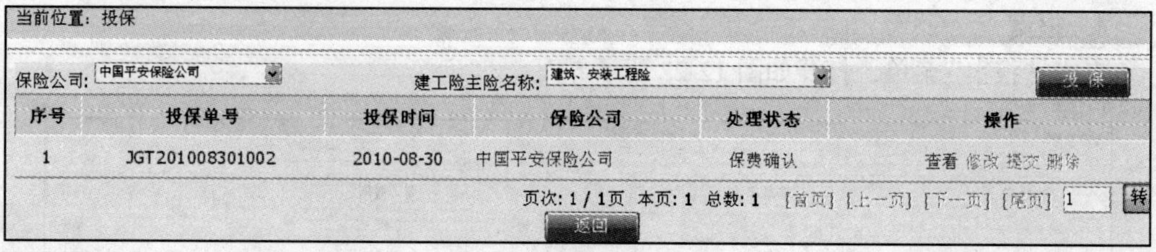

当前位置：投保

保险公司：中国平安保险公司 建工险主险名称：建筑、安装工程险 投保

序号	投保单号	投保时间	保险公司	处理状态	操作
1	JGT201008301002	2010-08-30	中国平安保险公司	保费确认	查看 修改 提交 删除

页次：1 / 1页 本页：1 总数：1 [首页] [上一页] [下一页] [尾页] 1 转

返回

图 12-26

在此栏目中选择一家保险公司，再选择一项保险产品，然后点击“投保”按钮，在打开界面中，填写信息，如图 12-27 所示。

图　12-27

填写完整后，点击“确定”按钮，保存成功。页面跳转至列表页面（见图 12-28）。

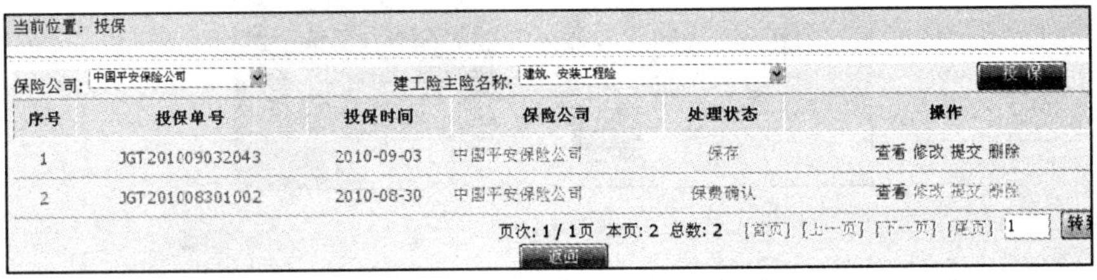

图　12-28

点击“操作”栏中的“提交”，将投保单提交给保险公司。

2. 保全业务部

点击“变更申请”，打开如图 12-29 所示界面。

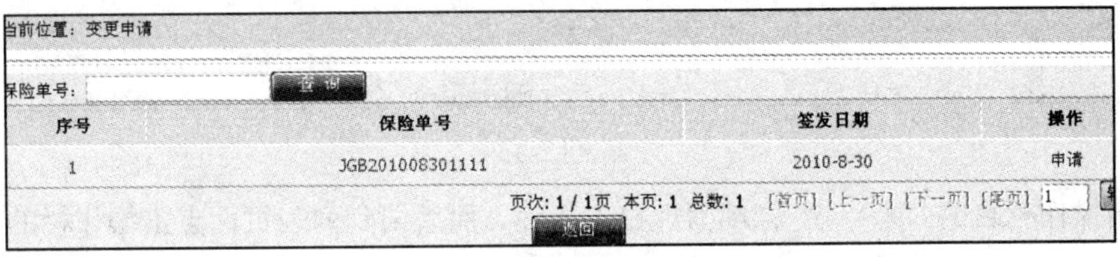

图　12-29

点击操作栏的“申请”，出现如图 12-30 所示界面。

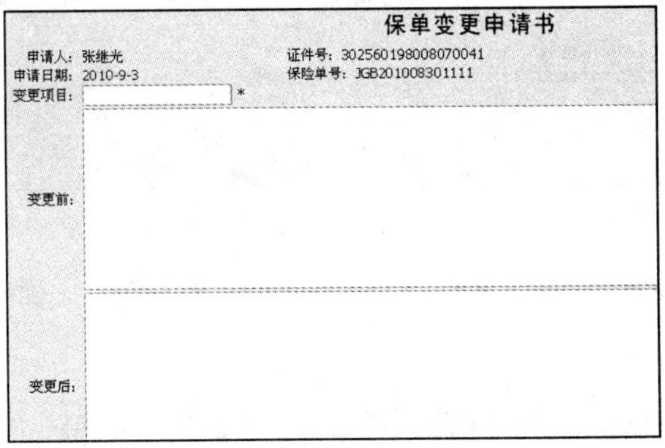

图　12-30

填写完申请书后，点击“提交”后，系统提示如图 12-31 所示。

图 12-31

3. 理赔中心

理赔中心的业务包括：报案、理赔申请、理赔确认（见图 12-32）。

图 12-32

（1）报案。向保险公司报案。报案操作请参考其他章节的说明。

（2）理赔申请。点击“理赔申请”菜单，在页面右侧打开如图 12-33 所示界面。

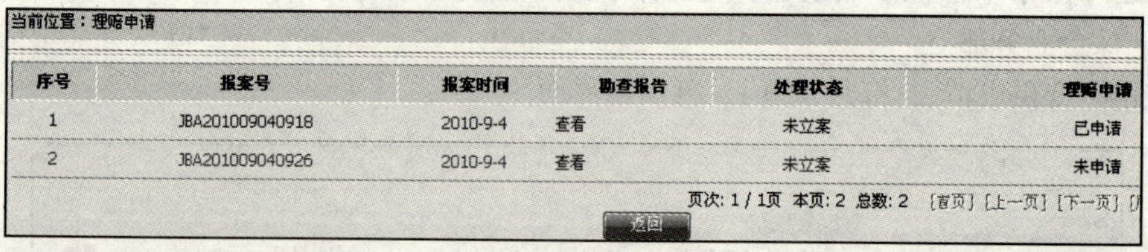

当前位置：理赔申请

序号	报案号	报案时间	勘查报告	处理状态	理赔申请
1	JBA201009040918	2010-9-4	查看	未立案	已申请
2	JBA201009040926	2010-9-4	查看	未立案	未申请

页次：1 / 1页 本页：2 总数：2 [首页] [上一页] [下一页]

返回

图 12-33

点击操作栏目的“未申请”，填写理赔申请表，而后回到列表页面点击操作栏的“提交”即可。

（3）理赔确认。点击“理赔确认”菜单打开如图 12-34 所示界面。

当前位置：支付确认

申请单号： 查询

序号	申请单号	申请时间	申请状态	操作
1	JGS201009040932562	2010-9-4	已申请	支付确认

页次：1 / 1页 本页：1 总数：1 [首页] [上一页] [下一页]

返回

图 12-34

在保险公司已经支付赔款后，客户点击操作栏的“确认支付”，确认收到赔款即可。

财险代理人

在进入工程险实验后，选择“财险代理人”（见图 12-35），第一次进入“代理人操作平台”，系统提示注册代理人信息。

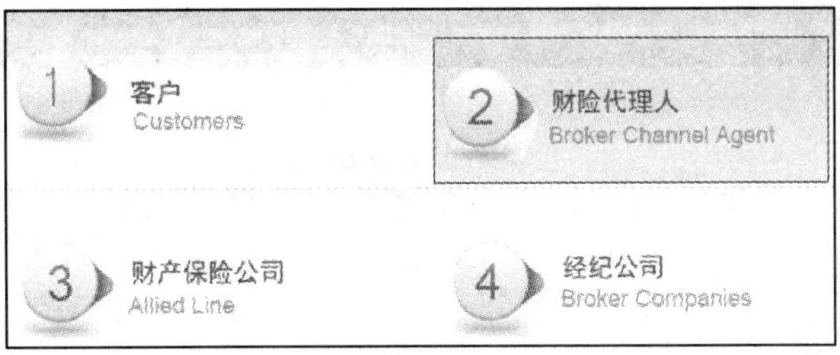

图　12-35

进入“代理人操作平台”后，界面如图 12-36 所示。

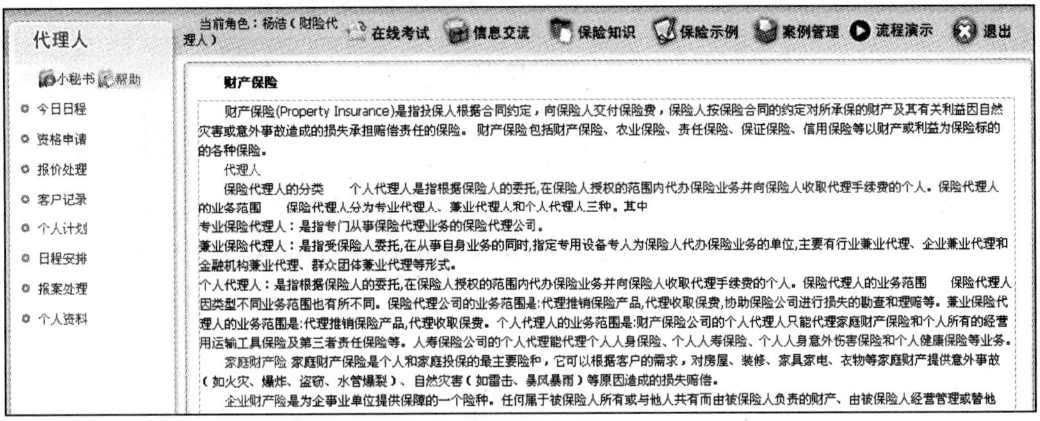

图　12-36

财险代理人的相关操作请参考其他章节的说明。此处不再重复说明。

财产保险公司

在进入工程险实验后，选择“财产保险公司”，第一次进入“财产保险公司操作平台”，系统提示如图 12-37 所示。

图　12-37

点击“确定”按钮，打开财产保险公司基本信息注册界面，在该界面中输入相关的信息，完成注册。

进入财产保险公司操作平台首页面，分别选择财产保险公司的各个部门处理业务。

产品部

点击“产品管理”菜单，在页面右侧打开如图 12-38 所示界面。

点击“添加”按钮，在打开界面中，输入产品名称、条款并选择“主 / 附加险”，如图 12-39 所示。

点击“保存”按钮，系统提示保存成功。点击“确定”按钮，打开如图 12-40 所示界面。

图 12-38

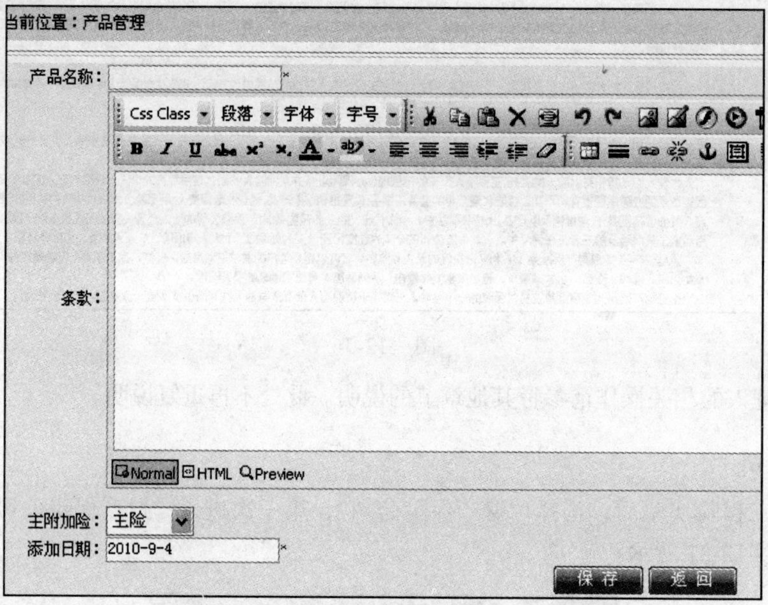

图 12-39

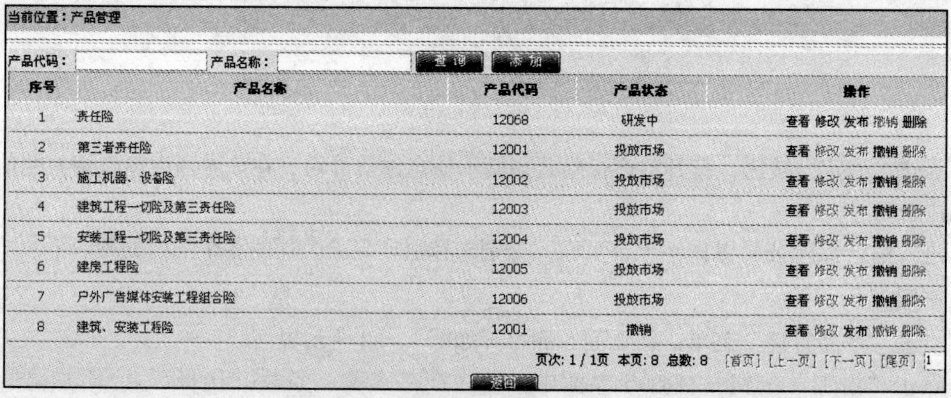

图 12-40

选择一条保险产品信息，点击“操作”栏中的“查看”，查看该产品的详细信息；

点击“操作”栏中的“修改”，更新该条信息；

点击“操作”栏中的“发布”，将该产品信息发布，投放市场；

点击“操作”栏中的“撤销”，将已推向市场的保险产品设置为停售状态；

点击“操作”栏中的“删除”，删除该条信息。

提示：财产保险公司必须要将保险产品进行发布，客户才能进行投保。

核保部

核保部的业务包括：保单核保、保单签发。

1. 保单核保

在收到客户的投保单后，保险公司可根据客户情况进行报价，点击页面左侧的“投保→报价管理”菜单，在页面右侧打开如图 12-41 所示界面。

当前位置：报价管理

序号	投保单号	投保人	投保时间	操作
1	JGT201009032043	杭州建元隧道发展有限公司	2010-09-03	未报价
2	JGT201008301108	杭州建元隧道发展有限公司	2010-08-30	已报价

图 12-41

点击操作栏的“未报价”，查看投保单，点击“同意报价”按钮，设置保险费率，计算保费，向客户发送报价单。

2. 保单签发

在客户确认同意报价后，保险公司可签发保单，点击“保单签发”菜单，打开如图 12-42 所示界面。

当前位置：保单签发

序号	投保单号	投保人	投保时间	操作
1	JGT201008301108	杭州建元隧道发展有限公司	2010-08-30	签发
2	JGT201008301002	杭州建元隧道发展有限公司	2010-08-30	已签发

图 12-42

点击操作栏的“签发”，签发保单。

保全业务部

保全业务部的业务为：保单变更。

点击“保单变更”菜单，打开如图 12-43 所示界面。

当前位置：变更处理

序号	保险单号	申请人	申请日期	操作
1	JGB200911021100	王小二	2009-11-2	未处理

图 12-43

点击操作栏中的“未处理”，在打开界面中，操作处理变更，系统将自动生成批单，客户端可查看。

营销部

营销部的业务包括：代理人管理、询价管理、投标管理、保单管理、业绩分析。

1. 代理人管理

点击“代理人管理”菜单（见图 12-44），打开代理人申请列表，选择“申请”状态的代理人，点击操作“处理”，在打开界面中，填写业务范围、销售区域、结果说明，点击“通过”按钮，系统提示：代理人申请信息已通过。

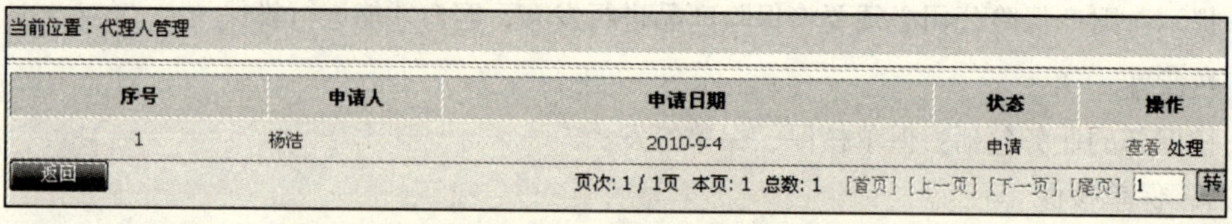

图 12-44

提示：*若不批准代理的资格申请，则点击“拒绝”按钮。*

2. 询价管理

针对客户的询价信息，保险公司可以直接向客户报价，也可以指定保险代理人跟客户沟通，向客户报价。在这里可处理客户和经纪公司的询价信息。“询价管理”操作请参考其他章节的说明。

3. 投标管理

招标管理的操作请参考其他章节的说明。

4. 保单管理

点击“保单管理”菜单打开如图 12-45 所示界面。

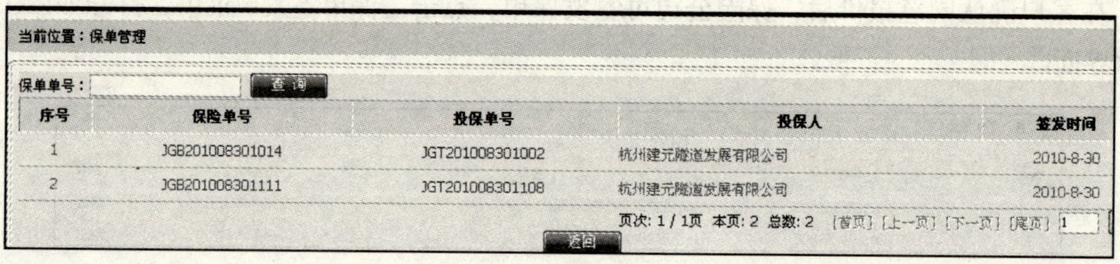

图 12-45

此栏目，可查看到所有操作过的保单的状态及投保单和保单的明细页面。

5. 业绩分析

点击“业绩分析”菜单，打开如图 12-46 所示界面。

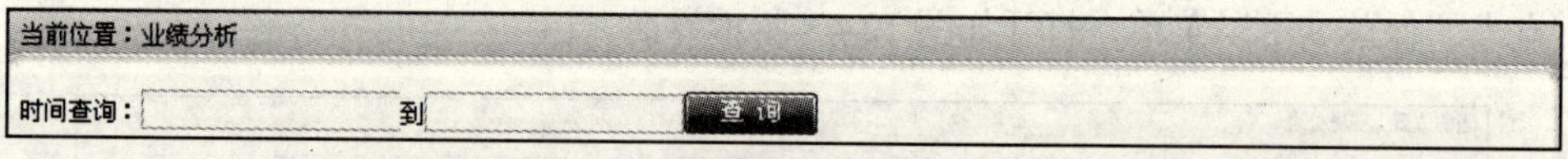

图 12-46

此栏目提供按时间段查询所有保单，以便对固定时间段（如一季度或一月）的公司业绩进行统计。

理赔中心

理赔中心的业务包括：报案处理、报案查勘、立案处理、理算处理、核赔处理。

1. 报案处理

点击“报案处理”菜单，打开如图 12-47 所示界面。

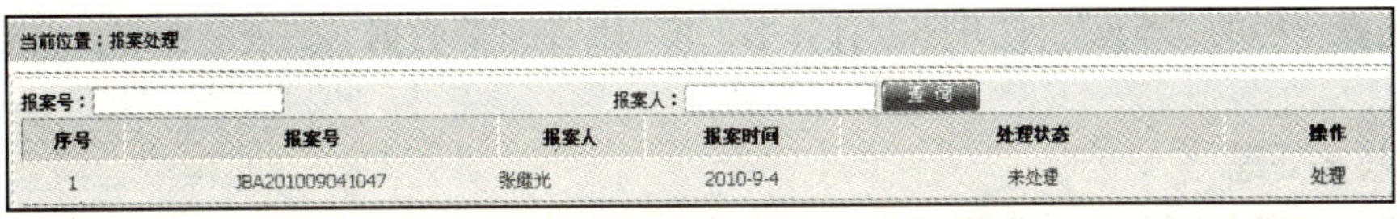

图 12-47

点击“操作”栏中的“处理”，在打开界面中，填写查勘人员、地点、时间和任务描述，点击“受理”按钮，系统提示受理已通过（若拒绝请填写拒绝立案说明）(见图 12-48）。

图 12-48

2. 报案查勘

报案受理后，进行查勘。点击“报案查勘”业务，进入如图 12-49 所示界面。

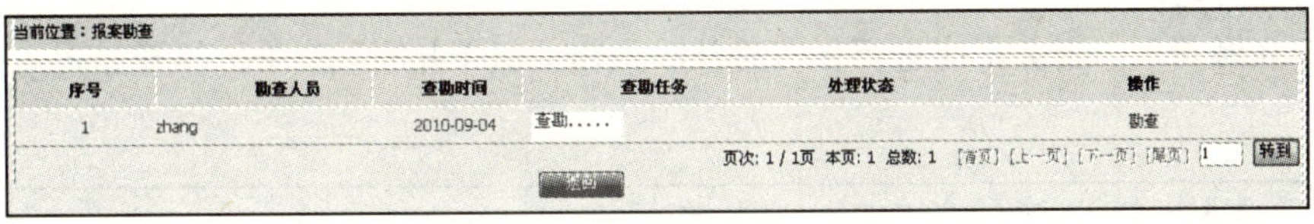

图 12-49

点击“查勘”操作，填写查勘报告。填写点击保存查勘报告，返回查勘列表。在客户同意后再提交。

3. 立案处理

在收到客户的理赔申请书后，可进行立案处理。

点击“立案处理”菜单，打开如图 12-50 所示界面。

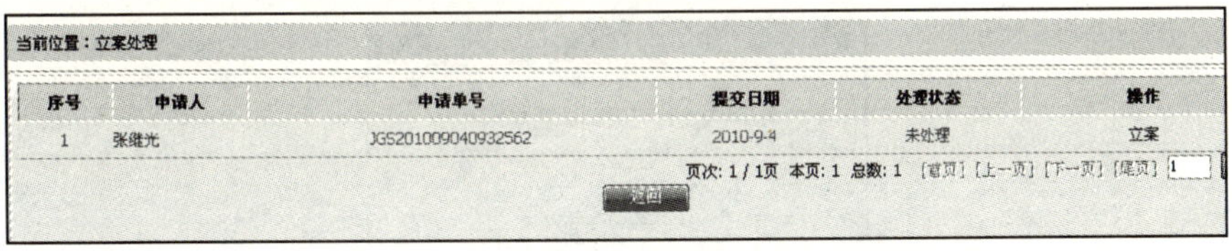

图 12-50

点击操作栏的“立案”，在打开的页面中填写立案说明并同意立案，立案完成；若不同意，则表明不受理此次保险案件。立案处理后进行理算处理。

4. 理算处理

点击“理算处理”菜单，打开如图 12-51 所示界面。

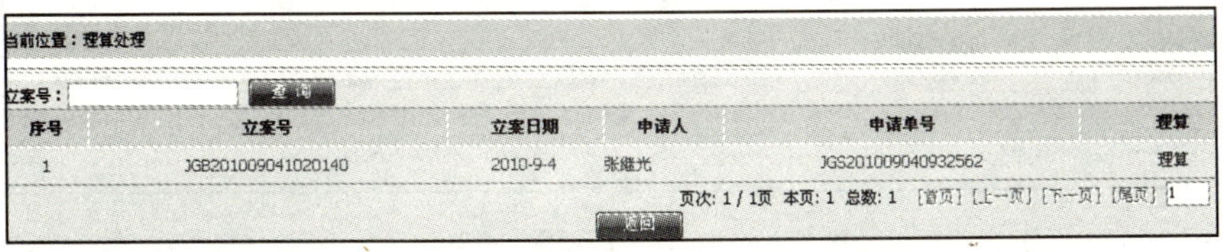

图 12-51

点击操作栏的“理算”，打开赔款计算书，填写详细理算数据，如理赔额等，点击“保存”按钮。

5. 核赔处理

点击“核赔处理”菜单，打开界面，点击操作栏的“未处理”，在打开页面可操作是否同意此核赔内容。核赔通过，系统提示如图 12-52 所示。

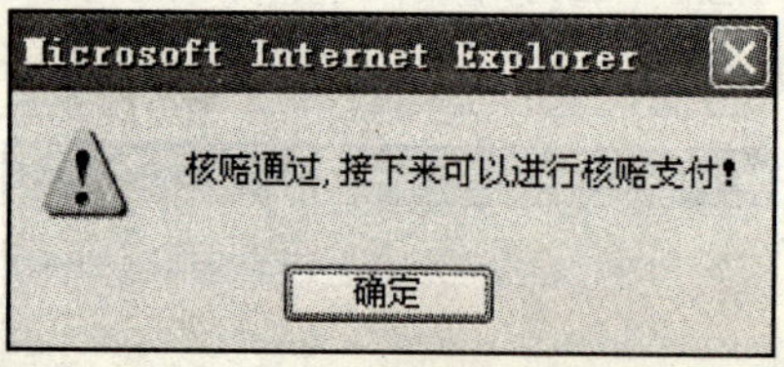

图 12-52

财务部

财务部业务包括：保单扣费、理赔支付、财务管理。

1. 保单扣费

客户在缴费后，财务部应进行保费确认。点击“保单扣费”菜单，打开如图 12-53 所示界面。

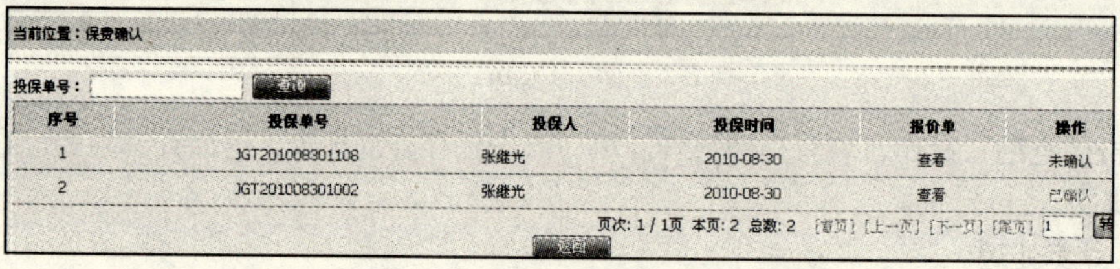

图 12-53

点击“操作”栏中的“未确认”，系统提示如图 12-54 所示。

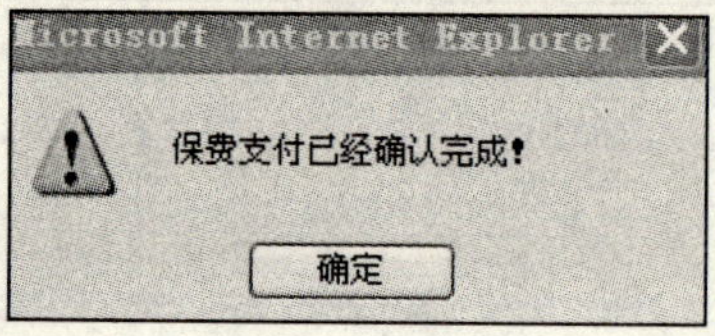

图 12-54

点击“确定”按钮。

2. 理赔支付

核赔处理通过后，进行理赔支付。点击“理赔支付”菜单，打开如图 12-55 所示界面。

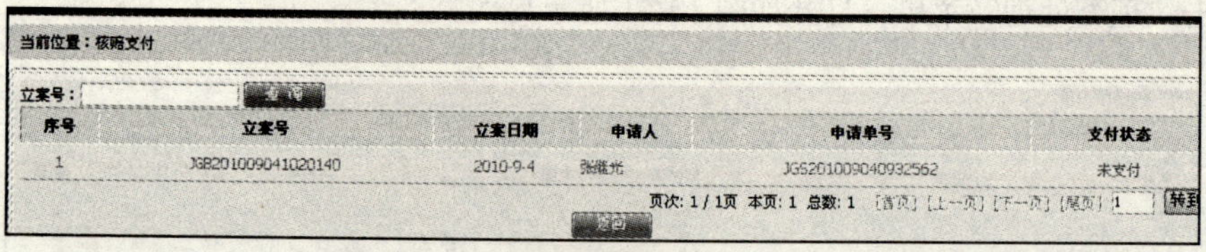

图 12-55

点击“未支付”，系统提示已支付，点击“确定”按钮。

3. 财务管理

点击“财务管理”菜单，打开如图 12-56 所示界面。

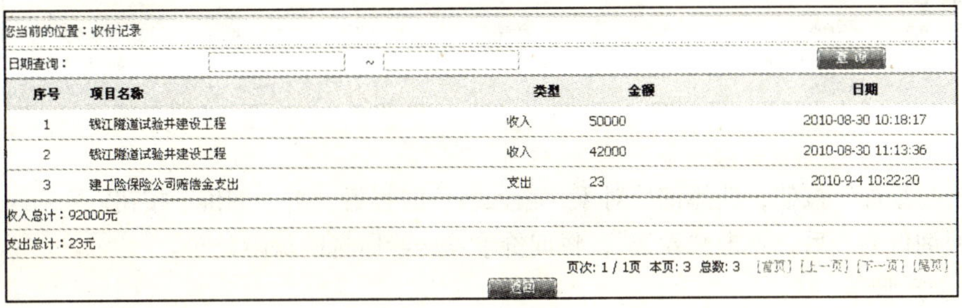

图　12-56

此栏目可查阅到本公司所有保费收入、赔款支出以及退款情况，并可按收支类型或日期进行查询。

经纪公司

经纪公司在财险业务、客户中心、财务中心中处理业务。

在角色选择页面内选择“经纪公司”，第一次进入“经纪公司操作平台”，系统提示注册公司信息。(详细请查阅其他章节关于“经纪公司”的操作说明)

财险业务

选择“财险业务”，进入工程险业务框。寿险业务包括：产品管理、报价管理、询价管理、委托管理、委托投保、招标管理、投标管理、委托报案。

1. 产品管理

点击“产品管理”菜单，打开如图 12-57 所示界面。

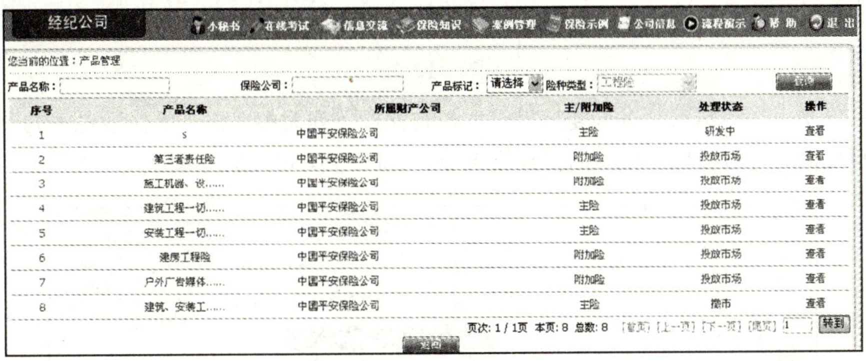

图　12-57

选择一条保险产品信息，点击该条信息“操作”栏中的“查看”，在打开界面中，查看详细的信息。或者输入险种名称、险种代码、保险公司名称，点击“险种种类”下拉框，从中选择一种险种，然后点击“查询”按钮，查看符合条件的保险产品。

2. 报价管理

报价管理请参阅其他章节的内容。

3. 询价管理

向保险公司询价。点击“询价管理”菜单，进入如图 12-58 所示界面。

图 12-58

点击“添加”按钮，选择询价对象，输入询价内容后点击“询价”按钮。

返回询价列表后，点击“发送”，将询价单发送给所选的保险公司。

4. 委托管理

点击“委托管理”菜单，打开如图 12-59 所示界面。

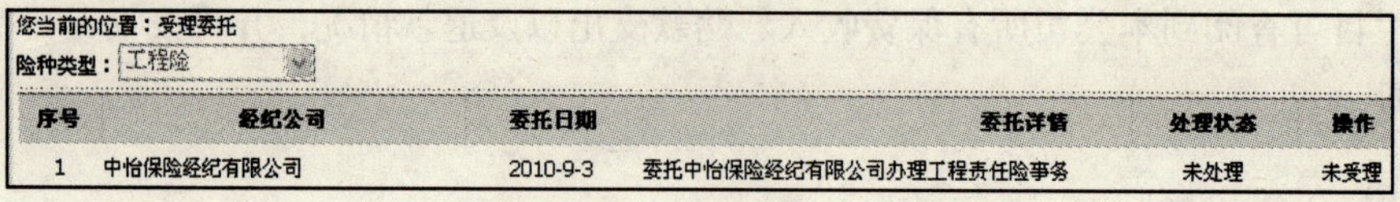

图 12-59

点击“未受理”操作，查看委托信息选择“同意受理”或“拒绝受理”按钮。

受理后等待客户填写委托资料。

5. 委托投保

点击“委托投保”菜单，打开如图 12-60 所示界面。

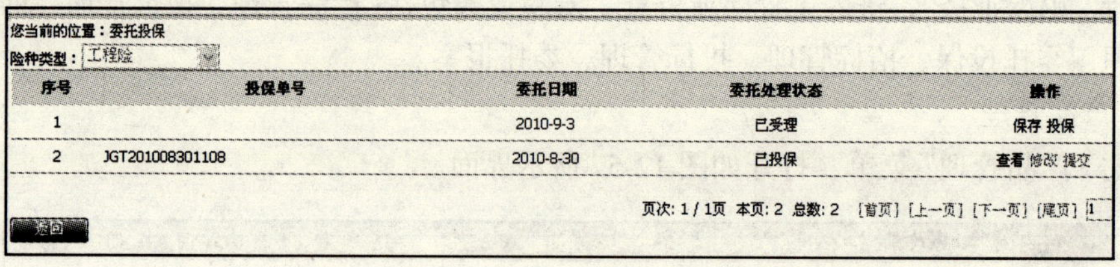

图 12-60

客户提交委托资料后，进行委托投保。在委托投保列表中点击“操作”栏中的“投保”，填写投保单进行投保。填写后保存投保单，返回列表（见图 12-61）。

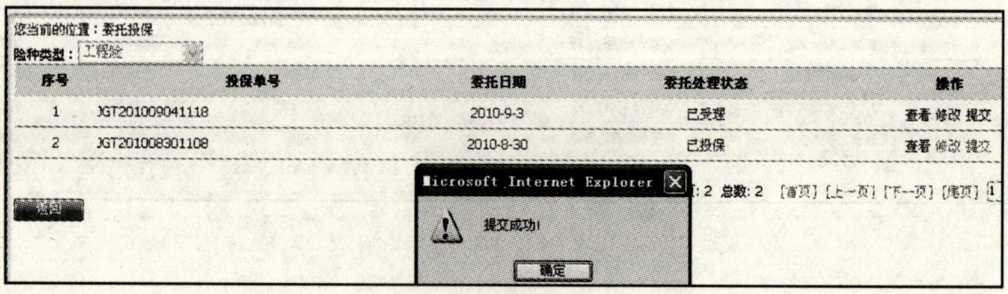

图 12-61

在列表中将该保险单发送给客户，等待签字。

6. 招标管理

“招标管理”详细操作请参考其他章节相关的操作说明。

7. 投标管理

“招标管理”详细操作请参考其他章节相关的操作说明。

8. 委托报案

经纪公司对自己接受客户委托办理的工程险，在客户委托报案后，接受客户的人身事故报案并进行处理。

点击“委托报案”菜单，打开如图 12-62 所示界面。

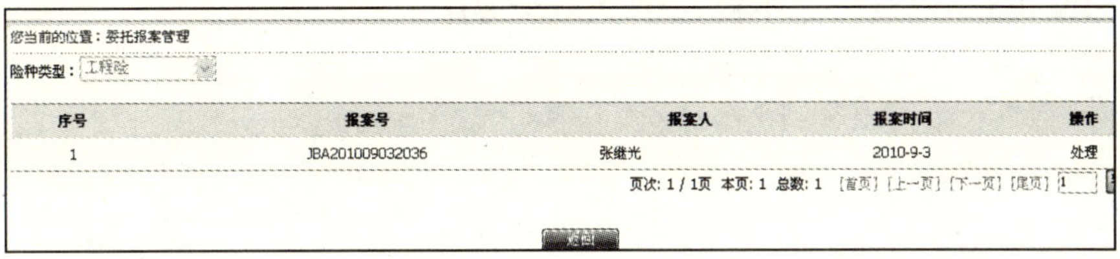

图　12-62

选择一条信息，点击该条信息“操作”栏中的“处理”，在打开界面中，填写受理描述并提交给保险公司。

客户中心

客户中心的业务是进行客户管理。

在客户中心选择“客户管理”业务，进入如图 12-63 所示界面。

图　12-63

显示本公司的客户列表，可分别查看该客户的询价信息、委托信息和客户基本资料。

财务中心

财务中心的业务包括：收付记录和经纪费确认。

具体内容请参考其他章节相关的操作说明。

第十三章

实验七　责任保险业务实训

第一节　实验目的和内容

一、实验准备

1. 理论基础知识准备

学生应了解我国责任保险的基本情况，熟悉我国责任保险的主要险种及其保险责任和责任免除，掌握责任保险的主要单证的名称、含义、内容以及作用，熟悉责任保险承保与理赔实务处理。

2. 教学准备

（1）场地准备：配有电脑的保险实训实验室、学院及周边环境。

（2）教学资料准备：责任保险相关单证、责任保险案例、责任保险险种条款及费率、各保险公司资料及网站。

二、实验目的

通过本实验项目要求学生了解责任保险承保与理赔的业务流程及其要点，认识责任保险各业务环节的意义和目的，掌握责任保险承保与理赔各业务环节工作的具体内容和要求。

三、实验操作要求

（1）自由组合，全班分为若干个小组，各组推选出组长一名，组长将本组组员名单及联系方式交由学习委员汇总后上交老师。

（2）各组在组长的协调下进行分工，共同完成实验内容。

（3）在搜集国内各保险公司所售责任保险险种时，老师应提醒学生注意其特色险种，尤其是附加险和特约条款。

（4）本实验项目完成后，各位学生独立完成实验报告上交老师。

四、课后实验拓展

通过访问国内各财产保险公司官方网站或实地调查，了解责任保险产品的知名度、美誉度以及投保情况。

第二节　责任保险业务操作实训

【实训内容 13-1】责任保险产品调查实训

（1）实训目的：了解和熟悉我国的责任保险产品。

（2）实训内容：以小组为单位，通过网络平台了解我国各公司的责任保险产品，并进行比较，特别关注各保险公司的特色责任保险产品（条款）及服务项目。

（3）要求完成：每个小组推荐一款你们认为最有特色的责任保险产品条款并进行介绍，随机抽查演示。

【实训内容 13-2】责任业务操作流程实训

本实验的目的在于了解和掌握责任保险的业务流程各环节和操作要求。由小组成员依次扮演客户、财产保险公司、财险代理人和经纪公司四个角色，模拟责任保险各环节，学生从所扮演角色的角度出发，熟悉和掌握责任保险业务各环节的操作要点及相关技巧；学会填写责任保险相关单证。

登录保险核心业务实验教学软件系统，完成下列责任保险业务实验操作项目（见表 13-1 ～表 13-4 和图 13-1 ～图 13-5）。

表 13-1　客户所需要完成的操作项目一览表

序号	得分项	得分（分）	最大得分（分）	所属阶段
1	客户责任险向保险公司询价	1	5	投保
2	客户责任险向经纪公司询价	1	5	
3	客户责任险向财险代理人询价	1	5	
4	客户责任险直接向保险公司投保	1	5	
5	客户责任险委托保险公司	1	5	
6	客户责任险委托详情提交	1	5	
7	客户责任险委托投保单签字	1	5	
8	客户责任险投保报价确认	1	5	
9	客户责任险保单签收	1	5	
10	客户责任险保费支付	1	5	
11	客户责任险注销退保申请	1	5	
12	客户责任险保险单变更提交	1	5	
13	客户责任险危险事故向保险公司报案	1	5	
14	客户责任险危险事故向经纪公司报案	1	5	
15	客户责任险危险事故向财险代理人报案	1	5	
16	客户责任险危险事故查勘确认	1	5	索赔
17	客户责任险危险事故理赔申请	1	5	
18	客户责任险危险事故支付确认	1	5	

表 13-2 财产保险公司所需要完成的操作项目一览表

序号	得分项	得分（分）	最大得分（分）	所属阶段
1	责任险产品添加	1	5	承保
2	责任险询价处理	1	5	
3	责任险投保报价发送	1	5	
4	责任险投标发送	1	5	
5	责任险保单签发	1	5	
6	责任险保费确认支付	1	5	
7	责任险注销 / 退保处理	1	5	
8	责任险变更处理	1	5	
9	责任险危险事故报案处理	1	5	理赔
10	责任险危险事故报案查勘	1	5	
11	责任险危险事故立案处理	1	5	
12	责任险危险事故理算处理	1	5	
13	责任险危险事故核赔处理	1	5	
14	责任险危险事故核赔支付	1	5	

表 13-3 财险代理人所需要完成的操作项目一览表

序号	得分项	得分（分）	最大得分（分）	所属阶段
1	车险客户询价处理	1	5	投保
2	车险客户危险事故报案处理	1	5	理赔

表 13-4 经纪公司所需要完成的操作项目一览表

序号	得分项	得分（分）	最大得分（分）	所属阶段
1	责任险客户询价处理	1	5	投保
2	责任险客户委托处理	1	5	
3	责任险委托投保	1	5	
4	责任险委托招标发布	1	5	
5	责任险委托招标开标	1	5	
6	责任险客户报案处理	1	5	理赔
7	责任险危险事故向保险公司报案	1	5	
8	责任险客户询价处理	1	5	
9	责任险客户危险事故报案处理	1	5	
10	责任险客户危险事故向保险公司报案	1	5	

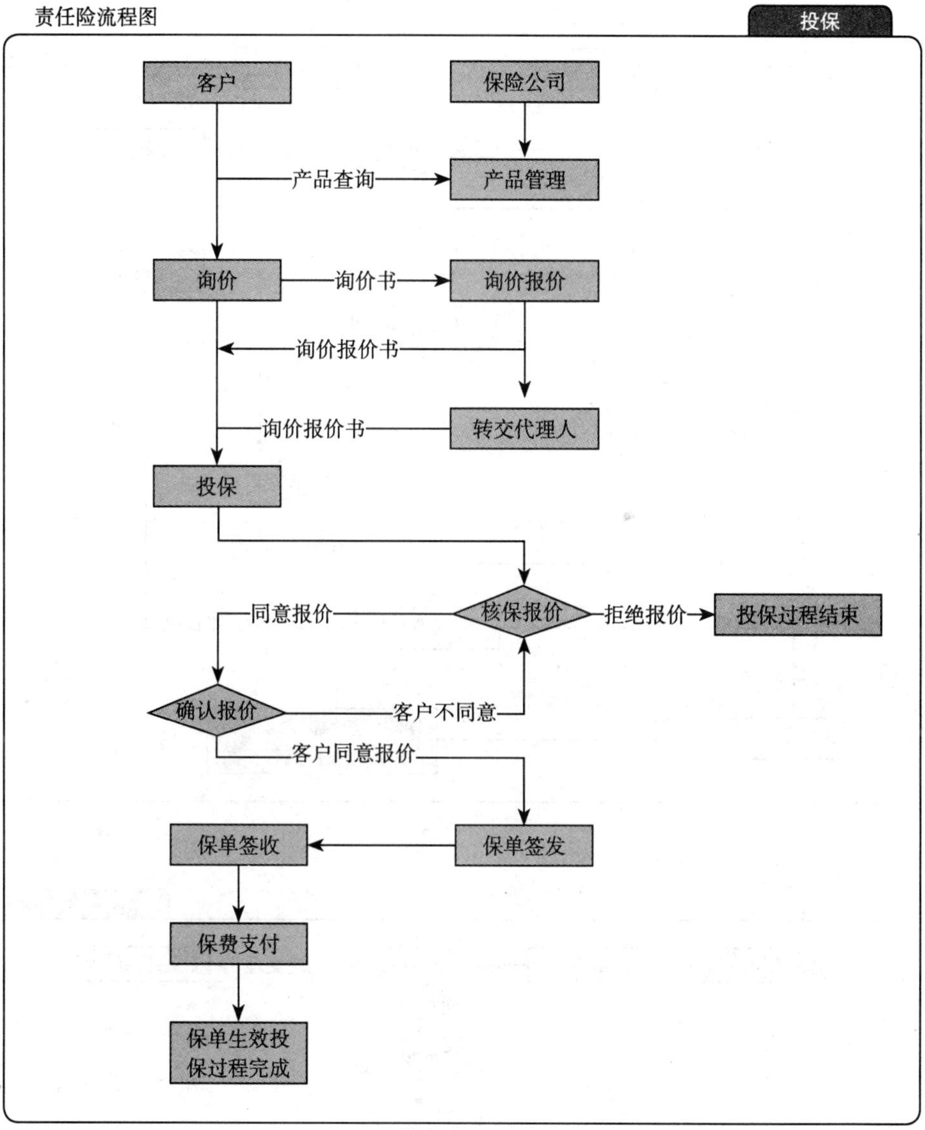
责任险流程图
投保
客户
保险公司
产品查询
产品管理
询价
询价书
询价报价
询价报价书
询价报价书
转交代理人
投保
同意报价
核保报价
拒绝报价
投保过程结束
确认报价
客户不同意
客户同意报价
保单签收
保单签发
保费支付
保单生效投保过程完成

图　13-1

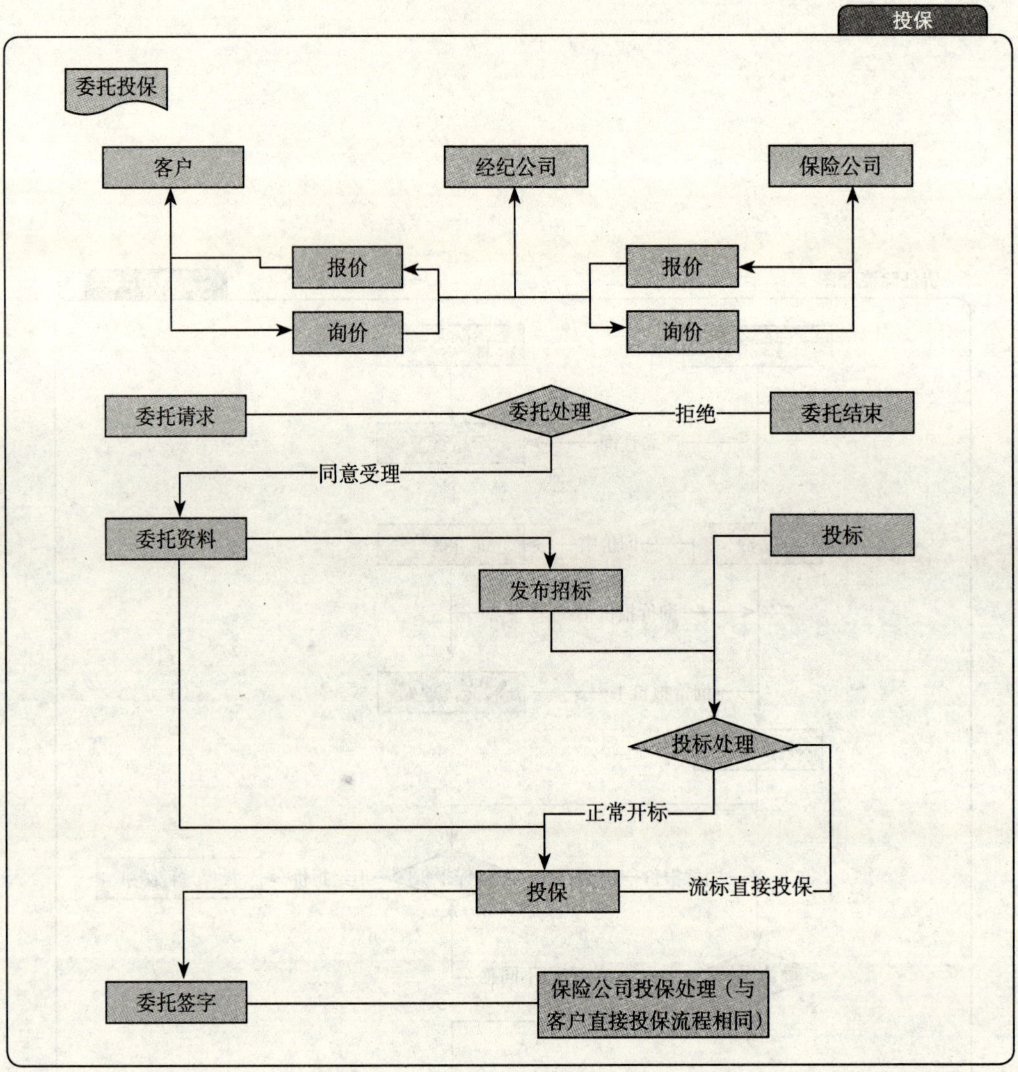
投保
委托投保
客户
经纪公司
保险公司
报价
询价
报价
询价
委托请求
委托处理
拒绝
委托结束
同意受理
委托资料
投标
发布招标
投标处理
正常开标
投保
流标直接投保
委托签字
保险公司投保处理（与客户直接投保流程相同）

图 13-2

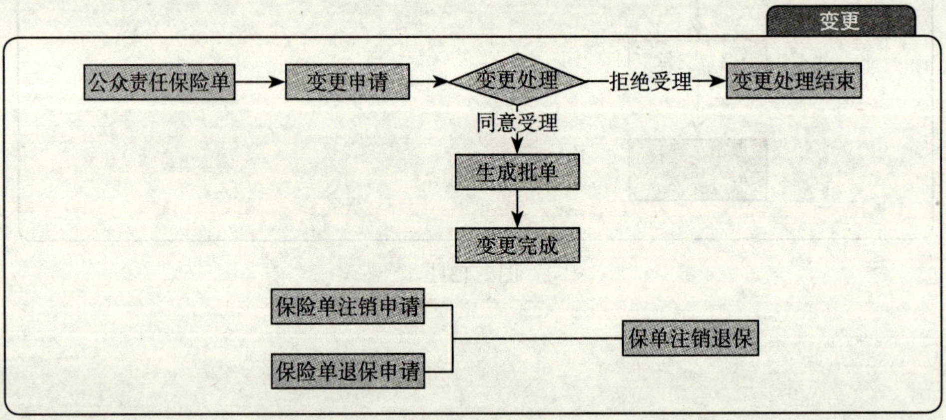
变更
公众责任保险单
变更申请
变更处理
拒绝受理
变更处理结束
同意受理
生成批单
变更完成
保险单注销申请
保险单退保申请
保单注销退保

图 13-3

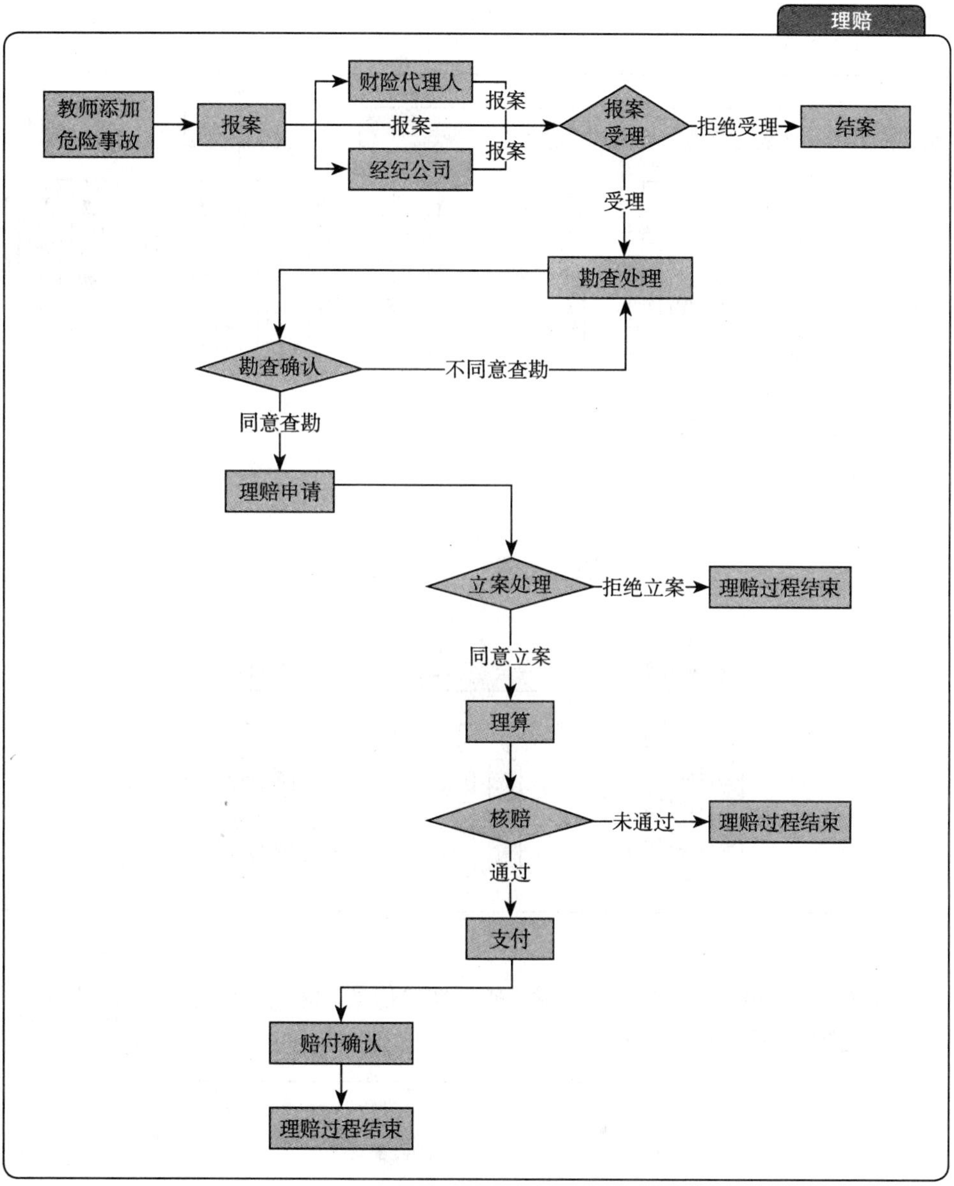
理赔
教师添加危险事故
报案
财险代理人
经纪公司
报案
报案
报案
报案受理
拒绝受理
结案
受理
勘查处理
勘查确认
不同意查勘
同意查勘
理赔申请
立案处理
拒绝立案
理赔过程结束
同意立案
理算
核赔
未通过
理赔过程结束
通过
支付
赔付确认
理赔过程结束

图　13-4

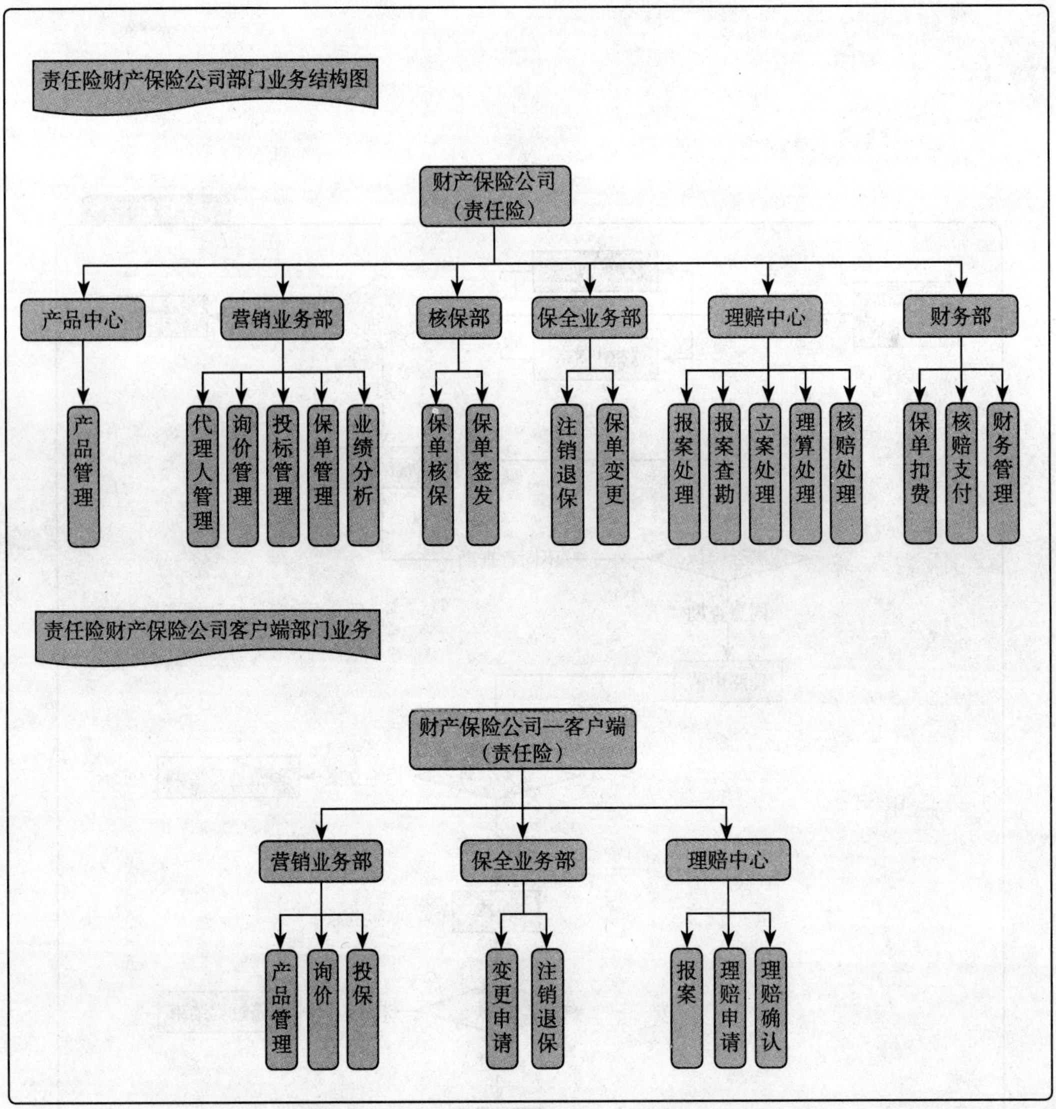

图 13-5

在实验选择框内选择“责任险”实验，查看实验信息，并点击“进入实验”按钮，进入该实验的角色选择页面（见图 13-6）。

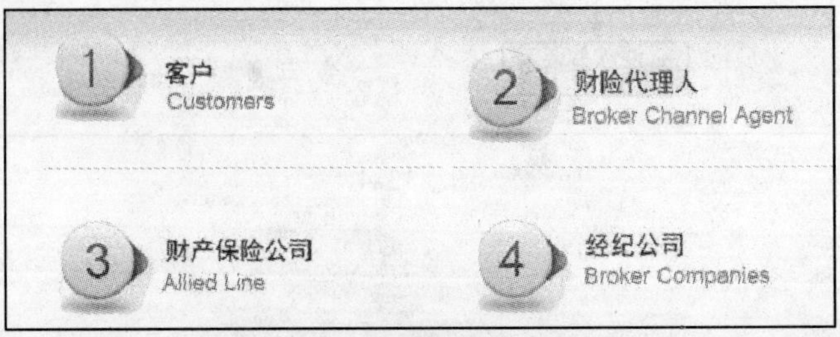

图 13-6

客户

选择“客户”角色，进入客户在责任险实验的操作平台，如图 13-7 所示。

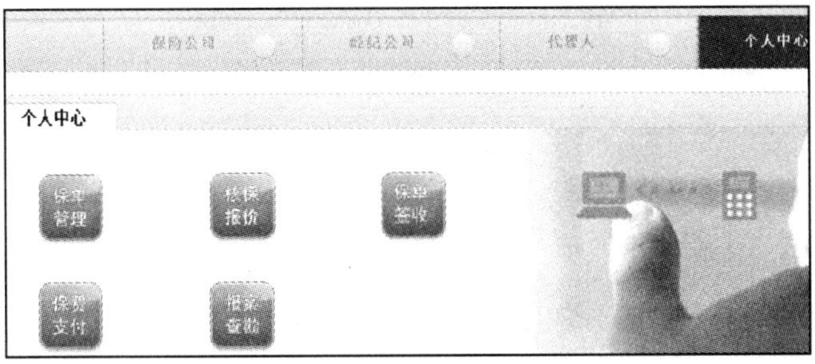

图　13-7

个人中心

个人中心包括的业务有：保单管理、核保报价、保单签收、保费支付、报案查勘。

1. 保单管理

点击“保单管理”按钮，打开如图 13-8 所示界面。

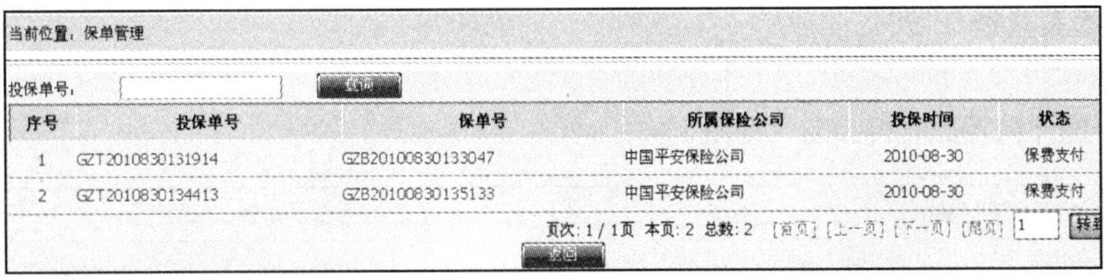

当前位置：保单管理

投保单号：　查询

序号	投保单号	保单号	所属保险公司	投保时间	状态
1	GZT2010830131914	GZB20100830133047	中国平安保险公司	2010-08-30	保费支付
2	GZT2010830134413	GZB20100830135133	中国平安保险公司	2010-08-30	保费支付

页次：1 / 1页　本页：2　总数：2　[首页] [上一页] [下一页] [尾页]　1　转到

返回

图　13-8

此栏目，可查看到所有操作过的保单的状态及投保单和保单的明细页面。

2. 核保报价

点击“核保报价”按钮，打开如图 13-9 所示界面。

投保单号：　查询

序号	投保单号	所属保险公司	投保时间	操作
1	GZT2010904142744	中国平安保险公司	2010-09-04	未确认

图　13-9

在收到保险公司的报价后，可在此栏目查看，并点击“未确认”，打开报价书，点击“同意报价”按钮（若不同意则点击“不同意报价”）。

3. 保单签收

保险公司签发保险单后，客户在此进行签收操作。

点击“保单签收”按钮，打开如图 13-10 所示界面。

当前位置：保单签收

投保单号：　查询

序号	投保单号	保险公司	签发时间	操作
1	GBT00820100904115645	中国平安保险公司	2010-09-04	签收

图　13-10

点击操作栏的“签收”，打开保险单，点击签收按钮，系统提示如图 13-11 所示。

图 13-11

4. 保费支付

保险单签收后操作保费支付。

点击“保费支付”按钮，打开如图 13-12 所示界面。

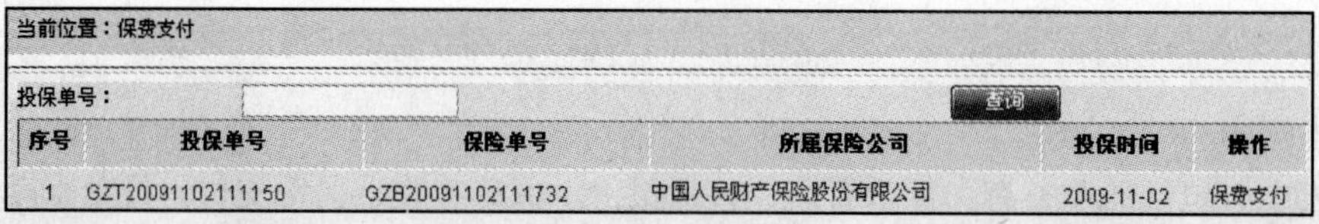

图 13-12

点击操作栏的“保费支付”，保费支付完毕。

5. 报案查勘

点击“报案查勘”菜单，打开查勘确认列表，在列表中点击“未确认”，打开查勘报告页面，可操作同意此查勘报告（见图 13-13）。

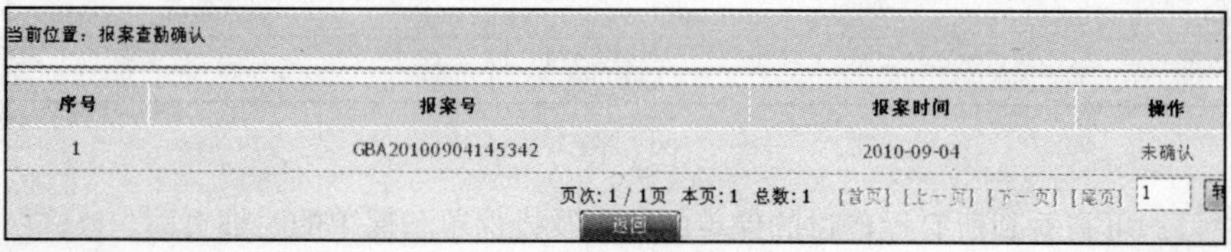

图 13-13

代理人

客户在“代理人”模块中操作询价和报案两个业务（见图 13-14）。

图 13-14

详细操作说明可参考其他章节的相关说明。

经纪公司

客户角色进入经纪公司的财险业务部办理委托投保、询价、报案等相关业务（见图 13-15）。

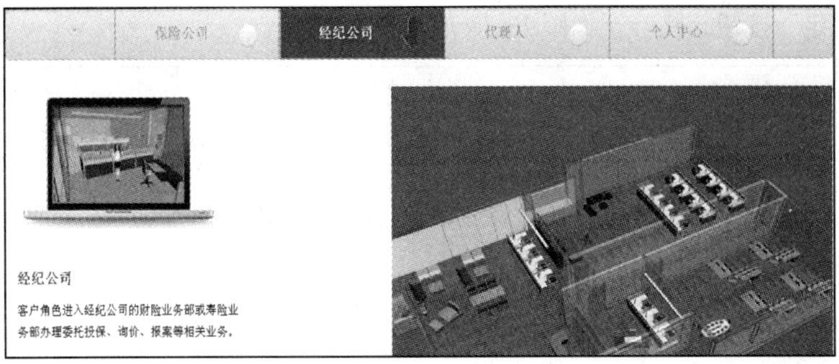

图 13-15

选择经纪公司，点击右侧的模拟图进入经纪公司的财险业务部办理业务。

财险业务部的业务包括：询价、投保委托、委托签字、报案（见图 13-16）。

图 13-16

1. 询价

选择询价业务，进入询价列表。向经纪公司询价操作请参考其他章节的相关说明。

2. 投保委托

准备要办理责任险的客户，可以委托一家保险经纪公司，代为办理保险业务。点击“投保委托”业务，打开如图 13-17 所示界面。

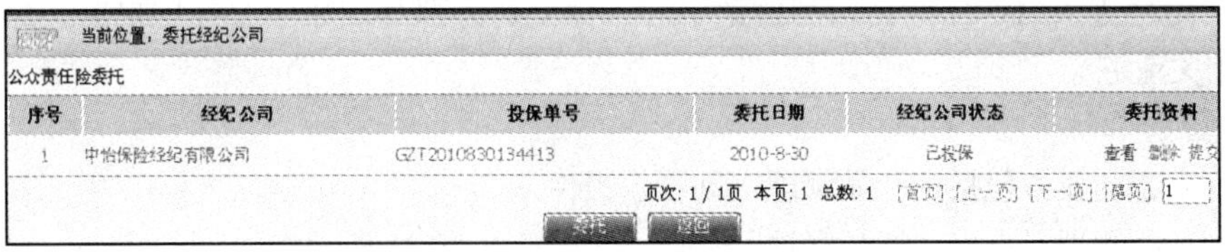

图 13-17

点击“委托”按钮，在打开界面中，选择经纪公司、是否指定保险公司，填写委托详情，填写完毕后点击“添加”按钮，系统提示如图 13-18 所示。

图 13-18

点击“确定”按钮，跳转至如图 13-19 所示界面。

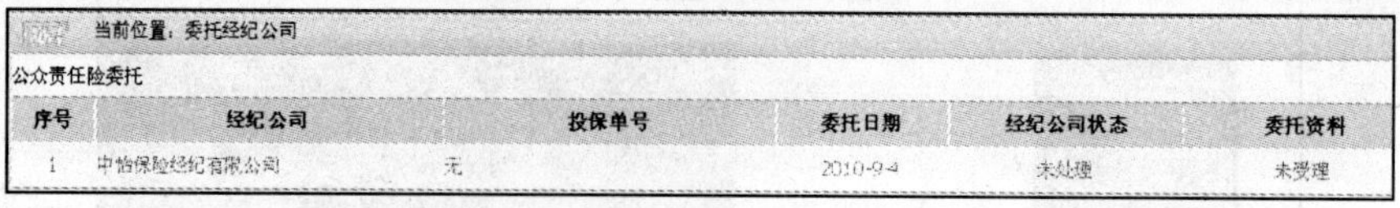

当前位置：委托经纪公司

公众责任险委托

序号	经纪公司	投保单号	委托日期	经纪公司状态	委托资料
1	中怡保险经纪有限公司	无	2010-9-4	未处理	未受理

图 13-19

此时，等待保险经纪公司受理。

经纪公司受理后，填写委托资料，保存后再提交给经纪公司。

3. 委托签字

经纪公司委托投保后客户将对委托进行签字。选择“委托签字”菜单，打开如图 13-20 所示界面。

当前位置：保单签字

序号	经纪公司	委托日期	委托详情	处理状态	是否签字
1	中怡保险经纪有限公司	2010-9-4	客户委托中怡保险经纪有限公司进行投保.	已投保	未签字

图 13-20

选择未签字的委托，点击“未签字”操作，打开投保单点击“签字”按钮。

4. 报案

点击“报案”菜单，打开如图 13-21 所示界面。

序号	事故名称	事故时间	报案状态	报案
1	责任险事故	2010-09-04	未报案	报案

图 13-21

在列表中点击“报案”操作，选择经纪公司和保险单号，点击“报案”按钮，将事故单提交给经纪公司。

保险公司

客户角色进入财产保险公司的营销中心、保全业务部和理赔中心办理投保、保单保全、理赔等相关业务 。

1. 营销中心

营销中心的业务包括：产品管理、询价、投保。

（1）产品管理。点击“产品管理”菜单，打开如图 13-22 所示界面。

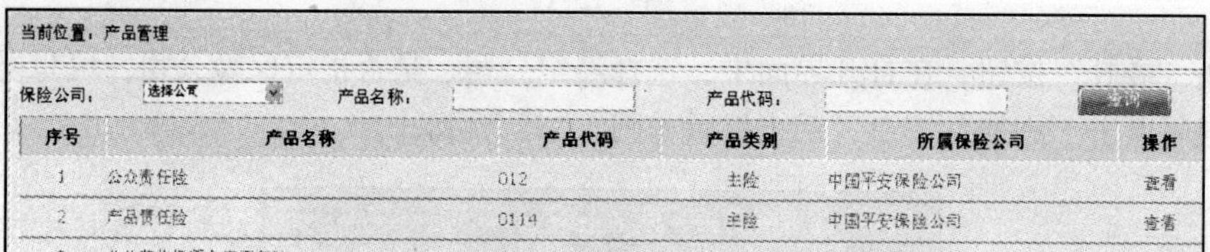

当前位置：产品管理

保险公司：选择公司 产品名称： 产品代码：

序号	产品名称	产品代码	产品类别	所属保险公司	操作
1	公众责任险	012	主险	中国平安保险公司	查看
2	产品责任险	0114	主险	中国平安保险公司	查看
3	公共营业场所火灾责任险	0115	主险	中国平安保险公司	查看

图 13-22

选择一条保险产品信息，点击该条信息“操作”栏中的“查看”，在打开界面中，查看详细的信息。

（2）询价。向保险公司询价。请参考其他章节的相关说明。

（3）投保。点击“投保”菜单，在页面右侧打开如图 13-23 所示界面。

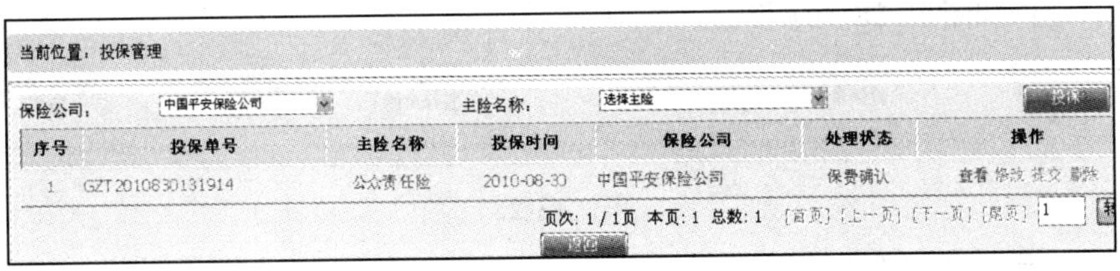

图 13-23

在此栏目中选择一家保险公司和主险名称点击“投保”按钮，在打开界面中，填写相关内容。

添加完成后，页面跳转至列表页面（见图 13-24）。

图 13-24

点击“操作”栏中的“提交”，将投保单提交给保险公司。

2. 保全业务部

保全业务部的业务包括：变更申请和注销退保。

（1）变更申请。点击“变更申请”业务，打开如图 13-25 所示界面。

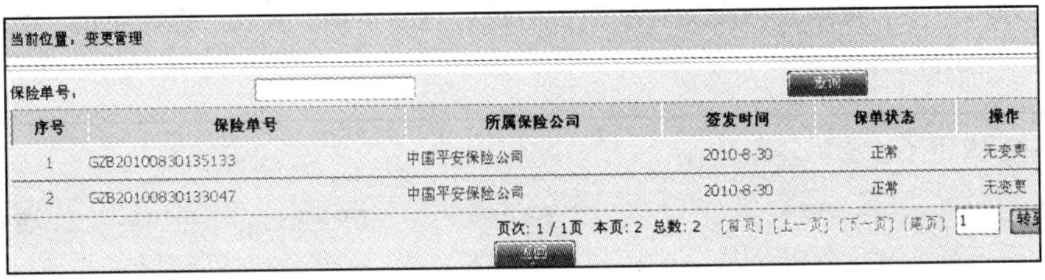

图 13-25

点击“变更”栏中的“无变更”操作，填写变更申请单，填写完后点击“申请”按钮，返回变更业务列表，将给申请提交给保险公司（见图 13-26）。

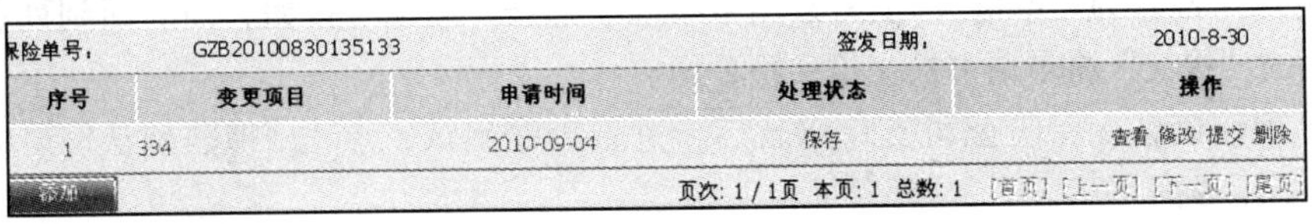

图 13-26

（2）注销退保。点击“注销退保”菜单，打开如图 13-27 所示界面。

图 13-27

点击“操作”栏中的“申请”，在打开注销退保审批表，填写信息，点击“确定”按钮，添加成功，返回如图 13-28 所示界面。

序号	投保单号	投保时间	操作
1	CBT00820100904115645	2010-09-04 11:56:45	查看 修改 提交 删除

图 13-28

点击“操作”栏中的“提交”。

3. 理赔中心

理赔中心的业务包括：报案、理赔申请、理赔确认（见图 13-29）。

图 13-29

（1）报案。向保险公司报案。报案操作请参考其他章节的相关说明。

（2）理赔申请。保险公司提交查勘报告后进行理赔申请。点击“理赔申请”菜单，打开如图 13-30 所示界面。

当前位置：理赔申请

序号	报案号	报案日期	查勘报告	处理状态	理赔申请
1	GBA20100904145342	2010-09-04	查看	未申请	申请

页次：1 / 1页 本页：1 总数：1 [首页] [上一页] [下一页] [尾页] 1

返回

图 13-30

点击操作栏目的“申请”，填写索赔申请表，点击“添加”按钮，而后回到列表页面点击操作栏的“提交”将申请书提交给保险公司。

（3）理赔确认。保险公司支付赔款后，进行理赔确认，点击“理赔确认”菜单打开如图 13-31 所示界面。

当前位置：赔付确认

申请单号： 查询

序号	申请单号	申请时间	申请状态	操作
1	SPD20100904150212	2010-09-04	立案	支付确认

页次：1 / 1页 本页：1 总数：1 [首页] [上一页] [下一页] [尾页] 1 转

返回

图 13-31

客户点击操作栏的“支付确认”，打开赔款计算书，确认收到赔款即可。

财险代理人

在进入责任险实验后，选择“财险代理人”(见图 13-32)，第一次进入“代理人操作平台”，系统提示注册代理人信息。

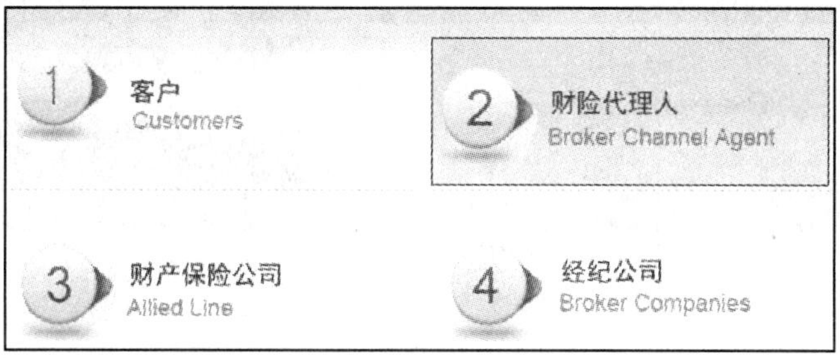

图　13-32

进入“代理人操作平台”后，界面如图 13-33 所示。

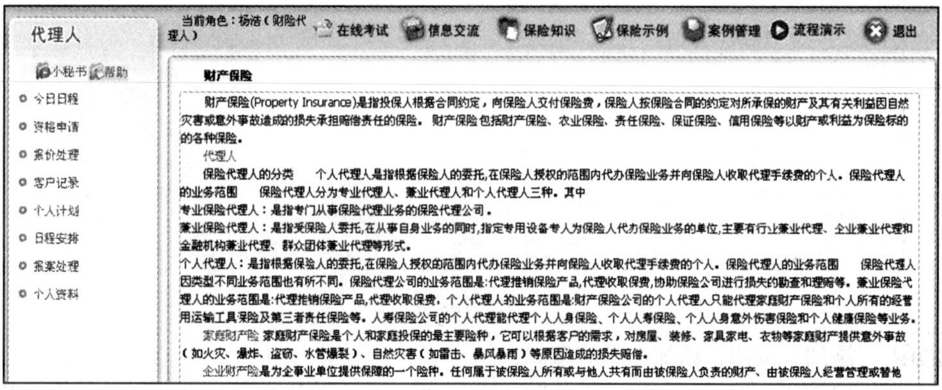

图　13-33

财险代理人的相关操作请参考其他章节的相关说明。此处不再重复说明。

财产保险公司

在进入责任险实验后，选择“财产保险公司”，第一次进入“财产保险公司操作平台”，应进行财产保险公司注册（见图 13-34）。

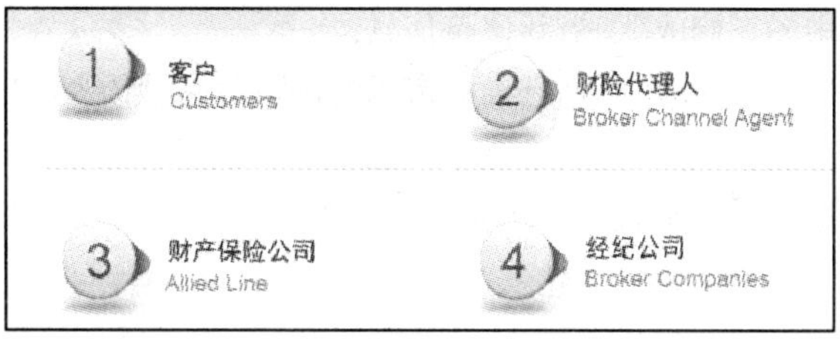

图　13-34

进入财产保险公司操作平台首页面（见图 13-35），分别选择财产保险公司的各个部门处理业务。

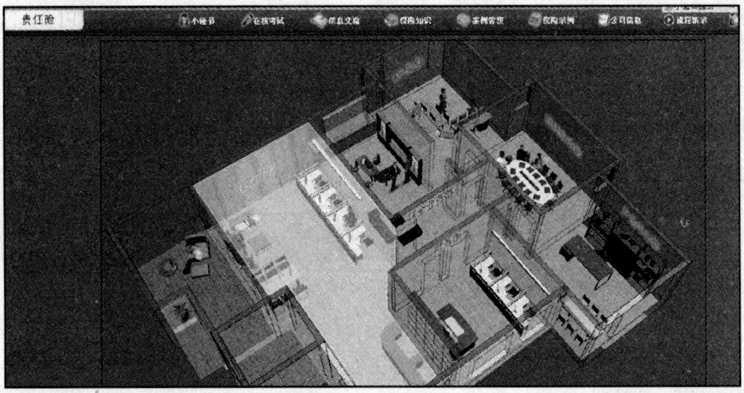

图 13-35

产品部

点击“产品管理”菜单，打开如图 13-36 所示界面。

当前位置：产品管理

产品名称：　　　　产品代码：

主附加险：所有产品种类　　查询

序号	产品名称	产品代码	产品状态	操作
1	附加停车场责任险	018	研发中	查看 修改 发布 撤销 删除
2	附加建筑物改动责任险	019	研发中	查看 修改 发布 撤销 删除
3	附加锅炉爆炸责任险	0110	研发中	查看 修改 发布 撤销 删除
4	附加交叉责任险	0111	研发中	查看 修改 发布 撤销 删除
5	车辆装卸责任险	0112	研发中	查看 修改 发布 撤销 删除

图 13-36

点击“添加”按钮，添加产品信息。

添加后回到列表页面，点击“操作”栏中的“发布”，将该产品信息发布，投放市场（见图 13-37）。

序号	产品名称	产品代码	产品状态	操作
1	附加停车场责任险	018	研发中	查看 修改 发布 撤销 删除

图 13-37

点击“操作”栏中的“查看”，查看该产品的详细信息；

点击“操作”栏中的“修改”，更新该条信息；

点击“操作”栏中的“撤销”，将已推向市场的保险产品设置为停售状态；

点击“操作”栏中的“删除”，删除该条信息。

提示：财产保险公司必须要将保险产品进行发布，客户才能进行投保。

核保部

核保部的业务包括：保单核保、保单签发。

1. 保单核保

在收到客户的投保单后，保险公司可根据客户情况进行报价，点击“保单核保”菜单，打开如图 13-38 所示界面。

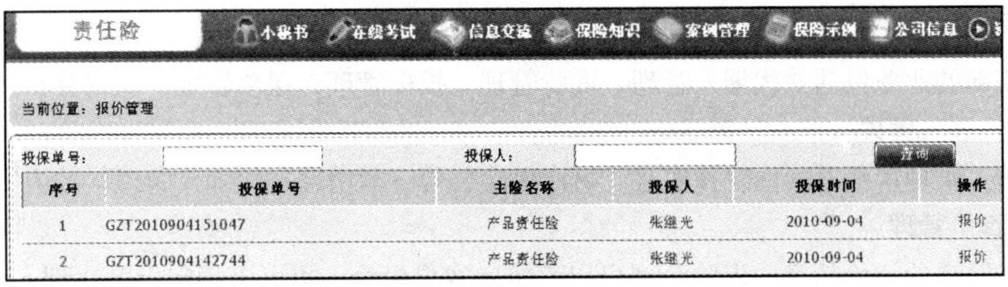

序号	投保单号	主险名称	投保人	投保时间	操作
1	GZT2010904151047	产品责任险	张继光	2010-09-04	报价
2	GZT2010904142744	产品责任险	张继光	2010-09-04	报价

图 13-38

点击操作栏的“报价”操作，打开查看投保单，选择“报价”按钮（若不同意则点击“拒绝报价”按钮），点击报价按钮后填写报价单，计算保费，在点击“发送报价”将报价单提交给客户。等待客户确认报价。

2. 保单签发

在客户确认同意报价后，保险公司可签发保单，点击“保单签发”菜单，打开如图 13-39 所示界面。

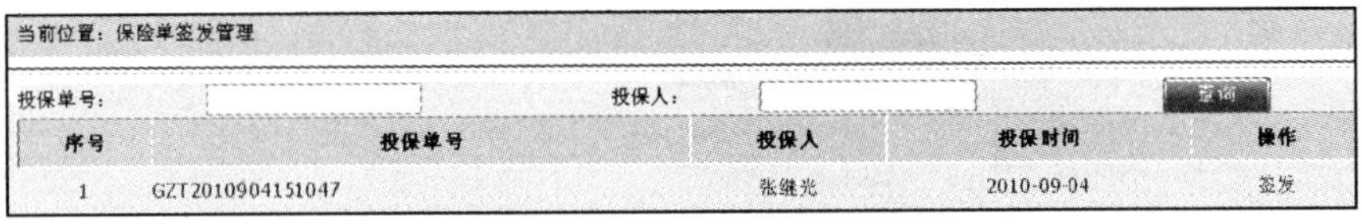

序号	投保单号	投保人	投保时间	操作
1	GZT2010904151047	张继光	2010-09-04	签发

图 13-39

点击操作栏的“签发”，签发保单。

保全业务部

保全业务部的业务为：保单变更与注销退保。

1. 保单变更

点击“保单变更”菜单，打开如图 13-40 所示界面。

序号	保险单号	申请人	申请时间	处理状态	操作
1	GZB20100830133047	张继光	2010-09-04	提交	处理

图 13-40

点击操作栏中的“处理”，打开变更申请单，选择“同意”按钮处理变更。

2. 注销退保

点击“注销退保”菜单，打开如图 13-41 所示界面。

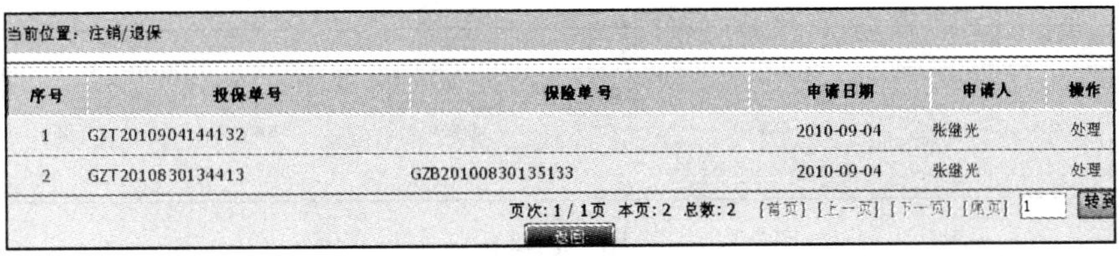

序号	投保单号	保险单号	申请日期	申请人	操作
1	GZT2010904144132		2010-09-04	张继光	处理
2	GZT2010830134413	GZB20100830135133	2010-09-04	张继光	处理

图 13-41

点击操作栏中的“处理”，在打开页面中，处理客户的注销或退保申请。

营销部

营销部的业务包括：代理人管理、询价管理、投标管理、保单管理、业绩分析。

1. 代理人管理

代理人管理请参考其他险种实验“财产保险公司—营销部—代理人管理”的内容。

2. 询价管理

针对客户的询价信息，保险公司可以直接向客户报价，也可以指定保险代理人跟客户沟通，向客户报价。在这里可处理客户和经纪公司的询价信息。“询价管理”操作请参考其他险种实验“财产保险公司—营销部—询价管理”的内容。

3. 投标管理

投标管理请查看其他章节的相关内容。

4. 保单管理

点击“保单管理”菜单打开如图 13-42 所示界面。

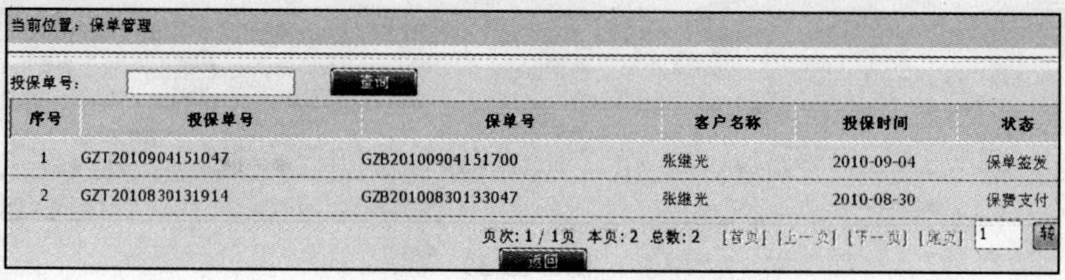

序号	投保单号	保单号	客户名称	投保时间	状态
1	GZT2010904151047	GZB20100904151700	张继光	2010-09-04	保单签发
2	GZT2010830131914	GZB20100830133047	张继光	2010-08-30	保费支付

图 13-42

此栏目，可查看到所有操作过的保单的状态及投保单和保单的明细页面。

5. 业绩分析

点击“业绩分析”菜单，打开如图 13-43 所示界面。

图 13-43

此栏目提供按时间段查询所有保单，以便对固定时间段（如一季度或一月）的公司业绩进行统计。

理赔中心

理赔中心的业务包括：报案处理、报案查勘、立案处理、理算处理、核赔处理。

1. 报案处理

点击“报案处理”菜单，打开如图 13-44 所示界面。

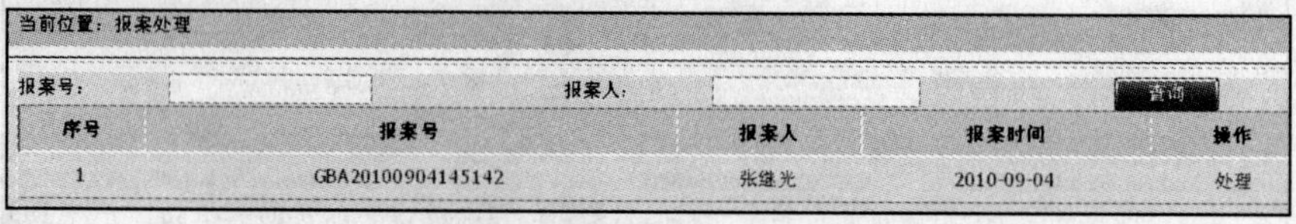

序号	报案号	报案人	报案时间	操作
1	GBA20100904145142	张继光	2010-09-04	处理

图 13-44

点击操作栏的“处理”，在打开页面上指派查勘人员及查勘任务并点击“受理”，系统提示如图 13-45 所示。

图　13-45

2．报案查勘

报案受理后，进行查勘。点击“报案查勘”业务，进入如图 13-46 所示界面。

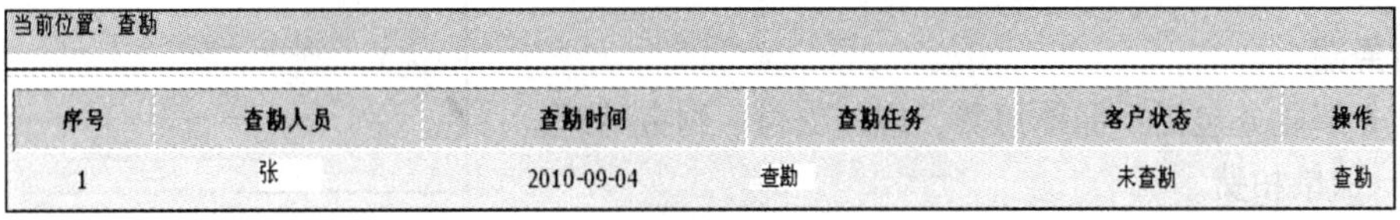

图　13-46

点击“查勘”操作，填写查勘报告。填写点击保存查勘报告，返回查勘列表。在客户同意后再提交。

3．立案处理

在收到客户的理赔申请书后，可进行立案处理。

点击“立案处理”菜单，打开如图 13-47 所示界面。

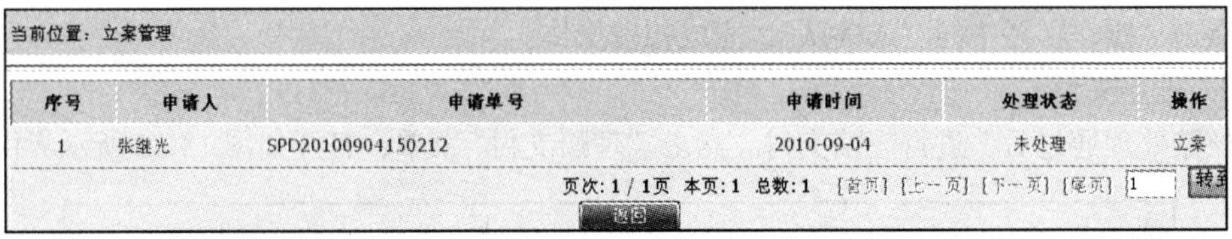

图　13-47

点击操作栏的“立案”，在打开的页面中填写立案说明并同意立案，立案完成；若不同意，则表明不受理此次保险案件。立案处理后进行理算处理。

4．理算处理

点击“理算处理”菜单，打开如图 13-48 所示界面。

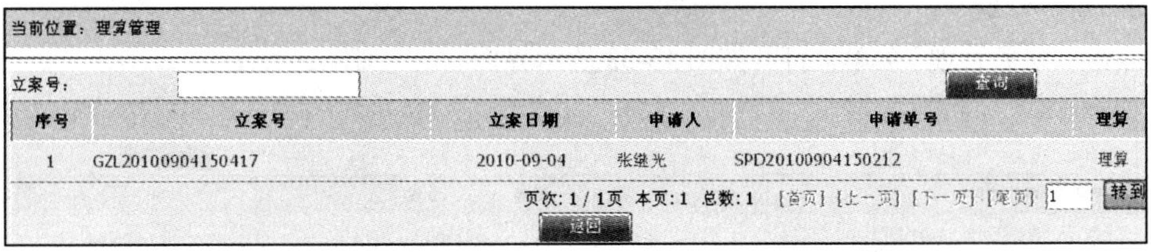

图　13-48

点击操作栏的“理算”，打开赔款计算书，填写详细理算数据，如理赔额等，点击“确定”按钮。

5．核赔处理

点击“核赔处理”菜单，打开如图 13-49 所示界面。

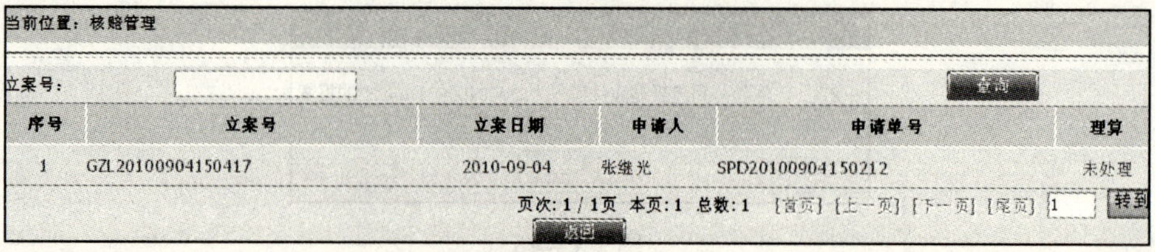

图 13-49

点击操作栏的“未处理”，在打开页面可操作是否同意此核赔内容。核赔通过，系统提示如图 13-50 所示。

图 13-50

财务部

财务部业务包括：保单扣费、理赔支付、财务管理。

1. 保单扣费

客户在缴费后，财务部应进行保费确认。点击“保单扣费”菜单，打开如图 13-51 所示界面。

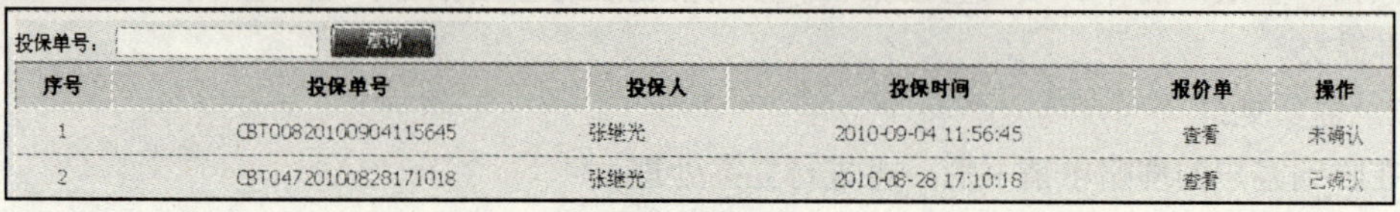

图 13-51

点击“操作”栏中的“未确认”，完成扣费操作。

2. 理赔支付

核赔处理通过后，进行理赔支付。点击“理赔支付”菜单，打开如图 13-52 所示界面。

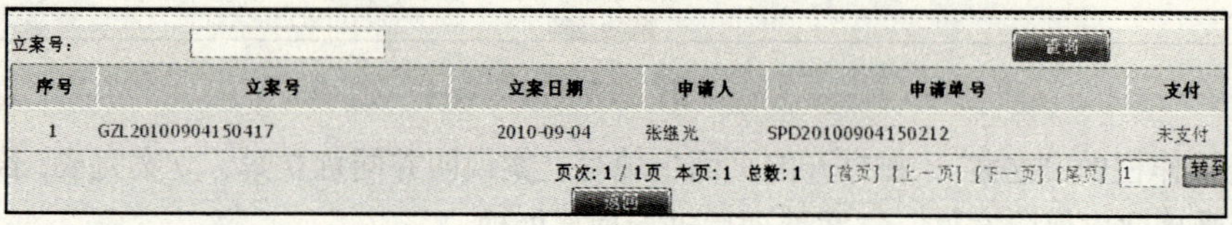

图 13-52

点击“未支付”，打开赔款计算书，点击“支付”按钮，完成支付。

3. 财务管理

点击“财务管理”菜单，打开如图 13-53 所示界面。

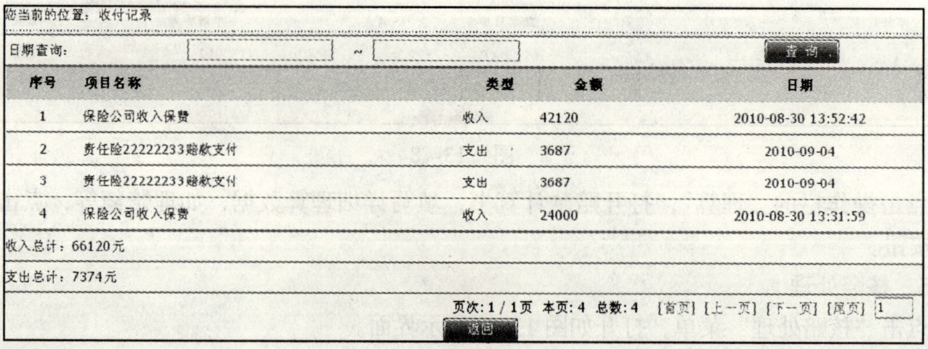

图 13-53

此栏目可查阅到本公司所有保费收入、赔款支出以及退款情况，并可按收支类型或日期进行查询。

经纪公司

经纪公司在财险业务、客户中心、财务中心中处理业务。

在角色选择页面内选择“经纪公司”，第一次进入“经纪公司操作平台”，系统提示注册公司信息。

财险业务

选择“财险业务”，进入船舶业务框。寿险业务包括：产品管理、报价管理、询价管理、委托管理、委托投保、招标管理、投标管理、委托报案。

1. 产品管理

点击“产品管理”菜单，打开责任险列表，选择一条保险产品信息，点击该条信息“操作”栏中的“查看”，在打开界面中，查看详细的信息。或者输入险种名称、保险公司名称，点击“产品标记”下拉框，从中选择一种险种，然后点击“查询”按钮，查看符合条件的保险产品。

2. 报价管理

报价管理请参阅其他章节的相关内容。

3. 询价管理

询价管理请参阅其他章节的相关内容。

4. 委托管理

点击“委托管理”菜单，打开如图 13-54 所示界面。

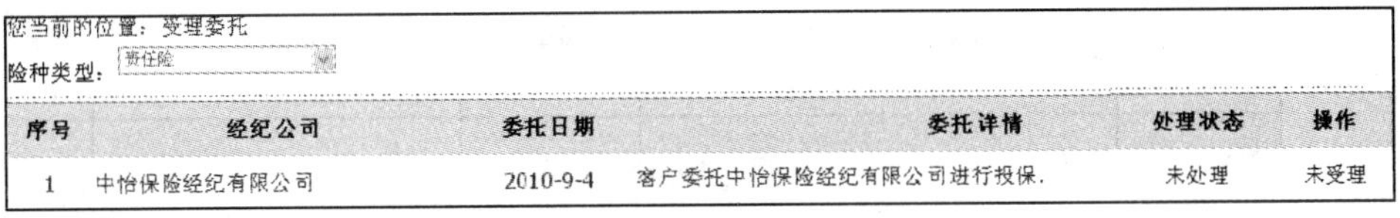
您当前的位置：受理委托
险种类型：责任险

序号	经纪公司	委托日期	委托详情	处理状态	操作
1	中怡保险经纪有限公司	2010-9-4	客户委托中怡保险经纪有限公司进行投保.	未处理	未受理

图 13-54

点击“未受理”操作，查看委托信息选择“同意受理”或“拒绝受理”按钮。

受理后等待客户填写委托资料后进行投保。

5. 委托投保

点击“委托投保”菜单，打开如图 13-55 所示界面。

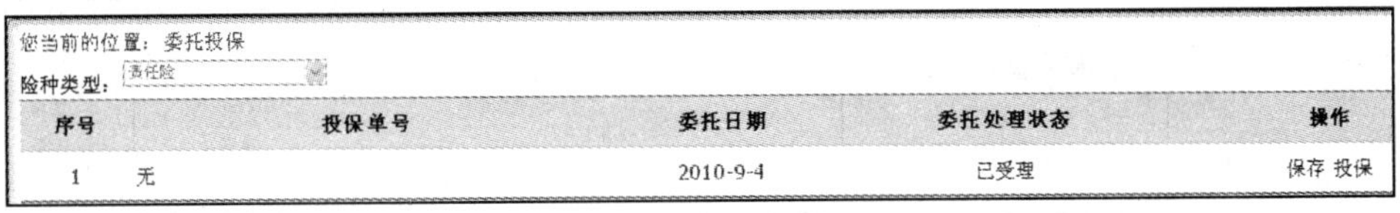
您当前的位置：委托投保
险种类型：责任险

序号	投保单号	委托日期	委托处理状态	操作
1	无	2010-9-4	已受理	保存 投保

图 13-55

客户提交委托资料后，进行委托投保。在委托投保列表中点击“操作”栏中的“投保”，填写投保单进行投保。选择保险公司和主险，填写赔偿限额、保险金额等信息后，点击“添加”按钮，系统提示如图 13-56 所示。

点击“确定”返回列表，在列表中将该保险单发送给客户，等待签字（见图 13-57）。

图 13-56

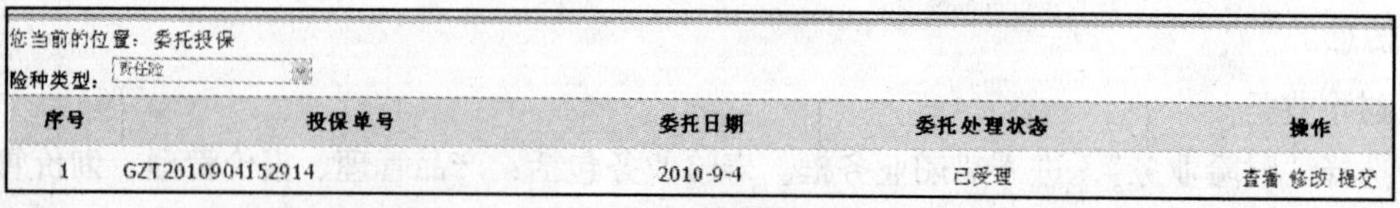

图 13-57

6. 招标管理

“招标管理”详细操作请参考其他章节的相关内容。

7. 投标管理

“投标管理”详细操作请参考其他章节的相关内容。

8. 委托报案

经纪公司对自己接受客户委托办理的工程险，在客户委托报案后，接受客户的人身事故报案并进行处理。

点击“委托报案”菜单，进入如图 13-58 所示界面。

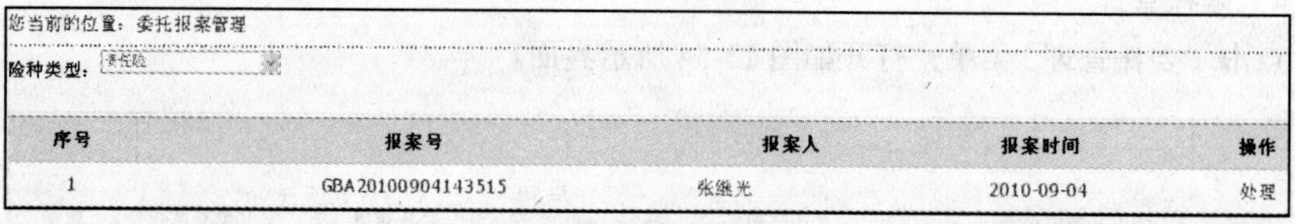

图 13-58

选择一条信息，点击该条信息“操作”栏中的“处理”，在打开界面中，填写受理描述，点击“报案”将报案信息发给保险公司。

客户中心

客户中心的业务是进行客户管理。

在客户中心选择“客户管理”业务，进入如图 13-59 所示界面。

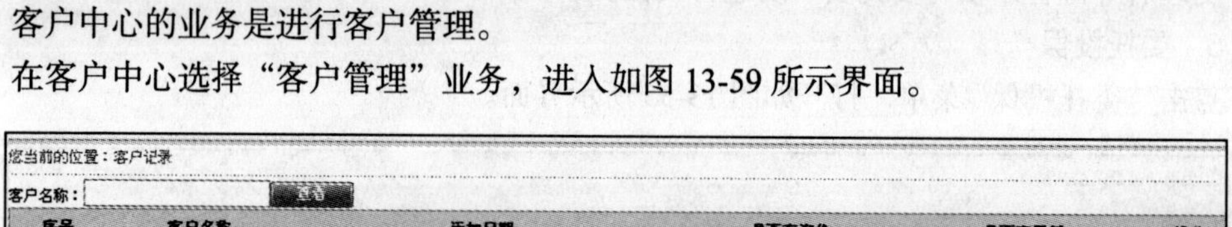

图 13-59

显示本公司的客户列表，可分别查看该客户的询价信息、委托信息和客户基本资料。

财务中心

财务中心的业务包括：收付记录和经纪费确认。

详细请参考其他章节的相关内容。

第四篇

人身保险业务实训

本篇实训内容通过利用保险业务综合模拟软件，构建了一个与实际保险业务贴近的操作环境，让学生能够体验各种保险业务的流程，并且通过很多保险案例提高工作的实践技能，加深了对保险理论知识的理解。通过模拟实验，掌握人身保险的基本环节，包括：询价、保险产品查看、发起团队、加入团队、投保、索赔、个人资料、信息交流和信息提示等，并根据个人情况分别选择人寿保险公司的一个险种并且选择险种类型填写投保书或者选择保险经纪公司进行委托。熟悉人寿保险公司实际业务操作的具体流程，深化对人寿保险各种险种的理解。最终培养具有相应水平的实务工作能力，能解决业务中的实际问题，对增加日后就业机会和增强工作实践能力起到指导作用。

第十四章

实验一　传统人寿保险业务实训（一）

第一节　实验目的和内容

一、实训目标

帮助学生了解中国保险市场在售的传统寿险产品，包括定期寿险、终身寿险、两全保险、年金保险，比较分析不同公司的同类产品间的差异和各自特点；了解我国的主要保险公司的传统型人寿保险的发展状况；掌握购买寿险产品进行家庭保险理财的基本分析办法。

二、实训内容

通过模拟案例，使学生理解寿险在家庭理财中的意义和作用，熟悉和掌握传统寿险的保险利益分析方法、投保的操作要点及相关技巧。

三、实验资料和实验步骤

（一）实验资料准备

投影、机房、教师准备的资料（相关单证、案例、险种条款及费率表）。

（二）实验步骤

（1）教师对投保传统寿险的基本知识及要求进行讲解，学生了解并熟悉投保传统寿险的保险利益分析模型。

（2）教师提供定期寿险、终身寿险、两全保险、年金保险的保险案例，学生分组讨论和处理案情。

（3）学会计算保险费和进行投保利益计算。

四、实训方式

（1）自由组合，分为若干个小组，各组推选出组长一名，各组在组长的协调下进行分工，根据所搜集目标公司相关产品，共同完成实验内容。

（2）各小组分析实训中出现的问题，小组间互相讨论和交流心得与经验。

第二节　传统寿险业务操作实训（一）

【实训内容 14-1】传统人寿保险业务实训（一）

人寿保险产品知识

人寿保险是人身保险产品的基础，在人身保险中占有较大的比重。因此，通常人们习惯上称“人身保险”为“寿险”，“人身保险产品”也通常被人们统称为“寿险产品”。为便于学习，本书遵循保险实务中对寿险产品的一般划分方法，按定期寿险、终身寿险、两全寿险、年金保险分别研究产品的共性特征，个人和家庭理财中选择各种产品的一般方法。由于当前中国人身保险公司销售的分红型寿险产品，实质上是在终身寿险、两全寿险、年金保险基础上增加了分红功能，所以，本书把这两大类保险放在一起，以便和后续的创新型寿险，如万能保险、投资连结型保险有所区分。

定期寿险

定期寿险又叫定期死亡险，是人寿保险业务中产生最早、最简单的一个险种。它提供特定期间的死亡保障，如 1 年、5 年、10 年、20 年，或到被保险人的某个年龄为止。被保险人在特定期间内死亡时，由保险人向受益人给付保险金；如果特定期间届满，被保险人仍然生存，则保险人不承担保险责任。除长期性险种外，定期寿险通常没有现金价值，为非储蓄性产品。

1. 定期寿险产品特征

（1）费率低，保障高。除长期性定期寿险产品外，定期寿险不包含储蓄因素，因此在相等保险金额的投保条件下，其保险费率低于其他任何一种人寿保险产品，这是定期寿险最显著的特点和优点。

（2）具有可续保性和可转换性。可续保选择权允许保单所有人在保险期满而续保时不必提供可保性证明，即不必进行体检，也不论健康状况如何便可续保。这项选择权保护了被保险人的利益，但在每次续保时要根据被保险人所到达的年龄来调整续期保险费率，而且保险人通常对续保的期限及被保险人续保时的年龄有一定的限制。可转换性是指保单所有人具有把定期寿险保单变换为终身寿险保单或两全保险保单的选择权，在转换时，也不必提供可保性证据。保单的可转换性增加了定期寿险的灵活性。

（3）容易产生逆选择。在寿险经营中，逆选择往往表现为身体素质较差的投保人大量投保。定期寿险产品因保险低、保障高，因而易产生逆选择。

2. 定期寿险产品适合对象或范围

定期寿险具有很强的保障功能，适合在责任最重的时期投保。其购买的主要目的是保障家属的生活费用、教育储备。定期寿险比较适合的对象：一是适合在短期内从事比较危险的工作且急需保障的人；二是家庭收入低而急需较高保险金额的人，如子女尚幼的家庭经济唯一提供者一旦发生死亡，其家庭生活将陷入困境，故需要购买高额人寿保险，以保证其身亡后家人的生活；三是作为信用的保证手段之一。债权人大多要求债务人投保定期寿险，以避免债务人死亡而使自己的债权受到影响。四是保险意识强，在购买了其他寿险产品后，为进一步提高保障程度，在预算相对有限的条件下，通过补充购买定期寿险产品的方式，提高身故保障风险金。

3. 定期寿险产品购买决策

（1）根据需求选择期限。如为了偿还房屋贷款，可购买专门的信贷定期寿险，或者同时选几款不同期限的产品组合呈保额递减的险种。

（2）根据收入选择保额。选择保险金额除了要参考实际需要外，还需与支付能力相适应。不要盲目地选择高保额产品，健康的投保目的是维护家庭原有的生活水平，而不是通过保险来让家人由贫变富。定期寿险的年保费最好不要超过被保险人年收入的 1%。

（3）保留灵活性。定期寿险不具有储蓄性，因此保单的现金价值极低甚至为零。因此，定期寿险一般是作为个人和家庭保险理财组合计划中的补充保险而存在。同时，因为许多其他的险种也具有定期寿险的功能，所以在不确定是否会购买其他险种的情况下，不妨先买年限短一些的，或者不买太足的保额，以便与其他理财方式进行衔接。

（4）重点阅读“保险责任”条款。应该全文阅读保险条款，而不要贪图省事盲目签名。阅读“保险责任”时请注意：有的寿险公司只保身故不保高残；寿险公司在投保后对疾病身故设有观察期，有的寿险公司的观察期为 180 天，有的寿险公司的观察期为 1 年；观察期内疾病身故有的寿险公司只退保费，有的寿险公司可以退 10% 的保额，两者相差大约有 10 倍。

4. 典型定期寿险产品分析

严格地说，各公司的同样时期和性质的定期寿险产品的保费应该都是一样的，因为用的是一张保监会认可的生命表，保险公司计算保费的方法也是一样的，如果保费差异大保监会也不会批准的。同样的 10 年期定寿，20 ～ 30 岁和 30 ～ 40 岁的定寿显然是后者保费高，虽然都是均衡缴费，但 20 ～ 30 岁定寿均衡的是 20 岁到 30 岁的自然费率，后者均衡的是 30 ～ 40 岁的自然费率。如果再细点看现行的生命表可以发现，20 岁到 35 岁的生命表中死亡概率差异很小，可以忽略不计，35 岁以上变化就大了。从保费来说，以太平洋 10 年期 10 万保额 10 年缴定期寿险为例，20 ～ 30 岁保费 140 元，因为上述原因，可以发现 25 ～ 35 岁的定寿也是 140 元保费，26 岁以上就改变了，26 ～ 36 岁 150 元，27 ～ 37 岁 160 元，28 ～ 38 岁 170 元，29 ～ 39 岁 180 元，30 ～ 40 岁 190 元。在比较了新华人寿、太平洋人寿和信诚人寿的定期寿险，同样时期它们的保费是差不多的，误差不超过 10 元。请同学们看看自己熟悉的保险公司的产品，查一下费率表是不是如此（这里不考虑可续保和其他特种定期寿险）。

不同保险公司定期寿险的差异主要在于定期寿险能不能作为主险单独出售，能不能趸缴，最低保额多少，还有重要的是免责条款有多少条，包不包括全残。这都是保险公司自己定的，还和保险公司的传统有关系。新华和太平洋的定寿可以作为主险出售，包括全残，但是免责条款有十条左右；信诚人寿的定寿只能通过附加险形式，不包括全残，但是免责只有三条，包括两年内自杀、犯罪和被受益人故意迫害。这就要求按不同客户的需要进行选择。

案例 14-1

刘先生今年 30 岁，是一家私企的行政管理人员，月收入 3 500 元左右，妻子在一家餐厅工作，月收入 2 500 多元，孩子才刚刚两岁。刘先生和妻子 3 年前结婚时买了一套 70 多平方米的两室一厅的二手房，每月还银行贷款 2 000 元，加上孩子出生后开支日渐加大，刘先生夫妻俩生活十分节俭。在不发生任何疾病和意外的情况下，目前家庭每月能有 1 200 ～ 1 500 元的剩余。

【案例评析】

对于刘先生这样的家庭来说，平时最基本的生活开销加上还房贷，已占去了大部分的收入。在考虑买保险时，刘先生希望保费不要太贵，但对家庭能构成一定的保障，以防万一。

医学统计数字表明，在所有死亡的人群中，意外事故引发的死亡占20%左右，而占80%的是疾病死亡和自然死亡。因此，在投保顺序上也是寿险、健康险，然后才是意外险。从这一角度出发考虑，考虑到刘先生是办公室行政人员，工作的安全系数比较高，有社保，基本医疗有保障。因此，在资金有限的情况下，刘先生可暂时不考虑意外险和健康险，而优先考虑寿险。就刘先生家庭的经济情况来看，低保费、高保障的定期寿险是个较为实际的选择。

定期寿险又称为“定期人寿保险”或“定期死亡保险”，在合同约定的期限内，被保险人如果因意外或疾病导致死亡，保险公司将按合同规定给付保险金。如果被保险人在保险期届满时仍然生存，保险合同终止，保险公司不再承担给付义务，也不退还所缴保费。定期寿险具有两大特点：一是保费低、保障高。定期寿险是完全消费型的保险，没有任何储蓄性质，与储蓄型寿险相比，在保险金额相等的条件下，其保费要低得多。一般情况下，对于一个30岁左右的人来说，每年只需支付几百元钱即可享有上万元的保障，非常适合工资收入不高、每月没有多少节余又要承担较重家庭责任的工薪一族；二是可以自由选择缴费期限。定期寿险保障期限一般分为1年、5年、10年、15年、20年、30年或约定保障至规定年龄，投保人可根据自己的保障需求自行选择，不少定期寿险还可按规定延长保障期限。

对于20～45岁的投保人而言，消费型定期寿险比较便宜实惠，所以可以确保一定额度用于消费型的定期寿险（如20万～50万元）。如刘先生选择泰康人寿的“吉祥相伴定期保险”，可选择20万元保额、30年缴费期，年缴保费816元，月均保费仅为68元。也就是说，刘先生只要每月节省出68元来缴纳定期寿险保费，就可以拥有20万元的身故保障，一直保障至刘先生满60岁。如果经济允许，刘先生也可以选择更高保额，如50万元，年缴保费则为2 040元，月均保费170元（见表14-1）。

刘先生的家庭虽然现在资金比较紧张，但夫妻俩正处于事业起步期，等以后条件宽裕时，刘先生还可以对保障再做相应调整，同时考虑妻子和孩子的其他类型的保险。

〔附件〕泰康人寿吉祥相伴定期寿险简介

（1）产品特点。

低廉的保费投入，高额的身价保障。

定期保障，灵活满足各种不同保障需求的客户人群。

（2）保障利益。被保险人一年内因疾病身故，身故保险金为下列两项金额之和，本合同终止。第一，保险单上载明的本合同保险金额的10%；第二，投保人累计所交的本合同保险费（无息）。

被保险人因遭受“意外伤害”身故或一年后因疾病身故，按本合同保险金额向受益人给付身故保险金，本合同终止。

（3）产品特征。

投保年龄：16 周岁至 60 周岁；

保险期间：10/20/30 年；

缴费期间：趸缴 / 同保险期间（分别为 10/20/30 年）。

（4）费率表。

表 14-1 泰康吉祥相伴定期保险费率表

（男性费率表）以 1 000 元保险金额为计算单位							（女性费率表）期交保险费交费期间同保险期间						
年龄	10 年期		20 年期		30 年期		年龄	10 年期		20 年期		30 年期	
	趸交	年交	趸交	年交	趸交	年交		趸交	年交	趸交	年交	趸交	年交
16	9.01	1.07	16.83	1.13	29.62	1.46	16	4.45	0.53	9.03	0.61	16.71	0.82
17	9.08	1.08	17.27	1.16	31.27	1.54	17	4.57	0.54	9.38	0.63	17.83	0.87
18	9.06	1.08	17.72	1.19	33.06	1.63	18	4.65	0.55	9.75	0.65	19.06	0.93
19	8.97	1.07	18.21	1.23	35.03	1.73	19	4.71	0.56	10.16	0.68	20.42	1
20	8.86	1.05	18.79	1.27	37.23	1.84	20	4.77	0.57	10.62	0.71	21.94	1.08
21	8.77	1.04	19.49	1.31	39.71	1.96	21	4.82	0.57	11.14	0.75	23.64	1.16
22	8.73	1.04	20.36	1.37	42.52	2.1	22	4.89	0.58	11.76	0.79	25.55	1.26
23	8.76	1.04	21.42	1.44	45.71	2.26	23	4.99	0.59	12.48	0.84	27.71	1.36
24	8.89	1.06	22.71	1.53	49.31	2.44	24	5.12	0.61	13.32	0.89	30.12	1.48
25	9.12	1.09	24.23	1.64	53.36	2.65	25	5.3	0.63	14.29	0.96	32.84	1.62
26	9.48	1.13	26.01	1.76	57.89	2.88	26	5.54	0.66	15.42	1.04	35.88	1.77
27	9.96	1.18	28.06	1.9	62.93	3.13	27	5.83	0.69	16.71	1.12	39.27	1.94
28	10.56	1.26	30.4	2.06	68.52	3.42	28	6.19	0.74	18.17	1.22	43.05	2.13
29	11.29	1.34	33.04	2.24	74.68	3.73	29	6.63	0.79	19.84	1.34	47.25	2.34
30	12.16	1.45	36	2.44	81.45	4.08	30	7.14	0.85	21.71	1.46	51.91	2.57
31	13.16	1.57	39.29	2.67	88.85	4.47	31	7.73	0.92	23.81	1.61	57.05	2.83
32	14.3	1.7	42.94	2.92	96.97	4.89	32	8.41	1	26.16	1.77	62.73	3.12
33	15.58	1.86	46.98	3.2	105.79	5.35	33	9.18	1.09	28.78	1.94	68.99	3.44
34	17.02	2.03	51.42	3.5	115.38	5.86	34	10.06	1.2	31.69	2.14	75.87	3.79
35	18.62	2.22	56.3	3.84	125.78	6.41	35	11.04	1.31	34.92	2.36	83.41	4.18
36	20.4	2.44	61.65	4.22	137.03	7.02	36	12.15	1.45	38.5	2.61	91.67	4.61
37	22.36	2.67	67.51	4.63	149.17	7.68	37	13.38	1.59	42.46	2.88	100.71	5.08
38	24.53	2.93	73.91	5.08	162.26	8.4	38	14.75	1.76	46.83	3.18	110.57	5.59
39	26.91	3.22	80.91	5.58	176.31	9.18	39	16.28	1.94	51.64	3.52	121.31	6.16
40	29.53	3.54	88.54	6.12	191.39	10.03	40	17.98	2.14	56.95	3.89	132.98	6.79
41	32.41	3.89	96.83	6.72			41	19.86	2.37	62.79	4.3		
42	35.58	4.27	105.89	7.38			42	21.94	2.62	69.21	4.75		
43	39.05	4.69	115.72	8.09			43	24.24	2.9	76.26	5.25		
44	42.85	5.16	126.38	8.88			44	26.79	3.21	84	5.8		
45	47.02	5.67	137.93	9.74			45	29.6	3.55	92.48	6.4		
46	51.59	6.23	150.43	10.68			46	32.71	3.92	101.75	7.07		
47	56.59	6.85	163.92	11.71			47	36.14	4.34	111.89	7.81		

（续）

（男性费率表）以 1 000 元保险金额为计算单位							（女性费率表）期交保险费交费期间同保险期间						
年龄	10 年期		20 年期		30 年期		年龄	10 年期		20 年期		30 年期	
	趸交	年交	趸交	年交	趸交	年交		趸交	年交	趸交	年交	趸交	年交
48	62.06	7.53	178.47	12.83			48	39.92	4.8	122.95	8.62		
49	68.04	8.27	194.11	14.05			49	44.09	5.31	135	9.51		
50	74.57	9.09	210.91	15.39			50	48.69	5.87	148.11	10.49		
51	81.68	9.98					51	53.76	6.5				
52	89.48	10.97					52	59.33	7.19				
53	97.96	12.05					53	65.46	7.95				
54	107.18	13.23					54	72.2	8.79				
55	117.21	14.53					55	79.6	9.72				
56	128.11	15.95					56	87.71	10.74				
57	139.94	17.51					57	96.61	11.87				
58	152.75	19.21					58	106.35	13.12				
59	166.6	21.08					59	117.01	14.5				
60	181.58	23.12					60	128.65	16.01				

终身寿险

终身寿险又称终身死亡保险。它提供被保险人终身的死亡保障，即不论被保险人何时死亡，保险人都向其受益人给付保险金。如果被保险人生存到 100 周岁仍生存，保险人向其本人给付保险金。终身寿险的保险费高于定期寿险，低于养老寿险。因此，从保险成本的角度看，终身寿险是最贵的定期寿险，同时也是最便宜的养老寿险。按交费方式的不同，终身寿险可分为普通终身寿险和限期交费终身寿险两类。

1. 终身寿险产品的特征

（1）费率中含有储蓄因素，保单具有现金价值。这是终身寿险最显著的特征，在保险理财实务中，保单所有人既可以在中途以退保方式领取退保金，也可在保单现金价值的一定限额内贷款，具有较强的储蓄型。

（2）给付的必然性。终身寿险是以死亡为保险事故，而人的生命是有限的，因而每一张有效保单发生给付是必然的，能为被保险人提供终身保障。

（3）保单的灵活性。普通终身寿险保单条款中允许把该保险单变换为减额缴清保单。如果是分红型的终身寿险，保单所有人还可以用红利把该保单变换为等额的保费缴清保险单，也可以用保单的现金价值作为一次缴清的保费把该保单变换为定期寿险保单，或者也可以在退休时把保单变换为年金保单（一般是选择即时年金保险产品）。

2. 终身寿险产品的适应对象

该险种适合需要终身保障的投保人。在中国现阶段居民保险意识并不够强的条件下，家庭保险理财实践中，由于该类保险产品的上述特征，与定期寿险或人身意外伤害保险、健康保险比较而言，容易为投保人选择。

目前终身寿险产品已成为主要寿险险种之一，如太平洋的“老来福”终身寿险，平安的“平安长寿”中国人寿的“88 鸿利终身保险”和“福如东海 C 款终身寿险”等都很受欢迎。

3. 终身寿险产品购买决策

（1）应该避免与定期寿险重叠。如果购买了充足的定期意外伤害保障，那么终身寿险方面就可以选择医疗或者理财方面的保障。

（2）应避免求全求多。终身寿险是一个长期理财方案，切莫贪多，要按照家庭实际收入情况选择。

（3）应建立正确的保险理念。保险应回归保险本质，起到保障效果，投资分红等只是保险理财的一种形式，应在保障充足的情况下加以考虑。

4. 终身寿险的储蓄功能

终身寿险和定期寿险在费率上的差别比较明显，这是因为两者一个属于可以返本的储蓄型险种，一个则是消费型的险种。以下我们以相同的保险标的为参考，比较一下定期寿险与终身寿险的费率结构，以同样是30岁男性、缴费期限20年、保额10万元为例。定期寿险的保险期限如果是20年，那么每年缴纳的保费大约300元左右。而对于终身寿险被保险人来说，保障可达终身，他20年中每年所要缴纳的保费在3 000元左右，甚至更高。

由此可见，在背景完全相同的情况下，终身寿险的保费可以达到定期寿险的数倍、10倍乃至更高。那么，面对定期寿险和终身寿险这样一道选择题，你会做何选择呢？这是要从家庭实际情况出发的。

终身寿险更像是一种“长期储蓄”，到一定时候必定得到返还。因此，这类保险产品比较适合有一定年纪的家庭富裕型人士，他们事业有成、有一定的经济基础，每年上千甚至上万元的保费不会造成负担，希望能在身故后给家人带来一笔收入。而对于年轻人来说，大多数人并不适合终身寿险，一是其保费较高、保障额度又较低，年轻人更需要高保障、低保费的产品来规避身故风险；二是保费的投入也是一种投资，终身险的回报率显然偏低，且对被保险人本人无贡献可言，年轻人不妨考虑较积极的手段，积累更多的财富。

5. 终身寿险保险额度和保险期限的选择方法

（1）保额的设定。对于保额的设定，有一种比较粗糙但挺实用的公式，那就是“双十”原则，也就是说可以用年收入的10%来购买保险，而保额应该是年收入的10倍以上。在实践中，个人还应根据家庭情况做衡量和调整。比如有家庭贷款的人，可以将保额适当调整，涵盖贷款余额及几年的生活花销；子女尚年幼者，可以考虑到教育金的问题，尽量给另一半减少压力。当然，任何保险规划的制定都以缴费能力为前提，就如前面所言，如果终身寿险的保费对你是笔不小的开支，而你又想获得一定的身故保障，建议选择消费型产品，就当作“花钱保平安”。

（2）缴费期限的选择。在缴费期限的选择上，往往与投保人的经济实力有很大的关系。目前终身寿险的缴费形式一般有趸缴，短期缴费（如3、5年期）以及长期缴费（如10、20、30年期）。对收入不稳定的人来说，可以考虑趸缴或短期缴费，在短时间内完成长期保障，以免除后顾之忧。而对收入稳定的人来说，可以选择长期缴费，选择分期缴费的话，保障功能更可以凸显，比如在投保三五年之后被保险人就发生身故的，受益人同样可以得到相应的保险金，而实际付出的保费却只有约定的几分之一。

另一方面，如果分期缴费者已经缴完了所有期数的保费，虽然看上去比一次性支付保费的人要“多出了不少钱”，但实际并非如此。例如，趸缴4万元保费的一份保单，如果分30年期则需要每期缴3 000元保费，后者看起来要比前者多投入5万元。但考虑到通胀及“货币的时间价值”因素，30 年后的 1 万元也许只等于今天的 1 000 元，最终计算下来，很难说趸缴和分期缴费哪个更划算。而且从保险精算的角度讲，保险公司也不会提供优劣相差很大的缴付方式。

6. 典型终身寿险产品

（1）平安金裕人生两全保险。详见“第三章：传统寿险与分红寿险实训”—“第一节：实验项目一—传统寿险与分红寿险实训”—“【实训内容 3-1】传统寿险与分红寿险实训”—“(三) 两全保险”。

两全保险

两全保险又称生死合险或储蓄保险。它是生存保险与死亡保险的结合。被保险人在保险期内死亡或生存到保险期满时保险人均给付保险金。由于同时考虑生存与死亡这两种生命状态，两全保险既能提供强大的储蓄功能，又能防止储蓄期间的死亡危险。因此，它既可以保障被保险人退休后生活的需要，又可以解除由于被保险人死亡而给家庭生活所带来的后顾之忧。它是人寿保险产品中最受欢迎的一个险种。当前我国保险市场上的两全保险，包括普通两全保险、期满双倍两全保险、养老附加定期保险和联合两全保险，且基本以分红保险为主。

1. 两全保险产品的特征

（1）承保责任最全面。两全保险是人身保险业务中承保责任最全面的一个险种，是生存保险和死亡保险相结合的产物。两全保险既可以作为一种储蓄手段，又可以作为提供养老保障的手段，还可以作为积累特殊用途资金的手段，因此深受人们的欢迎。

（2）两全保险的费率最高。由于两全保险必然发生给付，因此，在相同的条件下，两全保险的费率比生存保险和死亡保险的费率高，是人寿保险中保险费最高的险种。

（3）两全保险具有储蓄性质。两全保险的保险费中，既有保障的因素，又有储蓄的因素，且储蓄因素占相当的比重。因而有时又被称为储蓄保险。

2. 两全保险产品的适应对象或范围

两全保险产品适合具有较强经济实力且有长期投资理财意愿的人群。

3. 两全保险产品购买决策

（1）两全保险大多为分红型的保险，因而应理性看待红利。

（2）注意缴费方式的选择。通常两全保险产品的缴费方式较灵活，投保人可根据自己的经济能力及需求进行选择。

（3）明确购买的目的是什么。是解决养老问题，还是进行投资？是打算给孩子做教育基金，还是希望给孩子留下保险金？

4. 典型的两全保险产品

以下是平安金裕人生两全保险简介，以女性为例。

（1）投保规则

1）本险投保年龄为 0 周岁至 57 周岁，缴费期为 3 年和 5 年两种，保险责任为终身。

2）选择 5 年期交费，每年交费不得少于 2 万元；选择 3 年期交费，每年交费不得少于 3 万元。

3）本险无最高保额特别限制，可自由选择相应额度；55 岁及以下，次标准体核保不做弱体加费。

4）本险可以附加，金裕人生提前给付重大疾病保险。

（2）保险利益简表（以购买10万元保额为例）

表 14-2 平安金裕人生两全保险利益简表

保障范围	保险利益
生存保险金	保单生效日起，每满两周年返1万元现金（保额的10%）到59岁，60起每年返还6 000元现金（保额的6%）终身给付
累积生存金	每两年给付的"生存保险金"若不领取，按年息3.5%复利滚存
保单红利金	根据平安分红类保险实际经营状况，按照保险监督机关有关规定确定红利分配，以现金方式分配
累积红利金	每年"保单红利金"若不领取，按年息3.5%复利滚存
保单贷款	在合同有效期内可以随时申请保单贷款，保单现金价值的80%
生命尊严提前给付	被保险人确诊为严重疾病末期且平均存活期为6个月以下，可申请"提前给付保险金"
身故保险金	退还所交总保险费

（3）保险利益及分红测算表（见表14-3）

表 14-3 平安金裕人生两全保险保险利益及分红测算表

投保年龄女性	年交保费	保险利益科目	保单年度末保险利益（假设中结算利率）				
			第20年	第30年	第40年	第50年	第60年
0周岁	50 150元 10万保额 5年交费	生存总利益	446 041	636 864	894 135	1 240 812	1 707 905
		身故总利益	472 531	658 834	910 365	1 249 862	1 707 935
15周岁	52 070元 10万保额 5年交费	生存总利益	463 977	663 335	932 580	1 295 706	1 783 455
		身故总利益	486 927	678 235	937 380	1 298 506	1 784 305
30周岁	54 290元 10万保额 5年交费	生存总利益	483 923	692 123	973 165	1 350 180	1 855 597
		身故总利益	503 523	700 283	978 025	1 352 070	1 855 287
45周岁	62 080元 10万保额 5年交费	生存总利益	551 890	786 540	1 099 854	1 518 019	2 077 922
		身故总利益	571 450	798 550	1 105 654	1 519 659	2 075 742
54周岁	68 490元 10万保额 5年交费	生存总利益	602 928	854 314	1 188 182	年龄超系统数据	
		身故总利益	623 138	865 094	1 192 512	年龄超系统数据	

年金保险

年金保险是指保险人在约定期间或被保险人的生存期间，保险人按照一定周期给付年金领取者一定数额的保险金。这种周期可以是年、半年、季或月，但以月为主。如果保险金的支付取决于被保险人的生存年限，就称之为生存年金，反之就是确定年金。如果年金受领人在未满期前死亡，则把剩余年金支付给其受益人。购买年金保险的，目的主要是保障晚年的经济收入。因而，通常称年金保险为养老保险，具有典型的储蓄性质。

1. 年金保险产品的特征

（1）年金保险是以被保险人（年金受领者）生存至约定时期为给付条件。

（2）年金保险积累的资金主要是提供被保险人养老使用。

（3）年金保险不需要体检或进行健康声明。

（4）年金保险随被保险人年龄的增加，保险人支付年金的概率逐渐降低。

（5）年金保险除即期年金外通常都有一个积累期和一个清偿期，年金保险的保险期限届满并不是合同的终止日而是合同积累期满日，合同进入清偿期。只要被保险人生存，保险人就要承担给付责任。

2. 两全保险产品的适用对象或范围

年金保险主要适合的对象包括：一是公务员、企业员工；二是无社会养老金的人员；三是家庭主妇、工作不固定者；四是个体工商户。

3. 年金保险产品购买决策

（1）领取方式可“量身订制”。目前年金保险有趸领、定额和定时三种领取方式。趸领是被保险人在约定领取时间，把所有的养老金一次性全部提走的方式。定额领取的方式则是在单位时间确定领取额度，直至被保险人将保险金全部领取完毕。定时领取则是被保险人在约定领取时间，根据保险金的总量确定领取额度。

（2）慎选即缴即领型年金保险产品。与社保养老金相比，年金保险的领取时间比较灵活，其起始领取时间一般集中在被保险人 50 周岁、55 周岁、60 周岁、65 周岁四个年龄段。但是，即缴即领型年金保险因为缺乏资金积累时间，产品现金价值较低，通常很长的时间才返本。

4. 典型的年金保险产品

以下是新华人寿保险尊享人生年金保险（分红型）的相关简介。

（1）投保规则

1）投保年龄：30 天～ 55 周岁。

2）缴费方式：趸交或年交。

3）缴费期限：一次交清、5 年交、10 年交、20 年交。

4）保险期间：至 80 周岁。

（2）保险责任

1）关爱年金。生效后（犹豫期结束次日）、每年按首次交纳的主险保险费的 1% 给付关爱年金。

2）生存保险金 。60 岁之前每两年，生存保险金为：（基本保险金额 + 累积红利保额）× 9%；60 ～ 80 周岁每年，生存保险金为：（基本保险金额 + 累积红利保额）× 9%

3）身故或全残保险金。给付实际交纳的主险保险费 ×105%+ 累积红利保额对应的现金价值。

4）豁免保险费。投保人未发生变更，且因意外伤害导致身故或全残，且投保人身故或全残时年龄介于 18 周岁至 60 周岁之间，可免交自投保人身故或被确定身体全残之日起的续期保险费，合同继续有效。

5）累计生息账户。关爱年金、生存保险金默认进入累积生息金账户，享受二次增值。

（3）尊享人生产品优势

1）突出快速返还功能。“尊享人生 · 至尊全能”领取更早，犹豫期满即领；领取金额更多，每年 1% 的关爱金，60 岁前每年保额 9% 的生存领取金，60 岁后每年保额 9% 的生存领取金；真正突出返还型保险的快速返还的功能。

2）特设“金账户”。“尊享人生 · 至尊全能”特设金账户，关爱年金、生存金等各项领取，默认进入该账户，想领就领，不领增值，日日计息，月月复利，充分实现保单利益二次增值。

3）增额放大保单利益。“尊享人生 · 至尊全能”秉承保额分红优势，将保障和领取建立在增额的基础上，领取额度逐年提高，可缓解通货膨胀压力，具有现金分红不可比拟的优势。

4）创新附加险产品体系。“尊享人生 · 至尊全能”打造多元化、系统化的附加险产品体系；根据客户差异化的保障需求，匹配以相应的保障功能，真正实现以“客户”需求为中心的客户化产品体系；市场同类产品大都是单一的附加险，不能灵活选择合适的保障。

5）保费豁免人性关怀。市场同类产品大都没有全残豁免保费责任，也没有全残给付责任，而“尊享人生 · 至尊全能”则人性化地设计了投保人意外身故、全残豁免保费的功能。

【实训任务 14-1】计算分析题

（1）完成以下案例的计算题，试比较定期寿险与终身寿险在保费支出方面的差别。

1）23 岁的男性，保额 30 万，20 年交费，如果选择定期保险，仅仅保障 20 年，选择的产品是泰康吉祥相伴定期保险（费率表见“表 14-1 泰康吉祥相伴定期保险费率表”），则其每年期缴保费为多少元？

2）被保险人的情况同（1），如果是选择终身寿险，选择平安鑫盛终身寿险分红型（费率表如表 14-4 所示），则其每年期缴保费为多少元？

3）根据比较定期寿险与终身寿险在保费支出方面的差别，你认为定期寿险与终身寿险分别对于哪种经济情况下的保险人更具有适用性？

表 14-4 《平安鑫盛终身寿险（分红型）》费率表（男性）

（每万元基本保险金额，单位：元）

投保年龄	趸交	10 年交	15 年交	20 年交	30 年交	终身交
0	2 253	282	192	152	110	67
1	2 278	285	194	153	111	68
2	2 313	288	196	155	113	69
3	2 354	293	200	158	115	71
4	2 400	299	203	161	117	72
5	2 450	305	208	164	119	74
6	2 503	311	212	168	122	76
7	2 558	318	217	171	124	78
8	2 616	326	222	175	127	81
9	2 676	333	227	179	130	83
10	2 739	341	232	184	133	86
11	2 803	349	238	188	137	88
12	2 869	357	243	192	140	91
13	2 936	366	249	197	143	94
14	3 004	374	255	202	147	97
15	3 074	383	261	206	150	100
16	3 144	392	267	211	154	103
17	3 215	401	273	216	157	106
18	3 287	410	279	221	161	109
19	3 360	419	286	226	164	112
20	3 434	428	292	231	168	116
21	3 510	438	298	236	172	120
22	3 589	448	305	241	176	123

（续）

投保年龄	趸交	10 年交	15 年交	20 年交	30 年交	终身交
23	3 669	458	312	247	180	127
24	3 752	468	319	252	184	131
25	3 837	479	326	258	189	136
26	3 925	490	334	264	193	140
27	4 015	501	342	271	198	145
28	4 107	512	350	277	203	150
29	4 202	524	358	284	208	156
30	4 300	537	366	291	214	161
31	4 399	549	375	298	219	167
32	4 501	562	384	305	225	173
33	4 605	576	393	313	231	180
34	4 711	589	403	320	237	186
35	4 819	603	413	328	244	194
36	4 929	618	423	337	250	201
37	5 042	632	433	345	257	209
38	5 156	647	444	354	265	217
39	5 272	663	454	363	272	226
40	5 391	678	466	372	280	235
41	5 511	694	477	382	289	244
42	5 633	711	489	392	298	254
43	5 756	727	501	402	307	265
44	5 882	745	514	413	316	276
45	6 009	762	526	424	327	288
46	6 138	780	540	436	301	
47	6 268	799	553	448	314	
48	6 400	817	568	461	328	
49	6 534	837	582	474	342	
50	6 668	857	597	488	358	
51	6 804	877	613	502	375	
52	6 941	898	629	517	392	
53	7 080	920	647	533	411	
54	7 219	942	664	550	431	
55	7 358	965	683	568	452	
56	7 499	989	474			
57	7 640	1 013	498			
58	7 781	1 039	524			
59	7 922	1 065	551			
60	8 064	1 093	580			
61	8 205	612				
62	8 346	645				
63	8 486	681				
64	8 626	719				
65	8 765	760				

第十五章

实验二　传统人寿保险业务实训（二）

第一节　实验目的和内容

一、实训目标

帮助学生了解中国保险市场在售的传统型寿险产品，特别是分红保险产品，比较分析不同公司的同类产品间的差异和各自特点；了解我国的主要保险公司的分红型寿险的发展状况；掌握购买寿险产品进行家庭保险理财的基本分析办法。

通过本实验项目要求学生少儿教育保险在家庭保险理财中的作用原理，了解我国的少儿教育型保险发展状况，了解市场在售少儿教育保险产品体系，学会比较分析不同公司产品间同类产品的差异和各自特点；掌握购买少儿教育保险的基本分析模型。

二、实训内容

通过模拟案例，熟悉和掌握传统寿险，特别是分红型寿险的保险利益分析方法，使学生熟悉和掌握投保少儿教育保险的保险利益分析方法、投保的操作要点及相关技巧。

三、实验资料和实验步骤

（一）实验资料准备

投影、机房、教师准备的资料（相关单证、案例、险种条款及费率表）。

（二）实验步骤

（1）教师对投保分红保险、少儿教育保险的基本知识及要求进行讲解，学生了解并熟悉投保传统寿险的保险利益分析模型。

（2）教师提供分红保险、少儿教育保险的保险案例，学生分组讨论和处理案情。

（3）学会计算保险费和进行投保利益计算。

四、实训方式

（1）自由组合，分为若干个小组，各组推选出组长一名，各组在组长的协调下进行分工，根据所搜集目标公司相关产品，共同完成实验内容。

（2）各小组分析实训中出现的问题，小组间互相讨论和交流心得与经验。

第二节　传统人寿保险业务操作实训（二）

【实训内容 15-1】传统人寿保险业务操作实训（二）

分红寿险产品

分红寿险又称利益分配保险，是指签订保险合同的双方事先在合同中约定，当投保人所购险种的经营出现赢利时，保单所有人享有红利的分配权。因此，分红寿险是一种理财功能比较强的保险产品。寿险公司经营时必须将分红保险与非分红保险分设账户，独立核算。

分红保险的英文名称是 participating insurance，最早起源于 17 世纪的英国。意思是客户在享有保单保证利益的同时可以分享保险公司的经营成果。但前提是保险公司在实际经营过程中产生可分配盈余。其保障的本质与传统保险并没有差异，红利的分配视保险公司的经营情况而定，保险公司每年度计算盈余并进行分配，具有不确定性。

我国的第一张分红保险保单诞生于 2000 年，由于储蓄、国债不断降息，股市又持续低迷，兼具保险、储蓄和投资功能的投资分红保险一开始就受到市场的欢迎。而各家公司的分红保险产品包括国寿的“鸿泰”，平安的“千禧红”系列产品，太平洋的“红利来”，新华的“红双喜”，太平的“盈丰”“盈盛”，泰康的“千里马”等应运而生。目前，世界各国和地区分红险种保费收入在总保费中的比重不相统一，在北美地区，80% 以上的寿险产品有分红功能；在德国，分红保险占该国人寿保险市场 85%；在中国香港，这一数字更高达 90%。我国内地目前的寿险产品，特别是终身寿险，绝大多数（保费收入占比 70% 以上）是分红险。

分红寿险产品的特征

1. 分红保单的持有人能享受到保险人的经营成果，参与其利益分配

在获得保单提供的风险保障的同时，保单持有人每年均可从保险人那里得到当年度的红利分配，我国保监会规定保险人应至少将当年度分红业务可分配盈余的 70% 分配给客户。因此，可将分红保险视为一种附带投资理财功能的保障险种。

2. 保单持有人在享有投资功能的同时，也承担了一定的投资风险

寿险公司每年的红利是根据当年度的保险人的资金运用和业务经营情况进行核算的。因此，当保险人经营理想时红利就高些，当经营状况不好时红利就低些，甚至为零。分红保险的主要功能依然是保险，而红利的分配只是其附属功能。消费者应该是在有保险需求的基础上才选择购买这样的保险，不应该为追求红利而购买保险。确切地说，保险保障是雪中送炭，而红利派送只是锦上添花。

分红保险除了具有传统保险的一般功能（生存领取、死亡和重疾给付等）外还有红利收益。红利主要来自三方面：死差益（由死亡率而来的利益）、利差益（由投资收益而来的利益）和费差益（由附加费用而来的利益）。“三差”中死差、费差的比例非常小，对于一个精算水平较高的保险公司不会在核保、费用方面产生较大的误差，因此一般分红保单的红利大部分来源于投资收益。而投资收益的多少取决于保险公司业务经营能力的强弱，这就表明所谓的保单红利不仅仅是赢利，也有可能是不赢利。

在公司经营有赢利的情况下，分红保险的红利来源于该险种投资账户的可分配盈余。但可分配盈余并不等于盈余，红利的分配视保险公司的经营情况而定，保险公司每年度计算盈余并进行分配，而保监会规定可分配盈余至少为盈余的 70%。在没有盈余的情况下，红利理论上可以为零。红利作为附加的投资功能，既然可能有投资回报，就同样存在投资风险。

3. 分红寿险的保险费率较高

寿险产品的定价主要是依据预定死亡率、预定费用率、预定利率来进行的。对于分红寿险，考虑到保单红利的分配，保险人在对这三者进行预估时比不分红保险更趋保守，所以分红寿险的费率要高于不分红寿险。

4. 分红寿险的保险金给付与退保金中含有相应的保单红利

分红寿险的受益人在领取保险金时，除双方约定部分的保障外，还包括保单未领取的累计红利及利息；当分红寿险保单持有人退保时，其领取的退保金中同样含有相应的保单红利与利息。

目前市场上各家保险公司对红利的分配方式大致有 4 种：现金领取、累积生息、抵交保险费、增额交清。现金领取就是每个保单周年日把当年分的红利领取，但因为前期红利并不会太多，所以没有实际的意义，而又失去了长期累积的增值机会。累积生息是把分得的红利一直保存在保险公司，根据保险公司每年确定的利率进行复利计息，这样可以积少成多。这是比较常用的方式。如果客户某个时刻很需要钱，而累积的数目又相当可观，也可以转换成现金领取。增额交清是把每年分得的红利作为一次交清（趸交）的保费购买一定的保额，进而不断增加保险金额。这种方式具有以下几个优点：第一，采用的费率是纯保费（不包含附加费用），相比重新购买要便宜许多；第二，增加保险金额不需要受年龄的限制（目前大多数公司重新投保的年龄上限都是 65 岁）；第三，假如一直采用这种方式，增加保险金额不需要体检（一般公司都规定对超过一定年龄的客户都要体检）。

还有一些保险公司采用“保额分红”的做法，其实也是从增额交清演变而来，本质上是一样的。但给客户分配的保额，属于一种未来值，即现在不兑现，当出现保险事故或保险合同终止时才能兑现。例如，某客户购买 10 万元保险金额的保险，某年度分得 1 300 元的红利（保额），总保额就是 101 300 元，但这 1 300 元的利益是现在拿不到的，必须在出险时才可以得到。

由于保险给付的利率比银行低一些，所以即使在保险公司非盈利的状态下，分红保险的最低分红是不分红，投资者可能的最大损失就是保险公司与银行的利率差，损失显然比在风雨飘摇的股市中小得多，何况分红保险更重要的是具有保险的功能。

此外，出于对我国长期宏观经济走势的乐观预计，尽管在短期内投资收益不理想，但长期投资应该有较好的回报。而且更重要的是，时间越长，保险的保障价值越高。例如，同是投保 10 万元的分红保险，选择 20 年期或 30 年期，花同样的保费，得到的人身保险保障时间显然比选择 5 年期的保险要长得多，这就体现出了保险的价值。

分红寿险产品的适用对象

分红寿险是在寿险产品的基础上，附加分红功能而来，但费率将比无分红功能和同类寿险产品高出许多。

分红保险产品的购买决策

投保人选择购买分红保险产品时，应当了解分红保险可分配给投保人的红利是不确定的，没有固定的比率。分红水平主要取决于寿险公司的实际经营成果。不能将分红保险产品同其他的金融产品（如国债、银行存款等）等同或进行片面比较，各类理财产品各有其特点，不论是在收益率，还是风险状况方面。保险产品的无风险收益，同时又独具保障功能，却是独具功效的理财产品。

典型的年金保险产品

以下是平安鑫盛终身寿险（分红型，2012）的相关简介。

1. 投保规则

（1）保险期间：终身。

（2）交费年期：趸交 10/15/20/30 年交 终身交。

（3）交费方式：年交、半年交、季交、月交。

（4）投保年龄：0（出生满 28 天且已健康出院的婴儿）～ 65 周岁。

（5）最低保额要求：3 万元。

（6）保险金额：基本保额。

（7）保险责任：身故金 = 基本保额。

2. 分红方式（见表 15-1）

表 15-1　平安鑫盛终身寿险分红方式表

	交清增额	累积生息	抵交保费
方式	依据被保险人当时的年龄以当年红利作为一次性交清保险费购买交清增额保险	红利按公司每年确定的红利累积利率计算，按照复利方式储存生息	红利用于抵交下一期的应交保费
特点	1. 交清增额保险在经过长时间的积累之后，可以形成很高的保额 2. 交清增额保险对应的保额会产生红利，参与分红 3. 购买交清增额保险时，客户无须体检 4. 对于客户来讲，用纯保费购买交清增额保险所付出的成本比较低	1. 将红利储存在公司 2. 可以随时支取红利	抵交保费余额不予以计息。余额用于抵交下期保费

3. 投保示例

案例 15-1

陈女士，23 岁，女性，新婚不久，某外企公司职员，由于工作竞争压力大，平日经常加班熬夜，存在健康隐患，因此小陈开始规划自己的健康保障。

【案例评析】

（1）推荐组合

购买险种：

平安鑫盛终身寿险（分红型，2012）12 万元 + 平安附加鑫盛提前给付重大疾病保险 8 万元 + 平安附加豁免保险费重大疾病保险（C，2012）。

年交保费：

主险为 2 676 元（假定投保人按 1 类职业计算）；

附加险为，平安附加鑫盛提前给付重大疾病保险 584 元；平安附加豁免保险费重大疾病保险 19.44 元；

交费期：20 年；

总交费：3 279.44 元。

（2）保险利益

1）重疾保险金：从拥有此产品的 90 天后，就终身拥有 8 万元的重大疾病治疗金；30 种重大疾病，从头保到脚。

2）高额人身保险金：

疾病身故保障金（未领重疾金，以中档分红为例，红利选择交清增额方式）疾病身故 12 万元 + 交清增额。60 岁累积保额 181 832 元、70 岁累积保额 216 673 元、80 岁累积保额 262 473 元。

意外身故保障金：

意外身故保障金（未领重疾金，以中档分红为例，红利选择交清增额方式）交费期内，意外身故 12 万元 + 交清增额。40 岁累积保额 133 408 元、50 岁累积保额 157 181 元。

3）享受分红。公司每年把分红险可分配盈余的 70% 以上分配给客户，假设采用交清增额的方式，按中档分红举例，当年分红如下：可以作为养老补充，60 岁时当年分红可达 9 440 元、70 岁时当年分红可达 24 121 元、80 岁时当年分红可达 50 048 元。

4）现金价值。可随时领取现金价值作为养老金，领取后合同终止（未领重疾金，红利选择交清增额方式，现金价值包含红利交清增额的现金价值，按中档分红举例），其总交保费为 65 569 元，60 岁时现金价值为 42 824 元、70 岁时现金价值为 54 588 元、80 岁时现金价值为 70 464 元。

5）保单贷款。如果急用现金，最高还可以申请现金价值 80% 进行保单贷款。

（3）利益测算表（见表 15-2 和表 15-3）。

少儿教育保险业务操作实训

少儿教育保险的意义

少儿教育保险，又称作儿童教育金保险、少儿教育险，目的是为少年儿童在不同生长阶段的教育需要提供相应的保障储备金。正所谓人无远虑，必有近忧，少儿教育险的产生是解决父母对未来教育支出不确定性的一个有益手段，可以帮助被保险少儿在一生的各个特定求学阶段都可提前储备一笔基金，储蓄性质明显，有助减轻父母在后代求学特定阶段的临时经济负担，充分体现父母对子女的呵护和关爱。目前市场上销售的少儿教育保险，除了初中、高中和大学几个时期的教育基金以外，还包括了参加工作以后的创业基金，婚嫁基金甚至还有退休之后的养老基金等。

后代教育支出的特点

少儿教育保险的产生，根源于下述一系列家庭对后代教育金支出的基本特点。

1. 后代教育没有时间弹性

子女到了一定的年龄就要上学（如 7 岁左右上小学，18 岁左右上大学），不能因为没有足够的学费而延期。特别要指出的是，当前社会流行各种兴趣爱好培训班，家庭为后代的各种教育投资深不见底，各种支出难以预测。子女的资质不同，整个教育过程中的相关花费差距很大，所以宁可多准备不能少准备。

表 15-2 平安鑫盛终身寿险利益测算表 1

保险利益和分红测算图表

被保险人：女士 性别：女 投保年龄：23 岁

保单年度	期交保费	累计保费	生存总利益（中档分红）	重疾总利益（中档分红）	意外身故总利益（中档分红）/ 疾病身故总利益（中档分红）	现金价值（退保金）	意外身故金 / 疾病身故金	重疾保险金	当年交清增额保额（低）/ 累积交清增额保额（低）	当年交清增额保额（中）/ 累积交清增额保额（中）	当年交清增额保额（高）/ 累积交清增额保额（高）
1	3 279	3 279	222	80 000	120 000 120 000	216	120 000 120 000	80 000	18 18	54 54	91 91
2	3 279	6 559	950	80 054	120 054 120 054	924	120 000 120 000	80 000	36 54	129 183	222 313
3	3 279	9 838	2 068	80 183	120 183 120 183	1 992	120 000 120 000	80 000	63 117	238 421	416 729
4	3 279	13 118	3 275	80 421	120 421 120 421	3 132	120 000 120 000	80 000	89 206	347 768	611 1 340
5	3 279	16 397	4 567	80 768	120 768 120 768	4 332	120 000 120 000	80 000	116 322	455 1 223	808 2 148
6	3 279	19 677	6 187	81 223	121 223 121 223	5 832	120 000 120 000	80 000	141 463	564 1 787	1 006 3 154
7	3 279	22 956	7 921	81 787	121 787 121 787	7 416	120 000 120 000	80 000	167 630	672 2 459	1 207 4 361
8	3 279	26 236	9 783	82 459	122 459 122 459	9 096	120 000 120 000	80 000	192 822	781 3 240	1 411 5 722
9	3 279	29 515	11 764	83 240	123 240 123 240	10 860	120 000 120 000	80 000	217 1 039	889 4 129	1 617 7 389
10	3 279	32 794	13 867	84 129	124 129 124 129	12 708	120 000 120 000	80 000	242 1 281	998 5 127	1 826 9 215
11	3 279	36 074	16 119	85 127	125 127 125 127	14 664	120 000 120 000	80 000	266 1 547	1 107 6 234	2 037 11 252
12	3 279	39 353	18 511	86 234	126 234 126 234	16 716	120 000 120 000	80 000	291 1 838	1 215 7 449	2 252 13 504
13	3 279	42 633	21 060	87 449	127 449 127 449	18 876	120 000 120 000	80 000	314 2 152	1 324 8 773	2 470 15 974

（续）

保单年度	期交保费	累计保费	生存总利益（中档分红）	重疾总利益（中档分红）	意外身故总利益（中档分红）/疾病身故总利益（中档分红）	现金价值（退保金）	意外身故金/疾病身故金	重疾保险金	当年交清增额保额（低）/累积交清增额保额（低）	当年交清增额保额（中）/累积交清增额保额（中）	当年交清增额保额（高）/累积交清增额保额（高）
14	3 279	45 912	23 766	88 773	128 773 128 773	21 144	120 000 120 000	80 000	338 2 490	1 434 10 207	2 692 18 666
15	3 279	45 192	26 637	90 207	130 207 130 207	23 520	120 000 120 000	80 000	362 2 852	1 545 11 752	2 918 21 584
16	3 279	52 471	29 687	91 752	131 752 131 752	26 016	120 000 120 000	80 000	385 3 273	1 656 13 408	3 150 24 734
17	3 279	55 750	32 921	93 408	133 408 133 408	28 632	120 000 120 000	80 000	408 3 645	1 768 15 176	3 386 28 120
18	3 279	59 030	36 342	95 176	135 176 135 176	31 368	120 000 120 000	80 000	432 4 077	1 881 17 057	3 627 31 747
19	3 279	62 309	39 967	97 057	137 057 137 057	34 236	120 000 120 000	80 000	455 4 532	1 995 19 052	3 874 35 621
20	3 260	65 569	43 803	99 052	139 052 139 052	37 236	120 000 120 000	80 000	477 5 009	2 110 21 162	4 127 39 748
21	0	65 569	45 875	101 162	141 162 141 162	38 412	120 000 120 000	80 000	481 5 490	2 152 23 314	4 255 44 003
22	0	65 569	48 018	103 314	143 314 143 314	39 600	120 000 120 000	80 000	486 5 976	2 195 25 509	4 388 48 391
23	0	65 569	50 264	105 509	145 509 145 509	40 824	120 000 120 000	80 000	490 6 466	2 239 27 748	4 527 52 918
24	0	65 569	52 617	107 748	147 748 147 748	42 084	120 000 120 000	80 000	495 6 961	2 285 30 033	4 672 57 590
25	0	65 569	55 065	110 033	150 033 150 033	43 368	120 000 120 000	80 000	500 7 461	2 334 32 367	4 826 62 416
26	0	65 569	57 614	112 367	152 367 152 367	44 676	120 000 120 000	80 000	505 7 966	2 384 34 751	4 985 67 401
27	0	65 569	60 266	114 751	154 751 154 751	46 008	120 000 120 000	80 000	511 8 477	2 436 37 187	5 153 72 554

28	0	65 569	63 041	117 187	157 187 157 187	47 376	120 000 120 000	80 000	516 8 993	2 491 39 678	5 329 77 883
29	0	65 569	65 929	119 678	159 678 159 678	48 768	120 000 120 000	80 000	522 9 515	2 548 42 226	5 513 83 396
30	0	65 569	68 933	122 226	162 226 162 226	50 184	120 000 120 000	80 000	528 10 043	2 606 44 832	5 704 89 100
31	0	65 569	72 074	124 832	164 832 164 832	51 636	120 000 120 000	80 000	535 10 578	2 666 47 498	5 905 95 005
32	0	65 569	75 326	127 498	167 498 167 498	53 100	120 000 120 000	80 000	542 11 120	2 730 50 228	6 116 101 121
33	0	65 569	78 709	130 228	170 228 170 228	54 588	120 000 120 000	80 000	549 11 669	2 796 53 024	6 337 107 458
34	0	65 569	82 245	133 024	173 024 173 024	56 112	120 000 120 000	80 000	556 12 225	2 864 55 888	6 569 114 027
35	0	65 569	85 889	135 888	175 888 175 888	57 636	120 000 120 000	80 000	564 12 789	2 935 58 823	6 811 120 838
36	0	65 569	89 698	138 823	178 823 178 823	59 196	120 000 120 000	80 000	572 13 361	3 009 61 832	7 067 127 905
37	0	65 569	93 642	141 832	181 832 181 832	60 768	120 000 120 000	80 000	580 13 941	3 086 64 918	7 335 135 240
38	0	65 569	97 728	144 918	184 918 184 918	62 352	120 000 120 000	80 000	589 14 530	3 166 68 084	7 618 142 858
39	0	65 569	101 982	148 084	188 084 188 084	63 960	120 000 120 000	80 000	598 15 128	3 251 71 335	7 917 150 775
40	0	65 569	106 369	151 335	191 335 191 335	65 568	120 000 120 000	80 000	608 15 736	3 337 74 672	8 229 159 004
41	0	65 569	110 935	154 672	194 672 194 672	67 200	120 000 120 000	80 000	617 16 353	3 427 78 099	8 554 167 558
42	0	65 569	115 648	158 099	198 099 198 099	68 832	120 000 120 000	80 000	627 16 980	3 519 81 618	8 895 176 453
43	0	65 569	120 512	161 618	201 618 201 618	70 464	120 000 120 000	80 000	636 17 616	3 614 85 232	9 251 185 704

（续）

保单年度	期交保费	累计保费	生存总利益（中档分红）	重疾总利益（中档分红）	意外身故总利益（中档分红）/疾病身故总利益（中档分红）	现金价值（退保金）	意外身故金/疾病身故金	重疾保险金	当年交清增额保额（低）/累积交清增额保额（低）	当年交清增额保额（中）/累积交清增额保额（中）	当年交清增额保额（高）/累积交清增额保额（高）
44	0	65 569	125 554	165 232	205 232 205 232	72 108	120 000 120 000	80 000	646 18 262	3 712 88 944	9 622 195 326
45	0	65 569	130 760	168 944	208 944 208 944	73 752	120 000 120 000	80 000	657 18 919	3 813 92 757	10 010 205 336
46	0	65 569	136 136	172 757	212 757 212 757	75 396	120 000 120 000	80 000	667 19 586	3 916 96 673	10 415 215 751
47	0	65 569	141 667	176 673	216 673 216 673	77 028	120 000 120 000	80 000	678 20 264	4 026 100 699	10 845 226 596
48	0	65 569	147 359	180 699	220 699 220 699	78 648	120 000 120 000	80 000	689 20 953	4 319 104 838	11 296 237 892
49	0	65 569	153 241	184 838	224 838 224 838	80 268	120 000 120 000	80 000	701 21 654	4 256 109 094	11 770 249 662
50	0	65 569	159 298	189 094	229 094 229 094	81 876	120 000 120 000	80 000	713 22 367	4 378 113 472	12 269 261 931
51	0	65 569	165 512	193 472	233 472 233 472	83 460	120 000 120 000	80 000	725 23 092	4 503 117 975	12 787 274 718
52	0	65 569	171 886	197 975	237 975 237 975	85 020	120 000 120 000	80 000	737 23 829	4 631 122 606	13 330 288 048
53	0	65 569	178 451	202 606	242 606 242 606	86 568	120 000 120 000	80 000	749 24 578	4 762 127 368	13 894 301 942
54	0	65 569	185 163	207 368	247 368 247 368	88 080	120 000 120 000	80 000	761 25 339	4 897 132 265	14 483 316 425
55	0	65 569	192 074	212 265	252 265 252 265	89 580	120 000 120 000	80 000	774 26 113	5 034 137 299	15 096 331 521

56	0	65 569	199 112	217 299	257 299 257 299	91 032	120 000 120 000	80 000	786 26 899	5 174 142 473	15 732 347 253
57	0	65 569	206 335	222 473	262 473 262 473	92 460	120 000 120 000	80 000	798 27 697	5 320 147 793	16 404 363 657
58	0	65 569	213 721	227 793	267 793 267 793	93 852	120 000 120 000	80 000	811 28 508	5 472 153 265	17 109 380 766
59	0	65 569	221 274	233 265	273 265 273 265	95 208	120 000 120 000	80 000	824 29 332	5 628 158 893	17 849 398 615
60	0	65 569	228 970	238 893	278 893 278 893	96 516	120 000 120 000	80 000	837 30 169	5 789 164 682	18 624 417 239
61	0	65 569	236 838	244 682	284 682 284 682	97 788	120 000 120 000	80 000	849 31 018	5 953 170 635	19 429 436 668
62	0	65 569	244 856	250 635	290 635 290 635	99 012	120 000 120 000	80 000	862 31 880	6 120 176 755	20 265 456 933
63	0	65 569	253 043	256 755	296 755 296 755	100 200	120 000 120 000	80 000	875 32 755	6 290 183 045	21 135 478 068

表 15-3 平安鑫盛终身寿险利益测算表 2

保单年度	期交保费	累计保费	累积交清增额现金价值（低）	累积交清增额现金价值（中）	累积交清增额现金价值（高）	累积交清增额的累积生存金（低）	累积交清增额的累积生存金（中）	累积交清增额的累积生存金（高）	累积交清增额意外身故金（低）/累积交清增额疾病身故金（低）	累积交清增额意外身故金（中）/累积交清增额疾病身故金（中）	累积交清增额意外身故金（高）/累积交清增额疾病身故金（高）	累积交清增额重大疾病保险金（低）	累积交清增额重大疾病保险金（中）	累积交清增额重大疾病保险金（高）
1	3 279	3 279	2	6	10	0	0	0	0 0	0 0	0 0	0	0	0
2	3 279	6 559	8	26	44	0	0	0	18 18	54 54	91 91	18	54	91
3	3 279	9 838	21	76	132	0	0	0	54 54	183 183	313 313	54	183	313
4	3 279	13 118	38	143	250	0	0	0	117 117	421 421	729 729	117	421	729
5	3 279	16 397	62	235	413	0	0	0	206 206	768 768	1 340 1 340	206	768	1 340
6	3 279	19 677	92	355	627	0	0	0	322 322	1 223 1 223	2 148 2 148	322	1 223	2 148
7	3 279	22 956	129	505	895	0	0	0	463 463	1 787 1 787	3 154 3 154	463	1 787	3 154
8	3 279	26 236	174	687	1 223	0	0	0	630 630	2 459 2 459	4 361 4 361	630	2 459	4 361
9	3 279	29 515	227	904	1 617	0	0	0	822 822	3 240 3 240	5 772 5 772	822	3 240	5 772
10	3 279	32 794	290	1 159	2 083	0	0	0	1 039 1 039	4 129 4 129	7 389 7 389	1 039	4 129	7 389
11	3 279	36 074	361	1 455	2 626	0	0	0	1 281 1 281	5 127 5 127	9 215 9 215	1 281	5 127	9 215
12	3 279	39 353	443	1 795	3 254	0	0	0	1 547 1 547	6 234 6 234	11 252 11 252	1 547	6 234	11 252
13	3 279	42 633	536	2 184	3 976	0	0	0	1 838 1 838	7 449 7 449	13 504 13 504	1 838	7 449	13 504

14	3 279	45 912	640	2 622	47 95	0	0	0	2 152 2 152	8 773 8 773	15 974 15 974	2 152	8 773	15 974
15	3 279	45 912	756	3 117	5 724	0	0	0	2 490 2 490	10 207 10 207	18 666 18 666	2 490	10 207	18 666
16	3 279	52 471	886	3 671	6 772	0	0	0	2 852 2 852	11 752 11 752	21 584 21 584	2 852	11 752	21 584
17	3 279	55 750	1 030	4 289	7 947	0	0	0	3 237 3 237	13 408 13 408	24 734 24 734	3 237	13 408	24 734
18	3 279	59 030	1 189	4 974	9 257	0	0	0	3 645 3 645	15 176 15 176	28 120 28 120	3 645	15 176	28 120
19	3 279	62 309	1 363	5 731	10 715	0	0	0	4 077 4 077	17 057 17 057	31 747 31 747	4 077	17 057	31 747
20	3 260	65 569	1 554	6 567	12 334	0	0	0	4 532 4 532	19 052 19 052	35 621 35 621	4 532	19 052	35 621
21	0	65 569	1 757	7 463	14 085	0	0	0	5 009 5 009	21 162 21 162	39 748 39 748	5 009	21 162	39 748
22	0	65 569	1 972	8 418	15 969	0	0	0	5 490 5 490	23 314 23 314	44 003 44 003	5 490	23 314	44 003
23	0	65 569	2 200	9 440	18 003	0	0	0	5 976 5 976	25 509 25 509	48 391 48 391	5 976	25 509	48 391
24	0	65 569	2 441	10 533	20 197	0	0	0	6 466 6 466	27 748 27 748	52 918 52 918	6 466	27 748	52 918
25	0	65 569	2 696	11 697	22 557	0	0	0	6 961 6 961	30 033 30 033	57 590 57 590	6 961	30 033	57 590
26	0	65 569	2 966	12 938	25 093	0	0	0	7 461 7 461	32 367 32 367	62 416 62 416	7 461	32 367	62 416
27	0	65 569	3 250	14 258	27 817	0	0	0	7 966 7 966	34 751 34 751	67 401 67 401	7 966	34 751	67 401
28	0	65 569	3 550	15 665	30 748	0	0	0	8 477 8 477	37 187 37 187	72 554 72 554	8 477	37 187	72 554
29	0	65 569	3 867	17 161	33 892	0	0	0	8 993 8 993	39 678 39 678	77 883 77 883	8 993	39 678	77 883

（续）

保单年度	期交保费	累计保费	累积交清增额现金价值（低）	累积交清增额现金价值（中）	累积交清增额现金价值（高）	累积交清增额的累积生存金（低）	累积交清增额的累积生存金（中）	累积交清增额的累积生存金（高）	累积交清增额意外身故金（低）/累积交清增额疾病身故金（低）	累积交清增额意外身故金（中）/累积交清增额疾病身故金（中）	累积交清增额意外身故金（高）/累积交清增额疾病身故金（高）	累积交清增额重大疾病保险金（低）	累积交清增额重大疾病保险金（中）	累积交清增额重大疾病保险金（高）
30	0	65 569	4 200	18 749	37 262	0	0	0	9 515 9 515	42 226 42 226	83 396 83 396	9 515	42 226	83 396
31	0	65 569	4 552	20 438	40 881	0	0	0	10 043 10 043	44 832 44 832	89 100 89 100	10 043	44 832	89 100
32	0	65 569	4 921	22 226	44 746	0	0	0	10 578 10 578	47 498 47 498	95 005 95 005	10 578	47 498	95 005
33	0	65 569	5 308	24 121	48 883	0	0	0	11 120 11 120	50 228 50 228	101 121 101 121	11 120	50 228	101 121
34	0	65 569	5 716	26 133	53 319	0	0	0	11 669 11 669	53 024 53 024	107 458 107 458	11 669	53 024	107 458
35	0	65 569	6 143	28 253	58 038	0	0	0	12 225 12 225	55 888 55 888	114 027 114 027	12 225	55 888	114 027
36	0	65 569	6 591	30 502	63 096	0	0	0	12 789 12 789	58 823 58 823	120 838 120 838	12 789	58 823	120 838
37	0	65 569	7 060	32 874	68 486	0	0	0	13 361 13 361	61 832 61 832	127 905 127 905	13 361	61 832	127 905
38	0	65 569	7 550	35 376	74 229	0	0	0	13 941 13 941	64 918 64 918	135 240 135 240	13 941	64 918	135 240
39	0	65 569	8 063	38 022	80 363	0	0	0	14 530 14 530	68 084 68 084	142 858 142 858	14 530	68 084	142 858
40	0	65 569	8 598	40 801	86 880	0	0	0	15 128 15 128	71 335 71 335	150 775 150 775	15 128	71 335	150 775
41	0	65 569	9 158	43 735	93 832	0	0	0	15 736 15 736	74 672 74 672	159 004 159 004	15 736	74 672	159 004

42	0	65 569	9 740	46 816	101 213	0	0	0	16 353 16 353	78 099 78 099	167 558 167 558	16 353	78 099	167 558
43	0	65 569	10 344	50 048	109 045	0	0	0	16 980 16 980	81 618 81 618	176 453 176 453	16 980	81 618	176 453
44	0	65 569	10 974	53 446	117 371	0	0	0	17 616 17 616	85 232 85 232	185 704 185 704	17 616	85 232	185 704
45	0	65 569	11 628	57 008	126 200	0	0	0	18 262 18 262	88 944 88 944	195 326 195 326	18 262	88 944	195 326
46	0	65 569	12 306	60 740	135 556	0	0	0	18 919 18 919	92 757 92 757	205 336 205 336	18 919	92 757	205 336
47	0	65 569	13 007	64 639	145 452	0	0	0	19 586 19 586	96 673 96 673	215 751 215 751	19 586	96 673	215 751
48	0	65 569	13 733	68 711	155 914	0	0	0	20 264 20 264	100 699 100 699	226 596 226 596	20 264	100 699	226 596
49	0	65 569	14 484	72 973	166 999	0	0	0	20 953 20 953	104 838 104 838	237 892 237 892	20 953	104 838	237 892
50	0	65 569	15 261	77 422	178 716	0	0	0	21 654 21 654	109 094 109 094	249 662 249 662	21 654	109 094	249 662

2. 教育支出没有弹性

各阶段的基本学费相对固定，这些费用对每一个学生都是相同的。因此，子女教育储备要设立专门的账户，就像个人养老金账户用在退休规划；住房公积金账户用在购房规划，只有这样才能做到专款专用，才能很好地解决无弹性的教育支出。

3. 周期长费用大，阶段性高支出明显

子女从小到大将近20年的持续教育支出，周期长，同时费用大，总金额可能比购房支出还多。更重要的是，还具有特定阶段支出剧增的特点，比如大学教育，平均每个孩子每年2万元，4年就是8万元；出国留学费用，总价15万元以上。这些费用支付周期短、支付费用高，都需要有提前的财务准备，做好理财计划。调查显示：83.4%以上的家长感到抚养孩子的经济压力很大，且学费更是年复一年地上涨。仅靠存钱攒教育费是远远不够的，教育理财需及早动手。

少儿教育保险的特殊功能及其实现方式

1. 具有保险保障功能

可以为投保人和被保险人提供疾病和意外伤害以及高度残疾等方面的保障。所以一旦投保人发生疾病或意外身故及高残等风险，不能再履行继续交保费义务，而影响后代的教育金储备计划时，保险单的“保费豁免”条款生效，保险公司则会豁免投保人以后应交的保险费，相当于保险公司为投保人交纳保费，而保单原应享有的权益不便，仍然能够给被保险人提供以后受教育的费用。这一点，是少儿教育保险区别于其他理财产品（如银行储蓄、股票基金）的最大功能特征。

2. 强制储蓄的功能

父母可以根据自己的预期和孩子未来受教育水平的高低来为孩子选择险种和金额，一旦为孩子建立了教育保险计划，为避免保险单失效，父母作为投保人就必须每年定期向保险公司存入约定金额的保费，从而保证这个储蓄计划一定能够完成。这种储蓄具有强烈的强制性特征，也有别于银行储蓄或证券投资基金的随意性特征。

3. 保险金定期定额支付，体现教育理财的专用性和计划性

少儿教育保险主要分为终身型和非终身型。非终身型教育金保险一般属于真正的“专款专用”型的教育金保险产品，采取现金返还方式向被保险人返还保险金，返还方式一般可分三种：第一种是从缴费之日起，每隔几年返还一定数额；第二种是从特定时间点开始每年返还，完全是针对被保险人的教育阶段而定，通常会在被保险人进入高中、进入大学两个重要时间节点开始每年返还资金，到被保险人大学毕业或创业阶段再一次性返还一笔费用以及账户价值，以帮助被保险人在每一个教育的重要阶段都能获得一笔稳定的资金支持；第三种是在约定时间点一次性返还，如进入大学或大学毕业。终身型儿童险会考虑到一个人一生的变化，教育金仅是其中考虑到的问题之一。

此外，少儿教育保险同时也具有理财分红功能。能够在一定程度上抵御通货膨胀的影响。它一般分多次给付，回报期相对较长。

少儿教育保险的投保建议

1. 先重保障后重教育

一般的情况下，少儿教育金保险通常仅仅能够提供身故保障，意外伤害、疾病等都不在保险的范围内。因此，在购买教育保险时，应针对后代的具体情况，选择附加保障高的意外险、重大疾病险、住院医疗保险等，为后代提供完善的保障，避免出现买了保险却得不到意

外和健康保障的尴尬。

2. 应问清楚豁免条款范围

在购买主险时，应同时购买豁免保费附加险。这样一来，万一父母因某些原因无力继续缴纳保费时，对孩子的保障也继续有效。

3. 应巧用保险产品组合

一般地，在后代小学 4 年级前可以采用教育金保险来做教育规划，在小学 4 年级后可采用“教育保险＋教育储蓄”的组合方式。另外，教育险应选具有投资功能的险种，如分红型产品、投连型产品等。分红型教育险收益并不高，但以稳定见长，保障功能非常明确。投连型教育险，增值账户预期收益较为可观，但风险也相对比较大。

4. 防范流动性风险

教育金保险的缺陷在于其流动性较差，而且保费通常比较高，资金一旦投入，需要按合同约定定期支付保费给保险公司，属于一项长期理财计划，因此需要注意后续若干年内的保费支付能力问题，年交保费不可过高，避免因为无力支付保费支出而使保险计划失效。

经典少儿教育保险产品分析

1. 中国人寿英才少儿两全保险

（1）投保规则

投保年龄：60 日～ 14 周岁

缴费方式：至被保险人 18 周岁

保险期限：合同生效之日至被保险人生存至 25 周岁

（2）保险利益

成才保险金：教育关系到孩子的未来，在家庭中建立教育基金，提前为子女上大学准备好充足资金。

创业金：子女初入社会、羽翼未满时，在起步阶段给予充足的资金支持。

安家金：为子女结婚成家做准备。

保费豁免：一旦父母遭遇不幸，符合条款规定时可以不再交费而保单继续有效，延续父母关爱，保证子女平安成长。

借款：如急需资金，可凭保单按条款规定获得借款。

（3）投保案例

王先生为其 0 周岁的儿子，投保 10 万元国寿英才少儿两全保险，交费期至 18 周岁的年生效对应日零时止，年交保费 4 470 元。可获得如下利益。

成才保险金：若被保险人生存至 18 周岁的生效对应日，按基本保额的 30% 给付成才保险金 3 万元。

立业保险金：若被保险人生存至 22 周岁的生效对应日，按基本保额的 30% 给付立业保险金 3 万元。

安家保险金：若被保险人生存至 25 周岁的生存对应日，按基本保额的 40% 给付安家保险金 4 万元，合同终止。

身故保险金：被保险人于 18 周岁的生效对应日前身故，公司无息返还所交保费的 1.5 倍，合同终止；被保险人于 18 周岁的生效对应日后身故，公司一次性给付其尚未领取的生存保险金，合同终止。

豁免保险费：投保人在被保险人年满 18 周岁的生效对应日以前身故而被保险人生存，免交以后各期保险费，合同继续有效（见图 15-1）。

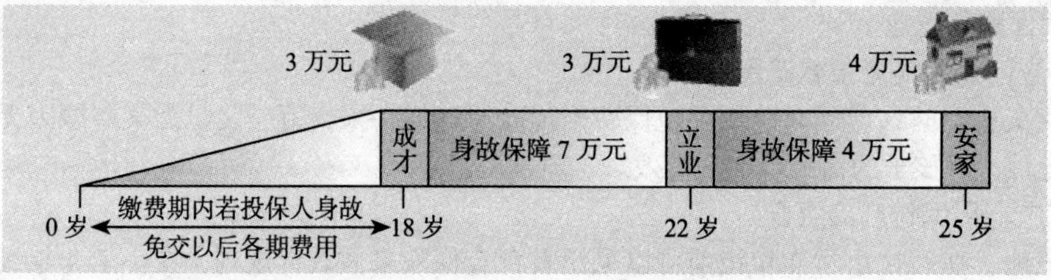

图 15-1 中国人寿英才少儿两全保险保险利益示意图

2. 友邦附加天之英才高中教育年金保险（分红型）

（1）基本产品信息

产品类型：附加险

投保年龄：30 天至 7 周岁

缴费方式：可选择趸缴（即一次性缴清）或年缴至 14 周岁

保险期限：保障到 17 周岁

投保规则：教育年金每份 100 元，至少投保 5 份

（2）产品特色

一项为出生满 30 天至 7 周岁儿童而设，提供给为子女早做教育储备人士的储蓄计划。

1）教育金红利，锦上添花：教育金红利将与高中教育年金一同领取。若被保险人不幸身故，则将给付已分配但未领取的教育金红利的现金价值给予受益人。该教育金红利为非保证利益。

2）教育年金，成龙成凤：若被保险人生存，可在 15 ～ 17 岁的三年中，每年均可获得高中教育年金给付。

3）规划灵活，随时加保：教育年金的金额将由投保人根据自己对孩子未来教育的规划灵活购买，并可随时加保。

4）身故返还：在本附加合同有效期内，若被保险人身故，本公司将退还下列两项金额中的较大者于投保人。

被保险人身故时本附加合同的现金价值：

——若为趸缴方式缴付保险费，本项金额为：趸缴保险费减去已给付的高中教育年金的余额；

—— 若为分期缴付保险费，本项金额为：（被保险人身故时累计应缴已缴各期保险费对应的月数，12）按年缴方式计算的本附加合同年保险费减去已给付的高中教育年金。

5）缴费期限可选择趸缴（即一次性缴清）或年缴至 14 周岁。

6）保单借款：在本附加合同有效期内且累积有现金价值的前提下，投保人可以向本公司申请借款。借款金额最高不得超过当时本附加合同的现金价值与其教育金红利的现金价值之和的 70%，每次借款期限最长为 6 个月。

3. 友邦附加天之骄子大学教育金保险

（1）基本产品信息

产品类型：附加险

投保年龄：30 天至 11 周岁

缴费方式：趸缴，年缴至 17 周岁

保险期限：保障至 21 周岁

投保规则：缴费期限可选择趸缴（即一次性缴清）或年缴至 17 周岁；教育年金每份 100 元，至少投保 5 份

（2）保险利益

教育金红利，锦上添花已分配的教育金红利将累积到与大学教育年金一同领取。若被保险人不幸身故，则返还该教育金红利的现金价值于投保人。

教育年金，成龙成凤被保险人在 18 ～ 21 周岁期间的四年中，每年均可获得大学教育年金给付。

规划灵活，随时加保教育年金的金额将由您根据自己对孩子未来教育的规划灵活购买，并可以随时加保。

（3）产品特色

一项特为出生满 30 天至 11 周岁儿童而设、提供给为子女早做教育储备人士的储蓄计划。

1）教育金红利，锦上添花：教育金红利将与大学教育年金一同领取。若被保险人不幸身故，则将给付已分配但未领取的教育金红利的现金价值给予受益人。该教育金红利为非保证利益。

2）教育年金，成龙成凤：若被保险人生存，可在 18 ～ 22 岁期间的四年中，每年均可获得大学教育年金给付。

3）规划灵活，随时加保：教育年金的金额将由投保人根据自己对孩子未来教育的规划灵活购买，并可随时加保。

4）身故返还：在本附加合同有效期内，若被保险人身故，本公司将退还下列两项金额中的较大者于投保人：

被保险人身故时本附加合同的现金价值；

——若为趸缴方式缴付保险费，本项金额为：趸缴保险费减去已给付的大学教育年金的余额；

——若为分期缴付保险费，本项金额为：（被保险人身故时累计应缴已缴各期保险费对应的月数，12）按年缴方式计算的本附加合同年保险费减去已给付的大学教育年金。

（4）产品优势

1）可以为投保人的子女的高等教育金做好准备。

2）公司每年将根据上一法定会计年度分红保险业务的实际经营状况决定红利的分配，分配的教育金红利将与大学教育年金一同领取。投保人将与本公司共同分享分红业务的经营成果。

3）在本附加合同有效期内且累积有现金价值的前提下，投保人可以向本公司申请借款。借款金额最高不得超过当时本附加合同的现金价值与其教育金红利的现金价值之和的 70%，每次借款期限最长为 6 个月。

【实训任务 15-1】思考题

（1）请查找上述的三款少儿教育保险条款（中国人寿英才少儿两全保险、友邦附加天之英才高中教育年金保险、友邦附加天之骄子大学教育金保险）后思考以下问题：要是没上高中、没考上大学、25 岁（或保单规定的周岁）时也没有结婚，是不是就得不到教育金以及婚嫁创业金了？

（2）20 世纪 90 年代时的少儿教育保险，要求必须考取并就读“境内全日制高等院校”才能获得教育金（“考取境内全日制高等院校”释义：中华人民共和国境内，国家教委承认的，参加全国统一高考的，并取得了在国家教委公布的大专录取分数线上的成绩。全日制高等院校指国家教委每年公布的、具有普通高等学历教育招生资格的院校，不含非学历教育机构）。现如今，在大学形式多元化的背景下，类似的条款已不适用并逐渐废止。试问，若如今的少儿教育保险沿用上述条款，会对被保险人的利益造成哪些后果？

第十六章

实验三　创新人寿保险业务实训

第一节　实验目的和内容

一、实训目标

通过本实验项目要求学生了解市场在售的创新型人寿保险，即万能保险和投资连结型保险产品体系，比较分析不同公司产品间同类产品的差异和各自特点；了解我国的万能险和投资连结保险发展状况；掌握购买万能险和投资连结型保险的基本分析模型。

二、实训内容

通过模拟案例，使学生理解万能保险和投资连结型保险的特点，熟悉和掌握万能保险和投资连结型保险的保险利益分析方法、投保的操作要点及相关技巧。

三、实验资料和实验步骤

(一) 实验资料准备

投影、机房、教师准备的资料（相关单证、案例、险种条款及费率表）。

(二) 实验步骤

（1）老师带领大家学习“平安智胜人生终身寿险（万能型）产品基础知识学习”。学生通过教师讲解，学习万能型人寿保险的知识。

（2）各小组自由讨论万能型人寿保险的相关销售要点。

（3）所有同学完成课堂测验，将题目答案作为实验结果填写在实验报告上。

四、实训方式

（1）分组：全班以每组 8 人自由组合，每组设小组长 1 名。

（2）填写课堂测验：下课前填写课堂测验交给老师，作为成绩评判依据。

第二节 创新人寿保险业务操作实训

【实训内容 16-1】创新人寿保险业务操作实训

万能人寿保险产品知识

万能人寿保险的定义

万能人寿保险是一种交费方式灵活、保额可调整、非约束性的终身寿险。万能人寿保险除了支付某一个最低金额的第一期保险费以后，投保人可以在任何时间支付任何金额的保险费，并且任意提高或者降低死亡保险金给付金额，只要保单积存的现金价值足够支付以后各期的成本和费用就可以了。而且，万能寿险现金价值的计算有一个最低的保证利率，保证了最低的收益率。

万能人寿保险的特点

1. 灵活性

第一，交费方式灵活，保单持有人可以在规定限度内自行决定每期缴费额；第二：保额可以灵活调整，保单持有人可以在满足可保性或最低保额条件下自行选择降低或调高保额。

2. 透明性

第一,万能人寿保险披露死亡费用和经营费用信息，主要体现在其列明了初始费用及保障成本；第二,万能人寿保险定期寄送财务报告，主要报告保单现金价值、利息收入、报告期内已交付的保费等。

万能保险产品的购买决策

万能险是一种有很强投资性的保险，在投资最初的 3 ～ 5 年时间内，实际收益并不能让人满意，消费者购买万能险应注意控制风险，中长期持有万能险收益会更高，同时把握以下“四个要点”。

1. 考察最低利率

万能险之所以能够实现保底收益，最重要的原因就是明确规定了最低利率。目前市场上各家保险公司的万能险的最低利率不一样，有的公司投资业务做得好，最低利率定得比较高，因此需要消费者详细考察最低利率。

2. 分清理赔标准

万能险通常只提供身故保障，最多附加全残责任，但其对身故保险金的理赔额度规定一般有两种：第一种是身故当时保单价值的一定比例与其基本保险金额两者中的较大者；第二种是身故当时保单价值与其基本保险金额之和。消费者应该根据自身身体状况和经济承受能力来综合比较，身体健康且职业风险不大的消费者，可考虑选择第一种理赔标准。虽然每年保障成本较低，但可“利滚利”积累更多现金价值；身体状况一般或职业风险较大的消费者可考虑选择第二种理赔标准，偏重保险保障。

3. 比较结算方式

现在，市场上多数万能险产品采取月度结算方式，但近来有的保险公司推出“双重结算”模式的万能险产品，其结算利息一是月度结算利息，二是终了结算利息。月度结算利息对应国债、金融债、同业拆借等投资渠道，利息每月计入万能账户价值，复利增长；终了结算利息对应股票、基金等投资渠道，体现浮盈。因此，对于追求稳健收益、看重复利效应的消费者，传统的月度结算模式更稳妥；对于希望主动博取高收益的消费者，双重结算模式更具灵活性。

4. 关注手续费

万能险的收益计算基数是保单的账户价值，即个人所缴保费中，扣除初始费、账户管理费等费用以外的资金。由于需要扣除相应的费用，万能险投资前两年的收益并不能保证。

此外，万能险前期的手续越少，费用就越少，其以后可能实现的收益也就越高，因此消费者在购买万能险产品前应该弄清楚它的手续费，比较之后再做选择。

典型万能人寿保险产品

平安智胜人生终身寿险（万能型）

1. 智胜人生产品概述

（1）投保规定。

保险期间：终身

投保年龄：18 ～ 60 周岁

以下人群不能做投保人：无固定职业者、年收入低于 2 万元

以下人群不能做被保险人：从事五级及以上职业者

其他规定：同一投保人为同一被保人投保仅限一年

（2）期交保费。客户可以根据个人的保障需求，保险单上载明。期交保险费决定客户与平安公司约定期交保险费；并取决于投保时的基本保险金额的最高限额。

约定每年支付的期交保险费不得低于 4 000 元，超过 4 000 元的部分，必须为 500 的整数倍。

交费方式为年交。

交费期间为主险合同有效期内，客户在保险费约定支付日支付保险费。

（3）保险责任。被保险人因疾病或意外身故，身故金为保单账户价值的 105% 和基本保额两者取大，主险合同终止。

（4）保险金额。万能寿险保额的确定与传统险不同，客户在投保万能寿险时首先要选定一个基本保险金额，而基本保险金额则是在一个保额区域内选出，即最高限额与最低限额。

1）最低限额。期交保险费小于 6 000 元时，最低基本保险金额不得低于期交保险费的 20 倍；期交保险费大于 6 000 元（含）时，最低基本保险金额不得低于期交保险费的 5 倍，且不得低于 12 万元。

2）最高限额。平安智胜人生终身寿险（810）最高基本保额与期交保险费的倍数关系如表 16-1 所示。

表 16-1 平安智胜人生终身寿险最高基本保额与期交保险费的倍数关系表

年龄	18 ～ 25 岁	26 ～ 32 岁	31 ～ 35 岁	36 ～ 40 岁	41 ～ 45 岁	46 ～ 50 岁	51 ～ 55 岁	56 ～ 60 岁
男性	100 元	83 元	68 元	56 元	45 元	36 元	29 元	22 元
女性	118 元	98 元	81 元	66 元	54 元	43 元	34 元	27 元

思考题 1

1. 客户陈先生，30 周岁，期交保费 1 万元。请问陈先生投保时的基本保险金额如何确定？

2. 陈先生选择的基本保额为 20 万元，若干年后，陈先生不幸身故。

1）若身故时的保单账户价值为 18 万元，应该给付的身故保险金为多少？

2）若身故时的保单账户价值为 33 万元，应该给付的身故保险金为多少？

答案

1. 12 万～ 83 万元

解：30 岁男性最高基本保额与期交保险费之间的倍数关系为 83，所以最高基本保额为 1 万 ×83=83（万元）

2.

1）20 万元

解：此时保单账户价值 18 万元，18×105%=18.9（万元）；基本保额 20 万元。20 万元较大。

2）34.65 万元

解：此时保单账户价值 33 万元，33×105%=34.65（万元）；基本保额 20 万元。34.65 万元较大。

（5）相关费用。

1）初始费用 / 保单账户价值。根据保监会《万能保险精算规定》，平安将针对客户交纳的保险费按如下标准收取一定的初始费用，以支付该产品的运营成本。智胜人生的保费分配完全透明，保险公司通常把客户交纳的保费分为两部分，一部分计入保单账户，未分配计入保单账户价值的保险费作为初始费用由保险公司扣除。

表 16-2　平安智胜人生终身寿险初始费用扣除表

每期期交保险费	归属保单年度对应的类别	保单首年度	第 2 保单年度	第 3 保单年度	第 4 至 5 保单年度	第 6 至以后各保单年度
6 000 元以内部分（年交）	初始费用	50%	25%	15%	10%	5%
	保单账户价值	50%	75%	85%	90%	95%
超出 6 000 元部分（年交）	初始费用	5%				
	保单账户价值	95%				

思考题 2

客户陈先生，30 周岁，期交保费 10 000 元。若陈先生每个保单年度均按时交费，则前三个保单年度分配的初始费用分别是多少？

答案

第一年：6 000 元以内部分：6 000×50%=3 000（元）

6 000 元以上部分：4 000×5%=200（元）

第一年总计：3 200 元

第二年：6 000 元以内部分：6 000×25%=1 500（元）

6 000 元以上部分：4 000×5%=200（元）

第二年总计：1 700 元

第三年：6 000元以内部分：6 000×15%=900（元）

6 000元以上部分：4 000×5%=200（元）

第三年总计：1 100元

2）保障成本。平安对本主险合同承担的保险责任收取相应的保障成本。每日的保障成本为年保障成本的1/365。

保障成本是保险公司根据被保险人的性别、年龄、身体状况、危险保额及其他核保因素，对智胜人生承担的保险责任收取的相应费用。保障成本是支付保险金额的费用，随着年龄的增长，保额的变化所支付的保障成本是不同的。

保障成本由三个因素构成：危险保额、每千元危险保额年保障成本、扣除天数。危险保额是指保险公司在某一时点所承担的实际风险额度，每千元危险保额年保障成本由保险公司核定。

收取时间：每月收取一次，每月结算日（每月第一日）为费用扣除日。

收取方式：保险公司每月直接从保单账户价值中扣除。在每月结算日零时，按照该月实际天数收取。

收取数额：应扣除的保障成本＝危险保额/1 000 × 每千元危险保额年保障成本/365 × 扣除天数（其中：危险保额＝基本保险金额 − 保单账户价值）。

思考题3

客户陈先生，30周岁，2007年10月7号投保，期交保费1万元，基本保额30万元，保单账户价值6 800元，2007年11月1日结算时，将扣除多少保障成本？

答案

总公式：应扣除的保障成本＝危险保额/1 000× 每千元危险保额年保障成本/365× 扣除天数

危险保额＝基本保险金额 − 保单账户价值=300 000−6 800=293 200（元）

每千元危险保额年保障成本，查《平安智胜人生终身寿险（万能型）》条款的年保障成本表，30岁男性为0.96。

扣除天数：10月24天，11月30天，共54天

应扣除的保障成本=293 200/1 000×0.96/365×54=41.64（元）

2. 智胜人生的五大特色

智胜人生万能寿险具有以下五大特色：保额自选、灵活可变；资产变化，透明公开；缓期交费，灵活应变；持续交费，奖励多多；投资保底，理财方便。

（1）保额自选，灵活可变。智胜人生万能险可以让客户根据人生不同阶段所承担的责任，灵活选择和调整基本保额。需要注意的是，如果客户调整了基本保险金额，以后需要扣除的保障成本也要发生相应的变化。

1）增加基本保险金额的条件：合同生效一年后；每个保单年度只能申请一次；各期期

交保费均已支付或累计交满 10 年应付期交保费；被保险人 65 周岁的保单周年日之前。

2）减少基本保险金额的条件：合同生效一年后，每个保单年度只能申请一次；各期期交保费均已支付或累计交满 10 年应付期交保费；减少后的基本保险金额不得低于“期交保险费的 5 倍 + 累计支付的追加保险费 − 累计部分领取的现金价值”与“1 000 元”二者取大值。

注意事项：增加或者减少的基本保险金额所时应的保险责任自下个结算日的零时起生效。

（2）结算保证，理财方便。平安保证客户每年的保单账户价值不低于按年利率 1.75% 结算所得金额，并可享受平安专业理财团队打理保单账户所带来的更高收益。此外，客户还可以根据个人财务规划及需求，随时申请部分领取，使得客户的投资理财灵活自如。

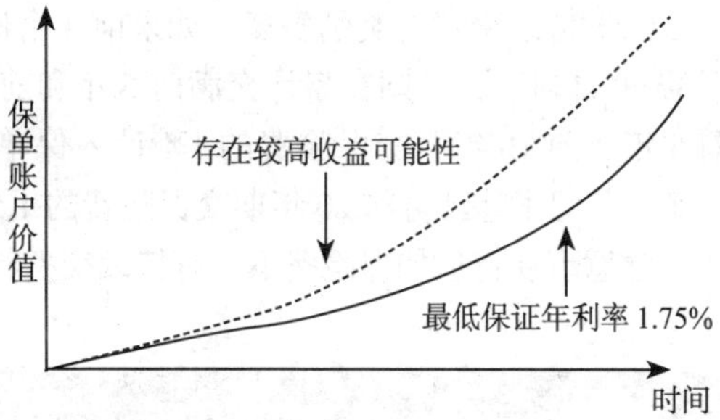

图 16-1 平安智胜人生终身寿险结算示意图

注：此图是以按期交费且未发生任何部分领取为前提。

1）保单账户。公司于主险合同生效日设立保单账户，用于记录主险合同的保单账户价值。被保险人身故或现金价值退还后，保单账户终止。

2）保证利率、结算利率、保单利息、保单利息的保证。

表 16-3 平安智胜人生终身寿险保证利率、结算利率、保单利息、保单利息的保证表

保证利率	智胜人生终身寿险规定的保证利率为年 1.75%，对应的日利率为 0.004 795%。保证利率之上的投资收益是不确定的
结算利率	每月第一日为结算日；平安每月根据国务院保险监督管理机构的有关规定，确定上个月的结算利率，并在结算日 6 个工作日内公布；结算利率为日利率，保证不低于零
保单利息	每月第 1 日为结算日，保单利息在每月结算日或本主险合同终止时结算并计入保单账户。平安将按主险合同每日 24 时的保单账户价值与日利率计算当日保单账户价值，并按计息天数加总得出结算时保单利息
保单利息的保证	自第 2 个保单年度起，在每个保单年度的第 1 个结算日零时，或主险合同终止时，如果按保证利率计算的保单账户价值高于实际保单账户价值，我们按差额结算额外的保单利息并计入保单账户

3）部分领取。客户在保险期间内，可以根据自身的需要，在满足一定条件的情况，领取一部分资金以应付不时之需。

① 部分领取的条件。被保险人当时未发生保险事故；每笔领取的金额不得小于 100 元，且为 100 元的整数倍；领取后的现金价值不得低于 1 000 元与最近一次结算日扣除的保障成本的 3 倍，二者中金额较大者。

② 部分领取的影响。部分领取后智胜人生的基本保险金额、保单账户价值均按领取的现金价值等额减少，减少后的基本保险金额不得低于公司规定的最低限额 1 000 元。

备注：部分领取免收手续费。

思考题 4

客户钟女士，第七个保单年度中，保单账户价值为 6 万元，基本保险金额为 28 万元。若钟女士决定申请部分领取现金价值 2 万元，则保单账户价值和基本保额将如何变化？

答案

部分领取后智胜人生的基本保险金额、保单账户价值均按领取的现金价值等额减少

保单账户价值：6−2=4（万元）

基本保险金额：28−2=26（万元）

（3）持续交费，奖励多多。如果前4个保单年度的应付期交保险费均在约定支付日或其后的60日内支付，则在累计交满前5年和前10年应付期交保险费时，将额外分配累计已付前5年及前10年期交保险费的1%计入保单账户；在累计交满前20年应付期交保险费时，将额外分配累计已付前20年期交保险费的1.5%计入保单账户。

注意事项：追加保险费不享有持续交费特别奖励。

思考题5

客户陈先生，30周岁，期交保费1万元。若陈先生前20个保单年度均按期支付保险费，则陈先生在第几个保单年度可分别获得多少持续交费特别奖励？

答案

第5年：1万 ×5年 ×1%=500（元）

第10年：1万 ×10年 ×1%=1 000（元）

第20年：1万 ×20年 ×1.5%=3 000（元）

（4）缓期交费，灵活应变。自第二个保单年度起，如果客户暂时无法支付期交保险费，只要当时的保单账户价值足以支付保障成本，客户可以缓交期交保险费继续享受保险保障。

1）保险费缓交条件。投保人已支付首期期交保险费；保单账户价值足以支付保障成本。

2）保险费缓交影响。必须按顺序补交之前应交的期交保险；保单账户价值足以支付保障成本；累计交费未满10年，缓交一期保费的，主险及附加重疾保额削减为本次削减期前一日24时基本保险金额的75%，补交后保额自动恢复；累计未交费未满10年，援交两期及以上保费的，主险及附加重疾保额再次削减，削减后主险的基本保险金额为：(本次削减期前一日24时 - 本保险金额 - 本次削减期内部分领取的保单账户价值)× 25%，补交后需进行告知，经核保后恢复保额。

思考题6

客户陈先生，30周岁，保额10万元，陈先生首期期交保费已支付，保单账户价值足以支付保障成本，则其第二年不交保费，基本保额削减为多少？第三年不交为多少？第四年不交为多少？往后年份都不交为多少？

答案

第2年：75 000；第3年：25 000；第4年：25 000；往后：25 000

（5）资产变化，透明公开。平安人寿每月通过主要媒体公布结算利率，客户也可以通过平安电话中心（95511）、平安网站（www.pingan.com）、分支机构客户服务中心及保险代理人查询。每年公司还会向客户寄送个人保单年度报告，便于客户了解保单账户价值的信息。

表 16-4 平安智胜人生终身寿险保单账户价值信息披露方式表

信息项目	信息内容	披露方式	披露时间
结算利率	当月结算利率	《中国证券报》《上海证券报》《证券时报》至少一种，并在各机构所在地至少一种主要报纸上公告	结算日起6个工作日内
个人保单年度报告	报告期前一报告期末及本报告期末的保单账户价值；分项列明收取的各项费用和记入的各项收益；报告期末每一被保险人的基本保险金额；报告期末的现金价值；对于保单账户价值不足以保证保险在下一报告期继续有效的提醒	以邮件或亲送方式寄送给投保人或保单持有人	自第二个保单年度起，在每个保单年度首个结算日后15个工作日内
万能保险交费通知	通知投保人或保单持有人，说明在此情况下保障将提前结束，并告知维持保单继续有效的条件	以邮件寄送给投保人或保单持有人	保单期满前，保单账户价值不足以支付以后两次保障成本时

3. 智胜人生的其他权益

（1）增加期交保险费。

1）对象：期交保费低于 6 000 元的客户。

2）申请说明。可以申请增加每一保单年度约定交纳的期交保险费；金额不得高于 6 000 元；每个保单年度最多只能申请 1 次。

3）保费归属：在增加期交保费的首个保单年度交纳的增加保费属于第 1 个保单年度，以后应增加的分别属于第 2，3……保单年度。

4）注意事项。如果按照增加后的期交保费确定的基本保险金额最低限额高于申请当时的基本保险金额，必须同时申请增加基本保险金额至最低限额。

增加部分可按规定继续享有持续交费特别奖励。

原期交保费符合享受持续交费特别奖励的条件。

（2）追加保费。

1）追加保险费的条件。期交保费不低于 6 000 元；各期期交保费均已支付或累计交满 10 年应付期交保费；每次追加不得低于 1 000 元，且为 100 元的整数倍；期交保险费 6 000～2 万元的，每个保单年度内累计交纳的追加保险费不能超过期交保险费的 10 倍；期交保险费 2 万元（含 2 万元）以上的，每个保单年度内累计交纳的追加保险费可超过期交保险费的 10 倍。

2）追加保险费的分配。平安收到客户支付的追加保险费后，也和期交保险费类似，将一部分保费分配计入保单账户价值，由平安运作剩余部分作为初始费用由平安收取。每年收取的初始费用比例皆为 5%。

思考题 7

客户王先生夫妇，其中王先生 32 周岁，期交保费 2 万元；王太太 31 周岁，期交保费 1 万元。请问王太太每个保单年度内分别能最高追加多少保险费？

答案

10 万元：因为期交保险费 6 000 ～ 20 000 元的，每个保单年度内累计交纳的追加保险费不能超过期交保险费的 10 倍。

思考题 8

客户陈先生，30 周岁，期交保费 1 万元。若陈先生第一年期交保费 4 000 元，追加后 2 ～ 5 年每年期交保费 2 万元，则第五年期持续交费奖励为多少？

答案

第 5 年：（4 000+4×6 000）×1%=280（元）

（3）保险金领取方式选择权。智胜人生保险金的领取有一次性领取和转换为年金领取两种方式转换为年金领取时，领取金额按照受益人申请领取保险金当时，平安提供的转换标准确定。

以上我们了解了智胜人生万能寿险的产品特色和相关保险利益，通过下面这张保费流程图（见图 16-2），我们可以更加清楚地了解万能产品的构成。刚刚我们学习到的相关保险利益就像是一个个旅游景点，而这张保费流程图就像是一张旅游地图，能够帮助我们串起整个智胜人生产品。

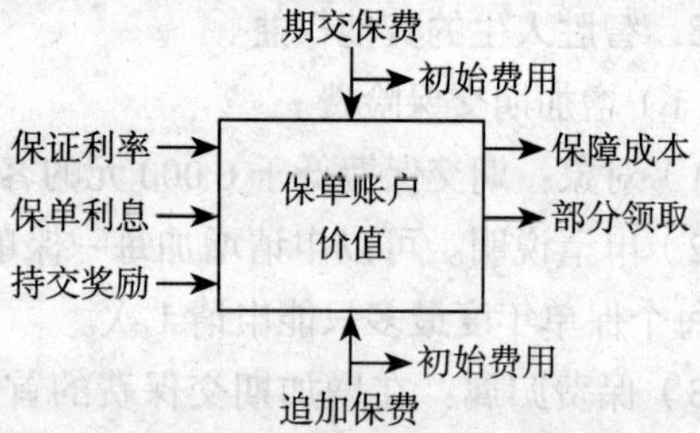

图 16-2 平安智胜人生终身寿险保险金领取方式图

4. 智胜人生重疾组合

平安智胜人生终身寿险（万能型）+ 平安附加智胜人生提前给付重大疾病保险。

万能险以其产品自身集投资理财和寿险保障两大功能于一身的特点，深受客户喜爱。为了能让万能险更具市场竞争力，公司同时推出智胜人生提前给付重大疾病保险，使万能险同时具有了重大疾病保障，其保障功能更加强大。此外，该附加险无须客户额外交费，每月仅需从保单账户价值中扣除保障成本，降低了客户的交费压力。

（1）身故保障。被保险人身故，按身故当时保单账户价值的 105% 与基本保险金额两者中的大者给付身故保险金，保险合同终止。

（2）重疾保障。该组合针对常见的重大疾病提供必要保障，其中男性 28 种，女性 30 种。条款中重疾的定义均根据由中国保监会指导，中国保险行业协会和中国医师协会共同制定并发布“重大疾病标准化定义制定”。

重大疾病保险金是万能险的保单账户价值的 105% 与此重疾附加险的基本保额两者取大。此时的保单账户价值是指收到重大疾病保险金申请书时的保单账户价值。

给付重大疾病保险金后，附加险合同终止，主险基本保险金额、主险合同保单账户价值均按给付的重大疾病保险金与主险合同保险金额的等比例相应减少，如果主险合同基本保险金额减少至零，主险合同终止。

表 16-5 智胜人生重疾组合保险利益简表

	主险基本保额	主险保单账户价值
智胜人生＋附加智胜人生重疾提前给付	等比例降低减少后的主险基本保额＝原基本保额（1－重疾给付金 / 主险合同保险金额）	等比例降低减少后的主险保单账户价值＝原保单账户价值（1－重疾给付金 / 主险合同保险金额）

思考题 9

陈先生今年 30 岁，年收入 10 万元，为自己购买了智胜人生万能险、基本保额为 12 万元，选择附加 6 万的智胜人生提前给付重疾险。年交保费 6 000 元，交费期 10 年。

1. 投保 5 年后陈先生发生了重疾，假设此时主险保单账户价值为 6 万，陈先生会获得多少理赔金？赔偿后其基本保额为多少？

2. 如果附加智胜重疾保额为 12 万元，其他条件同问题 1，陈先生将获得多少理赔金？

答案

1. 重大疾病保险金是万能险的保单账户价值的 105% 与此重疾附加险的基本保额两者取大。

保单账户价值 105% 为 6.3 万元，重疾附加险的基本保额为 6 万元。

所以陈先生获赔 6.3 万元。

赔偿后基本保额等比例减少，则：

$$12\times（1-6.3/12）=5.7（万元）$$

2. 如果附加的是 12 万元，则保单账户价值 105% 为 6.3 万元，重疾附加险的基本保额为 12 万元。则其获得理赔金 12 万元。

5. 智胜人生重疾组合（加强版）

平安智胜人生终身寿险（万能型）＋平安附加智胜人生提前给付重大疾病保险＋平安附加无忧意外伤害保险＋平安附加无忧意外伤害医疗保险（A）

为了让万能险产品组合更具市场竞争力，公司推出智胜人生产品的加强版组合，使万能险在具有重疾保障之外，又增加了意外以及意外医疗的保障，为客户提供更加全面的呵护。所附加的附加险无须客户额外交费，每月从保单账户价值中扣除保障成本。

投保规则：

（1）投保年龄：18 ～ 55 周岁。

（2）交费规定。投保主险时选择上述附加险，无须另行交费；首期扣除初始费用后的保费（包括年交保费和追加保费）须满足以下要求：年交方式下，扣除初始费用后的保险费大于等于按照投保时危险保额和年龄计算的主附险 17 个月的保障成本。

（3）附加险投保限制。平安附加智胜人生提前给付重大疾病保险禁止与下列险种同时。附加：附加豁免保险费重大疾病保险（2007）（916）。

（4）附加险保额限制。平安附加智胜人生提前给付重大疾病保险基本保额不得低于 1 万元，且不得超过主险的基本保额；平安附加智胜人生提前给付重大疾病保险计一倍重疾责任保额。

（5）附加附加险时，智胜人生保额以投保当时的保额取整（以万为计算单位）来计算附加险的最高保额。

【实训任务 16-1】对比分析题

（1）图 16-3 和图 16-4 中被保险人的基本情况及缴费条件完全相同，但保额不同。请通过对比，体会人身保险的“养老”与“保障”（即“生前利益”与“身后利益”）的关系。

被保险人 先生 先生 23 岁 性别 男 1 类职业				
产品名称	基本保险金额 / 档次 / 份数	保险期间	首年保险费	交费年期
平安智胜人生终身寿险（万能型）	400 000	终身	4 000.00	不限
被保险人 先生 先生 23 岁 性别 男 1 类职业				
产品名称	基本保险金额 / 档次 / 份数	保险期间	首年保险费	交费年期
平安智胜人生终身寿险（万能型）	80 000	终身	4 000.00	不限

图 16-3 某两位被保险人的基本情况及缴费条件

保单年度	保险费			初始费用	持续交费特别奖励	进入万能保单账户的价值	部分领取保单账户价值	主险基本保险金额	不同假定结算利率下的								
									主险保障成本			保单年度末保单账户价值（即现金价值）			保单年度末主险身故保险金		
	期交保险费	追加保险费	累计保险费						低 1.75%	中 4.5%	高 6%	低 1.75%	中 4.5%	高 6%	低 1.75%	中 4.5%	高 6%
10	4 000	0	40 000	200	400	42 000	0	80 000	45	40	36	37 853	43 652	47 211	80 000	80 000	80 000
11	0	0	40 000	0	0	0	0	80 000	48	40	36	38 467	45 575	50 007	80 000	80 000	80 000
12	0	0	40 000	0	0	0	0	80 000	50	41	35	39 090	47 584	52 971	80 000	80 000	80 000
13	0	0	40 000	0	0	0	0	80 000	54	42	34	39 720	49 682	56 114	80 000	80 000	80 000
14	0	0	40 000	0	0	0	0	80 000	58	42	32	40 357	51 875	59 448	80 000	80 000	80 000
15	0	0	40 000	0	0	0	0	80 000	61	42	30	41 001	54 166	62 984	80 000	80 000	80 000
28	0	0	40 000	0	0	0	0	40 000	1 956	1 765	1 598	27 260	65 056	98 432	400 000	400 000	400 000
29	0	0	40 000	0	0	0	0	40 000	2 159	1 933	1 732	25 558	66 003	102 550	400 000	400 000	400 000
30	0	0	40 000	0	0	0	0	40 000	2 387	2 122	1 880	23 595	66 800	106 762	400 000	400 000	400 000
31	0	0	40 000	0	0	0	0	40 000	2 638	2 327	2 036	21 345	67 423	111 066	400 000	400 000	400 000
32	0	0	40 000	0	0	0	0	40 000	2 921	2 556	2 207	18 770	67 839	115 452	400 000	400 000	400 000
33	0	0	40 000	0	0	0	0	40 000	3 233	2 806	2 387	15 835	68 017	119 915	400 000	400 000	400 000

保单年度	保险费			初始费用	持续交费特别奖励	进入万能保单账户的价值	部分领取保单账户价值	主险基本保险金额	不同假定结算利率下的								
									主险保障成本			保单年度末保单账户价值（即现金价值）			保单年度末主险身故保险金		
	期交保险费	追加保险费	累计保险费						低 1.75%	中 4.5%	高 6%	低 1.75%	中 4.5%	高 6%	低 1.75%	中 4.5%	高 6%
10	4 000	0	40 000	200	400	42 000	0	40 000	388	383	380	34 472	39 761	43 006	400 000	400 000	400 000
11	0	0	40 000	0	0	0	0	40 000	417	410	406	34 654	41 130	46 168	400 000	400 000	400 000
12	0	0	40 000	0	0	0	0	40 000	446	437	432	34 811	42 533	47 432	400 000	400 000	400 000
13	0	0	40 000	0	0	0	0	40 000	482	471	464	34 934	43 965	49 799	400 000	400 000	400 000
14	0	0	40 000	0	0	0	0	40 000	526	512	503	35 014	45 419	52 268	400 000	400 000	400 000
15	0	0	40 000	0	0	0	0	40 000	569	552	541	35 053	46 897	54 846	400 000	400 000	400 000
28	0	0	40 000	0	0	0	0	80 000	161	25	34	49 836	95 473	133 976	80 000	100 247	140 675
29	0	0	40 000	0	0	0	0	80 000	173	28	40	50 634	99 740	141 974	80 000	104 727	149 072
30	0	0	40 000	0	0	0	0	80 000	185	32	46	51 231	104 196	150 444	80 000	109 405	157 966
31	0	0	40 000	0	0	0	0	80 000	199	37	54	51 927	108 846	159 415	80 000	114 289	167 386
32	0	0	40 000	0	0	0	0	80 000	213	43	63	52 620	113 701	168 915	80 000	119 386	177 361
33	0	0	40 000	0	0	0	0	80 000	119	49	73	53 310	118 767	178 974	80 000	124 705	187 923

图 16-4 不同保额条件下某两位被保险人的保险利益图

（2）图 16-5 和图 16-6 中被保险人的基本情况及缴费条件完全相同，但性别不同。请通过对比，体会不同性别之间的差别。

被保险人　先生　先生　23 岁　性别　男　1 类职业				
产品名称	基本保险金额 / 档次 / 份数	保险期间	首年保险费	交费年期
平安智胜人生终身寿险（万能型）	300 000	终身	6 000.00	不限
平安附加智胜人生提前给付重大疾病保险	200 000	终身	—	—
被保险人　女士　女士　23 岁　性别　女　1 类职业				
产品名称	基本保险金额 / 档次 / 份数	保险期间	首年保险费	交费年期
平安智胜人生终身寿险（万能型）	300 000	终身	6 000.00	不限
平安附加智胜人生提前给付重大疾病保险	200 000	终身	—	—

图 16-5　某两位不同性别被保险人的基本情况及缴费条件

保单年度	保险费			初始费用	持续交费特别奖励	进入万能保单账户的价值	部分领取保单账户价值	主险基本保险金额	不同假定结算利率下的								
									主险保障成本			保单年度末保单账户价值（即现金价值）			保单年度末主险身故保险金		
	期交保险费	追加保险费	累计保险费						低 1.75%	中 4.5%	高 6%	低 1.75%	中 4.5%	高 6%	低 1.75%	中 4.5%	高 6%
20	6 000	0	120 000	300	1 800	7 500	0	300 000 200 000	264 499	205 388	164 311	121 307	163 857	194 102	300 000 200 000	300 000 200 000	300 000 203 807
21	0	0	120 000	0	0	0	0	300 000 200 000	289 538	216 402	163 318	122 595	170 598	205 251	300 000 200 000	300 000 300 000	300 000 215 513
22	0	0	120 000	0	0	0	0	300 000 200 000	317 581	226 415	160 325	123 834	177 618	217 054	300 000 200 000	300 000 200 000	300 000 227 919
23	0	0	120 000	0	0	0	0	300 000 200 000	348 626	236 425	153 322	125 018	184 936	229 599	300 000 200 000	300 000 200 000	300 000 241 079
24	0	0	120 000	0	0	0	0	300 000 200 000	382 673	244 673	244 431	126 140	192 565	242 912	300 000 200 000	300 000 202 193	300 000 255 057

保单年度	保险费			初始费用	持续交费特别奖励	进入万能保单账户的价值	部分领取保单账户价值	主险基本保险金额	不同假定结算利率下的								
									主险保障成本			保单年度末保单账户价值（即现金价值）			保单年度末主险身故保险金		
	期交保险费	追加保险费	累计保险费						低 1.75%	中 4.5%	高 6%	低 1.75%	中 4.5%	高 6%	低 1.75%	中 4.5%	高 6%
20	600	0	120 000	300	1 800	7 500	0	300 000 200 000	450 483	354 380	287 307	118 250	159 893	189 497	300 000 200 000	300 000 200 000	300 000 200 000
21	0	0	120 000	0	0	0	0	300 000 200 000	491 532	372 402	286 316	119 287	166 295	200 245	300 000 200 000	300 000 200 000	300 000 210 257
22	0	0	120 000	0	0	0	0	300 000 200 000	537 587	389 425	282 332	120 240	172 944	211 626	300 000 200 000	300 000 200 000	300 000 222 207
23	0	0	120 000	0	0	0	0	300 000 200 000	588 643	406 448	272 341	121 096	179 852	223 690	300 000 200 000	300 000 200 000	300 000 234 875
24	0	0	120 000	0	0	0	0	300 000 200 000	643 718	421 470	254 341	121 840	187 033	236 497	300 000 200 000	300 000 200 000	300 000 248 322

图 16-6　某两位不同性别被保险人的保险利益图

（3）图 16-7 和图 16-8 中被保险人对保单现金价值进行了部分领取。请通过对比，体会部分领取之后的差别。

（4）图 16-9 和图 16-10 中被保险人的基本情况及缴费条件完全相同，但所附加的附加险多少有所不同。请通过对比，体会附加不同数量的附加险后，保单价值的差别。

保单年度	保险费			初始费用	持续交费特别奖励	进入万能保单账户的价值	部分领取保单账户价值	主险基本保险金额	不同假定结算利率下的								
									主险保障成本			保单年度末保单账户价值（即现金价值）			保单年度末主险身故保险金		
	期交保险费	追加保险费	累计保险费						低 1.75%	中 4.5%	高 6%	低 1.75%	中 4.5%	高 6%	低 1.75%	中 4.5%	高 6%
10	6 000	0	60 000	300	600	6 300	0	300 000 200 000	263 310	256 310	251 295	51 898	59 910	64 829	300 000 200 000	300 000 200 000	300 000 200 000
11	6 000	0	66 000	300	0	5 700	0	300 000 200 000	276 320	266 308	206 301	58 005	67 975	74 183	300 000 200 000	300 000 200 000	300 000 200 000
12	6 000	0	72 000	300	0	5 700	0	300 000 200 000	288 334	275 318	266 308	64 192	76 383	84 082	300 000 200 000	300 000 200 000	300 000 200 000
13	6 000	0	78 000	300	0	5 700	0	300 000 200 000	303 343	286 323	275 311	70 462	85 153	94 565	300 000 200 000	300 000 200 000	300 000 200 000
14	6 000	0	84 000	300	0	5 700	0	300 000 200 000	322 355	299 329	284 313	76 812	94 298	105 665	300 000 200 000	300 000 200 000	300 000 200 000
15	6 000	0	90 000	300	0	5 700	0	300 000 200 000	339 375	309 342	290 321	83 236	103 830	117 416	300 000 200 000	300 000 200 000	300 000 200 000

图 16-7 未发生部分领取的保险利益图

保单年度	保险费			初始费用	持续交费特别奖励	进入万能保单账户的价值	部分领取保单账户价值	主险基本保险金额	不同假定结算利率下的								
									主险保障成本			保单年度末保单账户价值（即现金价值）			保单年度末主险身故保险金		
	期交保险费	追加保险费	累计保险费						低 1.75%	中 4.5%	高 6%	低 1.75%	中 4.5%	高 6%	低 1.75%	中 4.5%	高 6%
10	6 000	0	60 000	300	600	6 300	0	300 000 200 000	263 310	256 301	251 295	51 898	59 910	64 829	300 000 200 000	300 000 200 000	300 000 200 000
11	6 000	0	66 000	300	0	5 700	20 000	280 000 180 000	276 320	266 308	260 301	38 005	47 975	54 183	280 000 180 000	280 000 180 000	280 000 180 000
12	6 000	0	72 000	300	0	5 700	20 000	260 000 160 000	288 322	275 307	267 298	23 854	35 494	42 892	260 000 160 000	260 000 160 000	260 000 160 000
13	6 000	0	78 000	300	0	5 700	20 000	240 000 140 000	304 318	288 301	278 290	9 443	22 444	30 922	240 000 140 000	240 000 140 000	240 000 140 000
14	6 000	0	84 000	300	0	5 700	0	240 000 140 000	324 312	305 294	292 281	14 766	28 798	38 228	240 000 140 000	240 000 140 000	240 000 140 000
15	6 000	0	90 000	300	0	5 700	0	240 000 140 000	343 332	320 310	304 295	20 143	35 405	45 945	240 000 140 000	240 000 140 000	240 000 140 000

图 16-8 发生部分领取后的保险利益图

被保险人 先生 先生 23 岁	性别 男 1 类职业			
产品名称	基本保险金额 / 档次 / 份数	保险期间	首年保险费	交费年期
平安智胜人生终身寿险（万能型）	300 000	终身	6 000.00	不限
被保险人 先生 先生 23 岁	性别 男 1 类职业			
产品名称	基本保险金额 / 档次 / 份数	保险期间	首年保险费	交费年期
平安智胜人生终身寿险（万能型）	300 000	终身	6 000.00	不限
平安附加智胜人生提前给付重大疾病保险	200 000	终身	—	—
被保险人 先生 先生 23 岁	性别 男 1 类职业			
产品名称	基本保险金额 / 档次 / 份数	保险期间	首年保险费	交费年期
平安智胜人生终身寿险（万能型）	300 000	终身	6 000.00	不限
平安附加住院费用医疗保险（A）	1 份	1 年	189.00	1 年
平安附加残疾意外伤害保险	200 000	1 年	120.00	1 年
平安附加住院日额医疗保险（2007）	1 份	1 年	17.00	1 年
平安附加智胜人生提前给付重大疾病保险	200 000	终身	—	—

图 16-9 三位基本情况及缴费条件相同的被保险人所附加的不同数量的附加险

保单年度	保险费			初始费用	持续交费特别奖励	进入万能保单账户的价值	部分领取保单账户价值	主险基本保险金额	不同假定结算利率下的								
									主险保障成本			保单年度末保单账户价值（即现金价值）			保单年度末主险身故保险金		
	期交保险费	追加保险费	累计保险费						低 1.75%	中 4.5%	高 6%	低 1.75%	中 4.5%	高 6%	低 1.75%	中 4.5%	高 6%
20	6 000	0	120 000	300	1 800	7 500	0	300 000 200 000	450 483	354 380	287 307	118 250	159 893	189 497	300 000 200 000	300 000 200 000	300 000 200 000
21	0	0	120 000	0	0	0	0	300 000 200 000	491 532	372 402	286 316	119 287	166 295	200 245	300 000 200 000	300 000 200 000	300 000 210 257
22	0	0	120 000	0	0	0	0	300 000 200 000	537 587	389 425	282 332	120 240	172 944	211 626	300 000 200 000	300 000 200 000	300 000 222 207
23	0	0	120 000	0	0	0	0	300 000 200 000	588 648	406 448	272 341	121 096	179 852	223 690	300 000 200 000	300 000 200 000	300 000 234 875
24	0	0	120 000	0	0	0	0	300 000 200 000	643 718	421 470	254 341	121 842	187 033	236 497	300 000 200 000	300 000 200 000	300 000 248 322
25	0	0	120 000	0	0	0	0	300 000 200 000	704 793	434 491	227 325	122 462	194 502	250 116	300 000 200 000	300 000 204 227	300 000 262 622

保单年度	保险费			初始费用	持续交费特别奖励	进入万能保单账户的价值	部分领取保单账户价值	主险基本保险金额	不同假定结算利率下的								
									主险保障成本			保单年度末保单账户价值（即现金价值）			保单年度末主险身故保险金		
	期交保险费	追加保险费	累计保险费						低 1.75%	中 4.5%	高 6%	低 1.75%	中 4.5%	高 6%	低 1.75%	中 4.5%	高 6%
20	6 000	0	120 000	300	1 800	7 500	0	300 000 200 000	450 483	354 380	287 307	118 250	159 893	189 497	300 000 200 000	300 000 200 000	300 000 200 000
21	0	0	120 000	0	0	0	0	300 000 200 000	491 532	372 402	286 316	166 295	166 295	200 245	300 000 200 000	300 000 200 000	300 000 210 257
22	0	0	120 000	0	0	0	0	300 000 200 000	537 587	389 425	282 332	172 944	172 944	211 626	300 000 200 000	300 000 200 000	300 000 222 207
23	0	0	120 000	0	0	0	0	300 000 200 000	588 648	406 448	272 341	179 852	179 852	223 690	300 000 200 000	300 000 200 000	300 000 234 875
24	0	0	120 000	0	0	0	0	300 000 200 000	643 718	421 470	254 341	187 033	187 033	236 497	300 000 200 000	300 000 200 000	300 000 248 322
25	0	0	120 000	0	0	0	0	300 000 200 000	704 793	434 491	227 325	194 502	194 502	250 116	300 000 200 000	300 000 204 227	300 000 262 622

保单年度	保险费			初始费用	持续交费特别奖励	进入万能保单账户的价值	部分领取保单账户价值	主险基本保险金额	不同假定结算利率下的								
									主险保障成本			保单年度末保单账户价值（即现金价值）			保单年度末主险身故保险金		
	期交保险费	追加保险费	累计保险费						低 1.75%	中 4.5%	高 6%	低 1.75%	中 4.5%	高 6%	低 1.75%	中 4.5%	高 6%
20	6 000	0	120 000	300	1 800	7 500	0	300 000	432	332	261	126 136	169 588	200 422	300 000	300 000	300 000
21	0	0	120 000	0	0	0	0	300 000	469	344	255	127 870	176 867	212 183	300 000	300 000	300 000
22	0	0	120 000	0	0	0	0	300 000	511	357	245	129 592	184 461	224 662	300 000	300 000	300 000
23	0	0	120 000	0	0	0	0	300 000	556	367	227	131 299	192 386	237 906	300 000	300 000	300 000
24	0	0	120 000	0	0	0	0	300 000	605	374	201	132 986	200 660	251 973	300 000	300 000	300 000
25	0	0	120 000	0	0	0	0	300 000	658	378	163	134 649	209 302	266 923	300 000	300 000	300 000

图 16-10　所附加的不同数量的附加险后的保险利益图

【实训任务 16-2】测验题

完成如下的智胜人生测试题。

单选题（共 20 题，每题 2.5 分）

（1）智胜人生万能险（　　）结算一次保单利息，（　　）收取一次保障成本。

A. 每月　每月　　B. 每年　每年　　C. 每月　每年　　D. 每年　每月

（2）平安智胜人生终身寿险目前适用的交费方式为（　　）。

A. 年交　　B. 半年交　　C. 季交　　D. 月交

（3）人寿保险的保费分为纯保费和附加费用。在平安智胜人生终身寿险（万能型）的保费划分中，属于附加费用的是（　　）。

A. 保障成本　　B. 保单账户价值　　C. 现金价值　　D. 初始费用

（4）刘先生投保智胜人生终身寿险（万能型），年交保费 6 500 元，则第一个保单年度保险公司收取的初始费用为（　　）

A. 3 150 元　　B. 3 250 元　　C. 3 025 元　　D. 4 000 元

（5）某客户王先生在平安投保了智胜人生万能寿险，年交保费 4 000 元，则其基本保险金额的最低限额为（　　）。

A. 3 000 元　　B. 80 000 元　　C. 15 000 元　　D. 30 000 元

（6）客户张先生投保智胜人生万能险，于合同生效日起四年内，每年都按时支付当期应交期交保费，则当客户累计交满前五期应付期交保费时，保险公司将额外分配（　　）的 1% 作为持续交费特别奖励进入保单账户。

A. 当期支付保费　　B. 当期应交期交保费

C. 累积已付期交保费　　D. 当时保单账户价值

（7）危险保额是指（　　）在某一时点所承担的实际风险额度。

A. 投保人　　B. 被保险人

C. 保险公司　　D. 投保人和保险公司

（8）以下对于智胜人生万能险部分领取的比例说法正确的是（　　）。

A. 每笔领取金额不得低于 100 元，且为 100 元的整数倍

B. 每笔领取金额不得低于 500 元，且为 500 元的整数倍

C. 每笔领取金额不得低于保单账户价值的 3%

D. 每笔领取金额不得低于保单账户价值的 5%

（9）某客户投保智胜人生终身寿险，期交保费为 5 000 元，在按规定支付了当期的应交期交保费后，客户可以追加保费（　　）元。

A. 500　　B. 0　　C. 50 000　　D. 10 000

（10）某智胜人生万能险客户选择期交保费 4 000 元，前三个保单年度均按时交费，第四、五个保单年度缓交，第六个保单年度交了 8 000 元。则客户所交保费中，归属第六保单年度的是（　　）元。

A. 0　　B. 1 500　　C. 3 000　　D. 6 000

（11）在智胜人生万能险中，一旦发生追加保费，则基本保险金额（　　）。

A. 按追加保费金额等额增加　　B. 按追加保费金额等额减少

C. 变为原基本保险金额的两倍　　D. 保持不变

（12）平安附加智胜人生提前给付重疾险的保险期间为（　　）

A. 20 年　　B. 终身　　C. 30 年　　D. 37 年

（13）平安附加智胜人生提前给付重疾险的基本保额要求（　　）

A. 不超过对应主险的基本保险金额　　B. 不低于 1 万元

C. 不低于 1 万元，不超过对应主险的基本保险金额　　D. 不限

（14）智胜人生万能险的投保人固定年收入不得低于（　　）元。

A. 10 000 元　　B. 20 000 元　　C. 30 000 元　　D. 40 000 元

（15）对于投保智胜人生终身寿险（万能型）的客户，其身故保险金为（　　）。

A. 保单账户价值的 105%

B. 基本保险金额

C. 保单账户价值的105%和基本保险金额之较大值
D. 保单账户价值和基本保险金额之和

（16）对于平安智胜人生终身寿险（万能型），下列符合期交保费规定的是（　）。
A. 不得低于2 000元，且为500元的整数倍
B. 不得低于4 000元，且为100元的整数倍
C. 不得低于4 000元，且为500元的整数倍
D. 不得低于2 000元，且为500元的整数倍

（17）智胜人生万能险在附加了附加智胜人生提前给付重疾险后，一旦发生重疾保险金给付，就会对主险产生如下影响（　）。
A. 基本保额等额减少，保单账户价值不变
B. 基本保额等比例减少，保单账户价值等比例减少
C. 基本保额等和保单账户价值均不变
D. 基本保额等额减少，保单账户价值等额减少

（18）智胜人生万能险合同终止时，保险公司结算当月保单利息使用的是（　）。
A. 上月结算利率　B. 保证利率对应的日利率
C. 本月结算利率　D. 上月与本月结算利率的平均值

（19）某客户李先生在平安投保了智胜人生万能寿险，其身故时的保单账户价值为10万元，当时的基本保险金额为15万元，则平安应给付其受益人（　）。
A. 5万元　B. 10万元　C. 15万元　D. 25万元

（20）智胜人生万能险的投保人可向保险公司申请增加或减少基本保险金额，每个保险年度可以申请（　）次变更。
A. 1　B. 2　C. 3　D. 无限制

多选题（共15题，每题2分）

（1）万能寿险的风险主要是由（　）来承担的。
A. 客户　B. 保险公司　C. 监管机构
D. 银行　E. 证券公司

（2）在下列情况中，保险公司不给付保险金，只退还身故当时的现金价值的是（　）。
A. 被保险人服用、吸食或注射毒品
B. 被保险人在本合同生效或复效之日起二年内自杀
C. 被保险人因意外伤害事故导致残疾
D. 核爆炸、核辐射或核污染
E. 被保险人在投保后一年内因保险事故导致身故

（3）对于平安智胜人生终身寿险（万能型），缓交期交保费会造成的影响有（　）。
A. 使基本保险金额发生变化　B. 影响保单账户价值的积累
C. 影响身故保险金的金额　D. 增大追加保费的数额
E. 影响主险及附加重疾保额

（4）对于平安智胜人生终身寿险（万能型），下列可以作为期交保费数字的是（　）。
A. 3 000　B. 4 000　C. 4 500　D. 4 800　E. 5 000

（5）平安智胜人生终身寿险（万能型）特色有（ ）
A. 保额自选，灵活可变　　B. 投资保底，理财方便
C. 持续交费，奖励多多　　D. 缓期交费，灵活应变
E. 资产变化，透明公开

（6）客户投保智胜人生万能寿险时，需要从基本保险金额的最高和最低限额中确定自己的保险金额。以下会对基本保险金额限额产生影响的因素有（ ）。
A. 被保险人的年龄　　B. 被保险人的性别
C. 受益人的年龄　　D. 受益人的性别
E. 期交保费

（7）下列情况不得投保智胜人生万能险的是（ ）。
A. 孕妇（包括产后 6 个月内）　　B. 无固定职业者
C. 外籍人士　　D. 出国人员
E. 异地人员

（8）智胜人生万能险的投保人部分领取的前提条件有（ ）。
A. 被保险人当时未发生保险事故
B. 领取比例不低于公司的规定
C. 领取后的现金价值不得低于公司规定的最低限额
D. 每一保单年度只能领取一次
E. 每次部分领取都必须交纳手续费

（9）智胜人生万能险的投保人追加保费时，下列说法正确的是（ ）。
A. 不必先支付当期的应交期交保费，即可随时追加保费
B. 必须先支付当期的应交期交保费，才可随时追加保费
C. 保单生效以后即可追加
D. 每次支付的追加保费不得低于 1 000 元，且为 100 元的整数倍
E. 每次支付的追加保费不得低于 1 000 元，且为 500 元的整数倍

（10）智胜人生万能险保费缓交的条件有（ ）。
A. 支付首期期交保费　　B. 前三年按时支付期交保费后
C. 保单账户价值足以支付保障成本　　D. 在宽限期内
E. 保单账户价值大于基本保险金额

（11）智胜人生万能险的投保人在保单生效一年后可向保险公司申请增加基本保险金额，但是需要满足一定的条件，包括（ ）。
A. 合同生效一年后
B. 各期期交保费均已支付或累计交满 10 年应付期交保费
C. 被保险人 65 周岁的保单周年日之前
D. 被保险人 55 周岁的保单周年日之前

（12）客户张先生为自己购买了基本保额为 20 万元的万能险，并附加了 10 万元的附加智胜人生提前给付重疾险。5 年后，初患重疾，假设此时保单账户价值为 16 万元，其重疾保险金给付后，其主险的基本保额和保单账户价值分别为（ ）。
A. 10 万元　　B. 6 万元　　C. 20 万元　　D. 16 万元
E. 0 万元　　F. 3.2 万元　　G. 2.56 万元

（13）在智胜人生万能险的销售中，需要客户亲笔签名的是（　　）。
A. 投保书　　B. 电子建议书　　C. 契约变更申请书
D. 保单回执　　E. 客户权益确认书

（14）某客户投保智胜人生终身寿险，期交保费为 6 000 元，在按规定支付了当期的应交期交保费后，客户可以追加保费（　　）元。
A. 500　　B. 1 000　　C. 48 000　　D. 62 000

（15）智胜人生万能寿险提供给客户的特别权益包括（　　）。
A. 持续交费特别奖励　　B. 保费缓交
C. 追加保费　　D. 部分领取现金价值
E. 保险金领取方式选择权

判断题（共 20 题，每题 1 分）

（1）平安智胜人生终身寿险（万能型）的交费期间为本主险合同有效期内，客户在保险费约定支付日支付期交保险费，至少需交纳 10 年。（　　）

（2）平安智胜人生终身寿险（万能型）初始费用扣除的比例与期交保费额度无关。（　　）

（3）对于平安智胜人生终身寿险（万能型），确定了期交保费，则可以确定该客户可选择的保额区间。（　　）

（4）智胜人生终身寿险（万能型）保险金额的最低限额是年应期交保费的 5 倍。（　　）

（5）保单账户是保险公司为智胜人生万能险某个客户开设的，此账户的保证利率不低于 1.75%。（保证利率并非由账户来保证）（　　）

（6）如果保险公司当月的实际投资收益率为负值，则公布的智胜人生万能险的结算利率为 0。（　　）

（7）享有持续交费特别奖励的，智胜人生万能险的保单账户价值同时按照持续交费特别奖励等额增加。（　　）

（8）对于智胜人生万能险，保险公司每月扣除的保障成本 = 每天保障成本 × 当月经过天数。（　　）

（9）对智胜人生万能险，无论在任何时候，其危险保额都等于当时的基本保险金额。（　　）

（10）智胜人生万能险的投保人在保险期间根据自身需要随时从单独账户中部分领取，保险公司不收取任何费用。（　　）

（11）保险公司可以调整智胜人生万能险部分领取手续费的收费标准，但是最高不超过 50 元。（　　）

（12）智胜人生万能险的投保人在支付完当期应交期交保费后，每年只可追加一次保费。（　　）

（13）智胜人生万能险中，对于追加的保费，保险公司也要收取一定初始费用。（　　）

（14）智胜人生万能险的投保人可以暂缓支付期交保费，只要保单账户价值足以支付保障成本，则保险合同继续有效。（　　）

（15）客户在投保智胜人生万能险 1 件之后还可以再次投保智胜人生万能险最多 1 件。（　　）

（16）平安智胜人生终身寿险（万能型）的被保险人在保单生效日起 90 日内因疾病身故，保险公司将按照合同约定给付现金价值。（　　）

（17）智胜人生万能险的最高投保年龄是65岁，最低投保年龄是16岁。（ ）
（18）智胜人生万能险要进行100%生存调查。（ ）
（19）客户申请变更智胜人生万能险的基本保额，变更后的基本保险金额需在公司当时规定的基本保额最低限额和最高限额之间。（ ）
（20）智胜人生万能险保单生效后，客户即可申请变更基本保险金额。（ ）

投资连结型保险产品知识

投资连结型保险的定义

投资连结保险是包含保险保障功能并且至少在一个独立投资账户拥有一定资产价值的人寿保险。所谓“连结”是指将其投资直接同某个投资基金相连结，因而保单现金价值随其投资账户中投资收益的变化而变化。

投资连结保险的原理

投资连结保险除了同传统寿险一样给予保户生命保障外，还可以让客户直接参与由保险公司管理的投资活动，将保单的价值与保险公司的投资业绩联系起来。大部分缴费用来购买由保险公司设立的投资账户单位，由投资专家负责账户内资金的调动和投资决策，将保户的资金投入在各种投资工具上。“投资账户”中的资产价值将随着保险公司实际投资收益情况发生变动，所以客户在享受专家理财好处的同时，一般也将面临一定的投资风险。

投资连结保险的特点

具有保障与投资双重功能；未来的死亡给付金额不确定；所有投资风险转嫁给保单持有人；保费交付方式灵活；费用收取透明。

总的来说，投连险适合那些有保障需求且有充足资金进行长期投资的“战略”投资者。

投资连结保险的购买决策

1. 适合购买投连险的五类人

（1）希望将基金定投与保险投资相结合的投资者（前提是了解基金特点）。

（2）单身贵族：年轻人往往对未来生活或家庭预算不太确定，应首先考虑选择投连险，充分享受投连险多方面的灵活性，根据自己的时间需要而调整缴费金额、保障额度和投资额度。

（3）肩负事业家庭重担的人：投连险可以看作“一份每年可续保的定期寿险加上一个独立的个人投资账户”，在提供寿险保障的同时积累资金。利用投连险保额可以调整的特点，在生活、经济压力较大的情况下，作为家庭的核心顶梁柱，可以提高保障比例。等到了50岁后生活压力减轻，养老需求提高，这时可以降低保障比例，升高投资比例。

（4）父母为孩子投保：用投连险代替传统教育金保险来为孩子储备教育金、婚嫁金、创业金等。

（5）工作繁忙而无暇投资的精英人士：作为一种新的投资渠道，投连险是中长线投资中非常好的选择，既能安心保障，又能投资理财，省时省心，安全性相对较高，而长期滚存的利益也同样不容小视。

2. 购买投资连结保险前的注意事项

（1）看保障内容是否符合自己要求（除外责任条款是否接受，否则要买错产品）。

（2）看保险金额变化规则（是否每年递减，还是每年可加可减）。

（3）看收费项目规则（共有多少项收费，每项收费多少，资金进出的手续费标准）。

（4）看过去的投资收益状况（谁是操盘手，历史业绩如何，与同类产品的比较与排名），不用太关注预测收益。

（5）与自己的具体的理财目标相联系，如20万元的子女教育金或50万元的退休金等相联系，而保险金额至少要大于理财目标。

3. 保单面临断供，代替中途退保的九种办法

投保人在购买长期保险时，绝大多数人都会选择分期（如10年、20年）缴纳保险费方式，可是保费的缴纳也可能因为各种原因遭遇断供危机，此时，保单面临断供，代替中途退保的九种办法如表16-6所示。

表16-6 投资连结保险代替中途退保的九种办法表

解决方式	具体操作方法	保障额度	保障期间	适合情况
1. 利用保费宽限期	保单到期日后的两个月内可暂缓缴费	不变	不变	保费可迟交不超过两个月，超过则保单可能失效
2. 变更缴费周期	把年缴变为半年缴、季缴、月缴	不变	不变	一次性缴费金额较大，有压力，分次支付没有问题，保费可能略增
3. 保费自动垫付	根据条款约定，自动利用保单已有的现金价值支付未来若干年的保费，直到已有的现金价值用完	不变	减少。具体减到多少年，则视已生成的现金价值能支付未来多少期的保费而定	预期经济困境只是暂时一两年的，过后仍然有能力缴费的
4. 暂时停止缴费，两年内申请保单复效	暂时停止缴费，两年内申请保单复效，补缴相关保费和利息	停止缴费期内为零	停止缴费期内没有保障	预期经济困难只是暂时的，两年内肯定有能力补缴保费，且愿意承担保费停缴期间保障空白风险的
5. 减额缴清	将保单已生成的现金价值用来一次性支付未来若干年所需保费	大幅降低	不变	预期家庭经济困难会持续较长时间，想保留原有的各种形式保障的
6. 展期定期保险	用保单已经生成的现金价值缴纳未来所需的纯死亡保险费	死亡保额不变，其他保险利益有变化	根据现金价值折算，最长可以到原契约期满	预期家庭经济困难会持续较长时间，同时特别需要身故保障的（如家庭支柱的保险）
7. 保单转换	将原有的保险合同转换为另一种契约，如将储蓄型寿险转换为定期寿险	保障额度不变，其他功能如储蓄功能变化	根据现金价值、新契约费率等计算	预期家庭经济困难会持续较长时间，且对保障功能比较看重
8. 保单质押贷款	利用保单内已经生成的现金价值，向保险公司或银行申请贷款	不变	不变	遭遇突发的经济困难，预期会较快解决的
9. 保单退保	取回保单的现金价值或账户值	失效	失效	最后的选择，要等退保的钱来急用

典型万能投资连结保险产品

平安聚富年年投资连结保险

1. 平安聚富年年投资连结保险的产品特点

保额自主　　灵活可变

专家理财　　投资灵活

持续交费　　　　　　　　奖励多多
缓期交费　　　　　　　　保障不变
资产运作　　　　　　　　透明公开

2. 平安聚富年年投资连结保险投保示例

平安聚富年年投连 + 重疾保险计划可以提供多种形式的寿险和健康险保障。

【实训任务 16-2】计算题

平安聚富年年投资连结保险的部分历史交易价格如表 16-7 所示。若 2013 年 6 月 21 日，某持有平安聚富年年投资连结保险的被保险人，其保费在扣除初始费用及保障成本后剩余 26 180 元。该被保险人将 26 180 元全部用于购买平安投资连结保险账户进行投资，投资比例分别为：平安基金投资账户 50%、平安发展投资账户 20%、平安精选权益投资账户 25%、平安货币投资账户 5%。后该被保险人于 2013 年 11 月 21 日，将其聚富年年投资连结中全部的投资单位卖出。请计算，在 2013 年 11 月 21 日卖出时，该被保险人的盈利或亏损的情况。

表 16-7 平安聚富年年投资连结保险的部分历史交易价格表

各投资账户	评估日期	买入价（元）	卖出价（元）
平安基金投资账户单位历史价格	2013-11-21	3.028 7	2.969 4
	2013-6-21	2.919 7	2.862 5
平安发展投资账户单位历史价格	2013-11-21	2.777 4	2.723 0
	2013-6-21	2.698 7	2.645 7
平安精选权益投资账户单位历史价格	2013-11-21	0.816	0.800 0
	2013-6-21	0.779 5	0.764 2
平安货币投资账户单位历史价格	2013-11-21	1.236 6	1.212 3
	2013-6-21	1.212 5	1.188 7

案例 16-1

李先生 30 周岁，男性，为自己投保平安聚富年年投资连结 + 重疾保险计划。

年交保险费 12 000 元，连续支付 15 年，保单年度初交费；投保时主险基本保险金额 20 万元，重疾基本保险金额 15 万元；到李先生 60 周岁的保单周年日，调整主附险基本保险金额为 1 万元。

假设保险期间的投资回报分别处于低、中、高三种水平，对应的年投资回报率分别为 1%、4.5%、7%（扣除资产管理费后的数值），则保险期间的主要保单利益如表 16-8 所示。

表 16-8 平安聚富年年投资连结保险利益演算图 （单位：元）

保单年度	保险费		初始费用	持续交费特别奖励	进入投资账户的价值	主附险合计保障成本	不同假设投资回报率下的投资单位价值总额（即现金价值）			不同假设投资回报率下的身故保险金			重疾保险金
	期交保险费	累计保险费					低（1%）	中（4.5%）	高（7%）	低（1%）	中（4.5%）	高（7%）	
1	12 000	12 000	3 300	—	8 700	446	8 167	8 457	8 664	208 167	208 457	208 664	150 000
2	12 000	24 000	1 800	—	10 200	469	17 877	18 807	19 484	217 877	218 807	219 484	150 000
3	12 000	36 000	1 200	—	10 800	493	28 255	30 214	31 666	228 255	230 214	231 666	150 000
4	12 000	48 000	900	240	11 340	525	39 238	42 654	45 234	239 238	242 654	245 234	150 000
5	12 000	60 000	900	240	11 340	562	50 294	55 615	59 714	250 294	255 615	259 714	150 000
6	12 000	72 000	600	240	11 640	600	61 720	69 429	75 482	261 720	269 429	275 482	150 000
7	12 000	84 000	600	240	11 640	645	73 215	83 818	92 307	273 215	283 818	292 307	150 000
8	12 000	96 000	600	240	11 640	701	84 768	98 797	110 252	284 768	298 797	310 252	150 000
9	12 000	108 000	600	240	11 640	764	96 374	114 387	129 388	296 374	314 387	329 388	150 000
10	12 000	120 000	600	240	11 640	827	108 032	130 612	149 798	308 032	330 612	349 798	150 000
11	12 000	132 000	600	240	11 640	905	119 729	147 488	171 555	319 729	347 488	371 555	150 000
12	12 000	144 000	600	240	11 640	990	131 456	165 037	194 747	331 456	365 037	394 747	150 000
13	12 000	156 000	600	240	11 640	1 090	143 202	183 273	219 460	343 202	383 273	419 460	150 000
14	12 000	168 000	600	240	11 640	1 202	154 951	202 214	245 786	354 951	402 214	445 786	150 000
15	12 000	180 000	600	240	11 640	1 328	166 691	221 879	273 823	366 691	421 879	473 823	150 000
20	—	180 000	—	—	—	2 204	165 891	266 408	373 355	365 891	466 408	573 355	150 000
30	—	180 000	—	—	—	5 765	142 496	366 234	681 340	342 496	566 234	881 340	150 000
40	—	180 000	—	—	—	714	151 834	562 211	1 332 949	161 834	572 211	1 342 949	10 000
50	—	180 000	—	—	—	1 352	156 847	860 308	2 607 716	166 847	870 308	2 617 716	10 000

注：1. 表中进入投资账户的价值＝期交保险费－初始费用＋持续交费特别奖励；

2. 表中的保障成本、投资单位价值总额和保险金仅反映被保险人在合同有效期内没有发生重大疾病赔付的情况；

3. 本保险的现金价值和保障成本，会随着被保险人的年龄、性别、健康状况、保险费金额、投资收益等不同而不同。本保险示例仅为帮助您理解条款所用，可能与您的实际保险计划并不一致。我们可根据您具体的投保意向，为您量身制作保险建议书。

重要提示：该利益演示基于公司的投资收益假设，不代表公司的历史经营业绩，也不代表对公司未来经营业绩的预期，实际投资收益可能出现负值。

第十七章

实验四　意外伤害保险实训

第一节　实验目的和内容

一、实训目标

通过本实验项目要求学生了解市场在售意外伤害保险产品体系，比较分析不同公司产品间同类产品的差异和各自特点；了解我国的意外伤害保险发展状况；掌握购买意外伤害保险的基本分析模型。

二、实训内容

熟悉了解相关保险公司的意外伤害保险产品特点，掌握意外伤害保险保障利益的分析，以及向假定客户营销意外伤害保险理财产品的整套流程。

三、实验资料和实验步骤

（一）实验资料准备

投影、机房、教师准备的资料（相关单证、案例、险种条款及费率表）。

（二）实验步骤

（1）教师对意外伤害保险体系和投保基本要求进行讲解，学生了解并熟悉投保意外伤害保险的保险利益分析模型。

（2）教师提供意外险等的保险案例，学生分组讨论和处理案情。

（3）学生学会计算保险费和进行投保利益计算，根据案例提示的客户背景，合理设计意外风险管理的风险融资理财规划和保险计划书。

（4）学生每个小组自行设计一款意外伤害保险卡，要求包括费率、保额、保险责任、除外责任等因素。

通过模拟案例，使学生其熟悉和掌握投保意外伤害保险的保险利益分析方法，投保的操作要点及相关技巧。

四、实训方式

（1）自由组合，分为若干个小组，各组推选出组长一名，各组在组长的协调下进行分工，根据所搜集目标公司相关产品，共同完成实验内容。

（2）各小组分析实训中出现的问题，小组间互相讨论和交流心得与经验。

第二节 意外伤害保险业务操作实训

【实训内容 17-1】意外伤害保险业务操作实训

意外伤害保险的基础知识

意外风险及其特点

1. 意外风险的定义

“意外伤害风险”是指“外来的”“突发的”“非本意的”“非疾病的”客观事件，带来的使身体受到伤害或财产遭受损失的风险。意外伤害有三层含义：①必须有客观的意外事故发生，且事故原因是意外的、偶然的、不可预见的；②被保险人必须因客观事故造成人身死亡或残疾的结果；③意外事故的发生和被保险人遭受人身伤亡的结果，两者之间有着内在的、必然的联系。

2. 意外风险的特点

（1）意外风险具普遍性，是最广泛的风险。意外风险的普遍性表现在意外危险无处不在，无时不有。人们在生产、生活中会面临各种各样的意外事故，无论年龄、性别、职业、职务怎样，也无论何时，无论身处何地，意外风险是渗透到人类社会的方方面面的。另外，洪水、飓风、地震等自然灾害也是通过意外事故的方式带来损失的，自然灾害即等同于是意外风险，因此意外风险是最广泛的风险。

（2）意外风险发生的概率的决定因素是职业和所从事的活动。职业因素是意外伤害风险发生频率的主要因素，而年龄、身体健康状况等因素在意外风险的发生中并不是起着决定性的作用。根据统计数据的经验来看，机关团体、事业单位和一般工商企业的职业意外伤害事故的发生概率较小，而从事建筑、冶金、勘探、航海、伐木、搬运、装卸、筑路、地面采矿、汽车驾驶、高空作业的人们面临的意外风险比较大。

（3）意外风险突出的人群是少年儿童。少年儿童的好奇心强，活泼好动，但自我保护意识和能力较差，在社会中处于弱势地位，发生意外伤害的可能性也就相对较大，意外伤害是14岁以下儿童死亡的首位原因；有统计结果显示，每100名死亡儿童中，就有26人死于意外伤害；全国每年有4 000万中小学生遭受各种意外伤害；每年因意外伤害致残的儿童高达40万人；儿童意外伤害死亡以每年7%～10%的速度增加。因此，每一位父母亲，无不希望自己的子女在成长发育过程中平平安安，健康快乐，但是，突发性的意外事故灾难，有时候会突然夺去孩子幼小的生命，有时也会导致孩子终身残疾，影响孩子的正常成长和基本生活。无论因意外伤害死亡，还是伤残，对于每个家庭，特别是现在中国的独生子女政策下的家庭，都是无法承受的打击和难以弥补的永久伤痛。另有统计资料显示，某些地区意外死亡与伤害的发生比例高达1 ∶ 19，已经成为我国0～14周岁儿童的第一死亡原因。意外死亡的重要原因有意外窒息、溺水、车祸与中毒，其中车祸死亡率的上升尤为显著。意外伤害的主要原因有跌落、烧（烫）伤，动物致伤。目前，意外伤害已经超越疾病成为儿童健康的头号杀手。

意外伤害保险及其特点

1. 意外伤害保险的定义

意外伤害保险是指以意外伤害而致身故或残疾为给付保险金条件的人身保险。意外伤害保险中所称意外伤害是指，在被保险人没有预见到或违背被保险人意愿的情况下，突然发生的外来致害物对被保险人的身体造成明显、剧烈的侵害的客观事实。

2. 意外伤害保险的特点

（1）短期性。人身意外伤害保险是短期险，通常是一年期，也有几个月或者更短的，例如各家公司针对假期旅游研发销售的假期交通工具意外伤害保险等。更短的是旅客意外伤害保险，保险期间为一次旅程。

（2）灵活性。人身意外伤害保险中，很多是经当事人双方签订协议书，保险金额亦是经双方协商议定的，保险责任范围也相对灵活。投保手续相对简便，当场付费签名即可生效，无须被保险人参加体检。只要有保费支付能力，一般人均可参加。

（3）保费低廉。一般不具备储蓄功能，在保险期终止后，即使没有发生保险事故，保险公司也不退还保险费，所以，总的来看意外伤害保险保费低而保障程度高。意外伤害保险，虽然不能避免意外的发生，但是却能有效地转移风险，保障家庭生活安定。

意外伤害保险的理财效应

意外伤害保险的理财效应，主要是通过为被保险人个人和家庭实现了风险融资功能，为被保险人带来保障利益。例如，当家庭有房贷、车贷或者其他债务时，债务人投保了足够保险金额的意外伤害保险，就可以在意外身故时，利用保险金偿还债务，避免让家庭陷入无力偿债境遇。如果被保险人遭遇意外暂时或永久残疾失去生存能力，也可以借助保险理赔金进行治疗或者偿还部分债务，避免遭遇更大的债务危机而使家庭和个人陷入更大困难。

意外伤害保险体系

按照投保方式不同分类

按照投保方式不同可以分为个人意外伤害保险和团体意外伤害保险。个人意外伤害保险是以个人作为保险对象的各种意外伤害保险。主要特点是保险费率低而保障程度较高；团体意外伤害保险是以团体方式投保的人身意外伤害保险。主要特点是以投保人单位为投保人、用对团体的选择取代了对个别被保险人的选择、规定最低保险金额、保险费率低，工作性质不同可采用不同的费率标准。

按承保风险不同分类

按承保风险不同分为普通意外伤害保险和特种意外伤害保险。普通意外伤害保险又称一般意外伤害保险，是以普通的一般意外事故造成被保险人死亡或伤残为保险责任，但不具体规定事故发生的原因和地点。特种意外伤害保险以特定时间、特定地点或特定原因而导致的意外伤害事件为给付保险金条件的保险。主要特点是承保危险较广泛、保险期限短、意外伤害的概率较大、采取由投保方和保险方协商一致后临时签订协议的方式办理。

按照承保的责任分类

按照承保的责任可以分为意外伤害死亡残疾保险、意外伤害医疗保险、综合性意外伤害保险和意外伤害误工保险。意外伤害死亡残疾保险是保险人仅以被保险人遭受意外伤害而致死亡或残疾作为保险金给付条件的一种保险；意外伤害医疗保险是指当被保险人由于遭受意外伤害需要治疗时，保险人给付医疗保险金的一种保险；综合性意外伤害保险是指保险人除了承担被保险人因意外伤害的身故保障、残疾保障之外，还提供意外医疗保险金，即在普通意外伤害保险的基础上扩大了保障范围的一种保险；意外伤害误工保险是指当被保险人由于遭受意外伤害暂时丧失劳动能力不能工作时，保险人给付误工损失保险金的一种保险。

意外伤害保险的购买决策

作为保险里面最基础也是最实用的险种，意外险一直受到大家的喜爱和关注，可是市场上的意外险近百种，便宜的 100 多元就可以拥有，有些却需要 500 ～ 600 元。为什么会有如此大的差别呢？如何才能找到适合自己的意外险呢？俗话说，一分价钱一分货，这句话对于保险也是同样的道理，同样的保障，价钱是不会相差太多的，在此对于意外伤害保险的购买决策应当分析影响意外伤害保险费率的因素，然后考虑购买决策。

影响意外伤害保险费率的因素

1. 保障利益

市场上的意外险，保障的利益总结起来有以下这些：意外生命保额，也就是一旦遇上意外造成死亡，保险公司赔付的额度，通常都会是 10 万元、20 万元左右。接下来，就是意外医疗补偿，通常也是 3 000 元、5 000 元、8 000 元、1 万元这些额度。还有就是手术、住院的补偿，额度也是 3 000 元、5 000 元左右。有些产品还会有住院、手术的津贴补偿，每天 10 元到 100 元不等。那么，如果要拥有一份完善的保障，上述的保障利益应该是缺一不可，但保费较低的意外险是不能拥有所有保障的，因此，保障利益会是影响保费高低的。

2. 职业等级与有无医保

职业等级高低是影响风险发生的一个重要因素，因此职业等级越高，相同保险利益的保费支出就会越大，甚至有些职业，保险公司是拒保的。市场也有不少产品是不限职业等级，但是，在理赔的时候就会限制某些保险利益的赔付甚至是不赔。同样地，有无医保也会影响保费的定价。有医保的，定价相对会低，因为某些理赔有一部分是医保统筹账户已经报销的，保险公司就不承担那一部分的补偿责任了。所以，职业等级和有无医保，也是影响保费高低的一个因素。

3. 免赔额、免赔天数、赔付比例

某些产品会有上述三种限制。免赔额一般是 100 ～ 300 元不等，也就是说如果被保险因为意外扭伤去看病，一般是两三百块钱的事情，那其中的 100 元，保险公司就不承担赔偿的责任了。至于免赔天数，一般来说都是针对住院或者手术前三天的费用免赔。但仔细想想，一般抢救、检查等都在前三天，前三天的医疗费用都是相当大的。赔付比例方面，有些是确定的，就是任何意外事故造成的赔付都是规定赔付 80%、90%，又有些是根据职业等级赔付的，还有一些是看医院的等级，限制条件多种多样。所以，免赔额、免赔天数、赔付天数又是影响保费高低的因素。

4. 赔付额度与赔付次数

我们在选择意外险的时候，往往会忽略这一点。有些产品是提供一年内报销的额度，如果超过限额，就不会再承担赔付的责任；有些这是限制赔付的次数；有些产品就只看单次赔付的额度，年内再次发生理赔，额度又会重新计算。所以，赔付额度与赔付次数也是影响保费高低的因素。

意外伤害保险的购买决策

保险归根结底是一个保障的问题，也就是说我们要以意外险产品的保障利益来判断。我们是注重意外生命保额的大小，还是选择门诊、住院、手术的报销；是考虑保费较低、保障利益不是太全的，还是选择保费高一点、多几个保障利益的；是选择没什么赔付限制的险种，还是选择有赔付限制不过保费又低一点的。保险没有最好的，也很难做一个横向的对比，关键是能否满足自身的需求、适合自身的实际需要。

意外伤害保险典型产品分析

平安交通意外E款保险卡

1. 产品特色

提供一整年乘坐公共交通工具时的意外伤害身故及意外残疾保障。商旅、节假日出行，保障随时随地。可作为礼物送给别人，投保流程简单，全国均可理赔。

2. 投保规则

适用人群：18～65周岁经常出游的人士

保险期限：1年

保单形式：电子保单

支付方式：信用卡、网银、电话支付

3. 保险利益

表17-1 平安交通意外E款保险卡保险利益表

保障项目	保险金额	保障内容
飞机意外身故/残疾	60万元	以乘客身份乘坐民航客机时因遭受意外伤害事故身故或残疾，我们将赔偿意外身故/意外残疾保险金
火车、轮船意外身故/残疾	40万元	以乘客身份乘坐火车、轮船时因遭受意外伤害事故身故或残疾，我们将赔偿意外身故/意外残疾保险金
汽车意外身故/残疾	5万元	以乘客身份乘坐汽车时因遭受意外伤害事故身故或残疾，我们将赔偿意外身故/意外残疾保险金

4. 价格

网上优惠价70元，业务员直销价格100元。

平安一年期综合意外保险

1. 产品特色

全方位的综合意外保障（重大自然灾害如地震、暴雨、雷击都保），涵盖门诊与住院医疗保障，另有误工、护理双项津贴及紧急医疗救援服务，保额高达50万元，是给家人、企业员工的有力保障。

2. 投保规则

适用人群：1～65周岁

职业要求：被保险人仅限1～4类职业人员

保险期限：1年（到期可优惠续保，将以邮件、短信提醒）

保单形式：电子保单、纸质保单

支付方式：信用卡、网银、电话支付、万里通积分

3. 保险利益

表 17-2　平安一年期综合意外保险保险利益表

保障项目	保险金额	保障内容
意外身故 / 残疾 / 烧烫伤	5 万～ 50 万元	因意外伤害事故身故 / 残疾 / 烧烫伤，我们将给付意外身故 / 残疾 / 烧烫伤保险金
意外伤害医疗（可选）	2 000 ～ 10 万元	因意外伤害事故需门诊或住院治疗，发生的医疗费用，我们将就其事故发生之日起 180 日内实际支出的按照当地社会医疗保险主管部门规定可报销的、必要的、合理的医疗费用超过人民币 100 元的部分给付医疗保险金
住院误工津贴（可选）	10 ～ 50 元 / 天	因意外伤害事故入院治疗，我们按照保险单载明的住院误工津贴日额给付，累计给付天数以 90 天为限
住院护理津贴（可选）	10 ～ 50 元 / 天	因意外伤害事故入院治疗，我们按照保险单载明的住院护理津贴日额给付，累计给付天数以 90 天为限
紧急医疗救援（可选）	紧急医疗救援服务	当发生紧急救援事故后，请务必第一时间拨打电话：4006506119，救援公司将为您提供相应的咨询及医疗费用垫付或担保等服务
交通意外身故 / 残疾（可选）	飞机：50 万 ～ 500 万元；火车（含高铁、地铁）、轮船：飞机保额的 50%；汽车（含公交、出租车）：火车保额的 10%	如果被保险人在保险期间，以乘客身份乘坐相应交通工具时因遭受意外伤害事故身故或残疾，我们将赔偿意外身故保险金或意外残疾保险金。 提示： 1. 未成年人除航空意外以外的身故保险金额最高不超过 10 万元 2. 交通意外身故 / 残疾与主险意外身故 / 残疾累计赔付

【实训任务 17-1】思考题

（1）2010 年我国各类人身保险保费收入占比图如下，请思考：既然所有的人寿保险、几乎都保障意外伤害风险，为什么在我国的寿险市场统计中，意外伤害保险的占比并不高？

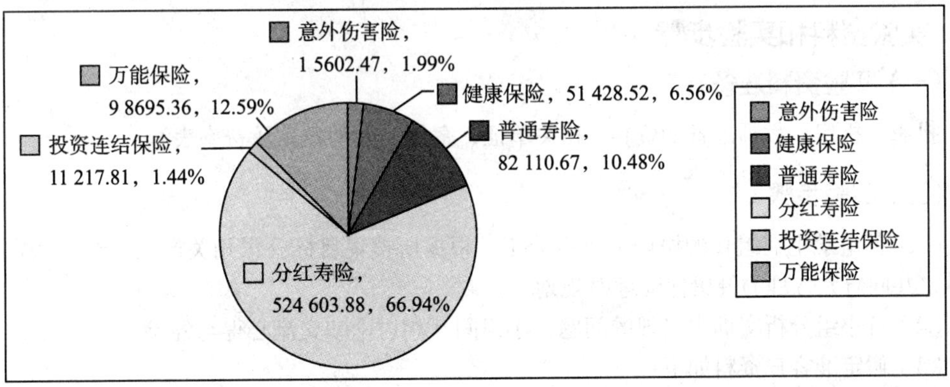

图 17-1　2010 年我国各类人身保险保费收入占比图

（2）意外伤害保险的发展方向是自助卡式保险，请问自助卡式保险都有哪些优缺点？

第十八章

实验五　健康保险业务实训

第一节　实验目的和内容

一、实训目标

通过本实验项目要求学生了解市场在售的健康保险产品体系，比较分析不同公司产品间同类产品的差异和各自特点；了解我国的健康保险发展状况；掌握购买健康保险的基本分析模型。掌握投保健康保险的保险利益分析方法，根据客户的不同情况设计合理的健康保险理财规划计划书的操作要点及相关技巧。

二、实训内容

熟悉了解相关保险公司的健康保险产品特点，掌握健康保险保障利益的分析，以及向假定客户营销健康保险理财产品的整套流程。

三、实验资料和实验步骤

（一）实验资料准备

投影、机房、教师准备的资料（相关单证、案例、险种条款及费率表）。

（二）实验步骤

（1）各组学生在组长的协调下进行分工，根据所搜集目标公司相关产品，结合假定客户资料，共同研究合理的健康保险理财规划。

（2）各小组分析实训中出现的问题，小组间互相讨论和交流心得与经验。

（3）假定准客户资料如下：

王先生今年45岁，某企业中层管理干部，年收入20万元，其妻子李女士41岁，银行会计，年收入10万元，两人均有社保。因王先生的应酬较多，有抽烟的习惯，患有乙肝大三阳，李女士患有慢性支气管炎，未能治愈。夫妻两人育有一个12岁女孩。请问，如何为该家庭做健康保险规划？

四、实训方式

（1）根据假设客户条件，结合所分配的公司，模仿前面的案例，为假设客户设计合理的健康保险理财规划。

（2）根据所设计的健康保险理财规划，分析保险保障利益，并合理有效沟通，介绍保障利益。

第二节 健康保险业务操作实训

【实训内容 18-1】健康保险业务操作实训

健康风险与健康保险的基础知识

健康风险包括疾病风险和残疾风险，这类风险对个人或家庭经济方面的影响主要表现在两个方面：一方面是医疗费用风险，意想不到的疾病和伤害都可能会给个人及其家庭带来灾难性的医疗费用负担；另一方面是收入损失风险，由于疾病或残疾非但不会减少人对收入来源的需要，而且病人在生病期间、残疾者在残疾期间对收入的需求必然还会提高。

健康风险及其特点

健康风险具有纯粹风险的一般特点，是任何人在漫长或短暂一生中都无法避免的风险。对于个体而言，具有客观性、损害性、某一风险发生的不确定性、风险的发展性等；就社会群体而言，还具有大量风险发生的可测定性。具体地，对于个体而言，健康风险还有以下突出特点。

1. 多发性

从古至今，人的一生当中，生病和就医已经成为日常生活不可避免的客观存在。社会的发展丰富了个人和家庭的生活，改善了生活条件，医疗技术的发展也在一定程度上减少了疾病的危害程度，但疾病、食物、自然灾害、环境污染、中毒、暴力冲突、交通事故、吸烟、药物、毒品等号称 21 世纪的十大风险，其后果无一例外最终将由社会人承受。所有这些风险都将集中在人体，以疾病和遭受意外伤害导致身体健康状况、身体机能受损形式出现，发生概率则有逐步提高趋势，各种新疾病层出不穷。

2. 风险的社会性和易变性

越来越多疾病具有传染性，不仅会危害个人，而且可能大规模爆发。20 世纪初的流感全球大流行，2003 年的非典型性流感，近几年来分散在世界部分区域暴发的登革热，2010 年的“猪流感”，超级病菌等，都表现出强烈的变异性和传染性，甚至出现无法医治的流行病毒，如 AIDS 或 HIV5 等。每年都导致大量人群感染，留下终生疾患，甚至无法救治而死亡。

3. 复杂性

疾病的复杂性首先突出表现为疾病种类繁多，大量存在同病异症、异病同症的现象，个体差异性明显。其次，疾病治疗和康复不仅与病种有关，还与医疗水平、诊断技术、治疗时机有关，过去被认为是绝症无法医治的，未来一段时间后可能被医治。此外，新技术和新药的使用既为治疗带来新机会，同时使费用效益评价非常困难，被冠为“白色迷宫”之称。因此，导致人们无法确切评估未来的医药费用开支，而历史经验则表明，即使去除通货膨胀因素，健康风险导致的费用支出水平也是逐年提高的。

健康保险及其特点

健康保险又称疾病保险，是指以被保险人的身体为保险标的，对被保险人因疾病或意外伤害事故发生医疗费用损失，或导致工作能力丧失引起收入损失，以及因年老、疾病或意外事故导致需要长期护理的损失提供经济补偿的保险。一般地，健康保险通常分为三类：一是以疾病为给付保险金条件的疾病保险（我国通常称为重大疾病保险）；二是以约定的医疗费用为给付保险金条件的医疗保险；三是因意外伤害、疾病导致收入中断或减少为给付保险金条件的收入保障保险。总结起来，健康保险主要具有以下几个特点。

1. 承保条件严格

健康保险的承保条件一般比寿险严格得多，保险人对投保健康保险的被保险人要仔细审查诸如体格、家族病史、被保险人本人的既往病史等风险因素，还要进行体检。为防范道德风险，在保险条款中更特别制定了免赔额（率）条款、观察期（等待期）条款、比例给付条款和给付限额条款等规定。

2. 补偿性特征明显

健康保险保险金的赔付既有补偿性，又有定额给付性，但是大多数健康保险合同属于补偿性合同，适用补偿原则。因此，也遵循代位追偿原则，当被保险人的医疗费用可以由第三方得到全部或者部分补偿后，保险人可以不补偿，或者仅补偿第三方补偿后的差额部分。如果保险事故是由第三方责任人造成，在保险人已经赔偿被保险人的前提下，保险人享有代位追偿权。

3. 复杂性

正如前述，不论是疾病保险，还是各种医疗费用型保险，涉及的都是医学上的专业技术，健康风险本身更具有可变性和难预测性，尤其是随着人类疾病的种类越来越多，医疗技术日益提高，医疗器械和药品不断更新，使得健康保险风险的识别和度量、费率的厘定变得十分复杂。同时，医疗费用支出存在不少的人为因素，包括医疗专业人士、被保险人都可能存在道德风险行为，使医疗过程中的合理与不合理费用难以区分，健康保险事故的数量和损失程度也因而越来越难以估计，复杂程度增加，使理赔难以准确把握。

4. 医疗费用分担方法的多样性

（1）免赔额法。为了控制道德风险，减少医疗资源的浪费，同时也降低保险人的理赔工作负担，医疗费用型保险一般设置了免赔条款，免赔额即保险事故发生时由被保险人自行负担的费用，即自负额。超出免赔额的部分，保险人才按条款约定开始偿付。

（2）给付比例。为提高被保险的合理消费意识，提高医疗费用支出的自律性，保险合同中设置了比例给付条款，强调被保险人获得的补偿金额与被保险人实际医疗费用支出金额挂钩。对超出限额以上的医疗费用采用按比例给付方式，以分摊医疗成本。

（3）给付比例与免赔额结合法。这种分摊方法发挥了给付比例和免赔额的各自优势，弥补了各自的不足之处，对于限制滥用医疗资源、节约医疗费用发挥出很大的作用。

（4）限额给付法。在保险合同中规定最高给付限额，医疗费用实际支出超出最高限额部分，由被保险人自己承担。

现代健康保险还出现了保险人与医院、医师、保险机构及药店共同协作，把提供有组织的医疗、健康服务作为保险保障的内容，因此，突破了传统保险的以货币赔偿或给付的保障形式。

健康保险的理财效应

毫无疑问，身体健康是每个人都期待的，各种突如其来的或者慢性的疾病不但给病患者带来伤痛，更给个人和家庭带来可能面临的大笔医疗费用支出，甚至是收入的中断和其他一些损失。在加强个人身体健康状态的保护，加强运动锻炼的同时，加强管理可能面临的财务风险也应该是摆在每一人面前的重要问题。

在运用保险手段，通过购买健康保险转移健康风险损失，达到个人和家庭健康风险理财规划过程中，首先应该要了解健康风险的特点、各种疾病的危害性、发生疾病可能的医疗费用开支以及与健康相关的风险损失概率及其损失分布等，才能更好地选购合适的健康保险，构造健康风险理财保障计划。

健康保险产品购买的一般原则是每年的医疗保险费是年收入的 7% ～ 11%。比较理想的险种搭配是：有社会医疗保障的，选择重大疾病保险 + 住院补贴保险；没有医疗保障的，选择重大疾病保险 + 住院费用保险。购买健康保险通常应尽量选择缴费期长的形式，这样能获得更好的保障。

健康保险体系及典型产品

疾病保险

1. 疾病保险简介

疾病保险是以疾病为给付条件的人身保险，当被保险人罹患合同约定的疾病时，保险人按照保险金额给付保险金而不考虑被保险人的实际医疗费用支出，属于给付性保险合同。

疾病保险的保险责任对疾病有严格的限制，通常包括三个条件：第一，可保疾病必须是身体内部原因引起的疾病，对于因为外来剧烈原因造成的身体健康损害则归属于意外健康保险的责任范围；第二，可保风险不能是先天性的疾病；第三，可保疾病必须是偶然性疾病，这样的疾病在客观上可以治疗，通过各种治疗手段和药物来减轻疼痛、缓解病情并有望最终根除。这个限制条件，可以把那些必然发生的人身健康损失风险排除在疾病保险责任范围之外，如死亡、年老衰弱等。常见的疾病保险有重大疾病保险和特种疾病保险。

2. 疾病保险产品示例

泰康双重关爱重大疾病保险的相关介绍如下。

（1）产品简介。泰康双重关爱重大疾病保险是一款集身故保险与重大疾病保障于一身的纯保障型产品，提供被保险人 65 岁前双倍，65 岁后一倍的身故及重大疾病保障。

（2）产品特色。呵护生命、重疾无忧：提供终身的多达 27 种重大疾病保障，及时抵御多种重大疾病对家庭经济的打击。

双倍保障、关爱家庭：65 岁前，不幸罹患重大疾病或不幸身故，可获双倍保险金额的赔付，高额的保险金可给健康医疗及家庭生活带来巨大的经济保障。

经济实惠、物超所值：通过较低的保费即可换取高额的重大疾病保障与人身风险保障。较以往的重大疾病保险，只需增加 30% 的费用即可获得比以往高出一倍的重大疾病保障与人身风险保障，真正实现保险制度的经济补偿作用。

缴费灵活、人性设计：根据个人收入及家庭经济状况，合理安排缴费期间，短可一次缴清，长则 30 年期缴，完美体现了保险产品对家庭的人性设计。

（3）产品特征。

投保年龄：0 岁（出生满 30 天且出院）至 55 周岁（含）

保险期间：终身

缴费期间：趸缴、5、10、15、20、25、30 年

缴费方式：月缴、季缴、半年缴、年缴

费率特征：千元费率。与被保险人年龄性别相关。

投保条件：出生满30天至55周岁（含）且身体健康的人可参加本保险。被保险人或对被保险人具有保险利益的人，可作为投保人。

（4）保险责任：在保险合同有效期内，本公司负下列保险责任。

1）重大疾病保险金。被保险人于保险合同生效之日起1年内（若曾复效，则自保险合同最后复效之日起1年内），初次确诊罹患保险合同所定义的重大疾病（无论一种或多种），本公司按投保人已缴的保险合同的保险费数额向被保险人给付重大疾病保险金，本合同终止。

被保险人于保险合同生效之日起1年后（若曾复效，则自最后复效之日起1年后）至被保险人65周岁生效对应日初次确诊罹患保险合同所定义的重大疾病（无论一种或多种），本公司按保险合同的保险金额的2倍向被保险人给付重大疾病保险金，本合同终止。

被保险人于65周岁生效对应日后初次确诊罹患保险合同所定义的重大疾病（无论一种或多种），本公司按保险合同的保险金额向被保险人给付重大疾病保险金，本合同终止。

2）身故保险金。被保险人于保险合同生效之日起1年内（若曾复效，则自保险合同最后复效之日起1年内）非因意外伤害导致身故，本公司按投保人已缴的保险合同的保险费数额向被保险人的身故保险金受益人给付身故保险金，本合同终止。

被保险人于保险合同生效之日起1年内（若曾复效，则自保险合同最后复效之日起1年内）因意外伤害导致身故，本公司按保险合同的保险金额的2倍向被保险人的身故保险金受益人给付身故保险金，本合同终止。

被保险人于保险合同生效之日起1年后（若曾复效，则自保险合同最后复效之日起1年后）至被保险人65周岁生效对应日身故，本公司按保险合同的保险金额的2倍向被保险人的身故保险金受益人给付身故保险金，本合同终止。

被保险人于65周岁生效对应日后身故，本公司按保险合同的保险金额向被保险人的身故保险金受益人给付身故保险金，本合同终止。

（5）重大疾病定义及释义。《泰康双重关爱重大疾病保险》所定义的重大疾病共有27种，其中第1～24种重大疾病为中国保险行业协会颁布的《重大疾病保险的疾病定义使用规范》（以下简称“规范”）规定的疾病，且疾病名称和疾病定义与“规范”一致，第25～27种重大疾病为“规范”规定范围之外的疾病。

① 恶性肿瘤（不包括部分早期恶性肿瘤）

② 急性心脏衰竭

③ 脑中风后遗症（永久性功能障碍）

④ 重大器官移植术或造血干细胞移植术（须异体移植手术）

⑤ 冠状动脉搭桥术（或称冠状动脉旁路移植术，须开胸手术）

⑥ 终末期肾病（须透析治疗或肾脏移植手术）

⑦ 多个肢体缺失（完全性断离）

⑧ 急性或亚急性重症肝炎

⑨ 良性脑肿瘤（须开颅手术或放射治疗）

⑩ 慢性肝功能衰竭失代偿期（不包括酗酒或药物滥用所致）

⑪ 脑炎后遗症或脑膜炎后遗症（永久性功能障碍）

⑫ 深度昏迷（不包括酗酒或药物滥用所致）
⑬ 双耳失聪（永久不可逆）
⑭ 双目失明（永久不可逆）
⑮ 瘫痪（永久不可逆）
⑯ 心脏瓣膜手术（须开胸手术）
⑰ 严重阿尔茨海默病（自主生活能力完全丧失）
⑱ 严重脑损伤（永久性功能障碍）
⑲ 严重帕金森病（自主生活能力完全丧失）
⑳ 严重Ⅲ度烧伤（至少达到体表面积的 20%）
㉑ 严重原发性肺动脉高压（有心力衰竭表现）
㉒ 语言能力丧失（完全丧失且经积极治疗至少 12 个月）
㉓ 重型再生障碍性贫血
㉔ 主动脉手术（须开胸或开腹手术）
㉕ 多发性硬化
㉖ 终末期肺病
㉗ 颅脑手术（不包括颅脑钻孔手术）

（6）产品服务。

1）续期保险费缴费宽限期。缴纳首期保险费后，续期保险费到期未缴付的，自保险单所载明的缴费日期的次日起 60 日内为续期保险费缴付宽限期。宽限期内发生保险事故，本公司仍承担保险责任，但在给付保险金时本公司将从其中全额扣除投保人应缴未缴的续期保险费。

2）保险费自动垫缴。在续期保险费缴费宽限期结束时，投保人仍未缴付续期保险费，如投保人在投保时同意保险费自动垫缴，且保险合同当时所具有的现金价值扣除各项欠款及“利息”后的余额足以垫缴到期应付保险费的，本公司将自动垫缴其应付保险费，使保险合同继续有效。除本合同另有约定外，宽限期间结束且投保人在投保单上未同意保险费自动垫缴，或保险合同现金价值扣除各项欠款及利息后的余额不足以缴纳续期保险费的，则自宽限期结束日的次日零时起保险合同效力中止。在保险合同效力中止期间，本公司不承担所约定的保险责任。

3）利息：补缴和垫缴保险费的利息，按“同期中国人民银行两年期居民定期储蓄存款利率 +2%”的年复利计算。如果没有中国人民银行相应存款利率作为参照，本公司将按照国家相关法律法规确定适用利率。

4）减额缴清保险。投保人可在宽限期满前提出申请将保险合同变更为减额缴清保险。变更减额缴清保险后的保险金额不得低于投保人申请变更时本公司规定的最低金额。

减额缴清时，公司将以宽限期开始前一日保险合同所具有的保证现金价值扣除各项欠款及利息后余额作为一次性支付保险费，保险合同的保险金额相应减少。

（7）保险合同贷款。若保险合同有效，已生效满一年且具有保证现金价值，投保人可以书面形式向本公司申请贷款。经本公司同意并由投保人与本公司签订《保单质押贷款合同》及其他文件后，本公司方向投保人贷款。贷款金额最高不超过申请时保证现金价值扣除各项欠款及利息后余额的百分之七十。此外，每次贷款金额不得低于该次申请时本公司规定的最低金额。

贷款利率以本公司发放贷款之日中国人民银行公布的同期同档次人民币贷款基准利率为基础，由本公司在中国人民银行规定的贷款利率浮动范围内制定。如没有中国人民银行相应贷款利率作为参照或因其他变动无法以中国人民银行相应贷款利率作为参照，本公司将按照国家相关法律法规，确定适用的贷款利率。

保单贷款的利息计算公式为：

应计利息＝本金 × 贷款利率 × 贷款经过实际天数 ÷365

当未还贷款本息加上其他各项欠款及利息达到保险合同现金价值时，保险合同效力中止。

投保人与本公司未能就《保单质押贷款合同》协商一致并签署《保单质押贷款合同》的，本公司不向投保人发放贷款。

（8）费率表（见表 18-1）。

表 18-1 泰康双重关爱重大疾病保险每千元保额费率表

年龄	趸交（男 / 女）		10 年（男 / 女）		20 年（男 / 女）	
20	485	443	54	49	38	34
30	590	541	66	60	37	34
40	714	653	81	74	58	53

（9）案例说明。

案例 18-1

王先生 30 岁，工薪族，年收入 6 万元，家庭主要经济支柱。王先生希望通过保险为其提供重大疾病及人生风险保障。

【案例评析】

（1）设计思路

王先生是家庭主要经济支柱，购买保险的主要目的是拥有重疾及人生风险保障。因此推荐用《泰康双重关爱重大疾病保险》+《世纪泰康个人住院医疗保险》的产品组合来满足客户的保障需求，若客户从事职业的意外风险较高，还可附加上《泰康附加安心无忧意外伤害保险》提高意外身价保障。

本保险计划采用“双重关爱”与“世纪泰康”的搭配方式，是给予客户多方面的健康保障。“双重关爱”提供高额重大疾病保障，“世纪泰康”则提供了一般住院日额津贴、重疾住院日额津贴、手术津贴、器官移植手术费等多方面的保障。整个计划健康保障更为全面细致。

用最经济的方式购买适合的保障额度。王先生是家庭主要经济支柱，其在 65 岁前承担了更多的家庭责任，所以提供了 20 万元的高额重疾保障和身故保障，以备不测；65 岁后王先生步入退休阶段，家庭责任逐步减轻，重疾和身故责任减为原来的一半 10 万元，伴随其终身，一份保费，两份保障。

考虑到客户的年收入水平，以期缴的方式购买，年缴保费为其年收入的 10% 左右，选择长期缴费，目的是拉长缴费期，降低当期缴费的额度，以便减轻客户的缴费压力，分散风险，让客户在经济承受范围内，购买到更高额的保障。

（2）保险计划

险种	泰康双重关爱重大疾病保险	世纪泰康个人住院医疗保险
保险金额	10 万元	一档
保险期间	终身	1 年
缴费期间	20 年	1 年
年缴保费	4 800 元 / 年	275 元 / 年

首年保费合计　　年缴保费 5 075 元，相当于每月缴 422.9 元

（3）保险利益

1）身故保障

一年内非因意外身故退还保费 4 800 元；

一年内，若被保险人因意外身故给付 20 万元；

一年后至 65 岁前身故给付 20 万元；

65 岁后身故给付 10 万元。

2）重大疾病保障

一年内初次罹患重大疾病退还保费 4 800 元；

65 岁前王先生拥有 20 万元的重大疾病保障；

65 岁后拥有 10 万元的重大疾病保障，直至终身。

3）住院津贴

50 或 150 元 / 日

4）手术医疗津贴

最高 10.6 万元（含器官移植手术费）

2. 费用医疗保险

（1）费用医疗保险简介。费用医疗保险又称为医疗保险，通常是补偿被保险人因疾病发生意外伤害需要治疗时支出的医疗费用。这些医疗费用包括医疗费、手术费、药费、门诊费、护理费、各项检查费、住院费及医院杂费。常见的医疗保险有普通医疗保险、住院医疗保险、手术医疗保险、综合医疗保险和高额医疗保险。

（2）费用医疗保险产品示例。中国人寿长久呵护住院定额给付医疗保险的相关分析如下。

1）产品特色。

高额补助：可享受高额住院定额给付，减轻家庭负担。

保障全面：最高 100 日的定额给付，让您的保障更加全面。

贴心呵护：多达 618 种住院参考病种，全力呵护您的健康。

长久关爱：最长可续保至 70 周岁。

2）投保范围。出生 28 日以上、65 周岁以下，身体健康者均可作为被保险人。由具有完全民事行为能力的本人或对其具有保险利益的其他人作为投保人，向本公司投保本保险。

3）保险期间。合同的保险期间为一年。经本公司同意，按照合同约定的方式最长可续

保至被保险人年满 70 周岁后的第一个年生效对应日。

4）交费方式。保险费由投保人在投保或续保时一次交清，也可以按合同约定的分期交付方式交付。

5）保险责任。在合同保险期间内，被保险人因意外伤害或在合同生效 90 日后（按合同约定续保的，不受 90 日的限制）因疾病在二级以上（含二级）医院或本公司认可的其他医疗机构住院治疗的，本公司按生活津贴给付日数乘以日生活津贴标准计算给付保险金。

在每一保单年度内本公司累计给付的保险金以合同的保险金额为限。当被保险人住院治疗跨两个保单年度时，本公司给付的保险金以被保险人开始住院日所在保单年度合同的保险金额为限。

6）责任免除。因下列原因导致被保险人住院治疗的，本公司不承担给付保险金的责任。

① 投保人对被保险人的故意杀害、故意伤害；

② 被保险人故意犯罪或抗拒依法采取的刑事强制措施；

③ 被保险人自杀或故意自伤，但被保险人自杀或故意自伤时为无民事行为能力人的除外；

④ 被保险人斗殴、醉酒、服用、吸食或注射毒品；

⑤ 被保险人未遵医嘱、私自服用、涂用或注射药物；

⑥ 被保险人酒后驾驶、无合法有效驾驶证驾驶或驾驶无有效行驶证的机动车；

⑦ 被保险人参加潜水、跳伞、攀岩、探险、武术比赛、摔跤比赛、特技表演、赛马、赛车等高风险运动；

⑧ 被保险人怀孕、流产、分娩、堕胎、避孕或绝育手术；

⑨ 被保险人的一般牙齿治疗、镶补、安装假齿、假眼、假肢及其他附属品，或实施整容、整形手术；

⑩ 被保险人的修养、疗养、身体检查或健康护理等非治疗性行为；

⑪ 被保险人对合同生效前已遭受的意外伤害，已患未治愈疾病或已有残疾的治疗；

⑫ 被保险人所患先天性疾病或遗传性疾病；

⑬ 因医疗事故导致被保险人的住院治疗；

⑭ 战争、军事冲突、暴乱或武装叛乱；

⑮ 核爆炸、核辐射或核污染。

7）费率表。保险金额：1 000 元（即日生活津贴 10 元）（见表 18-2）。

表 18-2 中国人寿长久呵护住院定额给付医疗保险费率表

年龄	年交保险费（元）	年龄	年交保险费（元）
0～5 岁	58	51～55 岁	77
6～15 岁	32	56～60 岁	96
16～30 岁	29	61～65 岁	107
31～40 岁	39	66～70 岁	142
41～50 岁	58		

注：1. 66～70 周岁的费率仅适用于续保。

2. 合同的保险金额最低为 2 000 元，低于 2 000 元的，须报总公司备案。

3. 省、自治区、直辖市分公司，计划单列市分公司可以根据当地实际情况，在基准费率的 30% 范围内进行浮动，以确定当地执行的费率标准。

（3）案例说明。

案例 18-2

李女士，33 岁，职员，月均收入 8 000 元。其一家年收入 10 万元，有房有贷款。家庭的侧重需求是重大疾病保险、意外险、医疗保险、人寿保险。下面设计的是中国人寿长久呵护住院定额给付医疗保险计划（见表 18-3 和表 18-4）。

表 18-3　中国人寿长久呵护住院定额给付医疗保险计划一

被保险人：李女士　　年龄：33 岁　　性别：女

险种名称	交费方式	保险期间	份数	每份金额	每份保额	保额	首期保费
国寿康宁终身重大疾病保险	20 年	至终身	40 份	84	1 000	120 000	3 360
国寿康宁定期重大疾病保险	20 年	至 70 岁	8 份	238	10 000	80 000	1 904
国寿长久呵护住院定额给付医疗保险	每年	1 年	40 份	34	1 000	40 000	1 360
国寿长久呵护意外伤害费用补偿医疗保险	每年	1 年	10 份	4.2	1 000	10 000	42
国寿祥福定期寿险	20 年	至 60 岁	25 份	50	10 000	250 000	1 250
国寿附加长久呵护意外伤害保险	每年	1 年	500 份	1.4	1 000	500 000	700
总计						1 000 000	8 798

表 18-4　中国人寿长久呵护住院定额给付医疗保险计划一

被保险人：唐先生　　年龄：37 岁　　性别：男

险种名称	交费方式	保险期间	份数	每份金额	每份保额	保额	首期保费
国寿康宁终身重大疾病保险	20 年	至终身	30 份	104	1 000	90 000	3 120
国寿康宁定期重大疾病保险	20 年	至 70 岁	6 份	357	10 000	60 000	2 142
国寿长久呵护住院费用补偿医疗保险	每年	1 年	5 份	34	1 000	5 000	175
国寿长久呵护意外伤害费用补偿医疗保险	每年	1 年	10 份	6	1 000	10 000	60
国寿祥福定期寿险	20 年	至 60 岁	15 份	50	10 000	150 000	750
国寿附加长久呵护意外伤害保险	每年	1 年	300 份	1.4	1 000	300 000	420
总计						615 000	6 667

【案例评析】

（1）险种组合原则。根据您家庭的具体情况，分析和评估后，家庭组合保险方案的原则为：住院医疗 + 健康 + 意外伤害 + 寿险相组合，并按一定的科学比例进行保费和保额的合理配比。

（2）保费和保额的配比分析。根据您家庭的情况，此方案的保费支出为年收入的 10% ～ 15% 左右，整个家庭的保费支出总额为：15 465 元，占家庭收入的 10.31%，属于可以负担范围之内；一般来说，家庭风险保额应该是年收入的 10 倍以上（风险保额是指以生命为标的保险产品，如意外保险、终身寿险、定期寿险等或者保险责任为身故或全残），该家庭的风险保额为：1 645 000 元，在 1 500 000 元以上，因此也在科学合理的范围之内；同时，由于李女士的年收入占家庭收入的近 70% 左右，所得到的保障也较多，因为其如果发生风险，对家庭的财务影响是最严重的；按常理来说，家庭中的每个人保障额度，应该按每个人在家庭总收入当中所贡献的比例来分配保费的开支，之所以李女士的保费只是占据了57%左右，其原因为：唐先生的年纪已经过了35周岁的最佳投保时期，因此在满足他的保障额度的同时，相应的在保费上花销会相对而言多出本应的预算。

（3）重疾险配比原则。

① 有社保。在社保当地的最高限额之外增加20万～40万元重疾，李女士由于单位有社保，加上购买了两全保险附加重大疾病保险15万元，因此，在增加重大疾病保险为20万元，其中，终身重疾为12万元，定期重疾为8万元；由于年龄超过30岁，因此将终身重大疾病保险与定期重大疾病保险结合起来购买，以增加保额，终身要比定期的比例要高。

② 无社保。由于唐先生在当地没有入社会保险，应该控制在30～50万元重疾，同样将终身重大疾病和定期的重疾险结合起来购买，终身的重疾险比例应高些，但由于唐文辉男士年龄超过30周岁，上面提及过，超过了最佳投保期限的最后期限，加上在家庭收入中的比例不高，所以，重疾类保险还是略显欠缺。

③ 分类保险保额配置原则。意外保险、寿险、健康险为风险性保险，合理配置情况下，基于2:1:1。

第一，意外险。

意外险保额占总保额的50%左右，这样的安排是基于保费低、保额高，起到以小博大的作用。在特殊情况下如经常出差人士、高风险职业者可将这个比例调高。

第二，寿险。

由于家庭有房贷支出，所以寿险的选择尤为重要。当家庭仍有负债，那么就应该适当提高定期寿险的比例，最好的比例为能够满足家庭支付债务需求。

第三，健康险。

保额占总保额的25%左右，这里包括重大疾病保险、医疗保险（含津贴型保险），由于医疗费用的不断上涨，所以这类保险要求定期检视保额，及时补充增加。当被保险人因病而长期无法工作时，这笔保险金即可以帮助被保险人尽到各项“人生责任”的义务，亦能够让被保险人拥有选择日后是否仍要工作的权利，过着有尊严的生活。

第四，附加险。

由于李女士在单位拥有职工社保，加上在家庭总收入中所占比例超过达到了70%左右，发生住院风险后，或极大地影响家庭的正常收入和开支。因此，建议附加住院和意外医疗保险以定额给付为主，日津贴等同于或者大于日工资。而唐先生目前没有参与社会保险范围之内，以住院补偿性保险为主。

残疾收入补偿保险

残疾收入补偿保险，又称丧失工作能力收入保险、收入损失保险、收入保险等，是对被保险人因疾病或遭受意外事故而导致残疾、丧失部分或全部工作能力而不能获得正常收入或使劳动收入减少造成损失的补偿保险。它并不承保被保险人因疾病或意外伤害所发生的医疗费用。

1. 全残的界定

每一份残疾收入补偿保险单都要明确给出全残的定义，并规定相应的全残保险金。被保险人只有符合全残定义时，才能领取保险金。传统残疾收入补偿保险对全残所下的定义属于绝对全残，即要求被保险人由于意外事故或疾病而丧失劳动能力，不能从事任何职业。但这一要求过于严格，它使得大多数被保险人不能领取残疾收入保险金。目前，国外大多数保险公司已经放宽了全残的限制条件。有关全残的定义，大致有如下几种。

（1）原职业全残。原职业全残是指被保险人丧失从事其原先工作的能力。依据此定义，只要被保险人因残疾不能从事其原职业，就可以领取约定的残疾收入保险金，而不论其是否从事其他有收入的职业。原职业全残定义是最广义的全残定义。

（2）现时通用的全残定义。美国大多数残疾收入保险单规定，如果在致残初期，被保险人不能完成其惯常职业的基本工作，则可认定为全残，领取全残收入保险金。致残以后的约定时期内（通常为 2 到 5 年），若被保险人仍不能从事任何与其所受教育、训练或经验相当的职业时，还可认定为全残，领取相应保险金。也就是说，致残后但从事有收入职业的被保险人就不能认为是全残。因此，如果被保险人自愿重返任何一种有收入的职业，他就不能领取相应的保险金了。

（3）收入损失全残。20 世纪 70 年代末，美国和加拿大产生了一种特殊的残疾收入补偿保险即收入保障保险，并受到了高收入阶层的欢迎。它将全残定义为被保险人因病或遭受意外伤害致残而收入损失的情况。具体又分为两种情况：一是被保险人因全残而丧失从事工作能力，并且无法从事任何可获取收益的（或合适的）职业；二是被保险人因尚能工作，但因残疾导致收入减少。也就是说，被保险人在因全残而丧失工作能力，或者即使尚能工作但因伤残致使收入减少时，均可从保险人处获得保险金的赔付。

（4）推定全残。残疾收入补偿保险单针对某些特殊情况还做出了推定全残定义。在实践中，推定全残有两种不同的定义：一是指被保险人患病或遭受意外伤害后，在短期内还无法确定其是否会残疾，为此，保险人在保险条款中规定了定残期限，即被保险人如果在定残期限届满时仍无明显好转的征兆时，将自动被推定为全残；第二种情况是被保险人发生了保单所规定的伤残情况时，将被自动作为全残，如完全永久失明、任意两肢失去活动能力、语言或听力丧失等。发生推定全残后，保险人将一次性给付全额保险金，即使该被保险人以后痊愈且恢复了原职业也不例外。

（5）列举式的全残定义。有的保险公司在残疾收入补偿保险单中列举了被保险人可被认定为“全残”的情况，并规定全残的鉴定应在治疗结束后由保险人指定或认可的医疗机构做出。但如果被保险人在治疗 180 日后仍未结束，则按照 180 日的身体状况进行鉴定。显然，在上述这些有关全残的定义中，根据第一种定义（即原职业全残）可以提供最广泛的保障范围，但是根据这一定义进行的保险给保险人带来的损失可能也最大，因此目前保险公司多采用第二种定义。根据这种定义，如果被保险人无法从事其原先的职业，除非被保险人从事另一种职业，否则保险人都将负责给付保险金。

一般而言，导致残疾的原因有：①先天性疾病，如先天性聋哑、先天性畸形等；②患疾病后留下的后遗症，如中风后的瘫痪、乙型脑炎后的痴呆症等；③因遭受意外伤害致残，如肢体残缺、双目失明等。其中，先天性疾病导致的残疾不属于残疾收入补偿保险的保障范围。

2. 残疾收入补偿保险产品示例

中宏附加安心失能补偿计划的相关介绍如下。

（1）产品介绍。癌症收入补偿：在保险期间内，被保险人若患癌症，被保险人可获得月度利益给付金额，直至利益给付期间结束为止；若在利益给付期间内身故，由受益人继续按月领取，直至利益给付期间结束；

意外残疾收入补偿：在保险期间内，被保险人若意外残疾，被保险人可获得月度利益给付金额，直至利益给付期间结束为止；若在利益给付期间内身故，由受益人继续按月领取，直至利益给付期间结束；

身故收入补偿：在保险期间内，被保险人若身故，受益人可获得月度利益给付金额，直至利益给付期间结束为止；

满期健康恭贺金：生存至保障期满且未发生上述理赔，将获得健康恭贺金；金额等于300% 月度利益给付金额；

注：① 以上利益不可同时兼得；② 若在利益给付期间内，受益人也身故，则由其指定的受益人一次性领取剩余未领取的月度利益给付金额的现值之和（贴现利率根据届时本公司公布的贷款利率确定）。

（2）投保规则。保险期间 = 缴费期间，可选择 10 年 /15 年 /20 年。缴费期内保证续保，均衡费率，最高续保至 65 岁。

利益给付期间可选择：5 年或 10 年。

投保年龄：18 ～ 50 周岁。

月度利益给付金额：最小 1 000 元，最大 20 000 元。

【实训任务 18-1】思考题

（1）2013 年 6 月 7 日，中国保监会印发了《关于人身保险伤残程度与保险金给付比例有关事项的通知》，将于 2014 年 1 月 1 日起采用上述新表的比例给付伤残保险金，同时废止《关于继续使用 < 人身保险残疾程度与保险金给付比例表 > 的通知》（保监发〔1999〕237 号）。试比较新、老《人身保险残疾程度与保险金给付比例表》的区别，新表在哪些方面更为科学？在哪些方面更有利于保险消费者？（1999 年《人身保险残疾程度与保险金给付比例表》见表 18-5）

表 18-5 人身保险残疾程度与保险金给付比例表

（保监发 [1999]237 号）

等级	项目	残疾程度	给付比例
第一级	一	双目永久完全失明的[1]	100%
	二	两上肢腕关节以上或两下肢踝关节以上缺失的	
	三	一上肢腕关节以上及一下肢踝关节以上缺失的	
	四	一目永久完全失明及一上肢腕关节以上缺失的	
	五	一目永久完全失明及一下肢踝关节以上缺失的	
	六	四肢关节机能永久完全丧失的[2]	
	七	咀嚼、吞咽机能永久完全丧失的[3]	
	八	中枢神经系统机能或胸、腹部脏器机能极度障碍，终身不能从事任何工作，为维持生命必要的日常生活活动，全需他人扶助的[4]	
第二级	九	两上肢、或两下肢、或一上肢及一下肢，各有三大关节中的两个关节以上机能永久完全丧失的[5]	75%
	十	十手指缺失的[6]	
第三级	十一	一上肢腕关节以上缺失或一上肢的三大关节全部机能永久完全丧失的	50%
	十二	一下肢踝关节以上缺失或一下肢的三大关节全部机能永久完全丧失的	
	十三	双耳听觉机能永久完全丧失的[7]	

（续）

等级	项目	残疾程度	给付比例
第三级	十四	十手指机能永久完全丧失的[8]	50%
	十五	十足趾缺失的[9]	
第四级	十六	一目永久完全失明的	30%
	十七	一上肢三大关节中，有二关节之机能永久完全丧失的	
	十八	一下肢三大关节中，有二关节之机能永久完全丧失的	
	十九	一手含拇指及食指，有四手指以上缺失的	
	二十	一下肢永久缩短 5 公分 以上的	
	二十一	语言机能永久完全丧失的[10]	
	二十二	十足趾机能永久完全丧失的	
第五级	二十三	一上肢三大关节中，有一关节之机能永久完全丧失的	20%
	二十四	一下肢三大关节中，有一关节之机能永久完全丧失的	
	二十五	两手拇指缺失的	
	二十六	一足五趾缺失的	
	二十七	两眼眼睑显著缺失的[11]	
	二十八	一耳听觉机能永久全丧失的	
	二十九	鼻部缺损且嗅觉机能遗存显著障碍的[12]	
第六级	三十	一手拇指及食指缺失，或含拇指或食指有三个或三个以上手指缺失的	15%
	三十一	一手含拇指或食指有三个或三个以上手指机能永久完全丧失的	
	三十二	一足五趾机能永久完全丧失的	
第七级	三十三	一手拇指或食指缺失，或中指、无名指和小指中有两个或两个以上手指缺失的	10%
	三十四	一手拇指及食指机能永久完全丧失的	

注：1. 失明包括眼球缺失或摘除，或不能辨别明暗，或仅能辨别眼前手动者，最佳矫正视力低于国际标准视力表 0.02，或视野半径小于 5 度，并由有资格的眼科医师出具医疗诊断证明。

2. 关节机能的丧失系指关节永久完全僵硬，或麻痹，或关节不能随意识活动。

3. 咀嚼、吞咽机能的丧失系指由于牙齿以外的原因引起器质障碍或机能障碍，以致不能作咀嚼、吞咽运动，除流质食物外不能摄取或吞咽的状态。

4. 为维持生命必要之日常生活活动，全需他人扶助系指食物摄取、大小便始末、穿脱衣服、起居、步行、入浴等，皆不能自己为之，需要他人帮助。

5. 上肢三大关节系指肩关节、肘关节和腕关节；下肢三大关节系指髋关节、膝关节和踝关节。

6. 手指缺失系指近位指节间关节（拇指则为指节间关节）以上完全切断。

7. 听觉机能的丧失系指语言频率平均听力损失大于 90 分贝，语言频率为 500、1 000、2 000 赫兹。

8. 手指机能的丧失系指远位指节间关节切断，或自近位指节间关节僵硬或关节不能随意识活动。

9. 足趾缺失系指自趾关节以上完全切断。

10. 语言机能的丧失系指构成语言的口唇音、齿舌音、口盖音和喉头音的四种语言机能中，有三种以上不能构声，或声带全部切除，或因大脑语言中枢受伤害而患失语症，并须有资格的五官科（耳、鼻、喉）医师出具医疗诊断证明，但不包括任何心理障碍引致的失语。

11. 两眼眼睑显著缺损系指闭眼时眼睑不能完全覆盖角膜。

12. 鼻部缺损且嗅觉机能遗存显著障碍系指鼻软骨全部或 1/2 缺损及两侧鼻孔闭塞，鼻呼吸困难，不能矫治或两侧嗅觉丧失。

上述所谓永久完全系指自事故发生之日起经过180天后，机能仍然完全丧失，但眼球摘除等明显无法复原之情况，不在此限。

表 18-6 三度烧烫伤与给付比例表

身体部位	项目	烧烫伤程度（按三度烧烫伤面积占全身皮肤面积百分比）	给付比例
头、颈和上肢	一	不少于8%	100%
	二	不少于5%但少于8%	75%
	三	不少于2%但少于5%	50%
除头、颈和上肢外的身体其他部位	四	不少于20%	100%
	五	不少于15%但少于20%	75%
	六	不少于10%但少于15%	50%

注：三度烧烫伤指伤及皮肤全层或皮下组织，甚至更深。

（2）请查找相关资料，列举一些具有保证续保功能的健康保险产品？

第五篇

保险综合业务实训

本篇实训内容是除以上三篇外，其他保险业务内容的综合，主要是涉及保险公司经营管理能力、风险管理与理财能力的实训。保险管理能力实训包括对保险公司经营环境分析，保险公司经营环境分析主要是搜集保险企业经营环境的现状，包括公司的自然环境、人口环境、经济环境、政策环境、市场环境、文化环境和社会环境。除了外部环境，还有劳动者、经营技术、资金、信息等内部环境。通过对保险公司经营环境的分析，为保险公司开展业务提供必要的资料。保险公司财务报表分析主要是通过对保险公司财务状况和经营成果的分析，可以反映保险公司经营过程的全貌，为保险公司的经营决策提供重要的财务信息；风险管理案例分析主要是利用风险管理的专业理论知识进行对根据企业的具体情况进行分析，以掌握基本的风险管理办法，具备初步的风险管理能力；保险理财规划通过对企业或个人的理财方案的设计，全面掌握保险理财的技能，让学生学会撰写理财建议书。保险综合业务实训具体包括：风险管理案例实训、保险公司经营环境分析实训、保险礼仪实训、保险统计分析业务实训、保险理财规划实训。

第十九章

实验一　风险管理案例实训

第一节　实验目的和内容

一、实训目的

本实训项目主要涉及风险管理方面的训练。通过本实训环节，使学生掌握企业财产保险风险评估的基本知识、基本原理，初步具备独立从事企业财产保险风险评估的能力。

二、实训内容

财产保险主要险种承保风险评估规范介绍。

三、实验资料和实验步骤

（一）实验资料准备

（1）场地准备：配备电脑的保险实训实验室、学院及周边环境。

（2）教学资料准备：多媒体课件、各保险公司资料及网站，准备财产保险主要险种承保风险评估规范、企业财产保险风险评估案例、企业财产保险风险问询表、财产保险风险评估平面图的绘制（课件）等。

（二）实验步骤

（1）教师课堂讲授。

（2）学生依次进行风险问询、风险评估，风险评估案例分析，然后撰写评估报告。

第二节　风险管理案例操作实训

【实训内容 19-1】我国财产保险风险评估实务规程

企业财产保险基本险、综合险风险评估

承保前，展业人员（外勤人员）须向投保人履行如实告知义务，告知拟承保财产保险的保障范围，尤其应明确说明免责条款（包括责任免除、免赔额（率）条款）；同时，应向投保人说明其应履行告知义务的相关事宜，并指导投保人填写“风险情况问询表”。

在做好上述工作的基础上，外勤人员就可根据投保人填写的“风险情况问询表”对投保标的进行风险调查与评估了。

风险调查与评估的主要内容

（1）核实投保财产风险状况是否与“财产保险风险问询表”所列一致；

（2）按消防部门的规定标准检查投保财产在设计、建筑装修用料方面是否符合防火要求，是否配备足够的消防器材及其保养措施，是否订立安全防范制度，是否配备专兼职消防施救人员；

（3）核查投保财产是否存在爆炸隐患，相关的预防设备是否已由安全部门检验合格；

（4）是否属雷击多发区，预防雷电设备是否符合标准或要求；

（5）供电、供水、供气系统是否处于正常运行状态，通过检查以往的生产记录，了解是否经常出现上述的“三停”事故，并分析其原因及造成的损失情况；

（6）核查被保险人以往的损失情况，包括出险时间、次数、损失金额及处理结果，是否已恢复正常的生产经营活动；

（7）划分危险单位。划分危险单位是指将发生灾害事故时相互波及不到的财产分为若干的单元体，以分析最大可能损失。要根据投保财产建筑等级、地势高低、间隔距离及其建筑物之间的防火隔离设备等划分危险单位；

（8）分析最大可能损失。根据分析存在的最大风险及划分的危险单位，尽可能合理地分析出全部投保财产的最大损失率，以损失率乘以投保金额，估算出最大可能损失；

（9）了解被保险人的道德风险情况。例如财务真实性、资信等情况；

（10）向被保险人提出合理化的防灾建议；

（11）从以上几个方面进行风险评估之后，要填具风险评估报告。保险金额在人民币10亿元以上（含10亿元），美元1.5亿元以上（含1.5亿元）的项目必须要有风险评估报告。根据风险调查情况填写“财产保险风险评估报告”。

“财产保险风险评估报告”各栏的填制要求

（1）承保险种：基本险或综合险及附加险代码；

（2）投保人：填写投保人称谓全称，应与公章的名称一致；

（3）被保险人：填写受基本险、综合险合同保障的投保人的称谓全称，基本险、综合险的被保险人一般与投保人一致；

（4）标的坐落地址：投保标的坐落的详细地址；

（5）查验标的情况：内容包括投保标的所处的位置与环境、存在的风险、以往的损失情况、防灾安全措施、划分危险单位及可能出现的最大损失等；

（6）防灾整改意见：根据投保标的存在的风险，提出合理化的防灾防损建议；

（7）验险人意见：验险人签署标的是否可承保和提供承保条件的意见；

（8）特别约定内容：提出在保险单上应特别约定的内容；

（9）房屋及周围情况平面图：要清晰、准确地标明投保标的分布状况及周围的环境。

机器损坏保险风险评估

对机器设备的评估

1. 新设备应审核以下资料

（1）供货合同中合同责任的了解，尤其是合同双方风险安排和责任划分的规定。供货合同中，合同双方对一些人为原因、不可抗力、质量原因造成的设备的损失应有明确的规定，对供货人保证期的长短也有约定。掌握该资料，可在由于设备质量、设计、原材料等原因造成损失时，说服并协助被保险人按供货合同的规定首先向供货人索赔。

（2）设备合格证书。如是国产设备需具备国家质量监督部门或主管行业颁发的合格证书，如是进口设备需具备国际上认可的评估机构颁发的证书和进出口商品检验证书。同时要注意进口设备规格与我国的电、气、水及其他设备的匹配情况。

（3）安装试车验收证书。大型设备（特别是采用最新技术、未经大范围使用、设备稳定性未经证实的原型机）试车期间是检验设备自身质量及安装质量的一个重要过程，安装试车验收证书是设备通过试车的证明文件。通常来讲，签发验收合格证书之前仍属于安装期间，此时发生的损失应在工程保险单项下索赔；签发验收合格证书以后属营运期，此时应购买财产保险及机器损坏保险等营运期保险险种。

（4）安装期间的安装工程一切险保险合同，有无保证期责任保险。设备在保证期内发生的损失，供货商或安装承保商都会根据与业主签订的合同上规定的责任划分约定，承担各自应负责的损失。从安装工程一切险保险合同中，可以确定工程险保单和财产险保单项下保险责任的划分与衔接。

（5）了解同类设备的风险特点及损失记录。从行业主管、科研、设计、商检、公估等部门及使用同类设备的其他企业了解设备的风险特点及重大损失记录。

2. 旧设备应审核以下资料

（1）设备的制造年代、设计使用寿命和已使用年限。机器设备的新旧程度是机器设备最重要的风险因素。掌握设备的设计和使用年限，是承保旧设备的基本要求，对接近或超过设计使用年限的设备一般不予承保机器损坏保险。

（2）以往的损失记录。了解所保设备的出险频率、易发生事故的部件、采用何种方式修理、当地修理能力等。除对所保设备的损失记录进行分析以外，了解本地区内同类设备或相似设备的运行和损失情况也有很大的参考价值。

（3）最近几年的设备保养、日常维修和改造、大修情况。机器设备应按照设计要求定期进行维修，应了解设备的日常维护情况、大修周期。旧设备大修后，其质量及价值都可能有大幅度的提高。对技术改造项目需注意改造部分是否经过技术论证，是否进行过充分的试车运行。

（4）设备的备品备件情况。零部件的市场供应情况，设备关键部件、易损件的库存情况。旧设备因配件缺乏而较多使用替代品，从而使设备的可靠性下降。

对人员素质、管理制度的评估

人员素质、管理制度也是机器损坏保险的重要风险因素，是设备运行的软环境，承保前应有充分的了解。

（1）企业管理人员的构成、技术背景和管理经验。企业管理人员的技术背景、经验、管理水平等对一个企业的风险管理水平具有决定性的影响。具备现代管理意识的管理层，必将具备高度的风险管理意识。

（2）操作人员的培训情况、是否取得相应的资格证。操作培训是工人、技术人员上岗前必备阶段，也是被保险人的义务。符合国家、行业规定的合格的工人、技术人员是确保机器设备安全运转的基本要求。

（3）管理制度及执行情况。企业风险管理的制度化是安全生产的可靠保证，是现代企业管理的最主要特征。管理制度包括责任风险控制制度（运行人员岗位责任制、运行交接班制度和运行管理制度）、设备状态监测制度、灾害应急制度等。制度的执行情况也是必须加以重视的环节。

水、电、气等公共设施情况

稳定的水、电、气供应可以确保设备的正常运行，突然停水、停电、停气往往会对设备造成损害。企业的后备能源（应急发电机、自备电厂等）可以在公共的水、电、气供应中断时发挥作用，减小这一风险。

水、电、气的正常供应是机器设备安全运行的基本要求，也是被保险人的义务，保证易损或精密部件不会因突然断电而被损毁（对绝对不能断电的设备，如水泥厂的旋窑、炼钢的钢包等，厂方应有其他供电方案，如自备电源等）。

风险单位划分和最大可能损失（PML/EML）值的测算

最大可能损失（PML/EML），指一个风险单位在通常情况下因一次事故而可能导致的最大可能损失金额的估计值。根据机器损坏保险风险的特点，通常以相对独立的一台机器 / 机组或布局位置接近，发生事故时互相影响的一组设备或一条生产线为一个风险单位，给每一风险单位分别计算出最大可能损失，或以所有机器设备中价值最昂贵的一台机器 / 机组价值作为该企业的最大可能损失值。

撰写风险评估报告

（1）风险评估报告是保险人对拟承保风险的全面评价，是决定是否承保、以何种保险方案承保的基础，也是超权限报批和对外分保时最重要的风险描述。

（2）对大中型项目，一般要求拟定在科学的风险调查的基础上做出的，能反映设备的主要风险的风险评估报告。机器损坏险的风险评估报告可参照上述风险评估的主要内容对风险进行分析和描述。

（3）撰写风险评估报告时，应特别注意在定性的基础上对风险进行量化分析，从而为拟定承保条件打下基础。风险单位的划分和最大可能损失的确定是对风险进行量化分析的重要体现。

（4）对一些涉及较高技术含量企业的风险分析，可聘请有关专家进行，以确保风险评估报告的科学性和准确性，同时通过参与此类项目的风险分析活动，可以提高公司的承保技术。

设计保险建议书 / 承保方案

保险建议书是争取客户的一个十分重要的方面，保险建议书即是保险公司对保险客户提供的风险管理方案。在充分的风险分析之后，针对客户的风险特点拟定的保险建议书能反映保险公司的承保技术并赢得客户。

保险建议书主要包括以下内容：

（1）公司简介：主要应包括公司的资质、承保能力等；

（2）承保经验：以往已承保的重大项目和类似投保项目的情况；

（3）投保企业机器设备的风险情况，可以采取的风险控制和风险转嫁方法；

（4）保险方案，包括建议投保的险种及险种简介、免赔额、保险费预算等；保险方案中应着重说明：机器损坏险的性质与财产险有所不同，它主要承保各类安装完毕已转入运行的机器设备人为的、意外的或物理性原因造成机器设备的损失，对财产险的保障范围基本上除外，又是相互补充的；机器设备只有同时投保了这两个险种后，才算保了一切险。为求得完备的保险保障，对同一机器应同时投保这两种保险；

（5）防灾防损、理赔服务计划。对投保人而言，理赔服务是最重要的服务，也是保险服务的核心价值所在。理赔服务计划应包含索赔程序，服务承诺等内容，要求明晰易懂、详尽完善；

（6）我方承保项目工作小组的人员职务、经验、学术背景及联系方式等。

上报承保方案时，应将项目 / 厂区平面图、风险单位划分和最大可能损失的测定、机器损坏保险风险状况调查表等资料同时上报。

【实训任务 19-1】思考题

（1）简述企业财产保险风险评估的基本流程及要点。

（2）试用风险管理原理分析上述企业财产保险风险评估基本流程及要点的合理性。

（3）试分析上述企业财产保险风险评估规范中的不足之处及改进措施。

【实训内容 19-2】企业财产保险风险评估案例分析

案例 19-1 湖南 A 电厂风险评估报告

一、企业概况

（一）企业名称：湖南电力有限公司 A 电厂（2×30 万千瓦燃煤电厂）

（二）企业所在地情况：该电厂位于 Z 市境内的 B 镇南部，厂区北面与京广铁路支线 Z 铁路的 B 车站联为一体，南面紧靠 L 水，东面至东江公路大桥为何家村、肖家村等农业居民区及旱土、菜地，西面与构件厂、冶炼厂隔铁路相邻。距 C 市约 30 公里，连接 Z 市和 C 市的有 CZG 高等级公路，交通非常方便，并且被湖南和 C 市体改委确定为经济开发区。

（三）企业简介：湖南电力有限公司 A 电厂系原湖南 B 电厂经过四期扩建而成，有 2×30 万千瓦的机组，并配套建成设与华南电网相连的 220KV 开关站。2000 年 10 月第一台机组发电，2003 年 1 月整个扩建工程完工并交付使用，2003 年 10 月开始商业运营。

该企业属政府出资的国家级大中型企业，在保险市场上购买企业财产综合保险并附加机器设备损坏险。对不可投保的不可抗力风险，如政策变化或政府行为因素造成的风险，由政府承担，非政策变化或政府行为造成的不可保险的不可抗力风险由该企业和政府共同承担。

（四）厂区平面图：略。

（五）资产情况：固定资产原值 ×× 亿元，其中，机器设备 ×× 亿元，建成筑物 ×× 亿元，土地 ×× 亿元，交通工具 ×× 万元。

主要机器设备：

（1）发电机：×× 亿元

（2）汽轮机和相关设备：×× 亿元

（3）锅炉和辅助设备：×× 亿元

（4）电气设备：×× 亿元

（5）电厂辅助系统：×× 万元

（6）控制设备：×× 万元

总值：×× 亿元

（六）厂区及附近的自然条件情况

1. 地形地貌

厂区位于L水北岸宽阔平坦的堆积平地，厂区共占地约48万平方米，其中，东部为生活区，占地约12万平方米；中部、西部为生产区，占地约36万平方米。场地经多次建设期平整，地势平坦，由生活区至厂区呈西高东低之势，标高为133.0～136.3米（1956年黄海高程，下同），除了铁路作业站标高高出厂房约1米外，其他场地内的高程一般为133.50～135.50米。

2. 区域地质及场地稳定条件概况

厂区位于大岭东西向复杂构造带的北缘，在大地构造上为华南褶皱带的X东燕山喜山块断带中，属于X东南新华夏构造系，是骑田岭—C县—D县新华夏构造带的组成部分。主要的构造线走向为北东向，构造类型表现为区域性褶皱或断裂的组合。区域内主要断裂为三都断裂，该断裂控制了白垩系红层盆地的东部边界，延伸达70公里左右，主干断裂分布在厂区西北方向1公里以外。第四系以来，特别是晚更新世以来没有发现该断裂有明显的活动迹象，属非全新活动断裂，对厂区的构造稳定条件无影响。

根据《中国地震烈度区划图》（1990）的划分，本区地震基本烈度为小于Ⅵ度区。由于本区新构造运动的特点和基岩岩溶发育程度、溶蚀差异性及L水侧向摆动等综合因素的影响，造成场地地貌单元较多，超高河漫滩相沉积物加积于Ⅰ级阶地沉积物之上，形成上迭阶地；地层层次较多，岩土性质变化较大。在溶蚀凹地卵石层下多分布有圆砾层和含卵石中砾等软弱下卧层，并且在地基变形计算深度内基岩面起伏较大，形成不均匀地基，难以满足基础对地基变形的要求。因此，为避免产生地基不均匀沉降及其对基础桡曲和内力的影响，主厂房、锅炉、汽机、烟囱及翻车机室基础采用桩基础，桩端嵌入中等风化灰岩中一定深度。桩长一般为13～20米，溶蚀凹槽地段近45米。其他建（构）筑物，在Ⅰ级阶地后缘地上采用第可塑粉质粘土和硬塑粉质粘土作地基主要持力层，同一建（构）筑物在跨越软硬不均地基时考虑不均匀沉降。在超高河漫滩地段，轻型建（构）筑物采用可塑粉质粘土作地基主要持力层，荷载较重的建（构）筑物，采用预制桩，桩端持力层为卵石层。

通过以上分析，我们认为场地为中等复杂场地。

3. 水源

厂区内地下水埋深为1.1～30米，主要受大气降水的补给，另外水库和L水也有一定的调节和补给作用。

L水河从厂址南面1公里外流过，河床窄深而稳定，水量丰富。A电厂用水量为X立方/小时，主要为循环冷却水和工业、生活用水，采用直流供水方式。取排水河段属L水中游，取水口以上流域面积为4 997平方公里，厂区百年一遇洪水位为131.11米，千年一遇洪水位为133.31米，97%枯水位123.96米。

4. 气候

厂区地处低纬度，属亚热带季风气候区域，具有气温高，降水多，日照长，雨热同季，干湿季节分明的气候特征。冬季降水稀少，气候干暖；夏季高温多雨，天气炎热。

气象条件主要采用当地气象站累年气象统计成果。经统计，当地气象站累年平均最高气温22.9℃，平均最低气温14.0℃，多年平均雷暴日数58d/a，最大积雪深度16cm；最大冻土深度5cm，全年主导风向为N风，夏季（6～8月）主导风向为SSW、SW风，冬季（12月～次年2月）主导风向为N、NNW风。

根据C市气象台1971～1994年历年自记10分钟平均最大风速资料，求得该站离地10m高、30年一遇的10分钟平均最大风速为19.1m/s。为安全起见，本阶段厂址基本风压采用0.35kN/m^2。离地10米高、30年一遇的10分钟平均最大风速采用23.7m/s。

5. 以往自然灾害情况

该厂前身湖南B电厂建厂40多年来，从未发生暴风、暴雨、洪水、泥石流、冰雹、霜冻、干旱、地崩、地陷、地震等自然灾害。

6. 周围环境

厂址周围无文物古迹、风景名胜及动植物保护区，厂区南面离L水河的最近点约1.3公里，在西机、北面有铁路，不远处零星分布着几个村庄和低矮的山丘，东面连接着平坦的农田。

二、自然灾害风险评估

（1）地震。从地震区划来看，本区为雪华峰-文南夷地震带，在周围300公里的范围以内，自1449年以来，历史地震记载有70余次，历史上发生过的离该A电厂区区域最近和最大的一次是1640年冬C县东发生的4.75级地震。从地震台网近期观测记录的地震资料来看，有1982年11月6日来文县时氏3.5级地震，1987年10月1日易平县里氏2.8级地震，离厂区比较远且震级也比较低，因此本区属于低烈度低频度的少震区。D水电站是我省一个大型水电工程，距厂区约16公里。自1986年8月关闸蓄水以来，曾发生过几次水库诱发地震，最大的一次为1989年7月24日发生的里氏3.0级地震。根据地震地质背景和对水库具体地质条件的分析，可以认为不可能发生更大的水库诱发地震，对该厂区的区域稳定没有影响。根据《中国地震烈度区划图》(1990)的划分，本区地震烈度为小于Ⅵ度。综上所述，我们认为地震风险极小。

（2）洪水。该厂区设计标高为136.3～133.0米，(1956年黄海高程，下同)，厂区百年一遇洪水位为131.11米，千年一遇洪水位为133.31米，完全符合我国电力系统有关标准。尽管Z市境内近五年发生过两次大的洪涝灾害，但都未构成对该厂区的直接影响，因此我们认为洪水的风险也很小。

三、意外事故风险评估

火灾

（1）危险的分布。通过对该厂的实地查验，我们定出了8个火灾危险单位，其中油库及制氢站存在的风险最大，最大的危险损失单位为主厂房。

（2）消防系统情况。该厂的消防设计，按中国1996年5月以前正式执行的GB50229《火力发电与变电所设计防火规范》要求设计施工。设置了独立的全厂火灾自动报警控制系统，拥有专业消防队伍，水消防车3台，泡沫消防车1台，建成筑物之间距离在5～10米以上，无乱堆杂物现象，道路宽敞，每个重要建筑物20米内至少有3～5个消防栓，各建筑物的楼梯间、出口处都备有相应消防设备。电厂电缆的耐火试验完全符合消防部门提出的试验标准。

（3）风险评估。尽管火灾的危险因素很多，但该厂设置了先进的全厂火灾自动报警控制系统并有一套完整、详尽的消防方案，故引起大火的可能性不大。

四、机器设备运行状况及损失风险评估

1. 机组状况、电气状况

该厂为两台300MW燃煤机组。锅炉采用四角喷燃，烧劣质烟煤，亚临界参数，一次中间再热自然循环汽包锅炉。该锅炉为"∏"型锅炉，固态排渣，平衡通风，半露天布置，轻柴油点火。汽轮机采用单轴、双缸双排气、高中压合缸、低压双流程型汽轮机。发电机采用水氢氢汽轮发电机，型号为QFSN—300—2静态励磁。电气主接线采用一回为500KV线路送入系统。

2. 热力系统及主要辅助设备

该厂所采用的热力系统除厂用蒸汽将两台机组连接互为备用外，其他系统均为单元制：主蒸汽系统、再热蒸汽系统、主给水系统、抽气回热系统、凝结水系统、旁路系统、抽真空系统、厂用蒸汽系统。

3. 燃烧系统及其主要辅助设备

该厂锅炉及辅机选型据3500—4500大卡劣质煤设计。其燃烧制粉系统有较强的适应性，采用中储式钢球磨热风送粉系统。主要辅助设备燃料运输系统有：卸煤系统、储煤系统、筛碎系统、皮带运输系统。

4. 热工控制系统

该厂控制方式采用机、炉、电集中控制方式，以三层计算机网络，MIS（全厂信息管理网）系统、SIS（实时监控网）系统、DCS（分散控制系统）及其他辅控系统，形成一个全厂范围内的多功能、多层次的管理、监视、控制管理网。采用DCS系统后，运行人员在控制室内以操作员站（CRT和键盘）为监视和控制中心，可完成机组的正常工况的监视操作及异常工况的报警和事故处理，从而实现单元机组的机、炉、电集中控制。

该厂所采用的设备均系上海、哈尔滨等地大厂生产，设备先进，技术成熟且监控系统严密，并且设备安装、调试早已结束，机器设备已经过一年多的磨合使用，暴露的一些问题也已妥善解决，加之制度严密，管理到位，员工素质普遍较高，因而发生设备损失的概

率较小。另根据我们多年承保其前身电厂财产险的经验，及其四次扩建工程都在我公司投保了建安工程一切险及附加险的情况来看，均未发生重大事故；虽在调试、试运行期有一些小的赔款，而与所收保险费相比不及其保险费的1/10，况且如今已进入商业运营，因而保险风险的等级为低等级。

五、保险风险总体评估

综上所述，湖南电力有限公司A电厂要求承保的企财综合险附加机器设备损坏险风险面虽然广，但风险分布均匀，本保险的风险等级为中等偏下。

六、承保条件

鉴于该企业属政府出资的国家级大中型电力企业，其输出的电力主供广东市场，从其行业来看属国家大力扶持的行业，从其产品来看，虽然广东已有不少电力企业，但其电力需求远远大于供给，加上该企业产品成本低、竞争力强，资信等级较高，同时本保险的风险等级为中等偏下，因而其财产综合险可在二级工业2.0‰的费率基础上下浮10%，即1.8‰计收保费，附加机器设备损坏险是按全部机器设备投保，因而按6‰计收保费。

七、再保险安排

由于我公司承保的该企业风险较小，而所交保费较高，因而除有必要参加法定分保外，没有必要进行商业分保。

八、其他说明

能承保该企业的财产综合险及其附加机损险，说明我公司做了一些工作，同时也是客户对我们的信任。其实，该企业还有很大的保险潜力和保险需求，如相关责任险、人意险、财产险也可以进一步扩展为一切险。对于此类优质客户我公司需与其加强沟通，注意了解其相关需求及动向，增加保险的附加值，把各项服务做到最优，这样才能在稳住原有业务的基础上有所发展。

另，需对该企业主管部门及其中层以上骨干进行家庭及爱好调查并录入到我司的相关客户信息中，以备查用。

案例19-2 对某工程保险的风险评估报告

一、工程简介

1. 工程名称：电厂工程。

2. 电厂位置：电厂厂址位于某城市西港人口西侧，江河口北岸地区，厂区西临港区边界线，东临前山，北临公路，南临东西山南侧的海岸线。

3. 工程性质：新建大型燃煤火力发电厂。

4. 电厂规模：电厂规模为120万千瓦，本期工程安装两台30万千瓦国产燃煤机组。厂区总平面布置按120万千瓦容量规划。

5. 建设资金来源：某电厂为合资企业，本期工程的投资方为：某能源投资总公司、某投资开发总公司、某国际信托投资公司、某电力工业局、某建设投资有限公司。

6. 建设进度：目前该工程土建部分已全部完成，第一台机器设备也已全部就位，而且已完成部分设备的分部调试，将于 × 年 × 月投入商业营运；第二台机组将从 × 年 × 月开始安装。

7. 主要设备来源：三大主机采用上海引进型 300MW 机组。其中，汽轮机选用上海汽轮机厂，锅炉选用上海锅炉厂，发电机选用上海电机厂。

8. 工程设想：按工程概算分如下几个系统：热力系统、水处理系统、热工控制系统、燃料供应系统、供水系统、附属生产工程、除灰系统、电气系统、生活福利工程。

9. 保险期限：第一台机组从承保日起至 × 年 × 月 × 日止。第二台机组从承保日起至 × 年 × 月 × 日止。其中包括 168 小时联合试车期和 6 个月试生产期。

10. 保险金额：待定。

二、风险评估

该工程总体预算的 × 亿投资中，目前已完成 × 亿，因而同其他同类工程相比，它有以下有利条件，使其风险程度显著降低。

1. 土建工程已全部完工。

2. 土建工程的完工，使得该地区常见的自然灾害，如台风、暴雨等对设备安装造成损失的机会减少。

3. 第一台机组安装基本结束，而且其中部分设备已进行部分调试。如锅炉本体已完成水压试验。

4. 某些系统已通过安装调试。如水处理系统手动调试通过，电气系统将于 × 月 × 日完成厂用电授电调试。

5. 从目前施工情况看，在土建工程及设备的安装调试过程中，尚未发生任何损失记录，由此推断业主的管理水平及承包商的施工水平是满足要求的。

6. 工地上配备有足量的防火、灭火材料和设备（其中包括从国外引进的泡沫和气体灭火设备）及经过培养的消防人员。按工程安排，在联合试车开始前，所有灭火设施将安装调试完毕，并可随时使用。另外，安装该工程的工期安排，第一台机组投入商业营运时（即保险期满时），第二台机组至多安装完成。而且第二台机组的工艺设备同第一台机组完全一样，第一台机组的经验将非常有助于第二台机组的顺利完成，特别是第二台机组试车时，两套机组的大量共用设备已通过调试（如主控设备、输变电设备、水处理设备等）。因为该工程的风险将主要集中在第一台机组的试车期内。

试车期共分三个阶段：

（1）分部试车。

（2）168 小时联合试车。

（3）6 个月试生产。

（一）最大风险单元

在电厂试车过程中，造成巨灾的事故有两种：一为锅炉爆炸，二为汽轮发电机飞车。

1. 锅炉爆炸分为两种情况。

（1）炉膛爆炸。由于炉壁内压力很小，波及范围有限，不会影响到汽轮发电机等其他设备。

（2）蒸汽管爆炸。蒸汽管内水汽压力很高，但每根蒸汽管直径仅为3厘米左右，大批蒸汽管爆炸的机会又极少，因而其影响远小于炉膛爆炸。

该种情况下，最大风险单位为一台锅炉的价值约为 × 元。

2. 汽轮发电机飞车：该工程虽然两台汽轮发电机置于同一厂房内，但其布置保证其不会发生相互影响，最大风险单位为1台汽轮发电机的价值约为 × 元。

从目前全国已完成燃煤电厂的情况看，这两种情况都很少发生。

（二）最可能损失

最可能损失为三大主机的辅助设备及一些电气设备，因故障而烧毁，该部分价值一般不超过 × 元。

（三）设备情况

该两大发电机组均采用我国具有良好声誉厂家的定型产品，也是目前国内采用最多的产品，其安全性及可靠性已经过相当长时间的检验。

主控设备则鉴于国内同类产品不够过关，全部采用进口。

（四）施工单位情况

该工程的施工单位是某电力安装公司，为国家安装工程一级企业，在已施工完成了数家火力发电厂项目，目前均运转良好。

综上，建议该工程施以同类工程中偏低的费率。

三、第三者风险

该工程地周围空旷，第三者财产及人员很少，施工场地内管理也比较严格，有关人员均需挂牌出人。

由上，第三者责任保险可施以较低的赔偿限额及费率。

【实训任务19-2】

（1）试述上述风险评估报告的优点及不足之处。

（2）试述你对上述风险评估报告的改进建议。

（3）实地调查及企业财产保险风险评估报告的写作。

第二十章

实验二　保险公司经营环境分析实训

第一节　实验目的和内容

一、实训目的

本实训项目主要涉及保险公司经营环境的调查与分析方面的训练。通过本实训环节，要求学生熟悉影响保险公司经营环境的内外部因素所包含的内容，各因素之间的联系、相互影响、相互制约的相关性和复杂性；了解和掌握经济数据的分析方法，具备独立撰写调研报告的能力。

二、实训内容

（1）保险公司经营环境所包含的主要因素。

（2）经济数据建模与分析。

（3）调研报告的撰写。

三、实验资料和实验步骤

（一）实验资料准备

（1）场地准备：配备电脑的保险实训实验室、学院及周边环境。

（2）教学资料准备：多媒体课件、各保险公司资料及网站、相关的数据库。

（二）实验步骤

（1）教师课堂讲授。

（2）自由组合，全班分为若干个小组，每组人数为 3 ～ 5 人，设小组长一名。

（3）以小组为单位，撰写某一保险公司的经营环境调研报告。

第二节 保险公司经营环境分析操作实训

【实训内容 20-1】保险公司经营的外部环境和内部环境

保险公司经营的外部环境

保险公司经营的外部环境包括：自然环境、人口环境、经济环境、政策环境、市场环境、文化环境和社会环境。这些环境因素对保险公司来说属于不可控的因素。

1. 自然环境

保险经营的自然环境包括保险公司经营过程中可以利用的各种自然资源和自然界的不规则变动而导致的自然风险两部分。与其他工商企业一样，土地、水、能源等自然资源，会直接制约保险公司的经营活动。但是更重要的是，保险公司作为经营风险的专业机构，由于自然界的不规则变动而导致的风险，如地震、洪水、海啸、飓风等，对保险公司的影响远远大于一般工商企业，它使保险业的经营经常处在一种不确定的自然环境之中。虽然保险业通过大量的观察和研究，对自然灾害的发生掌握了一定的规律，但是灾害事故发生的随机性还是很大的，实力再雄厚的保险公司，一旦发生巨灾，也只能面临亏损和倒闭。由于人口的快速增长，经济的密集型发展，加上人类自身对自然环境的破坏，自然灾害给整个世界带来的危害日趋严重，已成为世界各国关注的焦点。根据瑞士《西格玛》杂志对 1970 ～ 1997 年 28 年间的巨灾统计资料分析，从 1998 年起，巨灾风险的发生进入高峰期，巨灾发生的频率大幅度提高，1970 ～ 1997 年发生的 10 次最大巨灾损失中，有 8 次发生在 1989 年之后。巨亿美元灾害损失越来越严重，1970 ～ 1988 年 10 亿美元的损失发生属于偶然事件，巨灾损失仅占世界 GDP 总值的 0.02%；但从 1989 年开始几乎每年都有超过 10 亿美元的损失发生，还出现几次超巨额的损失，巨灾损失上升为世界 GDP 总值的 0.07%。以巨灾损失最为严重的 1992 年为例，保险损失 183 亿美元；1994 年美国的 Northridge 地震，保险损失 135 亿美元；1991 年日本的 Mireille 飓风，保险损失 65 亿美元。从 20 世纪 80 年代开始，世界上巨灾风险频繁发生，使保险公司的赔款直线上升，严惩威胁了保险业的财务稳定，不少保险公司因巨灾风险而倒闭，连世界上最大的保险垄断组织之一的劳合社也出现了经营连年亏损、大量保险人退出的局面。

2. 人口环境

人口环境是指人口密度、出生率、死亡率、人口的年龄结构、地理分布、婚姻状况、受教育程度以及人口的性别差异、文化差异、地域差异、种族差异和职业差异导致的生活习惯和消费方式的差异。人口环境不仅决定了保险市场需求的潜在容量，还决定了保险市场的需求格局。

人口环境与人身保险的经营关系非常密切。从整个世界的人口环境来看，随着生活水平的提高和医疗技术的进步，一方面婴儿的出生率和死亡率降低，另一方面人的寿命不断延长，人口老龄化趋势加剧，使人们对养老保险的需求不断上升；家庭结构和功能的变化，削弱了传统的家庭互助和赡养功能，增加了人们对商业性人身保险的需求；城市化进程和全球性市场的形成，使人口的流动性增大，对保险产品和保险技术提出了新的挑战。

3. 经济环境

保险经营的经济环境包括经济周期和一个国家的经济发展水平。一国经济发展水平是指国民经济发展的总体状况，它包括各种产业结构与发展水平以及人们的消费结构和消费水平。

保险业作为第三产业，是构成国民经济总体的最基本的要素，国民经济形势作为宏观经济环境因素，直接制约着保险业的发展速度和发展规模。从经济周期来看，经济周期的不同阶段会对保险公司的供求和业务经营产生很大的影响。因为保险是通过集合全体投保人所缴纳的保险费建立保险基金来承担被保险人转移给保险人的风险，保险基金的大小在很大程度上取决于人们的缴费能力和保险需求，而缴费能力和保险需求在很大程度上取决于国民经济总水平和发展速度。在经济繁荣时期，社会生产力大幅度提高，国民生产总值大大增加，人们的收入水平不断提高，缴付保费的能力增强了，对生活质量的追求也更为强烈，从而激发了有效的保险需求，使保险公司的保费收入大幅上升，从而积聚更多的保险基金，增强自身抵御风险的能力。在经济衰退时期，社会生产力遭受破坏，人们的经济生活水平日益降低，保费的缴付能力下降，保险的有效需求不足，从而削弱了保险公司的财务力量。从险种结构来看，财产保险业务大多为短期性业务，它受经济周期波动的影响较小。人寿保险大多为长期性、储蓄性的保险业务，受经济周期波动的影响较大，尤其是经济周期变动中的通货膨胀因素和利率变动因素，会对寿险公司的偿付能力构成威胁。此外，人寿保险采用年缴保费的方式，对于一些新签发的保单，一旦经济步入衰退期，投保人因支付不起保费而退保使寿险公司的保单继续率降低，保单继续率的高低将直接影响寿险公司的利润和财务稳定。因此，经济环境因素对一国保险业的经营水平、发展速度、经营规模起着决定性的作用。

4. 政策环境

政策环境主要指一个国家政策变化、经济发展策略和相关法律调整，特别是国家对保险公司政策的变化而影响到保险公司的业务经营。作为保险公司来说，必须在国家既定的宏观政策和法令法规下运作，政策环境的宽松与否直接影响到保险业的经营。

（1）税收政策。税收政策是国家为了保证财政收入，调整与公司之间分配关系而实施的政策。国家税收政策的调整，对保险公司的纳税金额和结构都会产生影响。我国政府从 1998 年 1 月 1 日起，将金融、保险业的所得税从 55% 一下调到 33%。所得税率下调，促进了金融保险业的公平竞争，使保险公司有更多的资金用于经营活动。同时我国政府又将金融保险业的营业税率从 5% 提高到 8%。营业税的上调，使保险纳税金的总金额增加了，对保险业产生了较大的影响，尤其是财产保险公司要按全部保费收入作为基数，而全部保费中有相当一部分要以赔偿方式返还给被保险人的，这种方法如不及时调整，保险公司将萎缩发展，特别是股份制保险公司，既要增加保险税，又要保证股东分红，经营压力大大增加，受税负影响难以与国有保险公司平等竞争。

（2）利率政策。利率政策是国家调整宏观经济的杠杆，国家为了达到宏观调控的目的，频繁地运用利率杠杆来调节资金供求。由于寿险业务的长期性、返还性，预定利率是以当期银行利率为基础且长期不变，而银行利率是经常变动的。当银行利率上调，虽然可以刺激保险需求，但会增加保险投资风险。当银行利率下调，不仅会影响投保人的投保行为和保单持有人的保单维持行为，还会影响保险公司的资产、负债和利润。

（3）汇率政策。汇率政策是国家为了保障本国经济发展，稳定货币，改善国际收支而采取的政策。随着世界经济的一体化，国家的汇率政策也会对保险业产生影响。东南亚金融危机使亚洲各国受金融危机的影响，货币贬值。我国政府宣布人民币不贬值，使我国出口产品在国际市场上的竞争力削弱了，外贸出口减少，保险公司出口保险业务下降。亚洲金融危机还使东南亚地区居民收入下降，造成来华旅游的游客人数相对减少，我国的旅游保险业务萎缩。此外，我国驻首尔、东京等保险分支机构的业务也因当地经济不景气受到影响。

（4）国家对保险投资的限制。为了保证保险资金运用的安全，各国《保险法》都明确规定了保险投资的范围和比例。投资限制的宽松与否直接影响保险公司的利润和财务稳定。

5. 社会环境

社会环境是由社会上每个人的信念、态度、习惯、行为和教育程度等组成的。社会环境通过人们的生活观念、生活习惯、日常行为、态度等因素，影响保险公司经营的价值观和策略观。如果保险公司在业务经营中忽视了这些社会因素的影响，必然会对保险业务的开展产生消极的效应，阻滞保险公司经营目标的实现。保险公司在研究社会环境因素时，必须明确两点：一是社会环境具有较强的区域性。不同地区、不同民族的人们有着不同的风俗习惯，这些风俗习惯会影响人们对生活的态度、观念和行为准则，从而影响人们的价值观，不同的价值观对保险商品的需求必定会产生深刻的影响。例如，同样在我国的农村，东部沿海地区开放较早，人们的意识形态比较先进，对生活的态度是追求生活质量，计划生育政策也贯彻得较好，很多人会通过购买保险来解决自己“老有所养、病有所医”的问题，因此东部地区保险业比较发达，保险密度和保险深度都较高。而在西部地区和一些少数民族地区“养儿防老”的思想根深蒂固，在很大程度上影响了保险业务的开展。因此保险公司有必要深入细致地研究不同地区人群的生活习惯、行为、信念，了解他们的保险需求偏好，以开发适销对路的新险种和拓展新的保险经营领域。二是社会环境具有可变性。随着科学技术的发展，教育文化水平的提高，以及国际经济、文化交往日趋频繁，人们的生活信念、态度、风俗习惯和行为也将发生变化，这将为保险业的发展腾出更多的空间。以我国为例，随着改革开放的深入、市场经济体系的完善，尤其是加入 WTO 后，经济发展水平、生活环境、工作环境以及消费结构和消费观念都发生巨大的变化，这就要求保险公司抓住时机，拓展保险服务范围，开发多样化的保险新险种来满足社会和消费者的需要。

6. 文化环境

文化环境潜移默化地影响甚至决定着人们的价值观、生活方式和消费习惯。人们的风险意识和保险意识是保险经营中非常重要的文化环境。明确而积极的风险意识和保险意识，不仅为保险经营提供良好的心理氛围，便于保险业务的营销，提高保险深度和密度，而且还有利于降低投保户的心理风险，促进他们加强保险标的的风险管理，减少风险损失发生的概率，提高保险公司的经济效益和社会效益。明确积极的风险意识和保险意识，有利于推动保险业的发展。因为投保人可以根据自身风险的特点和保险需求，自行设计投保方案，保险公司根据投保户的投保方案，开发特种保险业务，为保险公司的险种开发提供各种信息，减少因信息不对称而导致的险种开发定位风险。明确和积极的风险意识和保险意识，投保人可以为保险经营提出各种建议和意识，监督保险公司的经营活动，保护自己的合法权益，促进保险公司不断加强内部管理，互助实现保障，对保险的接受需要一个过程，而西方人喜欢超前消费，乐于把风险通过财务处理的方式转嫁给保险公司。此外，人们受教育的程度也决定了一国国民对新生事物的接受程度。因此，保险公司必须利用各种机会，通过行之有效的保险宣传，教育、引导和培养人们的风险意识和保险意识，提高人们识别、评估、处理风险和利用保险手段管理风险的能力，为保险业的经营创造一个良好的保险文化环境。

7. 市场环境

保险经营的市场环境主要是指保险市场的发育和完善程度以及保险市场上的竞争方式和

竞争激烈程度。保险市场不完善，往往会导致不正当的保险市场竞争，恶性竞争会影响保险公司经营的稳定。此外，保险市场的结构模式和市场的开放程度同样会影响保险公司的业务经营。

保险公司经营的内部环境

保险公司经营的内部环境主要有劳动者、经营技术、资金、信息等。

1. 劳动者

劳动者历来是公司中起决定性作用的生产要素，保险公司的员工也不例外，他们是保险经营活动中最具创造力的经营资源，是保险公司活力的源泉。保险经营的任何一个环节，无论是展业、险种开发，还是承保、理赔和投资，都是靠公司的员工来完成的。难怪有人说，21 世纪保险业的竞争，归根到底是人才的竞争，谁拥有一流的高素质、业务精的保险人才，谁就能在激烈的市场竞争中取胜。因此，保险公司在建立和完善展业、承保、理赔和投资方面的内控机制时，还要建立员工激励机制和干部任免机制，加强对员工的业务和思想道德教育，提高员工的精神境界，充分发挥其主观能动性，激发其工作热情，创造一个和谐的、催人奋进的公司环境，提高公司员工的凝聚力，使保险公司充满生机和活力。

2. 经营技术

保险经营技术是指保险经营活动中应用的各种技能、技巧、知识和方法，它是保险经营活动的科学基础，也是提高保险经济效益的根本保证。保险经营技术包括两大类，一类是自然科学技术，它是保险公司在经营活动中所需要的风险识别、衡量、控制技术，损失勘查和定损时所需的生化、医学、数学、逻辑推理等知识和方法，以及保险费率厘定和准备金提存中所运用的精算技术，等等；另一类是社会科学技术，主要指保险公司经营过程中的经营管理技术与能力。例如，保险经营的调查、预测和决策技术、保险营销的技巧和保险的宣传、保险公司各职能部门之间的协调艺术。保险公司的劳动人事组织与管理技术、保险财务以及多元化的投资策略技术、保险公司的公关技术，等等。特别值得一提的是，信息技术的发展使保险公司的经营管理实现了从人工操作到电子化营运的转变，这不仅大大提高了保险经营的效率，而且使保险公司的经营理念也发生了根本的变化。保险产品可以通过电话、传真、电子商务进行销售。

3. 资金

资金既是保险公司履行经济补偿职能的保证，也是保险公司经营实力的集中体现。由于保险经营的特殊性，保险资金具有以下几个特点：一是从保险资金来源来看，为了保证保险公司在开业之初的费用支出和早期保险费收入不足以赔付的情况，法律规定保险公司在成立时必须具备一定的资本金。国营保险公司的资本金来源于国家财政拨付，股份制保险公司的资本金来源于股东。除了资本金外，保险公司的资金主要来自于投保人依据保险合同缴纳的保险费和储金。二是从保险资金核算来看，由于保险事故发生的随机性以及保险年度与会计年度的不相吻合，保险公司不能把当年的保费收入算作当年的利润，必须按各种保险业务性质提存未到期责任准备金，用于保证将来的赔付责任。三是从保险资金积累来看，保险公司的利润除了上缴国家利税外，还必须提存保险总准备金，用以增强保险公司的偿付能力。我国《保险法》规定，保险公司必须按税后利润的 10% 计提法定公积金。四是从保险资金运用来看，由于保险资金运用的资金来源主要是各种责任准备金，责任准备金具有负债性，这要求保险投资时首先必须注意资金的安全，在保证资金安全的情况下实现收益性和流动性的平衡。因此，加强对保险公司的资金管理，增强保险公司的资金实力，将直接制约着保险公司经营的信誉、承保能力、竞争能力和保险公司的持续稳定发展。

4. 信息

信息是保险公司经营管理者了解公司内外经营环境、确定保险经营决策的依据。由于现代社会是信息社会，信息是现代保险公司的重要资源。保险公司信息掌握是否及时、准确、全面，对保险经营的预测、决策和经营控制起着非常重要的作用。保险信息包括一切与保险经营活动直接或间接相关的社会、经济、政治、人文、科技以及自然界的信息。例如，在保险公司开发新险种时，必须了解和收集市场上的各种信息，如市场占有率信息、潜在客户的信息、竞争对手的营销策略等，否则保险公司开发的险种就会因信息不对称而不能满足市场的需要，使保险公司在激烈的市场竞争中失去先机。又如，保险公司的投资管理者在做出投资策略时，就必须充分了解资本市场、不动产市场的信息，了解国际投资市场的信息，否则会影响保险投资的安全性和收益性。由此可见，信息是保险公司经营活动的一个非常重要的内部环境，保险公司必须重视对保险信息的收集和管理。

【实训内容 20-2】市场调研报告撰写

市场调研报告撰写的意义

撰写市场调研报告的意义主要体现在以下三点。

（1）调查报告是市场调查工作的最终成果。它从制订调查方案、收集资料、加工整理和分析研究，到撰写并提交调查报告，是一个完整的工作程序，缺一不可。所以，调查报告是市场调查成果的集中表现。

（2）调查报告是从感性认识到理性认识飞跃过程的反映。调查报告比起调查资料来更便于阅读和理解，起到透过现象看本质的作用，使感性认识上升为理性认识，便于更好地指导实践活动。

（3）调查报告是为各部门管理者、社会和企业服务的一种重要形式。一份好的调查报告，能为企业的市场活动提供有效的导向作用，同时对各部门管理者了解情况、分析问题、制定决策和编制计划以及控制、协调、监督等各方面都起到积极的作用。

市场调研报告的格式

报告的格式不是固定不变的，不同的项目调研者或调查公司、不同的用户（项目委托人）以及项目自身的不同性质的调查报告，都可能会有不同的格式和风格。但大多数正规的调查机构都可能会为客户提供类似以下格式的调研报告。

（1）封面。封面应包括报告的标题，执行调研项目的研究人员或机构的情况（姓名或名称、地址、电话），以及交付的日期。注意，报告的标题要与项目的性质相适应，不要太抽象或太学术味。

（2）目录。目录应给出报告中所涉及的主要内容以及相应的页码。在多数报告中，只需包含大标题和小标题就可以了。报告目录之后还应有图、表目录、附件目录和展示品目录等。

（3）项目执行摘要与关键词。它主要是对项目情况，包括项目的背景、调研区域与对象、抽样方法、主要调查内容、分析技术等主要内容，调研过程、调研人员及具体操作过程的一个简单说明。摘要是报告中非常重要的一部分，因为高层领导或高层管理人员往往只读这一部分。一般不要超过三页，只给出最重要的内容，包括问题的描述、处理问题的途径、所采用的方案设计，以及主要的发现、结论和建议。每一段要有四句话。摘要应当能够使读者兴奋，引起他们的兴趣和好奇心去进一步阅读报告的其余部分。

（4）正文。

1）引言或导论。这一部分包括给出问题的背景，与决策制定者以及与行业专家讨论的要点、对二手资料的分析、所做的定性研究以及所考虑的各种因素。而且，还应当对管理决策问题和实际调研问题做出清楚的描述。

2）采用的调研分析方法。这一部分包括讨论最后所采用的处理问题的途径以及达到这一结果的过程。这一部分还应当描述指导这一研究的理论基础、模型、研究问答题、理论假设以及影响方案设计的因素。在研究中，常用的分析方法主要有以下几种。

① 聚类分析。它可以将被访者从经济因素等方面进行分类，并将这些特性与所要研究的问题结合起来，是营销管理中市场区隔划分的主要手段。

② 因子分析。影响保险公司经营管理的原因有很多，但有些原因是相关的，有内在的必然性，只要深入了解这些内在的必然性，就可以将复杂问题简单化，在执行上变得轻而易举。因子分析就是从大量的数据中寻找内在的联系，通过因子分析，发现其内在的联系，减少决策的困难。

③ 相关分析。相关分析提供影响保险经营管理的各因素之间的关联程度，为公司的进一步发展决策提供依据。相关型分析在进行产品营销的时候也大量使用，通过相关分析，评价品牌与产品以及品牌与产品特性之间的内在关系，可以看到自己品牌和竞争品牌的市场驱动力和阻碍力，从而明确自身努力的方向。

④ 对应分析。对应分析是在营销当中进行品牌形象分析最有效的工具，它可以将品牌、形象非常直观地表现在二维平面上，清楚地看到自身品牌的形象以及与各竞争品牌的关系。对应分析对于品牌定位和重定位以及定位跟踪是非常合适的。

此外，还有象限分析、SWOT 分析、目标群体指数分析、数据显著性分析等方法。

3）调研方案设计。这一部分详细描述执行调研的具体方案，包括所采用方案的性质、所需的信息、收集的二手资料和原始资料、量表技术、问卷设计和测试、抽样技术以及实施情况等。这一部分要用易于理解的方式来描述，要使用非技术性的语言。技术的细节说明可以用技术报告的形式放在最后的附件之中。这部分应当说明所选用的具体方法是正确的。

4）数据分析。这一部分描述数据分析的方案，说明所采用的方案及技术是正确的。分析的技术应当用简单的非技术性语言来描述。

5）调研结果。这一部分是报告正文中最长的一部分，一般要由几个章节构成。不但要逐题给出总的结果，还要按市场细分或按人口特征给出分类的结果以及项目间的相关关系结果。顺序的安排要紧凑，有逻辑性。

内容要紧紧围绕调研问题和所需的信息，说明简单扼要，细节应当用图表来给出。

6）局限性及一些必要的解释说明。由于时间、预算以及其他组织上的种种限制，因此所有的民意调研项目都是有一定的局限性的。而且，所采用的研究方案也是有局限性的，各种方案都可能与某些类型的误差相联系，有些误差可能是比较严重的。这一部分的撰写应当十分细心谨慎，并且注意保持观点上的平衡。一方面，调研者应当把握住的是，管理决策人员不会过分依赖于调研结果，不会将结果用于其他目的（如将结果推广到其他总体）；另一方面，又要注意不能影响了他们对调研的信任感或贬低了调研的重要性。

7）结论及建议。仅将统计的结果总结出来是不够的。调研者应当按照定义的问题来解释统计结果，并从中提炼出一些结论性的东西。然后根据调查统计结果和结论，可以向决策制定者提出一些建议。有时候并不要求调研者提建议，因为他（她）所做的项目只涉及一个领域，对较大的范围的情况并不了解。如果要提建议的话，这些建议应该是合理、实用、可行的，并且是可以直接用于管理决策的制定的。

（5）附录（调研方案、调查问卷、图表目录等）。

调研报告的写作技巧

标题

1. 一个好的标题必须具备下面三个要素

确切，是指标题要准确概括出整篇报告的内容，做到“题文相符”。

简洁，是指标题要精炼、扼要、通俗易懂，做到“言简意赅”。

新颖，是指标题要有鲜明的观点和独特的风格，不落俗套，做到“引人入胜”。

2. 一些常见的标题拟定方式

（1）以研究目的为标题。例如，浙江省机动车辆险消费市场研究报告。

（2）以研究结论为标题。例如，浙江省机动车辆险消费市场潜力巨大。

（3）以研究建议为标题。例如，机动车辆险恶意竞争亟须规范。

（4）以提问的方式为标题。例如，浙江省机动车辆险市场将何去何从？

3. 一些常见的标题拟定中存在的问题

（1）跑题。主要指标题拟定范围过大、标题拟定范围过小，或者标题拟定与实际调研内容不符三种情形。

（2）标题拟定过长。标题拟定必须做到精炼，避免冗长。

（3）缺乏新意。有些标题虽然如实地反映了全文的内容，但是缺乏新意，不能引起人们的注意。例如用“ ×× 调查”“ ×× 分析”等。这样的标题虽然可用，但不具特色，显得呆板和千篇一律。

摘要与关键词

摘要是整个研究报告的一个总括性的介绍，目的是让读者迅速了解研究报告的主要内容、主要的研究结论与建议。同时，为了便于制作索引和电子计算机检索，要求在摘要之后提出论文的关键词（或主题词），以供检索之用。

研究报告的摘要一般由“目的”“方法”“结果”“结论或建议”四部分构成。关键词数量控制在 3 至 5 个左右。

撰写一个好的摘要，必须做到以下几点。

第一，高度概括。必须做到准确而高度概括全文的主要内容，一般不作评价。文字要求精炼、明白，用字严格推敲。摘要内容中一般不举例证，不讲过程，不做工作对比，不用图表等，只用标准科学命名，术语、惯用缩写、符号。其字数一般控制在 500 ～ 800 左右。市场研究报告的摘要一般最多也不要超过 1500 字。

第二，结构清晰。摘要一般按照“目的”“方法”“结果”“结论或建议”的结构撰写。以下为示例：

【摘要】机动车辆险业务是财产保险公司的最主要保费收入来源之一，对浙江省的机动车辆险消费市场进行调查研究，从中发现目前我省机动车辆险市场存在的问题并给出建设性的建议，对浙江省机动车辆险市场的健康发展有着十分重大的意义 [目的]。本研究采用问卷抽样调查的方法，通过制订调研方案，组织实施调研并回收问卷，借助 SPSS 专业统计软件整理和分析数据 [方法]。调查的结果显示，浙江省的机动车辆险消费市场潜力巨大，同时保险公司间为抢夺客户资源进行恶意价格竞争、4S 店等代理商违规销售机动车辆险等不规范现象 [结果]。本研究建议除监管部门应加强监管，加大违规操作行为处罚力度之外，保险公司和代理机构也应加强行业自律，共同维护浙江省机动车辆险市场良好的竞争氛围 [结论建议]。

【关键词】机动车辆险　　问卷调查　　调查报告

正文

1. 引言或导论

引言是一篇调研报告的开场白，它写在正文的第一部分。每篇论文引言，主要用以说明论文主题、总纲。常见的引言包括下述内容。

（1）提出课题的研究背景、研究目的及其研究意义。

（2）综述前人研究经过、成果、问题及评价，即研究综述。阐述本次调研的预期目标，期望解决的问题，即预期研究成果或研究创新。

（3）引言一般不分段落，若论文内容较长、涉及面较广，可按上述三个内容分成三个段落。

2. 采用的调研分析方法及数据分析

调研方法与样本主要对“时间”“地点”“人物”“事件”等要素进行交代，使读者做到心中有数。具体内容一般包括：

（1）阐述调研的方法。如问卷调查法（访问问卷、邮寄问卷、电话调查、网上调查）、访谈法、观察调查法等。

（2）阐述抽样设计原理。如使用了什么样的抽样框；采取了何种抽样方法（方便抽样、配额抽样、简单随机抽样、分层抽样、整群抽样等）；具体抽样的过程，如时间、地点等。

（3）介绍样本基本情况。如样本容量大致是多少；回收比率、有效样本比率是多少；样本代表性分析，即分析回收样本基本结构（如性别结构、学历结构、年龄结构、家庭结构、地区结构、职业结构、收入结构等）。

3. 调研结果

这是调研报告的核心部分。调研结果必须紧扣调研的主要内容，采用一些生动形象的描述方法，如统计数字、统计表格、统计图形、统计模型等，按照一定的逻辑结构（如“现状—原因”“现状—原因—结果”“现状—问题—对策”）进行布局。避免没有逻辑、逐条罗列的现象，同时，应该合理运用统计语言与统计图表，这是一份高质量调研报告的关键（见图 20-1）。

此外，还可以使用统计图形。统计图形的种类非常繁多，常见的统计图形有条形图（或柱形图）、饼图、线形图等。统计图形的生成可以借助 Excel（注意 Excel 制作统计图的前提是必须在 Excel 中已经完成统计表，如果是原始调查数据，则需要借助 Excel 的数据透视表功能），另外生成统计图可以借助 SPSS 等专业的统计软件。

统计图和统计表格在统计分析原理上并无实质性的差异，只是统计图形较统计表格更为生动和形象，更容易吸引读者兴趣，因此合理使用统计图形是一份高质量统计调研报告的必备条件。

注意：在一份调研报告中，统计表格和统计图形往往结合使用，相辅相成。另外需要注意的是，统计表格和统计图形的序号是分开单列的，如表 1、表 2，图 1、图 2。

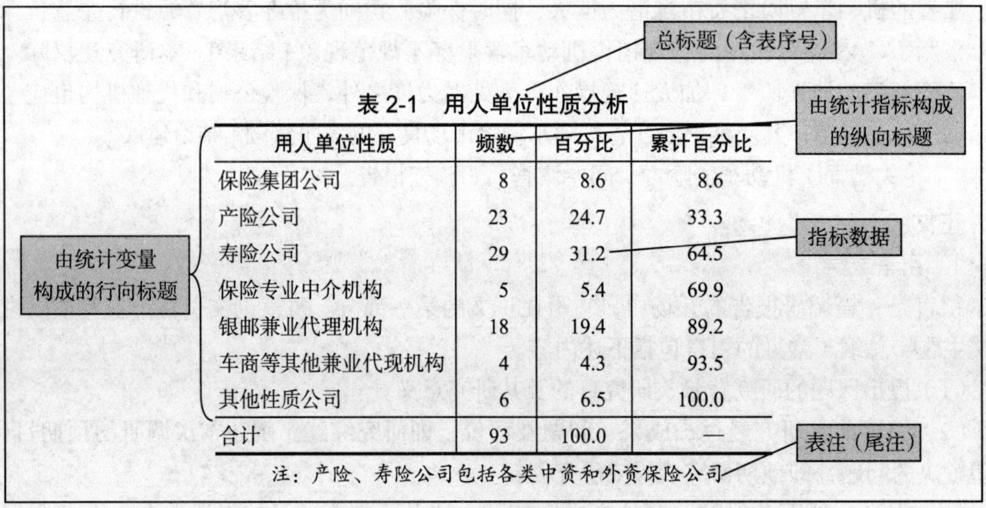

图 20-1 规范的统计表图例

利用以下统计图（图 20-2）与统计表（表 20-1），可以进行相应的分析。

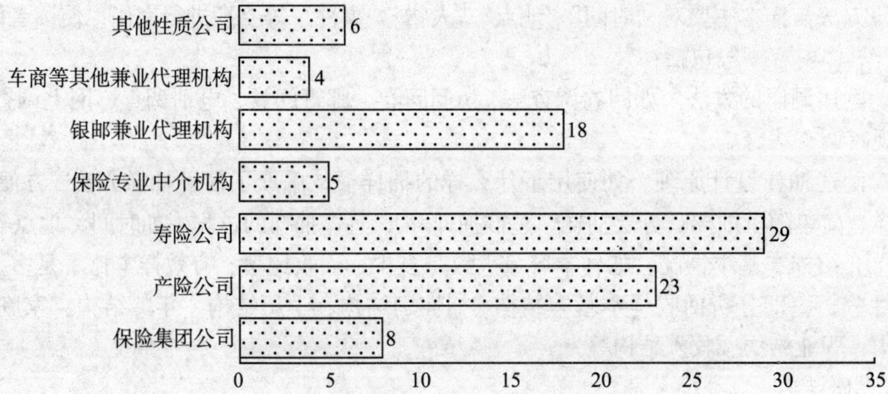

图 20-2 规范的统计表图例

表 20-1 用人单位性质分析

用人单位性质	频数	百分比（%）	累计百分比（%）
保险集团公司	8	8.6	8.6
产险公司	23	24.7	33.3
寿险公司	29	31.2	64.5
保险专业中介机构	5	5.4	69.9
银邮兼业代理机构	18	19.4	89.2
车商等其他兼业代理机构	4	4.3	93.5
其他性质公司	6	6.5	100.0
合计	93	100.0	—

注：产险、寿险公司包括各类中资和外资保险公司。

从对这省内外的 93 家用人单位的性质分析来看（见表 20-1）：其中保险集团公司 8 家，占比 8.6%；产险公司 23 家，占比 24.7%；寿险公司 29 家，占比 31.2%；保险专业中介机构 5 家，占比 5.4%；银邮兼业代理机构 18 家，占比 19.4%；车商等其他兼业代理机构 4 家，占比 4.3%；其他性质公司 6 家，占比 6.5%；上述样本中，保险公司共 60 家，占全部样本的 64.5%，包括专业中介机构，各类代理机构在内的用人单位共 87 家，占全部样本的 93.5%[统计结果]。上述用人单位性质分布结构可以看出我院保险实务专业学生主要的就业单位分布在保险公司，但在其他性质的企业也有一定的分布 [调查结论]。造成这种现象的原因是……[原因分析]。

调研结论及建议

这是全文的结尾部分。好的结尾可以帮助读者明确题旨、加深认识，又可引起读者的联想和思考，达到“言虽尽而意无穷”的效果。结尾部分要做到：总括全文、提出建议、首尾呼应、篇末点题。

【实训任务 20-1】

（1）以组为单位开展对某一保险公司的经营环境进行调研。

（2）以组为单位撰写调研报告，要求进行必要的数据分析。

第二十一章

实验三　保险公司财务分析实训

第一节　实验目的和内容

一、实训目的

本实训项目主要涉及保险公司财务分析方面的训练。通过本实训环节，要求具有熟练阅读保险公司资产负债表、利润表、现金流量表等财务报表的能力；根据给出的保险公司财务报表案例资料，能够独立运用所学知识，实地撰写财务分析报告，达到教学目标要求。

二、实训内容

（1）资产负债表分析

（2）利润表分析

（3）现金流量表分析

三、实验资料和实验步骤

（一）实验资料准备

（1）场地准备：配备电脑的保险实训实验室、学院及周边环境。

（2）教学资料准备：多媒体课件、各保险公司资料及网站、相关的数据库。

（二）实验步骤

首先通过理论知识的教授，使学生熟悉保险公司报表格式和报表项目，并掌握保险公司报表分析的方法与技巧；然后通过课堂上的报表分析实际演练。在案例资料的共同讨论及学生撰写的分析报告中发现问题，不断修改完善，不断提高分析能力，最终达到既定的教学目标。

第二节　保险公司财务分析操作实训

【实训内容 21-1】保险公司的资产管理

保险公司作为自主经营、独立核算、自负盈亏的市场竞争主体，财务管理是保险公司经营管理过程中的重要环节。通过对保险公司财务状况和经营成果的分析，可以反映保险公司经营过程的全貌，为保险公司的经营决策提供重要的财务信息。保险公司的财务管理包括保险公司的资产管理、负债管理、成本费用和利润分配管理。

保险公司资产的界定

保险公司的资产是保险公司所拥有的或控制的能以货币计量的经济资源。

在美国法定会计制度下，资产按流动性分为认许资产和不认许资产两大类。认许资产是指管理当局准许保险公司在其法定资产负债表上计列的资产，主要包括现金以及能迅速变现并且没有价值损失的投资资产，如债券、股票、抵押贷款、担保贷款、保单质押贷款和不动产等；还有与保险公司经营关系密切的非投资资产，如从分保接受人处可摊回的赔款额，分保接受人未支付的佣金和费用，电子数据处理设备等。认许资产的最大特点就是具有很高的流动性，既能迅速变为现金，又能以确定的价值转变为现金。不认许资产主要是指那些流动性差，其价值全部或部分不能在法定资产负债表上计列的资产。全部价值不能计列的资产主要有办公设备、家具、汽车、一定期限以上的无担保应收保费以及公司雇员的货款和预支款等。部分不计列的资产主要是一些市价低于账面价值的投资资产。美国保险公司把资产分为认许资产和不认许资产的最大优点是使偿付能力确定中的资产和法定资产负债表中的资产一致，便于公司自身对偿付能力的管理。

在我国保险会计制度中，保险公司的资产按流动性分为流动资产、长期投资、固定资产和递延资产四大类年内变现。流动资产是指在一年内变现或能被耗用的资产，主要有现金、银行存款、各种应收账款、预付赔款、物料用品、拆出资金、短期投资、存出分保准备金等；长期投资是指不能在年内变现的投资资产，包括股票投资、债券投资、长期贷款以及其他投资；固定资产是指使用年限在 1 年以上并且单位价值在规定限额以上的，使用过程中保持原有物质形态的资产，包括固定资产修理支出、租入固定资产改良支出、开办费等。

在确定保险公司偿付能力时，我国又引入了“实际资产”的概念，并非所有的上述资产都可以作为实际资产，必须从中扣除一些项目。我们知道，保险公司为了履行其赔偿和给付的义务，必须具有充足的财务能力。财务能力的充足性表现在：一是实际资产与主要由保单责任准备金、赔款准备金构成的负债在数量上和期间结构上相互匹配；二是由于保险经营的特殊性决定了保险公司可能面临集中大额的索赔，其实际资产必须有足够的流动性。因此，实际资产必须在保持其价值的前提下迅速变现。根据 1996 年 7 月颁布的《保险管理暂行规定》，保险公司的实际资产为其总资产扣除以下项目的余额。

（1）除预付赔款外的各种预付款；

（2）递延资产；

（3）无形资产；

（4）低值易耗品；

（5）应收款中实际已形成呆账的部分；

（6）有价证券取得成本超过当前市场价格的部分；

（7）资金运用中已形成呆账的部分；

（8）不动产，固定资产的 1/10；

（9）中国人民银行认定的其他不能在规定时间内变现的资产，或在变现中可能遭受损失的部分。

很显然，“实际资产”是那些保险公司破产时具有清偿能力的资产项目或部分。“剔除项目”则是公司清算时不能用以履行义务的资产项目或部分，这与保险会计的清偿假设相一致。

美国保险公司资产分类与我国保险公司资产分类相比，有两点值得我国保险会计制度改革借鉴：

一是美国法定保险会计将保险公司的资产划分为认许资产和不认许资产两类，这种分类方法比我国更简洁、更科学。因为，首先保险公司的基本职能是进行经济补偿，即在保险责任范围内的事故发生时，保险公司必须及时、准确、迅速、合理地进行赔付。有些资产，如固定资产在发生赔款时往往难以兑现而起不到偿付的作用。因此，资产流动性要求与认许资产和不认许资产的分类标准相吻合。其次，考察保险公司的盈余可以从法定资产负债表上直观地反映出来。如果不认许资产价值增加了，盈余就会减少，反之，当不认许资产的价值减少时，盈余就会增加。这便于保险公司及时地对不认许资产进行调整和控制。

二是美国保险监管当局对保险公司偿付能力的确定就是依据法定资产负债表中的认许资产与负债的差额，即保单持有者盈余构成了保险公司偿付能力的经济内涵。

对保险公司资产的估价

保险公司资产负债的会计方程式为：

$$\text{资产} = \text{负债} + \text{保单持有者盈余}$$

$$\text{保单持有者盈余} = \text{资产} - \text{负债}$$

这里的保单持有者盈余相当于一般会计准则中的“所有者权益”这一会计术语，可理解为保险公司的偿付能力额度。在法定会计原则下，为了准确核定保险公司的偿付能力额度，应采用保守的原则对保险公司的资产进行估价。

对资产负债表上列明的具有高度变现性的认许资产，如现金、股票、债券、抵押贷款、不动产、担保贷款等，一般采用较为保守的方法估价，以防止夸大资产的价值。由于投资资产是保险公司的主要资产，而股票和债券是两种最主要的投资资产。股票由于投资风险大，保险监管当局不仅要限制投资比例，而且对股票的估价做出一些具体的规定。通常股票用年末的市价来估价，有时为了防止年末市价的波动，也可以按每月末市价的平均金额来估价。例如，全美保险监督官协会（NACI）下设的证券估价委员会（SVO）编制了专门的估价手册，保险监督官协会大多数普通股股票以当年最后一个交易日的收盘价计列；对那些尚未上市交易的股票则按 SVO 确定的价值计列；信誉较差的优先股股票以 SVO 协会价格计列。对债券用摊销成本估价，以溢价（高于债券面值）或折价（低于债券面值）购买的债券在购买日到满期日期间的价值会逐渐向下或向上趋向于面值，使用摊销成本估价可使债券价值较市价稳定。对抵押贷款用未偿本金估价，抵押贷款的应计利息单独列明。对不动产用成本估价，并对装修、改良和折旧进行调整。对自用的不动产用成本或市价估价，以两者中的低者为准。对担保贷款用未偿贷款金额或担保品的市价来估价，以两者中低者为准。

债券是我国保险公司的主要投资资产，我国财政部规定的《保险公司会计制度》对长期债券投资使用摊销成本估价。随着我国投资环境的完善以及保险公司利用投资增加收益、稳定经营的需要，保险投资方式必将多样化。因此，如何正确估价各种投资资产的价值将是我们面临的一个重要问题。

保险公司资产的管理

固定资产管理

固定资产是指使用期限超过 1 年，单位价值在规定标准以上，并在使用中保持原有实物形态的资产。它是保险公司经营活动不可缺少的物质条件。根据我国《保险公司财务制度》的规定，固定资产的界定标准为：固定资产是指使用期限在 2 年以上的房屋、建筑物、机器、机械、运输工具和其他与经营有关的设备等，不属于经营中主要设备的物品，单位价值在 2 000 元以上，并且使用期限超过 2 年的，也作为固定资产。不具备上述规定条件的物品，作为低值易耗品。保险公司固定资产种类繁多，规格不一，为了加强对固定资产的核算和管理，首先，必须对固定资产进行科学、合理的分类；其次，规定固定资产的计价标准；最后，科学计提固定资产的折旧费用。

1. 固定资产的分类

为了考核保险公司固定资产的利用效果，促进保险公司合理地配置固定资产，通常将固定资产按其经济用途分为经营用固定资产和非经营用固定资产。经营用固定资产是指直接服务于保险公司经营过程的各种固定资产，如经营用的房屋、建筑物、机器、运输工具等。非经营用固定资产是指间接服务于保险公司经营过程的各种固定资产，如职工宿舍、食堂等房屋、设备和其他固定资产。这种分类方法反映了保险公司固定资产的用途、结构及其变化情况。为了便于准确计提固定资产折旧，保险公司通常将固定资产分为使用中固定资产、未使用固定资产和不需用固定资产。使用中固定资产要计提折旧，未使用和不需用的固定资产不计提折旧。这种分类方法反映了保险公司固定资产的使用情况。

2. 固定资产的计价标准

保险公司固定资产的计价标准有原始价值、重量完全价值和净值三种。《保险公司会计制度》对保险公司固定资产的计价做了明确规定：新建固定资产的计价采用历史成本计价，即原始价值计价；清查财产中确定盘盈的固定资产采用重量完全价值计价；盘盈、盘亏、毁损固定资产的溢余或损失采用净值计价。具体规定如下。

（1）保险公司自建固定资产，按建造过程中实际发生的全部支出计价。

（2）保险公司购入的固定资产，以买入价加上实际支付的运费、包装费、安装费、途中保险费和缴纳的有关税金等计价。

（3）融资租入固定资产，按租赁协议确定的价款、运费、途中保险费、安装调试费等计价。

（4）投资者投入的固定资产，按评估确认的净值或合同、协议约定的价值计价。

（5）在原有基础上进行改建、扩建的固定资产，按原固定资产的账面原价加上改建、扩建实际支出，扣除改建、扩建过程中产生的变价收入后的金额计价。

（6）接受捐赠的固定资产，同类资产的市场价格或根据所提供的有关凭据作为原价再加上保险公司支付的运费、保险费和安装费用计价。

（7）盘盈的固定资产，按照同类固定资产的重置完全价值计价。

原始价值是指保险公司购建某项固定资产达到可供使用状态前所发生的一切合理、必要的支出，它是固定资产的基本计价标准，具有客观性和可验证性。重置完全价值指在当时的生产技术和市场状况下，重新购建同样的固定资产所需要的全部支出。这种计价标准比较真实地反映了固定资产的现价，但实务操作较复杂，不宜作为普遍的计价标准。净值是固定资产原始价值或重置完全价值扣除累计已提折旧后的净额。

3. 科学计提固定资产折旧费

保险公司固定资产折旧的计提是会计权责发生制原则和收入费用配比原则的要求。为了科学合理地计提固定资产折旧，保险公司应该明确以下几点。

（1）保险公司要分清哪些固定资产要计提折旧，哪些固定资产不计提折旧。一般情况下，保险公司在用的固定资产，包括经营用固定资产、非经营用固定资产、融资租入固定资产、经营租出固定资产等，均应计提折旧。对于下列固定资产已估价并单独入账的土地、房屋和建筑物以外的未使用和不需用的固定资产、在建工程交付使用前的固定资产、以经营租赁方式租入的固定资产、已提足折旧继续使用的固定资产、提前报废和淘汰的固定资产、破产和关停保险公司的固定资产、国家规定的其他不提折旧的固定资产等不计折旧。

（2）保险公司应根据固定资产的性质和消耗方式，合理预计固定资产的使用年限，并恰当地选用折旧计提方法。

（3）保险公司固定资产的折旧方法有平均年限法、工作量法、双倍余额递减法和年数总和法。平均年限法是将固定资产应提折旧额均衡地分摊到各期的一种方法。工作量法是根据某项固定资产各使用时期完成工作量的比例计算折旧额的一种方法。双倍余额递减法是不考虑固定资产残值，只按每期期初固定资产账面余额和双倍的直线法折旧率计算固定资产折旧。年数总和法是将固定资产的原价减去预计净残值后的差额，乘以固定资产尚可使用的年数与使用年数的逐年数字总和的比例计算每年的折旧额。

（4）一般情况下，固定资产折旧采用平均年限法和工作量法。对于技术进步较快或使用寿命受工作环境影响较大的固定资产，经主管财政机关批准，可采用双倍余额递减法或年数总和法计提折旧。

（5）固定资产折旧方法一旦确定，不能随意变更，如需变更，应在年度财务报告中予以说明。

在固定资产管理中，除了做到以上几点外，还要加强固定资产日常管理。保险公司财务部门应定期或不定期地对固定资产进行盘点、清查，年度结算前进行一次全面的盘点清查。对盘盈、盘亏、报废、毁损的固定资产，既要查明原因，又要及时进行财务处理。

流动资产管理

保险公司流动资产管理，首先要根据保险公司经营条件、业务量以及库存现金，运用余额分析法和回归分析法等统计方法预测保险公司的资金需求，制订每一种流动资金的需用量和整体流动资金计划，合理安排暂时闲置的资金，以提高公司经济效益。其次保险公司要建立健全现金的内部控制制度，合理划分各项资金的记账科目，并加强现金资产的监控管理，做到库存现金的账面余额与库存金额相符。对保险公司发生的出纳长短款、结算业务的差错额，按规定计入公司营业外收支。

无形资产管理

无形资产是保险公司长期使用而不具备实物形态的那部分资产，包括专利权、著作权、租赁权、土地使用权、商业信誉和非专利技术等项目。无形资产财务处理原则按取得时的实际成本计价。具体表现为：

保险公司自创并依法取得的专利权等无形资产的成本，根据依法取得时发生的注册费、聘请律师费以及其他相关支出确定。

投资者作为资本或合作条件投入的无形资产的成本，按评估确认时合同约定的价值计价。

保险公司并购另一个保险公司时，购入商誉的成本根据购买保险公司支付的价款扣除被收购保险公司可辨认资产的公允价值减去负债后的余额确定。除保险公司并购外，商业信誉不能作价入账。

【实训内容 21-2】保险公司的负债管理

保险公司负债的界定

在一般会计理论中，广义负债既包括公司对债权人的负债，又包括对公司出资者的负债。但一般所谓负债，仅指公司所欠债权人的债务部分，对公司出资者的负债通常称为业主权益，在保险会计中，这部分负债称为保单持有者的盈余。

在美国法定会计准则下，保险公司的负债由两部分构成：一部分是由保险公司经营特殊性决定的特有的负债项目，主要有未到期责任准备金、赔款准备金、理赔费用准备金以及各种应付账款、预收保费、拆入资金等；另一部分是保单持有者盈余，主要有资本股本（指保险公司已发行的并不是自己所拥有的所有普通股和优先股的面值或设定价值的总额）、股本溢价和缴纳盈余（指股东超面值缴入的资本）、特别盈余基金（指专门为应付特大意外事故而积累的基金）、未分配盈余（指没有指定用途的，可用于扩大公司经营规模或者向保单持有人或股东派发红利的基金）。保单持有者盈余不仅为保险公司的创建和初始经营提供创始基金，还不断为扩大经营规模提供资金来源，更重要的是保单持有者盈余是一种使保单持有者免受保险公司承保和投资不利结果影响的安全保护伞。一旦保险公司的赔款准备金和未到期责任准备金不足以履行保险合同义务时，保单持有者对公司的这部分净资产具有请求权。

实际上，保单持有者盈余构成了保险公司最低偿付能力的经济内涵。我国保险公司资产负债表中把保险公司的负债分为流动负债、长期负债和所有者权益。流动负债主要有财产险和短期性人身险业务的未到期责任准备金、未决赔款准备金、各种应付账款、预收保费、存入保证金、存入分保准备金；长期负债指寿险的长期责任准备金、长期应付款、长期借款等；所有者盈余包括实收资本、资本和盈余公积、总准备金、未分配利润。

对保险公司负债的估价

美国法定保险会计原则对保险公司的负债也遵循保守的估价原则，明确规定未到期责任准备金、赔款准备金、费用准备金的具体提存方法。如果一种负债有多种估价，往往选用高的估价。虽然高估赔款准备金和未到期责任准备金会人为地暂时减少承保利润和保单持有者盈余，但这会增强保险公司的偿付能力。我国《保险法》第九十三条规定："除人寿保险业务外，经营其他保险业务，应当从当年自留保费中提取未到期责任准备金，提取和结转的数额，应相当于当年自留保费的 50%。"《保险法》第九十四条明确规定："保险公司应当按照已经提出的保险赔偿或者给付金额，以及已经发生保险事故但尚未提出的保险赔款或给付金额，提取未决赔款准备金。"保险公司会计制度还规定，未决赔款准备金应按险种设置明细账。

对保险公司负债的管理

保险公司的负债管理就是对保险公司的各种准备金进行管理。准备金管理包括两个方面。

选择合适的方法，准确计提各种准备金

保险公司的精算师应不断努力提高精算技术，寻求适合于自己保险公司实际情况的责任准备金的计提方法，力求计提的责任准备金充分、合理。

1. 未到期责任准备金的计提

未到期责任准备金是保险公司资产负债表中的一个重要科目，分为产险未到期责任准备金和寿险未到期责任准备金。虽然产险未到期责任准备金和寿险未到期责任准备金提存都是为了履行下一年度和以后年度保险公司的未了责任，但是由于财产保险和人寿保险本身的特性决定了产险未到期责任准备金和寿险未到期责任准备金各自的特殊性。

正因为产险未到期责任准备金和寿险未到期责任准备金各自的特殊性，保险公司对准备金管理要实行专项管理，独立核算，这也是世界各国对产险、寿险业务分业经营的主要原因。即便是一些综合性的保险公司，对产险、寿险责任准备也都是分立账户、专项管理、独立核算、互不调剂，以真正保障被保险人的利益。

未到期责任准备金作为保险公司履行未来赔付责任的资金准备，任何一家保险公司都要按照法律的规定计提，只是不同的计提方法将影响未到期责任准备金的充足性和准确性。

产险未到期责任准备金常采用月比例法、逐日计算法和年平均估值法来提存。其中月比例法和逐日计算法是当今国际保险业通行的产险未到期责任准备金的提存方法。月比例法是一种普遍使用的简便方法，它的理论依据是，假定月内每天承保的业务量均等，并假定承保的月内保费的有效天数为15天，以每月实际保费收入为基数，将1年分为24个半月计算，汇总未到期责任准备金。对1年期业务以1月份保费的1/24，2月份保月费的3/24……11月份保费的21/24，12月份保费的23/24来计算提存未到期责任准备金；对3年期业务分别以1/72、3/72……69/72、71/72的比例来计提未到期责任准备金。

逐日计算法是根据有效保单的天数来计算未到期责任准备金。计算公式为：

未到期责任准备金 = 剩余的未到期天数 / 保险期天数 × 有效保单的保费

年平均估值法又称固定比例提存法。这种方法假定一年所有保险单都是逐日开出的，而且每天开出的保单数量和保险金额大体均匀。计算公式为：

未到期责任准备金 = 保费收入总额 ×50%

年平均估值法实际上是将全年的自留保费打了一个50%平均折扣，但是由于保险公司的业务进度一般都很不均衡，每月、每季甚至上、下半年度的差异都很大，因此使用年平均估值法计提未到期责任准备金不够科学精确。

寿险未到期责任准备金有两种，一种是理论责任准备金，一种是实际责任准备金。理论责任准备金的计提方法有两种，一种是追溯法，即根据历年已缴存保费的积存值与已给付保险金的积存值的差额来计算责任准备金。另一种是预期法，即根据将来保险金给付的现值与将来可收取的未缴保费的现值的差额来计提责任准备金。不论采用哪种方法，计提的理论责任准备金都是相同的。寿险未到期责任准备金的计提更多地采用预期法，这是因为按照追溯法计算的是寿险公司保费收入额扣除赔款支出的折现值，相当于寿险公司账户中剩余的用于未来给付的资产余额，由于未来给付是寿险公司的一种法律责任，如果未来的死亡率、利息率和管理费用率朝着不利于保险人的方向变动时，寿险公司仍必须按合同规定给付，这时按照追溯法提存的责任准备金就显得不足。利用预期法计提责任准备金要求精算师对寿险公司的现状、未来的发展趋势、公司的外部环境有充分的认识，并且能谨慎、理智地思考问题。

因此，预期法的技术要求比追溯法高，采用预期法提存的责任准备金也比追溯法更充足。

2. 赔款准备金的计提

赔款准备金包括已报告未决赔款准备金和已发生未报告未决赔款准备金两种。即 INBR 准备金，由于财产保险的承保风险发生的随机性很大，赔款准备金成了财产保险资产负债表中的最大负债，而非产险的未到期责任准备金。人寿保险承保的风险小而且分散，再加上费率厘定和准备金提存都是建立在科学的精算基础上，有一套规范和系统的计算方法，这在很大程度上决定了人寿保险的未到期责任准备金是保险负债中最大的负债，而赔款准备金相对较小。

赔款准备金是非寿险公司资产负债表中最大的负债，准确计提赔款准备金是保险监管机构对保险公司偿付能力充足性的要求，是保险会计配比原则的要求，是合理厘定费率的要求。因此，无论从保险监管，还是从保险公司自身的经营管理来看，都有必要充分合理地计提赔款准备金。

（1）已报告尚未支付的赔款准备金的计提。已报告但尚未支付的赔款准备金的计提比较简单，因为未决赔案数是已知的，需要估计的仅仅是赔付金额。计提方法有逐案估计法、平均估值法、赔付率法和表式估值法。逐案估计法由保险理赔人员对每个未决赔案逐个估计将来结案时需支付的赔款，并进行汇总、调整和修正，得出估计的未决赔款准备金。这种方法对赔款金额确定和因索赔次数太少或索赔金额之间差额太大而难以估算可信的平均赔付金额的险种尤为适合，如财产险和保证保险。平均估值法根据保险公司以往同类保险业务的损失经验数据计算出损失或赔款的平均值，然后再根据对将来赔付额的变动趋势进行预测，修正平均值，最后将修正后的平均值乘以年终结算时统计到的未决赔案数就是未决赔案准备金。平均估值法对赔款次数多，索赔金额差异小，赔付迅速的险种最为适合，如汽车车损险。赔付率法通过使用一个选择时期预定的赔付率（损失赔付与已赚保费的比例）来估计某险种的最终赔款，扣除已付赔款和理赔费用得出未决赔款准备金，计算公式为：

未决赔款准备金 = 预定赔付率 × 已赚保费 − 已付赔款和理算费用

表式估值法只适用于赔付额取决于寿命、受益人再婚和其他一些偶然因素的索赔，如劳工保险中的长期全部丧失工作能力和遗嘱金给付。它之所以称为表式估值法是因为估计保险金给付需要使用死亡率、发病率和再婚率表。

（2）已发生尚未报告的赔款准备金的计提。已发生尚未报告的赔款准备金，即 INBR 准备估计，要比已经报告的赔款准备金估计复杂得多，必须同时对尚未报告的赔案数和赔付金额做出估计。一般是先根据以往的经验数据估计赔案数和赔付金额，然后再根据当前的情况进行修正，如考虑风险单位的增加、索赔程序的变更、理赔费用的增加以及索赔频数和金额大小的变化。

赔款准备金的计提过程也是赔款准备金的结算过程，不论采用哪种方法，都要对未来理赔进行推断和预测，有多种因素会影响到理赔结果的准确性。这些因素有宏观经济状况、通货膨胀、通货紧缩以及法律变更等影响保险公司赔款准备金的外部因素，还有险种和承保因素（如险种、保单限制、免赔额、再保险分入、续保率）以及理赔因素（如理赔政策、理赔程序的变化、对索赔单位的定义）等影响保险公司赔款准备金的内部因素。因此，在计提赔款准备金时，保险精算师必须对保险公司内部因素、外部因素综合考虑，才能保证赔款准备金计提的充分和合理。

3. 理赔费用准备金计提

理赔费用准备金作为保险公司一项独立的负债项目，分为可分配理赔费用准备金和不可分配理赔费用准备金。可分配理赔费用指可明确的归因于某一赔案的费用，如法律诉讼费。不可分配理赔费用指不能明确地归因于某一赔案，而由众多的赔案在理赔过程中发生的费用，如理赔部门的正常营运费用。对这两种准备金往往是分开提存的，最常用的方法是采用日历年可分配度支付比例法，即先算出过去3～5年可分配理赔费用（不可分配理赔费用）与赔款的比例的平均值，然后将此比例乘以当年的赔款准备金，即得出可分配理赔费用（不可分配理赔费用）准备金。

在欧美等国的法定会计报表中，未到期责任准备金、赔款准备金、理赔费用准备金是保险公司的主要负债，其中未到期责任准备金和赔款准备金构成了保险技术准备金的内涵。我国保险公司资产负债表与利润表中没有理赔费用准备金这一会计科目。因此，对于损失理算费用，各公司一般将其计入营业费用，并不单独提取准备金。少数公司对于涉外业务中境外发生的、需委托国外当地机构人员勘查的费用，以及大赔案中高额的技术鉴定费计入损失准备金，其余的理赔费用仍作为营业费用支出。

4. 保险公积金的计提

保险公积金由资本公积金和盈余公积金两部分构成，是保单所有者权益的重要组成部分。根据1991年1月1日实施《保险公司会计制度》的规定，资本公积金来源于以下几部分。

（1）资本溢价，即投资者实际缴付的出资额超出其资本金的差额或法定财产重估价值大于账面价值的差额。

（2）接受捐赠的实物资产。

（3）住房周转金转入，住房周转金即保险公司取得的可用于职工住房方面的资金。

（4）资本公积金可按法定程序转增资本金。盈余公积金包括法定公积金和任意公积金，都是依法在税后利润中提取的。

我国《保险公司管理条例》第二十九条规定：保险公司分配当年税后利润时，应当提取利润列入公司的法定公积金。保险公司在税后利润中提取法定公积金后，经股东会议决议，可以提取任意公积金。保险公司的公积金用于弥补保险公司的亏损，扩大保险公司业务规模经营或转为增加公司的资本金。

5. 总准备金的计提

总准备金是从保险公司的税后利润中计提的，用于应付特大风险损失的一项专用准备金。总准备金归属为所有者权益。我国保险会计科目中长期使用总准备金概念，后来由于财政部制定的国家财务制度中无总准备金科目，为了与财政部所规定的财务会计制度相统一，从1994年开始，各保险公司的会计报表也做了调整，取消了总准备金科目，代之以公积金科目。各保险公司所有者权益也做了相应调整，列出了盈余公积项，内含保险总准备金。其实，我国规定总准备金来源于税后利润，与盈余公积的来源相吻合，说明了总准备金归属盈余公积金的性质，只是其用途特指发生巨灾风险损失的一项专项货币基金。因此，我国保单的所有者权益包括资本金、盈余公积金、未分配盈余三部分，其中盈余公积金中内含保险总准备金。

【实训内容 21-3】保险公司成本费用和利润分配管理

保险公司成本费用

保险公司的成本费用是保险公司在业务经营过程中发生的与业务经营有关的支出，包括保险公司的业务成本和营业费用两部分。保险公司业务成本是指保险公司的主营业务成本，它是保险公司在日常经营中发生的与保险业务有关的支出。虽然提取保险保障基金、各项准备金提转差、营业税金及附加费是财产保险公司、人寿保险公司和再保险公司共有的业务成本项目，但是不同保险公司在业务经营性质上的差异，使得其保险业务成本的具体内容也有差异。具体表现为：财产保险业务成本包括提取保险保障基金、未决赔款准备金提转差、未到期责任准备金提转差、长期责任准备金提转差、营业税金及附加、赔款支出、手续费支出等；人寿保险公司的业务成本包括死亡给付、残疾给付、医疗给付、年金给付、满期生存给付、退保金、赔款支出、手续费支出、佣金支出等。再保险业务成本包括分出保费、分保费用支出、分保赔款支出等。

保险营业费用是保险公司在业务经营和管理过程中发生的各项费用，但不包括手续费支出、佣金支出。营业费用具体由业务宣传费、业务招待费、防预费、电子设备运转费、安全防卫费、坏账损失、公司财产保险费（指向其他保险公司投保财产险支付的保险费）、邮电费、劳动保护费、外事费、印刷费、公杂费、职工工资、差旅费、水电费、租赁费、修理费、职工福利费、工会经费、税金、会议费、诉讼费、公证费、席位费、咨询费、社会统筹保险费、劳动保险费、取暖费、审计费、技术转让费、研究开发费、绿化费、董事会费、车船使用费、住房公积金、上交管理费、银行结算费、同业公会会费、学会会费、贷款呆账准备、投资风险准备等 41 个细项目。其中，职工福利费按公司职工工资总额的 14% 提取，用于职工福利开支；工会会费按职工工资总额的 2% 计提，交工会按规定使用；职工教育经费按公司职工工资总额的 1.5% 计提，用于职工教育开支。

由于成本费用的大小，直接影响保险公司的盈利水平，因此，作为一家保险公司，在保证保险业务经营和管理的正常费用开支的基础上，要加强对费用成本的管理，努力降低经营费用水平，增加保险公司的盈利。保险公司在成本费用管理上应注意以下几点。

（1）严格遵守成本费用支出的范围，属于成本范围的开支应及时计入成本，不属于成本范围的支出不得计入成本，以保证成本核算的准确性和真实性。保险公司的下列开支不计入成本。

1）购置、自行研制和建造的固定资产、无形资产和其他资产的支出；

2）对外投资支出及分配给投资者的利润，包括支付的优先股股息和普通股股息；

3）被没收的财物，支付的滞纳金、罚款、罚息、违约金；

4）各种赞助和捐赠支出；

5）由于经营管理不善和遭受自然灾害而造成的财物损失。

（2）规定按比例支出和按比例预提的界限。手续费支出比例不得超过实收保费的 8%。财产保险、人身意外伤害保险，短期健康保险业务和再保险业务应提取保险保障基金，按照当年自留保费的 1% 提取。当保险保障基金提取金额达到保险公司总资产的 6% 时，停止提取。对于开业不满 3 年的保险公司，业务宣传费按不超过当年营业收入的 9‰ 掌握使用，开业 3 年以上的保险公司按不超过当年营业收入的 6‰ 掌握使用。业务招待费按不超过营业收入的 3‰掌握使用。业务宣传费、手续费、业务招待费一律据实列支，不得预提。需要待摊、预提的费用，由保险公司根据会计权责发生制和收入与成本配比原则来确定。对当年能结清的预提费用，年终财务决算时不留余额，预提期长，需跨年度使用的，在财务报告中应予以说明。

（3）在成本核算中，严格区分本期成本与下期成本的界限，对同一计算期内的成本和营业收入的核算贯彻配比原则，核算的起始日期、计算范围和口径应保持一致。

（4）明确资本性支出和收益性支出的界限，资本性支出不能列入成本。同时，保险财务部门还要划分营业内支出和营业外支出的界限，以准确计算营业成本。

利润分配管理

保险公司的利润是指保险公司在一定的经营活动时期（通常为活动过程中），以各项收入抵补各项支出后取得的最终成果。它是衡量一家保险公司经营管理水平高低和市场竞争能力强弱的综合效益标准。保险公司利润总额由营业利润、营业外收入、营业外支出三部分构成，利润总额的计算公式为：

利润总额 = 营业利润 +（营业外收入 − 营业外支出）

营业利润是保险公司整个经营过程中获得的利润，它主要由承保利润、投资利润、汇总收益和其他业务利润构成。其中，承保利润和投资利润是营业利润的主要来源，也是保险公司利润的主要来源。承保利润是保险公司从事保险业务取得的利润，它等于保险业务收入减去保险业务支出，减去准备金提转差。投资利润是保险公司将保险资金投资于债券、股票、抵押贷款和不动产项目取得的收益。

营业外收入是保险公司发生的与业务经营无直接关系的各项收入，包括固定资产盘盈亏和清理的净损失、职工子弟院校的经费、非常损失、罚款支出以及公益救济性捐赠。

保险公司利润总额的确认按我国《保险公司会计制度》的规定，保险业务实行按会计年度结算损益和按业务年度结算损益两种方法。长期工程保险、再保险业务按业务年度结算损益。业务年度结算损益是实行多年期结算损益，非结算年度的收支差额作为长期责任准备金提存，不确认利润，于次年转回并滚存到结算年度终了时结算损益。其他保险业务采用会计年度结算损益。会计年度结算损益是实行一年期结算损益，对保险业务的各项收支不分业务年度，按权责发生制原则确认为当期的收入与费用，并确认当期利润。

对于保险公司在一定时期内实现的利润总额扣除应缴所得税后的差额就是保险公司的净利润。为了正确处理好保险公司、投资者及保险职工各方面的利益关系。保险公司缴纳所得税后的利润加上年初未分配的利润，除国家另有规定，应按先后次序予以分配。利润分配的次序如下。

1. 提取法定公积金

根据我国保险法规定，保险公司分配当年税后利润时，应提取利润列入公司法定公积金。公司法定公积金累计额为公司注册资本以上时可不再提取。公积金用于弥补公司的亏损，扩大公司业务经营规模或者转增公司资本金。

2. 提取法定公益金

提取法定公益金，用保险公司按本年度实现净利润的于保险公司职工的集体福利。

3. 提取总准备金

保险公司按本年度实现的净利润的一定比例提存总准备金，用于补偿巨灾风险造成的损失，但不得用于分红、转增资本。

4. 提取任意公积金

保险公司从税后利润中提取法定公积金后，经股东会议决议，可提取任意公积金。

5. 向投资者分配利润

保险公司提取上述四项内容后，按规定向投资者分配利润。如果保险公司当年无利润时不得向投资者分配利润。

6. 保险公司如果发生亏损，可以用以前年度提取的公积金弥补，也可以用以后年度实现的利润弥补。但是如果保险公司以前年度亏损未弥补的，不能提取上述四项内容。

【实训内容 21-4】保险公司的财务报表

为了向保险公司现在和潜在的投资者、债权人、投保人、被保险人、保险公司经营管理者、保险监管机构以及保险信用评级机构提供各种有关保险公司业务经营、投资和偿付能力方面的信息，帮助他们合理地做出决策，保险公司必须按规定呈报财务报表。我国《保险公司会计制度》规定的会计报表有：资产负债表、利润表、现金流量表和利润分配表。资产负债表和现金流量表是反映保险公司财务状况的报表，利润表和利润分配表是反映保险公司经营成果的报表。

资产负债表

资产负债表是总括反映保险公司在某一特定日期财务状况的会计报表。它是保险公司会计报表体系中最主要的一种报表。资产负债表作为一种静态会计报表可以帮助报表使用者全面了解保险公司的财务状况，分析保险公司的债务偿还能力，为其合理决策提供参考。

资产负债表的基本结构是以会计平衡公式："资产＝负债＋所有者权益"为理论基础的。资产负债表的格式主要有账户式和报告式两种。根据我国《保险公司会计制度》的规定，保险公司资产负债表一般采用账户式。账户式资产负债表的左方是保险公司的资产项目，反映保险公司所拥有的各种资产以及保险公司偿还债务的能力。全部项目按资产的流动性大小的顺序排列，"现金""银行存款""短期投资"等流动性大的资产排在前面，"长期投资""固定资产"等流动性小的项目排在后面。资产负债表的右方是负债项目和所有者权益项目。负债项目显示了保险公司长短期负债的数量和偿还期限的长短。所有者权益项目反映了保险公司投资者对本公司资产所拥有的权益。负债和所有者权益项目分为"流动负债""长期负债"和"所有者权益"三大项，按照对保险公司资产求偿权的先后以及偿债期限的长短顺序排列。不同时期资产负债表中相同项目的纵向对比和不同项目的横向对比，可以客观地反映保险公司财务状况的发展趋势。虽然资产负债表反映了保险公司在某一特定日期的资产、负债和所有者权益的总量与结构，但并没有说明保险公司资产、负债和所有者权益发生变动的原因。

保险公司的利润表

利润表是反映保险公司在一定时期内的经营成果及其形成情况的会计报表，它是保险会计报表体系中的一种主要报表。

利润作为保险公司经营业绩的综合反映和利润分配的主要依据，通过分析利润表，可以从总体上了解保险公司收入、成本和费用以及净利润的实现和构成情况，分析保险公司的盈利能力和利润的未来发展趋势，发现保险公司在经营和管理过程中潜在的风险和存在的问题，为保险公司加强经营管理和提高经济效益提供参考。我国保险公司利润表是依照会计配比原则编制的，为了便于分析保险公司的经营情况，详尽反映公司的损益，预测保险公司今后的盈利能力，利润表采用多步式报表，即将损益的计算分解为多个层次。第一层次是计算承保利润。承保利润等于保险业务收入减去保险业务支出和准备金提转差。第二层次是计算营业利润。营业利润等于承保利润加上投资收益。利息收入、其他收入和汇兑收益减去利息支出和其他支出。第三层次是计算出利润总额。利润总额等于营业利润加上营业外收入减去营业外支出。最后一层是计算净利润（或亏损）。净利润等于利润总额减去所得税。

保险公司的现金流量表

现金流量是指保险公司现金和现金等价物的流入和流出。现金是指广义上的现金，包括保险公司的库存现金，随时可用于支付的存款以及现金等价物等。现金等价物是指保险公司持有的期限短、流动性强、可转换为已知金额的、价值变动风险很小的投资。现金流量表作为一种动态报表，反映了保险公司在一定会计期间现金流入和现金流出的动态财务信息的会计报表。由于现金流量表通过现金的流入和流出反映了保险公司在一定期间内的经营活动、投资活动和筹资活动的动态情况。因此，现金流量表的编制有助于预测保险公司未来的现金流量，为保险公司的编制现金流量计划创造条件；为投资者、债权人和投保人做出投资、信贷和投保决策提供必要的信息。现金流量表还有助于评价保险公司的偿付能力和资金周转能力。通过分析现金流量表中所反映的现金流量信息，可以了解保险公司真实的财务状况以及潜伏的财务风险，为保险监管提供依据。

现金流量表的编制是按照“现金流入 - 现金流出 = 现金流量净额”等式的要求具体编排的。现金流量表由经营活动产生的现金流量、投资活动产生的现金流量、筹资活动产生的现金流量、汇率变动对现金的影响额以及现金流量净增加额等五部分构成。经营活动、投资活动和筹资活动产生的现金流量分为现金流入和现金流出。现金流量净增加额由现金流入减去现金流出得出。

利润分配表

利润分配表是反映保险公司利润分配情况以及年末未分配利润结余情况的报表。它是利润表的一张附属表，但是通过利润分配表的分析，可以清楚地了解保险公司的经营成果、资金积累以及投资者的所得，为保险公司经营决策者提供参考资料。

保险公司的利润分配表的主要项目有净利润、可供分配利润、可供投资者分配利润和未分配利润四项。利润分配表的结构采用多步式结构，第一步是计算可供分配的利润，它是由净利润加上年初未分配利润以及盈余公积转入数；第二步是可供投资者分配利润，它是由可供分配的利润，减去提取的法定公积金、法定公益金、总准备金、任意公积金后的余额；第三步是计算年末结余的未分配利润，它是由可供投资者分配的利润减去应付利润的差额。

资产负债表、利润表和现金流量表作为保险公司对外提供的会计报表，从不同角度反映了保险公司的财务状况、经营成果和现金流量。资产负债表总括反映了保险公司经营活动对资产、负债、所有者权益的影响结果在某一时点的状况，但没有说明保险公司资产、负债和所有者权益发生变化的原因。利润表总括反映保险公司在一定时期的经营规模和经营成果，从一定程度上说明了保险公司财务状况变动的原因。但是利润表没有提供保险公司经营活动、投资活动中引起的现金流入和现金流出信息。如果只分析保险公司的资产负债表和利润表，并不能全面反映保险公司的经营活动和财务活动对财务状况变动的影响以及财务状况变动的原因。唯有编制现金流量表才能反映保险公司现金流入和现金流出的原因和全貌，才能从动态的角度了解保险公司在经营活动、投资活动和筹资活动过程中的现金流量变化的财务信息。因此，现金流量表起到了对资产负债表和利润表补充说明的作用。

【实训任务 21-1】保险公司财务报表分析

表 21-1　某保险公司比较资产负债表　（单位：人民币元）

项目	2002-12-31	2001-12-31
流动资产：		
货币资金	43 366 465.00	70 980 839.53
短期投资	550 000.00	100 000.00
应收利息	38 996 075.00	24 368 285.68
应收保费	912 765.40	560 774.03
预付赔款	35 909 605.41	18 761 367.39
保户质押贷款	22 446，496.40	15 054 673.52
其他应收款	72 715 935.13	72 390 715.72
流动资产合计	214 897 342.34	202 216 655.87
长期投资：		
长期股权投资	2 000 000.00	2 000 000.00
长期投资合计	2 000 000.00	2 000 000.00
固定资产：		
固定资产原价	246 359 958.05	128 021 445.84
减：累计折旧	49 353 356.27	35 246 061.02
固定资产净值	197 006 601.78	92 775 384.82
固定资产净额	197 006 601.78	92 775 384.82
工程物资	15 942 262.02	36 781 562.26
在建工程	61 801 190.94	98 291 319.66
固定资产合计	274 750 054.74	227 848 266.74
无形资产及其他资产：		
存出资本保证金		257 632.56
无形资产及其他资产合计		257 632.56
资产总计	491 647 397.08	432 322 555.17
流动负债：		
卖出回购证券款	88 395 168.00	40 000 000.00
应付佣金	9 000 000.00	
未决赔款准备金	33 755 859.56	31 536 024.27
预收保费	5 629 945.12	10 820 377.69
应付工资	6 561 346.57	5 416 584.77
应付福利费	3 604 538.64	2 844 876.43
未到期责任准备金	40 398 356.07	30 978 000.00
应交税金	−4 644 066.95	−128 541.80
其他应交款		
其他应付款	3 763 189.39	2 922 301.03
预提费用	100 246.19	120 287.54
一年内到期的长期负债	10 018 755.00	

（续）

项目	2002-12-31	2001-12-31
流动负债合计	196 583 337.59	124 509 909.93
长期负债：		
寿险责任准备金	67 626 596.25	78 885 099.37
长期负债合计	67 626 596.25	78 885 099.37
负债合计	264 209 933.84	203 395 009.30
少数股东权益	36 830 278.54	37 308 715.00
股东权益：		
股本	103 260 000.00	103 260 000.00
股本净额	103 260 000.00	103 260 000.00
资本公积	30 503 111.54	30 503 111.54
盈余公积	37 896 048.77	33 957 377.78
总准备金	18 948 024.39	16 978 688.89
未分配利润	0	6 919 652.66
股东权益合计	190 607 184.70	191 618 830.87
负债和股东权益总计	491 647 397.08	432 322 555.17

要求：

每人根据以上保险公司的资产负债表资料，结合我们所学的趋势分析与结构分析的方法，分析 2001 ～ 2002 年度该公司的财务状况及其变动情况，写一篇财务分析（字数不少于 800 字）。

第二十二章

实验四　保险礼仪实训

第一节　实验目的和内容

一、实训目的

（1）掌握规范的行业礼仪知识，快速提高个人素质及服务意识。

（2）增强对客户服务的尊重程度，提升服务单位的整体企业形象。

二、实训内容

（1）仪容礼仪。

（2）仪态礼仪。

（3）职场礼仪。

三、实训资料和实验步骤

（一）实训资料准备

（1）场地准备：配备电脑的保险实训实验室。

（2）教学资料准备：多媒体课件。

（二）实验步骤

（1）教师课堂讲授。

（2）学生展示：自由组合，全班分为若干个小组，每组人数为 3 ～ 5 人，设小组长一名。以小组为单位展示。

第二节　保险礼仪操作实训

【实训内容 22-1】仪表礼仪

仪容整洁礼仪

仪容主要是指一个人的容貌，包括头发、脸庞、耳朵、眼睛、鼻子、嘴巴等。仪容的整洁与否反映了一个人的精神面貌。我们每个人要时时刻刻保持仪容整洁。

口腔的清洁

保持口腔清洁，是当今社会交往所必需的。有些人有口臭的毛病，当与人对面注意闭嘴呼吸，避免呼出的不良气味影响到他人。与人交往时要保持一定的距离，别凑到他人身边去。如必须在人耳边低声交谈，应用手加以掩盖，必要时可以用口香糖除口腔异味。但应指出，在别人的面前嚼口香糖是不礼貌的，特别要避免与人一边说话一边嚼口香糖。

胡须的清洁

依据我国当代风俗，男子不应蓄胡须，胡须最好每天剃一次。胡须比较多的人，活动时，事先也应刮一次。特别要指出的是，不可以当众剃须，更不可以在人前一根根地拔胡须，这既不文明又不卫生。

手的清洁

在人的仪表中，手占有重要的位置。手的清洁与否能反映出一个人的修养与卫生习惯，所以要随时清洗自己的手。指甲要及时修剪整齐，但不要在任何公众场合修剪指甲，这是不文明、不礼貌的举止。同时要保持干净，最好不要留长指甲。

脚部的清洁

脚部的清洁要十分重视脚部的卫生护理。要常洗脚，常换袜，尤其是汗脚，更要保持袜子的清洁，以免脚臭引起他人讨厌和自己难堪。

服装鞋帽的整洁

在任何情况下，服饰都应该是干净整洁的，不能沾有污渍，衣领和袖口处尤其要注意。服装应该是平整的，扣子应齐全，不能有开线的地方，更不能有破洞。内衣亦应该勤洗勤换，特别是西服衬衫，尤其要非常洁净。

穿皮鞋应该经常打油，保持鞋面光亮，注意不要在别人面前擦皮鞋。袜子也要经常洗换，特别是汗脚的人，更要注意袜子的清洁。

化妆的礼仪

化妆，是一种通过对美容用品的使用，来修饰自己的仪容，美化自我形象的行为。简单地说，化妆就是有意识、有步骤地来为自己美容。

化妆可使人变得楚楚动人，化妆的礼节则更能显示出一个人的修养。因此，化妆时，应遵循以下礼仪规范。

正式场合要化妆

当出席一个正式的场合时，女士应适当化妆，让自己容光焕发富有活力，不化妆则被视为失礼。男士也要进行面容的适当修饰，如刮干净胡须等。

不要在公共场所化妆

女士在公共场所之下化妆是非常失礼的。这样做既可能有碍于人，也不尊重自己。如果真的有必要化妆或进行修饰的话，要在化妆间或无人的地方去做，切莫当众化妆。

不要在男士面前化妆

女士化妆一定要避开男士，特别是不能当着男同事的面化妆。

不要非议他人的化妆

由于民族、肤色和个人文化修养的差异，每个人的化妆不可能都是一样的。因此，既不要少见多怪，也不要以为自己的化妆才是最好的。对外宾的化妆尤其不要指指点点，也不要同外宾切磋化妆术。

不要借用他人的化妆品

当你看见新的化妆品或是有时可能忘了带上化妆盒，除非化妆品的主人心甘情愿为自己提供方便，否则千万不要借用别人的化妆品，因为这是极不卫生的，也很不礼貌。

【实训内容 22-2】仪态礼仪

仪态，又称体态，是指人的风度和身体姿态。优良的仪态礼仪表情达意往往比语言更让人感到真实、生动。

站姿

站姿是指人的双腿在直立静止状态下所呈现出的姿势。得体站姿的基本要点是：双腿基本并拢，双脚呈 45 度～ 60 度夹角，身体直立，挺胸，抬头，收腹，平视。

在日常的社交礼仪中，养成良好的站姿还需注意以下礼仪规范：

不论男女，站姿切忌缩颈、探脖、耸肩、含胸、驼背、腆肚、撅臀。站立时不要无精打采地东倒西歪、耸肩勾背，或者懒洋洋地倚靠在墙上或椅子上，更不可双腿弯曲或不停地颤抖。在庄重场合下，双手不可插在衣兜或裤袋里，不可交叉在胸前，更不可下意识地做小动作。

行姿

行姿是指一个人在行走过程中的姿势，也可叫作走姿。得体的行姿最基本的要点是：抬头挺胸，上身直立，双肩端平，两臂与双腿成反相位自然交替甩动，手指自然弯曲，身体中心略微前倾。

女士在较正式的场合中的行路轨迹应该是一条线，即行走时两脚内侧在一条直线上，两膝内侧相碰，收腰提臀挺胸收腹，肩外展，头正颈直收下颌。男士在较正式的场合中的行路轨迹应该是两条线，即行走时两脚的内侧应是在两条直线上。

关于走姿，还应了解一些在一些特殊场合下走姿的礼仪要求。如走进会场，步伐要稳健、大方；探望病人，脚步应轻而柔；参加吊丧活动，步态要缓慢、沉重，等等。

坐姿

坐姿是举止的主要内容之一。端庄优美的坐姿，会给人以文雅、稳重、自然大方的美感。坐姿的基本要求是：轻盈、和缓、平稳、从容自如。

落座之前，先要环视周围，看看长辈、领导及至女士们是否已经落座，不要自己抢在尊长之前先坐下。在西方，还有从左侧入座、离座，男士要帮助女士入座的传统。

入座时注意动作要轻盈舒缓，从容自如。落座的声音要轻，不要猛地蹲坐，也不要忽地坐下，以免给人一种缺乏教养或赌气的感觉。

坐姿最忌讳的是弓腰曲背，两腿摇抖。落座时要保持上身挺直，不要耷拉肩膀，含胸驼背，不要摆弄手指，不要拉衣服，不要抠鼻子，不要掏耳朵，不要把脚跨在椅子或沙发扶手上、架在茶几上，也不要两腿笔直地向前伸。女士切忌双腿分开和高跷“二郎腿”；穿裙子时切忌衬裙露出，以侧坐为美。

总之，坐姿要求端庄大方、舒适自然。

表情仪态

表情是思想感情的自然外露，它是通过人的面部情态表现出来的。真诚的微笑和坦诚的眼神就像无声的语言默默地传达着信息，表情礼仪探讨的正是眼神、笑容等方面的问题。

眼神

眼神，是最富有感染力的表情语言。眼神的交流是人类文明长期进化的成果之一，也是人们内心世界丰富的感情流露。

一个良好的交际形象目光是坦然、亲切、和蔼、有神的。特别是在与人交谈时，目光应该注视对方，不应该躲闪或者游移不定。人际交往中诸如呆滞的、漠然的、疲倦的、冰冷的、惊慌的、敌视的、轻蔑的、左顾右盼的目光都是应该避免的，更不要对人上下打量，挤眉弄眼。

微笑

“相逢开口笑”是一种常用的见面礼节，它使人觉得和蔼、可亲、文明，也是“仪表吸引”的一个构成要素。

微笑应是发自内心、渗透感情、自然流露的表情。轻松友善的微笑，要自然、美好、真诚，切忌虚假造作、故作欢颜、曲意奉承。

另外，在融洽的气氛中，当对方向自己笑时，要有所回应，这也是最起码的礼貌。

手势仪态

手势是人们交往时不可缺少的动作，是最有表现力的一种体态语言。手势的运用要规范适度，简洁明确，自然亲切。

使用手势礼仪

手指伸直并拢，手臂呈一条直线，肘关节自然弯曲，掌心向斜上方；手势的上界不要超过对方的视线，手势下界不要低于胸区；手势的左右摆范围不要太宽，应在人的胸前或右方进行，摆时欲扬先抑，欲左先右，欲上先下；使用手势动作宜亲切自然，手势的曲线宜软不宜硬，动作表现要慢，切忌快猛；注意不能掌心向下，不能攥紧拳头，也不能用手指点。

使用手势应该注意的问题

（1）手势的运用要规范和适度。与人谈话时，手势不宜过多，动作不宜过大，要给人以优雅、含蓄和彬彬有礼的感觉。一般认为，掌心向上的手势有一种诚恳、尊重他人的含义。掌心向下的手势意味着不够坦率、缺乏诚意等。攥紧拳头暗示进攻和自卫，也表示愤怒。伸出手指来指点，是引起别人注意，含有教训人的意味。在指路、指示方向时应注意手指自然并拢，掌心向上，以肘关节为支点指示目标，切忌伸出食指来指点。

（2）用手指点他人的手势是不礼貌的。在任何情况下，都不要用大拇指指自己的鼻尖和用手指点他人。谈到自己时应用手掌轻按自己的左胸，那样会显得端庄、大方、可信。

（3）介绍某人、为某人指示方向、请人做某事时，应该掌心向上，即把手臂伸平，手指自然并拢，掌心向上，以肘关节为轴，上身稍向前倾，以示敬重。这种手势被人认为是诚恳、恭敬、有礼貌的。

【实训内容 22-3】着装与服饰礼仪

随着礼仪从简趋势的发展，许多国家对服饰的要求也有逐渐简化的趋势。现在人们对于服装的要求，着装合身、得体、舒适、美观、大方，讲究适合自己的身份、年龄、性格和场合。

西装

西装是一种国际流行、经久不衰的服装，是男性服装中最受欢迎也最受看的一种。它样式美观大方，穿着方便简捷，显得潇洒精神，适应场合很广。穿西装需注意如下礼仪。

必须合体

领子应紧贴衬衣领口而且领口低于衬衣，袖子的长度以达到手腕为宜，西装衬衣的袖长应比上衣袖长点，胸围以穿一件羊毛衫后松紧适中为宜。要特别注意后背不起吊，也就是使上衣的下摆线与地面平行。

必须整洁笔挺

西装必须干净、笔挺，袖口不应向上翻卷。

配好衬衫

西装必须穿长袖衬衣，并将衬衣的纽扣扣好，领口一定要硬实、挺括，外露的部分一定要平整干净。衬衣下摆要掖在裤子里。衬衣的领子和袖口要干净。

系好领带

凡在比较庄严、正规的场合，穿西装都须系领带。领带的长度以到皮带扣处为佳，色彩和图纹则可依西装色彩搭配，一般以冷暖色相间为好。领带夹一般在第四个扣和第五个扣之间。正式隆重场合要系黑领结或白领结。

必须穿皮鞋

不论男女，穿西装必须配皮鞋，西服一般配黑色硬底皮鞋。皮鞋无论新旧，保持鞋面的清洁是第一位的，参加重大公共活动特别是涉外交际活动前一定要擦皮鞋，这是对宾客的尊重。

中山装和旗袍

（1）穿中山装时，应将前门襟扣、领扣、袋盖扣全部扣好；口袋内不宜放置杂物，以保持平整笔挺；着中山装时还要注意上下身衣料、颜色应一致，质地要考究。可以穿擦亮的黑色皮鞋，亦可穿洁净的布鞋。

（2）作为礼服的旗袍，最好是单一的颜色，面料以典雅华丽、柔美挺括的织锦缎、古香缎和金丝绒为佳；在隆重的正式场合，旗袍长度最好达到脚背；开衩的高度，原则上应在膝盖以上、大腿中部以下；穿旗袍可配高跟或半高跟皮鞋，也可穿面料高级、制作考究的布鞋。

牛仔装

穿牛仔装时一定要注意场合，一般出席正式场合时不能穿牛仔装，而在休闲、郊游等场合时，穿牛仔装则是最佳的选择。

风衣

风衣是大衣的一种。在正式场合一般不宜穿风衣。在其他场合，风衣可使人增加不少潇洒的风采。穿风衣时让领子竖起七分高，腰带随意缚上，最下面的纽扣可以松开。

男士服饰礼仪

围巾

男士在上班时，或在较正式的场合应该选用棕色、灰色、深蓝色的围巾，酱紫色也可以。进入室内后，应将围巾连同外衣、帽子一齐脱下。注意男士任何时候在室内都不可以戴围巾、帽子、手套。

手帕

男士应该配备有手帕。男士的手帕分装饰用和普通用两种。装饰用手帕不可以当普通手帕使用。男士应该配有另一块整洁的手帕用来擦汗、擦手等。

鞋袜

适合男士穿着的皮鞋为黑色、深棕色和深咖啡色。黑色皮鞋可以和各色衣服相配，而且适用于各种场合。最正规的男士皮鞋为系带式。个子矮的男士，鞋跟可以适当加高。在工作场合，穿西装配穿的袜子应该是深色的。绝对不可以穿很短的、松松垮垮的袜子。坐下来的时候，露出腿上的汗毛是不雅观的，袜子上不应有破洞。若是穿旅游鞋，最好穿便装或是牛仔服，不要穿西装。

包

男士的手提包或是公文包上不宜带有装饰物，以深棕色或黑色为宜。

伞

男士用的伞应该是黑色的不折叠的伞。当然，若为方便使用，折叠伞也可以。

笔

职业男士最少应该携带一支笔，应插在西装上衣内侧口袋中。

女士服饰礼仪

帽子

根据服饰礼仪要求，女士在参加正式的仪式时，要戴上与自己服装相般配的帽子。在公务活动中，通常在室内不宜戴帽子，尤其不宜戴装饰性过强的帽子；在社交活动中，女士在室内允许戴帽子，但在对长者表示敬意时或在看演出时，应把帽子暂时摘下来。

围巾

女士的围巾应与服装协调。若是服装色彩单纯，或是色彩较为暗淡，应该用花色围巾。若服装本身很花哨，则应选择素色的围巾。女士的围巾应与体型协调：个子高的人，围巾宜大一些；身材纤细的人，围巾宜小一些。

腰带

作为男女共同的装饰物，腰带的选择也要考虑身材。小个子系细腰带，身材高大而腰部细者系宽带；上身较长的人应该用较宽的腰带，且向上系腰带，上身较短的人则应该把腰带向下系；腰较粗的人不宜使用闪亮的金属腰带，也不宜使用颜色过艳的腰带，而使用深色、中等宽度的腰带则比较合适。

鞋袜

女士的皮鞋从色彩上讲适应最广的也是黑色。若是经济条件许可，可以多配几双不同色彩的皮鞋与不同色彩、款式的服装搭配。应该注意的是腿根粗的人不宜穿细高跟的皮鞋；腿根细的人，不宜穿粗鞋跟的鞋；X 型腿或是 O 型腿的人，不宜穿高跟鞋。身穿新款时装，脚蹬旅游鞋或是黑布鞋也显得不伦不类。女士的袜子也应该搭配好，若穿裙装应配高筒袜，其颜色最好是用肉色的，它可以与各色衣裙搭配。腿太细的人不宜穿黑色的长袜，那样腿会显得更细。

腿粗的人不宜穿白色长袜，那样腿会显得更粗。需要注意的是，浅色的衣服配黑色的长裤是错误的，带有大花纹的袜子穿到正式场合是不得体的。袜子的长短应该以裙子的下摆掩盖住袜子为好，连裤袜更好。

佩戴首饰

首饰是指宝石、戒指、耳环、项链及其挂件、手镯、手链、足链、胸针等饰物，它是服装美感的一种延伸。首饰选配得当，会使人增添魅力，但若使用不当，则会影响服饰的整体美。首饰的选配应当与场合、身材、脸型、服装、身份协调。

1. 耳环

佩戴耳环要与脸型相适应。圆脸型的人适宜选用链式耳环，不要戴又大又圆的耳环；方脸型的人适宜选用小耳环，不要戴过于宽的耳环；长脸形的人适宜选用宽宽大大的耳环，不要戴过长而且下垂的耳环。肤色深的人宜用浅色耳环；肤色浅者宜用深色耳环。

2. 项链

佩戴项链时，要注意与个人条件相配。脖子细长的女性适宜戴较细的项链；尖型脸或瓜子脸的女性，可选择较细、较短、秀气的项链；方型脸或圆脸的女性，宜选细长些的项链。

佩戴项链还要注意与服装相配。一般说穿运动便装或是工作服不应佩戴大耳环之类的饰物。艳丽的衣裙宜配简洁的项链，素色的衣裙则可配色泽明艳款式别致的项链。身着旗袍或彩裙时，配系的项链不仅要注意长短，还要考虑与其衣色、衣式是否相宜的问题。

3. 戒指

戒指一般只戴一枚，而且戴在左手上。戒指有宽有窄，镶的宝石也有大有小。年轻女性或少女戴戒指，以整镶大块宝石为佳。中年女性可戴大块宝石或小碎宝石拼镶的戒指。不要一次戴两只戒指。短而粗的手指头不宜戴重而宽的戒指。

4. 手镯与手链

手镯与手链都是手腕部的装饰品。手镯一般戴在右手上。宝石镶的手镯应紧贴在手腕的上部，只有成对的手镯才能同时戴在手腕上。如果是短粗胖的手型，不宜戴宽手镯，戴手镯时不应同时戴手表。

最后，值得一提的是，在上班、运动或旅游时少戴首饰为好；晚宴、舞会或喜庆场合最适宜佩戴首饰；吊唁、丧礼场合只允许佩戴结婚戒指、珍珠项链等素色饰品。

【实训任务 22-1】

小组讨论

（1）谈一谈，在实际生活中，一个人该怎样保持自己的仪容整洁？

（2）女性在化妆时，需要遵守哪些礼仪规范？

（3）在仪态礼仪中，一个人的站姿、坐姿和行姿分别有哪些礼仪要求？

（4）简要阐述一个人的服饰礼仪包括哪些方面。

小组展示

【实训内容 22-4】职场行为礼仪

职场，是与人交往，与社会打交道的重要场所，也是实现人生价值的重要舞台。除了要遵守社会生活中的礼仪外，还要遵循一定的职场行为礼仪，因为在职场这个舞台上，你的一言一行、一举一动，都会对你的前途产生一定的影响。

致意礼节

致意是一种人们最为常用的礼节，表示问候、尊敬之意。随着现代生活节奏的加快，致意礼节逐渐成为日常人际交往中使用频率最高的一种礼节。它没有十分严格的模式与要求，但功效却是不可忽视的。通常用于相识的人或只有一面之交的人之间在各种场合打招呼。

致意时，应该诚心诚意，表情和蔼可亲。若毫无表情或精神萎靡不振，则会给人以不尊重对方的感觉。

点头礼

点头作为见面礼，大多适用于与对方不宜交谈的场合。例如，会议或会谈正在进行；行进在人声嘈杂的街道上，或是置身于影院、剧院等公交场合之中。与仅有一面之交者在营销商务交往相逢，或是与相识者在同一场合中多次见面时，可点头致意。在外交场合，遇到身份高的领导人，有礼貌地点头致意，表示欢迎。

点头礼操作要领：

（1）头部向下稍许晃动一两下，同时目视被致意者。不应把头高高扬起，用鼻孔“看”人，或是头部晃动的幅度过大、点头不止。

（2）点头时，要注意面带微笑。微笑即面含笑容，是不显著、不出声、不露齿的笑。在营销商务交往中，它可以替代其他见面礼向友人“打招呼”致意。具体而言，它可以用于同不相识者初次会面之时，也可以用于向在同一场合反复见面的老朋友“打招呼”。微笑的要旨是要求真诚、自然、朴实无华，否则会有悖于与人为善的初衷。

握手礼

握手礼是流行于许多国家的一种见面、离别、祝贺或致谢的礼节。这种礼节源于原始社会人们扔掉棍棒武器而相握结好的动作。

握手是人们在交往中彼此用于表达友好的常用的礼节。握手，也是营销人员在营销活动中的重要表达方式。握手的力量、姿势与时间的长短往往能够表达出对对方的态度，显露自己的个性，给人留下深刻印象。因为握手是一种语言，是一种无声的动作语言。

1. 握手的场合

一般来说，握手的场合很多：见面时握手、道别时握手、祝贺时握手、感激时握手、鼓励时握手、慰问时握手等。

2. 握手的方式

（1）控制式握手：握手时，手心向下握住对方的手，显示着一个人强烈的支配欲，用无声的语言告诉别人，他此时处于高人一等的地位。实验研究表明，地位显赫的人习惯用此方式。

（2）谦恭式握手：握手时，手心向上同他人握手，则显示出一个人的谦卑与恭敬，如果是伸出双手去捧接，就更是谦恭备至了。

（3）标准式握手：伸出右手，手心与身体处于垂直状态，身体微微向前倾斜，握手时，双目要注视对方，面带笑容，3 ～ 5 秒钟即可。

3. 握手的先后顺序

（1）应由主人、年长者、身份职位高者和女子先伸手；客人、年轻者、身份职位低者和男子见面时先问候，待对方伸手后再握。

（2）无论谁先向我们伸手，即使他忽视了握手礼的先后顺序而已经伸出了手，都应看作友好、问候的表示，应马上伸手相握；拒绝他人的握手是很不礼貌的。

4. 握手的时间把握

（1）握手时间的长短可根据握手双方亲密程度灵活掌握。

（2）初次见面时握手时间不宜太长，一般不要超过 5 秒钟。

（3）多人相聚的营销商务交往，不宜只与某一个人长时间握手，以免引起他人误会。

（4）切忌握住异性的手久久不松开。

（5）即使握同性的手，时间也不宜过长，以免对方欲罢不能。

5. 握手的体态表现

（1）与人握手，神态要专注、热情、友好，面带笑容。

（2）上身微微前倾，趋向于对方。

（3）应双目注视对方，让两手相握时，通过双方的目光形成一个情感的"闭合回路"。

（4）握手同时伴有问候语："你好！你好！""见到你很高兴！""欢迎您！恭喜您！""辛苦啦！"等。

6. 握手的禁忌

（1）不要坐着与人握手。除长者或女士，坐着与人握手是不礼貌的，只要有可能，都要起身站立。

（2）不可太用力。一般情况下，握一下即可。

（3）不要戴着手套或戴着墨镜，另一只手也不能放在口袋里。

（4）不能是左右晃动。握手应是双方相握的两手上下抖动。

（5）不宜发表长篇大论，点头哈腰，过分客套，这只会让对方不自在，不舒服。

（6）与阿拉伯人、印度人打交道，切忌用左手与他人握手。

（7）不要交叉握手。在多人同时握手时，当自己伸手时发现别人已伸手，应说声"对不起"，待别人握完后再伸手相握。交叉握手在通常情况下是一种失礼。

在丹麦人面前交叉握手，则会被看作最无礼也最不吉利的事情。

拱手礼

拱手礼，也叫作揖礼，已经有两三千年的历史了，从西周起就开始在同辈人见面、交往时采用了。古人通过程式化的礼仪，以自谦的方式表达对他人的敬意。拱手礼不仅是最能体现中国人文精神的见面礼节，而且也是最恰当的一种交往礼仪。

一般来说，拱手礼的姿势是：起身站立，上身挺直，两臂前伸，双手在胸前高举抱拳，右手抱左手，拱手齐眉，上下略摆动几下。

在我国，拱手致意通常用于以下场合：

（1）双方告别，互道珍重时可用拱手礼；有时向对方表示歉意，也可用拱手表示。

（2）婚礼、生日、庆功等喜庆场合，来宾也可以用拱手致意的方式向当事人表示祝贺。

（3）每逢重大节日，如春节等，邻居、朋友、同事见面时，常拱手为礼，以表祝愿；团拜会上，大家欢聚一堂，互相祝愿，常以拱手致意。

拱手致意时，往往与寒暄语同时进行，如“节日快乐”“后会有期”“恭喜”“久仰”“请多多关照”等。

鞠躬礼

鞠躬，本来意为不抵抗，相见时把视线移开，郑重地把头低下，告诉对方“我对你不怀有敌意”。用鞠躬表示敬意是产生于后来的事，表示对他人敬重的一种礼节。

鞠躬礼既适用于庄严肃穆、喜庆欢乐的仪式，也适用于一般的社交场合。在一般的社交场合，晚辈对长辈、学生对老师、下级对上级、表演者对观众等都可行鞠躬礼。领奖人上台领奖时，向授奖者及全体与会者鞠躬行礼；演员谢幕时，对观众的掌声常以鞠躬致谢；演讲者也用鞠躬来表示对听众的敬意。

1. 鞠躬的方式

（1）行鞠躬礼时，须脱帽、呈立正姿势，脸带笑容，目视受礼者。男士双手自然下垂，贴放身体两侧裤线处，女士的双手下垂搭藏在腹前。

（2）然后上身前倾弯腰，下弯的幅度可根据施礼对象和场合决定鞠躬的度数，一般为60度，90度大鞠躬常用于特殊情况。

2. 鞠躬的禁忌

（1）切忌边工作边鞠躬；

（2）鞠躬不可速度太快；

（3）切忌上身不动，只膝盖处弯曲，歪歪头；

（4）切忌一边摇晃着身体一边鞠躬；

（5）切忌边看着对方边鞠躬，这是十分不雅的；

（6）不可连续地、重复施礼，鞠躬一次即可。

拥抱礼

拥抱礼是流行于欧美的一种见面礼节。其他地区的一些国家，特别是现代的上层社会中，亦行有此礼。

拥抱礼多行于官方或民间迎送宾朋或祝贺致谢等场合。行礼时，通常是两人相对而立，各自左臂偏上，右臂偏下，右手环抚于对方的左后肩，左手环抚于对方的右后腰，彼此将胸部各向左倾而紧紧相抱，并头部相贴，然后再向右倾而相抱，接着再做一次左倾拥抱。当代，许多国家的涉外迎送仪式中，多行此礼。

阿拉伯人一般不以握手为礼，而行拥抱礼，但仅限于同性之间使用。巴基斯坦人常以拥抱为礼，其拥抱的方式也很独特，他们不像大多数人通常只是象征性地拥抱一下即可，而是先头靠左边拥抱一次，再靠右边拥抱一次，又再左边一次，如此三遍。此礼只限于同性之间使用。至于妇女之间的见面礼，首先彼此间相互拥抱后，停留良许，接着是一阵频繁亲吻对方双颊和额头，然后再抱，再吻，如此三遍。

【实训任务22-2】

对职场礼仪进行小组展示

【实训内容 22-5】介绍礼仪

在日常工作当中，只要双方见面就少不了介绍这一环节。注意介绍的礼节具体的表现。如何使双方正确记住对方的姓名和相关情况是介绍者的责任。

自我介绍

自我介绍，就是在必要的社交场合，把自己介绍给其他人，以使对方认识自己。恰当的自我介绍，不但能增进他人对自己的了解，而且还可以创造出意料之外的商机。

把握时机

在商务场合，如遇到下列情况时，自我介绍就是很有必要的。

（1）与不相识者相处一室。

（2）不相识者对自己很有兴趣。

（3）他人请求自己作自我介绍。

（4）在聚会上与身边的陌生人共处。

（5）求助的对象对自己不甚了解，或一无所知。

（6）前往陌生单位，进行业务联系时。

（7）在旅途中与他人不期而遇而又有必要与人接触。

（8）初次登门拜访不相识的人。

（9）初次利用大众传媒，如报纸、杂志、广播、电视、电影、标语、传单，向社会公众进行自我推介、自我宣传时。

（10）利用社交媒介，如信函、电话、电报、传真、电子信函，与其他不相识者进行联络时。

介绍方式

（1）工作式。工作式的自我介绍的内容，包括本人姓名、供职的单位以及部门、担负职务或从事的具体工作等事项。

（2）交流式。它是一种刻意寻求交往对象进一步交流的沟通，希望对方认识自己、了解自己、与自己建立联系的自我介绍。适用于在社交活动中，大体包括本人的姓名、工作、籍贯、学历、兴趣以及与交往对象的某些熟人的关系等。

（3）问答式。针对对方提出的问题，做出自己的回答。这种方式适用于应试、应聘和公务交往。在普遍性交际应酬场合，它也时有所见。

（4）礼仪式。这是一种表示对交往对象友好、敬意的自我介绍。适用于讲座、报告、演出、庆典、仪式等正规的场合。内容包括姓名、单位、职务等项。自我介绍时，还应多加入一些适当的谦辞、敬语，以示自己尊敬交往的对象。

（5）应酬式。这种自我介绍的方式最简洁，往往只包括姓名一项即可。它适合于一些公共场合和一般性的社交场合，如途中邂逅、宴会现场、舞会、通电话时。它的对象，主要是一般接触交往的人。

掌握分寸

（1）力求简洁，尽可能地节省时间。通常以半分钟左右为佳，如无特殊情况最好不要长于 1 分钟。为了提高效率，在进行自我介绍时，可利用名片、介绍信等资料加以辅助。

（2）在适当的时间进行。进行自我介绍，最好选择在对方有兴趣、有空闲、情绪好、干扰少、有要求之时。如果对方兴趣不高、工作很忙、干扰较大、心情不好、没有要求、休息用餐或正忙于其他交际之时，则不太适合进行自我介绍。

讲究态度和语言

（1）态度要保持自然、友善、亲切、随和，整体上讲求落落大方，笑容可掬。

（2）语气自然，语速正常，语言清晰。生硬冷漠的语气、过快过慢的语速，或者含糊不清的声音，都会严重影响自我形象。

（3）充满信心和勇气。忌讳妄自菲薄、心怀怯意。要敢于正视对方的双眼，显得胸有成竹，从容不迫。

追求真实

进行自我介绍时所表达的各项内容，一定要实事求是，真实可信。过分谦虚，一味贬低自己去讨好别人，或者自吹自擂，夸大其词，都是不足取的。

介绍他人

在人际交往活动中，经常需要在他人之间架起人际关系的桥梁。

介绍他人又称第三者介绍，是经第三者为彼此不相识的双方引见、介绍的一种交际方式。介绍他人，通常是双向的，即对被介绍者双方各自作一番介绍。有时，也进行单向的他人介绍，然后将介绍者介绍给另一方。

介绍他人，需要把握下列要点。

掌握介绍的方式

由于实际需用的不同，为他人作介绍时的方式也不尽相同。

（1）一般式。这也称标准式，以介绍双方的姓名、单位、职务等为主，适用于正式场合。例如，“请允许我来为两位引见一下。这位是安利公司营销部主任王小姐，这位是刘氏集团副总胡先生。”

（2）礼仪式。这是一种最为正规的他人介绍，适用于正式场合。其语气、表达、称呼上都更为规范和谦恭。例如，“方先生，您好！请允许我把深圳利格公司的执行总裁董亮先生介绍给您。”

（3）推荐式。介绍者经过精心准备再将某人举荐给某人，介绍者通常会对前者的优点加以重点介绍，通常适用于比较正规的场合。例如，“这位是刘洋先生，这位是天海公司的赵天海董事长。刘先生是经济学博士、管理学专家。赵总，我想您一定有兴趣和他聊聊吧。”

（4）引见式。介绍者所要做的，是将被介绍者双方引到一起即可，适用于普通场合。例如，“ OK，两位认识一下吧。大家其实都曾经在一个出版社共事，只是不是一个部门。接下来的，请自己说吧。”

（5）简单式。只介绍双方姓名一项，甚至只提到双方姓氏而已，适用一般的社交场合。例如，“我来为大家介绍一下：这位是胡总，这位是钱董。希望大家合作愉快。”

（6）附加式。这也可以叫强调式，用于强调其中一位被介绍者与介绍者之间的关系，以引起另一位被介绍者的重视。例如，“大家好！这位是远大公司的业务主管周小姐，这是小儿高星，请各位多多关照。”

了解介绍的顺序

根据商务礼仪规范，在处理为他人做介绍的问题上，必须遵守“尊者优先了解情况”的原则。先要确定双方地位的尊卑，然后先介绍位卑者，后介绍位尊者。这样，可使位尊者先了解位卑者的情况。

根据规则，为他人作介绍时的礼仪顺序大致有以下几种。

（1）介绍长辈与晚辈认识时，应先介绍晚辈，后介绍长辈。

（2）介绍女士与男士认识时，应先介绍男士，后介绍女士。

（3）介绍已婚者与未婚者认识时，应先介绍未婚者，后介绍已婚者。

（4）介绍上级与下级认识时，先介绍下级，后介绍上级。

（5）介绍同事、朋友与家人认识时，应先介绍家人，后介绍同事、朋友。

（6）介绍与会先到者与后来者认识时，应先介绍后来者，后介绍先到者。

（7）介绍来宾与主人认识时，应先介绍主人，后介绍来宾。

注意介绍时的细节

在介绍他人时，介绍者与被介绍者都要注意一些细节。

（1）介绍者为被介绍者作介绍之前，要先征求双方被介绍者的意见。

（2）被介绍者在介绍者询问自己是否有意认识某人时，一般应欣然表示接受。如果实在不愿意，应向介绍者说明缘由，取得谅解。

（3）当介绍者走上前来为被介绍者进行介绍时，被介绍者双方均应起身站立，面含微笑，大大方方地目视介绍者或者对方，要注意自己的态度。

（4）介绍者介绍完毕，被介绍者双方应依照合乎礼仪的顺序进行握手，并且彼此使用“您好”“很高兴认识您”“久仰大名”“幸会”等语句问候对方。

介绍他人认识，是人际沟通的重要组成部分。良好的合作，可能就是从这一刻开始。

介绍集体

介绍集体，实际上是介绍他人的一种特殊情况，它是指被介绍的一方或者双方不止一人的情况。介绍集体时，被介绍双方的先后顺序依旧至关重要。具体来说，介绍集体又可分为以下两种基本形式。

1. 单向式

所谓单向式，就是指当被介绍的双方一方为一个人、另一方为多个人组成的集体时，往往可以只把个人介绍给集体，而不必再向个人介绍集体。

2. 双向式

所谓双向式，是指被介绍的双方皆为一个由多人所组成的集体。在具体进行介绍时，双方的全体人员均应被正式介绍。它的常规做法是，应由主方负责人首先出面，依照主方在场者具体职务的高低，自高而低地依次对其进行介绍。接下来，再由客方负责人出面，依照客方在场者具体职务的高低，自高而低地依次对其进行介绍。

介绍后如何记住他人姓名

很多成功的推销员发现，一般人对自己的姓名都很关心。如果你记住了对方的名字，并且能轻易而准确地叫出他的名字，他便会对你产生莫名其妙的好感。相反，忘记或叫错、写错别人的名字，会使对方产生不快，进而对你产生不良的印象，这样你就在人际关系中处于一个不利的地位。

记住别人姓名有时并不是一件容易的事。

首先，记住对方的姓名时，注意力一定要高度集中，不要受当时环境因素和内心其他情绪的干扰；有时为了增强记忆，可以请对方本人或介绍人重复一遍。

其次，对于那些外在形象有一定特征，而且这些特征与他的姓名又似乎有一定关系的人，可以将其姓名脸谱化或将其身材形象化，采用“脸谱、形象记忆法”。

无论我们当时采用什么方法记忆，都不可能过目不忘，因此，我们很有必要把每次社交新结识的人的姓名记在我们的通讯录上，稍有闲暇时经常重复温习。这样，我们就很难忘掉我们的新朋友了。

所以，“记住别人”是交际谋略之一，因为只有记住别人，才能与别人进一步交往，发展友谊。常常把别人忘掉，别人还怎么有兴致与你交往？所以社交专家说，学会记住对方姓名吧，这是商务交往中通向成功的有效手段。

【实训任务 22-3】

小组成员扮演不同角色分别展示

【实训内容 22-5】名片礼仪

名片是当代社会不论私人交往还是公务往来中最经济实惠、最通用的介绍媒介，被人称作自我的“介绍信”和社交的“联谊卡”，具有证明身份、广交朋友、联络感情、表达情谊等多种功能。

交换名片的时机

遇到以下几种情况，需要将自己的名片递交他人，或与对方交换名片。

交换名片的时机是：

（1）希望认识对方；

（2）表示自己重视对方；

（3）被介绍给对方；

（4）对方想要自己的名片；

（5）提议交换名片；

（6）初次登门拜访对方；

（7）通知对方自己的变更情况；

（8）打算获得对方的名片。

碰上以下几种情况，则不必将自己的名片递给对方，或与对方交换名片：

（1）对方是陌生人；

（2）不想认识对方；

（3）不愿与对方深交；

（4）对方对自己并无兴趣；

（5）经常与对方见面；

（6）双方之间地位、身份、年龄悬殊。

当对方递给你名片之后，如果自己没有名片或没带名片，应当首先对对方表示歉意，再如实说明理由。

如何索取名片

不管公关也好，营销也好，见了客人要索取名片，一要保证把名片要过来；二要在“要”

的过程中，给别人留下良好印象。那么索取名片有一定的规则可循，可采用如下技巧：

（1）向对方提议交换名片；

（2）主动递上本人名片；

（3）询问对方："今后如何向您请教？"此法适于向尊长索取名片；

（4）询问对方："以后怎样与您联系？"此法适于向平辈或晚辈索要名片；

当他人索取本人名片，不想给对方时，应用委婉的方法表达此意。可以说"对不起，我忘了带名片"，或者"抱歉，我的名片用完了"。

若本人没有名片，又不想明说时，也可以用上述方法。

递交名片的礼节

你向别人索取了名片，同时你也要向别人递交你的名片，这样别人也会了解你，这叫作礼尚往来。在递交名片时，要注意以下几个要点。

1. 观察意愿

除非自己想主动与人结识，否则名片务必要在交往双方均有结识对方并欲建立联系的意愿的前提下发送。这种愿望往往会通过"幸会""认识你很高兴"等一类谦语以及表情、体姿等非语言符号体现出来。如果双方或一方并没有这种愿望，则无须发送名片，否则会有故意炫耀、强加于人之嫌。

2. 把握时机

发送名片要掌握适宜时机，只有在确有必要时发送名片，才会令名片发挥功效。发送名片一般应选择初识之际或分别之时，不宜过早或过迟。不要在用餐、戏剧、跳舞之时发送名片，也不要在大庭广众之下向多位陌生人发送名片。

3. 讲究顺序

双方交换名片时，应当首先由位低者向位高者发送名片，再由后者回复前者。但在多人之间递交名片时，不宜以职务高低决定发送顺序，切勿跳跃式进行发送，甚至遗漏其中某些人。最佳方法是由近而远、按顺时针或逆时针方向依次发送。

4. 先打招呼

递上名片前，应当先向接受名片者打个招呼，令对方有所准备。即可先做一下自我介绍，也可以说声"对不起，请稍候""可否交换一下名片"之类的提示语。

5. 表现谦恭

对于递交名片这一过程，应当表现得郑重其事。要起身站立主动走向对方，面含微笑，上体前倾15度左右，以双手或右手持握名片，举至胸前，并将名片正面面对对方，同时说声"请多多指教""欢迎前来拜访"等礼节性用语。切勿以左手持握名片。递交名片的整个过程应当谦逊有礼，郑重大方。

此外，在一般情况下，交换名片时，如果双方是坐着的，应当是起立或欠身递送。

接受名片的礼节

递交名片要讲究礼仪，接受名片也不例外。当接受客人名片时，一定要讲究礼貌。主要应当做好以下几点。

态度谦和

接受客人递过来的名片，要毕恭毕敬地用双手去接。要面带笑容，点头或道声"谢谢"。

使客人感到你对他的名片感兴趣，并对他的举动表示欢迎。

认真阅读

接受名片者应当礼貌地阅读名片上所显示的内容，必要时可从上到下、从正面到反面看一遍，以表示对赠送名片者的尊重，同时也加深了对名片的印象。切不可马马虎虎地用眼睛瞟一下，然后漫不经心地塞进衣袋，或随手弃置一旁，或拿在手中折来折去，这是对赠送名片者不尊重的举止。若对方名片上的内容有所不明，可当场请教对方。

精心存放

接到他人名片后，切勿将其随意乱丢乱放、乱揉乱折，而应将其谨慎地置于名片夹、公文包、办公桌或上衣口袋之内，且应与本人名片区别放置。注意，如客人名片放在桌子上，切不可在名片上放置别的东西，那会被认为是带侮辱性的行为。

有来有往

接受了他人的名片后，一般应当即回给对方一枚自己的名片。没有名片，名片用完了或者忘了带名片时，应向对方做出合理解释并致以歉意，切莫毫无反应。有时你想得到对方的名片，可对方没有给你，不要伸手去要，应以请求的口吻说："如果没有什么不方便的话，是否能给我一张名片？"

如何放置名片

接受了别人的名片，应如何放置呢？这里面也有一定的学问。

名片的放置

（1）放在名片夹里。随身携带的名片应使用较精致的名片夹，在着西装时，名片夹只能放在左胸内侧的口袋里。左胸是心脏的所在地，将名片放在靠近心脏的地方，其含义无疑是对对方的一种礼貌和尊重。不穿西装时，名片夹可放在自己随身携带的小手提包里。

（2）其他合适的地方。接到他人名片后，除了放在名片夹里，也可以将其谨慎地置于公文包、办公桌或上衣口袋内，且应与本人名片区别放置。如果将名片放置于其他口袋，甚至后侧裤袋里是一种很失礼的行为。

名片的管理

及时把所收到的名片加以分类整理收藏，以便今后使用方便。不要将它随意夹在书刊、文件中，更不能把它随便地扔在抽屉里面。若一次需要接受的名片很多，最好将人家的名片夹在一起，将自己的名片夹在一起，便于区分。

存放名片要讲究方式方法，做到有条不紊。推荐的方法有如下几个。

（1）按姓名拼音字母分类。

（2）按姓名笔划分类。

（3）按部门、专业分类。

（4）按国别、地区分类。

（5）输入商务通、电脑等电子设备中，使用其内置的分类方法。

名片是一个展现自己的小舞台，一定要充分认识和发挥它的功用。另外，对它的设计也多花一点心思。使别人对您的名片喜欢多一点，印象深一点。

第二十三章

实验五　保险统计分析业务实训

第一节　实验目的和内容

一、实验目的

（1）熟悉 Excel 2003 创建数据透视图和数据透视表的方法。

（2）掌握方差分析方法。

二、实验内容

销售业绩考核的结果可能受到多种因素的影响。例如，业务员个人因素（包括推销能力等）的差异、保险产品本身是否符合市场需求等。假设销售统计数据如表 23-1 所示。

（1）请尝试创建销售业绩数据透视表与数据透视图。

（2）请分析这五位业务员的个人因素是否显著影响销售业绩，以及产品属性本身是否显著影响销售业绩。

表 23-1　销售统计数据表　　（单位：万元）

业务员	保险产品一级分类	保险产品二级分类	原保费收入
甲	产品 1	产品 1-1	2.190
甲	产品 1	产品 1-2	0.365
甲	产品 1	产品 1-3	1.095
甲	产品 2	产品 2-1	1.380
甲	产品 2	产品 2-2	2.070
甲	产品 3	产品 3-1	2.506
甲	产品 3	产品 3-2	1.074
甲	产品 4	产品 4-1	2.592
甲	产品 4	产品 4-2	0.288
乙	产品 1	产品 1-1	1.050
乙	产品 1	产品 1-2	0.700
乙	产品 1	产品 1-3	1.750
乙	产品 2	产品 2-1	0.920
乙	产品 2	产品 2-2	2.760

（续）

业务员	保险产品一级分类	保险产品二级分类	原保费收入
乙	产品 3	产品 3-1	1.938
乙	产品 3	产品 3-2	1.292
乙	产品 4	产品 4-1	0.980
乙	产品 4	产品 4-2	1.820
丙	产品 1	产品 1-1	0.686
丙	产品 1	产品 1-2	1.715
丙	产品 1	产品 1-3	1.029
丙	产品 2	产品 2-1	1.089
丙	产品 2	产品 2-2	2.541
丙	产品 3	产品 3-1	2.118
丙	产品 3	产品 3-2	1.412
丙	产品 4	产品 4-1	2.682
丙	产品 4	产品 4-2	0.298
丁	产品 1	产品 1-1	1.870
丁	产品 1	产品 1-2	0.850
丁	产品 1	产品 1-3	0.680
丁	产品 2	产品 2-1	0.495
丁	产品 2	产品 2-2	2.805
丁	产品 3	产品 3-1	0.686
丁	产品 3	产品 3-2	2.744
丁	产品 4	产品 4-1	1.950
丁	产品 4	产品 4-2	0.650
戊	产品 1	产品 1-1	0.323
戊	产品 1	产品 1-2	1.615
戊	产品 1	产品 1-3	1.292
戊	产品 2	产品 2-1	1.998
戊	产品 2	产品 2-2	1.332
戊	产品 3	产品 3-1	0.924
戊	产品 3	产品 3-2	2.156
戊	产品 4	产品 4-1	1.639
戊	产品 4	产品 4-2	1.341

第二节 保险统计分析业务操作实训

【实训内容 23-1】保险理财规划

创建数据透视表与数据透视图

（1）建立数据清单，如图 23-1 所示。

（2）选中数据清单的任意一个单元格，并点击“数据”和“数据透视表和透视图”命令，如图 23-2 所示。

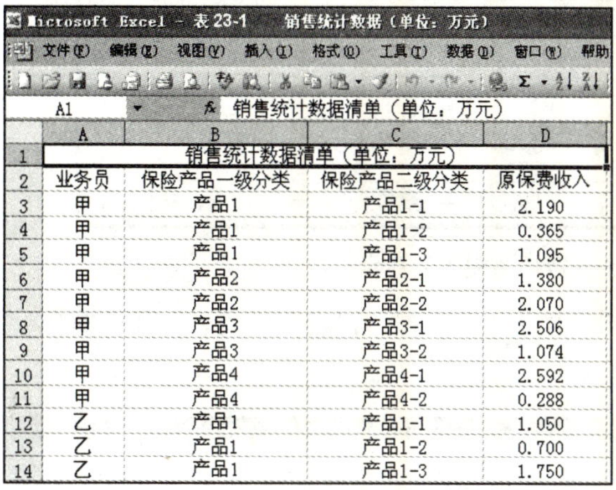

	A	B	C	D
1	销售统计数据清单（单位：万元）			
2	业务员	保险产品一级分类	保险产品二级分类	原保费收入
3	甲	产品1	产品1-1	2.190
4	甲	产品1	产品1-2	0.365
5	甲	产品1	产品1-3	1.095
6	甲	产品2	产品2-1	1.380
7	甲	产品2	产品2-2	2.070
8	甲	产品3	产品3-1	2.506
9	甲	产品3	产品3-2	1.074
10	甲	产品4	产品4-1	2.592
11	甲	产品4	产品4-2	0.288
12	乙	产品1	产品1-1	1.050
13	乙	产品1	产品1-2	0.700
14	乙	产品1	产品1-3	1.750

图 23-1　销售统计数据清单

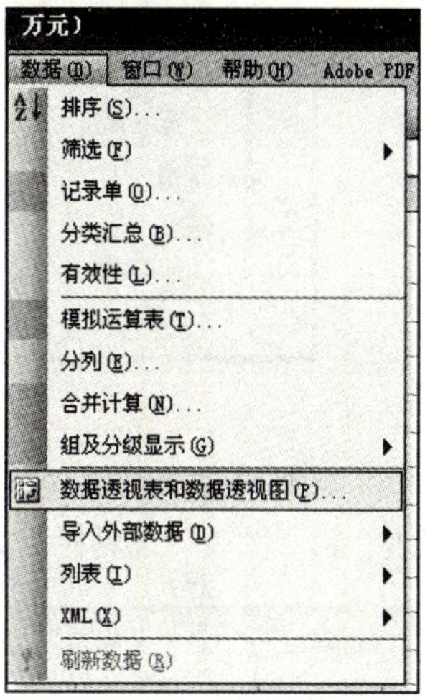

图 23-2　点击透视图、表命令

（3）弹出对话框，并选择“Microsoft Office Excel 数据列表或数据库”和“数据透视图（及数据透视表）”两个选项，如图 23-3 所示。然后，点击“下一步”按钮。

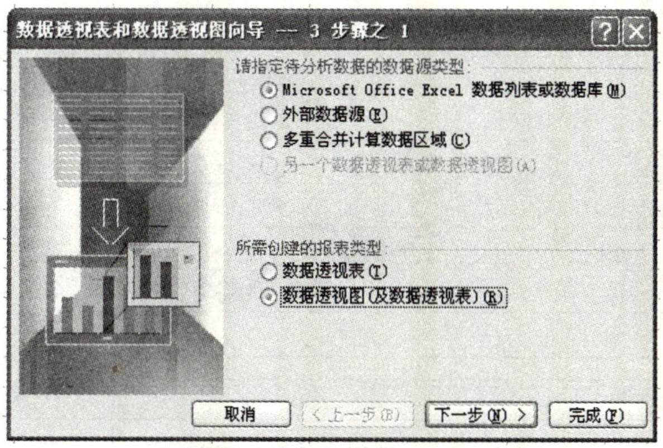

图 23-3　选择数据源类型及报表类型

（4）在弹出的对话框中，选择数据源区域，如图 23-4 所示。然后，点击“下一步”按钮。

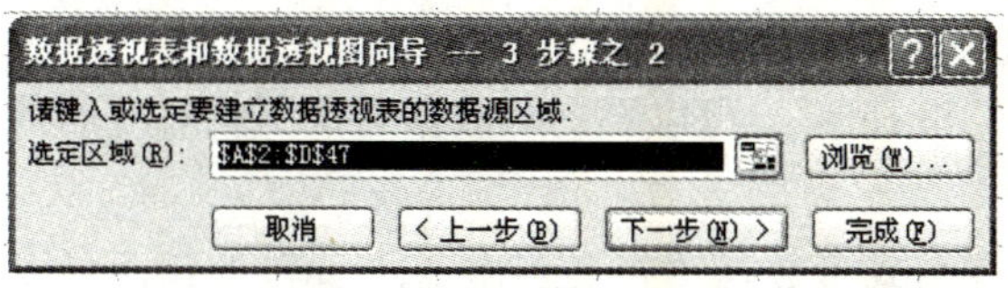

图 23-4　选择数据源区域

（5）在弹出的对话框中，选择“新建数据表”选项，如图 23-5 所示。然后，点击“完成”按钮。

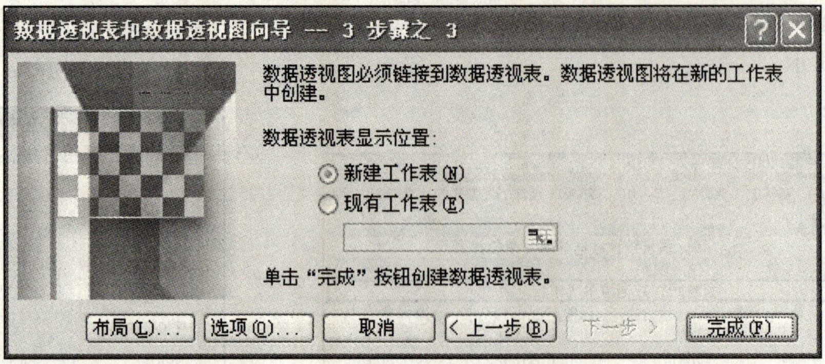

图 23-5　选择数据透视表的显示位置

（6）在数据透视图设置版式中，同时显示了“数据透视表字段列表”任务窗格、“数据透视表”和“图表”工具栏，如图 23-6 所示。

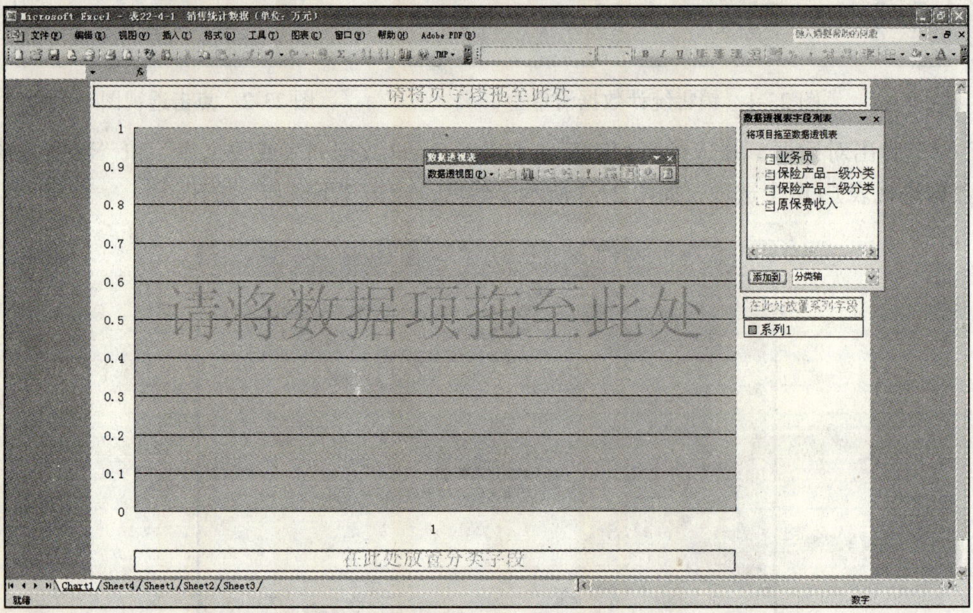

图 23-6　数据透视图设置版式

（7）将“数据透视表字段列表”任务窗格当中的“保险产品一级分类”字段拖放到“页字段”区域，将“业务员”字段拖放到“系列字段”区域，将“保险产品二级分类”字段拖放到“分类字段”，将“原保费收入”拖放到“数据项”区域，如图 23-7 所示。点击“ ”，将可以改变图表类型。

（8）点击工作表“ Sheet4”，可以看到与数据透视图相对应的数据透视表，如图 23-8 所示。

（9）点击数据透视图或者数据透视表当中的“ ”按钮，可以根据不同的研究目的在下拉列表框设置筛选数据的条件。一旦更改数据筛选条件，并点击数据筛选列表框的“确定”按钮之后，数据透视图和数据透视表将会依照新设置的数据筛选条件自动地完成调整。

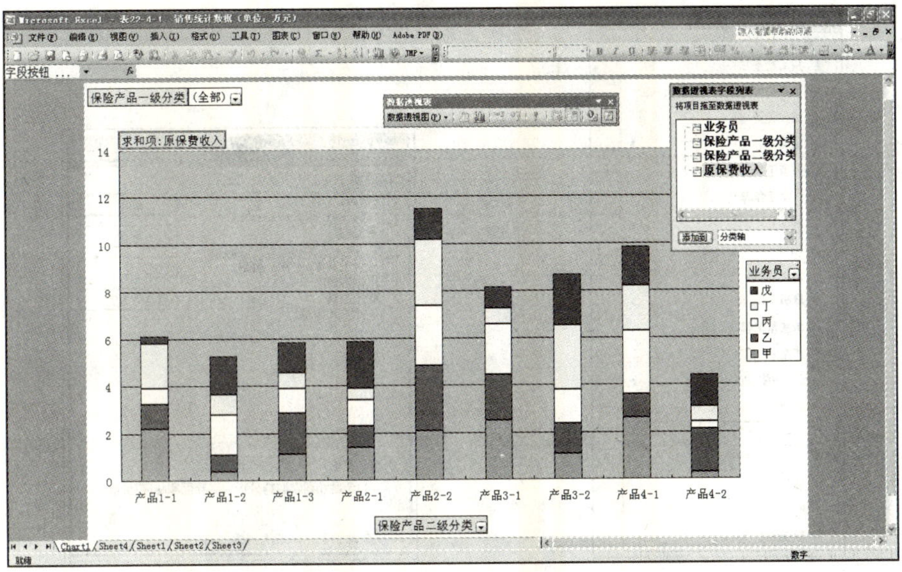

图 23-7　创建的数据透视图

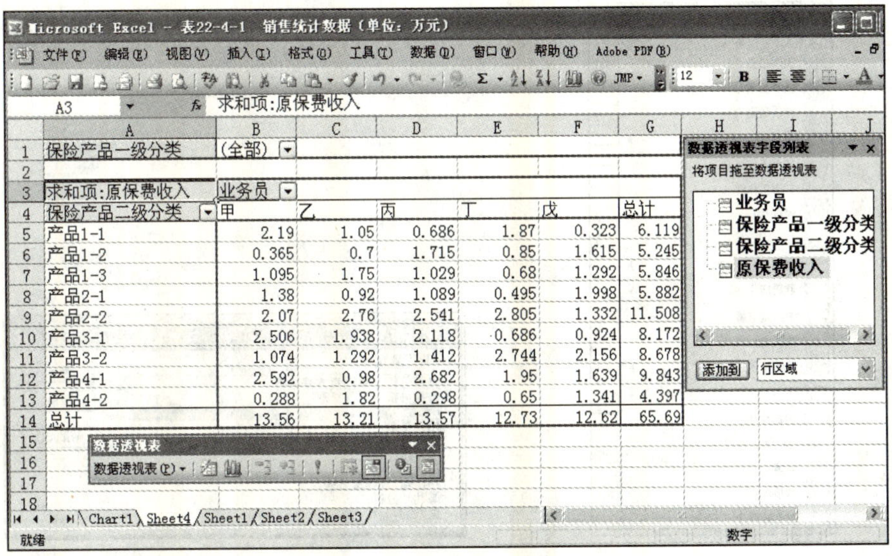

图 23-8　同时创建的数据透视表

方差分析

（1）在刚刚创建的数据透视表页面当中，点击“工具”和“加载宏”命令，如图 23-9 所示。

（2）选择“分析工具库”，并点击“确定”按钮，如图 23-10 所示。

（3）点击“工具”和“数据分析”命令，如图 23-11 所示。

（4）选择“方差分析：无重复双因素方差分析”，并点击“确定”按钮，如图 23-12 所示。

（5）将输入区域设置为“ \$B\$5 ：\$F\$13”，显著水平 α 等于 0.05，指定“新工作表组”显示方差分析的结果，点击“确定”按钮，如图 23-13 所示。

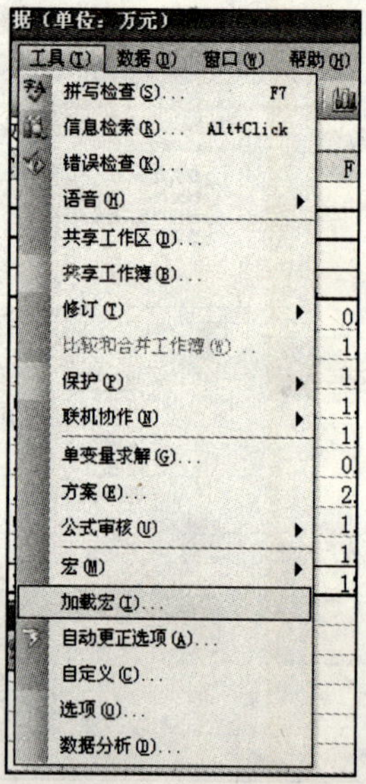

图 23-9 点击加载宏命令

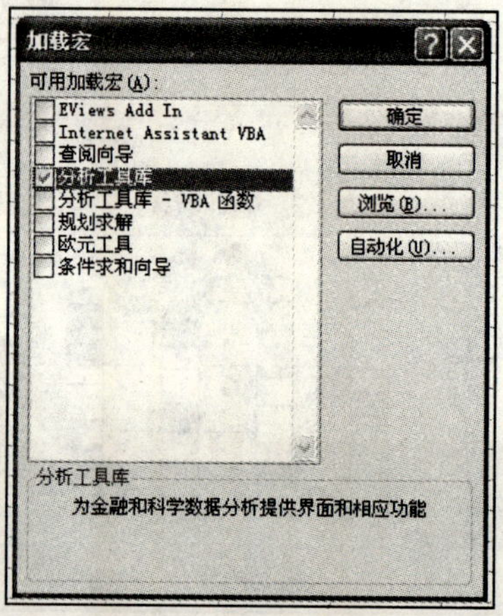

图 23-10 加载分析工具库

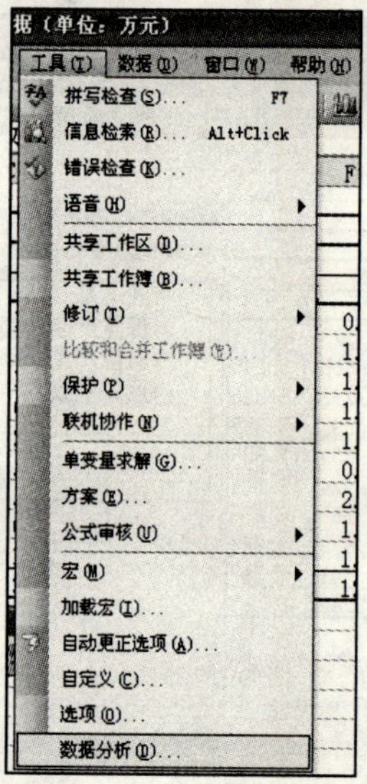

图 23-11 点击数据分析命令

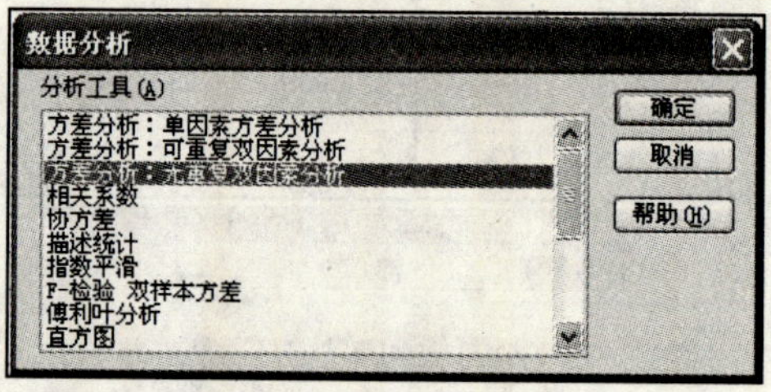

图 23-12 选择无重复双因素方差分析

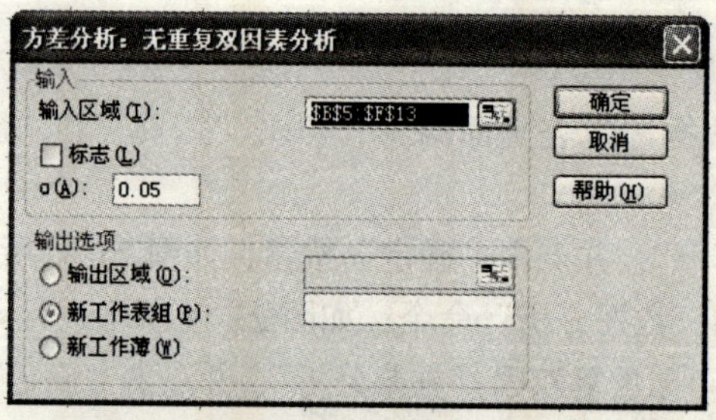

图 23-13 设置相关参数

（6）无重复双因素方差分析的输出结果显示在新工作表“Sheet5”，如图 23-14 所示。其中，输出区域“Sheet5!$A$3：$E$18”描述了数据透视表输入区域“Sheet4!$B$5：$F$13”的统计特征。输出区域“Sheet5!$A$21：$G$27”最为重要，它是判断“这五位业务员的个人因素是否显著影响销售业绩，以及产品属性本身是否显著影响销售业绩”的关键依据。首先，分析产品属性对原保费收入的影响。对于给定的显著水平 α=0.05，样本观测值计算得到的 F 值 2.335 384 大于临界值 2.244 369，说明产品属性本身能够显著影响销售业绩。其次，分析业务员个人因素对原保费收入的影响。对于给定的显著水平 α=0.05，样本观测值计算得到的 F 值 0.046 397 小于临界值 2.668 437，说明这五位业务员在个人因素（包括推销能力等）方面没有显著差异。

方差分析：无重复双因素分析

SUMMARY	观测数	求和	平均	方差
行 1	5	6.119	1.2238	0.620498
行 2	5	5.245	1.049	0.348293
行 3	5	5.846	1.1692	0.154222
行 4	5	5.882	1.1764	0.313541
行 5	5	11.508	2.3016	0.378654
行 6	5	8.172	1.6344	0.622465
行 7	5	8.678	1.7356	0.483205
行 8	5	9.843	1.9686	0.49597
行 9	5	4.397	0.8794	0.459552
列 1	9	13.56	1.506667	0.765271
列 2	9	13.21	1.467778	0.428445
列 3	9	13.57	1.507778	0.676789
列 4	9	12.73	1.414444	0.876763
列 5	9	12.62	1.402222	0.304839

方差分析

差异源	SS	df	MS	F	P-value	F crit
行	9.000681	8	1.125085	2.335384	0.042247	2.244396
列	0.089409	4	0.022352	0.046397	0.995731	2.668437
误差	15.41619	32	0.481756			
总计	24.50628	44				

Chart1　Sheet5　Sheet4　Sheet1　Sheet2　Sheet3

图 23-14　无重复双因素方差分析的结果

第二十四章

实验六　保险理财规划实训

第一节　实验目的和内容

一、实训目的及要求

通过本次实验，使学生了解常见的保险产品概念及其特点，了解各种保险产品的适用人群，掌握保险合同的主要内容及订立流程，能够针对案例进行保险规划设计。

二、实训内容

（1）学生通过网络平台及资料了解常见的保险产品，总结各自的特点及适用人群，尤其注意了解各保险公司推出的特色保险品种和特色保险服务。

（2）掌握保险合同的订立流程，了解保险双方的权利义务，掌握保险合同的主要内容。

（3）通过案例掌握保险规划的步骤，学会计算保险费。

（4）根据所学知识，为指定对象进行保险规划，完成作业“保险产品规划方案设计”。

三、实验资料和实验步骤

（一）实验资料准备

（1）场地准备：配备电脑的保险实训实验室、学院及周边环境。

（2）教学资料准备：多媒体课件、各保险公司资料及网站。

（二）实验步骤

（1）教师课堂讲授。

（2）学生进行保险理财规划。

第二节　保险理财规划操作实训

【实训内容 24-1】保险理财规划

保险产品的种类

针对人们期望规避风险的要求，保险公司开发出了许多保险产品，提供给投保客户。这些产品分别针对人们的不同需求，主要分为财产保险和人身保险两大类，另外随着人们对于保险产品功能多样化要求，又附加了分红、投资等功能，使得保险产品的种类日益丰富。我们在进行保险规划时，首先就要了解保险产品，按照自己的需求购买。

表 24-1　保险产品分类表

第一层次	第二层次	第三层次	第四层次
人身保险	人寿保险	生存保险	普通生存保险
			年金保险
		死亡保险	定期死亡保险
			终身死亡保险
		生死两全保险	
		创新型人寿保险	分红保险
			投资连结保险
			万能寿险
			变额寿险
			变额万能寿险
	意外伤害保险		
	健康保险	医疗保险	
		收入损失保险	
财产保险	财产损失保险	火灾保险	企业财产保险、家庭财产保险
		运输工具保险	机动车辆保险、船舶保险、飞机保险
		货物运输保险	
		工程保险	
		农业保险	
	责任保险	公众责任保险	
		产品责任保险	
		职业责任保险	
		雇主责任保险	
		第三者责任保险	
	信用保险	信用保险	
		保证保险	

保险需求分析

保险规划就是从个人的实际情况开始，通过分析个人经济状况，根据实际的风险保障需要来制订保险计划。因此了解自己的保险需求就成为保险规划的前提条件，人生不同阶段的保险需求不一样。

表 24-2　人生不同阶段的保险需求分析表

人生阶段	特点	保险需求分析
单身期：一般为 2 ～ 5 年，从参加工作至结婚的时期	经济收入比较低且花销大。这个时期是未来家庭资金积累期。年纪轻，主要集中在 20 ～ 28 岁之间，健康状况良好、无家庭负担、收入低但稳定增长、保险意识较弱	保险需求不高，主要可以考虑意外风险保障和必要的医疗保障，以减少因意外或疾病导致的直接或间接经济损失。保费低、保障高。若父母需要赡养，需要考虑购买定期寿险，以最低的保费获得最高的保障，确保一旦有不测时，用保险金支持父母的生活

（续）

人生阶段	特点	保险需求分析
家庭形成期：指从结婚到新生儿诞生时期，一般为1～5年	这一时期是家庭的主要消费期。经济收入增加而且生活稳定，家庭已经有一定的财力和基本生活用品。为提高生活质量往往需要较大的家庭建设支出，如购买一些较高档的用品，贷款买房的家庭还须一笔大开支——月供款。夫妇双方年纪较轻，健康状况良好，家庭负担较轻，收入迅速增长，保险意识和需求有所增强	为保障一家之主在万一遭受意外后房屋供款不会中断，可以选择交费少的定期险、意外保险、健康保险等，但保险金额最好大于购房金额以及足够家庭成员5～8年的生活开支； 处于家庭和事业新起点，有强烈的事业心和赚钱的愿望，渴望迅速积累资产，投资倾向易偏于激进。可购买投资型保险产品，规避风险的同时，又是资金增值的好方法
家庭成长期：从小孩出生到小孩参加工作以前的这段时间，大约18～22年	家庭成员不再增加，整个家庭的成员年岁都在增长。这一时期，家庭的最大开支是保健医疗费、学前教育、智力开发费用。理财的重点适合安排上述费用。同时，随着子女的自理能力增强，年轻的父母精力充沛，时间相对充裕，又积累了一定的社会经验，工作能力大大增强，在投资方面鼓励可考虑以创业为目的，如进行风险投资等。夫妇双方年纪较轻，健康状况良好，家庭成员有增加，家庭和子女教育的负担加重，收入稳定增长，保险意识增强	在未来几年里面临小孩接受高等教育的经济压力。通过保险可以为子女提供经济保证，使子女能在任何情况下都能接受良好的教育。偏重于教育基金、父母自身保障。购车买房对财产险、车险有需求
家庭成熟期：指子女参加工作到家长退休为止这段时期，一般为15年左右	这一阶段自身的工作能力、工作经验、经济状况都达到高峰状态，子女已完全自立，债务已逐渐减轻，理财的重点是扩大投资；夫妇双方年纪较大，健康状况有所下降，家庭成员不再增加，家庭负担较轻，收入稳定在较高水平，保险意识和需求增强	人到中年，身体的机能明显下降，在保险需求上，对养老、健康、重大疾病的要求较大。同时应为将来的老年生活做好安排。进入人生后期，万一风险投资失败，会葬送一生积累的财富，所以不宜过多选择风险投资的方式。此外还要存储一笔养老金，且这笔养老金应是雷打不动的。保险作为强制性储蓄，累积养老金和资产保全，也是最好的选择。通过保险让辛苦创立的资产完整地留给后人，才是最明智的。财产险、车险的需求必不可少
退休期	这段时间的主要内容应以安度晚年为目的，理财原则是身体、精神第一，财富第二。那些不富裕的家庭应合理安排晚年医疗、保健、娱乐、锻炼、旅游等开支，投资和花费有必要更为保守，可以带来固定收入的资产应优先考虑，保本在这时期比什么都重要，最好不要进行新的投资，尤其不能再进行风险投资	夫妇双方年纪较大，健康状况较差，家庭负担较轻，收入较低，家庭财产逐渐减少，保险意识强；在65岁之前，通过合理的规划，检视自己已经拥有的人寿保险，进行适当的调整

在制订保险计划时，首先要回答的问题是：“我需要保险吗？”“我需要什么样的保险产品?”“我需要多少保险保障?”保险是每一个人都需要的，在回答“我是否需要保险”这个问题时，要先从实际问题的分析上入手。在制订保险计划时要先有资金，个人的资金要先满足一些必需的用途后才能考虑到保险的需求，同时，由于实际情况不同，保险的需求也会不同。例如，在干燥季节会比在潮湿季节更需要火灾保险；在江边的人会比在高山上的人更需要洪水保险；在恶劣条件下生活的人会比在优越条件下生活的人更需要医疗保险。当我们综合考虑了自己的情况后，我们就知道自己是否需要保险了。

在知道了自己是否需要保险后就要确定自己需要什么样的保险。前面分析了不同阶段保险需求的不同，保险种类的不同还依赖于自己的财产种类和财产状况，没有汽车的人当然是不需要汽车保险的。同时，同一项财产由于面临的风险不同也会带来对保险产品需求的不同。例如，汽车面临着意外损坏或被盗的风险，这时，投保人就要考虑是选择车辆损失保险还是全车盗窃保险，或者两种保险都选择。投保人要准确判断自己准备投保的保险标的的具体情况，如风险的种类、风险发生的概率、风险发生时造成的损失的大小来综合判断分析，根据自己的实际情况来选择合适的保险产品。

需要多少保险对于财产保险来说比较容易计算。依据损失补偿原则，保险金额等于保险标的的价值就可以很好地对损失进行补偿了。投保人也可以根据自己的需要选择保险金额，而不一定要是全额保险。所以在财产保险上，个人的选择比较自由，只要保险金额不超过保险标的的实际价值，投保人可以任意选择自己需要的保险金额。

保险规划步骤

保险规划的具体步骤可以分为五步（见图 24-1）。

第一步，确定自己到底需要购买什么保险，自己的需求是什么。在这一步中，有两个最关键的地方要搞清楚，即确定保险标的和保险利益。

第二步，从众多的保险公司中选择最满足需要的保险公司。可以从以下几方面来衡量：①资产结构好；②偿付能力强；③信用等级优；④管理效率高；⑤服务质量好。

第三步，从众多保险产品中选择在功能和价格上都满足需要的保险产品。准确判断自己准备投保的保险标的的具体情况（例如，保险标的所面临的风险的种类、各类风险发生的概率、风险发生后可能造成损失的大小以及自身的经济承受能力），进行综合的判断与分析，才能选择对自己合适的保险产品，较好地回避各种风险。在确定购买保险产品时，还应该注意合理搭配险种。

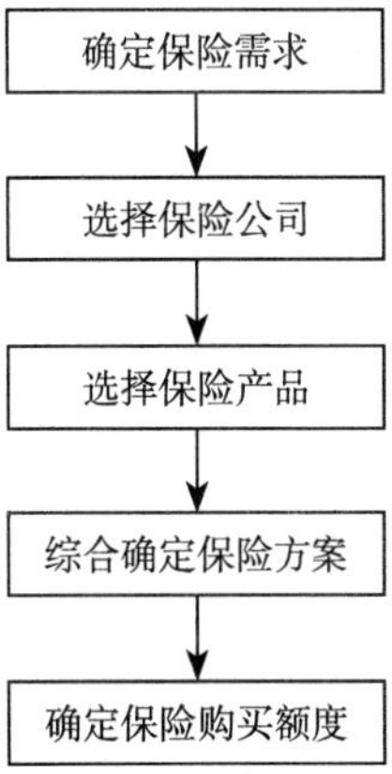

图 24-1 保险规划具体步骤图

第四步，综合保险公司和保险产品选择结果，最终确定一个综合最优的保险方案。应该权衡各家公司和产品的优劣，做出一个满意的决定。要指出的是，保险并非即时消费的商品，真正能发挥作用是在未来发生保险事故造成损失的时候，所以认真阅读保险条款是非常重要的，最关键是保险公司的售后服务以及理赔声誉，因为这是及时获得保险赔偿的基础。

第五步，购买额度测算，针对最终选择的保险方案，确定需要购买多少额度。

保险规划案例 24-1

【个人情况】

孙小姐，今年 24 岁，未婚，公司职员，月工资扣掉五险一金还有 2 000 元左右。现有定期存款 10 万元，活期存款 30 万元，无其他投资项目（无住房压力）。请问该如何理财？是否需要买份商业保险？

【保险规划】

孙小姐是家庭的经济顶梁柱，应考虑适当加强保障，具体可以考虑购买商业保险中的重大疾病险。目前形式上多为分红型终身寿险附加医疗险的模式，可以对一些意外情况起到保障。孙小姐虽然单身，但仅仅依靠社保，保障显然不够，而增加保障性投资，养老保险与医疗保险必不可少。建议孙小姐以终身寿险和女性重大疾病险为主险，附加意外伤害和医疗险为补充，兼顾保障与养老，并将保费控制在年收入的 10% 以内。

保险规划案例 24-2

赵小姐 28 岁，单身未婚，在北京郊区做公务员，本科毕业。月收入 2 300 元左右，年收入总共算下来 3 万元左右。公务员工资阳光化之前收入高些，但是赵小姐不懂得理财，浪费了不少。她于 2004 年按揭了城区一处小户型的房子，贷款 17 万元，20 年，月均还款 1 060 元左右。现在她手上没有什么积蓄，由于要还贷养房，可支配的日常开支也不多。由于父母不在北京，她希望自己的生活更多些保障，具备一定的抗风险能力，另外也希望兼具一些储蓄、理财功能。

【投保分析】

按照科学投保方式，一年的保险费支出应是年收入的 10% ～ 15%，即赵小姐的年保险费支出应为 3 000 ～ 4 500 元。但考虑到赵小姐还贷养房的压力，实际保险费不宜过高，2 000 元左右为宜。

赵小姐单身，独自在北京生活。所以目前对孩子、对家庭的责任还不是很突出。所以疾病是她面临的风险，医疗保险是她亟需的保障。赵小姐单位肯定办理了社会医疗保险，但医疗费用较低时是免赔的，医疗费用较高时又不能全部报销，所以在单位报销的基础上，再选择投保一些根据住院时间和疾病严重程度进行补偿而又不需要医疗费用发票的医疗保险是非常必要的。

其次，赵小姐是公务员，虽然单位会统一办理社会养老保险，但保障水平较低，如果她收入再高一些，在条件允许的情况下，也应该考虑一下商业养老保险。当然，如果保障医疗费用的同时不增加保险费，兼顾一下养老是最好的选择。

【保障方案】

民生人寿推出“民生综合医疗保障计划”之后，非常受客户欢迎，这是民生公司目前销售最好的险种之一。这个计划有五大保障利益。

1. 治疗现金：如果患病住院而且比较严重，只要是在我们条款规定的 40 大类几百种疾病当中的任何一项，在社保报销的基础上还可以额外获得 5 万元现金。

2. 工资补贴：住院超过 3 天以上，考虑到在此期间收入受到影响，我公司每月发放“工资补贴”1 500 元，不足一个月可以按天支付。最长可以支付 6 个月。

3. 身故保障：当然，作为保险的基本功能，赵小姐还同时拥有 5 万元的身故保障。

4. 保单借款：赵小姐还可以随时凭借本合同在一定额度内向本公司借款。

5. 到期返还：这个保险就像汽车的全险一样保障非常全面，但不同的是汽车保险如果没有发生赔付，到期不会返还任何保费；而拥有“民生综合医疗保障计划”，赵小姐健康生存至58周岁，即使从未患有严重疾病，也可以获得5万元现金。这样，一方面可备不时之需，另一方面也可以用来养老。

通过投保该保障计划，赵小姐可以获得相对全面的保障，有病治病，无病养老。

【实训任务24-1】保险理财规划

案例一

1. 基本情况

陈先生是一家企业的中层管理人员，30岁，月收入15 000元（税后），妻子28岁，教师，月收入6 000元。今年刚刚喜得贵子，现在陈太太将精力主要放在照顾孩子上，而陈先生为了给刚出生的宝宝提供更好的环境，正努力工作，多挣“奶粉钱”。双方父母的疾病和养老保险均较为完善，无须负担过多。

目前，夫妻二人除了参加社保外，陈先生拥有公司提供的医疗及意外保险，陈太太拥有一份重大疾病保险。陈先生一家住在120平方米的自住房，每月还房贷4 000元，拥有私家车一辆，价值15万元，银行存款10万元，8万元的股票和5万元的开放式基金。家庭正常开支为每月4 500元。

2. 理财目标

（1）随着家庭成员的增加、家庭结构的不断完善，开始注重夫妻二人自身的风险管理。

（2）陈先生为小孩今后的健康及教育问题作打算。

（3）陈先生希望夫妻二人的甜蜜生活不会因为宝宝的降临而有所改变，能够保证定期旅游，为爱情保鲜。

3. 请你根据陈先生的情况做一个保险规划。

案例二

1. 基本情况

王先生和太太今年40出头，都是高级白领，孩子12岁。夫妻两人收入相仿，每年共计工资收入30万元，房租收入3.2万元，太太公司职工股分红5万元。月支出1万元，其中房贷6 000元。资产主要有自用房产72万元，投资房产42万元，太太公司职工股136万元，存款48万元。负债主要有公司职工股股票贷款109万元，由所在公司提供滚动担保和贴息，房贷余额57万元。保险方面，除享有单位部分医疗费报销或团体商业保险的福利无任何商业保险。

2. 请你根据王先生的情况进行一个保险理财规划。

金融学

课程名称	书号	书名、作者及出版时间	版别	定价
行为金融学	978-7-111-34808-5	行为金融（福布斯）（2011年）	外版	62
行为金融学	978-7-111-39995-7	行为金融：心理、决策和市场（阿克特）（2012年）	外版	59
投资银行学	978-7-111-41476-6	投资银行、对冲基金和私募股权投资（斯托厄尔）（2013年）	外版	99
投资管理	978-7-111-43864-9	投资分析与组合管理（英文版·第10版）（赖利）（2013年）	外版	129
商业银行经营管理学	978-7-111-43750-5	商业银行管理（第9版）（罗斯）（2013年）	外版	85
商业银行经营管理学	978-7-111-35539-7	商业银行管理（英文版·第8版）（罗斯）（2011年）	外版	88
金融学（货币银行学）指导或案例	978-7-111-44311-7	货币金融学（第2版）学习指导（米什金）（2013年）	外版	45
金融学（货币银行学）	978-7-111-34261-8	货币金融学（第2版）（米什金）（2011年）	外版	75
金融学（货币银行学）	978-7-111-36279-1	货币金融学（克鲁肖）（2011年）	外版	49
金融学（货币银行学）	978-7-111-43395-8	货币金融学（英文版·第2版）（米什金）（2013年）	外版	85
金融学（货币银行学）	978-7-111-45547-9	货币金融学原理（第12版）（里特）（2014年）	外版	59
金融学（货币银行学）	978-7-111-43833-5	货币金融学原理（英文版·第12版）（里特）（2013年）	外版	65
金融市场学	978-7-111-26674-7	金融市场学（第10版）（罗斯）（2009年）	外版	79
金融市场学	978-7-111-26790-4	金融市场学（英文版·第10版）（罗斯）（2009年）	外版	88
金融市场学	978-7-111-26841-3	现代金融市场：价格、收益及风险分析（布莱克威尔）（2009年）	外版	58
金融风险管理	978-7-111-41734-7	风险管理与金融机构（第3版）（赫尔）（2013年）	外版	69
金融风险管理	978-7-111-35863-3	风险管理与金融机构（英文版·第2版）（赫尔）（2011年）	外版	69
金融风险管理	978-7-111-45078-8	金融风险管理（王勇）（2013年）	外版	59
兼并、收购与公司重组	978-7-111-35538-0	兼并、收购和公司重组（第2版）（阿扎克）（2011年）	外版	62
（证券）投资学学习指导	978-7-111-42662-2	投资学习题集（第9版）（博迪）（2013年）	外版	49
（证券）投资学	978-7-111-39028-2	投资学（第9版）（博迪）（2012年）	外版	98
（证券）投资学	978-7-111-48772-2	投资学（第9版）（精要版）（博迪）（2014年）	外版	55
（证券）投资学	978-7-111-44485-5	投资学（第9版）（专业版）（博迪）（2013年）	外版	199
（证券）投资学	978-7-111-39142-5	投资学（英文版·第9版）（博迪）（2012年）	外版	128
（证券）投资学	978-7-111-48760-9	投资学（英文版·第9版）（精要版）（博迪）（2014年）	外版	75
（证券）投资学	978-7-111-30395-4	投资学基础（英文版·第9版）（梅奥）（2010年）	外版	82
（证券）投资学	即将出版	投资学基础：估值与管理（第6版）（乔丹）（2015年）	外版	69
中央银行学	即将出版	中央银行学（汪洋）（2015年）	本版	39
行为金融学	978-7-111-31106-5	行为金融学（饶育蕾）（2010年）	本版	36
投资银行学	978-7-111-24899-6	投资银行学（张志元）（2009年）	本版	36
投资银行学	978-7-111-47822-5	投资银行学：理论与案例（第2版）（马晓军）（2014年）	本版	40
金融学（货币银行学）指导或案例	即将出版	《货币金融学》习题集（蒋先玲）（2015年）	本版	30
金融学（货币银行学）	978-7-111-42046-0	货币金融学（蒋先玲）（2013年）	本版	45
金融学（货币银行学）	978-7-111-41391-2	货币银行学（第2版）（钱水土）（2013年）	本版	39
金融学（货币银行学）	978-7-111-38159-4	金融学（陈伟鸿）（2012年）	本版	35
金融学（货币银行学）	978-7-111-49566-6	金融学（第2版）（董金玲）（2015年）	本版	35
金融学（货币银行学）	978-7-111-30153-0	金融学（精品课）（董金玲）（2010年）	本版	30
金融学（货币银行学）	978-7-111-35641-7	金融学概论（精品课）（丁志国）（2011年）	本版	48
金融学（货币银行学）	978-7-111-35022-4	金融学概论（精品课）（茆训诚）（2011年）	本版	42
金融风险管理	978-7-111-36225-8	风险管理（精品课）（王周伟）（“十二五”普通高等教育本科国家级规划教材）（2011年）	本版	48
金融风险管理	978-7-111-43745-1	金融风险管理（闫永新）（2013年）	本版	35
国际结算	978-7-111-37202-8	国际结算（国家级双语示范课程）（邵新力）（2012年）	本版	39
国际结算	978-7-111-34376-9	国际结算（徐进亮）（2011年）	本版	38
（证券）投资学	978-7-111-29863-2	投资学（朱相平）（2010年）	本版	38
（证券）投资学	978-7-111-46328-3	投资学原理及应用（第2版）（贺显南）（2014年）	本版	35
（证券）投资学	978-7-111-42938-8	证券投资学（第2版）（精品课）（葛红玲）（2013年）	本版	39
（证券）投资学	978-7-111-23293-3	证券投资学原理（精品课）（韩德宗）（2008年）	本版	36

经济管理类精品规划教材系列

课程名称	书号	书名、作者及出版时间	定价
国际企业管理	978-7-111-42234-1	跨国公司经营与管理（卢进勇、陈恩专）（2013年）	39
运筹学	978-7-111-44298-1	运筹学（李峰）（2014年）	39
管理系统工程	978-7-111-35038-5	管理系统工程：方法论及建模（王新平）（2011年）	32
国际物流学	978-7-111-38579-0	国际物流学（逯宇铎）（2012年）	39
国际投资	978-7-111-41737-8	国际投资学（胡朝霞）（2013年）	35
国际商务谈判	978-7-111-42333-1	国际商务谈判（白远）（2013年）	29
国际商务	978-7-111-42330-0	国际商务（王炜瀚）（2013年）	45
国际商法	978-7-111-49679-3	国际商法（刘刚仿）（2015年）	39
国际贸易英文函电	978-7-111-30151-6	国际贸易英文函电（田野青）（2010年）	24
国际贸易英文函电	978-7-111-41657-9	外贸函电（王美玲）（2013年）	35
国际贸易学	978-7-111-49060-9	国际贸易学（陶涛）（2015年）	35
国际贸易实习	978-7-111-45087-0	国际贸易实务实验教程（李雁玲）（2014年）	30
国际贸易实务	978-7-111-38375-8	进出口贸易实务教程（宫焕久）（2012年）	39
国际贸易理论与实务	978-7-111-38549-3	国际贸易理论与实务（陈岩）（2012年）	39
国际经济合作	978-7-111-42603-5	国际经济合作（卢进勇）（2013年）	45
国际金融学	978-7-111-37659-0	国际金融学（刘园）（2012年）	38
国际结算	978-7-111-34376-9	国际结算（徐进亮）（2011年）	38
国际服务贸易	978-7-111-41997-6	国际服务贸易（陈宪）（2013年）	35
当代世界经济	978-7-111-48058-7	世界经济概论（刘文革）（2014年）	35
中央银行学	即将出版	中央银行学（汪洋）（2015年）	39
投资银行学	978-7-111-47822-5	投资银行学：理论与案例（第2版）（马晓军）（2014年）	40
金融学（货币银行学）指导或案例	即将出版	《货币金融学》习题集（蒋先玲）（2015年）	30
金融学（货币银行学）	978-7-111-42046-0	货币金融学（蒋先玲）（2013年）	45
金融市场营销	978-7-111-30588-0	金融市场营销（唐小飞）（2010年）	35
金融客户关系管理	978-7-111-31384-7	金融业客户关系管理（付晓蓉）（2010年）	30
金融风险管理	978-7-111-43745-1	金融风险管理（闫永新）（2013年）	35
金融分析	978-7-111-31108-9	金融分析：原理及应用（曹华）（2010年）	45
固定收益证券	978-7-111-45456-4	固定收益证券（李磊宁）（2014年）	39
固定收益证券	978-7-111-32258-0	固定收益证券分析（潘席龙）（2010年）	38
（证券）投资学	978-7-111-46328-3	投资学原理及应用（第2版）（贺显南）（2014年）	35
统计学	978-7-111-42504-5	统计学（向蓉美）（2013年）	39
经贸英语	978-7-111-40348-7	经贸英语阅读教程（第3版）（潘忠）（2012年）	25
经贸英语	978-7-111-46218-7	商务英语阅读教程（杨伶俐）（2014年）	29
经济法	978-7-111-44659-0	经济法（第2版）（郭懿美）（2014年）	39
经济法	978-7-111-41779-8	经济法（刘大洪）（2013年）	39
计量经济学	即将出版	计量经济学及其应用（第2版）（杜江）（2015年）	39
计量经济学	978-7-111-29842-7	计量经济学及其应用（杜江）（2010年）	29
博弈论	978-7-111-30394-7	博弈论及其应用（李帮义）（2010年）	25
金融服务营销	978-7-111-30999-4	金融服务营销（周晓明）（2010年）	30
国际市场营销学	978-7-111-44117-5	国际市场营销（刘宝成）（2013年）	39
物流系统分析	978-7-111-34995-2	现代物流方案策划与设计（李学工）（2011年）	36
物流经济学	978-7-111-28386-7	物流经济学（舒辉）（2009年）	32
物流管理信息系统	978-7-111-48619-0	物流管理信息系统（王道平）（2014年）	35
物流管理	即将出版	物流学（舒辉）（2015年）	39
物流管理	978-7-111-38308-6	物流学（徐剑）（2012年）	39
供应链（物流）管理	978-7-111-38674-2	供应链管理（邓明荣）（2012年）	39
信息系统分析与设计	即将出版	管理信息系统课程设计（贺超）（2015年）	29
信息检索（多媒体）	即将出版	信息检索与处理（王知津）（2015年）	39
管理信息系统	即将出版	管理信息系统（第2版）（王恒山）（2015年）	29
管理信息系统	978-7-111-35417-8	管理信息系统（庄玉良）（2011年）	39